VERÖFFENTLICHUNGEN DER KOMMISSION FÜR ZEITGESCHICHTE

VERÖFFENTLICHUNGEN
DER KOMMISSION FÜR ZEITGESCHICHTE

In Verbindung mit Thomas Brechenmacher •
Birgit Aschmann • Wilhelm Damberg

Herausgegeben von Michael Kißener

Reihe B: Forschungen • Band 135

ZWISCHEN BIAFRA UND BONN

Hungerkatastrophen und Konsumkritik im deutschen
Katholizismus 1958–1979

FERDINAND SCHÖNINGH

JOHANNES STOLLHOF

ZWISCHEN BIAFRA UND BONN

Hungerkatastrophen und Konsumkritik im deutschen
Katholizismus 1958–1979

FERDINAND SCHÖNINGH

Dieser Band wurde seitens der Kommission für Zeitgeschichte redaktionell betreut von Wilhelm Damberg.

Umschlagabbildung: Sammeldose der Misereor-Fastenaktion im Februar 1963, Die Aktion hat das Motto »Millionen hungern – sättige Einen«. Foto: KNA-Bild, Nr. 268697.

Bibliografische Information der Deutschen Nationalbibliothek

Die Deutsche Nationalbibliothek verzeichnet diese Publikation in der Deutschen Nationalbibliografie; detaillierte bibliografische Daten sind im Internet über http://dnb.d-nb.de abrufbar.

© 2019 Verlag Ferdinand Schöningh, ein Imprint der Brill-Gruppe
(Koninklijke Brill NV, Leiden, Niederlande; Brill USA Inc., Boston MA, USA; Brill Asia Pte Ltd, Singapore; Brill Deutschland GmbH, Paderborn, Deutschland)

Internet: www.schoeningh.de

Einbandgestaltung: Evelyn Ziegler, München
Herstellung: Brill Deutschland GmbH, Paderborn

ISBN 978-3-506-79247-1 (hardback)
ISBN 978-3-657-79247-4 (e-book)

INHALTSVERZEICHNIS

VORWORT

»Alles wirkliche Leben ist Begegnung.« Dieser bekannte Satz des jüdischen Religions-philosophen Martin Buber beschreibt auch meine Erfahrung bei der Entstehung die-ser vorliegenden Arbeit. Zwar ist eine Dissertation nicht das (ganze) Leben, aber für eine gewisse Zeit bestimmt sie einen großen Teil dieses Lebens. Ohne zahlreiche, wenn nicht zahllose Begegnungen aber wäre diese Arbeit, die eine geringfügig überarbeitete Fassung meiner im Sommersemester 2016 von der Katholisch-Theologischen Fakultät der Eberhard Karls Universität Tübingen angenommenen Dissertation darstellt, nicht möglich gewesen. Daher gilt es, Dank zu sagen für Begegnungen, die Arbeit und Leben bereichert haben.

Eine Begegnung in einem Hauptseminar führte zum Angebot meines Doktorvaters, Herrn Prof. Dr. Andreas Holzem, im Rahmen des SFB 923 »Bedrohte Ordnungen« die vorliegende Studie zu erstellen. Für dieses Vertrauen, die Betreuung und Zusammen-arbeit sowie die Übernahme des Erstgutachtens danke ich ihm sehr.

Ebenso danke ich meinem vormaligen Chef, Herrn Prof. Dr. Albert Biesinger, für die Betreuung und Übernahme des Zweitgutachtens. Die Arbeit und das Umfeld an seinem Lehrstuhl erst ließen das Selbstbewusstsein wachsen, das zur Abfassung einer Dissertation auch notwendig ist. Dieses Selbstbewusstsein stärkte ebenso meine dritte akademische Lehrerin, Frau Prof. Dr. Regina Ammicht Quinn, der ich für die Begleitung, den intellektuellen Austausch und das kritische Nachfragen sehr herzlich danke. Schließlich danke ich dem Vorsitzenden der Wissenschaftlichen Kommission der Kommission für Zeitgeschichte, Herrn Prof. Dr. Wilhelm Damberg, für die Über-nahme des Gutachtens innerhalb der Kommission und die angenehme Betreuung.

Der Kommission für Zeitgeschichte in Bonn danke ich für die Aufnahme in die renommierte Publikationsreihe. Dr. Christoph Kösters und sein scharfer Blick haben dieser Arbeit sicher nicht geschadet.

Ich danke den Kolleginnen und Kollegen des SFB 923 »Bedrohte Ordnungen« in Tübingen und seinem Sprecher, Herrn Prof. Dr. Ewald Frie, für die intensiven, erfah-rungsreichen Jahre als wissenschaftlicher Mitarbeiter dieser Einrichtung. Insbeson-dere die Kolleginnen Andrea Kirstein, Ute Lutterschmid, Yvonne Macasieb und Dr. Christina Riese schufen ein begegnungsreiches Umfeld, in dem Lernen und Arbeiten stattfinden konnten.

Zu großem Dank bin ich der DFG verpflichtet, die durch die Finanzierung des SFB 923 die Forschung an diesem Thema erst ermöglichte. Ebenso danke ich der bischöflichen Studienförderung Cusanuswerk für die Aufnahme und Betreuung im Studium, sowie den Stipendiatinnen und Stipendiaten und den (ehemaligen) Refer-entinnen und Referenten, die mein akademisches Leben tiefgreifend verändert, mich immer wieder neu herausgefordert und dadurch wesentlich geprägt haben.

Die Begegnungen mit den in der Arbeit zu Wort kommenden Zeitzeugen haben mich und die Studie äußerst bereichert. Aus einem Gespräch mit Gerd Reinelt am Tag meiner Hochzeit entstand ein immer größer werdender Kreis erfahrungsreicher zeitgenössischer Akteure. Ich danke den Herren Dr. George Arickal, Norbert Arntz, Siegfried Baumgartner, Dr. Friedrich Kronenberg, Dr. Erwin Mock, Harry Neyer, Gerd Reinelt, Ex. Leo Schwarz und Dr. Michael Vesper für die biografischen Einblicke.

Das Entstehen einer kirchenhistorischen Dissertation, zumal einer zeitgeschichtlichen, ist immer auf die Unterstützung der Archive angewiesen. Diese kam mir im Besonderen zugute durch Christina Arndt, Dr. Claudia Lücking-Michel, Sabine Simoncelli, Brigitta Torsy, Maria Wego, Gabriele Witolla, Dr. Josef von Elten, Franz Hucht, Dr. Heinz Mestrup, Valentin Moser, Stefan Plettendorff und Heinz Terhorst.

Vielfältige Begegnungen haben der Arbeit wichtige weiterführende Impulse gegeben. Ich danke den Kolleginnen und Kollegen im Oberseminar am Lehrstuhl für Mittlere und Neuere Kirchengeschichte an der Katholisch-Theologischen Fakultät Tübingen für den kritischen Austausch, insbesondere Dr. Daniela Blum, Dr. Stefanie Neidhart und Christiane Pohl, dem Potsdamer Doktorandenkolloquium am ZZF (Prof. Dr. Frank Bösch), den Teilnehmerinnen und Teilnehmern der Tagung »Soziale Ungleichheiten im Visier« in Münster, vor allem den Organisatoren Eva-Maria Gajek und Christoph Lorke, der Fachschaft Globale Zusammenarbeit im Cusanuswerk und Herrn Dr. Manuel Ganser für die Möglichkeit, meine Ergebnisse auf einer cusanischen Ferienakademie zu diskutieren – und schließlich besonders Herrn Prof. Dr. Thomas Großbölting für seine ausführlichen Kommentierungen.

Dass aus beruflichen Begegnungen auch Freundschaften werden, zeigen »meine« beiden Hilfskräfte Eva Kuhn und Theo Luibrand, die die Entstehung der Arbeit großartig gestützt haben. Sie sowie Thomas Altmeppen, Christian Bareth, Julia Burkert, Markus Held, Christian Henkel, Simone Hiller, Matthias Mehne, Verena Müller, Daniel und Lisa Protzer sowie Franziska und Sascha Weber haben den Fortgang der Arbeit freundschaftlich begleitet und für die notwendigen schönen und wichtigeren Ablenkungen gesorgt. Meinen Eltern, Ulla und Paul Stollhof, danke ich von ganzem Herzen für die erlebte und belebende Freiheit.

Schließlich sind es zwei Menschen, deren Anteil an der Entstehung dieser Arbeit ich nicht hoch genug schätzen kann. Ich danke Prof. Dr. Florian Bock für seine intensive Betreuung und die unzähligen Ratschläge und Anregungen, über die wir zu Freunden wurden. Dr. Laura Stollhof, deren Tagesstruktur zum Schreiben einer Dissertation von unschätzbarem Wert ist, hat mich von Beginn an und durch alle Höhen und Tiefen mit großer Kraft und begeisternder Liebe begleitet. Danke.

Gewidmet sei diese Arbeit all denen, die unter dem »Skandal des Hungers« bis heute leiden und denen, die selbstlos an seiner Beseitigung arbeiten.

Tübingen, im Oktober 2018
Johannes Stollhof

Verzeichnis der Siglen und Abkürzungen

Wenn nicht anders angegeben, folgen die Abkürzungen: Schwertner, Siegfried M.,
Theologische Realenzyklopädie, Abkürzungsverzeichnis, 2. Aufl. Berlin u. a. 1994.

ABDKJ	Archiv des BDKJ
Abg.	Abgeordneter
ACDP	Archiv für christlich-demokratische Politik
ACW	Archiv des Cusanuswerkes
ADCV	Archiv des Deutschen Caritasverbandes
ADE	Archiv für Diakonie und Entwicklung
aej	Arbeitsgemeinschaft der evangelischen Jugend, zuvor AGEJD
AfS	Archiv für Sozialgeschichte
AGEH	Arbeitsgemeinschaft für Entwicklungshilfe
AGG	Arbeitsgemeinschaft katholischer Studenten- und Hochschulgemeinden
AKAB	Archiv der Katholischen Arbeitnehmerbewegung
AKHGT	Archiv der Katholischen Hochschulgemeinde Tübingen
AKiZ	Arbeiten zur kirchlichen Zeitgeschichte
AKKZG	Arbeitskreis für kirchliche Zeitgeschichte Münster
APO	Außerparlamentarische Opposition
APuZ	Aus Politik und Zeitgeschichte
ARD	Arbeitsgemeinschaft der öffentlich-rechtlichen Rundfunkanstalten der Bundesrepublik Deutschland
Art.	Artikel
BAM	Bistumsarchiv Münster
BBKL	Biographisch-Bibliographisches Kirchenlexikon
BDKJ	Bund der Deutschen Katholischen Jugend
BKU	Bund Katholischer Unternehmer
BMZ	Bundesministerium für wirtschaftliche Zusammenarbeit
bpb	Bundeszentrale für Politische Bildung
BR	Bayerischer Rundfunk
CAJ	Christliche Arbeiterjugend
CARE	Cooperative for Assistance and Relief Everywhere
CDU	Christlich Demokratische Union
CELAM	Consejo Episcopal Latinoamericano
CIDSE	Coopération Internationale pour le Développement et la Solidarité
CSsR	Congregatio Sanctissimi Redemptoris, Redemptoristen-Orden
CSU	Christlich Soziale Union
d. M.	dieses Monats

DBE   Deutsche Biographische Enzyklopädie
DBK   Deutsche Bischofskonferenz
DCV   Deutscher Caritasverband
DEKT   Deutscher Evangelischer Kirchentag
DGB   Deutscher Gewerkschaftsbund
DM   Deutsche Mark
dpa   Deutsche Presse-Agentur
DPSG   Deutsche Pfadfinderschaft St. Georg
DstkJA Dokumentationsstelle für kirchliche Jugendarbeit, Hardehausen
E+Z   Entwicklung und Zusammenarbeit
EPA   Entwicklungspolitischer Arbeitskreis
Ew.   Ehrwürdiger
EZE   Evangelische Zentralstelle für Entwicklungshilfe
FAO   Food and Agriculture Organization of the United Nations
FAZ   Frankfurter Allgemeine Zeitung
FDP   Freie Demokratische Partei
FR   Frankfurter Rundschau
FS   Festschrift
gez.   gezeichnet
GKKE   Gemeinsame Konferenz Kirche und Entwicklung
GS   »Gaudium et spes«
GTZ   Gesellschaft für technische Zusammenarbeit, heute Gesellschaft für internationale
        Zusammenarbeit (GIZ)
HAEK   Historisches Archiv des Erzbistums Köln
ifo   Institut für Wirtschaftsforschung
JCH   Journal of Contemporary History
JEPP   Journal for European Public Policy
KAEF   Katholischer Arbeitskreis für Entwicklung und Frieden
KAS   Konrad-Adenauer-Stiftung
Kcal.   Kilokalorien
KDSE   Katholische Deutsche Studenten-Einigung
KNA   Katholische Nachrichtenagentur
KSG   Katholische Studentengemeinde
KZE   Katholische Zentralstelle für Entwicklungshilfe
LG   »Lumen gentium«
LThK   Lexikon für Theologie und Kirche
MAA   Misereor-Archiv Aachen
MAV   Mitarbeitervertretung
MdB   Mitglied des Deutschen Bundestages
MdEP   Mitglied des Europäischen Parlaments

MdL	Mitglied des Landtags
N.N.	Nomen nominandum
ND	Bund Neudeutschland
NDB	Neue Deutsche Biographie
NDR	Norddeutscher Rundfunk
NRW	Nordrhein-Westfalen
NSDAP	Nationalsozialistische Deutsche Arbeiterpartei
OXFAM	Oxford Committee for Famine Relief
PA AA	Politisches Archiv des Auswärtigen Amtes
PP	»Populorum progressio«
PWG	Päpstliches Werk für die Glaubensverbreitung
RpB	Religionspädagogische Beiträge
SPD	Sozialdemokratische Partei Deutschlands
SWR	Südwestdeutscher Rundfunk
SZRKG	Schweizerische Zeitschrift für Religions- und Kulturgeschichte
SZ	Süddeutsche Zeitung
UN	United Nations
UNCTAD	United Nations Conference on Trade and Development
VDW	Vereinigung Deutscher Wissenschaftler
VKfZG	Veröffentlichungen der Kommission für Zeitgeschichte
WDR	Westdeutscher Rundfunk
ZDF	Zweites Deutsches Fernsehen
ZdK	Zentralkomitee der deutschen Katholiken
ZFAS	Zeitschrift für Außen- und Sicherheitspolitik

Einleitung

1. Zwischen Katastrophenkommunikation und Konsumgesellschaft

»Wir haben die Chance, durch unseren alternativen Lebensstil ein Zeichen zu setzen für alle, die diese Welt noch nicht verloren geben wollen«[1], schrieb 1978 eine vom Bund der katholischen Jugend in Deutschland (BDKJ) und dem bischöflichen Hilfswerk Misereor eingesetzte Redaktionsgruppe in einer Arbeitsmappe zur Jugendfastenaktion, die die thematische und didaktische Ausgestaltung der Fastenaktion unterstützen sollte. Die Redakteure riefen eindringlich auf, Zeichen zu setzen »für die Menschen in der Dritten Welt, die unsere Solidarität brauchen und erwarten, für die Menschen in unserer Umgebung, die […] sehen, daß anders leben möglich ist, für unsere Kirche, die eine Jugend braucht, die sie an ihr prophetisches Amt erinnert«[2]. Eines dieser Zeichen war 1978 die Aktion ›Jute statt Plastik‹, die bis heute ein »Symbol der Öko- und Alternativszene«[3] darstellt und sowohl durch das ökologische Bewusstsein als auch durch erste Ansätze einer Konsumkritik stilbildend für die Wahrnehmung von und den Umgang mit Hungerkatastrophen[4] in der ›Dritten Welt‹[5] im deutschen Katholizismus in der zweiten Hälfte der 1970er Jahre wurde: »Engagement

---

1   BDKJ / Misereor (Hrsg.), Jugendaktion 1978, Arbeitsmappe. Teil 2, o. S., in: DstkJA Hardehausen, 2.2631 Sammlung Misereor / BDKJ-Jugendaktion und Misereor-Fastenaktion.
2   Ebd.
3   M. Raschke, Fairer Handel, S. 67.
4   Als Hungerkatastrophen werden im Unterschied zu Hunger kurzzeitig auftretende, besonders schwerwiegende Phasen eklatanter Unterernährung verstanden. Die UN spricht von einer Hungersnot, wenn drei Kriterien erfüllt sind: wenn mindestens 20 Prozent der Bevölkerung Zugang zu weniger als 2.000 Kilokalorien pro Tag haben, wenn mindestens 30 Prozent der Kinder akut unterernährt sind und wenn mindestens zwei von 10.000 Menschen (oder vier von 10.000 Kindern) täglich an Nahrungsmangel sterben. Hungersnöten oder -katastrophen gehen in der Regel Phasen von Unter- und Mangelernährung voraus; sie können sich jedoch durch Naturkatastrophen und Kriege und damit verbundene Flüchtlingsbewegungen zügig verschärfen. Vgl. URL: http://www.un.org/apps/news/story.asp?NewsID=39113#.VD6NOGNuTmg (Stand: 1.5.2018).
5   Zum Begriff »Dritte Welt« sei Folgendes angemerkt: »Dritte Welt« ist ein seit 25 Jahren zunehmend in die Kritik geratener Begriff zur Bezeichnung von Regionen der Erde, in denen Menschen unter (absolutem) Hunger und Not leiden. Nach den Umbrüchen der Jahre 1989/1990 und der Auflösung der Ost-West-Konfrontation erschien der Begriff der »Dritten Welt« als überholt, gar politisch unkorrekt. Zunehmend wurde er durch andere Begriffe, etwa des »globalen Südens« ersetzt. Das Problem, wie die Regionen zu bezeichnen sind, blieb jedoch bestehen, da auch die Substitutionen einer Kritik unterzogen wurden. Nuscheler plädierte daher schon vor 20 Jahren für eine Weiterverwendung, »weil auch die Ersatzbegriffe (der Süden, die Entwicklungsländer) nicht weniger umstritten sind, die Dritte Welt immer sehr unterschiedliche Welten umfaßte und dennoch im Alltagsdiskurs die ›arme Welt‹ meinte« (F. Nuscheler u. a. (Hrsg.), Christliche Dritte-Welt-Gruppen, S. 10). Kalter kritisiert eine weitgehend unhistorisierte Verwendung des Begriffs. Obwohl das Konzept der »Dritten Welt« eine

für eine bessere Welt läßt sich nicht nur auf einen Sonntag in der Fastenzeit beschränken«, kritisierte die Redaktionsgruppe, denn es sei »nicht beendet, wenn wir nach einer Großaktion abends müde in's Bett fallen. Was wir brauchen: der lange Atem, der uns durchhalten läßt, der sich nicht zufrieden gibt mit einer einmaligen Aktion, so gut sie auch gelungen sein mag«[6]. Die ›Jute statt Plastik‹-Aktion schien dem BDKJ eine unterstützenswerte Aktion, weil sie die Möglichkeit zum Umdenken bieten, Verbrauchergewohnheiten verändern, Arbeit schaffen und die Umwelt erhalten könne. Jute-Taschen sollten von Frauen in Bangladesch genäht und auf dem deutschen Markt zu einem für die Näherinnen fairen Preis von DM 2,50 verkauft werden. Die Frauen könnten so zur Existenz ihrer Familien beitragen und »auch ein gewisses Maß an Selbständigkeit«[7] erlangen. Für viele verstoßene Frauen seien die Jute-Waren »einfach eine Frage des Überlebens«[8]. Zwar erwarte niemand, »daß Jute-Taschen, in Europa gekauft, aus dem ärmsten Land der Erde über Nacht eine blühende Insel machen können«, auch in Bangladesch bräuchte der »Wandel seine Zeit«[9]. Aber der Verkauf der Taschen schaffe Arbeitsplätze und ein Auskommen. Zusätzlich verband sich mit dem Ziel der Verbesserung der Lebenssituationen von Frauen in Bangladesch ein »Anfang [...] auch für uns selbst«: ›Jute statt Plastik‹ sollte zum Nachdenken über den Ressourcen- und Energieverbrauch anregen und eine »Bewußtseinsänderung« einleiten, um auf »mehr Gerechtigkeit für die Dritte Welt aufmerksam« zu machen und über die Interdependenzen zwischen den Produktionsverhältnissen und »unseren Verbrauchsgewohnheiten«[10] aufzuklären. Dazu erarbeitete ein eigens eingerichteter Jute-Ausschuss umfangreiche Werbe- und Bildungsmaterialien, um auch auf der entwicklungsdidaktischen Ebene bewusstseinsbildend zu wirken. In den 15 Monaten der Aktionslaufzeit wurden schließlich 1,2 Millionen Jute-Taschen und 50.000 Informationsmappen verkauft, obwohl es den Veranstaltern nicht vorrangig darum gegangen war, möglichst hohe Verkaufszahlen zu erreichen[11].

---

der zentralen Ordnungskategorien des 20. Jahrhunderts darstellte, mangele es an Forschungsarbeiten. Vgl. C. KALTER, Die Entdeckung der Dritten Welt, S. 17 f. Im Folgenden soll der Begriff der »Dritten Welt«, ebenso die Begriffe wie »Entwicklungsländer« und »Entwicklungshilfe«, die ob ihrer im Begriff der Entwicklung inhärenten kolonialistischen Perspektive ebenfalls in der Kritik stehen, in doppelte Anführungszeichen gesetzt verwendet werden, was einerseits das Wissen um die begrifflichen Schwierigkeiten, andererseits die Verwendung als Quellenbegriff andeuten soll. Vgl. für einen ersten Zugang, in den Thesen jedoch zu undifferenziert: J. DINKEL, »Dritte Welt«; C. KALTER, Die Entdeckung der Dritten Welt; F. NUSCHELER u. a. (Hrsg.), Christliche Dritte-Welt-Gruppen.

6   BDKJ / MISEREOR (Hrsg.), Jugendaktion 1978, Arbeitsmappe. Teil 2, o. S., in: DSTKJA HARDEHAUSEN, 2.2631 Sammlung Misereor / BDKJ-Jugendaktion und Misereor-Fastenaktion.

7   Basisinformation Aktion ›Jute statt Plastik‹, o. S., in: ARCHIV DER KLJB DIÖZESE ROTTENBURG-STUTTGART, Dritte Welt, 2.263, Aktion »Jute statt Plastik«.

8   EBD.

9   EBD.

10   EBD.

11   Vgl. M. RASCHKE, Fairer Handel, S. 68 f.

Die Aktion ›Jute statt Plastik‹ ist vor allem in einem größeren Zusammenhang von Aktionskampagnen mit sogenannten »politischen Waren«[12] einzuordnen, die in den 1970er Jahren die entwicklungspolitischen Diskurse und Handlungsoptionen beherrschten. Denn seit Mitte der 1970er Jahre verdichteten sich die Wahrnehmungsmuster und Bewältigungsstrategien deutscher Katholikinnen und Katholiken angesichts weltweiter Hungerkatastrophen zu einer allgemeinen Krisendiagnostik, die Rückwirkungen auf die eigene Wirtschaftsordnung und den persönlichen Lebensstil zeitigte und ob ihrer zunehmenden Dringlichkeitsevidenz bewältigt werden musste: »[D]enn daß es nicht so weitergeht wie bisher, verkünden uns beinahe täglich die Zeitungen, wenn sie von Kongressen und Konferenzen berichten, bei denen man sich Gedanken macht über die Zukunft der Menschheit«[13].

Am Beispiel der Jutetaschen zeigten sich in geradezu paradigmatischer Weise die Diskurse über die weltweite Hungerproblematik, die Aushandlungsprozesse und die Bewältigungsstrategien dieses Problemfeldes, die nachzuzeichnen, zu kategorisieren und zu kontextualisieren Anspruch dieser Arbeit ist. Allerdings unterlagen diese Diskurse wesentlichen Veränderungen. Bereits in den Publikationen zur Aktion ›Jute statt Plastik‹ ließ sich eine deutliche Verschiebung der Deutungsschemata und Bewältigungsmuster erkennen, denn durch diese Aktion sollte

> die Entwicklungsproblematik mit den Folgen unseres Lebensstiles und unserer Zukunft verbunden werden. Jutetaschen sind eine echte Alternative zu Plastiktüten. Sie führen somit unmittelbar zu den brennendsten Fragen unserer Zeit: Umweltverschmutzung, Raubbau mit den begrenzten Rohstoffen dieser Erde und Energieverknappung. [...] Die Aktion kann Anstoß sein, unsere auf ständiges Wachstum eingeschworene Gesellschaft zu hinterfragen und nach Alternativen zu suchen. Andererseits zeigt die Verdrängung von Jute durch Plastikartikel, wie unmittelbar unser Lebensstil auf Entwicklungsländer zurückwirkt. Der enge Zusammenhang zwischen Über- und Unterentwicklung soll an der Aktion ›Jute statt Plastik‹ aufgezeigt werden.[14]

Damit benannten die zeitgenössischen Akteure bereits die komplexe Doppelstruktur, die den Gegenstand dieser Arbeit bildet: Einerseits trieb die katholischen Akteure ab der zweiten Hälfte der 1950er Jahre die wachsende Wahrnehmung des Hungers und der Not großer Bevölkerungsteile, insbesondere in asiatischen und afrikanischen Staaten oder Regionen wie beispielsweise in Biafra, zu einem Bewältigungshandeln, das der Verbesserung der örtlichen Lebenssituationen dienen sollte. Das geografisch

---

12   Zum Begriff der »politischen Waren« vgl. EBD., S. 17, 62–80.

13   BDKJ / MISEREOR (Hrsg.), Jugendaktion 1978, Arbeitsmappe. Teil 2, o. S., in: DSTKJA HARDEHAUSEN, 2.2631 Sammlung Misereor / BDKJ-Jugendaktion und Misereor-Fastenaktion.

14   AKTION ›JUTE STATT PLASTIK‹ (Hrsg.), Werkbuch, 6, in: ARCHIV DER KLJB DIÖZESE ROTTENBURG-STUTTGART, Dritte Welt, 2.263, Aktion »Jute statt Plastik«.

ferne Hungerproblem sollte ganz im Sinne der Modernisierungstheorie[15] durch Technisierung und Produktionssteigerungen gelöst werden. Um die nötigen finanziellen Mittel zu akquirieren, wurde mittels einer emotionalen Text- und Bildsprache an das Mitleid und die Barmherzigkeit der Spenderinnen und Spender in der Bundesrepublik Deutschland appelliert. Andererseits entwickelten sich durch dieses Engagement zunehmend Diskurse über den Zusammenhang dieser Lebenssituationen mit dem eigenen Lebensstil, der ab den 1970er Jahren als unmittelbar bedroht angesehen wurde. Konsum- und Wegwerfgewohnheiten der eigenen Bevölkerung, der Ressourcenverbrauch und die Lebensverhältnisse in der »Konsumgesellschaft«[16] entwickelten sich immer stärker zu einem gesellschaftlichen wie innerkirchlichen Konfliktfeld, das im Folgenden zu beschreiben sein wird. Die geografische Ferne also, die zunächst Diskurse über Welternährungsdaten, Bevölkerungssteuerungen und Entwicklungsziele erlaubte, wurde spätestens in der zweiten Hälfte des Untersuchungszeitraumes als eine konkrete, nunmehr auch geografisch nahe Bedrohung einer gerechten Ordnung und des eigenen Lebensstils gedeutet. Die anfangs externe Problematik musste also in den 1970er Jahren als eine interne und dadurch existentielle diskutiert und bearbeitet werden, und führte in der Folge zu Umcodierungen der Semantiken, Verschiebungen der politischen Forderungen und Neuentwicklungen auf der performativen Ebene innerhalb des deutschen Katholizismus, für die die Aktion ›Jute statt Plastik‹ ein Beispiel darstellt. So erklären sich auch die beiden Begriffe ›Biafra‹ und ›Bonn‹ im Titel dieser Arbeit. Steht der erste für die zentrale Hungerkatastrophe der zweiten Hälfte des 20. Jahrhunderts, in der sich das angedeutete Bewältigungshandeln paradigmatisch verdichtete, steht der zweite Begriff als Chiffre für die von Bonn als Bundeshauptstadt geprägte Bundesrepublik Deutschland. In einer Doppelbewegung zwischen diesen beiden Chiffren bewegte sich der durch Hungerkatastrophen ausgelöste Diskurs und das Bewältigungshandeln.

Im Zentrum der Arbeit stehen also nicht die konkreten Ausprägungen von Hunger und die Bewältigungspraxis in den Hungergebieten. Vielmehr soll dem medial und didaktisch vermittelten Hunger, seinen Deutungsschemata und Bedrohungspotentialen innerhalb des deutschen Katholizismus, den daraus resultierenden sozialen und

---

15 Vgl. dazu etwa: F. Nuscheler / D. Nohlen, Was heißt Entwicklung ?, S. 55–75, besonders S. 60–62.
16 Der Begriff der Konsumgesellschaft ist ein Mitte des 20. Jahrhunderts aufkommender Begriff zur Bezeichnung für eine durch Massenkonsum gekennzeichnete Gesellschaft. Eine allgemeinverbindliche Definition der Konsumgesellschaft existiert nicht. Wolfgang König beschreibt sie wie folgt: »Sie zeichnet sich dadurch aus, dass die Mehrheit der Bevölkerung an neuen Konsumformen teilhat und der Konsum herausragende kulturelle, soziale und ökonomische Bedeutung besitzt. In der Konsumgesellschaft wird der Konsument zur soziokulturellen Leitfigur; Konsumhandlungen sind für zentrale ökonomische Größen wie Wachstum und Beschäftigung mit verantwortlich; Konsum dient der individuellen und sozialen Selbstentfaltung und Selbstdarstellung«. (W. König, Kleine Geschichte der Konsumgesellschaft, S. 9 f.; zur Konsumkritik S. 270–274) Vgl. dazu: U. Wyrwa, Consumption, Konsum, Konsumgesellschaft, S. 747–762; W. König, Geschichte der Konsumgesellschaft. Zur Kritik am Begriff erst jüngst: P.-P. Bänziger, Von der Arbeits- zur Konsumgesellschaft ?, S. 11–38.

theologischen Bewältigungsstrategien und dem ›re-ordering‹ der als bedroht wahrgenommenen Ordnungen nachgegangen werden. Dabei wird auch zu beleuchten sein,
inwieweit die Diskurse zur Hungerbewältigung die Tiefenstruktur des (nach-)konzi-
liaren deutschen Katholizismus und seine Aushandlungsprozesse um die Stellung der
Kirche in der Gesellschaft in der zweiten Hälfte des 20. Jahrhunderts beeinflussten.

Denn christliche Gesellschaften hatten auf Hungerkrisen jahrhundertelang mit
einer doppelten Strategie der Bewältigung reagiert[17]. Einerseits bedrohte Hunger das
Leben jedes Einzelnen und damit das Zusammenleben, die soziale Ordnung der Gesellschaft in fundamentaler Weise. Daher mussten Strategien der sozialen Sicherung
entwickelt werden, die zunächst zügige Nothilfen und Unterstützungssysteme anbo-
ten, längerfristig aber auch die Vulnerabilität der Gesellschaft verbessern und damit
die Aufrechterhaltung der Ordnung des Zusammenlebens sichern sollten[18]. Andererseits bedrohten Hunger und seine Erscheinungsformen neben der sozialen Ordnung
zugleich auch die christlichen Ordnungsvorstellungen einer guten Schöpfung und
göttlicher Gnade und Barmherzigkeit. Im Moment der Bedrohung mussten daher die
theologischen Konzepte so umcodiert werden, dass sie das christliche Gottesbild und
die religiösen Praktiken möglichst nicht infrage stellten. In der zweiten Hälfte des 20.
Jahrhunderts nun verschob sich jedoch die Herausforderung. Bis dahin hatte Hunger
immer konkret einzelne Gesellschaften betroffen. Mit dem Ende der Weltkriege war
er jedoch als physisch erlebbarer Zustand aus Europa nahezu verdrängt worden. Mitte
der 1950er Jahre aber trat er erstmals als Phänomen außereuropäischer Gesellschaften
mit Rückwirkungen auf den deutschen Katholizismus ins Bewusstsein. Die Hungerkatastrophen des 19. und frühen 20. Jahrhunderts außerhalb oder am Rande Europas
waren in Deutschland selten, allenfalls zur Begründung der eigenen Überlegenheit,
wahrgenommen worden[19]. Nun aber konnte die massenhafte Verzweiflung und das
große Sterben angesichts einer Kombination von Naturkatastrophen und Kriegen,
starkem Bevölkerungswachstum, Beschäftigungsmangel und der ungleichen Verteilung der Macht auf den Nahrungs- und Rohstoffmärkten nicht länger übersehen werden und erzeugte Handlungsdruck[20].

Zugleich zeigt sich am Beispiel der Aktion ›Jute statt Plastik‹, in welchen Kontexten sich katholisches Bewältigungshandeln abspielte. Standen bis in die 1950er
Jahre in den Missionsstationen vor allem konfessionell geprägte Strategien im Mittelpunkt, war das Engagement der Kirchen in der Entwicklungsarbeit von Beginn an

---

17   Vgl. dazu die Arbeiten von C. RIESE, Hunger, Armut, Soziale Frage? Sozialkatholische Ordnungs-
       diskurse im Deutschen Kaiserreich (1871–1918), Paderborn [in Vorbereitung]; J. M. SCHMIDT,
       Hungerbedrohung, Sündenstrafe und Magie.

18   Zum Konzept der Vulnerabilität vgl. D. COLLET / T. LASSEN / A. SCHANBACHER (Hrsg.), Handeln
       in Hungerkrisen.

19   Vgl. dazu auch Kapitel I.1. H. VAN DER WEE, Der gebremste Wohlstand, S. 99.

20   Vgl. H. WIETERS, Debatten über das »Welternährungsproblem«, S. 215–241; H. VAN DER WEE, Der
       gebremste Wohlstand, S. 99–135; A. DATTA, Welthandel und Welthunger. Vgl. dazu auch Kapitel III.2.

ökumenisch angelegt, und bezog zusätzlich die Zivilgesellschaft, etwa die Neuen Sozialen Bewegungen, mit ein bzw. erhielt von hier aus prägende Impulse[21]. So war 1975
unter gleichem Namen in der Schweiz die ›Jute statt Plastik‹ -Aktion bereits durchgeführt worden. An diese Erfahrungen und Aktionsansätze konnte die aufkommende
Umweltbewegung nun anknüpfen[22]. Sowohl die Aktion ›Dritte Welt‹-Handel als auch
die Arbeitsgemeinschaft der ›Dritte Welt‹-Läden, in der auch christliche Basisgruppen organisiert waren, beschlossen die gemeinsame Durchführung dieser Aktion in
der Bundesrepublik, die über die Gesellschaft zur Förderung der Partnerschaft mit der
›Dritten Welt‹ *gepa*[23] abgewickelt und von den christlichen Jugenddachverbänden
didaktisch aufbereitet wurde. Vernetzungen und Kooperationen im ökumenischen
wie im gesellschaftlichen Bereich waren also bestimmende Leitlinien des katholischen Bewältigungshandelns, wie sich im Folgenden immer wieder zeigen wird.

Am Beginn dieser systematischen Bewusstwerdung weltweiten Hungers standen
gewissermaßen die Gründung Misereors als »Hilfswerk zur Bekämpfung von Hunger und Armut in der Welt« und die erste bundesweite Fastenaktion 1959 unter dem
Motto »Gebt ihr ihnen zu essen«[24]. Niemand fasste den besonderen »Kairos« tref-
fender in Worte als Joseph Kardinal Frings[25] in seiner Rede »Abenteuer im Heiligen
Geist« bei der Vollversammlung der Bischofskonferenz in Fulda im August 1958: »Was
wir bisher über unserer eigenen Not vergessen haben, tritt jetzt in die Mitte unseres
Bewußtseins«[26]. Die Umstände und Erfordernisse der Nachkriegszeit hatten bis
dahin kaum einen ›Blick über den Tellerrand‹ zugelassen. Erst die Wirkungen des
Wirtschaftswunders und Fortschritte in der Kommunikation, der Technik und der
Mobilität ermöglichten den Blick ›nach außen‹. Mit diesem ›kick-off‹ -Moment beginnt daher auch der Untersuchungszeitraum der vorliegenden Arbeit, weil sich in
ihm die fundamentalen Veränderungen am Beginn der »langen 1960er Jahre«[27] verdichtet beobachten lassen.

---

21 Auf die Rolle der Neuen Sozialen Bewegungen für das Handeln der Kirchen, gerade im Bereich der
    internationalen Hilfsorganisationen, haben Wilhelm Damberg und Traugott Jähnichen hingewiesen.
    Vgl. W. DAMBERG / T. JÄHNICHEN (Hrsg.), Neue Soziale Bewegungen.
22 Vgl. dazu K. J. KUHN, Fairer Handel und Kalter Krieg.
23 Vgl. dazu Kapitel II.4.b.
24 Dazu etwa: MAA, Sammlung Misereor-Materialien 1959.
25 JOSEPH KARDINAL FRINGS (1887–1978). Studium der Theologie in München, Innsbruck, Frei-
    burg i. Br. und Bonn, 1910 Priesterweihe, 1916 Promotion (Dr. theol.), verschiedene Stationen der
    Seelsorge. 1942 Erzbischof von Köln. Ab Juli 1945 Vorsitzender der Fuldaer Bischofskonferenz. 1946
    Erhebung zum Kardinal. Vgl. N. TRIPPEN, Josef Kardinal Frings. Sein Wirken für das Erzbistum Köln;
    N. TRIPPEN, Josef Kardinal Frings. Sein Wirken für die Weltkirche.
26 J. Kardinal FRINGS, Abenteuer im Heiligen Geist, S. 14.
27 Vgl. zum Begriff der langen 1960er Jahre und dessen Rezeption: A. DOERING-MANTEUFFEL,
    Westernisierung, S. 311–341; H. MCLEOD, The Religious Crisis.

Die folgenden 20 Jahre waren einerseits geprägt von verschiedenen Wellen der Wahrnehmung von Hungerkatastrophen und von zahlreichen Transformationsprozessen der Gesellschaft, die sich immer wieder auf die Bewältigung von Hunger auswirkten. So rechnete die FAO in den 1970er Jahren mit einer Milliarde unterernährter Menschen. Die Weltmarktpreise für Getreide verdoppelten sich allein zwischen 1972 und 1976. Während Agrarrevolutionen ab Mitte der 1940er bis Anfang der 1970er Jahre in den westlichen Ländern die Nahrungsgrundlage der Industrieländer nochmals deutlich verbesserten, den stark erhöhten Fleischkonsum ermöglichten und durch die Produktivitätssteigerung die zunehmende Nachfrage der Entwicklungsländer auffangen konnten[28], stieg nun der Weltgetreidepreis durch Getreideimporte der Sowjetunion und Chinas und durch höhere Kunstdüngerpreise stark an. Die Industrieländer konnten darauf mit weiteren Produktivitätssteigerungen reagieren, für die Entwicklungsländer stellte sich die Grüne Revolution nach ihrem durchaus positiven Beginn nach dem Zweiten Weltkrieg mit der Entwicklung ertragreicherer Getreide- und Reissorten jedoch als Fehlschlag dar[29]. Die ländliche Armut konnte nicht beseitigt werden, die neuen Sorten benötigten deutlich mehr Wasser und den Einsatz von Kunstdünger. Soziale Ungleichheit, Armut und Hunger, aber auch die Zerstörung der Umwelt und der agrarischen Wirtschaftsräume nahmen in Mittel- und Lateinamerika, insbesondere aber in Asien und Afrika drastisch zu[30].

Andererseits verschob sich, wie schon angedeutet, im Laufe dieser Jahre das komplexe, durch die Hungerproblematik ausgelöste Bedrohungsgefüge. In den späten 1950er und 1960er Jahren dominierte eine sich vor allem auf die »dritte Welle«[31] des Dekolonialisierungsprozesses richtende konkrete Furcht vor einer Ausweitung des kommunistischen Einflusses auf die Länder der ›Dritten Welt‹ oder vor einem Aufstand der zahlenmäßig kaum beherrschbaren Menschenmassen des globalen Südens. Umfragen in politisch und wirtschaftlich einflussreichen Kreisen zeigten ein breites Spektrum an Motivationen und Gefühlen, die internationale Solidarität als Ausgleich für frühere Kolonialschuld definierten, aber auch die Integration in westliche

---

28   Van der Wee spricht in diesem Zusammenhang von einer »Zweiten Agrarrevolution«, die sich durch Neuerungen und Verbesserungen in der Agrarproduktion auszeichnete, etwa effizientere Bewässerungssysteme, den Einsatz von Pestiziden und insbesondere den enormen Anstieg von Kunstdünger. Dadurch konnte bei verkleinerter Nutzfläche der Ertrag gesteigert werden. Vgl. H. VAN DER WEE, Der gebremste Wohlstand, S. 116–120.

29   Vgl. EBD., S. 120–125.

30   Hier ist die Prognose van der Wees im Jahre 1984 interessant: »Während der Westen auf positive Ergebnisse der Grünen Revolution in der Dritten Welt wartet, bleibt für ihn die Möglichkeit, kurzfristig das Gleichgewicht zwischen Weltbevölkerung und Nahrungsmittelversorgung durch den weiteren Ausbau seiner Zweiten Agrarrevolution wiederherzustellen. Dies wäre gleichzeitig eine Alternative zum ungleichgewichtigen Wachstum.« (EBD., S. 125).

31   Vgl. dazu J. DINKEL, Bewegung bündnisfreier Staaten; J. JANSEN / J. OSTERHAMMEL, Kolonialismus; J. JANSEN / J. OSTERHAMMEL, Dekolonisation.

politische Ordnungsbilder und die Abwehr des Weltkommunismus forderten[32]. In
den 1970er Jahren hingegen standen Ängste vor der Weltüberbevölkerung, vor einem
ökonomisch-ökologischen Kollaps sowie einem globalen Kampf um sich dramatisch
verknappende Rohstoffressourcen an erster Stelle. Das »explosive Anwachsen der
Weltbevölkerung« galt als Ursache einer »für den größten Teil der Welt drohende[n],
in vielen Ländern schon heute herrschende[n] Hungerkatastrophe«[33]. Kirchliche
Hilfswerke konstatierten eine »wachsende Beunruhigung der internationalen Gemeinschaft über die Zunahme der Weltbevölkerung, die Knappheit der Nahrungsmittel und Rohstoffe, sowie die Bedrohung des ökologischen Gleichgewichtes«[34]. Die
Furcht wurde durch den Schock der Ölkrise und ihre wirtschaftlich-sozialen Folgen
im Westen, aber auch durch die Berichte des ›Club of Rome‹ über »Die Grenzen des
Wachstums«[35] verstärkt. Westeuropa sah sich mit der ›Verletzlichkeit des eigenen Lebensstandards‹ konfrontiert. Das bedrohte zunehmend die Akzeptanz der bestehenden Weltwirtschaftsordnung[36] durch »gewaltsame Veränderungen, Umstürze und
Revolutionen« oder einen »kriegerischen Konflikt weltweiten Ausmaßes«; das »Zeitalter der Hungerkatastrophen« sei die »das atomare Zeitalter ablösende Epoche«[37].
Zunehmend wurde auch in den Industriestaaten Neo-Kolonialismus und Neo-Impe-
rialismus gebrandmarkt, in zunehmendem Maße auch von Katholikinnen und Katholiken innerhalb der Bundesrepublik, wobei sich jedoch große Unterschiede zwischen
verschiedenen Generationen und innerhalb der gesamten Gesellschaft erkennen lassen. Die Kontroversen über die Hungerbewältigung führten zu einer Pluralisierung
und Ausdifferenzierung des Katholizismus.

Als Ende der Untersuchung bietet sich aus zwei inhaltlichen Gründen der Januar
1979 an: Mit dem Jahr 1979 lief die zweite von den Vereinten Nationen ausgerufene
Entwicklungsdekade aus und mit einem großen ökumenischen und vielbeachteten
entwicklungspolitischen Kongress beendeten die beiden Kirchen die erste Phase
eines Dialogprogramms mit verschiedenen gesellschaftlichen Gruppen[38]. Auch aus
pragmatischen Gründen stellt das Jahr 1979 eine Zäsur dar. Die Archivordnungen
kirchlicher Archive sehen Sperrfristen von bis zu 40 Jahren vor und erschwerten so im
Verlauf der Untersuchung die Sichtung von Archivalien für die 1970er Jahre.

32   Vgl. D. DANCKWORTT, Psychologie der deutschen Entwicklungshilfe, S. 23–41.
33   So etwa VDW, Gegen den Hunger in der Welt; VDW (Hrsg.), Welternährungskrise.
34   J. SENFT, Entwicklungshilfe oder Entwicklungspolitik.
35   D. H. MEADOWS u. a., Die Grenzen des Wachstums.
36   E. PESTEL / M. MESAROVIĆ, Menschheit am Wendepunkt; J. TINBERGEN u. a., Rio Report.
37   VDW (Hrsg.), Welternährungskrise, S. 14.
38   Vgl. Kapitel III.4.d.

Damit fällt der Untersuchungszeitraum zusammen mit zwei für die vorliegende Arbeit wichtigen Pontifikaten: dem Johannes' XXIII.[39] und dem Pauls VI.[40]. Das am 28. Oktober 1958 beginnende Pontifikat Johannes' XXIII. weitete gewissermaßen die Perspektive einer eurozentrischen katholischen Kirche. Mit der Sozialenzyklika »Mater et magistra« 1961, noch mehr mit der Enzyklika »Pacem in terris« 1963 bezog Johannes XXIII. Stellung zur Rolle der katholischen Kirche in der Welt und zur Aufgabe der Schaffung gerechter Ordnungen zum friedlichen Zusammenleben der Völker. Damit weitete er durch die Adressierung der Enzyklika an alle Menschen guten Willens den päpstlichen Zuständigkeitsbereich aus[41]. Paul VI. griff 1967 in seiner Enzyklika »Populorum progressio«[42] diese ersten Ansätze Johannes' XXIII. sowie die fundamentalen Weichenstellungen des Zweiten Vatikanischen Konzils auf und erhob den Fortschritt der Völker, insbesondere den der Völker der ›Dritten Welt‹, zu einem der drängendsten Probleme der Menschheit. Beim Entwicklungskongress »Entwicklung als internationale soziale Frage« der evangelischen und der katholischen Kirche im Januar 1979 zeigte sich, welche Wirkung das Pontifikat des im August 1978 verstorbenen Papstes jenseits der Enzyklika »Humanae vitae«[43] im Hinblick auf die Entwicklungsfragen erzeugt hatte.

Räumlich erstreckt sich die Untersuchung auf den westdeutschen Katholizismus. Katholizismus wird dabei in einem allgemeinen Sinn verstanden als die Gesamtheit der Erscheinungsformen des katholischen Christentums[44], also sowohl amtskirchliche Institutionen und Kreise als auch Laiengruppen, Verbände, Kirchengemeinden und – das ist für den hier interessierenden Fragekomplex überaus

---

39 PAPST JOHANNES XXIII. (1958–1963). * 1881 als Angelo Giuseppe Roncalli, nach Theologiestudium 1904 Priesterweihe. 1905–1918 Sekretär des Bischofs von Bergamo und Dozent für Kirchengeschichte, im Ersten Weltkrieg Militärseelsorger. 1924 Professor für Patrologie. 1925 Titularbischof, diplomatische Karriere in Bulgarien, der Türkei und Frankreich. 1953 Ernennung zum Kardinal. 1958 Wahl zum Papst, Einberufung des Zweiten Vatikanischen Konzils. 2000 Seligsprechung. 2014 Heiligsprechung. Vgl. G. ALBERIGO, Art. Johannes XXIII., Sp. 952–955.

40 PAPST PAUL VI. (1963–1978). * 1897 als Giovanni Battista Montini, nach Theologiestudium 1920 Priesterweihe. 1920–1923 Ausbildung an der Päpstlichen Diplomatenakademie. Diplomatische Dienste im Staatssekretariat. 1954 Bischofsweihe. 1954–1963 Erzbischof von Mailand. 1958 Ernennung zum Kardinal. 1963 Wahl zum Papst, Fortführung des Zweiten Vatikanischen Konzils. 2014 Seligsprechung. Vgl. J. ERNESTI, Paul VI. Weitere biografische Hinweise in Kapitel II.3.

41 Vgl. H. FUHRMANN, Die Päpste, S. 213–221; G. ALBERIGO, Johannes XXIII. Leben und Wirken; die Enzykliken vgl. E. WELTY, Die Sozialenzyklika; JOHANNES XXIII., Pacem in terris.

42 H. KRAUSS, Über den Fortschritt der Völker.

43 Zur Enzyklika »Humanae vitae«, die nicht weiter thematisch ausgeführt wird, sei hier auf folgende Literatur verwiesen: PAUL VI., Humanae vitae; DBK (Hrsg.), Königsteiner Erklärung, S. 465–471; jüngst: F. BOCK, »Dem Vatikan gehört die Kirche, nicht das Bett«, S. 575–600; J. ERNESTI, Paul VI., S. 216–232. Die päpstliche Lehrentscheidung stellte den Katholizismus insofern unter Rechtfertigungsdruck, als sie die Pille zur Geburtenkontrolle verbot, die in wissenschaftlichen und öffentlichen Kreisen als eine Möglichkeit der Begrenzung des Bevölkerungswachstums galt.

44 Vgl. H. MAIER, Art. Katholizismus, Sp. 1368.

wesentlich – sogenannte ›graue Gruppen‹, d. h. aus (Jugend-)Verbänden und Pfarrgemeinden entstandene, im Wesentlichen von Christen getragene, bisweilen auch
ökumenisch agierende Aktionsgruppen[45]. Katholizismus ist ein diskursiver Gegenstand, auf den sich Akteure beziehen, ein Gegenstand, der gewissermaßen den Inter-
pretationsrahmen für Reflexion und Handeln angesichts von Hungerkatastrophen
bereitstellt und in dem Wirklichkeit gedeutet wird. Dabei sind diese Diskurse keine
Binnendiskurse mehr, sondern stehen inmitten der gesamtgesellschaftlichen Diskurse, befruchten und ergänzen sich gegenseitig[46]. Schwerpunkte wurden auf die (Erz-)
Diözesen Köln, Münster und Rottenburg-Stuttgart und ihnen geografisch zugeordnete
Verbände gelegt. So konnte die unüberschaubare und bisweilen noch nicht aufbereitete Materialfülle begrenzt und zugleich ein durch verschiedenartige Landschaften von
eher städtischen (Köln), ländlichen (Rottenburg-Stuttgart) und studentischen (Münster) Milieus möglichst heterogenes Bild erhalten werden. Die untersuchten Institutionen und Verbände spiegeln ein breites Spektrum des Katholizismus wider. Der Bund
der deutschen katholischen Jugend (BDKJ), die katholische Arbeitnehmer-Bewegung
(KAB), das Zentralkomitee der deutschen Katholiken (ZdK), der Katholische Arbeitskreis für Entwicklung und Frieden (KAEF) als deutsche Vorgängerorganisation der
›Justitia et Pax‹ -Kommission, die deutsche Bischofskonferenz (DBK) und das Katholische Büro, die Katholische Landjugendbewegung und die Hochschulgemeinden in
Tübingen und Münster wurden deshalb als Hauptakteure in den Blick genommen.

Dabei kann und will die Arbeit nicht das gesamte Feld kirchlicher ›Entwicklungshilfe‹ bearbeiten. Diese wurde jedoch überhaupt erst ausgelöst durch die Wahrnehmung
von Hunger in den Ländern des globalen Südens. Zwar stellt die Bewältigung von
Hunger in der Welt bis heute eines der Kernthemen kirchlicher Entwicklungszusammenarbeit dar. Eine scharfe Trennung lässt sich also nicht durchhalten. Gleichwohl
ist es nicht Anspruch der Arbeit, die Vielzahl kirchlicher Entwicklungsorganisationen
und ihrer Programme darzustellen und zu analysieren. Aus diesen Gründen sind die
langfristigen Aufbauprogramme Misereors, die Arbeitsgemeinschaft für ›Entwicklungshilfe‹, die schwerpunktmäßig Entwicklungshelfer zur längerfristigen Aufbauarbeit aussandte[47], und auch der Bereich der Mission und der Missionsorden aus der
Arbeit ausgeklammert, obwohl diese indirekt freilich immer auch Hungerbekämpfung betrieben und betreiben. Gleiches gilt für die pastoral ausgerichteten Hilfswerke
wie Missio oder Adveniat. Dort jedoch, wo sich die Diskurse mit den genannten Institutionen überlappten, wurden sie gleichwohl mit abgebildet.

---

45   Vgl. dazu auch die Studie von F. Nuscheler u. a. (Hrsg.), Christliche Dritte-Welt-Gruppen.
46   Vgl. dazu für den Katholizismus übersichtlich zusammengefasst: F. Bock, Der Fall »Publik«, S. 28–30.
47   Vgl. dazu B. Hein, Die Westdeutschen und die Dritte Welt, darin besonders S. 62–70.

2. Forschungsstand

Dieser im ersten Unterkapitel beschriebene Blickwinkel stellte bisher ein Desiderat in der Katholizismusforschung dar. Zwar erfreut sich die Erforschung des deutschen Katholizismus der 1960er und 1970er Jahre im letzten Jahrzehnt einem steigenden Interesse[48]. Die Nord-Süd-Problematik und die Rolle der katholischen Kirche dabei jedoch »harr[t] weitgehend der Erforschung«[49]. Die vorliegende Arbeit füllt nicht nur diese Leerstelle. Vielmehr arbeitet sie die grundlegende Diskurslandschaft auf, in der kirchliches Bewältigungshandeln überhaupt erst ausgehandelt und durchgeführt wurde. Sie untersucht damit eine Tiefenstruktur des deutschen, (nach-)konziliaren Katholizismus, dessen Ordnungsschemata durch die Wahrnehmung weltweiten Hungers in den Grundfesten erschüttert wurden und von daher neu konfiguriert werden mussten. Dazu zeichnet die Arbeit die Linien nach, die die komplexen Rückwirkungen des Problemfeldes Hungerkatastrophen auf die deutsche Gesellschaft und näherhin auf den deutschen Katholizismus erkennbar machten, und analysiert die Ansätze des »re-ordering«.

Um diese Diskurslandschaft herausarbeiten zu können, kann die Arbeit auf einige wertvolle Untersuchungen zu Einzelaspekten zurückgreifen, die sich zu fünf Themenkomplexen gruppieren lassen. In einem ersten Themenkomplex lassen sich jüngere Arbeiten zusammenfassen, die den deutschen Nachkriegskatholizismus aufarbeiten und dabei erste Andeutungen zum Bereich der Entwicklungsarbeit machen. Thomas Mittmann sieht in seiner Arbeit über die kirchlichen Akademien in der Bundesrepublik die »Entdeckung der Dritten Welt« als wichtigen Impulsgeber für eine »Umcodierung der kirchlichen Rolle im Sinne eines stärkeren gesellschaftspolitischen Akteurs« und damit eine »Ausweitung des kirchlichen Handlungs- und Verantwortungsraumes«[50]. Die »Umcodierung« fand, so Mittmann, vorwiegend auf Katholikentagen und anderen Großveranstaltungen statt. Die Akademien machten sich in den 1970er Jahren jedoch auch »zunehmend für den Abbau von Vorurteilen gegenüber der ›Dritten Welt‹ durch Bildungs- und Informationsarbeit stark«[51] und

---

48 Ein erster Überblick: W. DAMBERG / K.-J. HUMMELS (Hrsg.), Katholizismus in Deutschland. Vgl. auch: F. BOCK, Der Fall »Publik«; W. DAMBERG / A. LIEDHEGENER (Hrsg.), Katholiken in den USA und Deutschland; W. DAMBERG (Hrsg.), Soziale Strukturen; D. GERSTER, Friedensdialoge im Kalten Krieg; T. GROSSBÖLTING, Der verlorene Himmel; A. HENKELMANN, Caritasgeschichte; A. LIEDHEGENER, Macht, Moral und Mehrheiten; A. LIEDHEGENER, Der deutsche Katholizismus, S. 47–82; T. MITTMANN, Kirchliche Akademien; M. RUFF, The Wayward Flock; C. SCHMIDTMANN, Katholische Studierende; S. VOGES, Konzil, Demokratie und Dialog; B. ZIEMANN, Katholische Kirche und Sozialwissenschaften. Bereits früher, jedoch ebenfalls ohne Bezug zur vorliegenden Problemstellung: W. DAMBERG, Abschied vom Milieu?; T. GROSSMANN, Zwischen Kirche und Gesellschaft.
49 F. KRAMER, Thesen zur Katholizismusforschung, S. 147.
50 T. MITTMANN, Kirchliche Akademien, S. 106.
51 EBD., S. 114.

bezogen zudem politisch Stellung. Die Probleme der Entwicklungsländer und ihre ökonomischen Abhängigkeiten rückten folglich nicht nur in den Blick der Öffentlichkeit, sondern auch ins Bewusstsein der Kirchen und ihrer Akademien[52]. Dennoch spielt der Bereich Entwicklungspolitik in Mittmanns Arbeit eine untergeordnete Rolle. Daniel Gersters Dissertation »Friedensdialoge im Kalten Krieg. Eine Geschichte der Katholiken in der Bundesrepublik 1957–1983«[53] tangiert ebenfalls immer wieder die Fragen der Entwicklungspolitik: Einerseits deshalb, weil die Friedens- und die Entwicklungsarbeit im katholischen Bereich häufig eng verknüpft waren[54], andererseits, weil die 1960er Jahre auch von einer thematischen Schwerpunktverlagerung von der Friedenssicherung zu friedensfördernden und damit entwicklungspolitischen Aktivitäten geprägt waren[55]. Thomas Großböltings deutsche Religionsgeschichte seit 1945 »Der verlorene Himmel« rekurriert gelegentlich auf die Rückwirkungen etwa der Befreiungstheologie[56] auf den deutschen Katholizismus, diskutiert die Einflüsse der Entwicklungszusammenarbeit auf die Transformationen des deutschen Katholizismus jedoch nicht umfassend[57].

Ein zweiter Themenkomplex sind Arbeiten, die die kirchliche Entwicklungspolitik aufgearbeitet haben. 1985 untersuchte Ludwig Watzal aus politikwissenschaftlicher Sicht die Entwicklungspolitik der katholischen Kirche in der Bundesrepublik, 1990 folgte eine Arbeit von Horst Sing, die beide jedoch eher deskriptive Institutionen- und Textgeschichten erarbeiteten[58]. 1995 legte Peter Langhorst eine Dissertation über die Kirchen und die Entwicklungsproblematik vor, dessen These, wonach sich die kirchliche Entwicklungsarbeit von einer karitativen Hilfe zu einer partnerschaftlichen Zusammenarbeit entwickelt habe, nach wie vor zuzustimmen ist, wobei, wie zu zeigen sein wird, eben diese Zusammenarbeit differenzierter zu betrachten ist[59]. Die genannten Arbeiten jedoch lassen die Rückwirkungen, die diese Entwicklungsarbeit auf den deutschen Katholizismus hatte, aus. Zu erwähnen sind hier noch die hilfreichen und grundlegenden Arbeiten von Franz Nuscheler, etwa über die christlichen Dritte-Welt-Gruppen[60]. Für den deutschen Protestantismus sind dagegen in

---

52 Vgl. EBD., S. 106.

53 D. GERSTER, Friedensdialoge im Kalten Krieg, S. 172–194.

54 Vgl. etwa die Gründung des Katholischen Arbeitskreises für Entwicklung und Frieden 1967 in der Bundesrepublik und die Einrichtung des Päpstlichen Rates ›Justitia et Pax‹, ebenfalls 1967. Vgl. dazu Kapitel II.3.d.

55 Vgl. D. GERSTER, Friedensdialoge im Kalten Krieg, S. 172.

56 Vgl. dazu G. GUTIERREZ, Theologie der Befreiung; M. I. AGUILAR, 1968: A historiography, S. 201–211; C. DOLS / B. ZIEMANN, Progressive Participation, S. 465–485.

57 T. GROSSBÖLTING, Der verlorene Himmel, S. 168–175.

58 Vgl. L. WATZAL, Entwicklungspolitik der katholischen Kirche; H. SING, Hilfe für die Armen.

59 Vgl. P. LANGHORST, Kirche und Entwicklungsproblematik.

60 Vgl. F. NUSCHELER u. a. (Hrsg.), Christliche Dritte-Welt-Gruppen; aber auch: F. NUSCHELER / D. NOHLEN, Handbuch der Dritten Welt (Bde. 1–8); F. NUSCHELER, Lern- und Arbeitsbuch Entwicklungspolitik.

den letzten Jahren einige Untersuchungen über die Zusammenhänge zwischen Entwicklungsfragen und Protestantismus vorgelegt worden. Zu nennen ist hier vor allem das DFG-Projekt von Katharina Kunter und Annegreth Schilling über die europäische Ökumene und die Entdeckung der ›Dritten Welt‹, das insbesondere den Ökumenischen Rat der Kirchen in den Mittelpunkt gestellt hat[61]. Ergebnis des bis 2011 laufenden Forschungsprojektes war, dass weniger von einer »Entdeckung der Dritten Welt« als vielmehr von einer Globalisierung der Kirchen bzw. des Ökumenischen Rates der Kirchen zu sprechen sei, da vielschichtige Interaktions- und Transformationsprozesse deutlich geworden seien[62].

Einen dritten Themenkomplex stellen Untersuchungen über den gesellschaftlichen Aufbruch in die ›Dritte Welt‹ dar. Dorothee Weitbrechts an der Katholischen Universität Eichstätt-Ingolstadt entstandene Dissertation beschäftigt sich mit der internationalen Dimension der Studentenbewegung von 1968 und fragt nach der Entstehung, den Voraussetzungen und der Wirkung einer Solidarität mit der ›Dritten Welt‹ um das Jahr 1968[63]. Sie geht dabei den »christlich-internationalistische[n] Dynamiken«[64] der entstehenden Solidarität nach, wobei vor allem die evangelischen Studentengemeinden im Fokus stehen. »Der ›Wind des Wandels‹, der insgesamt die 60er Jahre durchzog, begann auch von eher unerwarteter Seite zu wehen‹, nämlich aus Richtung der Kirchen«[65], so Weitbrecht. Allerdings wurde die Problematik ihrer Ansicht nach weniger im katholischen Bereich diskutiert. »Dialog- und Austauschpartner der protestierenden Studentenschaft waren [...] fast ausschließlich protestantische Christen, die sich zu einem großen Teil schon an den Protesten der 50er-Jahre gegen Rüstung und Wiederbewaffnung beteiligt hatten«[66]. Mit dem Ende der 1950er-Jahre und den Dekolonialisierungsprozessen setzte, so Weitbrecht, »ein Paradigmenwechsel in der Beziehung zwischen Kirche und Dritter Welt«[67] ein. Im Umfeld der Kirchen wurde der Begriff ›Gerechtigkeit‹ Symbol einer neuen Standortbestimmung christlicher Weltverantwortung[68]. Quinn Slobodian leistet mit seiner Untersuchung »Foreign Front. Third World Politics in Sixties West Germany«[69] wie Weitbrecht einen wichtigen Beitrag zur Geschichte transnationaler Beziehungen im Umfeld der Studentenbewegung, indem er den politischen Einfluss von Studierenden aus der ›Dritten Welt‹ auf die Studentenproteste der späteren 1960er Jahre analysiert. Nächstenliebe, »the

---

61 Vgl. K. KUNTER / A. SCHILLING (Hrsg.), Globalisierung der Kirchen.
62 Vgl. Ergebnisse des DFG-Projekts, URL http://gepris.dfg.de/gepris/projekt/56624288/ergebnisse (Stand: 1.5.2018).
63 D. WEITBRECHT, Aufbruch in die Dritte Welt, S. 53.
64 EBD., S. 199.
65 EBD., S. 53.
66 EBD., S. 55 f.
67 EBD., S. 208.
68 Vgl. EBD.
69 Vgl. Q. SLOBODIAN, Foreign Front.

movement from a generalized Christian compassion for ›all humanity regardless of race‹ «[70], war dabei, so Slobodian, wesentlicher Antrieb deutscher, vorwiegend linker Studenten. Konrad J. Kuhn hat 2011 eine Arbeit über die entwicklungspolitische Solidarität in der Schweiz in den 1980er Jahren vorgelegt, die er in diesem »verlorenen Jahrzehnt« als Niedergangsgeschichte erzählt[71]. Dabei versucht auch er zu klären, wie es der Bewegung gelingen konnte, Themen der ›Dritten Welt‹ zu etablieren. Von besonderer Bedeutung ist seine These, wonach erst die Verknüpfung von entwicklungspolitischen Themen mit innenpolitischen Problemfeldern die Etablierung des Diskurses ermöglichte[72]. Ob dies für den deutschen Katholizismus in ähnlicher Weise zutrifft, wird zu überprüfen sein. Vermutlich jedoch dürfte das Ergebnis deutlich differenzierter ausfallen. Aus erziehungswissenschaftlicher Perspektive versuchte Annette Scheunpflug in ihrer Dissertation über die entwicklungspolitische Bildungsarbeit in Schule und Jugendarbeit als Beitrag zu einer Geschichte der Entwicklungspädagogik von 1950 bis 1990 über empirische Arbeit anhand publizierten Materials und über die Auswertung von Fragebögen die historische Konstruktion und Bilanzierung dieser entwicklungspolitischen Bildungsarbeit[73]. Ziel war es, Bedingungsmöglichkeiten der Etablierung eines neuen Bildungsinhaltes darzustellen, wobei sie auch den konfessionellen Religionsunterricht sowie die kirchliche Jugendarbeit beider Konfessionen in ihre Arbeit mit einbezog. Als Materialsammlung hilfreich, bietet die Arbeit dennoch kaum Hinweise auf die Wirkungen dieser didaktischen Entwicklungsarbeit.

Der vierte Themenkomplex umfasst stark institutionengeschichtliche Arbeiten. Über die katholischen Hilfswerke und ihre Arbeit liegen eine Reihe von teilweise schon zeitgenössischen Arbeiten vor, die wichtige Vorarbeiten leisten oder als Quellen dienen. Die Aktion ›Dritte Welt‹-Handel ist von Ernst Schmied bereits 1977 untersucht worden und dient daher als eine der Hauptquellen für diese Aktion, die seitens der Jugendverbände und Hilfswerke in den 1970er Jahren ein »Versuch der Bewußtseinsbildung«[74] war. Franz-Josef Stummann beschrieb in seiner kulturanthropologischen Dissertation 1976 »Aktion Dritte Welt« die entwicklungspolitische Bewusstseinsbildung innerhalb der Jugend und widmete den Kirchen, aber auch den kritischen Gruppen innerhalb der Entwicklungspolitik, die im Austausch mit kirchlichen Akteuren standen, dabei große Aufmerksamkeit[75]. Auch diese Arbeit dient vorwiegend als Quelle, liefert sie doch wichtige Erkenntnisse über die Jugendsoziologie der 1960er und 1970er Jahre. Über Misereor erschienen bereits zeitgenössische Publikationen von Michael Vesper und Josef Senft, die sich kritisch mit der Arbeit

---

70 EBD., S. 25.
71 K. J. KUHN, Entwicklungspolitische Solidarität, S. 18.
72 Vgl. EBD.
73 Vgl. A. SCHEUNPFLUG, Entwicklungsbezogene Bildung.
74 Vgl. E. SCHMIED, Die »Aktion Dritte Welt Handel«.
75 F.-J. STUMMANN, Aktion Dritte Welt.

des Hilfswerkes auseinandersetzten[76]. Hans-Gerd Angel habilitierte sich 2002 an der Westfälischen Wilhelms-Universität Münster mit einer Arbeit über »Christliche Weltverantwortung«[77]. Hier zeichnete er die Genese, die Arbeitsweise und Struktur Misereors nach und ordnet die Arbeit Misereors in den Kontext kirchlicher Soziallehre ein. Markus Raschke wurde 2009 mit einer praktisch-theologischen Arbeit über den Fairen Handel an der Universität Tübingen promoviert, die die Bewegung des Fairen Handels seit Ende der 1960er Jahre und den Niederschlag in kirchlichen Dokumenten minutiös nachzeichnet und mit den Begriffen ›Gerechtigkeit‹ und ›Barmherzigkeit‹ Deutungsparadigmen dieser Bewegung anbietet und als Handlungsmotive ›Gnade‹ und die ›Reich-Gottes-Theologie‹ ausmacht[78]. Damit weist die Arbeit in einen Bereich hinein, der hier aus historischer Perspektive ebenfalls analysiert werden soll.

Der fünfte Themenkomplex schließlich umfasst Arbeiten, die terminologische Aspekte berücksichtigen bzw. Begrifflichkeiten und ihre Entstehung nachzeichnen und belegen. Aus sozialethischer Perspektive hat Oliver Müller die Entwicklung eines positiven Almosenbegriffs im Christentum über die Professionalisierung im Rahmen eines Spendenmarktes bis hin zum Ende der sogenannten »Sammelbüchse« nachgezeichnet[79]. Dabei geht er insbesondere auf die 1950er bis 1970er Jahre ein, in der sich karitatives Engagement von einem Almosenwesen hin zur »Hilfe zur Selbsthilfe« entwickelte. Hier spielte sich ein »wesentlich tief greifenderer Bedeutungswandel im Verständnis des Almosens ab als in den fünf Jahrzehnten zuvor«[80] – mit Auswirkungen auch auf die internationale Dimension des Almosengebens. »Der Abschied vom Almosen wäre bis Ende der fünfziger Jahre wahrscheinlich abgeschlossen gewesen, wenn zu diesem Zeitpunkt nicht eine ›Globalisierung‹ des Almosenbegriffs eingesetzt hätte«[81]. Dazu passen die Befunde Gabriele Lingelbachs, die den deutschen Spendenmarkt insgesamt analysiert hat[82]. So kam es nach der Liberalisierung des Spendenmarktes in den späten 1960er Jahren zu einer Internationalisierung desselben. »Organisationen wie Misereor, Brot für die Welt oder Adveniat, die zuvor nur bei den Kirchengemeinden hatten sammeln dürfen, konnten nun mit ihren Spendenbitten an die breite Öffentlichkeit herantreten und unerwartet hohe Spendeneinnahmen verzeichnen«[83]. Eine Erweiterung der »Solidaritätsräume«[84] war die Folge. Über Hunger und Hungerkatastrophen liegen für die Zeit nach 1945 Daten bezüglich

76   J. SENFT, Entwicklungshilfe oder Entwicklungspolitik; M. VESPER, Misereor und die Dritte Welt.
77   Vgl. H.-G. ANGEL, Christliche Weltverantwortung.
78   Vgl. M. RASCHKE, Fairer Handel.
79   O. MÜLLER, Vom Almosen zum Spendenmarkt.
80   Vgl. EBD., S. 281.
81   Vgl. EBD., S. 286. Welchen Einfluss in diesem Zusammenhang die Gründung Misereors genommen hat, wird in Kapitel I.3 zu beleuchten sein.
82   G. LINGELBACH, Spenden und Sammeln.
83   G. LINGELBACH, »... die Hungernden zu speisen«, S. 33.
84   EBD.

ihres Umfangs und der Ursachen vor, so etwa im Buch von Josef Nussbaumer »Gewalt. Macht.Hunger«[85]. Die dramatischen Folgen des Versuchs, klassische Vorstellungen der politischen Ökonomie in koloniale Kontexte zu exportieren, analysiert James Vernon am englischen Beispiel, ebenso den dadurch ausgelösten kulturgeschichtlichen Wandel der Hungerwahrnehmung[86]. Mit dem Phänomen des Welthungers und der Welternährung beschäftigten sich, ebenfalls auch bereits zeitgenössisch, zahlreiche Arbeiten, die hier als Quellen zu nutzen sind[87]. Hingegen fehlen Arbeiten, die sich dem Hungerdiskurs in den westlichen Ländern widmen, mit Ausnahme eines Aufsatzes von Heike Wieters über den Diskurs der Welternährung in der Bundesrepublik Deutschland, der immer wieder auch internationale Vergleiche andeutet[88].

Der Befund also zeigt im Wesentlichen kleinteilige Studien, die Einzelaspekte besonders herausgreifen und insbesondere die Mikroebenen im Blick haben. Der Ertrag dieser Arbeit ist es nun dagegen, die Diskurslandschaft herauszuarbeiten, die die fundamentalen Bedrohungen in einer globalisierten Wahrnehmung verhandelte und Ordnungsneukonfigurationen auslöste.

3. Leitfragen

Mithin wird analysiert, welche Aushandlungsprozesse und Bewältigungsstrategien sowohl sozialer wie theologischer Art der medial vermittelte und didaktisch aufbereitete Hunger und seine Rückwirkungen auf die Bundesrepublik im Katholizismus zeitigten. Vor dem Hintergrund dieses Desiderats geht die Arbeit der Frage nach, ob »der bundesdeutschen Entwicklungs- und Katastrophenhilfe nach 1945 eine ähnlich konstitutive Rolle bei der Neubildung des deutschen Selbstverständnisses nach 1945 zugesprochen werden muß wie dem viel öfter zitierten Wirtschaftswunder«[89].

Dieses Ansinnen impliziert, dass sich die Arbeit nicht darin erschöpft, eine Aufarbeitung der langsamen Etablierung des Problemfeldes Hunger im westdeutschen Katholizismus zu leisten. Vielmehr sucht sie jenseits einer kirchlichen Institutionen- und Textgeschichte, exemplarisch am Beispiel der Rückwirkungen der Hungerkatastrophen der ›Dritten Welt‹ und in einer Phase der Neuverortung des Verhältnisses

85 J. Nussbaumer, Gewalt.Macht.Hunger. Teil I; J. Nussbaumer, Gewalt.Macht.Hunger. Teil II.
86 Vgl. J. Vernon, Hunger. Vgl. auch D. Arnold, Famine.
87 Vgl. etwa F. Baade, Welternährungswirtschaft; F. Baade, Weltkampf gegen den Hunger, S. 58–80; P. v. Blanckenburg, Welternährung; H. Borsook, Der Hungrige kann nicht warten; A. Datta, Welthandel und Welthunger; A.-M. Holenstein / J. Power, Hunger; O. Matzke, Der Hunger wartet nicht; W. Pank, Der Hunger in der Welt. Darüber hinaus vgl. M. Gailus / H. Volkmann (Hrsg.), Der Kampf um das tägliche Brot; A. Nützenadel, A World without Famine?, S. 12–27; U.-C. Pallach (Hrsg.), Hunger. Quellen zu einem Alltagsproblem; J. D. Shaw, World Food Security.
88 H. Wieters, Debatten über das »Welternährungsproblem«, S. 215–241.
89 C. Kösters / A. Liedhegener / W. Tischner, Religion, Politik und Demokratie, S. 382.

von Kirche und Welt, die Bedrohungs- und Neuordnungspotentiale innerhalb des deutschen Katholizismus zu beschreiben und zu deuten[90]. Drei Frageebenen, die sich an das Forschungsdesign des Sonderforschungsbereichs 923 »Bedrohte Ordnungen« an der Eberhard Karls Universität Tübingen anlehnen, müssen dazu unterschieden werden[91].

Auf einer ersten Ebene geht die Arbeit aus der Akteursperspektive der Frage nach, wie und vor welchem Hintergrund Hungerkatastrophen als Bedrohungsmomente des deutschen Katholizismus wirkten. Bedrohung wird dabei verstanden als eine Situation, in der die Akteure überzeugt sind, dass bisherige Handlungsoptionen unsicher geworden, Verhaltenserwartungen und Routinen in Frage gestellt und die Erwartbarkeiten anzuzweifeln sind. Der Moment der Bedrohung zeigt sich dann in einer Bedrohungskommunikation, in der die Akteure durch starke Emotionen, eine Kommunikationsüberlagerung und in zeitlich drängender Weise ihre Wahrnehmungen kommunizieren[92]. Zunächst muss daher die Bedrohung und das Objekt dieser Bedrohung, die bedrohte Ordnung, identifiziert werden, aus deren Offenbarwerden sich dann Handlungsschritte ableiten lassen. Auch nach dem Ende der Bedrohung ist zu fragen, wann also die Akteure einer Bedrohungskommunikation keine oder eine untergeordnete Relevanz einzuräumen bereit sind, oder unter welchen Bedingungen Akteure zu der Überzeugung gelangen, dass Handlungsoptionen und Verhaltenserwartungen wieder sicher sind. Zu fragen ist drittens, welche Akteure die Handlungs- und Definitionsmacht übernehmen, also Bedrohung identifizieren, Einfluss auf das Handeln nehmen können und wie sich derartige Machtbeziehungen in der Bedrohungslage verschieben oder neu formieren. Viertens ist auf dieser Ebene zu fragen, welchen (nicht-)intendierten Nebenfolgen oder Überraschungen, die in Phasen von Bedrohung entstehen können, Bedeutung zukommt.

Auf einer zweiten Ebene ist nach dem konkreten Bewältigungshandeln zu fragen, das der Definition der Bedrohung folgt. Zu unterscheiden ist hierbei ein soziales und ein theologisches Bewältigungshandeln: Welche institutionellen und sozialen ›re-orderings‹ wurden etabliert, wie wurden die gemeinschaftlichen Sicherungssysteme modifiziert, sodass sie das Überleben zu sichern vermochten? In welchen theologischen Deutungsschemata bewegten sich diese Entwicklungen und zu welchen theologischen Diskursen und Neucodierungen führte die Wahrnehmung der Hungerkatastrophen? Verklammert sind diese beiden Bewältigungsanstrengungen durch den unaufgebbaren Zusammenhang von christlicher Weltdeutung und Sozialverantwortung. Auszugehen ist von einer fundamentalen Veränderung dieser Verbindung und damit

---

90 Für diese Neuordnungsprozesse soll im Folgenden der Begriff des »re-ordering« stehen, verstanden als ein mit einer Selbstalarmierung einhergehender, ergebnisoffener Prozess, in dem die aus den Fugen geratene, damit thematisierbare und veränderbare Ordnung unter hohem Druck neu gestaltet werden muss.

91 Vgl. dazu E. Frie / M. Meier (Hrsg.), Aufruhr – Katastrophe – Konkurrenz – Zerfall.

92 Vgl. dazu E. Frie / M. Meier, Bedrohte Ordnungen, S. 1–27.

auch der Deutungsschemata. Die Annahme gründet auf den etwa von Großbölting herausgearbeiteten Veränderungen religiöser Codes in den 1960er und 1970er Jahren, die sich insbesondere durch eine Globalisierung der Sozialverantwortung zeigten[93]. Die bisherige religiöse Sinngebung stieß vor allem in der jüngeren Generation an ihre Grenzen, die Umcodierungen führten zu einem Wandel theologischer Deutungsschemata etwa vom »Höllenfeuer« zu einer »allumfassenden Liebe«[94]. Michael Ebertz hat diese eschatologische Umcodierung als ein Gottesbild charakterisiert, das sich »in schöpferischer Liebe zurechtbiegt, was sich diesem Zurechtbiegen nicht völlig verschließt«[95].

Damit ist die dritte Frageebene angedeutet. Hier ist danach zu fragen, zu welchen Formen des »re-ordering« die Bedrohungslage und die Bewältigungsstrategien innerhalb des deutschen Katholizismus führten. Mit der Umcodierung theologischer Deutungsschemata ist bereits ein erster Schritt des »re-ordering« angesprochen, aber auch auf den sozialen und institutionellen Ebenen lassen sich neue Verhältnisbestimmungen und Ordnungsschemata ausmachen. Florian Bock hat hierzu den Dialog mit der Welt angeführt, der sich in der Rezeption der Befreiungstheologie und der neuen Politischen Theologie Johann Baptist Metz'[96] zeigte und der vor dem Hintergrund sowohl einer »Umpolung des kirchlichen Gesamtbewußtseins« als auch »allgemeingesellschaftlicher Umbrüche in Politik und Gesellschaft«[97] zu verstehen ist. Zu fragen ist daher, ob die Bedrohungskonstellationen und das Bewältigungshandeln nicht unmittelbar Einfluss auf diese Umbrüche nahmen und zugleich durch diese Umbrüche eine Veränderung erfuhren. Von zentraler Bedeutung ist dabei die Chiffre ›1968‹, die sich durch eine »Synchronisation von Krisen und Konflikten, geprägt durch weniger Konsens- und mehr Konfrontationsbereitschaft als in dem Jahrzehnt zuvor«[98] beschreiben lässt und innerhalb des deutschen Katholizismus, gerade an der Konfliktlinie des Bewältigungshandelns einen sowohl performativen wie semantischen Kippmoment auslöste, dem es nachzugehen gilt.

Diese drei Frageebenen sind dabei freilich nicht immer scharf zu trennen, vielmehr ist auch nach den Interaktionsprozessen zwischen den Ebenen zu fragen, denn hier zeigen sich die Aushandlungs- und Bewältigungsdiskurse besonders deutlich.

---

93 Vgl. dazu T. Grossbölting, Der verlorene Himmel, S. 148–175.
94 Ebd., S. 148.
95 M. N. Ebertz, »Tote Menschen haben keine Probleme«?, S. 294.
96 Johann Baptist Metz (* 1928). Studium der Theologie und Philosophie in Bamberg, Innsbruck und München, 1952 Promotion zum Dr. phil., 1961 zum Dr. theol., 1954 Priesterweihe. 1963–1993 Lehrstuhlinhaber für Fundamentaltheologie in Münster, 1971–1975 Berater der Würzburger Synode und Hauptverfasser des Dokuments »Unsere Hoffnung«, Mitbegründer und -herausgeber der internationalen theologischen Zeitschrift »Concilium«. Vgl. URL: http://www.uni-muenster.de/FB2/personen/fundamentaltheologie/metz.html (Stand: 1.5.2018).
97 F. Bock, Der Fall »Publik«, S. 28.
98 Ebd., S. 31.

4. Quellen

Um diesen Fragen nachgehen zu können, sind umfangreiche Quellenbestände nötig, die auf den ersten Blick nahezu unüberschaubar scheinen. Im Bereich der Entwicklungszusammenarbeit agieren zahllose kirchliche Institutionen und Vereine auf ganz unterschiedlichen Ebenen. Eine exemplarische Herangehensweise war für die Untersuchung also schon durch die Quellenexplosion ab den 1960er Jahren notwendig, die für die Zeitgeschichte eine enorme methodische Herausforderung darstellt.

Im Einzelnen zeigt sich ein komplexer Befund: Einerseits also lässt sich in den Archiven die explosionsartige Vermehrung von Quellen feststellen. Andererseits kommt hinzu, dass die Analyse der 1970er Jahre immer wieder durch die Schutzvorschriften der kirchlichen Archivordnung, die die Aktenöffnung erst nach 40 Jahren, bei bischöflichen Unterlagen gar erst nach 60 Jahren vorsieht, erschwert wurde. Zusätzlich sind Quellen verloren gegangen. So gibt es im Jugendhaus Düsseldorf keine Unterlagen über die ersten Jahre des Entwicklungspolitischen Arbeitskreises des BDKJ (EPA) und der Arbeitsgemeinschaft der evangelischen Jugend (aej), gleiches gilt für das 1970 neuerrichtete und mit Dr. George Arickal[99] besetzte Referat für Entwicklungshilfe. Dieser Befund gilt für die Jugendarbeit in den Kirchengemeinden und lokalen Verbänden im Allgemeinen und für die entwicklungspolitische Arbeit im Besonderen, ist sie doch durch ein großes Maß an ehrenamtlicher Arbeit gekennzeichnet. Die Ehrenamtlichen aber legen kaum Unterlagen in den Referaten ab. Dazu kommt, dass nicht in allen Institutionen Archive unterhalten werden, so etwa in den Jugendreferaten der Diözese Rottenburg-Stuttgart. Nur punktuell konnten hier Quellen gehoben werden. So mussten Entwicklungen gerade im Jugendbereich über die Publikationsorgane und Protokolle der Verbände nachvollzogen werden.

Der Arbeit liegt im Wesentlichen gedrucktes, veröffentlichtes sowie ungedrucktes archivalisches Material zugrunde, das sich vier Quellengattungen zuordnen lässt. Den größten Teil stellen gedruckte Quellen, also Werbe- und Informationsschriften der Institutionen und Artikel aus Zeitschriften und Zeitungen dar, deren Auswahl sich an der zeitgenössischen Relevanz und der thematischen Passung orientiert. Dabei wurden die Publikationen des bischöflichen Hilfswerkes Misereor systematisch über den gesamten Untersuchungszeitraum hinweg analysiert, ebenso die überregionale katholische Wochenzeitung »Rheinischer Merkur« als meinungsbildendes Organ eines Teils des deutschen Katholizismus[100]. Die von der Kommission für Zeitgeschichte in Bonn übernommenen, vollständig durchgesehenen Bestände Aktueller Dienst,

---

99 GEORGE ARICKAL (* 1939). Studium der Philosophie in Eichstätt und Volkswirtschaft in Freiburg i. Br. 1970–1971 Forschungsaufenthalt in Indien, 1971 Rückkehr nach Deutschland, Promotion. 1972–1985 Referent für Entwicklungsfragen im Jugendhaus des BDKJ Düsseldorf. 1985–2005 in verschiedenen Funktionen in der Karl-Kübel-Stiftung. 1996 Gründung des gemeinnützigen ›Arickal Devassy Memorial Trust for Education‹ (A.D.Trust). Diese Angaben beruhen auf Selbstauskunft.

100 Vgl. dazu P. HERTEL, »Die Wacht am Rhein ?«, S. 237–256.

Dokumentationen und Katholische Korrespondenz der Katholischen Nachrichtenagentur (KNA) boten eine weitere fast unübersehbare Fülle von Informationen. Für
den weltlichen Medienbereich wurden, auch im Hinblick auf ein möglichst breites
Spektrum der politischen Ausrichtung und der Lesermilieus, der »Spiegel« vollständig, die »Frankfurter Allgemeine Zeitung«, die »Süddeutsche Zeitung« und die
Wochenzeitung »Die Zeit« exemplarisch aufgearbeitet. Die Publikationen der Verbände, der Informationsdienst des BDKJ[101], die Veröffentlichungen des ZdK, die Stellungnahmen des KAEF, Veröffentlichungen der DBK und des Vatikans wurden mit Blick
auf das Thema ausgewertet.

Die zweite Gruppe bilden gedruckte Veröffentlichungen aus dem wissenschaftlichen Bereich. Zu unterscheiden sind dabei dezidiert theologische Arbeiten, etwa über
die Hilfswerke selbst und Arbeiten, die sich aus medizinischer, biologischer, geografi-
scher oder politischer Perspektive mit Hunger beschäftigen. So gab die Vereinigung
der deutschen Wissenschaftler mehrere Beiträge zum Thema Welternährung heraus.
In der Reihe »Entwicklung und Frieden« der Gemeinsamen Konferenz der Kirchen für
Entwicklungsfragen (GKKE) erschienen einige Arbeiten zur ›Dritten Welt‹, zu sozialer Gerechtigkeit und zu Fragen der Wirtschaftsordnung. Alle zwischen 1958 und 1980
in Deutschland publizierten Arbeiten zum Themenbereich Hunger, Gerechtigkeit und
Ernährung sind im Rahmen der vorliegenden Arbeit untersucht worden. Dazu kommt
eine Fülle didaktischer Materialien, so etwa die vierbändige Reihe »Aktion Entwicklungshilfe«, die, von Misereor und Brot für die Welt herausgegeben, versuchte, wissenschaftliche Erkenntnisse didaktisch für Schule und Gemeindearbeit aufzubereiten,
und in der breiten Bevölkerung zu etablieren[102]. Bibliotheksrecherchen in Tübingen
zeigten, dass die Thematik ›Hungerkatastrophen und Gerechtigkeit‹ Mitte der 1960er
Jahre geradezu schlagartig entdeckt wurde. Im Rahmen des Zweiten Vatikanischen
Konzils und seiner Rezeption explodiert dann die Materialmenge.

Die dritte Gruppe stellen die Archivmaterialien dar. Als Hauptquellen dienen
die Archive des Bischöflichen Hilfswerkes Misereor in Aachen (MAA), des deutschen
Caritasverbandes (ADCV) in Freiburg im Breisgau, des ZdK in Bonn (ZdK-Archiv)
und des BDKJ in Düsseldorf (ABDKJ) sowie das Bistumsarchiv Münster (BAM)
und das Historische Archiv des Erzbistums Köln (HAEK). Innerhalb des Misereor-
archivs war insbesondere das Material der Presse- und Öffentlichkeitsabteilung
interessant, die im Untersuchungszeitraum immer stärker ausgebaut und professionalisiert wurde. Da die Bewältigung von Hungerkatastrophen in aller Regel schnelle
Not- und Katastrophenhilfe erfordert, bildet das Referat »Übersee«, später »Not- und

---

101   Der Informationsdienst des BDKJ, der im Archiv des Jugendhauses Düsseldorf periodisch von 1957–
      1981 durchgesehen wurde, wird im Folgenden analog zur Arbeit von Annette Scheunpflug zitiert:
      ›Informationsdienst Jahr, Seite‹. Die Seitennummerierung ist fortlaufend.
102   Vgl. K. LEFRINGHAUSEN / S. BAUMGARTNER / H. FALKENSTÖRFER (Hrsg.), Aktion Entwicklungs-
      hilfe 1–4.

Katastrophenhilfe« in der Caritaszentrale in Freiburg für die Hungersnöte in Indien, Biafra und in der Sahelzone die Hauptquelle. In den Archiven von Zentralkomitee und BDKJ konnten die Reaktionen innerhalb des deutschen Katholizismus, die Stellungnahmen und Bewältigungsanstrengungen nachvollzogen werden, vor allem aber die Bemühungen, den Hunger in der Welt im öffentlichen Bewusstsein zu etablieren. Münster und Köln eröffneten mit ihren umfangreichen Beständen mehrere Perspektiven. Im Bistumsarchiv Münster konnten die Bestände des Generalvikars und des Bischöflichen Sekretariates eingesehen werden, die deshalb bedeutsam sind, weil der Bischof von Münster, Heinrich Tenhumberg[103], zuvor Leiter des Katholischen Büros in Bonn gewesen und in dieser Funktion an der Gestaltung der Entwicklungsarbeit der katholischen Kirche maßgeblich beteiligt war. Die persönlichen Unterlagen des Münsteraner Bischofs durften jedoch nicht eingesehen werden. Weitere Einblicke ermöglichten Akten verschiedener Einrichtungen wie beispielsweise der Katholischen Studentengemeinde und der Katholischen Hochschulgemeinde Münster, die intensiv im Bereich der Bekämpfung von Hunger in der Welt aktiv waren. Auch Einblicke in die Debatten der deutschen Bischofskonferenz ergaben sich über dieses Archiv. Das Historische Archiv des Erzbistums Köln verfügt neben den Beständen Kardinal Frings' auch über die Bestände der Kommission ›Justitia et Pax‹, die, ausgelöst durch die Entwicklungsenzyklika »Populorum progressio«, 1967 in der Bundesrepublik zunächst als Katholischer Arbeitskreis für Entwicklung und Frieden gegründet worden war.

Neben diesen Schwerpunktarchiven sind weitere in den Blick genommen worden. Das Archiv für Christlich-Demokratische Politik (ACDP) der Konrad-Adenauer-Stiftung in St. Augustin lieferte wichtige Einblicke in die Verflechtungen zwischen katholischer Kirche und der CDU. Im Parlamentsarchiv des Deutschen Bundestages (PA-DBT) konnten alle Plenarprotokolle sowie die Unterlagen der Ausschüsse für wirtschaftliche Zusammenarbeit, Auswärtiges und verschiedener Unterausschüsse eingesehen werden, die vor allem die Diskussionen angesichts der akuten Hungerkatastrophen in Biafra und der Sahelzone abbildeten. Die Dokumentationsstelle für kirchliche Jugendarbeit in Hardehausen (DstkJA) war im Hinblick auf die lückenhafte Quellenlage im Bereich der Jugendarbeit hilfreich und ließ zugleich einen Blick in einen Diözesanverband zu. Gleiches gilt für das Archiv des Bischöflichen Jugendamtes in Wernau. Die Hungerkatastrophe in Biafra konnte mit Material des Archives für Diakonie und Entwicklung (ADE) vor allem in ökumenischer Hinsicht umfassend aufgearbeitet werden. Die Archive der Katholischen Arbeitnehmerbewegung KAB (AKAB), des Cusanuswerkes (ACW), der katholischen Jugendreferate in Stuttgart und Ulm und

---

103 HEINRICH TENHUMBERG (1915–1979). Studium der Theologie in Münster und Freiburg i. Br. 1939 Priesterweihe, religiöse Prägung durch das Schönstattwerk. 1958 Weihbischof in Münster, Teilnahme an allen vier Sitzungsperioden des Zweiten Vatikanums als Konzilsvater. 1966–1969 Leiter des Kommissariats der deutschen Bischöfe (»Katholisches Büro«) in Bonn. Ab 1969 Bischof von Münster. Vgl. J. SCHMIEDL (Hrsg.), Heinrich Tenhumberg.

der Katholischen Hochschulgemeinde Tübingen (AKHGT) ermöglichten Tiefenbohrungen in Verbänden und Einrichtungen der katholischen Kirche und wurden, soweit
nachvollziehbar, erstmals ausgewertet.

Als vierte Gruppe sind die Interviews mit Zeitzeugen zu benennen. Das vierte
Kapitel, in dem diese Quellen ausgewertet werden, verfolgt weniger den Zweck, Quel-
lenlücken zu schließen oder aus den schriftlichen Quellen sich ergebende Fragen zu
beantworten, als vielmehr wesentliche Akteure der durch Hunger hervorgerufenen
Bewältigungsanstrengungen zu Wort kommen zu lassen und sie insbesondere auf
den durch diese Arbeit geprägten Habitus zu befragen. So soll das Kapitel einen Beitrag zu einer Mentalitätsgeschichte des Katholizismus leisten, gewissermaßen Auf-
schluss geben über transnationale Prägungen katholischer Akteure nach dem Zweiten
Weltkrieg.

Die Findbücher lassen vermuten, dass insbesondere für die 1970er Jahre noch rele-
vantes, derzeit aber gesperrtes Material in den kirchlichen Archiven lagert, sodass die
vorliegende Arbeit zwar einen wichtigen Schritt in der Aufarbeitung der Geschichte
des Katholizismus nach 1945 bedeutet, gleichwohl jedoch keinen Anspruch auf Voll-
ständigkeit erheben kann.

5. Methodische Herangehensweise

Aus dem Gegenstand der Arbeit, den Leitfragen und den Quellenbeständen ergibt
sich die methodische Herangehensweise: Zugrunde liegt der Studie eine diskursanalytische Perspektive in Anlehnung an das Konzept der historischen Diskursanalyse
von Achim Landwehr[104]. Landwehr definiert Diskursanalyse als Methodik zur Untersuchung soziokultureller Wirklichkeiten, genauer der »Arten und Weisen, mit denen
im historischen Prozess Formen des Wissens, der Wahrheit und der Wirklichkeit her-
vorgebracht werden«[105]. Unter Diskursen versteht er dann »geregelte und untrennbar
mit Machtformen verknüpfte Ordnungsmuster [...], in denen [...] Konstruktionsarbeit
organisiert wird«[106]. Zur Untersuchung bedrohter Ordnungen ist diese Herangehensweise besonders geeignet, denn, so Landwehr, um »Ordnungen Gültigkeit zu verschaffen und ihnen den Status der Wirklichkeit zuzuerkennen, muss über sie (unter anderem) eine Geschichte erzählt werden, die diese Ordnung erklärt und als einzig mögliche rechtfertigt«[107]. Es sind also Diskurse, die Ordnungen durch die Konstruktion von
Wissen und Wirklichkeit hervorbringen. Daraus ergibt sich zugleich, dass Ordnungen,
deren Gültigkeit bedroht ist, de- oder neukonstruiert werden müssen und sich dieses

---

104 Vgl. A. LANDWEHR, Historische Diskursanalyse.
105 EBD., S. 98.
106 EBD.
107 EBD., S. 22.

»re-ordering« in den Diskursen ausmachen lässt. Allerdings ist auch hier darauf hinzuweisen, dass sich diese Arbeit insofern vom Diskursbegriff Michel Foucaults, auf
den Landwehr maßgeblich zurückgreift, distanziert, als dass die Träger des Diskurses,
die Akteure selbst, nicht vollständig zurücktreten, sondern in dieser Arbeit ebenfalls
in den Blick genommen werden, insbesondere im vierten Kapitel[108].

Das konkrete Untersuchungsinstrumentarium der Arbeit setzt sich vor diesem
Hintergrund aus zwei methodischen Ansätzen zusammen: der Politikfeldanalyse und
einem Modell zur Analyse von Bedrohungskommunikation.

Stärker als die Diskursanalyse nimmt die in der Politikwissenschaft immer bedeut-
samer werdende Politikfeldanalyse das Problemfeld in den Blick und vermag Opera-
toren zur Verfügung zu stellen, die das »re-ordering« zu analysieren ermöglichen[109].
Nach einer ihrer ältesten Definitionen von Thomas Dye geht es der Politikfeldanalyse darum, »what governments do, why they do it, and what difference it makes«[110].
Aufgrund einer eher basalen Überlegung, dass nämlich »Politik [...] von Menschen
gemacht [wird,] Menschen mit Interessen und Zielen, Menschen in Ämtern und
Positionen«[111], entwickelte sich in der Politikwissenschaft die Teildisziplin der Politikfeldanalyse, die »Fragen an diejenigen stellen [will], die konkret Politik machen, dieses ›Policy making‹ analysieren und das so gesammelte Wissen ›über Politik‹ wieder
›für die Politik‹ zur Verfügung stellen«[112] will. Es sei bei der Beobachtung von Politik
wichtig, danach zu fragen, »was gerade auf der politischen Agenda steht, warum dieses Thema gerade diskutiert wird und ob das, was sachlich vorgebracht wird, auch
Ziel führend ist, wem das nutzt, wie nachhaltig das ist, was da politisch entschieden
wird«[113]. Die Politikfeldanalyse tut das nicht für die gesamte Politik, sondern für einzelne Politikbereiche[114]. Diese Überlegungen zur Politikfeldanalyse bilden letztlich
das ab, um was es dieser Arbeit geht: Wie also ein Thema – Hunger und Hungerkatastrophen – im Katholizismus der Bundesrepublik Deutschland zwischen 1958 und 1979
wahrgenommen, etabliert und bearbeitet wurde, warum dieses Thema gerade in diesen 20 Jahren relevant wurde, welche Akteure aus welchen Motiven heraus involviert
waren und wie das, was entschieden wurde, wirkte.

---

108 Vgl. dazu F. Bock, Der Fall »Publik«, S. 34.
109 Nach Blum und Schubert ist die Politikfeldanalyse in den 2000er Jahren zu einer »Normaldiszi-
     plin« geworden. Vgl. S. Blum / K. Schubert, Politikfeldanalyse. An dieser Stelle danke ich
     Prof. Dr. Thomas Großbölting und Prof. Dr. Daniel Buhr für ihre gewinnbringenden Anregun-
     gen. Einführende Literatur zur Politikfeldanalyse etwa: T. Dye, Policy analysis; K. Schubert /
     N. C. Bandelow (Hrsg.), Lehrbuch der Politikfeldanalyse; V. Schneider / F. Janning,
     Politikfeldanalyse.
110 T. Dye, Policy analysis.
111 K. Schubert / N. C. Bandelow (Hrsg.), Lehrbuch der Politikfeldanalyse, S. 1.
112 S. Blum / K. Schubert, Politikfeldanalyse, S. 10.
113 Ebd.
114 Vgl. P. Sabatier, The Advocacy Coalition Framework, S. 98–130.

Das am häufigsten angewandte und einflussreichste Modell der Politikfeldanalyse ist der »Policy-Cycle«, ein idealtypisches Phasenmodell, das letztlich auf das Systemmodell David Eastons zurückgeht und seither in vielen Facetten weiterentwickelt wurde. Politik wird hier verstanden als eine »Erfüllung von systemischen Imperativen und funktionalen Reproduktionserfordernissen«[115]. Politik bekäme aus ihrer Umwelt Inputs, die durch bestimmte Prozeduren, Strukturen und Programme Problemlösungen, Outputs, generierten. Der »Policy-Cycle« als Weiterentwicklung des Systemmodells bricht dabei die »black box« des politischen Systems auf und erhellt es gewissermaßen[116]. »Der klassischen Definition von Scharpf folgend, ist Politik der Prozess, ›in dem lösungsbedürftige Probleme artikuliert, politische Ziele formuliert, alternative Handlungsmöglichkeiten entwickelt und schließlich als verbindliche Festlegung gewählt werden‹«[117]. Das Modell nun, das diesen Prozess abbildet, weist in der Regel folgende Phasen auf: Problemdefinierung, Agenda-Setting, Politikformulierung und Entscheidungsfindung, Politikimplementierung, Politikevaluierung sowie Neuformulierung bzw. Terminierung.

»Als Heuristik bietet es [das abgebildete Modell, der Verf.] die Möglichkeit, zielgerichtet Erkenntnisse über politische Prozesse zu gewinnen«[118]. Für den Verlauf realer Politik muss jedoch klar sein, dass die Phasen rein analytisch zu verstehen sind, in der politischen Wirklichkeit aber oft überlappend und wechselseitig durchdrungen zu entdecken sind[119]. »Der Policy-Prozess wird in der Regel durch ein Problem initiiert, das politische Relevanz gewinnt«[120]. Schneider und Janning nennen diesen Schritt Problemdefinition, dem das Agenda-Setting folgt. Für Blum und Schubert steht der Definition eine Problemwahrnehmung voran. Dieses Problem sollte eine Diskrepanz aufweisen zwischen dem, was ist und dem, was sein sollte und mit politischen Steuerungsmitteln zu beheben sein. Probleme können dabei zunächst ökonomischen, ökologischen oder technischen Ursprungs sein. Zu einem sozialen Problem werden sie erst dadurch, dass sie auf die Lebenswirklichkeit von Menschen einwirken.[121] Diese Unterscheidung ist deshalb wichtig, weil sie insbesondere bei Naturkatastrophen, zu denen Hungerkatastrophen als Folge teilweise gehören, zutreffend ist. Dürre oder Überschwemmungen sind erst dann ein soziales Problem, wenn sie Menschen betreffen und deren Lebensmöglichkeiten beschränken. Damit diese sozialen Probleme bearbeitet werden können, müssen sie wahrgenommen werden[122]. Die Politikwissenschaft ging lange Zeit von einer mechanistischen Politiksetzung aus, d. h.

---

115 V. SCHNEIDER / F. JANNING, Politikfeldanalyse, S. 48.
116 Vgl. EBD., S. 107.
117 EBD., S. 106 f.
118 S. BLUM / K. SCHUBERT, Politikfeldanalyse, S. 104.
119 Vgl. V. SCHNEIDER / F. JANNING, Politikfeldanalyse, S. 49 f.
120 EBD., S. 50.
121 EBD., S. 51.
122 Vgl. S. BLUM / K. SCHUBERT, Politikfeldanalyse, S. 109.

von objektiven Problemen, die ihrer Wahrnehmung harren. Heute wird in der Politikwissenschaft jedoch häufig von einem sozial konstruierten Prozess ausgegangen, der eben nicht notwendigerweise objektive Probleme als Probleme erkennen lässt: »Erkenntnis von etwas ist immer ein sozialer Prozess, der auf Theorien, Modelle und Ideologien verweist, mittels derer sich soziale Akteure eine Vorstellung über die Realität machen«[123]. Die Thematisierung eines Problems gelinge nur dann, wenn Probleme auch »im Kontext ihrer normativen Voraussetzung«[124] betrachtet werden. Auch zwischen der Problemstruktur und möglichen Lösungen besteht ein Zusammenhang. Neben sachlogischen Zusammenhängen, die sich aus der Struktur des Problems ergeben, etwa die Größe des Problems, Zeitdruck oder räumliche Restriktionen, ist der Prozess der Lösungssuche über sogenannte »kognitive Orientierungsschemata« vermittelt, »in welchen die beteiligten Akteure ihre Handlungsalternativen bewerten und sich für bestimmte Optionen entscheiden«[125]. Daher ist das Wissen um die vorherrschende Problemsicht, die die Bewertung des Problems zentral lenkt, notwendig für das Verständnis der Politikentwicklung. Außerdem müssen freilich die Akteure von den Problemen betroffen sein und ein Interesse haben, das Problem anzugehen. »Sie müssen Problembewältigungsstrategien initiieren und entsprechend Ressourcen investieren«[126]. Dieser Ressourceneinsatz aber ist wieder mit Unsicherheit und Risiko verbunden, vor allem aber mit der Verfügbarkeit wirksamer Mittel, die eine weitere Voraussetzung sind, dass Akteure ins Handeln kommen. »Problemwahrnehmung ist zumindest in demokratischen Staaten ein in aller Regel öffentlich stattfindender Bereich: Themen und Problematiken werden in den Massenmedien diskutiert, Experten informieren über ihre Sicht der Dinge, Politiker beziehen Stellung«[127]. Das verändert sich mit dem Übergang in die Phase des Agenda-Settings. »Häufig findet das Setzen der Agenda ›innerhalb eines Zirkels von Experten, Interessengruppen und/oder der Ministerialbürokratie statt‹ und die Öffentlichkeit bleibt ausgeschlossen«[128]. Unter welchen Bedingungen aber ein unter der Oberfläche politischer Wahrnehmung befindliches Problem zur politisch zu bearbeitenden Problematerie wird, hat vor allem die amerikanische Agenda-Setting-Diskussion untersucht[129]. Kerngedanke des Konzepts ist, so Schneider und Janning, »dass öffentliche und politische Aufmerksamkeit hinsichtlich sozialer oder technischer Probleme ein knappes Gut darstellt«[130], neue Fragen also immer eine untergeordnete Rolle auf der Agenda spielen, weil viele Themen konkurrieren. »Agenda-Building-Ansätze erklären, wie zu einem bestimmten

---

123   V. Schneider / F. Janning, Politikfeldanalyse, S. 51.
124   Ebd.
125   Ebd., S. 52.
126   Ebd.
127   S. Blum / K. Schubert, Politikfeldanalyse, S. 111.
128   Ebd.
129   Vgl. V. Schneider / F. Janning, Politikfeldanalyse, S. 53.
130   Ebd.

Zeitpunkt ein bislang schlafendes Thema in einen herausragenden politischen Streit-
gegenstand transformiert werden kann, selbst wenn die Grundlage für den Missstand
schon länger vorliegt«[131].

Für die Durchsetzbarkeit eines Themas bedarf es zweitens gewisser Eigenschaften:
Konkretheit und Klarheit, gesellschaftliche Relevanz, temporale Relevanz, Komplexität, Novität und Wertgeladenheit sind dabei die zentralen Kriterien. Klar ist aber auch,
dass in der praktischen Anwendung zwischen der öffentlichen Diskussion eines Problems und des Agenda-Settings kaum eine strikte Trennlinie zu zeichnen ist.

Im dritten Schritt bedarf es der Politik- oder Programmformulierung, bei der aus
formulierten Problemen Gesetze und Verordnungen werden. »Ein Programm legt die
Handlungsziele fest und bestimmt die Adressaten und die Träger seiner Durchführung inklusive der Mittel, die dafür benötigt werden«[132]. Seinen Ort hat dieser Schritt
in demokratischen Systemen in Regierung und Parlament; gleichwohl sind auch hier
weiterhin Interessengruppen eingebunden, etwa durch informelle Kontakte in die
Ministerialbürokratie, über die Abgeordneten oder in offiziellen Anhörungen. Nach
Werner Jann sind dabei folgende Kategorien zu klären: Die Probleme des Politikfeldes müssen definiert sein, künftige Entwicklungen und normative Bindungen berücksichtigt werden. Ebenso gilt es, das Ziel zu klären, also welche konkrete Veränderung
erzielt werden soll. Zu fragen ist natürlich auch, warum jeweils diese Entscheidungen
getroffen werden, also etwa warum die Akteure und nicht andere adressiert wurden
oder warum ein Verfahren lange dauert[133].

Sind die politischen Entscheidungen getroffen, müssen sie viertens implemen-
tiert werden. »Implementierung ist die Phase, in der politische Absichten in mess-
bare Taten umgesetzt werden. Bislang existieren die Steuerungsinstrumente, Gesetze
oder Regulationen nur auf dem Papier – nun müssen sie in der Praxis angewandt
werden«[134]. Dabei hängt die Umsetzung von Bedingungen ab, die nur teilweise gesteuert oder beeinflusst werden können[135].

Zu beachten sind weiterhin zwei Faktoren: Sowohl die Akteurskonstellation als
auch die Merkmale und Eigenschaften des Politikfeldes selbst haben Einfluss auf die
Implementierung[136]. Umstritten war in der Implementationsforschung lange der analytische Fokus, der eingenommen werden sollte. »Die Top down-, mitunter auch als
Gesetzgeberperspektive bezeichnet, verfolgt die Umsetzung zentralstaatlich festge-
legter Ziele durch die Instanzen«[137]. Sie nimmt vor allem in den Blick, wo es innerhalb

---

131   Ebd., vgl. dazu auch R. W. Cobb / C. D. Elder, Participation in American Politics, S. 9; J. Kingdon,
        Agendas, Alternatives and Public Policies.
132   V. Schneider / F. Janning, Politikfeldanalyse, S. 56.
133   Vgl. S. Blum / K. Schubert, Politikfeldanalyse, S. 119.
134   Ebd., S. 126.
135   Vgl. V. Schneider / F. Janning, Politikfeldanalyse, S. 59.
136   Vgl. ebd., S. 60 f.
137   S. Blum / K. Schubert, Politikfeldanalyse, S. 127.

der Verwaltung, also ›von oben‹ Abweichungen in der Zielverfolgung gibt. »Der Bottom up-Ansatz beginnt einfach nur am anderen Ende der Implementierungskette«[138] und nimmt so die unteren Ebenen in den Blick. »Diesbezüglich ist der Terminus der Street Level Bureaucracy geprägt worden. Er kann [zusammen mit dem Bottom up-Ansatz, der Verf.] besser die teils informellen Interaktionen und Netzwerkbildungen von Akteuren auf verschiedenen Vollzugsebenen analysieren«[139].

Die Implementation schließlich wird einem Evaluationsprozess unterzogen, um zu klären, inwieweit das Problem durch den »Policy«-Prozess geklärt, reduziert, beseitigt oder vergrößert wurde[140]. Schließlich endet das Problem, weil es gebannt ist – was angesichts des Eigenlebens von Verwaltungen nahezu ausgeschlossen ist – oder das Problem wird einer Re-Definition unterzogen.

Dieser vorgestellte Ansatz bietet im Hinblick auf die vorliegende Arbeit mit seinem Modell des »Policy-Cycle« eine Möglichkeit, die Bewusstwerdung und den Umgang mit Hunger und Hungerkatastrophen, einzelne Phasen der Etablierung des Themas, Konflikte und Krisen mit diesem Instrument analytisch aufzuarbeiten. Kritisch muss hinzugefügt werden, dass das Phasenmodell eine strikte Trennung fordert, die in der politischen Wirklichkeit nicht klar durchzuhalten ist[141]. Im Kontext dieser Arbeit muss betont werden, dass sich selbige dem Instrument als heuristischem bedient, nicht aber eine Politikfeldanalyse der gesamten deutschen ›Entwicklungshilfe‹ unternommen wird.

Im Hinblick auf eine Operationalisierung des zentralen Begriffs der Bedrohungskommunikation greift diese Untersuchung auf den zweiten methodischen Ansatz zurück, der von Fabian Fechner und anderen erarbeitet worden ist[142]. Er hilft, Bedrohungskommunikation in den Quellen zu identifizieren und strukturiert aufzuarbeiten, und bietet insbesondere im ersten Schritt des »Policy-Cycle« ein hilfreiches Instrumentarium. Dabei nähert sich das Modell ebenfalls den in einer Ordnung lebenden Personen, den Akteuren, an und fragt danach, ob sie selbst ihre eigene soziale Ordnung als bedroht wahrnehmen. Eine Ordnung ist, so die Überlegung, dann bedroht, wenn eine konkrete, auf diese Ordnung bezogene Bedrohungskommunikation unter den Akteuren etabliert ist. Das Modell ermöglicht damit, die Existenz einer auf ein bestimmtes Objekt bezogenen Bedrohungskommunikation plausibel zu machen, wobei Bedrohungskommunikation verstanden wird in Anlehnung an Werner Schirmers Arbeiten, wonach »Sicherheit und Bedrohtheit nicht einfach existieren, sondern beobachtet werden müssen«[143]. Sofern drei Inhaltskriterien nachgewiesen

---

138 EBD.
139 EBD.
140 Vgl. S. BLUM / K. SCHUBERT, Politikfeldanalyse, S. 129–132; V. SCHNEIDER / F. JANNING, Politikfeldanalyse, S. 61 f.
141 Vgl. A. WINDHOFF-HÉRITIER, Policy-Analyse, S. 66.
142 Vgl. im Folgenden F. FECHNER u. a., »We are gambling with our survival«, S. 141–173.
143 W. SCHIRMER, Bedrohungskommunikation, S. 65.

werden können, kann auf einen Zustand des Bedrohtseins geschlossen werden. Das
erste zu erfüllende inhaltliche Kriterium ist eine Verständigung über den Status quo.
»In Situationen bedrohter Ordnung verständigen sich Akteure über den momentanen
Zustand, d. h. sie versuchen, eine Diagnose des Status quo zu stellen«[144]. Dabei gibt
diese Verständigung zugleich Auskunft über die Ordnung. Deutungen des Status quo
knüpfen an früheren Erfahrungen und Deutungen an, die etwa durch Sozialisation
erworben und unbewusst angewandt wurden. »Eine Beschreibung des momentanen
Status enthält immer Indizien darüber, wie er sich weiterentwickelt. Mitunter wird
bereits auf bestehende Missstände verwiesen, die Anzeichen für seine Negativent-
wicklung sein könnten«[145]. Die übereinstimmende Beschreibung des Status quo weist
auf ein wichtiges Etablierungskriterium hin, beantwortet also die Frage, wann eine
Bedrohungskommunikation als etabliert gelten kann. Dieses Kriterium stellt der hin-
reichende Konsens dar, der Produkt einer kollektiven Verständigung über die Existenz
und Relevanz bestimmter Phänomene ist.

Als zweites inhaltliches Kriterium ist die Beschreibung eines zukünftigen Szenarios
zu nennen, etwa in Form von Prognosen, Prophezeiungen, Warnungen oder Ankün-
digungen, die darauf verweisen, dass die gegenwärtige soziale Ordnung künftig nicht
mehr gilt oder zumindest angefragt ist.

> Ein Szenario ist immer von existentieller Bedeutung, weil die in der Prognose außer Kraft
> gesetzte und somit gegenwärtig bedrohte Ordnung das Leben der Akteure prägt. Eine
> Veränderung der sozialen Ordnung zieht immer drastische Veränderungen vor allem in
> materieller oder sozialer Hinsicht nach sich,[146]

die nicht zuletzt in stark emotionaler Sprache – auch Bildsprache[147] – zum Ausdruck
kommen (können).

Mit den Handlungsoptionen und -empfehlungen, die direkt auf den Erhalt, die
Modifizierung oder die Abschaffung einer Ordnung zielen, ist das dritte und letzte
Kriterium benannt. Durch die gezielte Auswahl von Handlungsoptionen können die
zu erwartenden Konsequenzen, je nach Perspektive, abgeschwächt oder verstärkt
werden. »Akteure bewerten die denkbaren Konsequenzen der Handlungsoptionen im

---

144 F. FECHNER u. a., »We are gambling with our survival«, S. 163.
145 EBD.
146 EBD.
147 Vgl. hier etwa Anknüpfungspunkte an die »Visual History« (Gerhard Paul). Wenn für die »visual
     history« die »Funktion sowie die Wirkungs- und Wahrnehmungsgeschichte visueller Konstruktio-
     nen« von Interesse sind, wenn der Ausgangspunkt dieser Ansätze die Annahme ist, »dass Bilder
     […] einen spezifischen Bedeutungsrahmen konstituieren, innerhalb dessen Menschen Geschichte
     wahrnehmen und sozialen Sinn konstruieren«, dann liefern die Ansätze der »visual history« gerade
     für medial geprägte Ereignisse wie die Hungerkatastrophe in Biafra im Rahmen des vorgestellten
     Analysekonzepts wichtige Hinweise (G. PAUL, Visual History).

Blick auf die Nutzen- und Nachteilserwartungen im Fall ihrer Realisierung. Als Grundlage dienen die Expertenmeinung, Erfahrungswissen und Imaginationen«[148].

Interessant ist für die Untersuchung von bedrohten Ordnungen dann im Weiteren, ob diesen Handlungsempfehlungen nachgekommen wird, inwieweit die Bedrohungskommunikation also etabliert ist.

> Den Etablierungskriterien wird genügt, wenn erstens eine hinreichend große, in die Ordnung essenziell eingebundene Akteursgruppe kommuniziert, wenn sich zweitens aus den Quellen ein hinreichender Konsens über bestimmte Kommunikationsinhalte beobachten lässt; wenn die Akteure drittens auf Handlungsempfehlungen reagieren und die mit der Inhaltsvermittlung verbundene Intention das Handeln der Akteure beeinflusst.[149]

Das in der gebotenen Kürze vorgestellte Modell zur Analyse der Bedrohungskommunikation fügt sich folglich nahtlos in die diskursanalytische Herangehensweise ein und ergänzt den »Policy-Cycle« insbesondere in seinem ersten Untersuchungsschritt und dies vor allem deswegen, weil Bedrohungen erst in der Kommunikation konstruiert werden, »unter ›Bedrohung‹ kein konkretes Ereignis und keine Entität verstanden« wird, »sondern vielmehr ein Selektions- und Deutungsprozess zur Voraussetzung einer Bedrohungskommunikation gemacht wird«[150].

6. Ein Leitfaden durch die Arbeit

Aus dem Vorherigen ergibt sich der Aufbau der Arbeit. Auf der Grundlage der historischen Diskursanalyse, die den theoretischen Hintergrund für die Analyseinstrumente des »Policy-Cycle« der Politikfeldanalyse und des Modells zur Bedrohungskommunikation bietet, lassen sich die zu untersuchenden 20 Jahre in drei Phasen einteilen. Das erste Kapitel »›Was wir bisher über unserer eigenen Not vergessen haben.‹ Die transnationale Wahrnehmung von Hunger und Elend der ›anderen‹« umfasst den Zeitraum ab den späteren 1950er Jahren bis 1967 (I). Darin sollen in einem ersten Schritt Hungerkatastrophen in der zweiten Hälfte des 20. Jahrhunderts allgemein in den Blick genommen werden (I.1). Anschließend gilt es, biografische und ökonomische Voraussetzungen der Bewusstwerdung von Hunger in der Welt zu klären. Die Erfahrungen des Zweiten Weltkrieges und der unmittelbaren Nachkriegsjahre, das Wirtschaftswunder der 1950er Jahre sowie die außenpolitische Lage der jungen Bundesrepublik setzten Wahrnehmungskräfte frei, von denen aus das Bewältigungshandeln angesichts des Hungers in der Welt beginnen konnte (I.2). Eine erste institutionelle Verdichtung

---

148 F. FECHNER u. a., »We are gambling with our survival«, S. 168.
149 EBD., S. 161.
150 Vgl. EBD., S. 173.

erfuhr das Problem in der Gründung des bischöflichen Hilfswerkes Misereor in den Jahren 1958/59, das schon bei der ersten Spendensammlung am Passionssonntag 1959 die Erwartungen weit übertraf (I.3). Um das Zweite Vatikanische Konzil herum globalisierte sich jedoch nicht nur die Sozialverantwortung der deutschen katholischen Kirche. Auch gesamtkirchlich können diese Jahre als ›Weltkirche-Werdung‹ bezeichnet werden (I.4).

Besteht der erste zeitliche Schnitt vorwiegend in einer Bewusstwerdung, in der Wahrnehmung von Hunger in der Welt, so kann der zweite Zeitschnitt von 1967 bis 1972 als Etablierung der Bedrohung angesehen werden, in dem diese um die Chiffre ›1968‹ herum jedoch gleichsam einen Kippmoment erlebt (II). Hier nämlich zeigte sich die beschriebene Komplexität des Problems. Zunehmend erkannten die Akteure, dass die Bewältigungsstrategien des 19. Jahrhunderts in dieser transnationalen Dimension nicht mehr genügten und das fern scheinende Problemfeld sich zu einer konkreten eigenen Bedrohung gerierte. Herausragende Bedeutung dabei hatte die Entwicklungsenzyklika »Populorum progressio« Pauls VI., die große Wirkung im deutschen Katholizismus zeitigte (II.3). In deutlichem Kontrast dazu jedoch standen die an die sozialkatholischen Strategien des 19. Jahrhunderts erinnernden Formen des Bewältigungshandelns innerhalb des Weltnotwerkes der Katholischen Arbeitnehmerbewegung (II.1). Der Kontrast zwischen beiden Ansätzen offenbarte sich nicht zuletzt deshalb, weil in der gleichen Zeit die deutsche Gesellschaft insgesamt in eine Bewegung geriet, der sich die Kirchen ebenfalls nicht entziehen konnten (II.2). Die Konsequenzen dieser Bewegung zeigten sowohl performativ wie semantisch den deutlichen Bruch der Ordnungs- und Bewältigungsschemata (II.4). Am Beispiel der auch medial herausragenden Hungerkatastrophe in Biafra wird exemplarisch verdeutlicht, welche Motivationsinstrumente eingesetzt, welche Bewältigungsstrategien daraufhin entwickelt und wie die Hungerkatastrophe und ihre Folgen theologisch diskutiert wurden (II.5). ›Biafra‹ hat deshalb exemplarische Bedeutung, weil diese Hungerkatastrophe bis heute eine der größten Wirkungen humanitärer Hilfsaktionen nach sich zog; gleichzeitig fand aufgrund dieser Erfahrungen eine Veränderung der Hilfsmaßnahmen statt. War bisher ein sozialkaritativer Ansatz die Hauptmotivation zur Hilfe, wurden die folgenden Hungersnöte und ihre Ursachen sehr viel politischer interpretiert und bearbeitet.

Im dritten und letzten Zeitschnitt von 1972 bis 1979 unter dem Titel »Eine fast schicksalhafte Bedrohung ›unseres‹ Systems: Bedrohter Wohlstand oder bedrohender Lebensstil« setzte sich diese Politisierung weiter fort (III), erfuhr zugleich jedoch eine thematische Erweiterung. Die Endzeitszenarien der Wissenschaft, die Konjunkturschwäche der deutschen Wirtschaft und die Ölpreiskrise bedrohten nunmehr direkt die wirtschaftliche und soziale Ordnung der BRD (III.1). Die über Jahre andauernden Hungerkatastrophen der Sahelzone verstärkten die Einsichten, mit bisherigen Handlungsroutinen keine Problemlösungen mehr hervorzurufen (III.2). Diese nahe, konkretexistentielle Bedrohung führte zu einer massiven Infragestellung der bisherigen

Ordnungsschemata auch im katholischen Bereich (III.3). Die Handlungsroutinen und Verhaltenserwartungen waren endgültig an ihr Ende gekommen. Zugleich ließen verschiedenste Akteure im Spannungsfeld zwischen einer Bedrohung des eigenen Wohlstandes und einem westdeutschen Lebensstandard, der seinerseits die Existenz der hungernden Menschen bedrohte, neue Ansätze eines »re-ordering« erkennen (III.4).

Das vierte Kapitel nimmt einige Akteure des zuvor beschriebenen Zeitraums in den Blick (IV). Dazu wurden Interviews geführt, die insbesondere Einblicke in die persönlichen Motive und daraus folgenden Habitus der teilweise noch heute im »Dritte-Welt« -Bereich engagierten Zeitzeugen ermöglichen.

I. »Was wir bisher über unserer eigenen Not vergessen haben.« Die transnationale Wahrnehmung von Hunger und Elend der ›Anderen‹ (1959–1967)

Kardinal Frings brachte in seiner Gründungsrede des bischöflichen Hilfswerkes gegen Hunger und Krankheit in der Welt Misereor im August 1958 in zwei prägnanten Sätzen ins Wort, was die späten 1950er und die frühen 1960er Jahre insgesamt auszeichnen sollte: »Was wir bisher über unserer eigenen Not vergessen haben, tritt jetzt in die Mitte unseres Bewußtseins: in den meisten Ländern dieser Erde herrscht Hunger«[1]. Die Gründungsrede von Frings stellt daher für das folgende Kapitel das zentrale Dokument dar, weil sich in ihm in verdichteter Weise das Bewusstwerden kontextualisieren und für den deutschen Katholizismus nachzeichnen lässt. Dabei ist zu konstatieren, dass dieses Bewusstwerden eine Bedrohungskommunikation auslöste, die zu anfanghaften Bewältigungs- und Neuordnungsprozessen führte.

1. Hungerkatastrophen in der zweiten Hälfte des 20. Jahrhunderts

Um alle Zweifel zerstreuen und die Vorherrschaft der Vernichtung durch den Hunger als unbestreitbare Tatsache erkennen zu können, muß man sich die weltweit beobachtete Tatsache vor Augen halten, daß der Hunger die häufigste Kriegsursache ist und daß er der Ausdehnung der großen Epidemien den günstigsten Nährboden liefert. Dennoch hat unsere Zivilisation immer versucht, die Augen vor dieser tiefsten Quelle allen Unglücks zu verschließen aus Furcht, diese traurige Wirklichkeit anerkennen zu müssen. Vom Krieg hat man immer mit lauter Stimme gesprochen, Hymnen und Gedichte sind über seine glorreichen, selektiven Vorzüge verfaßt worden, und das in einer Zivilisation, die zwischen Merkantilismus und Militarismus gependelt hat. Mit Hilfe wissenschaftlicher Theorien hat man seine Notwendigkeit als Naturgesetz ausgegeben. So ist der Krieg ein Leitmotiv westlichen Denkens geworden, während der Hunger als Tatsache gilt, deren Auswirkungen die Grenzen des Unterbewußten nicht überschreiten durften, da das Bewußtsein ihm seine Tore mit sichtlicher Verachtung verschlossen hatte.[2]

---

1 J. Kardinal Frings, Abenteuer im Heiligen Geist, S. 14.
2 J. d. Castro, Geopolitik des Hungers, S. 28. In einer ersten Auflage erschienen 1959 unter dem Titel »Weltgeissel Hunger« im Musterschmidt-Verlag.

© Verlag Ferdinand Schöningh, 2019 | DOI:10.30965/9783657792474_003

Josué de Castro[3], brasilianischer Arzt und später Mitarbeiter der FAO, publizierte bereits 1949 sein Werk »Géographie de la faim«, eine auf geografischen Methoden beruhende detaillierte Untersuchung des Hungers in Brasilien, »der schrecklichsten aller sozialen Geißeln«[4]. Diese nur auf ein Land bezogene Studie erweiterte de Castro 1951 zu einer »Geopolitik des Hungers«[5], in der er die weltweiten Zusammenhänge zwischen Politik und Hunger aufzuzeigen suchte, die »die biologische Krise zur politischen Krise in Beziehung setzte«[6]. Schon der erste Band fand große Aufmerksamkeit und Verbreitung. »Dieses positive Echo in Amerika wie in Europa, ja selbst in der östlichen Welt beweist, daß sich in der heutigen Welt sehr viele Menschen der Wichtigkeit des Hungerproblems bewußt«[7] geworden seien. Gleichwohl rangiere das Problem trotz seines enormen Bedrohungspotentials noch immer hinter dem des Krieges, dem »Leitmotiv westlichen Denkens«[8]. Hunger sei dagegen ein politisches Problem, »das wesentlich in der ökonomischen und sozialen Ungleichheit und in der bewußten Spaltung der Welt in Herrschende und Beherrschte liegt«[9], eine »von Menschen gemachte Geißel«[10], die das »Werk der menschlichen Zivilisation zu vernichten droht«[11].

Damit machte de Castro die bedrohliche Situation, vor der die Welt angesichts des Hungers vieler Menschen stehe, unmissverständlich deutlich und enthob das Problemfeld gleichzeitig endgültig jeglicher metaphysischen Ursachenforschung[12]: Nicht göttliches Einwirken, die Erosion der Böden oder die Endlichkeit der Ressourcen bedrohe die Menschheit, sondern sie bedrohe sich selbst durch den Hunger und würde so die »Verwüstung und Entvölkerung einer Welt erleben, die heute an Fruchtbarkeit und potentiellem Reichtum Überschuß hat«[13]. In der sozialen Revolution sah er die »Zeichen einer neuen Zeit, in der Hunger endgültig besiegt sein wird, was entscheidend für die soziale Stabilität«[14] sei. Die Verbannung des Hungers sei daher notwendig, wenn auch nicht leicht zu erreichen. Die vom Hunger ausgehende zivilisatorische Bedrohung aber hätte ein Großteil der Menschheit noch immer nicht nachvollzogen.

---

3   Josué de Castro (1908–1973). Studium der Medizin und der Geografie in Brasilien. Autor zahlreicher Bücher über Hunger in Brasilien. Mitarbeiter der FAO, ab 1952 Vorsitzender des Exekutivrates. 1954 Weltfriedenspreis. Vgl. H. Loetscher, Sieben Handbreit Erde und ein Sarg, S. 777–785.

4   J. d. Castro, Geopolitik des Hungers, S. 17.

5   J. d. Castro, Géopolitique de la faim; deutsche Übersetzung bei Suhrkamp erschienen 1973.

6   J. d. Castro, Geopolitik des Hungers, S. 18.

7   Ebd., S. 20.

8   Ebd., S. 28.

9   Ebd., S. 40.

10 Ebd., S. 51.

11 Ebd., S. 48.

12 Vgl. dazu das epochenübergreifende Forschungsprojekt: »Hungerkatastrophen als Bedrohung religiöser und sozialer Ordnungen. Bedrohungskommunikation und Bewältigungshandeln in christlichen Gesellschaften (1570–1980)« innerhalb des SFB 923 »Bedrohte Ordnungen«, in dessen Rahmen die vorliegende Arbeit entstanden ist.

13 J. d. Castro, Geopolitik des Hungers, S. 48.

14 Ebd.

Ihnen scheine ihr hoher Lebensstandard wichtiger zu sein als die Hungerbekämpfung.»Und solange viele so denken, werden die Hekatomben von Kriegen und Revolutionen die Welt bedrohen, bis die Notwendigkeit, um jeden Preis zu überleben, die Privilegierten zur Aufgabe ihrer Privilegien zwingen wird«[15]. Die von ihm konstatierte langsame Bewusstwerdung des Politikfeldes Hunger suchte de Castro mit seinen Publikationen zu forcieren, die hier beispielhaft für eine größer werdende Aufmerksamkeit für die Hungerproblematik stehen können.

Ausgehend von de Castros Versuchen der Problemdefinition und -etablierung soll es diesem Teilkapitel darum gehen, das Problem des Hungers selbst und seine Verbreitung im Zeitraum nach 1945 zu beleuchten, bevor die Arbeit anschließend vor allem von sozialen und theologischen Bewältigungsmustern im deutschen Katholizismus handeln soll.

a) Hunger als multiperspektivisches Phänomen

Schon die Hungerdefinitionen der 1950er Jahre zeigen das Problemfeld als multiperspektivisches Phänomen und multidisziplinäres Forschungsfeld[16]. So ist auch jeder Versuch, Hunger aus einer einzelnen Perspektive oder monokausal zu klären, reduktionistisch[17]. Gleichzeitig ist Hunger ein bekanntes Phänomen und ein vielfach empfundenes, subjektives Gefühl, meist mit den Begriffen Nahrungsmangel oder chronischem Kaloriendefizit gleichgesetzt[18]. Die Leiterin des Außenamtes des Zentralkomitees der deutschen Katholiken, Dr. Maria Alberta Lücker[19], fasste für die erste Fastenaktion des neugegründeten bischöflichen Hilfswerkes Misereor bereits an die FAO angelehnte Hungerdefinitionen in einer Materialsammlung zusammen, die sich kaum von heutigen Definitionen unterscheiden.

Für die Welternährungsorganisation FAO ist Hunger auch ein »quantitativer Begriff«[20]. Sie spricht von Hunger, »wenn die tägliche Energiezufuhr für einen längeren Zeitraum unter dem Bedarf liegt, der für einen gesunden Körper und ein aktives

---

15   EBD., S. 49.

16   Vgl. MARIA LÜCKER, Übersicht über die Gesamtsituation in den Entwicklungsländern, in: MAA, Sammlung Misereor-Materialien, Publikationen 1959.

17   Vgl. C. PFISTER, Hunger, S. 383 f.

18   Vgl. L. WEINGÄRTNER / C. TRENTMANN, Handbuch Welternährung, S. 20.

19   MARIA ALBERTA LÜCKER (1907–1983). Studium der romanischen Philologie, Englisch und Deutsch in Bonn und Paris. 1932 Promotion (Dr. phil). 1932 Eintritt in die ›pia unio‹ ›Frauen von Nazareth‹, später Internationale Gralbewegung. 1955–1965 zunächst Leiterin des Kulturreferates, dann Leiterin des Außenamtes für internationale Beziehungen beim ZdK. 1958 Erste Vorsitzende des KAAD. Gründungsmitglied von Misereor und AGEH. Ab 1963 Leitung des Sekretariats der Laienauditoren, während des Konzils Arbeit für die nichtkatholischen Konzilsbeobachter. 1969 Mitgründerin, später Vizepräsidentin der Weltkonferenz der Religionen für den Frieden. Vgl. R. HEYDER, Art. Maria Alberta Lücker, S. 180 f.

20   Dazu die Definition der deutschen Welthungerhilfe, URL: http://www.welthungerhilfe.de/hunger. html> (Stand: 1.5.2018).

Leben benötigt wird«[21]. Im Durchschnitt brauche jeder Mensch dazu täglich mindestens 2.100 Kalorien[22]. In der Gründungsphase der FAO in den 1950er Jahren wurde für einen Mann von 70 Kilogramm bei körperlicher Tätigkeit ein Kalorienbedarf zwischen 2.500 und 4.500 Kalorien täglich angegeben, für eine Frau mit 56 Kilogramm Körpergewicht zwischen 2.100 und 3.000 Kalorien[23]. Zu unterscheiden ist davon die Unterernährung, ein »Ergebnis von unzureichender Nahrungsaufnahme oder mangelhafter Gesundheits- und Hygienebedingungen, die den Körper daran hindern, die aufgenommene Nahrung angemessen zu verwerten«[24]. Eine länger andauernde Unterernährung von über einem Jahr führt zu chronischer Unterernährung bzw. Hunger und zeitigt schwerwiegende gesundheitliche Folgen wie etwa vermindertes Wachstum. In vielen »Entwicklungsländern« ernähren sich die Menschen überwiegend von Grundnahrungsmitteln wie Reis, Mais und Hirse. Vitamine, Mineralstoffe und Spurenelemente, die ebenfalls zu einer ausgewogenen Ernährung gehören, fehlen dabei. Wenn über einen längeren Zeitraum hinaus diese Ausgewogenheit nicht gegeben ist, liegt Mangelernährung vor, oftmals auch »hidden hunger« genannt (versteckter Hunger). »Vitamin- und Mineralstoffmangel schränkt die körperliche und geistige Leistungsfähigkeit ein. Laut Weltgesundheitsorganisation (WHO) betrifft dies über zwei Milliarden Menschen«[25]. Typische Mangelerscheinungen sind geistige Behinderungen von Kindern, Blindheit infolge des Vitamin A-Mangels, eingeschränkte Entwicklung von Kindern und verminderte Arbeitsfähigkeit von Erwachsenen infolge der durch Eisenmangel hervorgerufenen Anämie. Besonders fehlendes Eiweiß führt zu der »Krankheit mit den tausend Namen«[26], »Kwashiorkor«. Dabei entfärben sich Haut und Haare, der Bauch bläht auf – der »Hungerbauch« entsteht. Unter- und Mangelernährung, zumeist nicht offensichtlich, haben besonders bei Kindern massive Auswirkungen auf die körperliche und geistige Aktivität und Entwicklung, schränken die Konzentrationsfähigkeit ein, führen durch die Schwächung des Immunsystems zu Folgeerkrankungen und haben negative Effekte auf Schwangerschaft und Stillzeit[27]. Daraus ergeben sich unter Umständen vererbte Defizite und damit ein »Lebenszyklus der Unterernährung über Generationen«[28].

---

21 EBD.
22 L. WEINGÄRTNER / C. TRENTMANN, Handbuch Welternährung, S. 19.
23 Vgl. W. PANK, Der Hunger in der Welt, S. 20.
24 Dazu und im Folgenden: L. WEINGÄRTNER / C. TRENTMANN, Handbuch Welternährung, S. 20.
25 EBD., 22.
26 A. ERB, Weltelend vor christlichem Gewissen, S. 3.
27 Vgl. die Hinweise des Bundesministeriums für wirschaftliche Zusammenarbeit, URL: http://www
    .bmz.de/de/was_wir_machen/themen/les/ernaehrung/basiswissen/hunger_fakten_hinter
    gruende/was_ist_hunger/index.html (Stand: 3.10.2015) sowie L. WEINGÄRTNER / C. TRENTMANN,
    Handbuch Welternährung, S. 22–25.
28 L. WEINGÄRTNER / C. TRENTMANN, Handbuch Welternährung, S. 26.

b) Hunger als politisches Problem

Die Mitte des 19. Jahrhunderts steht in der Hungerforschung für eine Zeit der Zäsur. »Bis in jene Jahre standen für Katastrophen zufalls- oder naturbedingte Ursachenbündel im Vordergrund. Solange spielte menschliches Zutun eine weniger prägende Rolle«[29]. Zwar habe es natürlich auch kriegsbedingten, und damit »man made«-Hunger gegeben, aber vor allem die wissenschaftlichen, technischen, wirtschaftlichen und gesellschaftlichen Entwicklungen in der zweiten Hälfte des 19. Jahrhunderts veränderten das Verständnis von Hungerkatastrophen als Naturkatastrophen wesentlich[30]. Diese Zäsur aufnehmend fragte de Castro, ob Hunger »eine naturbedingte Erscheinung, dem Leben so unlösbar verbunden wie der Tod [ist]? Oder ist er eine vom Menschen selbst geschaffene soziale Plage?«[31] Diese für ihn »delikate Frage«[32] stellte sich nach dem Ende des Zweiten Weltkriegs unter veränderten Gegebenheiten. Es sei erschütternd, »wie wenig das Schrifttum der ganzen Welt darüber [über den Hunger in der Welt, der Verf.] enthält im Vergleich zum Überfluß an Büchern und Veröffentlichungen über Themen, die von wesentlich geringerer sozialer Bedeutung sind«[33]. Vor allem im Hinblick auf die große Anzahl von Untersuchungen und Publikationen zum Thema Krieg stellte de Castro ein Ungleichgewicht fest, denn die Anzahl der an Hunger sterbenden Menschen sei viel höher als die Anzahl der durch Kriege und Epidemien Sterbenden, »viel verheerender in der Zahl der Opfer und viel schrecklicher in ihren biologischen und sozialen Folgen«[34]. Gleichzeitig seien Hunger und Kriege sowie Hunger und Epidemien eng miteinander verzahnt, weil Hunger die häufigste Urache für Kriege sei und die Ausbreitung von Epidemien begünstige[35]. Das deckt sich mit der weit späteren Beobachtung aus den Forschungen Josef Nussbaumers: »Die Schwere, die dem Hunger im Katastrophengeschehen zukommt, kann kaum überschätzt werden und noch vor Krieg ist dieser als Erstes zu nennen«[36].

De Castro sah im Verschweigen des Hungers zugunsten des Krieges eine »Verschwörung«[37], die verschiedene Ursachen habe, vor allem moralische. Da Hunger ebenso als Urtrieb galt wie Sexualität und damit in einer »rationalistischen Kultur, die

---

29   J. NUSSBAUMER, Gewalt.Macht.Hunger. Teil I, S. 23; vgl. etwa auch W. ABEL, Massenarmut und Hungerkrisen. Hans-Heinrich Bass jedoch zeigt bereits für die letzte Hungersnot in Europa 1847 ein »Wechselspiel von natürlichen und sozioökonomischen Ursachen« und sieht neben Witterungsbedingungen der 1940er Jahre auch die mangelnde Kaufkraft breiter gesellschaftlicher Schichten als wesentliche Ursache der Hungersnot in Preußen. Vgl. H.-H. BASS, Ursachen der Subsistenzkrise, S. 141–156.

30   Vgl. J. NUSSBAUMER, Gewalt.Macht.Hunger. Teil I, S. 23.

31   J. d. CASTRO, Geopolitik des Hungers, S. 27.

32   EBD.

33   EBD.

34   EBD., S. 28.

35   Vgl. EBD.

36   J. NUSSBAUMER, Gewalt.Macht.Hunger. Teil I, S. 34.

37   J. d. CASTRO, Geopolitik des Hungers, S. 29.

mit allen Mitteln im menschlichen Verhalten die Vorherrschaft der Vernunft über die Triebe behaupten wollte«[38], unmoralisch und anstößig war, konnte an diesen »anstößigen Dingen«[39] nicht gerührt werden. Die zweite wesentliche Ursache seien wirtschaftliche Interessen.

> Die europäische Zivilisation hatte ihren Gipfel durch die Erweiterung des geographischen Horizonts im 16. Jahrhundert und die darauf folgende Kolonialwirtschaft erreicht. Deshalb schickte es sich inmitten dieses scheinbaren Glanzes nicht, die häßliche Tragödie des Hungers aufzudecken, die zum großen Teil das Produkt dieses jeden menschlichen Gefühls baren Kolonialismus war.[40]

Außerdem unterbanden der internationale Handel und dessen Profiteure jegliche Erforschung des Hungerphänomens. Die westliche Literatur habe sich daran mitschuldig gemacht und so vor der »Weltöffentlichkeit die wahre Lage riesiger Menschenmassen« verborgen, »die im Würgegriff des Hungers gefangen waren«[41].

Schließlich habe es zweier Weltkriege und der Russischen Revolution bedurft, »um die europäische Zivilisation zu überzeugen, daß die Realität des Hungers vor den Augen der Welt nicht mehr verborgen werden konnte«[42]. Das Tabu des Hungers sei gebrochen worden, weil – und schon hier klingt das Bedrohliche des Hungers deutlich an – sich die Welt in einer revolutionären Phase befinde. Die Kriege seien nur »Katastrophenzeichen des Aufbruchs der sozialen Kräfte«[43] gewesen. Hunger und seine Bekämpfung seien damit deutlich in den Fokus gerückt, eine »Serie interessanter Arbeiten über das Phänomen Hunger«[44] erschienen, die bereits ergaben, dass mehr als zwei Drittel der Menschheit Hunger leiden müssten. Implizit zeigte de Castro in diesen Überlegungen den bereits genannten Umschlagpunkt an. »Der durch eine ungünstige Natur erzeugte Hunger ist ein Ausnahmefall, während der vom Menschen verursachte Hunger der Erde der Normalfall ist«[45]. Außerdem zeigen sich hier bereits die Folgen der später so genannten Globalisierung, denn die

> heutige Welt ist wie ein lebender Organismus gebaut, dessen Teile unlöslich miteinander verbunden sind. Daher ist es nicht möglich, daß ein Gebiet Hunger leidet, vielleicht daran stirbt, ohne dass die übrige Welt unter den Folgen dieser örtlichen Infektion leidet und ebenfalls vom Tod bedroht ist.[46]

---

38   EBD.
39   EBD.
40   EBD., S. 30.
41   EBD., S. 31.
42   EBD., S. 32.
43   EBD., S. 33.
44   EBD., S. 35.
45   EBD., S. 52.
46   EBD.

Wenn Hunger aber als politisches Problem zu begreifen ist, dann stehen insbesondere die sozialen Bewältigungsanstrengungen im Mittelpunkt des Interesses, die Frage also, mit welchen politischen Strategien und Maßnahmen das Problemfeld bearbeitet und zu lösen versucht wurde.

c) Hungerkatastrophen nach 1945

Wie aber stellte sich die Hungersituation nach 1945 dar? Für Westeuropa und Nordamerika spielen Hunger oder gar Hungerkatastrophen mit Ausnahme der unmittelbaren Nachkriegsjahre, auf die das nachfolgende Kapitel eingeht, keine Rolle mehr[47]. Vielmehr verkehrt sich nach 1945 langsam die Problemstellung »von einem Zuwenig hin zum Zuviel an Nahrung«[48]. Kurz nach 1945 jedoch betrug die weltweite Weizenernte nur 69,3 Prozent der durchschnittlichen Vorkriegsernte[49]. Zwei Drittel der Menschheit konnten in dieser Zeit nur über weniger als 2.000 Kalorien am Tag verfügen, was einer chronischen Unterernährung entsprach[50]. De Castro zeichnet denn auch ein deprimierendes Bild der weltweiten Ernährungslage: »Was wir heute haben, ist eine Karte der Erde, gesprenkelt in Asien, Afrika, Amerika und anderswo mit Gebieten, in denen der Mensch anscheinend zu weiter nichts geboren wird, als um zu sterben und die Erde zu düngen«[51].

Damit benannte de Castro regionale Schwerpunkte, die in der zweiten Hälfte des 20. Jahrhunderts vorrangig von Hungerkatastrophen betroffen waren. Nussbaumers Chronik weist für den Untersuchungszeitraum zehn schwere Hungerkatastrophen aus, als Kriterium gilt ihm die Zahl der Todesopfer[52]. Zwei Kontinente seien danach besonders betroffen: Asien mit den Hungerkatastrophen in China ab 1949 und ab 1958, Indien 1965–1967 und 1972–1973, Bangladesch 1971 sowie ab 1974, Kambodscha ab 1975 und Afrika mit den Hungerkatastrophen in Biafra ab 1967, in der Sahelzone ab 1968 und in Äthiopien 1973[53]. Die Hungerkatastrophe in China hat dabei aus zwei Gründen eine besondere Bedeutung. Erstens war sie eine der größten, wenn nicht die größte Hungerkatastrophe der Menschheitsgeschichte. Die Zahl der Todesopfer variiert zwischen 16 Millionen und 75 Millionen Menschen; damit wäre die chinesische Katastrophe deutlich folgenschwerer gewesen als der Zweite Weltkrieg, »mit dem großen Unterschied, dass über Maos Hungersnot kaum gesprochen wird«[54]. Darin liegt

---

47 Vgl. dazu und im Folgenden J. Nussbaumer, Gewalt.Macht.Hunger. Teil I, S. 32–37.
48 Ebd., S. 168.
49 Vgl. G. J. Trittel, Hunger und Politik, S. 40.
50 Vgl. J. Nussbaumer, Gewalt.Macht.Hunger. Teil I, S. 168.
51 J. d. Castro, Weltgeissel Hunger, S. 43.
52 Vgl. J. Nussbaumer, Gewalt.Macht.Hunger. Teil I, S. 33 f. Vgl. dazu weitere Hungerkatastrophen in diesem Zeitraum: J. Nussbaumer, Gewalt.Macht.Hunger. Teil II, S. 134–136.
53 Die Hungersnot in Kambodscha wird in dieser Arbeit deshalb nicht untersucht, weil sie zeitgenössisch in der deutschen katholischen Kirche keine Erwähnung fand.
54 J. Nussbaumer, Gewalt.Macht.Hunger. Teil I, S. 34.

auch der zweite Grund: Es sollte über 20 Jahre dauern, bis diese Hungerkatastrophe im Westen überhaupt bekannt wurde. Erst in den letzten Jahren sind Arbeiten dazu veröffentlicht worden[55].

Die benannten Fälle extremen Hungers zeigen ein heterogenes Ursachenfeld. Die Hungerkatastrophe in Indien Mitte der 1960er Jahre ist im Gegensatz zur chinesischen Hungerkatastrophe weniger ein Beispiel für eine ideologisch verursachte Hungersnot, sondern zeigte vielmehr die Wechselwirkung natürlicher und politischer Faktoren. Zwar vertreten manche Forscher die These, diese Hungerkatastrophe sei die letzte große Hungersnot gewesen, die den Witterungsbedingungen zuzuschreiben ist. Der indische Wirtschaftsnobelpreisträger und Philosoph Amartya Sen jedoch sah die Ursache in einer Verteilungskrise, also in sogenannten »man made«-Faktoren[56]. Trotz eines erheblichen Bevölkerungswachstums konnten jedenfalls die Hungerkatastrophen Indiens in den Jahren 1942 bis 1944 und 1965 bis 1967 deutlich besser aufgefangen werden als noch im 19. Jahrhundert[57]. Wolton und Glücksmann begründen dies mit einer freieren Presse, also letztlich demokratischeren Strukturen. In einem freieren Land würde das Aufdecken von Missständen den Staat schneller zwingen, einzugreifen. Hinzu kam eine umfassende internationale Hilfe, die jedoch keinen Durchbruch zu einem unbedingten Zusammenrücken der Völker bedeutete, wie sich nur kurze Zeit später anlässlich der für den afrikanischen Kontinent herausragenden Hungerkatastrophe in Biafra zeigte. Sie wird in Kapitel II.5 ausführlich zu beleuchten sein. Die sich über Jahre hinziehende und in nahezu regelmäßigen Wellen auftretende Hungerkatastrophe in den Ländern der Sahelzone zwischen 1968 und 1974 stellt die zweite große afrikanische Hungerkatastrophe dar. »Ende der 1960er und Anfang der 1970er-Jahre hatte sich eine schwere Dürre quer durch den afrikanischen Kontinent von Senegal bis nach Äthiopien und Somalia gezogen und Länder betroffen, in denen 100 bis 120 Millionen Menschen lebten«[58]. Diese Dürreperiode wurde verstärkt durch zwei »man made«-Faktoren: durch immer größere Viehherden der Nomaden und einen »ökologischen Raubbau«[59] aufgrund der Erweiterung des Fruchtanbaus. Eine Flächenkonkurrenz zwischen Nomaden und Bauern war die Folge. Diese Hungerkatastrophe in den Ländern Senegal, Mauretanien, Mali, Elfenbeinküste, Burkina Faso, Niger, Nigeria, Tschad, Sudan, Somalia und auch Äthiopien bedrohte hunderttausende Menschen und konnte nur durch ausländische Nahrungsmittellieferungen eingedämmt werden. In Äthiopien hatte sie jedoch auch politische Folgen und führte zum Sturz des Kaisers[60]. Sie wird in Kapitel III.2 noch einmal zu thematisieren sein.

---

55 Vgl. etwa J. CHANG / J. HALLIDAY, Mao; S. DABRINGHAUS, Geschichte Chinas; F. DIKÖTTER, Maos
    Großer Hunger; Y. JISHENG, Grabstein Múbei; F. WEMHEUER, Der Große Hunger.
56 Vgl. J. NUSSBAUMER, Gewalt.Macht.Hunger. Teil I, S. 63.
57 Vgl. dazu und im Folgenden EBD., S. 61–66.
58 EBD., S. 67.
59 EBD., S. 67 f.
60 Vgl. EBD., S. 68–70.

Angesichts der vielfältigen Ursachen versucht Nussbaumer in seiner Chronik eine Kategorisierung in letztlich drei Ursachenbündel: Naturkatastrophen, »Hungerterror« etwa durch politische Ideologien und (Bürger-)Kriege. Dass sich diese Trennung nicht durchhalten lässt, sollte in den kurzen Abrissen der vier genannten Hungerkatastrophen jedoch deutlich geworden sein. Natürliche Faktoren, etwa Trockenperioden, Überschwemmungen oder Feuer, werden durch menschliches Handeln, insbesondere politischer Entscheidungsträger, weiter verstärkt[61].

Neben den durch Kriege, schlechte Regierungsführung und politische Fehlentscheidungen auftretenden Extremereignissen ist die zweite Hälfte des 20. Jahrhunderts aber auch durch Engpässe in der weltweiten Nahrungsmittelversorgung gekennzeichnet, die erst langsam wieder aufgebaut und organisiert werden musste[62].

Zusammengefasst zeigt sich also nach Ende der beiden Weltkriege und ihrer unmittelbaren Nachkriegszeit eine wachsende Auseinandersetzung mit dem Problemfeld Hunger, die nun durch das Fehlen von Hungerkatastrophen in Westeuropa transnational ausgedehnt wird und bisher eher am Rande wahrgenommene Phänomene nicht nur stärker fokussiert und bearbeitet, sondern auch die in diesem weltweiten Problemfeld innewohnende soziale Bedrohungslage wahr- und aufzunehmen beginnt. Die Publikationen de Castros stellen hierbei ein beredtes Zeugnis dieser aufkeimenden Stimmung dar. Wie diese Debatten um die Welternährung nun in Deutschland wahrgenommen und geführt wurden und vor welchem Hintergrund sich dies gestaltete, ist Thema des folgenden Teilkapitels.

2. Biografische und ökonomische Voraussetzungen: Kriegserfahrung und Wirtschaftswunder in den 1950er Jahren

a) Hungerwinter und CARE-Pakete als Erfahrungshintergrund

Ich habe den Preis für alle Dinge erfahren müssen – weil ich ihn nie zahlen konnte –, als ich als sechzehnjähriger Lehrling allein in die Stadt kam: Der Hunger lehrte mich die Preise; der Gedanke an frisch gebackenes Brot machte mich ganz dumm im Kopf, und ich streifte oft abends stundenlang durch die Stadt und dachte an nichts anderes als: Brot. Meine Augen brannten, meine Knie waren schwach, und ich spürte, daß etwas Wölfisches in mir war. Brot. Ich war brotsüchtig, wie man morphiumsüchtig ist. Ich hatte Angst vor mir selbst, und immer dachte ich an den Mann, der einmal im Lehrlingsheim einen Lichtbildervortrag über eine Nordpolexpedition gehalten und uns erzählt hatte, daß sie frisch gefangene Fische lebend zerrissen und roh verschlungen hätten. Noch jetzt oft, wenn ich mein Geld abgeholt habe und dann mit den Scheinen und Münzen in der Tasche durch die Stadt gehe, überkommt mich die Erinnerung an die wölfische Angst jener Tage, und ich kaufe Brot, wie es frisch in den Fenstern der Bäckereien liegt: zwei

---

61 Vgl A. IMFELD, Hungersnöte in den letzten 150 Jahren, S. 11 f.
62 Vgl. dazu A. NÜTZENADEL, Welternährungssystems im 20. Jahrhundert, S. 5.

kaufe ich, die mir besonders schön erscheinen, dann im nächsten Laden wieder eins, und kleine, braune, knusprige Brötchen, viel zu viele, die ich dann später meiner Wirtin in die Küche lege, weil ich nicht den vierten Teil des gekauften Brotes essen kann und mich der Gedanke, das Brot könne verderben, mit Angst erfüllt.[63]

Die Reflexionen Walter Fendrichs, Heinrich Bölls Protagonisten in »Das Brot der frühen Jahre«, über die ersten Lehrjahre nach dem Zweiten Weltkrieg spiegeln die Erfahrung einer ganzen Generation Deutscher und Europäer wider. Böll zeichnete in dieser 1955 erstmals erschienenen Erzählung das Bild Nachkriegsdeutschlands bis zum Beginn des Wirtschaftswunders aus der Perspektive Walter Fendrichs. Dieser beginnt, wegen eines anstehenden Kennenlernens einer jungen Frau aus dem Heimatort, über seine Erfahrungen nachzudenken, die vor allem in den unmittelbaren Nachkriegsjahren von extremem Hunger geprägt sind. Im Gedächtnis vieler Deutscher waren in dieser Zeit auch noch die Jahre nach dem Ersten Weltkrieg, denn nach dem »Ersten Weltkrieg dominierte in fast allen Gesprächen ein und dasselbe Thema: Hunger«[64]. Deuten sich hier, im Nachgang des Ersten Weltkrieges, schon erste Erfahrungen mit Hunger und internationalen Hilfslieferungen an, sind es aber vor allem die Erfahrungen des Zweiten Weltkrieges und der Nachkriegsjahre, die erheblichen Einfluss auf die Bewusstwerdung des Hungers in anderen Ländern der Erde hatten. Ausgehend von der Erfahrung des eigenen Hungers kommt es schließlich zur Wahrnehmung des Hungers der anderen. Daher sollen im Folgenden drei wesentliche Erfahrungen aufgezeigt werden, die sich besonders prägend auf die westdeutschen Katholiken auswirkten.

Erstens unterlagen schon die Kriegsjahre, vor allem die 1940er Jahre, Einschränkungen in der Lebensmittelversorgung. Erst kurz vor der Kapitulation und vor allem in den unmittelbaren Nachkriegsjahren aber wurde Deutschland vom Hungerproblem eingeholt. »Etwa ein halbes Jahr vor Kriegsende brach das jahrelang funktionierende Rationierungssystem in vielen Teilen Deutschlands zusammen. Karten für den Bezug von Brot, Fleisch, Fett und Nährmitteln waren nutzlos geworden«[65]. Walter Fendrichs Erfahrungen des Wölfischen angesichts des Hungers teilten wohl zahlreiche Zeitgenossen. Konrad Adenauer[66] befürchtete schon im Juli 1945, »daß diesen Winter

---

63 H. Böll, Brot der frühen Jahre, S. 15f.
64 J. Nussbaumer, Gewalt.Macht.Hunger. Teil I, S. 162.
65 Ebd., s. 161.
66 Konrad Adenauer (1876–1967). Studium der Rechtswissenschaft und Volkswirtschaft in Freiburg, München und Bonn. 1905 Eintritt in die Zentrumspartei. Ab 1906 Beigeordneter der Stadt Köln, ab 1917 Oberbürgermeister der Stadt. 1933 Absetzung durch die NSDAP, Exil in Maria Laach und in Rhöndorf. 1945 Wiedereinsetzung als Oberbürgermeister durch die amerikanische Besatzungsmacht. 1946 Wahl zum Vorsitzenden der neu gegründeten CDU der britischen Besatzungszone, MdL und Fraktionsvorsitzender in Nordrhein-Westfalen. 1948 Präsident des Parlamentarischen Rates. 1949–1966 MdB, 1949–1963 Bundeskanzler der neu gegründeten Bundesrepublik Deutschland. 1950–1966 Bundesparteivorsitzender. Verfechter der Westintegration und der europäischen Einigung. Vgl. etwa H.-P. Schwarz, Anmerkungen zu Adenauer.

in Deutschland Millionen Menschen an Hunger und Kälte sterben werden«[67]. Kurt Schumacher[68] betrachtete 1946 die »Frage des Brotes und des Mehls und der Kartoffeln [als] eine Frage von erster politischer Wichtigkeit in Deutschland«[69]. Aber auch die Alliierten erkannten in der Nahrungsmittelversorgung der besiegten deutschen Bevölkerung ein zentrales politisches Problem, wenn etwa der Militärgouverneur der amerikanischen Besatzungszone festhielt, dass die unzureichende Nahrungsversorgung jede Hoffnung auf ein demokratisches Deutschland zerstören würde[70]. Doch wie eine ausreichende Versorgung mit Lebensmitteln aussehen konnte, dazu gab es bei den amerikanischen und britischen Besatzern unterschiedliche Vorstellungen. »Alle Verlautbarungen [enthielten] immer auch Aussagen über den künftigen Lebensstandard der deutschen Bevölkerung«[71]. Dennoch legten die Amerikaner keine quantifizierbare Aussage etwa über eine Mindestkalorienanzahl fest.

Die Briten, im Konflikt zwischen eigenem Sicherheitsbedürfnis und dem Wunsch, Deutschland nicht finanziell unterstützen zu müssen, forderten die Demilitarisierung des Landes bei gleichzeitiger Instandsetzung »des verbleibenden industriellen Restes, um die Lieferung von Reparationen und damit einen deutschen Beitrag zum europäischen Wiederaufbau sicherzustellen sowie Belastungen für die eigene Wirtschaft zu vermeiden«[72]. Eigene Hilfsleistungen der Briten sollten ebenso wie bei den Amerikanern begrenzt bleiben, wohl auch deshalb, weil es den Bevölkerungen der Siegermächte kaum vermittelbar gewesen wäre, nun dem ehemaligen Feind beizuspringen, während zumindest in Großbritannien die Kriegsfolgen überall sichtbar waren. Dennoch »sei eine Koordinierung des Nahrungsmittelausgleichs zwischen den europäischen Überschuß- und Defizitgebieten vorrangig«[73].

Durch die Abtretung von 27 Prozent der landwirtschaftlichen Nutzfläche, die damit verbundene Umsiedlung der deutschen Bevölkerung und durch den anbrechenden Konflikt mit der sowjetischen Besatzungsmacht kam es zu weiteren Einschränkungen in der Versorgung. »Gebietsabtretungen, Bevölkerungsverschiebungen und Zonenseparatismus ließen also schon im Spätsommer 1945 die Zielprojektion, Deutschland

---

67 Zit. nach: J. NUSSBAUMER, Gewalt.Macht.Hunger. Teil I, S. 169.
68 KURT SCHUMACHER (1895–1952). Ab 1914 Kriegsdienst im Ersten Weltkrieg. 1914–1918 Studium der Rechtswissenschaft, Staatsexamen und Promotion. 1918 Eintritt in die SPD. Landtags- und Reichstagsabgeordneter. 1933–1945 Häftling in verschiedenen Konzentrationslagern. Ab 1945 Wiedergründung der SPD und Wiederaufbau, ab 1946 Parteivorsitzender in den drei westlichen Besatzungszonen. Ab 1949 MdB, Fraktionsvorsitzender, Gegenspieler Konrad Adenauers und Gegner der Westbindung. Vgl. H. GREBING, Art. Kurt Ernst Karl Schumacher, S. 740 f.
69 Schuhmacher an Albu, zit. nach: G. J. TRITTEL, Hunger und Politik, S. 7.
70 Vgl. EBD., S. 8. Die Ernährungsfrage spielte in westalliierten Planungen von Beginn an eine Rolle; vgl. EBD., S. 17.
71 EBD.
72 EBD., S. 18.
73 EBD., S. 19.

einen ›mittleren Lebensstandard‹ zu gewähren, als unrealistisch erscheinen«[74]. Hinzu kamen die Produktionsrückgänge in der Industrie durch Demontagen, Rohstoffmangel und schlechte Infrastruktur. So war »die mögliche Ernährungsleistung der deutschen Landwirtschaft (Vierzonengebiet) von 2.500 kcal. im Jahre 1938 und noch 2.000 kcal. im Winter 1944/45 auf höchstens ca. 1.000 kcal. im Jahre 1945 zurückgegangen[75]«. Das besiegte Deutschland war nicht imstande, sich mit Lebensmitteln selbst zu versorgen. Das sollte sich vor allem im Winter 1946–1947 auswirken. So wurde dieser sogenannte »Hungerwinter«, der in seiner Konsequenz vermutlich letztmalig in Deutschland Unruhen und Aufstände auslöste und damit das dem Hunger inhärente gesellschaftliche Bedrohungspotential aufscheinen ließ, zur zweiten zentralen Erfahrung der Deutschen.

»Ganz Deutschland hungert«, titelte die »Süddeutsche Zeitung« am 17. Mai 1947 und konstatierte damit letztlich den Endpunkt einer Entwicklung, die sich bereits im Spätsommer 1946 abzuzeichnen begann. Verschiedene Faktoren kamen dabei zusammen. Erstens war das Jahr 1946 durch einen früh einsetzenden, harten Winter mit mehreren Frostwellen geprägt, das Jahr 1947 durch einen sowohl lang anhaltenden Winter als auch eine lange Trockenphase im Sommer, sodass auch die Ernte 1947 kaum zu einer Verbesserung der inländischen Produktion beitragen konnte. Zweitens war die gesamte »Weltversorgungslage«[76] schlecht, drittens führte ein suboptimaler Warenaustausch zwischen den Zonen zu Engpässen in der Versorgung, nicht zuletzt durch die schon erwähnte zerstörte Infrastruktur und viertens lag die landwirtschaftliche Produktion darnieder[77]. Diese Faktoren führten in der Folge zu einer dramatischen Unterversorgung. »Viele Deutsche suchten die Schuld dafür [für die Versorgungskrise, der Verf.] bei den Alliierten, die ihrer Ansicht nach Not und Leid – wenn schon nicht absichtlich herbeigeführt – doch zumindest duldeten, um die Deutschen für ihre Vergangenheit abzustrafen«[78]. Dieser Eindruck festigte sich durch die weitere Demontage deutscher Industrie.

Die dritte, härteste Frostwelle im Januar 1947 wurde den ohnehin schon geschwächten Menschen zur »eisigen Hölle«[79]. Vor allem in den Krankenhäusern wurde die Situation dramatisch. »Die chronische Mangelernährung, das Fehlen der für die körperliche Abwehr unabdingbaren Eiweiße, Fette, Vitamine und Mineralsalze musste im sogenannten Notwinter unwillkürlich zur Katastrophe führen«[80]; vor allem Kinder und kranke Menschen traf es zuerst. Lebertran als Allheilmittel wurde jeden Tag in den Schulen ausgegeben und dennoch: »Ob Lübeck, Leipzig oder Hamburg – im

---

74   EBD., S. 21.
75   EBD., S. 22.
76   EBD., S. 87.
77   Vgl. dazu: EBD., S. 81–125.
78   A. HÄUSSER / G. MAUGG, Hungerwinter, S. 145.
79   EBD., S. 169.
80   EBD., S. 172.

Mikrokosmos Krankenhaus spiegelte sich die Katastrophe Deutschlands im Hungerwinter 1946/47. Ein ganzes Land lag auf der Intensivstation, aber die lebenserhaltenden Geräte liefen – wenn überhaupt – nur mit Notstrom«[81]. Zur Linderung der Not gab es verschiedene Möglichkeiten. Insbesondere das sogenannte ›Hamstern‹ wurde von der Bevölkerung der Großstädte als lebenserhaltende Maßnahme intensiv betrieben, hier spielten vor allem Kinder eine wichtige, herzerweichende Funktion[82]. Dennoch verließ viele Menschen jeder Lebensmut, innerhalb Berlins nahmen sich in acht Wochen um die Weihnachtszeit herum 333 Menschen das Leben: »Unter solchen Bedingungen bot oft nur noch die Versenkung im Glauben an Gott einen letzten Halt«[83].

Staatliche Stellen in den deutschen Ländern und die Besatzer suchten nach dem anfänglichen Zögern intensiv nach Lösungen. Der Berliner Magistrat hatte schon im Oktober 1945 freie Berliner Flächen und Privatgrundstücke zur Versorgung der Bevölkerung vorgesehen[84]. Privateigentümer wurden zum Anbau von Gemüse und Hackfrüchten verpflichtet, bei Zuwiderhandlung konnten sie enteignet werden[85]. Schafe und Ziegen sollten auf den öffentlichen Freiflächen gehalten werden[86].

Dennoch blieb der Hunger »kein Gespenst mehr, [...] zum Sterben reich[t]en die neuen Rationen sehr wohl aus[87]«. In einer Rundfunkrede im Herbst 1946 brachte Konrad Adenauer die außerordentliche Gefährdungslage auf den Punkt:

> Der Hunger ... ist das schwerste Hindernis für die demokratische und friedliche Entwicklung Deutschlands. Die politische Ohnmacht des deutschen Volkes läßt auch die ehrlichen, aufbauwilligen, friedlichen Kräfte, die nie mit dem Nationalsozialismus etwas zu tun gehabt haben, nicht zum Wirken kommen.[88]

Die Besatzungsmächte jedoch wurden erst durch die Bedrohung von Ordnung und Stabilität im Nachkriegsdeutschland zum Handeln gedrängt, als nämlich im April 1947 die ökonomische Krise in eine politische umzuschlagen drohte. Im Mai 1947 wurde nach Washington gemeldet, dass die moralische Lage der Deutschen nie tiefer gesunken war als durch die schlechte Versorgungslage. Mit immer neuen Vertröstungen auf anstehende Importe von Lebensmitteln suchten die Besatzungsmächte der britischen und amerikanischen Zone, die Bevölkerung ruhigzustellen. »Ruhe und Ordnung«

---

81 EBD., S. 178.
82 Vgl. etwa: W. PROTZNER, Hungerwinter, S. 11–30.
83 A. HÄUSSER / G. MAUGG, Hungerwinter, S. 141.
84 Vgl. dazu: Verordnung des Magistrats von Berlin vom 15.10.1945, in: J. SCHMIDT (Hrsg.), Rote Rüben, S. 76–78.
85 Vgl. EBD., S. 76–78.
86 Vgl. dazu: Schreiben des Magistrats von Berlin, Abteilung Bau- und Wohnungswesen, Hauptamt für Planung / Grünplanung vom 9.11.1945, zit. nach: J. SCHMIDT (Hrsg.), Rote Rüben, S. 78 f.
87 G. J. TRITTEL, Hunger und Politik, S. 102.
88 Zit. nach: EBD., S. 79.

seien zu bewahren, mahnte die Bochumer Stadtverwaltung per Plakatanschlag[89]. Ab Februar 1947 jedoch kam es vor allem in Großstädten und im Ruhrgebiet zu zahlreichen Streiks und Massendemonstrationen, an dem sich 15.000 Krupparbeiter und Arbeiter verschiedener Betriebe beteiligten. Die »Frankfurter Rundschau« berichtete am 4. Februar 1947 über den Hungermarsch der Essener Betriebe[90]. Als sich auf dem Essener Rathausplatz immer mehr Menschen versammelten, suchte der Essener Oberbürgermeister und spätere Bundespräsident Gustav Heinemann[91], die Masse zu beruhigen, die »Wir haben Hunger!« skandierte. »Als der britische Stadtkommandant erschien, forderten die Demonstranten lautstark ›Brot. Brot. Wir wollen Brot!‹ [92]« Bis zum Nachmittag waren bereits 3.000 Menschen auf den Rathausplatz gekommen, sodann »marschierte die Belegschaft der Firma Krupp auf dem Rathausplatz auf, sodass ungefähr 10.000 Menschen versammelt waren, die die sofortige Beseitigung der Ernährungskrise verlangten«[93]. Die folgenden Tage waren geprägt von weiteren Arbeitsniederlegungen in zahlreichen Städten des Ruhrgebiets, aber auch anderen Regionen mit steigenden Teilnehmerzahlen[94]. Wie bereits angedeutet, schreckten diese Großdemonstrationen die Militärregierungen auf; die Reaktion der Besatzer war von den Demonstrierenden mit Spannung erwartet worden.

> Große Anspannung und Stille herrschte, als sich [bei der Wuppertaler Großkundgebung am 25. März 1947, der Verf.] plötzlich ein englischer Panzer ganz, ganz langsam der Versammlung näherte und in die Masse der Menschen hineinrollte. Die Menschen – atemlos – wichen kurz aus, aber nur um für den Panzer einen Gang zu öffnen, um ihn passieren zu lassen, und nach der Durchfahrt den Gang sofort wieder zu schließen. Nichts geschah.[95]

---

89 Zit. nach: P. Friedemann / C. Klessmann, Streiks und Hungermärsche, S. 24.
90 Vgl. ebd., S. 42.
91 Gustav Heinemann (1899–1970). Studium der Rechtswissenschaft, Volkswirtschaft und Geschichte in Marburg, Münster, München, Göttingen und Berlin. 1922 Promotion (Dr. phil.), 1928–1936 Justitiar und Prokurist bei den Rheinischen Stahlwerken Essen. Ab 1934 Mitglied der Bekennenden Kirche, nach dem Zweiten Weltkrieg Mitglied im Rat der EKD, in der Synode und im Weltkirchenrat. 1945 Einsetzung als Bürgermeister von Essen durch die britische Besatzungsmacht. Mitbegründer der CDU in Essen. 1947–1950 MdL in Nordrhein-Westfalen, 1949/1950 Bundesinnenminister im ersten Kabinett Konrad Adenauers. 1950 Rücktritt wegen der Wiederbewaffnungspläne des Bundeskanzlers. 1952 Austritt aus der CDU, Gründung der Gesamtdeutschen Volkspartei. 1957 Auflösung der Partei, Eintritt in die SPD, Mitglied des Bundestages. 1966–1969 Bundesjustizminister der ersten Großen Koalition. 1969–1974 Bundespräsident. Vgl. D. Koch, Art. Gustav Walter Heinemann, Sp. 620–631.
92 A. Häusser / G. Maugg, Hungerwinter, S. 182.
93 Ebd., S. 183.
94 Vgl. G. J. Trittel, Hunger und Politik, S. 93.
95 A. Häusser / G. Maugg, Hungerwinter, S. 181. Zu weiteren Protesten vgl. auch: R. Gries, Die Rationen-Gesellschaft.

Die Proteste waren dabei durchaus mehr als Aufschreie in verzweifelter Lage. Die Westalliierten waren durch die Hungerproteste alarmiert und fürchteten eine Ausbreitung des Kommunismus in Europa. »Die Leute werden Kommunisten – wegen des schlechten Essens«[96]. Die Befürchtung einer kommunistischen Ausweitung brachte die Amerikaner und Briten dazu, ihre Besatzungspolitik zu überdenken. Die notleidende deutsche Bevölkerung bewog schließlich auch die Bevölkerung der sogenannten Siegermächte zu Hilfsmaßnahmen. Der ehemalige amerikanische Präsident und Quäker Herbert Hoover, der sich schon nach dem Ersten Weltkrieg für Ernährungshilfe engagiert hatte und nach dem Zweiten Weltkrieg Deutschland mehrfach besuchte, um den Amerikanern ein Bild vom Nachkriegsdeutschland zu vermitteln, gründete ein Hilfswerk für die Speisung von (Schul-)Kindern, das am 1. Mai 1947 anlief[97]. Trotz aller Anstrengungen der deutschen Verwaltungsbehörden und trotz der internationalen Hilfsanstrengungen sollte die letzte Phase des weite Gesellschaftsschichten umfassenden Hungers in Deutschland noch bis weit in das Jahr 1948 andauern.

Zu einer dritten Erfahrung dieser Zeit wurden auch die als »CARE-Pakete« bezeichneten Hilfslieferungen amerikanischer Bürgerinnen und Bürger, die erstmals im Sommer 1946 von der privaten Hilfsorganisation ›Cooperative for American Remittance to Europe‹ versandt wurden. Sie enthielten lagerbare Artikel wie Corned Beef in der Dose, Fett, Kekse, Schokolade, Kaffee, Zigaretten und Kaugummi[98]. Im November 1945 als Zusammenschluss von 22 Hilfsorganisationen gegründet, wurden diese Hilfslieferungen, schon aus dem Ersten Weltkrieg als »Liebesgabe« bekannt und später als »Westpaket« während der deutschen Teilung weitergeführt, zu einem Mythos[99]. Die wichtigste Idee war die Entanonymisierung des Hilfsgüterverkehrs[100]. Durch die Auflagen der Militärregierungen wurde CARE gezwungen, mit den deutschen Wohlfahrtsverbänden zusammenzuarbeiten, die vor allem kirchlich dominiert waren. Der Zentralausschuss zur Verteilung dieser »Liebesgaben« wurde präsidiert von Eugen Gerstenmaier[101], Vertreter des Evangelischen Hilfswerkes und späterer Bundestagspräsident, der im Biafra-Konflikt auch aus diesem Grund für viele Bürgerinnen und

---

96   Zitiert nach: R. GRIES, Die Rationen-Gesellschaft, S. 315.
97   A. HÄUSSER / G. MAUGG, Hungerwinter, S. 164 f.
98   Vgl. EBD., S. 130.
99   Vgl. V. ILGEN, CARE-Paket & Co., S. 56–93.
100   Vgl. EBD., S. 69.
101   EUGEN GERSTENMAIER (1906–1986). 1921 Ausbildung zum Kaufmann, 1931–1935 Abitur, Studium
      der Philosophie, Germanistik und Evangelischen Theologie in Tübingen, Rostock und Zürich. 1935
      Promotion. Ab 1934 Mitglied der Bekennenden Kirche, Unterstützer des Kreisauer Kreises. 1945
      Verurteilung wegen Hochverrats, Befreiung durch die Alliierten. 1945 Mitbegründer des Hilfswerks
      der Evangelischen Kirchen in Deutschland in Stuttgart, Leitung des Werkes bis 1951. 1949–1969
      Mitglied des Bundestages für die CDU. 1954–1969 Bundestagspräsident. 1956 Mitbegründer und Prä-
      sident der Deutschen Afrikagesellschaft. 1969 Rücktritt von allen Ämtern. Vgl. M. STICKLER, Art.
      Eugen Karl Albrecht Gerstenmaier, Sp. 550–559.

Bürger zu einer humanitären Lichtgestalt werden sollte[102]. Die kirchlichen Hilfswerke konnten durch die Verteilung der Pakete zur Notlinderung beitragen, vor allem aber auch an einer Rechristianisierung, an »einer Restituierung des politischen und gesellschaftlichen Lebens in der Nachkriegszeit«[103] mitwirken. Dass dies nicht immer freigiebig geschah, sondern konditioniert wurde, zeigt der Bericht eines amerikanischen Soldaten in der Armeezeitung »Stars und Stripes« 1947. Nachdem eine Familie bei der Ausgabestelle der Evangelischen Kirche um Zustellung eines Paketes gebeten hatte, »seien die Not Leidenden von einer Gemeindehelferin aufgesucht worden, die ihnen mitgeteilt habe, dass sie erst in die Verteilungsliste aufgenommen werden könnten, wenn sie ihre Kinder taufen ließen«[104]. Das Wort von den »Be-care-ten« machte schnell die Runde[105]. Gleichwohl galten die begehrten Pakete mit ihrem strategisch herausragenden Werbeslogan als »metaphorische Leuchttürme der Freiheit und des Wohlstandes«[106], die im deutschen Gedächtnis obwohl quantitativ eher von geringerer Bedeutung als einzige Auslandshilfe erinnert wurden. »Im Jahr 1946 erhielt statistisch gesehen einer von 146 Menschen in den Westzonen ein Carepaket«[107].

Die Hilfslieferungen hatten nicht zuletzt auch mindestens drei politische Implikationen. Wie Volker Ilgen herausgearbeitet hat, galten diese Hilfssendungen auch bei den privaten Absendern oftmals als Mittel zur Abwehr des Kommunismus[108]. Eine zweite Implikation war die Versöhnung mit den Besatzern. Indem (amerikanische) Einrichtungen und Personen Deutschen zur Hilfe kamen, wuchs Vertrauen zwischen den Siegern und den Besiegten, das angesichts des heraufziehenden Kalten Krieges notwendig wurde, und schließlich auch in der breiten Zustimmung zu Adenauers Westbindung mündete[109]. Die Personalisierung der Pakete – ein Begleitschreiben mit Spenderanschrift lag jedem Paket bei und um die Zusendung eines Dankesschreibens wurde mehrfach gebeten – führte zur Vorstellung eines »Freundes in Amerika[110]«. Eine dritte, wirtschaftspolitische Idee war die Erschließung neuer Absatzmärkte. Mit den Inhalten der »CARE-Pakete«, insbesondere neuer, fremdartiger Artikel wie etwa Kaugummi oder Erdnussbutter, wurden die Deutschen an amerikanische Produkte herangeführt. So trugen die Hilfsmaßnahmen der internationalen Gemeinschaft nicht nur altruistische Züge, sondern waren durchaus von handfesten Interessen begleitet.

Diese drei Erfahrungen, die unmittelbaren Kriegserfahrungen, der Hungerwinter und die Auslandshilfen, wurden zu prägenden Deutungsmustern und waren so

---

102   Vgl. Kapitel II.5.
103   V. ILGEN, CARE-Paket & Co., S. 71.
104   EBD., S. 73.
105   Vgl. EBD.
106   EBD., S. 89.
107   A. HÄUSSER / G. MAUGG, Hungerwinter, S. 128.
108   Vgl. V. ILGEN, CARE-Paket & Co., S. 89 f.
109   Vgl. dazu E.-P. MÜLLER, Antiamerikanismus in Deutschland.
110   Vgl. V. ILGEN, CARE-Paket & Co., S. 90.

unabdingbare Voraussetzung zur Wahrnehmung von Hunger in der gesamten Welt. Wie stark ausgeprägt diese Deutungsmuster waren, zeigte sich in den 1960er und 1970er Jahren in der Bekämpfung der Hungersnöte in anderen Erdteilen, die bisweilen mit gleichen Überlegungen zur Selbstversorgung und zu Hilfsmaßnahmen bearbeitet wurden.

b) Reisende Missionspatres, drohender Kommunismus und wachsender
   Wohlstand – vier Thesen zu den 1950er Jahren
Die 1950er Jahre gelten in der Zeitgeschichtsforschung als Zeit der Kontinuität. Große gesellschaftliche und politische Umbrüche der jungen Bundesrepublik werden erst in den 1960er Jahren verortet. Axel Schildt bezeichnet die Jahre daher als »formative Phase der westdeutschen Gesellschaft«[111], die durch ein

> Spannungsverhältnis von rascher Rekonstruktion vormals erreichter Standards und neuen, darüber hinausweisenden Elementen, [durch] das Nebeneinander von atemberaubend schneller Veränderung der städtischen und ländlichen Gesellschaft und den individuellen menschlichen Bedürfnissen nach ›Ruhe‹ und ›Normalität‹, die ›Modernisierung im Wiederaufbau‹.[112]

gekennzeichnet ist. Aus diesem Nebeneinander lassen sich mindestens vier Einflussfaktoren herausarbeiten, die die Wahrnehmung und die Beschäftigung mit dem Welthunger ermöglichten und prägten und daher im Folgenden als kleiner Einblick in die 1950er Jahre zu skizzieren sind.

Erstens galt die spezifische historische Situation, in Trümmern zu liegen, besetzt, geteilt, nicht souverän zu sein als Ausgangspunkt einer bundesrepublikanischen Außenpolitik. Daraus ergab sich die Notwendigkeit einer neuen Außenpolitik, die in den ersten Nachkriegsjahren auch unter den Protagonisten deutscher Politik umstritten war. Besetzung und Teilung Deutschlands hatten deutliche Auswirkungen auf außenpolitische Überzeugungen und Überlegungen. Hinzu kam ein in den 1950er Jahren einsetzender Diskurs über die historische Verantwortung. Zu Koordinaten deutscher Außenpolitik wurden vor diesem Hintergrund, so Hanns W. Maull, ein »never again«, ein »never alone«, der Vorrang der Diplomatie und eine normengeleitete Außenpolitik[113].

Dem Wunsch nach Einbettung in internationale Zusammenhänge konnte schon bald entsprochen werden. So wurden die 1950 im Schuman-Plan entwickelten Gedanken einer europäischen Zusammenarbeit 1952 in der Gründung der Europäischen Gemeinschaft für Kohle und Stahl institutionalisiert. Die Zusammenarbeit auf funktionaler Ebene war einerseits Ausdruck einer Einbettung Deutschlands in die westliche Staatenwelt und half gleichzeitig den Franzosen, ihr Sicherheitsbedürfnis zu

---

111 A. SCHILDT, Moderne Zeiten, S. 15.
112 EBD.
113 Vgl. dazu H. W. MAULL, »Normalisierung« oder Auszehrung?, S. 17–23.

befriedigen, da sie wesentliche Teile deutscher Produktion überwachen konnten. Hatte die Bundesrepublik bis 1955 zwar keinen Außenminister – Adenauer übte dieses Amt zeitgleich aus – und erst ab 1951 ein Auswärtiges Amt, veränderte sich die außenpolitische Lage Deutschlands also in erstaunlichem Tempo. Bereits mit dem Petersberger Abkommen vom November 1949 war es der Bundesrepublik gestattet, konsularische Beziehungen zu anderen Staaten aufzunehmen. Diese Möglichkeit zur Aufnahme später auch diplomatischer Beziehungen nutzte die Bundesregierung zur Ausübung von nicht unerheblichem Druck auf die »Entwicklungsländer«. Die vom Staatssekretär des Auswärtigen Amtes Walter Hallstein[114] konzipierte Doktrin war außenpolitische Leitlinie der bundesrepublikanischen Regierungen bis zur sozial-liberalen Koalition unter Willy Brandt und besagte auf Grundlage des Alleinvertretungsanspruchs, dass jede Aufnahme diplomatischer Beziehungen zur Regierung der DDR von der Bundesrepublik als unfreundlicher Akt gesehen und entsprechend, etwa durch die Aussetzung von »Entwicklungshilfe«, geahndet werde[115]. Sämtliche Hilfsmaßnahmen auch privater Organisationen hatten sich dieser Doktrin zu unterwerfen. Dennoch bemühten sich die politischen Akteure, »Entwicklungshilfe« nicht als Mittel zum Zweck zu gebrauchen. Man sei sich, so der ›Diskussionskreis für Entwicklungshilfe‹ der CDU/CSU-Bundestagsfraktion

> auch über die politische Aktualität der kommunistischen Drohung im Rahmen der Entwicklungshilfe im Klaren. Unser deutsches Schicksal hängt bei der Auseinandersetzung zwischen dem Kommunismus und der freien Welt von dem Weg ab, den die ‚Entwicklungsländer‘ in Zukunft beschreiten werden. Ein Anschluß der Entwicklungsländer an den Ostblock müßte nicht nur auf militärischem und wirtschaftlichem Gebiet katastrophale Folgen zeitigen.[116]

Deutschland brauche den »good will« der »Entwicklungsländer«, da sie aufgrund ihrer Mehrheit der UN-Sitze für die Lösung deutscher Fragen eine »politische Realität« darstellten[117]. »Ihr Einfluß auf das politische Weltgeschehen wird in Zukunft in noch ungeahntem Maße wachsen«[118]. Allerdings dürfe und solle sich die Hilfe nicht zu

---

114 WALTER HALLSTEIN (1901–1982). 1919–1923 Studium der Rechts- und Staatswissenschaften in Bonn, München und Berlin. 1925 Promotion, 1928 Habilitation, 1930–1941 ordentlicher Professor in Rostock, 1941–1982 ordentlicher Professor in Frankfurt a. M. 1942–1944 Kriegsdienst, 1944–1946 Kriegsgefangenschaft in den USA. 1946–1948 Rektor der Universität Frankfurt a. M. 1950–51 Staatssekretär im Bundeskanzleramt, Leiter der deutschen Delegation bei den Verhandlungen über den Schuman-Plan, 1951–1957 Staatssekretär im Auswärtigen Amt. 1958–1967 Präsident der Kommission der Europäischen Wirtschaftsgemeinschaft (EWG), 1968–1974 Präsident der Europäischen Bewegung, 1969–1972 MdB (CDU). Vgl. H. J. KÜSTERS, Art. Werner Hallstein.
115 Vgl. dazu R. M. BOOZ, Hallsteinzeit.
116 Vgl. DISKUSSIONSKREIS ENTWICKLUNGSHILFE DER CDU/CSU-FRAKTION DES DEUTSCHEN BUNDESTAGS (Hrsg.), Entwicklungsländer und unsere Hilfe, S. 13 f.
117 Vgl. EBD., S. 14.
118 EBD.

einem »Instrument der Tagespolitik oder zu einer Reaktion auf östliche Aktionen«[119] auswachsen. So gelang eine zügige Einbindung der jungen Bundesrepublik in die westliche Staatenwelt vor allem vor dem Hintergrund des Kalten Krieges.

Der Kampf gegen die Ausweitung des Kommunismus auf die Bundesrepublik wurde daher auch ein rhetorisch starkes Argument, nicht zuletzt in den Wahlkämpfen. »Der Bundestagswahlkampf von 1949, in dem Konrad Adenauer die SPD und Kurt Schumacher in die Nähe der SED rückte, war der Auftakt zum wahlkampfpolitischen Einsatz des Antikommunismus«[120] und spielte selbst im Wahlkampf 1972, als Willy Brandt[121] von Rainer Barzel[122] herausgefordert wurde, noch eine Rolle. Zugleich »entfaltete der Antikommunismus in der frühen Bundesrepublik integrierende und stabilisierende Wirkung«[123], denn trotz der Wahlkampfrhetorik und immer wieder aufflammenden Debatten über den Kurs der Außenpolitik war diese schnell getragen von einem normativen Grundkonsens, der besagte, dass nur durch die Zusammenarbeit mit den Westmächten gegen die Sowjetunion die Grundlagen eines freien demokratischen Rechtsstaats geschaffen werden könnten. Jenseits der offiziellen Außenpolitik der Bundesregierung empfanden die Bundesdeutschen ihre internationale Lage dennoch als isoliert, wie die Zeitzeugeninterviews in Kapitel IV zeigen werden. Dabei wurden der Eindruck der Isolation und die skizzierten Koordinaten deutscher (Außen-)Politik für die weitere Entwicklung auch hinsichtlich entwicklungspolitischer Bemühungen und der Faszination dieses Themenkomplexes, insbesondere bei der jüngeren Generation, handlungsleitend. Die beginnende »Entwicklungshilfe« war innerhalb des beschnittenen Rahmens der Außenpolitik ein mögliches Modell internationaler Arbeit und zugleich dort von bundesdeutschem Interesse, wo es zur Abwehr des Kommunismus herangezogen wurde.

---

119 EBD.
120 E. CONZE, Die Suche nach Sicherheit, S. 153.
121 WILLY BRANDT (1913–1992). Studium der Geschichte im Exil in Oslo, Tätigkeit als Journalist. 1949–1957 MdB, 1955–1957 Präsident des Berliner Abgeordnetenhauses, 1957–1966 Regierender Bürgermeister von Berlin. 1964–1987 Bundesvorsitzender der SPD. 1965–1992 MdB, 1966–1969 Bundesaußenminister und Vizekanzler im Kabinett Kiesinger, Ablehnung der Hallstein-Doktrin. 1969–1974 Bundeskanzler, Entwicklung der Ostpolitik. 1971 Friedensnobelpreis, 1974 Rücktritt als Bundeskanzler wegen einer Spionage-Affäre. Ab 1977 Vorsitzender der ›Unabhängigen Kommission für Internationale Entwicklungsfragen‹, auch Nord-Süd-Kommission genannt. Vgl. G. SCHÖLLGEN, Willy Brandt.
122 RAINER BARZEL (1924–2006). 1941 Abitur in Berlin, anschließend bis Mai 1945 Kriegsdienst. 1945–1949 Studium der Rechts- und Volkswirtschaft in Köln, 1948 Erste Juristische Staatsprüfung, 1949 Promotion zum Dr. jur. 1949–1956 Landesverwaltung Nordrhein-Westfalen. 1956/1957 geschäftsführendes Mitglied des CDU-Landespräsidiums Nordrhein-Westfalen; 1957–1987 MdB; ab 1960 Mitglied des CDU-Bundesvorstands. 1962–1963 Bundesminister für gesamtdeutsche Fragen. 1963–1964 kommissarischer Vorsitzender der CDU/CSU-Fraktion, 196–1973 Vorsitzender der CDU/CSU-Fraktion, 1971–1973 CDU-Bundesvorsitzender. 1972 Kanzlerkandidat der CDU/CSU. 1982–1983 Bundesminister für innerdeutsche Beziehungen. 1983–1984 Präsident des Deutschen Bundestages. Vgl. K. WAMBACH, Art. Rainer Barzel.
123 E. CONZE, Die Suche nach Sicherheit, S. 114.

Einen zweiten wesentlichen Einflussfaktor stellten der steigende Wohlstand, genauer die mit steigendem Wohlstand wachsende Reiselust, und der zunehmende Medienkonsum der Deutschen dar. Denn die wirtschaftliche Entwicklung der Bundesrepublik ist »außergewöhnlich und Respekt einflößend«[124] vonstatten gegangen – und mit ihr der Urlaubstourismus. Axel Schildt hat in seiner Habilitation sowohl zum Reise- und Urlaubsverhalten als auch zu Medien und öffentlicher Meinung ausführlich gearbeitet, sodass seine Ergebnisse im Folgenden nur kursorisch zusammengefasst werden sollen[125]. Zur Reiselust der Deutschen hält er fest, dass gerade der Tourismus »als einer der stärksten Einflüsse genannt [wird], die durch eine ›Wiederbegegnung mit der weiteren Umwelt‹ einen ›Wandel der deutschen Mentalität eingeleitet‹ hätten«[126]. Gerade die Auslandsreisen, die einen Mentalitätswandel hätten auslösen oder beschleunigen können, spielten jedoch erst gegen Ende der 1950er Jahre eine Rolle, fallen damit aber genau in die hier zu beschreibende Situation[127]. »Kaum etwas prägt eindrücklicher die heutige Sicht vom Tourismus jener Zeit bzw. überhaupt vom ›Wirtschaftswunder‹ als der ›teutonische Massenansturm‹ auf die sonnigen Gestade Südeuropas«[128]. Bis 1955 jedoch hatte nur etwa ein Fünftel der Bevölkerung eine Auslandsreise angetreten und einen Reisepass besessen[129]. Dennoch sah sich die Bundesregierung 1954 bemüßigt, eine Benimmfibel für Auslandsreisende aufzulegen. So lässt sich mit Schildt zusammengefasst sagen, dass vor allem im letzten Drittel der 1950er Jahre die »Hochkonjunktur des Massentourismus mit der spürbaren Ausweitung der Auslandsreisen«[130] begann. Welcher gesellschaftliche Erfahrungszuwachs mit diesen Reisen und welche Veränderungen in der Wahrnehmung der ›anderen‹ aus diesen Auslandsreisen resultierten, sei, so Schildt, schwer zu bestimmen, »da sie nicht isoliert, sondern im Verbund mit massenmedial vermittelten Bildern dieser Länder und anderen Erfahrungen mit Ausländern (alliierte Soldaten, ausländische Urlauber, Geschäftsleute und die ersten Gastarbeiter in Westdeutschland) auftraten«[131].

Damit wären die zunehmende Medialisierung und der steigende Medienkonsum angesprochen. Die 1950er Jahre sind durch die stetige Zunahme des medialen Angebots gekennzeichnet – auf ganz unterschiedlichen Ebenen. Ein erster Boom der Rundfunkgeräte hatte schon in den 1930er Jahren stattgefunden. Nach dem Krieg galt es, die Verluste zu kompensieren. Steigende Einkommen sorgten für weiter steigende Nachfrage. Am 1. Januar 1951 waren 8,48 Millionen Empfangsgeräte gemeldet.

---

124   Vgl. EBD., S. 159.
125   Vgl. dazu A. SCHILDT, Moderne Zeiten, S. 180–202.
126   EBD., S. 180.
127   Vgl. EBD., S. 195.
128   EBD., S. 199.
129   Vgl. EBD. Erst Mitte der 1960er Jahre waren erstmals mehr Auslands- als Inlandsreisen zu verbuchen. Vgl. EBD., S. 200.
130   EBD., S. 202.
131   EBD., S. 200.

»Insgesamt hatten sich die Teilnehmerzahlen in Westdeutschland während der 50er Jahre auf 15,4 Millionen verdoppelt«[132]. Soziologisch betrachtet war Radiohören eine familiäre Angelegenheit, die Familie versammelte sich vor dem Empfangsgerät, um dem Programm zu lauschen. Daneben diente es den Hausfrauen zur Unterhaltung im häuslichen Alltag. Ende der 1950er Jahre erst nahm die tägliche Verweildauer von etwa drei Stunden pro Tag ab. Der Evangelische Pressedienst merkte dazu Anfang 1960 an, dass die »Abnahme der Rundfunksucht, die besonders deutlich in den ersten Jahren nach 1950 festzustellen ist, [...] ohne Frage mit der sozialen und physischen Konsolidierung«[133] zusammenhänge. Christian Kuchler hat in seiner Dissertation auch auf die besondere Bedeutung der Kinos, im ländlichen Raum insbesondere der Wanderkinos hingewiesen, die mit der Wochenschau und Vorfilmen andere Weltteile in die Dorfgasthöfe brachten, allerdings ab Mitte der 1950er Jahre an Bedeutung verloren[134]. Damit begann der Aufstieg des Fernsehens. Insbesondere sportliche und andere Großereignisse wie die Krönung der englischen Königin Elisabeth II. 1952 oder die Fußballweltmeisterschaft 1954 in der Schweiz sorgten für eine rasche Verbreitung des Fernsehens, zunächst in Gaststätten und Verkaufsräumen, dann immer stärker auch in Privathaushalten. Ende der 1950er Jahre gab es in der Bundesrepublik über drei Millionen angemeldete Fernsehhaushalte[135].

Zugenommen haben in diesen Jahren auch die Publikationen, insbesondere Reiseberichte, die sich besonderer Beliebtheit erfreuten. Erwähnt seien für den hier interessierenden Kontext nur die Reiseberichte Pater Johannes Leppichs[136], etwa »Gott zwischen Götzen und Genossen«[137]. Mit diesem Band über eine Reise in »79 Tagen um die Welt«, so der Klappentext, eröffnete der Jesuit mit starker Auflage großen katholischen Bevölkerungsteilen die Leiden in der Welt. Bekannt geworden war er durch seine seit 1948 durchgeführten Straßenmissionen, bei denen er mit der Parole »Ich möchte nicht Euren Geldbeutel, sondern Euer Herz ritzen« Straßenpredigten hielt und das »Evangelium für die Menschen auf dem Asphalt«[138] übersetzte. Vor der »kommunistischen Gefahr« warnte er mit drastischer Wortwahl: Der »Eiterherd« des Kommunismus liege im Westen, der Kommunismus sei nur »die Eiterbeule einer viel schlimmeren Krankheit«. Der Papst habe schon darauf hingewiesen, »daß die Lauheit der Christen und die sozialen Ungerechtigkeiten des Westens die Hauptschuld an der

---

132 EBD., S. 215.
133 EBD., S. 225.
134 CHRISTIAN KUCHLER, Kino und Kirche.
135 A. SCHILDT, Moderne Zeiten, S. 268.
136 PATER JOHANNES LEPPICH (1915–1992). Eintritt in den Jesuitenorden, dann Studium der Philosophie und Theologie. 1946 Mitgründer der Christlichen Arbeiterjugend, der Telefonseelsorge und 1960 Gründer der ›action 365‹. Zahlreiche auflagenstarke Veröffentlichungen über seine Missionsreisen. In der Bundesrepublik wegen seiner Gesellschaftskritik als »Maschinengewehr Gottes« bekannt geworden. Vgl. M. TRAUTMANN, Mit Glaubensglut und Feuereifer.
137 J. LEPPICH, Gott zwischen Götzen und Genossen.
138 EBD., Klappentext.

Auslösung des Kommunismus haben«[139]. Diesen Ungerechtigkeiten entgegenzuwirken wurde eine zentrale Aufgabe Leppichs, der sowohl die Öffentlichkeit der Straße als auch die wachsende Publizität nutzte, um auf die Zustände der Welt hinzuweisen.

Interessant ist auch der dritte Einflussfaktor, die gesellschaftlichen Diskurse, denn darauf schließlich wirkten die wachsende Bedeutung der Medien und die Erfahrungen mit der Fremde ein. Drei wesentliche Diskurse hat Axel Schildt herausgearbeitet, die in Umrissen bereits die Neuformierung von Lebensstilen erkennen lassen, die die 1970er Jahre bestimmen werden: die Konsumkritik, die Freizeitkritik und die Medienkritik. Zunächst prägte der wachsende Wohlstand auch die gesellschaftlichen Diskurse[140]. »Konsumgesellschaft« und ihre Auswirkungen wurde das neue Schlagwort. Überfluss sei, so Ralf Dahrendorf[141], das Kennzeichen der neuen Epoche, die soziale Frage als beendet angesehen worden[142]. »Nicht mehr die Bewältigung der materiellen Nöte [...], sondern die Konsumpraxis stand bald im Zentrum der öffentlichen Aufmerksamkeit«[143] und wurde rasch deutlich kritisiert. »Als herkömmliche Antwort auf die ›nivellierenden‹ und ›konsumistischen‹ Tendenzen der Gesellschaft wurde eine Haltung elitärer Askese gegenüber dem niedrigen Tun des ›profilarmen, massenseeligen Herdenmenschen‹ empfohlen«[144]. Die Kirchen mahnten die Politik, »immer wieder bremsend und einlenkend der grenzenlosen Konsumsucht der Gesellschaft sinnvolles Maß zu geben«[145]. Verbunden mit dem wachsenden Wohlstand, ergaben sich neue Möglichkeiten der Freizeitgestaltung, die ebenfalls Thema und ebenfalls kritisch bewertet wurde. »Bis zur Mitte des Jahrzehnts hatte es [...] fast ausschließlich eine Debatte über Arbeitszeitverkürzungen gegeben, die dann ebenso einseitig von den Erörterungen über die Verwendung der Freizeit abgelöst wurde«[146]. Diese Diskussion wurde auch im Kontext des Sonntagsschutzes und damit unter Mitwirkung der Kirchen geführt. So trat die katholische Kirche für eine Fünf-Tage-Woche ein, sodass der Sonntag als Herrentag begangen, der zusätzliche zweite Tag zum Ausschlafen,

---

139   EBD., S. 73 f.

140   Vgl. hierzu auch Kapitel I.2.c.

141   RALF DAHRENDORF (1929–2009). 1952 Promotion (Dr. phil.). 1958–1960 Professor für Soziologie an der Akademie für Gemeinwirtschaft Hamburg, 1960 Ruf an die Universität Tübingen. Mitbegründer der Universität Konstanz. 1969–1970 MdB für die FDP und Parlamentarischer Staatssekretär im Auswärtigen Amt, ab 1970 Mitglied der EG-Kommission, 1972 als Kommissar für Auswärtige Beziehungen und Außenhandel, Kommissar für Forschung, Wissenschaft und Bildung bis 1974. 1974–1984 Leitung der London School of Economics. 1984–1986 Lehre an der Universität Konstanz, 1987–1997 am Warden St. Anthony's College Oxford. Vgl. KÜRSCHNERS DEUTSCHER GELEHRTENKALENDER 2001 (Bd. I), S. 481 f.

142   Vgl. A. SCHILDT, Moderne Zeiten, S. 352–354.

143   Vgl. EBD., S. 352.

144   EBD., S. 361.

145   EBD.

146   EBD., S. 363.

Erholen und Einkauf genutzt werden könne[147]. Als die Debatte eher in Richtung einer
Sieben-Tage-Woche gelenkt wurde, um im Vergleich mit dem Ausland konkurrenz-
fähig zu bleiben, wurde in den parlamentarischen Debatten das christliche Erbe des
Abendlandes beschworen, das gerade im Abwehrkampf gegen den Kommunismus
zu wahren sei[148]. Auch den Gefährdungen der Freizeit sollte mit Askese entgegenge-
wirkt werden. Gegen die Überbewertung der Aktivität und des Schweren sollten Ruhe
und Muße gestärkt werden, die wiederum die religiöse Praxis stärken würden[149]. Die
Auswirkungen der Medialisierung sind ein drittes breit diskutiertes Thema. Vor Reizüberflutung und bloßem Zeitvertreib wurde eindringlich gewarnt[150]. Allerdings sahen
kirchliche Verantwortliche auch die Vorteile der Kommunikationsmittel für eine zeitgemäße Verkündigung[151].

Neben diesen von Schildt herausgearbeiteten Themenfeldern standen aber auch
Debatten über die Schuldfrage im Hinblick auf die NS-Vergangenheit und die politische Gestaltung der Bundesrepublik im Fokus der öffentlichen Meinung[152]. Die Katholiken waren in diese Debatten unterschiedlich stark involviert. Antonius Liedhegener hat den Katholizismus im Demokratisierungsprozess Westdeutschlands nach
1945 gar als konstitutiv beschrieben. Die Etablierung der Demokratie in der jungen
Bundesrepublik sei, so Liedhegener, »maßgeblich auch dem deutschen Katholizismus
und einem Großteil seiner Eliten zu verdanken«[153]. Diese konstitutive Rolle im Demokratisierungsprozess konnte die katholische Kirche aus zwei wesentlichen Gründen
spielen. Zum einen galt sie in den Nachkriegsjahren den alliierten Besatzern als von
der nationalsozialistischen Ideologie weitestgehend unbelastet und konnte daher in
den Aufbau der Gesellschaft stark miteinbezogen werden[154]. Der zweite Grund ist
binnenkirchlicher Art und verweist auf die Geschlossenheit des Katholizismus vor
und während des Krieges. Diese Geschlossenheit des katholischen Milieus[155] wurde
nach Ende des Krieges zügig wiederherzustellen versucht, katholische Vereine und
Verbände wiederbelebt, Schulungskurse über katholische Sozial- und Staatslehre gegeben. Priester und Bischöfe erlangten durch die Bewältigung der alltäglichen Nöte
politische Schlüsselstellungen. Leitbild der Kirchen wurde die »Verchristlichung
der Gesellschaft«, die sich durch die Abkehr von Gott in der nationalsozialistischen

---

147   Vgl. EBD., S. 366.
148   Vgl. EBD., S. 370.
149   Vgl. EBD., S. 377.
150   Vgl. EBD., S. 385–397.
151   Vgl. EBD., S. 394 f.
152   Vgl. T. GROSSBÖLTING, Der verlorene Himmel, S. 43–71.
153   A. LIEDHEGENER, Der deutsche Katholizismus, S. 49.
154   Vgl. EBD., S. 51 f.
155   Vgl. dazu AKKZG, Katholiken zwischen Tradition und Moderne, S. 588–654; AKKZG, Konfession
      und Cleavages, S. 358–395; W. DAMBERG / K.-J. HUMMELS (Hrsg.), Katholizismus in Deutschland;
      C. KÖSTERS u. a., Was kommt nach dem katholischen Milieu?, S. 485–526.

Diktatur schuldig gemacht habe[156]. Thomas Großbölting zufolge habe in der Zusammenbruchsgesellschaft der Nachkriegsjahre »das Angebot der Kirchen in zuvor nie gekannter Weise den Bedürfnissen der Bevölkerung«[157] entsprochen.

> Man garantierte Kontinuität in einer Phase extremen Wandelns. Man bot [...] einen geistigen Neuanfang, eine umfassende Erklärung des Vergangenen sowie eine Lösung gesellschaftlicher Probleme, die auf Orientierung an überzeitlichen Werten und christlichen Gottesvorstellung zielte.[158]

Die Etablierung einer göttlichen Ordnung in der Gesellschaft erschien als greifbares Ziel[159]. Hinzu kam die internationale Vernetzung beider Kirchen, womit »zumindest eine erste Brücke zurück in die Weltgemeinschaft geschlagen werden konnte, aus der Deutschland nach Holocaust und entfesseltem Krieg ausgeschlossen war«[160]. Daher war eine maßgebliche Mitwirkung der Kirchen an der Ausarbeitung des Grundgesetzes notwendig, die über einflussreiche Mütter und Väter des Grundgesetzes im Parlamentarischen Rat und dem dann gewählten Bundestag gelang. Die freundschaftliche Beziehung zwischen dem Kölner Kardinal und Vorsitzenden der Fuldaer Bischofskonferenz Joseph Frings und Konrad Adenauer half in dieser Zeit bei der Vertretung der eigenen Interessen[161]. Die katholischen Laien betätigten sich an der Neuaufstellung der deutschen Parteienlandschaft, insbesondere in der Gründung der Christlich Demokratischen Union als überkonfessioneller Volkspartei. Die enge Verbindung katholischer Laien und der CDU sollte sich dann bis weit in die 1970er Jahre fortsetzen und auch Auswirkungen auf den entwicklungspolitischen Bereich zeitigen[162]. Insbesondere aber das vielfältige Vereins- und Verbandswesen sowie die Mitwirkung am deutschen Sozialstaat ließen den Katholizismus wie den Protestantismus zu wesentlichen Vermittlern zwischen Staat und Gesellschaft werden.

> Insgesamt wusste der bundesdeutsche Katholizismus die neuen Freiheiten nach 1945/49 zu nutzen. Die Ära Adenauer war eine Zeit des Aufbaus und der Entfaltung der Organisationsstrukturen des Katholizismus. Neben den bereits genannten Organisationen waren die auffallendsten Veränderungen die Etablierung einer ganzen Reihe von katholischen Akademien und die Gründung der bischöflichen Hilfswerke Misereor (1958) und Adveniat (1961), die sich der Entwicklungszusammenarbeit widmeten und das Bild Deutschlands in der katholischen Weltkirche wie im Ausland nachhaltig positiv beeinflussten.[163]

---

156   Vgl. T. Grossbölting, Der verlorene Himmel, S. 22–26.
157   Ebd., S. 25.
158   Ebd.
159   Vgl. ebd.; A. Liedhegener, Der deutsche Katholizismus, S. 53 f.
160   T. Grossbölting, Der verlorene Himmel, S. 25.
161   Vgl. A. Liedhegener, Der deutsche Katholizismus, S. 58.
162   Vgl. ebd., S. 63–68. Zum Verhältnis von Kirche, Katholizismus und CDU vgl. auch Kapitel III.3.a.
163   A. Liedhegener, Der deutsche Katholizismus, S. 62 f.

In der Schuldfrage rückten die Kirchen ganz besonders ins Zentrum der Diskussion, wehrten sie sich doch massiv gegen die These der Kollektivschuld, wodurch ihnen »viel symbolisches und soziales Kapital«[164] zuwuchs. »Als ›Anwälte des Volkes‹ bedienten sie eine Grundstimmung, aus der heraus man die Auseinandersetzung mit der Vergangenheit mied«[165] und sogar bisweilen die Stilisierung zu Opfern der Alliierten förderte. So konnte die junge Bundesrepublik auf die Unterstützung des wiedererstarkenden katholischen Milieus bauen. Allerdings, darauf verweist Thomas Großbölting in seinem Buch »Der verlorene Himmel«, war diese Phase nur eine Episode. Ein Anknüpfen an Vergangenes war unmöglich, das Aufblühen der Kirchenbesucherzahlen nur kurzzeitig, in der religiösen Praxis, der Stellung der Kirchen in der Gesellschaft und der Ausrichtung der Kirchen selbst kam es schon in den 1950er Jahren zu einem »beträchtlichen Wandel«[166]. Die Integrationskraft des »kirchenzentrierten Milieus«[167] ließ bereits ab 1950 signifikant nach, vor allem bei den jüngeren Katholikinnen und Katholiken. Wilhelm Damberg hat für dieses geänderte Verhalten im Katholizismus unter anderem die oben angeführten Entwicklungen der 1950er Jahre verantwortlich gemacht[168].

So wirkten die 1950er Jahre mit ihren vorgestellten Koordinaten und Entwicklungen gewissermaßen als eine »Sattelzeit«[169]. Die vier vorgestellten Thesen, die außenpolitischen Gegebenheiten und Grundüberzeugungen, der wirtschaftliche Aufstieg, die gesellschaftlichen Diskurse und die unbeschadete Stellung und Situation der katholischen Kirche, vor allem aber auch die zuletzt angesprochenen Auflösungserscheinungen des katholischen Milieus wirkten demnach als Bedingung der Möglichkeit, im langen Jahrzehnt der 1960er Jahre die Aufmerksamkeit auf Hungerprobleme in anderen Regionen der Erde zu richten. Gleichzeitig ebneten die aufgezeigten Entwicklungen die Bahn auch für ein intensives Bewältigungshandeln insbesondere der jungen Generationen, insofern gerade dieses Betätigungsfeld für distanzierte Jugendliche die Möglichkeit der neuerlichen Kirchenbindung zu bieten schien, die in einer »Art Krisenintervention« zur religiösen Sozialisation der Jugendlichen von der Kirche angestrebt wurde[170].

---

164 T. GROSSBÖLTING, Der verlorene Himmel, S. 75 f.

165 EBD., S. 76.

166 EBD., S. 26. Darauf verweisen auch Liedhegeners Arbeiten sowie der Forschungsbericht von C. KÖSTERS u. a., Was kommt nach dem katholischen Milieu?, S. 485–526.

167 Dazu und im Folgenden W. DAMBERG, Milieu und Konzil, S. 343.

168 Vgl. W. DAMBERG, Milieu und Konzil, S. 344.

169 F. BOCK, Der Fall »Publik«, S. 48; K. GABRIEL, Christentum zwischen Tradition und Postmoderne, S. 104.

170 Vgl. W. DAMBERG, Milieu und Konzil, S. 348. Zur Situation der katholischen Jugend nach 1945 vgl. M. RUFF, The Wayward Flock, der den Bereich der internationalen Solidarität jedoch ausspart. Vgl. zur Kirchenbindung durch »Entwicklungshilfe«: M. RASCHKE, Fairer Handel, S. 43.

c) Welternährung und die »Freßwelle« – Wahrnehmungen der 1950er Jahre

An dieser Stelle soll nochmals Josué de Castro zu Wort kommen. Seine »Geopolitik des Hungers« und die damit einhergehende Definition des weltweiten Hungers als politischem Problemfeld führten auch in der Bundesrepublik im Rahmen der ausgeführten Koordinaten und gesamtgesellschaftlichen Entwicklungen langsam zu einer Wahrnehmung des ›Hungers der anderen‹. Und das, obwohl sich die Ernährungslage der Bundesrepublik zu Beginn der 1950er Jahre noch immer als fragil ausnahm. 1950 befürchtete man angesichts eines Anstieges der Weltmarktpreise für Getreide erhöhte Inlandspreise für Brot. »Hunger und Ernährungssorgen, das waren zu Beginn der 1950er Jahre nicht Probleme unbekannter Menschen in fernen Ländern, sondern ganz reale Erfahrungen, deren Folgen nicht wenige BundesbürgerInnen noch am eigenen Leib spürten«[171]. Erstmals wurde hier die internationale Dimension der Ernährung deutlich. Im November 1950 trat dann die Bundesrepublik der Welternährungsorganisation FAO bei.

Die Gründung der Organisation ging auf die Erfahrung des Zweiten Weltkrieges und in ihren Anfängen auf die ›Atlantic Charta‹ der amerikanischen und britischen Präsidenten zurück. Besiegte und Sieger des Krieges sollten Zugang zu Handel und Rohstoffen der Welt haben und eine Zusammenarbeit aller Nationen zur Verbesserung der Arbeitsbedingungen, des wirtschaftlichen Fortschrittes und der sozialen Sicherheit vornehmen[172]. Am 16. Oktober 1945 unterzeichneten 30 Staaten einen Entwurf zur Verfassung der ›Food and Agriculture Organization‹ innerhalb der Vereinten Nationen und gründeten so die FAO mit dem Ziel, die »Nahrungsmittelproduktion zu heben, die Produktivität in der Landwirtschaft zu steigern, die Kaufkraft nach Nahrungsmitteln zu vergrößern«[173]. Damit sollte der Ernährungsstand angehoben werden, um »den Menschen ein angenehmeres, freieres und sorgloseres Dasein zu verschaffen«[174], wobei es dabei um die Befriedigung der dringlichsten menschlichen Bedürfnisse ging. Zu diesem Ziel bekannten sich die unterzeichnenden Staaten im Wissen einer zunehmenden Interdependenz der Völker auf ernährungswirtschaftlicher Ebene. Eine »nationale Ernährungs- und Agrarpolitik [kann] nur von Erfolg gekrönt sein [...], wenn sie sich in den Rahmen eines internationalen Ernährungsprogramms einspannen läßt«[175]. Mit dem Beitritt bekannte sich die Bundesrepublik 1950 folglich politisch dazu, »Fragen der Ernährungssicherheit zukünftig auch als Angelegenheit der Weltgemeinschaft zu behandeln«[176]. Gleichzeitig konnte Adenauer, wie in Kapitel I.2.b bereits angedeutet, mit diesem Beitritt zu einer UN-Sonderorganisation einen weiteren Schritt in die internationale Vernetzung und damit zu weiterem Souveränitätsgewinn gehen.

171 H. WIETERS, Debatten über das »Welternährungsproblem«, S. 217.
172 H.-U. WEIDENMANN, Entstehung der Aufgabe der FAO, S. 15 f.
173 EBD., S. 33.
174 EBD., S. 34.
175 EBD., S. 35.
176 H. WIETERS, Debatten über das »Welternährungsproblem«, S. 217.

Aber auch auf der wissenschaftlichen Ebene rückte das Hungerproblem mit Macht auf die Agenda. Eine Flut von Publikationen in den 1950er Jahren ließ den Eindruck eines unbedingten Handlungszwanges entstehen. So begann der deutsche Agrarwissenschaftler Hans Wilbrandt[177] 1956 einen Vortrag mit der rhetorischen Frage, ob es noch ein Ernährungsproblem gebe. »Seine eigene Frage beantwortend stellte er fest, dass nun, da ›unerzwungene Schlankheit bei vielen längst der gesunden – oft auch übertriebenen – Fülle gewichen‹ sei, vor allem die hungrigen Menschen in anderen Teilen der Welt Beachtung finden müssten«[178]. Die Wahrnehmung des Hungers der anderen und die Lage der Welternährung führten gerade vor dem Hintergrund der eigenen Erfahrung zu einem komplexen Bedrohungsgefühl. »Der [...] gesellschaftliche Wandel schärfte den Blick für neue Gefahren, wachsende Komplexität und globale Interdependenz. Die mögliche Fragilität der gerade wiedererlangten Sattheit und Wohlsituiertheit trat in den Blick«[179].

Michael Wildt weist jedoch darauf hin, dass die deutsche Bevölkerung erst im letzten Drittel der 1950er Jahre in ihrem Konsumverhalten auf »Begehrtes, statt Entbehrtes« umzustellen in der Lage gewesen war[180]. So verstecke der Begriff der »Freßwelle« Differenzen und Diskontinuitäten dieser Zeit. Im Verlauf der Dekade lassen sich beim Lebensmittelverbrauch deutliche Veränderungen nachzeichnen, die jedoch keine Rückkehr zum Vorkriegszustand bedeuteten, sondern eine Veränderung im Konsumverhalten waren. So wurden deutlich mehr Weißbrot, Südfrüchte und Zucker verzehrt, der Verbrauch von Kartoffeln sank um fast die Hälfte, wohingegen sich Obst und Gemüse, insbesondere Salat, Blumenkohl und Tomaten immer größerer Beliebtheit erfreuten. Vor allem der Konsum von Schweinefleisch und Geflügel nahm deutlich zu. Wildt kommt zu dem Schluss, dass das

> erste Jahrzehnt nach der Währungsreform [...] für diese Arbeitnehmerfamilien ungleich genügsamer, eingeschränkter und grauer [war], als es Begriffe wie ›Wirtschaftswunder‹ oder ›Konsumgesellschaft‹ nahelegen. Teilt man die Lebenshaltungskosten in ›starren‹ und ›elastischen Bedarf‹, so überwog noch bis zum Ende der 50er Jahre der ›starre Bedarf‹.[181]

---

177 HANS WILBRANDT (1903–1988). Studium der Agrarwissenschaften in Göttingen und Berlin. 1930 Promotion, wissenschaftliche Tätigkeit in Berlin. 1934–1953 Exil in der Türkei, Berater der Regierung. Kontaktperson der amerikanischen Regierung zum Kreisauer Kreis. 1953–1959 Wissenschaftler am Institut für Weltwirtschaft in Kiel, 1959 Gründungsdirektor des Instituts für ausländische Landwirtschaft an der TU Berlin. Ab 1963 Professor am Institut für ausländische Landwirtschaft in Göttingen. Gutachter und Berater der Bundesregierungen bei entwicklungspolitischen Fragen. Vgl. KÜRSCHNERS DEUTSCHER GELEHRTENKALENDER 1970 (Bd. N-Z), S. 3287.

178 H. WIETERS, Debatten über das »Welternährungsproblem«, S. 218.

179 EBD.

180 Vgl. dazu und im Folgenden M. WILDT, Privater Konsum in Westdeutschland, S. 275–289.

181 EBD., S. 280.

Erst 1957 überwogen die elastischen Ausgaben leicht den starren Bedarf. Daher ist nach Wildt die Zäsur auch eher Ende der 1950er Jahre zu setzen. »Deutlich ist in diesen Jahren eine Wendemarke zu beobachten, die zwei Phasen des Konsums in der Nachkriegszeit voneinander trennte«[182]. In den ersten Nachkriegsjahren kam es zunächst darauf an, den täglichen Nahrungsmittelbedarf zu decken und den verlorenegangenen oder beschädigten Hausrat zu ersetzen, wofür ein Großteil der Lebenshaltung ausgegeben wurde. Ende der 1950er Jahre ermöglichten steigende Einkommen und eine Sättigung der unmittelbaren Bedürfnisse »ein Stück Wohlstand«[183]. So zeichneten sich diese Jahre weniger durch eine klare »Freßwelle« aus als vielmehr durch eine gewandelte Praxis, neue Qualitäten des Konsums, eine neue Optionsvarianz und andere Zubereitungs- und Kochformen. Gespart wurde jedoch noch weit in die 1950er Jahre hinein und das Hungergefühl war breiten Bevölkerungsgruppen noch immer bekannt.

Die schon zu Beginn der Dekade eintreffenden Meldungen von neuerlichen Hungersnöten erzeugten auf dieser Grundlage eine alarmierende Stimmung, eben weil sie eigene Erfahrungen ansprachen und Ängste weckten. Im Februar 1951 berichtete der »Spiegel« vom »Gespenst der Hungersnöte«[184]. Die Geschichte der Zukunft der Menschheit sei bereits geschrieben, denn zwei Prozesse fänden gleichzeitig statt. Einerseits schrumpfe der landwirtschaftlich nutzbare Teil der Erdoberfläche durch Bodenerosion. »Auf die Dauer wird die Erde nicht, wie heute, 2,5 Milliarden Menschen ernähren können«[185]. Andererseits nehme die Weltbevölkerung jährlich um 20 Millionen Menschen zu. Das »Gespenst der Hungersnöte werde noch zu Lebzeiten der jetzt Zwanzig- und Dreißigjährigen umgehen«[186]. Empfunden wurde folglich sich verknappende Zeit, die immensen Handlungsdruck erzeugte. Die Ernährungslage im und nach dem Zweiten Weltkrieg sei der »Paradefall« für die bevorstehenden Entwicklungen gewesen, denn »Ferngeschütze, Fliegerbomben, Luftminen, V-Raketen, Gaskammern und Atombomben mußten vor der Geburtenfreudigkeit der Menschen kapitulieren«[187]. Deutlich erkennbar ist die alarmierende, gar menschenverachtende Rhetorik des Berichtes. Es war das Problem der Weltbevölkerung, das die gesamte Wahrnehmung und Bewältigung von Hunger in der Welt begleitete und das aufgrund seiner Eigenlogik insbesondere die katholische Kirche und ihre Repräsentanten, auch und vor allem nach der Enzyklika »Humanae vitae« 1968 vor immer

---

182   EBD., S. 282.
183   EBD.
184   Dazu und im Folgenden N. N., Das Gespenst der Hungersnöte, in: DER SPIEGEL Nr. 9, 28.2.1951, S. 29–31.
185   EBD., S. 29.
186   EBD.
187   EBD., S. 30.

stärkeren Rechtfertigungsdruck stellen sollte. Die Wahrnehmung und Bewusstwerdung der Hungersnöte und Hungerkatastrophen erzwangen daher die Beschäftigung der Wissenschaft[188].

Die wissenschaftlichen Ansätze zur Wahrnehmung der Hungerproblematik verdeutlichen zusammengefasst erstens, dass in den 1950er Jahren unter dem Schlagwort der ›Welternährung‹ ein globales Thema auf die wissenschaftliche und politische Agenda rückte, das mit einem eindeutig bedrohlichen Szenario verbunden wurde, weil es Konflikte, Unruhen und Kriege und damit Instabilität der sozialen Ordnungen hervorzurufen in der Lage war. Zweitens lassen alle Ansätze eine ungebremste Fortschrittsgläubigkeit erkennen, die Idee also, durch Technik und Wachstum Herausforderungen bewältigen zu können. Drittens führten diese Befunde zu einer interessanten Amalgamierung unterschiedlicher gesellschaftlicher Erfahrungen und Prozesse. Historische Erfahrungen der Kriegs- und Nachkriegszeit trafen zusammen mit wachsendem Wohlstand und einer ausgeprägten Technisierung und Modernisierung der Lebensbereiche. Zugleich aber fanden sich vor dem Hintergrund des Ost-West-Konfliktes und der Beobachtung einer »Menschenlawine«[189], die die weltweiten Raum- und Herrschaftsverhältnisse infrage stellte, deutliche Hinweise auf Bedrohungs-, wenn nicht sogar Untergangsprognosen. Diese Amalgamierung aber schien lösbar durch das Konzept der Modernisierungstheorie, die deutlich den Fortschrittsoptimismus und die Technikbegeisterung ihrer Zeit atmete. Das Konzept ging davon aus, dass durch den Einsatz von Technik und Modernisierung eine nachholende Entwicklung ähnlich der europäischen Industrialisierung für die »Entwicklungsländer« erreichbar wäre, die von den entwickelten Ländern durch finanzielle, personelle und technische Hilfe nur angestoßen werden müsste.

In der Bundesrepublik führten diese wissenschaftlichen Debatten über das globale Thema Hunger zu einer besonders intensiven Unterstützung der weltweiten Hungerbekämpfung, wofür sich drei Gründe herausarbeiten lassen. Zunächst zeichneten sich die Hilfsanstrengungen durch eine große Dankbarkeit aus. »So rief Bundespräsident Theodor Heuss[190], unterstützt von einem die gesellschaftlichen Gruppen repräsentierenden Kuratorium, 1951 zu einer ›Dankspende des Deutschen Volkes‹ auf«[191]. Mit dieser Spende, vorwiegend Kunstschenkungen deutscher Künstler, sollte die

---

188 Vgl. etwa W. VOGT, Die Erde rächt sich; J. BOYD ORR, The White Man's Dilemma; F. BAADE, Welternährungswirtschaft.

189 G. WIRSING, Die Menschenlawine.

190 THEODOR HEUSS (1884–1963). Studium der Nationalökonomie und Kunstgeschichte in München und Berlin. 1905 Promotion, Eintritt in die Redaktion der Zeitschrift »Die Hilfe«, weiteres journalistisches Engagement. 1924 Wahl in den Deutschen Reichstag für die DDP, Mitglied mit Unterbrechungen bis 1933. 1936 Publikationsverbot. 1946 Mitbegründer der Deutschen Volkspartei, Parteivorsitzender in der US-Zone. 1948 Abgeordneter des Parlamentarischen Rates, Parteivorsitzender der FDP, 1949 Bestätigung durch den Bundesparteitag. August 1949 MdB. 1949–1959 Bundespräsident. Vgl. J. RADKAU, Theodor Heuss.

191 S. VOGES, Hilfe in der Not, S. 93.

Dankbarkeit des deutschen Volkes für die nach dem Zweiten Weltkrieg geleisteten Hilfen zum Ausdruck gebracht werden[192]. Politische Entscheidungträger, allen voran der Bundespräsident, fühlten vor dem Hintergrund der deutschen Geschichte eine besondere Verantwortung, die Welternährung zu verbessern. Auch der zweite Grund war von Verantwortung geprägt und lag in der Wiedergutmachung moralischer Schuld. »Hilfsleistungen aus dem sich wirtschaftlich erholenden Deutschland sollten helfen, dem durch den Nationalsozialismus in Misskredit geratenen Land wieder moralische Legitimität und internationale Anerkennung zu verschaffen«[193]. Ein dritter Grund lag schließlich in der Rolle Deutschlands als »ehrlichem Makler« im Kampf gegen den Hunger, das aufgrund seiner unwesentlichen Kolonialgeschichte von den Staaten, die sich im Prozess der Entkolonisierung befanden, eher als Verbündeter und nicht als Schuldbeladener betrachtet wurde[194]. »Auf diese Art wurde der ›Kampf gegen den Hunger‹ beides: eine implizite Möglichkeit moralischer Wiedergutmachung und eine Rechtfertigung für eine Rückkehr der Bundesrepublik auf die Bühne internationaler Politik«[195].

3. Institutionalisierte Hilfe: Das bischöfliche Hilfswerk gegen Hunger und Krankheit in der Welt »Misereor«

> Wir fuhren mit einem alten Opel durch einen Hungerdistrikt des mittleren Indiens. Rechts Dürre. Links Dürre. Nur ab und zu eine schmale Wasserfurt. […] Die soziale Frage ist nicht ein Spleen von ein paar Arbeiterpriestern, die gern den Talar mit dem Arbeitsanzug vertauschen möchten. Unter unserer Kirche liegt soziales Dynamit.[196]

Das soziale Dynamit, das Pater Leppich in seinem Reisebericht aus Indien unter der Kirche liegen sah, ist aus zwei Gründen von Bedeutung. Zum einen erlebte damit die im vorhergehenden Kapitel herausgearbeitete Problemdefinition des Hungers eine inhaltliche Erweiterung. Hunger verknüpfte Pater Leppich mit der sozialen Frage, die eben nicht nur ein »Spleen« von Arbeiterpriestern sei, sondern die Institution der Kirche als gesamte gleichsam von unten bedrohe. Zum anderen erzeugte ein solch drastisches Bild der Bedrohung unmittelbaren Handlungsdruck, auf den kirchenamtlicherseits mit der Gründung des Hilfswerkes Misereor zu reagieren versucht wurde, das als das zentrale katholische Beispiel für sowohl soziales als auch theologisches Bewältigungshandeln gelten darf. Gleichzeitig konkretisierte sich an diesem Beispiel die

---

192   Vgl. dazu G. Müller, Moral und Politik, S. 333–350, besonders S. 347 f.
193   S. Voges, Hilfe in der Not, S. 99.
194   Vgl. H. Wieters, Debatten über das »Welternährungsproblem«, S. 219.
195   Ebd.
196   J. Leppich, Gott zwischen Götzen und Genossen, S. 60–62.

aufgezeigte Amalgamierung gewissermaßen auf der Mikroebene der deutschen katholischen Kirche. Zwei Dokumente sind hierbei besonders in den Blick zu nehmen.

a) Wissenschaftliche Vorbereitung: »Der Hunger in der Welt«

Die populärwissenschaftliche Begleitmusik zur Gründung des Hilfswerkes bildete das Büchlein »Der Hunger in der Welt. Solidarität oder Klassenkampf zwischen den Völkern« von Werner Pank aus dem Jahr 1959. In den Blick zu nehmen ist es einerseits, weil Pank den Versuch eines Agenda-Settings im katholischen Raum unternahm. Er betrieb also Information und Aufklärung über »das Problem unseres Jahrhunderts«[197] und bettete sie – vor allem die Lösungsansätze – ein in den Kontext kirchlicher Ordnungsvorstellungen. Andererseits ist es auf einer inhaltlichen Ebene deshalb von Bedeutung, weil das Buch eine deutliche Erweiterung des Problemkomplexes vornahm. So ist Pank ein Beispiel für die von Benjamin Ziemann formulierte These der »Verwissenschaftlichung«[198] der katholischen Kirche nach 1945. Das Interesse an sozialwissenschaftlichen Umfragen und Diskursen der Wissenschaftscommunity wuchs deutlich. Innerhalb der Theologie traten an die Stelle der Philosophie als vermittelnder Grundlagenwissenschaft immer häufiger die Sozialwissenschaften.

Eine inhaltliche Erweiterung des Problemkomplexes nahm Pank durch die Aufnahme der schon von Leppich eingeführten Zuordnung des Hungers zur sozialen Frage vor, dem zentralen Problem, das er in einen heilsgeschichtlichen Kontext stellte.

> Das Versagen der gesellschaftlichen Ordnungen gegenüber den wesenhaften Zwecken der Gesellschaft – der Ausgangspunkt für das Entstehen jeder Sozialen Frage – liegt letztlich in der Erbsündlichkeit des Menschen begründet. Die Anerkennung dieser Tatsache bedeutet nichts anderes, als daß alle Ordnungen menschlichen Zusammenlebens nur eine Annäherung an das sittlich Vollkommene versuchen können.[199]

Hinzu kam eine räumliche Erweiterung des Problemfeldes auf den internationalen Bereich.

> [Das] besondere Kennzeichen der Sozialen Frage des 20. Jahrhunderts ist darin zu sehen, daß die soziale Ungerechtigkeit und Ungleichheit auf internationaler Ebene [...] der Masse der von ihr besonders betroffenen farbigen Völker bewußt geworden ist und daß sie ihre Forderungen nach einer gerechten internationalen Ordnung erhoben haben.[200]

Hunger ist gewissermaßen Symptom dieser sichtbar und bewusst gewordenen Ungerechtigkeit, die deshalb in den Fokus kam, weil »unsere Welt immer mehr daraufhin

---

197 W. PANK, Der Hunger in der Welt, S. 2.
198 B. ZIEMANN, Katholische Kirche und Sozialwissenschaften, S. 9.
199 W. PANK, Der Hunger in der Welt, S. 9.
200 EBD., S. 10.

drängt, eine Einheit zu werden«[201]. Das lasse die sozialen Gegensätze der Welt auf-scheinen, zugleich nähmen die politischen, wirtschaftlichen und sozialen Abhängig-keiten zu. Die Wirklichkeit des internationalen Hungers sei damit unabweisbar. »Wir können ihm heute nicht mehr ausweichen. Die westlichen Völker haben sich lange gegen die Tatsache des Hungers in weiten Teilen der übrigen Welt gesperrt. Sie tun das z. T. auch heute noch«[202], obwohl die Informationsfülle erdrückend sei. »Es gibt heute Hunderte von Institutionen und mehr als tausend Männer und Frauen, die an Hand ihrer Statistiken und Unterlagen das Vorhandensein des Hungers lücken-los beweisen«[203]. Ihre Studien, so unterschiedlich ihre Herangehensweise auch sei, kämen alle zum Schluss:

> Zwei Drittel bis drei Viertel aller Menschen haben nicht ausreichend zu essen, zu leben. Und sie alle beweisen ihre Aussage mit den Mitteln ihrer Wissenschaft und Arbeit. Es kann heute von niemandem mehr bezweifelt werden: Die Menschen leiden Hunger in unserer Welt.[204]

Welche Schlussfolgerungen zog nun Pank aus dieser inhaltlich, räumlich und religiös erweiterten Problemdefinition? Welche Handlungsstrategien empfahl er? Zunächst ist interessant, dass Pank schon 1959 auf die Notwendigkeit einer nachhaltigen Ände-rung der Lebensverhältnisse der Armen hinwies und den Gedanken der Partnerschaft in den Vordergrund rückte. Die Armen sollten

> in die Lage versetzt werden, ihre Not selbst zu überwinden. Das ist die Voraussetzung dafür, daß sie in der Praxis unseres internationalen politischen und wirtschaftlichen Lebens als gleichberechtigte und gleichgeachtete Partner anerkannt und in die Gemein-schaft der Völker wirklich eingegliedert werden.[205]

Hunger habe es zu aller Zeit gegeben, die neuen Möglichkeiten der Information aber ermöglichten das Wissen über den weltweiten Hunger. »Heute erfahren die Völker aller Rassen und Zonen von den großen Katastrophen, die Untergang und Elend bringen«[206]. Wirklich begreifen könnte jedoch niemand das Ausmaß der Not. Daher brauche es einen systematischen »Ausbruch aus dem Hunger-Armut-Kreis«[207]. Mit dieser Perspektive gab es für Pank zwei mögliche Lösungsansätze, von denen einer ein empfehlenswerter, einer ein unsittlicher Ansatz sei. Die Geburtenkontrolle sei aufgrund des Ungleichgewichts zwischen Bevölkerungszahlen und Nahrungsmittelversorgung

---

201 EBD., S. 12.
202 EBD.
203 EBD., S. 13.
204 EBD., S. 14.
205 EBD., S.15.
206 EBD., S. 19.
207 EBD., S. 35.

vor allem für die (Neo-)Malthusianer das zentrale Steuerungsinstrument. Pank wies im Hinblick auf die kirchliche Lehre auf eine Unterscheidung der Sittlichkeit hin. Zur Einschränkung von Geburten könnten sechs Mittel dienen: völlige Enthaltsamkeit in der Ehe, zeitweilige Enthaltsamkeit nach der Knaus-Ogino'schen Methode sowie eine Änderung der Ehebräuche, etwa durch ein höheres Heiratsalter, empfängnisverhütende Mittel, Abtreibungen und Sterilisierung. Während die ersten drei Mittel nach katholischer Lehre sittlich einwandfrei seien und daher von Pius XII.[208] als Geburtenregulierung bezeichnet würden, seien die drei letzten als unsittlich zu verwerfen. In der Kontroverse um die Geburtenkontrolle jedoch würden nur diese eine Rolle spielen, weil die ersten drei Methoden als unwirksam gälten. Deutlich ablesbar ist hier die Gratwanderung, die den Diskurs über die Hungerproblematik vor allem für die katholische Kirche kennzeichnete und weiter kennzeichnen sollte.

Die empfohlene Lösung deckte sich mit den Ansätzen der Wissenschaft, die durch Technisierung und Modernisierung, einer Grünen Revolution die Ernährungsproblematik für lösbar hielten. So verfüge »die moderne Ernährungswissenschaft und -wirtschaft theoretisch über genügend gesicherte Erkenntnisse und Erfahrungen [...], die eine quantitativ wie qualitativ ausreichende Ernährung für eine wesentlich größere Erdbevölkerung als die heutige möglich machten«[209]. Da die Ernährung der Weltbevölkerung möglich sei, stehe die Menschheit vor immensen Aufgaben, es bedürfe einer echten »Evolution«[210]. Die Schaffung einer »neuen internationalen sozialen Ordnung«[211] sei notwendig und von den reichen Ländern zu akzeptieren und zu unterstützen.

> Die Not der Völker fordert die Anwendung aller, einigermaßen Erfolg versprechender Mittel. Fordert auch das Risiko, freilich nicht um jeden Preis. Die Not erfordert vor allem aber auch die Bereitstellung und Verfügbarmachung aller ideellen Kräfte, die geeignet sind, die Grundlagen einer neuen sozialen Ordnung zu schaffen. Denn das ist sicher: Wenn auf die Dauer die Not dieser Völker nur dadurch grundlegend geändert werden kann, daß ihre wirtschaftlichen Strukturen grundlegend geändert werden, dann wird diese Änderung ihre alten sozialen Ordnungen niederreißen.[212]

Schließlich sei die damit einhergehende »Lösung der Internationalen Sozialen Frage auf friedlichem, evolutionärem Wege«[213] weniger ein technisch-organisatorisches Problem, sondern – und darin liegt die besondere Bedeutung dieses Buches, nämlich

---

208 PAPST PIUS XII. (1939–1958). * 1876 als Eugenio Pacelli. Ab 1901 im Dienst des Vatikanischen Staatssekretariats. Ab 1917 Nuntius in Deutschland. 1929 Erhebung zum Kardinal. Ab 1930 Kardinalstaatssekretär. 1939 Wahl zum Papst. Vgl. J. GELMI, Art. Pius XII., Sp. 337 f.
209 EBD., S. 66.
210 EBD., S. 160.
211 EBD.
212 EBD., S. 16.
213 EBD., S. 162.

in der Einordnung der Thematik in einen spezifisch katholischen Kontext – eine »Frage der sittlichen Entscheidung«[214]. Die Christen müssten hier mutig und beispielhaft voranschreiten,

> sie werden und müssen den Sauerteig bilden, der das Angesicht der Erde erneuert. Sie dürften nicht müde werden, dem Beispiel und Gebot ihres Meisters und Lehrers zu folgen: Misereor super turbam [...] und den Hungernden das Brot des Leibes und das Brot des Geistes, Gerechtigkeit und Frieden, zu reichen.[215]

Diese Aufgaben seien für die westliche Welt von weitreichender Bedeutung, auch im Interesse der eigenen Zukunft. »Verhält sie sich ablehnend oder indifferent, dann treibt sie diese Völker in die Anarchie und damit in den Bolschewismus. Unterstützt sie das Werk ausreichend, dann besteht Hoffnung, daß eine neue Ordnung gefunden wird«[216].

b) Der Anfang: »Ein Abenteuer«?

Das zweite bedeutsame Dokument stellt die Rede des Vorsitzenden der deutschen Bischofskonferenz, des Kölner Erzbischofs Joseph Kardinal Frings, dar, die er vor der Vollversammlung der deutschen Bischöfe in Fulda im August 1958 mit dem Ziel der Gründung eines bischöflichen Hilfswerkes hielt und die in besonderer Weise einerseits als Antwort auf Leppichs soziales Dynamit zu verstehen und andererseits die angesprochene Amalgamierung zu verdeutlichen in der Lage ist.

Die »Not Christi«[217] treibe ihn, so Frings am Ende seiner Rede, die er, selbst heiser, verlesen lassen musste. Die mit dem programmatisch-prophetischen Titel »Abenteuer im Heiligen Geist« überschriebene, strategisch gedachte Rede, mit der die Geschichte des bischöflichen Hilfswerkes Misereor begann, zeigt die veränderte Sichtweise der bundesrepublikanischen kirchlichen Öffentlichkeit nach dem Zweiten Weltkrieg auf die Welt. Frings weckte die Erinnerungen seiner bischöflichen Kollegen an die Kriegs- und Nachkriegszeit und die mit ihnen verbundenen Notzeiten.

> In den Jahren nach dem ersten Weltkrieg hatte das deutsche Volk mit seinem eigenen Massenelend genug zu tun. Hunger, Inflation, Arbeitslosigkeit, innere Kämpfe liessen es kaum über seine Grenzen schauen. Die unselige Zeit des Nationalsozialismus vollends machte uns fast jede Fühlungnahme mit anderen Völkern unmöglich. Die ersten Jahre nach dem zweiten Weltkrieg beschäftige uns wieder die eigene Not.[218]

---

214   EBD.
215   EBD.
216   EBD., S. 161.
217   J. Kardinal FRINGS, Abenteuer im Heiligen Geist, S. 34.
218   EBD., S. 14.

Die Entwicklungen der 1950er Jahre aber bedeuteten den Beginn einer neuen Phase.

> Nunmehr, fast plötzlich, tun sich uns die Tore zu aller Welt auf. Aber zu einer Welt, die in den letzten 2 Jahrzehnten ihr Antlitz völlig verändert hat. Die Kolonialzeit ist vorbei, und die farbigen Völker sind erwacht. Der Bolschewismus bietet sich ihnen, nicht ohne bereits große Erfolge erreicht zu haben und weitere zu erhoffen, als der Bundesgenosse im Kampfe um nationale Freiheit und wirtschaftlichen Aufschwung an.[219]

Dieser neue Blick, die geöffneten »Tore zu aller Welt«, war geradezu typisch für die aufgezeigten Veränderungen, die die junge Bundesrepublik durchlebte. So hob auch Frings einerseits auf die Dekolonisierung, die erst 1960, dem »Afrikanischen Jahr« auf ihrem Höhepunkt ankommen sollte, und andererseits auf den um sich greifenden Kommunismus ab, der, vom kirchlichen Lehramt eindeutig verurteilt, hier zugleich als Gefahr gezeichnet wurde und motivierend wirken sollte. Neben diesen welt-politischen Entwicklungen fügte Frings auch die kommunikativen Neuerungen als Ermöglichung und Motivierung an.

> Noch ein anderes in der weiten Welt fällt uns auf. Dieses andere ist nicht neu. Es war immer da, und wir haben stets von ihm, wenn auch mehr oder weniger vage, gewusst. Aber es kommt uns jetzt wie neu vor: ich meine das ungeheure Elend der meisten Völ-ker. Der Mensch lebt von den Sinnen her: erst seitdem uns durch die Erleichterungen des Reisens, durch die neuen Möglichkeiten der Kontaktnahme, durch Schilderungen derjenigen von uns, die ›drüben‹ waren, und derer von ›drüben‹, die zu uns kamen, die fernen Länder nahe gekommen sind, tritt uns ihre Not ›vor die Augen‹. Was wir bisher gewusst haben, ›sehen‹ wir jetzt. Was wir bisher über unserer eigenen Not vergessen haben, tritt jetzt in die Mitte unseres Bewußtseins: in den meisten Ländern dieser Erde herrscht Hunger.[220]

Frings verwies dazu auf den Reisebericht von Pater Leppich, dessen Publikationen über die Erlebnisse auf Weltreisen reißenden Absatz fanden. »Das Buch erreichte«, so trug Frings denn auch seinen Kollegen vor, »bereits in sieben Auflagen eine Gesamt-höhe von 65.000 Exemplaren und wurde ins Französische, Englische, Niederländische und Norwegische übersetzt«[221]. Aus diesen Berichten und den neuen Informations-möglichkeiten ließe sich – Frings teilte hier die zeittypische Problemdefinition – ein umfassendes Bild über das Ausmaß der Not zeichnen. Nach Berechnungen zur Welt-ernährung leide die eine Hälfte der Menschheit an Unterernährung. An diesem »Fak-tum einer für unsere Vorstellung unfassbaren Not«[222] sei nicht vorbeizukommen. Das führe dazu, dass sich nicht einfach die Lebensstandards der Menschen in verschie-denen Weltregionen unterschieden, »sondern sie leben in einem Zustande, den wir

---

219 EBD.

220 EBD.

221 EBD., S. 15. Insgesamt wurden von »Unterwegs notiert« über 190.000 Exemplare aufgelegt.

222 J. Kardinal FRINGS, Abenteuer im Heiligen Geist, S. 15.

nicht anders als Elend bezeichnen können«[223]. Im Redemanuskript ist dieser Zustand noch dramatischer als »Elend, heulendes Elend«[224] bezeichnet. Für Frings rief diese Situation nach aktiver Hilfe, denn die Folgen des Hungers brächten drei Gefahren mit sich: »Gefahren für Gesundheit und Leben des Leibes«, Gefahren »auf moralischem Gebiete«[225], etwa durch Medikamente zum Schwangerschaftsabbruch oder der Verhütung und eine religiöse Gefahr.

Nicht nur sei die »Not der fernen Völker« sichtbar geworden, sondern jenen sei auch der westliche Wohlstand bekannt geworden.

> Das Hin und Her der Beziehungen, der Austausch der Filme, die Europäerviertel und internationalen Hotels in unmittelbarer Nachbarschaft der Elendsviertel u. a. werden immer mehr die Hungernden zunächst mit Staunen, dann wohl auch mit Neid auf unseren ungleich höheren Lebensstandard erfüllen.[226]

Beim Bedenken der Ursachen für diesen höheren Lebensstandard könnten die »Farbigen« vor allem das bisherige Kolonialsystem als ursächlich ansehen – und hier stehe die Kirche »allzuleicht auf der Seite der Kolonialmächte und der unmittelbaren und mittelbaren Nutznießer«[227].

Neben dem drohenden Kommunismus und diesen drei Gefahren, sowie vor dem Hintergrund der weltpolitischen Isolation der Bundesrepublik und den Nachkriegserfahrungen sollte auch das Motiv der Dankbarkeit, wie von Theodor Heuss schon 1951 gefordert, motivierend wirken. Das Elend und die sich gleichzeitig erholende wirtschaftliche Lage Deutschlands nach dem Zweiten Weltkrieg hätten seinen Generalvikar und ihn Mitte der 1950er Jahre bewogen, »daß wir allmählich daran denken müßten, für alle Hilfe, die wir in unserer schweren Notzeit erfahren hatten, uns dankbar zu erzeigen, indem wir uns verpflichteten, irgendeine Kirche dauernd zu unterstützen«[228]. Stefan Voges konnte zeigen, dass dieses Motiv – neben anderen – entschieden in der Begründung und zur Motivation sowohl kirchlicher als auch staatlicher solidarischer Hilfe genutzt wurde[229]. Er kommt, ganz im Sinne der oben konstatierten Amalgamierung zu dem Schluss, dass die »Erlebnisse in der unmittelbaren Nachkriegszeit [...] eine Erfahrung [konstituierten], die bestimmte Einstellungen (z.B. die veränderte Wahrnehmung von Notsituationen in entfernten Ländern) und Handlungen (z. B. Initiativen zur Hilfeleistung) hervorbrachte«[230]. Allerdings weist Voges auch darauf hin, dass die evangelischen Christen bei der Vorbereitung der ersten

---

223   EBD., S. 14.
224   Referat Frings zur Gründung Misereors, o. D., in: HAEK, Gen. II, 23.3a, bis 31.12.1959, Halb-Bd. 1.
225   J. Kardinal FRINGS, Abenteuer im Heiligen Geist, S. 16.
226   EBD., S. 17.
227   EBD.
228   J. Kardinal FRINGS, Für die Menschen bestellt, S. 179.
229   Vgl. S. VOGES, Hilfe in der Not, S. 99.
230   EBD., S. 91.

Brot für die Welt-Aktion die Dankbarkeit für die ausländischen Hilfen in ihrer Werbe-
publizistik deutlich stärker einsetzten[231].

Neben diesen eher gesellschaftlich-politischen Motiven führte Frings darüber hinaus auch theologisch-pastorale Motive an, die Hilfsmaßnahmen notwendig machten.
So sei nicht nur die Heilssorge für Jesus Christus wichtig gewesen, sondern auch die
Leibsorge, an der Anteil zu haben Ziel des Werkes sei. »Es geht nicht darum, den oben
erwähnten Gefahren auf politischem und religiösem Gebiete zu begegnen, [...] sondern schlicht um die Betätigung der christlichen Barmherzigkeit«[232]. Daher sei das
Werk, auch wenn es nicht der Mission diene, möglichst auch von den »Betreuten als
Vorgang im Religiösen, als Hilfe im Namen Jesu und seiner Kirche«[233] zu verstehen.
Den Gläubigen solle ins Gewissen geredet, der Blick auf die Not Christi gelenkt werden. So könne das Werk dem praktischen Materialismus entgegen als religiöse Bewegung dienen. »Nicht unerheblich ist, daß eine Seite des christlichen Fastens neu und
eindrucksvoll herausgestellt wird, daß nämlich das durch Fasten Erübrigte den Armen
zugute kommen soll«[234]. Dieser Gedanke sei »infolge der Kriegsverhältnisse fast ganz
außer Übung geraten«[235] und solle daher mit dieser neuen Form der Buße reaktiviert
werden. Der ganzen deutschen Öffentlichkeit solle mit dieser Aktion »das objektive
Unrecht vor Augen gestellt werden, das, wenn es nicht schon darin liegt, daß die Güter
dieser Welt so ungleichmäßig verteilt sind, auf alle Fälle darin liegen würde, wenn es
bei dieser ungleichmäßigen Verteilung bliebe«[236]. Damit verband Frings hier die politischen und gesellschaftlichen Forderungen von Hilfsmaßnahmen für die hungernden
Menschen der Welt mit dem Gedanken einer »kirchenzentrierten Reorganisation des
Milieus«[237], wenn nicht sogar einer Rechristianisierung der Gesellschaft[238]. Darauf
weist auch sein Ziel hin, das Werk zu einem Werk in bischöflicher Trägerschaft zu
machen. Das alles sei ein »Abenteuer im Heiligen Geiste, und am Anfang aller großen
Dinge in der Kirche haben solche gestanden. Das hier gesteckte Ziel ist ein so gewalti-
ges, daß man m. E. auch die Gefahr auf sich nehmen dürfte, daß man nachher wegen
des Mißerfolges zum Gespött wird«[239]. Allerdings gebe es zu dieser Befürchtung gar
keinen Anlass, »ich möchte fast meinen [...], daß die Stunde gekommen ist«[240].

Bis hierhin lassen sich vier zentrale Punkte festhalten. Erstens ist im Katholizismus ein echtes Erwachen zu erkennen. Die neuen Kommunikationsmöglichkeiten,

---

231 Vgl. EBD., S. 103.
232 J. Kardinal FRINGS, Abenteuer im Heiligen Geist, S. 20.
233 EBD.
234 EBD., S. 21.
235 J. Kardinal FRINGS, Für die Menschen bestellt, S. 241.
236 J. Kardinal FRINGS, Abenteuer im Heiligen Geist, S. 21.
237 W. DAMBERG, Milieu und Konzil, S. 341.
238 Vgl. auch T. GROSSBÖLTING, Der verlorene Himmel, S. 25.
239 J. Kardinal FRINGS, Abenteuer im Heiligen Geist, S. 34.
240 EBD.

Reiseberichte und das weitgespannte Netz (katholischer) Missionare, die bei ihren Heimaturlauben von fremden Völkern und Kulturen berichteten, lassen erstens die bundesrepublikanische Öffentlichkeit und mit ihr die katholische eine neue, internationalere Perspektive einnehmen, als dies zu Kriegs- und Nachkriegszeiten möglich war. Zweitens lässt sich die Einrichtung eines Hilfswerkes in bischöflicher und damit hierarchisch gesehen höchster Stellung, noch dazu unter Aufsicht einer in den ersten Jahren vom Vorsitzenden der Bischofskonferenz selbst geleiteten Kommission, unschwer als Versuch des Agenda-Settings erkennen – mit Blick auf die Geschichte Misereors eines erfolgreichen. Drittens sind die Wahrnehmung und das Agenda-Setting nicht denkbar ohne den gesamtpolitischen Hintergrund. Schuld- und Dankbarkeitsgefühle, persönliche Hungererfahrungen, die geostrategische Lage der jungen Bundesrepublik zwischen den politischen Blöcken sowie die Teilungserfahrung des Landes beeinflussten den Diskurs maßgeblich. Viertens spielten Bedrohungsgefühle eine entscheidende Rolle in der Wahrnehmung. Hunger und Elend fremder Völker zeitigten zwar noch immer Empathie und Mitleid, darauf weist das ›Erbarmen‹ im Titel des Werkes hin, aber die moralische Situation und die Gefahr des Kommunismus stellten weitere, bedrohlich wirkende Faktoren dar, die ein Agenda-Setting begünstigten.

Die Idee zur Gründung Misereors ging indessen nicht auf Frings allein zurück. Entgegen verschiedener Versuche, die Deutungshoheit in dieser Frage zu gewinnen, muss konstatiert werden, dass es im Wesentlichen zwei starke Strömungen aus der Laienbewegung, von den Jugendverbänden und dem Zentralkomitee der deutschen Katholiken, waren, die schließlich zur Rede am 21. September 1958 in Fulda führten. So übermittelte das Zentralkomitee »eine Anregung der Saarbrücker Vertreterversammlung der Katholikenausschüsse [...], das Fasten 1959 mit einer Hilfeleistung für die Hungernden in aller Welt zu verbinden«[241]. Diesen Entschluss hatte das Zentralkomitee in Saarbrücken im April 1958 getroffen.

> Als im Verlauf der Aussprache einzelne Verbände über ihre bisherigen Erfahrungen erläuternd berichteten, wurde deutlich, daß vor allem konkrete Hilfsaktionen sich für die internationale Verständigung sehr fördernd auswirken. Es wurde jedoch der Wunsch ausgesprochen, daß über spontane Einzeltaten hinaus von seiten des Zentralkomitees darauf hingewirkt werde, daß die bestehende große Not bei allen katholischen Christen in der Bereitschaft zu persönlichem Opfer eine Antwort finde und daß helfende Kräfte und Werke sich gegenseitig über ihre Maßnahmen unterrichten und ihre Hilfeleistungen aufeinander abstimmen. Insbesondere wurde überlegt, wie den Hungernden in der Welt am besten geholfen werden könne (Vorschläge, wie Verzicht auf eine Mahlzeit am Freitag, Verzicht auf einen Stundenlohn, Einschränkung des hohen Lebensstandards etc., wurden gemacht).
>
> Um diese Gedanken in die weitere Öffentlichkeit zu tragen, beschloß der Arbeitskreis, dem den Katholikentag in Berlin vorbereitenden Gremium die dringende Bitte vorzutragen, ›die Sorge um den Menschen‹ im Sinne christlicher Weltverantwortung zu

---

241 EBD., S. 13.

deuten und vor allem den Notruf Millionen Hungernder an die Gewissen heranzutragen und damit zur helfenden und opfernden Tat zu bewegen. Das Anliegen der großen Not in der Welt, insbesondere des Hungers, soll darüber hinaus im ständigen Arbeitskreis ›Internationale Arbeit‹ eingehender behandelt und Wege für eine weitere und dauernde Hilfsaktion gesucht werden.[242]

Von welchem Verband oder welcher Person schließlich der Entschluss, die Bischöfe um eine Sammlung zu bitten, eingebracht worden war, ist ungeklärt. Norbert Trippen zitiert in diesem Zusammenhang aus dem Archiv des ZdK und merkt an, dass die Einbringung schon 1969 nicht mehr festzustellen gewesen sei.

›Wie Sie wissen [...] wurde in dem Arbeitskreise ›International und Mission‹ [offiziell ›Internationale Arbeit‹, der Verf.] [...] im April 1958 in Saarbrücken ebenfalls auf die Not in der Welt hingewiesen. Bei den Vorschlägen, wie man dieser Not entsprechen könne, wurde von Herrn Erb[243] der Vorschlag gemacht, an die deutschen Bischöfe heranzutreten und diese aufzufordern, in der Fastenzeit 1959 eine Sammlung für die Hungernden in der Welt zu halten. Da nun aber [...] 1957 im Generalvikariat Köln eine gleiche Idee entstanden war, fühlte sich Herr Kardinal Frings durch den Vorschlag des genannten Arbeitskreises in seinem Vorhaben, in der Erzdiözese Köln zu einer Sammlung für die Notleidenden in der Welt aufzurufen, dahingehend bestärkt, dass er die Bischofskonferenz bitten wollte, eine entsprechende Aktion in allen Diözesen Deutschlands durchzuführen.‹[244]

Solche Anliegen stießen bei der Bevölkerung durchaus auf Zustimmung. Im November 1958 wandte sich eine Düsseldorfer Katholikin an Kardinal Frings.

Wäre es wohl möglich, eine große ständige Hilfsaktion für die armen hungernden Menschen in Indien zu schaffen? Denn man kann als Christ doch nicht tatenlos zusehen, wie dort die Menschen sterben vor Hunger! Wie wäre es, wenn Sie, hochwürdigster Herr Kardinal, jeden Monat einmal eine Kollekte für diesen Zweck empfehlen? Ich glaube doch, daß es noch viele gute Menschen gibt, die ein Herz für diese Armut haben, und dafür gerne opfern.[245]

---

242 ZdK, Arbeitstagung Saarbrücken, S. 269.
243 ALFONS ERB (1907–1983). Studium der Volkswirtschaft in Bonn und Berlin. Redakteur bei verschiedenen, später von den Nationalsozialisten verbotenen Blättern, etwa dem »Berliner Kirchenblatt«. 1938–1940 Pressereferent beim Berliner Bischof Konrad Kardinal Preysing. 1940–1945 Militärdienst. Ab 1946 Hauptschriftleiter der deutsch-französischen Zeitschrift »Dokumente« in Offenburg, 1949 Leiter der Pressestelle des Deutschen Rates der europäischen Bewegung. 1955–1973 Leiter der Pressestelle des Deutschen Caritasverbandes. 1957–1971 Vizepräsident von ›Pax Christi‹, 1973 Initiator des Maximilian-Kolbe-Werkes und bis 1982 dessen Geschäftsführer. Vgl. N. N., Alfons Erb.
244 Gottfried Dossing an Dr. Paul Becher (ZdK), 7.10.1969, zit. nach N. TRIPPEN, Josef Kardinal Frings. Sein Wirken für die Weltkirche, S. 111.
245 Elisabeth Sauerborn, Düsseldorf an Kardinal Frings, 26.11.1958, in: HAEK, Gen. II, 23.3a, bis 31.12.1959, Halb-Bd. 2.

Generalvikar Josef Teusch[246] antwortete ihr im Dezember mit dem Hinweis auf die Aktion Misereor in der Fastenzeit 1959 und wies auch auf alternative Sammlungen katholischer Verbände und Vereine hin[247]. Der Vorgang zeigt, dass bereits 1958 in der katholischen Öffentlichkeit ein Resonanzraum vorhanden war, in dem die Aktion Misereor Widerhall finden konnte.

Eine zweite Initiative ging von den Jugendverbänden aus. »Die katholische Jugend hat durch das Fastenopfer 1958 fast 300.000,- DM aufgebracht«[248], notierte Teusch dem Kardinal. In einer bundesweiten Aktion hatte der BDKJ mit der ›Aktion gegen Hunger in der Welt‹ für Indien gesammelt und dieses Geld Weihnachten 1958 an 70 indische Diözesen verteilen können[249]. Die Jugendverbände spielten in der Bewusstwerdung von Hunger in der Welt für den deutschen Katholizismus ohnehin vor allem durch ihre internationalen Kontakte nach dem Zweiten Weltkrieg eine maßgebliche Rolle. »Die Jugend-Dachverbände initiieren oder setzen wichtige Meilensteine entwicklungsbezogener Arbeit in beiden Kirchen: die Gründung der Hilfswerke Misereor und Brot für die Welt und die Gründung der beiden kirchlichen Institutionen für die personelle Entwicklungsarbeit«[250]. In dieser »Vorlaufphase«[251] in der zweiten Hälfte der 1950er Jahre waren sie es, die in ihren Verbänden entwicklungsbezogen zu arbeiten begannen, materielle und personelle Hilfe organisierten und Elends- und Armutslagen der »Dritten Welt« bekanntzumachen suchten[252]. Sie appellierten durch die Beschreibung des Elends an die eigene Verantwortung, weckten aber auch die Abenteuerlust, um Entwicklungshelfer zu werben[253].

Frings bat daraufhin, durch diese verschiedenen Initiativen gestärkt und herausgefordert, das Zentralkomitee um einen Bericht über die Situation in den sogenannten »Entwicklungsländern«, der im Juli 1958 vorgelegt wurde und in den einschlägigen

---

246   JOSEPH TEUSCH (1902–1976). Studium der Theologie 1921–1925 in Bonn, 1927 Priesterweihe, von 1927 bis 1929 Kaplan in Köln, anschließend bis 1932 Promotionsstudium in Rom. 1934 Domvikar und Leiter der ›Abwehrstelle gegen die nationalsozialistische antichristliche Propaganda‹. 1944–1952 Direktor des Collegium Leoninum in Bonn, ab 1952 Generalvikar im Erzbistum Köln. Während des Zweiten Vatikanums Konzilsberater von Kardinal Frings. Vgl. N. TRIPPEN, Joseph Teusch, S. 223 f.

247   Vgl. Elisabeth Sauerborn, Düsseldorf an Kardinal Frings, 26.11.1958, in: HAEK, Gen. II, 23.3a, bis 31.12.1959, Halb-Bd. 2.

248   Anlage zum Schreiben Generalvikars Teusch an Kardinal Frings, 4, 16.7.1958, in: HAEK, Gen. II, 23.3a, bis 31.12.1959, Halb-Bd. 1.

249   INFORMATIONSDIENST 1959, S. 29.

250   Vgl. A. SCHEUNPFLUG, Bilanz von fünfzig Jahren, S. 10.

251   EBD.

252   Vgl. EBD., S. 10 f.

253   Der These Scheunpflugs, die 1958 durchgeführte Fastenaktion der Jugend unter dem Motto »Wir fasten für die hungernden Völker der Welt« hätte zur Forderung der BDKJ-Bundesführung im ZdK geführt, den Bischöfen eine Fastenaktion für 1959 vorzuschlagen, sodass die Gründung Misereors auf die Aktivitäten von Jugendlichen im BDKJ zurückzuführen sei, ist jedoch nicht zuzustimmen. Vgl. A. SCHEUNPFLUG, Entwicklungsbezogene Bildung.

Archiven und privaten Sammlungen nicht mehr erhalten ist[254]. Die Vorarbeiten beachtend und entsprechend seinem eigenen Wunsch, beauftragte der Kardinal seinen Generalvikar mit der Erarbeitung einer Vorlage.

> Bei der letzten Turnusbesprechung vor meinen Ferien erzählten mir Ew. Eminenz, dass am 17.d.M. unter der Leitung Ew. Eminenz die Hauptkommission zusammentrete, um über die Frage ›gegen Hunger und Aussatz‹ für die nächste Fuldaer Konferenz vorbereitende Besprechungen zu führen. Gleichzeitig fragten mich Ew. Eminenz, ob ich konkrete Vorschläge zu machen imstande sei. Ich erlaube mir, solche in der Anlage vorzulegen. In meinen Ferien hatte ich Musse genug, den Fragekomplex noch einmal zu durchdenken. Zu dem, was ich heute schreibe, stehen mir keine Vorstücke zur Verfügung. Wenn aber Ew. Eminenz Ausführungen ähnlicher Art für die nächste Fuldaer Konferenz wünschen, werde ich gleich nach dem 4. August die Beilage entsprechend überarbeiten und Vorstücke und Unterlagen mit heranziehen.[255]

Als Grundlage dienten Teusch drei wesentliche Quellen. Zunächst konnte er seine Kontakte als Generalvikar in andere Diözesen der Welt nutzen. »Ein Bischof aus Kerala in Südindien versichert glaubhaft, dass die Fabrikarbeiter in seinem Bistum etwa 100,- DM Jahreseinkommen hätten«[256]. Direktor Jakob Holl[257], 1955 von Kardinal Frings zum Direktor der katholischen Fernsehstelle in Nordrhein-Westfalen ernannt, hatte 1957 einen Reisebericht über die Arbeit von Mutter Teresa in Kalkutta verfasst, den Teusch gelesen hatte. »Die Sach- und Bildberichte des Herrn Direktor Holl liegen vor, aus denen sich ergibt, wie in indischen Grossstädten Menschen auf der Strasse sterben, weil sie keine Wohnung haben und weil es für sie keine Sterbehäuser, geschweige Krankenhäuser gibt«[258]. Holl war es auch, der die Aktion »Reis für Kalkutta« zusammen mit der »Kölner Kirchenzeitung« organisierte und dabei 500.000 DM sammeln konnte[259].

> An den Anfängen von ›Misereor‹ steht auch eine Frau, die das wahrscheinlich noch gar nicht weiß: Mutter Teresa von Kalkutta. Der damalige Kölner Fernsehbeauftragte [...] Jakob Holl hatte einige Jahre auf die Ferien verzichtet und dann eine längere Weltreise unternommen. Diese führte ihn auch nach Kalkutta. Er brachte eine Unmenge von Fotographien mit und beschwor mich, diese einmal bei ihm anzuschauen. [...] Da sah ich auch den Tempel, den die Stadt Kalkutta der Mutter Teresa mietfrei zur Verfügung gestellt hatte, in den hinein sie die Sterbenden von der Straße schleppte. Sie könnte ihnen

254 Darauf weist auch N. TRIPPEN, Josef Kardinal Frings. Sein Wirken für die Weltkirche, S. 112 hin.
255 Generalvikar Teusch an Kardinal Frings, 16.7.1958, in: HAEK, Gen. II, 23.3a, bis 31.12.1959, Halb-Bd. 1.
256 EBD.
257 JAKOB HOLL (1895–1966). 1931 Priesterweihe, danach pastoraler Dienst. 1955 Ernennung zum Fernsehdirektor für die Bistümer in Nordrhein-Westfalen. Vgl. N. TRIPPEN, Josef Kardinal Frings. Sein Wirken für die Weltkirche, S. 106–113.
258 Generalvikar Teusch an Kardinal Frings, 16.7.1958, in: HAEK, Gen. II, 23.3a, bis 31.12.1959, Halb-Bd. 1.
259 Vgl. EBD.

nicht helfen. [...] Sie wollte aber, dass die Sterbenden wenigstens unter einem Dach starben und unter einem freundlichen Lächeln.[260]

Als Fernsehdirektor flankierte Holl in der Folge die Etablierung des Problemfeldes, indem er mehrere Filmberichte über den »Hunger in der Welt« verantwortete[261]. Eine dritte Quelle schließlich waren die Erfahrungen des Kölner Erzbistums mit Tokyo. »Der Kölner Generalvikar hatte seit 1954 bei der Partnerschaft Köln-Tokyo die Erfahrung gemacht, wie leicht die Gläubigen zu größeren Spenden für eindrucksvoll vorgestellte Anliegen der Mission und der Not in fernen Ländern zu gewinnen waren«[262].

Diese Initiativen bündelte der Kölner Generalvikar Josef Teusch schließlich in den Entwurf der Rede, die auf der Vollversammlung die Zustimmung der Bischöfe fand.

> Die Konferenz nimmt diesen Vorschlag entgegen und beschließt nach eingehender Beratung, in der Fastenzeit des Jahres 1959 eine von den Bischöfen getragene Aktion gegen Hunger und Aussatz in der Welt unter dem Motto ›misereor super turbam‹ (abgekürzt: Misereor) durchzuführen. Sie werden vor der Fastenzeit alle Gläubigen aufrufen, nicht nur vom Überfluß mitzuteilen, sondern sich auch selbst Abbruch aufzuerlegen, um der Not in der Welt, die eine Not Christi ist, nach Kräften abzuhelfen.
> Die katholischen Vereine sollen durch das Zentralkomitee der deutschen Katholiken aufgefordert werden, bei diesem Werk mitzuwirken und seine Idee ins Volk zu tragen.
> Bei der Verteilung der einkommenden Gaben sollen besonders das PWG und der Caritasverband gehört werden. Die Gaben, die in den Kirchen gegen Ende der Fastenzeit bei einem Opfergang gesammelt werden sollen, werden zunächst der Bistumskasse überwiesen und einer Zentralkasse gemeldet werden. Über ihre Verwendung wird eine Bischofskonferenz im Mai 1959 entscheiden.[263]

Zur Durchführung der Aktion wurde eine bischöfliche Kommission der Bischöfe von Köln, Freiburg, Aachen, Eichstätt und Essen gebildet, der Generalsekretär des in Aachen ansässigen Päpstlichen Werkes für die Glaubensverbreitung, Monsignore Gottfried Dossing[264], sollte als Sekretär dieser Kommission arbeiten.

---

260   J. Teusch, Zuerst: Eine Äußerung des Glaubens, S. 197 f.

261   Vgl. dazu Vorentwürfe von Filmberichten über »Hunger in der Welt« von Direktor Jakob Holl, Beauftragter für das Fernsehen im Bereich der Diözesen Köln, Aachen, Münster und Paderborn, Katholische Rundfunkarbeit in Deutschland, Juli 1959, in: HAEK, Gen. II, 23.3a, bis 31.12.1959, Halb-Bd. 2.

262   N. Trippen, Josef Kardinal Frings. Sein Wirken für die Weltkirche, S. 110.

263   Protokoll der Plenarkonferenz der Bischöfe der Diözesen Deutschlands in Fulda vom 19. bis 21. August 1958, in: HAEK, CR II 2.19, 20/17 Rückseite und 20/18 Vorderseite.

264   Gottfried Dossing (1906–1997). Studium der Theologie und Philosophie in Aachen. 1934 Priesterweihe. 1939–1959 in der Leitung des Päpstlichen Werkes für die Glaubensverbreitung (PWG), zuletzt als Generalsekretär. 1958 Leiter der ›Aktion Misereor‹. 1959–1976 Hauptgeschäftsführer des Bischöflichen Hilfswerkes Misereor. Gruppenführer im Bund Neudeutschland. Vgl. L. Bertsch, Art. Gottfried Dossing, Sp. 62 f.

c) Ein »ungeheures Echo«

Die Fastenaktion 1959 war dann auch ein voller Erfolg, insbesondere ein Werbeerfolg. Drei große Maßnahmen wurden unternommen, die jeweils unterschiedliche Zielgruppen ansprechen und Wirkungen erzielen sollten. Emotional sollte insbesondere das Bildheft von Alfons Erb mit dem Titel »Weltelend vor christlichem Gewissen« wirken. Der Präsident des Deutschen Caritasverbandes empfahl Teusch im Januar 1959 dieses Bildheft und bat ihn um Bewerbung im diözesanen Amtsblatt. »Dieses Heft enthält nicht nur eine umfassende, mit genauen Zahlen und einem erschütternden Bildteil belegte Darstellung der Situation, sondern zeigt auch, was sie für uns vom sittlich-religiösen Standpunkt aus bedeutet«[265]. So sei es ein »Appell an das Gewissen unserer Gläubigen und kann damit den Anliegen unserer hochwürdigsten Bischöfe ein wirksamer Wegbereiter sein«[266]. Hungernde Kinder mit aufgeblähten Bäuchen, winzige Babys, die nur aus Haut und Knochen zu bestehen scheinen, sollten zur »brüderlichen Solidarität« der Katholiken führen. »Als Glieder der weltumspannenden Kirche sollten sie ja schon von Haus aus weltweite Augen und Herzen haben«[267].

Die hier angesprochene Nächstenliebe als bekanntes Deutungsschema sprachen insbesondere die Missionszeitschriften »Priester und Mission« des Priestermissionsbundes und »Schule und Mission« des Päpstlichen Werkes der Heiligen Kindheit an, deren Nutzung gleichzeitig zeigt, in welchem Kontext, nämlich dem der Mission, die Hungerbewältigung von den Verantwortlichen zu thematisieren und zu bewältigen war.

Das Heft I/1959 enthielt verschiedene Beiträge, »die sich mit dem Problem des Hungers und der Krankheit in der Welt auseinandersetzen und dieses Problem als eine an uns alle gerichtete Gewissensfrage zu bedenken suchen«[268]. Vor allem der Aspekt der Nächstenliebe wurde in diesen »Erwägungen zum Fastenwerk« in den Vordergrund gerückt. »Liebe will sichtbar werden. Sichtbar im lebendigen Opfer, im gelebten Zeugnis der Tat; so wie der Herr Seine Liebe sichtbar bezeugte in Seinem Opfertod am Holze des Kreuzes auf Golgotha«[269]. Ausdruck dieser Liebe sei die Fastenaktion, »ein Zeugnis unserer weltumspannenden, weltweiten, katholischen Liebe«[270]. Die christliche »Sozialtätigkeit« sei nicht zur Abwehr des Kommunismus da, der Grund dafür liege »in dem Erlösungs- und Heilswerk Jesu Christi«. Getreu dem Wort »Liebet einander, wie ich euch geliebt habe« aus dem Johannesevangelium (Joh 13,34) meine die christliche Liebe

---

265 Präsident des DCV, Alois Eckert, an Generalvikar Teusch, 30.1.1959, in: HAEK, Gen. II, 23.3a, bis 31.12.1959, Halb-Bd. 2.

266 EBD.

267 A. ERB, Weltelend vor christlichem Gewissen.

268 G. SCHÜCKLER, Erwägung zum Fastenwerk, S. 11.

269 EBD., S. 11.

270 EBD., S. 17.

den konkreten Bruder selbst, wie Er ihn gesucht und Sich [sic!] für ihn in Seinem Opfertod dahingegeben hat. [...] Christliches Tun und Helfen muß, wenn es entscheidend
christliches Tun und Helfen sein und bleiben soll, ein durch das Kreuz hindurchgegan-
genes, in Seinem Leiden geläutertes, selbstlos dienendes und damit ›heiliges‹ Tun sein.[271]

Drittens unternahm insbesondere der Hirtenbrief der Bischöfe zur Fastenaktion den
Versuch, bekannte Deutungsschemata anzusprechen. Oft habe man sich gefragt, wie
man dem Handeln Jesu Christi folgen könnte, der in die Welt kam, »um die Menschen
von der großen Not, von der Sünde zu befreien. Aber sein Auge sah auch die Not ihres
Leibes, und sein Herz empfand sie mit«[272]. Nun sei der Zeitpunkt gekommen, »in
wirklich großherziger Weise der [...] Not zu begegnen«[273]. Nun könne man Augen und
Herz nicht mehr verschließen.

> Fast 20 Jahre lang war das deutsche Volk von den Vorgängen in der weiten Welt durch die
> Diktatur eines glaubensfeindlichen Regierungssystems, durch einen furchtbaren Krieg
> und dessen Auswirkungen wie abgeschnitten. Seitdem sich uns aber in den letzten Jah-
> ren die Tore und Fenster zur weiten Welt wieder öffnen, seitdem Hunger und Aussatz in
> ihrer furchtbaren Verbreitung uns bekannt werden, kommt unser Gewissen nicht mehr
> zur Ruhe.[274]

Deutlich erkennbar sind hier die Anlehnungen an die Rede Kardinal Frings’ vor der
Bischofskonferenz. Es gebe Hunger in einem Ausmaß, »von dem wir uns keine Vorstellung machen [...], es gibt ganze Länder, in denen diejenigen, die in Arbeit und
Verdienst stehen, einen täglichen Lohn im Werte von etwa 50 Pfennigen mit nach
Hause bringen«[275]. Hier wirkten insbesondere Missionare, die nicht nur den Glauben
verbreiteten, sondern auch Werke der Barmherzigkeit übten. »So entstanden überall
unter dem Zeichen des Kreuzes Krankenhäuser, Waisenhäuser, Findelhäuser, Armen-
apotheken usw«[276]. Viele Pfarrgemeinden unterstützten Missionare, die oft aus sehr
altruistischen Gründen aus ihren Pfarreien in Missionsländer gingen, um das Evangelium zu verkünden; Erzählungen und Bilder aus den Missionen waren in der katholischen Öffentlichkeit also nicht unbekannt[277]. Die Spendenaktionen der katholischen
Arbeiter, des BDKJ, der ›Pax-Christi‹-Bewegung und anderer Verbände in den 1950er
Jahren zielten häufig auf genau solche Kontakte.

Die Bischöfe machten aber auch die neue Qualität der Fastenaktion deutlich, die
mehr sei als ein Almosen. »Es geht uns um einschneidende Verzichte. Um der Liebe

---

271 Ebd., S. 19.
272 Bischofswort zur Fastenaktion, Gegen Hunger und Krankheit in der Welt, S. 1, in: MAA, Sammlung
      Misereor-Materialien, Fastenaktion 1959.
273 Ebd.
274 Ebd., S. 1 f.
275 Ebd., S. 1.
276 Ebd.
277 Vgl. dazu Kapitel IV.

Christi Willen. Um der übergroßen Not Willen. Um unserer eigenen armen Seelen Willen«[278]. Auf Luxus sei daher zu verzichten; das kleinere Auto zu kaufen. »Wie wollen wir einmal im Gerichte Gottes bestehen, wenn wir große Summen ausgegeben haben zu unserem privaten Genuß, große Summen für eine übertriebene Körperpflege und Kosmetik, [...] wenn wir mit diesem Gelde viele aus der größten Not hätten erretten können«[279]. Mit dieser eschatologischen Drohung riefen die Bischöfe abschließend die Wohlhabenden und Reichen auf, großzügige Opfer zu bringen, aber auch diejenigen,

> die vielleicht selbst über Kapitalisten schimpfen und nicht wahrhaben wollen, daß sie, von der Not anderer Völker her gesehen, selbst ›Kapitalisten‹ sind [...], die große Schar jener Jugendlichen und Erwachsenen, die über ein ordentliches Einkommen verfügen, ohne gleichzeitig weitgehendere Verpflichtungen zu haben.[280]

»Es bleibt im Leben des Christen Raum für die Freude«, die Jesus bei der Hochzeit zu Kana vorgelebt habe, »aber neben dem erlaubten und gottdankbaren Gebrauch der irdischen Güter gibt es die Verpflichtung der christlichen Liebe«[281]. Es gehe daher in der Fastenzeit um eine Bewährung vor Gott und damit auch um eine geistliche Erneuerung.

Angesichts dieser emotionalen, an bekannte christliche Tugenden wie Nächstenliebe und an die gesellschaftlichen Deutungsschemata anknüpfenden Werbestrategien wurde die Aktion zu einem großen Erfolg. »Als wir vor Jahresfrist Euch zum Fastenopfer gegen Hunger und Krankheit in der Welt aufgerufen haben, dachten wir nicht, dass unsere Bitten einen solchen Widerhall in Euren Herzen finden würden«[282]. Über 34 Millionen DM kamen durch die Kollekte am Passionssonntag 1959 zusammen[283], was Kardinal Frings sogleich euphorisch nach Rom berichtete: »Das Echo war ungeheuer, und der Erfolg übertraf alle Erwartungen«[284]. Damit solle vor allem ›Hilfe zur Selbsthilfe‹ geleistet werden. Die besondere politische und historische Bedeutung dieser Spende machte Frings noch einmal deutlich: »Das deutsche Volk hat in seiner Not so viele [sic!] Hilfe von anderen Völkern, nicht zuletzt durch die Vermittlung des Hochseligen Vorgängers Ew. Heiligkeit, erfahren, dass es nunmehr seine Dankesschuld an die sogenannten Entwicklungsländer abstatten sollte«[285]. Schließlich bat der alte

---

278 EBD., S. 2.
279 EBD., S. 3.
280 EBD.
281 EBD.
282 Gemeinsamer Aufruf zur Fastenaktion 1960, in: MAA, Sammlung Misereor-Materialien, Fastenaktion 1960.
283 Vgl. EBD.
284 Kardinal Frings an Johannes XXIII., 9.5.1959, in: HAEK, Gen. II, 23.3a, bis 31.12.1959, Halb-Bd. 2.
285 EBD.

Kardinal »in ehrfürchtiger Gesinnung, dieses junge Unternehmen in väterlichem Wohlwollen gutzuheissen und zu segnen«[286].

Bald nach der erfolgreichen Aktion versuchten verschiedene Akteure, eine dauerhafte Einrichtung zu etablieren.

> Die Grösse der Not in der Welt, wie auch die Grösse, der Umfang und die zeitliche Dauer struktureller Hilfsmassnahmen lassen es dringend angezeigt erscheinen, die Aktion des hochwürdigsten deutschen Episkopats zu einer jährlich wiederkehrenden Einrichtung zu machen und ihre Durchführung frühzeitig und sorgfältig vorzubereiten. Die dafür notwendigen technischen Massnahmen wie aber vor allem die unerlässlich erforderliche Vorklärung, Vorbereitung und Ausführung der vom Hochwürdigsten Episkopat zu entscheidenden, konkreten Hilfsmassnahmen erfordern, wenn auch in einfachstem, rationellem Rahmen, eine ständige Bischöfliche Arbeitsstelle, die das unerlässliche Minimum an technischer Arbeit sicherstellt.[287]

Zunächst bewilligten die Bischöfe die Weiterführung der Aktion für einige Jahre, 1967 dann erfolgte die Fortführung auf unbestimmte Zeit.

d) Bedrohung oder Strategie?

Zusammengefasst ergeben sich aus dem Gesagten drei zentrale Beobachtungen. Zunächst ist die Gründung des Hilfswerkes eine grundlegende Bewältigungsstrategie zur Entschärfung des »sozialen Dynamits«[288] der ins Internationale ausgeweiteten sozialen Frage. Das Bewusstwerden, die Wahrnehmung weltweiter Hungerszenarien führte bei den kirchlichen Verantwortlichen zu einem Handlungsdruck, weil die Hungerkatastrophen und die weltweite Ernährungssituation sowohl sozial als auch theologisch bedrohend wirkten. Sozial stellten sie gesellschaftliche und politische Ordnungssysteme in Frage, insbesondere das der Teilung der Welt in Ost und West. Die drohende kommunistische Einflusserweiterung vor allem durch den Einbezug der ›Dritten Welt‹ in den Konflikt wirkte sich dynamisierend auf Wahrnehmung und Etablierung des Problemfeldes aus[289]. Hinzu kam die historische Erfahrung der Deutschen, nach dem Zusammenbruch internationale Hilfe erfahren zu haben und zugleich kein vollgültiges Mitglied der internationalen Staatengemeinschaft zu sein. Hier eröffnete die »Entwicklungshilfe« auch für die Kirche(n) einen Weg der Wiedergutmachung und der moralischen Restituierung. Theologisch war durch den weltweiten Hunger einerseits die Schöpfungsordnung Gottes bedroht, die doch eigentlich als ›gut‹ betrachtet wurde, und andererseits die biblische Forderung der Nächstenliebe, der eben offensichtlich nicht nachhaltig und ausreichend nachgekommen worden war. Beides

---

286   EBD.
287   Präsident des DCV, Alois Eckert, an Frings, 18.4.1959, in: HAEK, Gen. II, 23.3a, bis 31.12.1959, Halb-Bd. 2.
288   J. LEPPICH, Gott zwischen Götzen und Genossen, S. 62.
289   Vgl. dazu T. GROSSBÖLTING, Der verlorene Himmel, S. 64 f.

zusammen führte zu einem immensen Handlungsdruck, dem sich die Vertreter der Laienverbände ebenso wenig entziehen konnten wie die deutschen Bischöfe.

Zweitens ermöglichte die Gründung des Werkes, nachdem der »religiöse Frühling«[290] nur kurz angehalten hatte, mit der Funktionserweiterung der Kirche eine Stärkung der »kirchenzentrierten Reorganisation«[291]. Ein neues Betätigungsfeld der Kirche ermöglichte für schon verloren geglaubte Zielgruppen neue Zugänge, weil sie sich hier im Rahmen der Kirche in einem politischen Betätigungsfeld einbringen konnten, das jenseits liturgischer Vollzüge oder dem bisherigen Verbandswesen und der Pfarrgemeinde lag[292]. Gleichzeitig lässt die Zentralisierung verschiedener Hilfsmaßnahmen zu einer Aktion in bischöflicher Trägerschaft den Versuch der Bischöfe erkennen, konzeptionell an die katholische Aktion anzuschließen, einer vor allem in Italien erfolgreichen Idee der Christianisierung der Gesellschaft durch eine eng an die kirchliche Hierarchie gebundene Laienelite, hier über das Feld der Hungerbekämpfung[293]. Zwanzig Jahre nach Gründung des Werkes sah der Aachener Bischof Klaus Hemmerle[294] in einer Festschrift im Rückblick in der Gründung Misereors eine Chance zu einer religiösen Erneuerung der katholischen Kirche in Deutschland.

> Wer Misereor sagt, der sagt eine dreifache These. Einmal: Christsein erschöpft sich nicht im Dienst am Glauben der anderen, vielmehr drängt der Glaube selbst zum Dienst am ganzen Menschen, zum Dienst darum auch an den geistigen, gesellschaftlichen und wirtschaftlichen Bedingungen des Menschseins. Zum anderen: Die Kirche eines Landes kann sich nicht in sich selber schließen, sondern sie braucht den Einsatz für und den Austausch mit den anderen, mit allen. Schließlich: An der Weise, wie Christsein gelingt, liegt Entscheidendes für die Zukunft des Menschen in unserer Welt; an der Weise, wie Menschsein gelingt, liegt Entscheidendes für die Zukunft der Kirche in unserer Welt.[295]

Misereor formuliere nicht nur eine Idee von »Entwicklungsarbeit«, sondern auch eine Idee von Kirche. »Der erste Schritt, den Misereor fordert, muß die wirkliche Wendung nach außen sein, das Aufsprengen der Fixierung auf eigene Probleme und der Verliebtheit in die eigenen Errungenschaften«[296]. Gemeinsames Dienen sei das Ziel, das

---

290   EBD., S. 22.
291   W. DAMBERG, Milieu und Konzil, S. 341.
292   Vgl. M. RASCHKE, Fairer Handel, S. 43.
293   Vgl. dazu W. DAMBERG, »Radikal katholische Laien an die Front!«, S. 142–160, besonders 153 f.; D. GERSTER, Friedensdialoge im Kalten Krieg, S. 175; T. GROSSBÖLTING, Der verlorene Himmel, S. 83 f.; K. GROSSE KRACHT, Die katholische Welle der »Stunde Null«, S. 163–186.
294   KLAUS HEMMERLE (1929–1994). Studium der Theologie und Philosophie in Freiburg i. Br., 1952 Priesterweihe, 1957 Promotion, 1967 Habilitation. 1956–1961 Gründungsdirektor der Katholischen Akademie in Freiburg i. Br. 1968–1973 Geistlicher Direktor des ZdK. 1970–1973 Professor für Fundamentaltheologie in Bochum. 1973–1975 Professor für Christliche Religionsphilosophie in Freiburg i. Br. 1975 Bischofsweihe zum Bischof von Aachen. Vgl. E. SAUSER, Art. Klaus Hemmerle, Sp. 1084–1086.
295   K. HEMMERLE, Hoffnung für uns, S. 57.
296   EBD., S. 64.

ein »anthropologisches und zugleich zutiefst christliches und geistliches Postulat für die Erneuerung von Gesellschaft und Kirche«[297] darstelle.

Drittens schließlich folgte die mit Misereor verfolgte Handlungsstrategie einer bekannten Logik. Auch wenn die Lösungsansätze von Beginn an auf das Prinzip der ›Hilfe zur Selbsthilfe‹ zu setzen versuchten, folgten die Maßnahmen einer klassischen, karitativen Armenhilfe und nutzten dazu die Missionsstationen in der Fläche[298]. Finanzielle Hilfe, verteilt durch die Missionare, sollte die ersten Nöte lindern, mit weiterer Hilfe sollte eine Modernisierung der betroffenen Gebiete angestoßen und erreicht werden. Dabei wurde mithilfe der modernen Technik im Rahmen der Modernisierungstheorie eine Wiederholung westlicher Wirtschaftsentwicklung erwartet. Das impliziert, dass Hunger und die Ernährungslage der Welt insgesamt als ein beherrschbares, lösbares Problem interpretiert wurden, wenn nur genügend modernisiert und technisiert würde. Zum Ausdruck kommt in diesen ersten Lösungsansätzen eine deutlich erkennbare eurozentrische Perspektive, die von einem Überlegenheitsgefühl ausgeht, das sich schon semantisch in den Begriffen »Entwicklung« und »Unterentwicklung« äußert, und durchaus auch rassistische Züge trug, wie etwa die Ausführungen Werner Panks zeigten – kurzum: eine europäische Perspektive auf die Welt, die sich durch das Zweite Vatikanische Konzil langsam ändern sollte.

Es waren also sowohl das Gefühl einer wachsenden Bedrohung, die mit routinierten Schemata zu bewältigen gesucht wurde, als auch eine Strategie zur »Verchristlichung der Gesellschaft«[299], die dem Anliegen Frings' Schubkraft und Orientierung boten.

4. Der weitere Horizont: Das Zweite Vatikanische Konzil und die »Welt«

> Hier sitzen also verhältnismäßig neu ernannte Bischöfe zusammen; in dem Block mir gegenüber zähle ich neun Negerbischöfe, in dem Block daneben sind es sieben; auch einige Orientalen sind dabei.[300]

In seinem Bericht vom Konzil in Rom ließ Bischof Hermann Volk[301] aus Mainz im Herbst 1962 die deutschen Katholiken an seinen Erfahrungen teilhaben, die beredtes

---

297 EBD., S. 65.
298 Vgl. dazu: F.-J. STEGMANN / P. LANGHORST, Geschichte der sozialen Ideen, S. 832.
299 A. LIEDHEGENER, Der deutsche Katholizismus, S. 52.
300 H. VOLK, Der Ablauf einer Sitzung des Konzils, S. 132 f.
301 HERMANN VOLK (1903–1988). Studium der Katholischen Theologie. 1927 Priesterweihe. 1938 Promotion. 1943 Habilitation. 1946–1962 Professor für Dogmatik in Münster. 1962 Wahl zum Bischof von Mainz, ebendort Ortsordinarius bis 1982. Konzilsteilnehmer. 1973 Erhebung zum Kardinal. Vgl. K. LEHMANN / P. REIFENBERG (Hrsg.), Zeuge des Wortes Gottes.

Zeugnis der oben skizzierten eurozentrischen Perspektive sind[302]. Diese Perspektive wurde in der Konzilsaula sichtbar durch die Teilnahme aller Völker, durch die Teilnahme der »Negerbischöfe« und der »Orientalen«, wie Volk sie nannte und wie Mario von Galli[303] sie bebildert als ein Ereignis des Konzils ins Bewusstsein brachte[304]. Die Konzilsväter schienen hier erstmals mit ihrer Kirche als einer Weltkirche konfrontiert zu sein, derer sie sich zuvor kaum bewusst gewesen waren. Gisela Muschiol hat allerdings darauf hingewiesen, dass die These vom Zweiten Vatikanischen Konzil als Beginn eines weltkirchlichen Zeitalters historisch zu kurz greift, weil »Welt« als geografische wie kulturelle und konstitutive Größe immer schon zentrale Kategorie und Bezugspunkt der Kirche gewesen sei[305]. Gleichwohl bringen die Äußerungen Volks und die Bilder von Gallis genauso wie die Erinnerungen des Rottenburger Generalvikars Eberhard Mühlbacher[306] einen Perspektivwechsel auf den Punkt, der für die

---

302 Die Forschungsliteratur über das Zweite Vatikanische Konzil ist in den über 50 Jahren seiner Rezeption umfassend und vielfältig. Keineswegs will die vorliegende Arbeit hier eine neue Geschichte des Konzils schreiben, sondern einige Anmerkungen hinsichtlich des Untersuchungsgegenstandes unternehmen. Hinzuweisen ist daher auf drei grundlegende Arbeiten, die zur Orientierung und Einordnung des Konzils dienen können und Grundlage des folgenden Kapitels sind. Otto Hermann Pesch hat mit seinem inzwischen in dritter Auflage erschienenen Band »Das Zweite Vatikanische Konzil. Vorgeschichte – Verlauf – Ergebnisse – Wirkungsgeschichte« eine Einführung in das Konzil vorgelegt, die einer ersten Orientierung dienen kann (O. H. PESCH, Das Zweite Vatikanische Konzil). Das Projekt Peter Hünermanns und Bernd-Jochen Hilberaths einer Gesamtausgabe und Kommentierung der Dokumente des Konzils ermöglicht den systematischen Zugang zu Beschlüssen und Hintergründen der Dokumente (B.-J. HILBERATH / P. HÜNERMANN (Hrsg.), Herders Theologischer Kommentar). Aus historischer Perspektive ist schließlich die fünfbändige »Geschichte des Zweiten Vatikanischen Konzils« von Giuseppe Alberigo zu nennen, die in einzigartiger Weise und langjähriger Arbeit die Begebenheiten von der Ankündigung des Konzils bis zum Abschluss im Dezember 1965 nachzeichnet und einordnet (G. ALBERIGO / K. WITTTADT (Hrsg.) Geschichte des Zweiten Vatikanischen Konzils Bd. 1: Die katholische Kirche auf dem Weg in ein neues Zeitalter; Bd. 2: Das Konzil auf dem Weg zu sich selbst; Bd. 3: Das mündige Konzil; Bd. 4: Die Kirche als Gemeinschaft; Bd. 5: Ein Konzil des Übergangs). Erst jüngst hat Joachim Schmiedl den aktuellsten Forschungsstand zusammengetragen: J. SCHMIEDL, Dieses Ende ist eher ein Anfang, S. 21–27.

303 MARIO VON GALLI (1904–1987). Eintritt in den Jesuitenorden, Studium, 1933 Priesterweihe. 1935 Ausweisung aus dem Deutschen Reich. Bis 1945 Asyl in der Schweiz. 1945–1952 Seelsorger und Redner in Stuttgart, 1952–1972 Redakteur und Chefredakteur der Jesuitenzeitschrift »Orientierung«. 1962–1965 Konzilsberichterstatter mit Millionenpublikum. Vgl. E. SAUSER, Art. Mario von Galli, Sp. 1019–1021.

304 Vgl. M. v. GALLI / B. MOOSBRUGGER, Das Konzil und seine Folgen, S. 96 f.

305 Vgl. G. MUSCHIOL, Das Zweite Vatikanum als Beginn des weltkirchlichen Zeitalters?, S. 28–36.

306 EBERHARD MÜHLBACHER (1927–2016). Ausbildung zum Mechaniker. Studium der Theologie in Tübingen. 1953 Priesterweihe. 1957–1967 Sekretär des Rottenburger Bischofs Carl Joseph Leiprecht, Mitarbeit im Generalsekretariat des Zweiten Vatikanischen Konzils. 1967–1993 Mitglied der Diözesanleitung der Diözese Rottenburg-Stuttgart, unter anderem als Leiter der Hauptabteilung Weltkirche (1967–1998). Vgl. die Darstellung auf der Homepage der Diözese Rottenburg-Stuttgart, URL: http://www.drs.de/profil/glaubenszeugnis/zeitzeugen-im-portraet/praelat-eberhard-muehlbacher.html (Stand: 1.5.2018); URL: http://www.drs.de/service/presse/a-trauer-um-eberhardmuehlbacher-00005976.html (Stand: 1.5.2018).

vorliegende Arbeit von fundamentaler Bedeutung ist[307]. In drei Thesen ist dieser Perspektivwechsel mit dem Fokus auf der Hungerproblematik im Folgenden zu entfalten.

a) Drei Vorläufer und Wegbereiter

Erstens ging dem Perspektivwechsel des Konzils eine Vorlaufphase voraus, für die drei Protagonisten mit ihren jeweiligen Prägungen und Entscheidungen stehen mögen. Zunächst ist Kardinal Frings zu nennen, dessen Engagement in der Bekämpfung internationaler Notlagen nicht zu unterschätzen ist. »Sein Ansehen und seine Resonanz bei den Bischöfen aus der ›Dritten Welt‹ während des II. Vatikanischen Konzils gingen in erheblichem Maße auch auf die rasch spürbare Hilfe von Misereor zurück«[308]. Auch schon zuvor hatte Frings für pragmatische und zügige Hilfsmaßnahmen gesorgt, wo Not offenkundig wurde. Sein Aufruf im »Hungerwinter« in der Silvesterpredigt 1946, in Zeiten des Mangels das nehmen zu dürfen, was ein jeder zum Überleben brauche, der unter dem Stichwort »fringsen« Einzug ins Lexikon fand, führte neben deutlicher Kritik der Besatzungsmacht zu einer ungeheuren Popularität des Kardinals bei seinen Diözesanen[309]. Kurz nach der Gründung der Bundesrepublik hatte er dann ganz im Modus der Dankbarkeit für die geleisteten Hilfen der internationalen Gemeinschaft den Wunsch einer Wiedergutmachung und Missionierung und legte in Rücksprache mit dem Päpstlichen Werk für die Glaubensverbreitung ein Hilfsprogramm für die Diözese Tokyo auf[310].

Neben dem Kölner Kardinal stellt Papst Johannes XXIII. einen weiteren Protagonisten der Vorlaufphase dar[311]. Die Apostolische Konstitution »Humanae Salutis«, mit der Johannes XXIII. das Konzil offiziell einberief, brachte einen spürbaren Handlungsdruck ins Wort.

> Die Kirche wird heute Zeugin einer Krise, die sich in unserer Gesellschaft vollzieht. Während die Menschheit an einem Wendepunkt zu einer neuen Epoche angelangt ist, erwarten die Kirche Aufgaben von einer Schwierigkeit und einem Umfang, wie es sie in den tragischsten Epochen ihrer Geschichte gegeben hat.[312]

Hier zeigt sich eine feine Sensibilität für Transformationsprozesse der Gesellschaft, die den Roncalli-Papst zwar nicht pessimistisch stimmten, wohl aber insofern bedrohlich wirkten, weil ein »risikoreicher zivilisatorischer Neuordnungsprozeß«[313] ohne Christus zu Verwirrung und Krieg führen müsste. Damberg hat darauf hingewiesen, dass

---

307   Vgl. E. Mühlbacher, Immer nur Vikar, S. 98.
308   Dazu und im Folgenden N. Trippen, Josef Kardinal Frings. Sein Wirken für die Weltkirche, S. 104.
309   Vgl. dazu N. Trippen, Josef Kardinal Frings. Sein Wirken für das Erzbistum Köln, S. 152–164.
310   Vgl. dazu N. Trippen, Josef Kardinal Frings. Sein Wirken für die Weltkirche, S. 23–103.
311   Zur Biografie vgl. G. Alberigo, Johannes XXIII. Leben und Wirken.
312   »Humanae salutis«, zit. nach W. Damberg, Konzil und politischer Wandel, S. 254.
313   Ebd.

Roncalli ein »waches Gespür für gesellschaftliche Mutationsprozesse hatte«[314], das durch Begegnungen mit dem alten Pariser Erzbischof Emmanuel Kardinal Suhard[315] neue Impulse erhielt, die dann nach seiner Wahl zum Papst Wirkung zeigten. Suhard hatte, auch das hat Damberg nachzeichnen können, bereits 1947 in einem Hirtenbrief »den Beginn eines Zivilisationsprozesses«[316] erspürt, der Johannes XXIII. bewegte, durch ein bewusst pastorales Konzil diese Wandlungsprozesse aufzunehmen, die Kirche ins Heute zu stellen und sie an den »Zeichen der Zeit«[317] zu orientieren.

Das feine Gespür für die weltweiten Prozesse machten auch zwei vorkonziliare Lehrschreiben deutlich. Zum 70. Jahrestag von »Rerum novarum« legte Johannes XXIII. im Mai 1961 die Enzyklika »Mater et magistra« vor, die die kirchliche Soziallehre nun explizit unter globalen Aspekten behandelte[318]. So sah Johannes XXIII. die Unterschiede zwischen wirtschaftlich fortgeschritteneren und in der Entwicklung begriffenen Ländern als »Problem unserer Zeit« (»Mater et magistra« 157)[319]. »Während die einen im Wohlstand leben, leiden die andern bittere Not.«(157) Die zusammenwachsende Welt, die wechselseitigen Beziehungen zwischen Menschen, die immer enger würden, führten dazu, »daß sie sich gleichsam als Bewohner ein und desselben Hauses vorkommen« (157). Dann aber, so die Enzyklika,

> dürfen die Völker, die mit Reichtum und Überfluß gesättigt sind, die Lage jener anderen Völker nicht vergessen, deren Angehörige mit so großen inneren Schwierigkeiten zu kämpfen haben, daß sie vor Elend und Hunger zugrunde gehen und nicht in angemessener Weise in den Genuß der wesentlichen Menschenrechte kommen (157).

Alle treffe die Verantwortung für die an Unterernährung leidenden Völker (158). Johannes XXIII. beschrieb damit wiederum mit appellativem Charakter die in den 1950er und 1960er Jahren aufkommenden ersten Globalisierungsprozesse und leitete daraus eine Verantwortung der reicheren Nationen ab, diese Interdependenzen zum Abbau der Unterschiede zu nutzen. Die Verantwortung begründete er theologisch: »Die Pflicht, für Arme und Schwache zu sorgen, spricht von Rechts wegen die Katholiken vor allem deshalb an, weil sie Glieder sind am mystischen Leibe Christi« (159), womit gleichzeitig mit der Leib-Christi-Theologie ein ganz spezifisches Kirchenbild

---

314 EBD., S. 255.

315 EMMANUEL KARDINAL SUHARD (1874–1949). 1897 Priesterweihe, 1928 Bischofsweihe, 1935 Erhebung zum Kardinal, 1940 Ernennung zum Erzbischof von Paris. Vgl. J. MADEY, Art. Emmanuel-Célestin Suhard, Sp. 239 f.

316 W. DAMBERG, Konzil und politischer Wandel, S. 254.

317 Vgl. »Humanae salutis«: »Ja Wir möchten Uns die Forderung Christi zu eigen machen, ›die Zeichen der Zeit‹ (Matth. 16, 4) zu unterscheiden, und glauben deshalb, in all der großen Finsternis nicht wenige Anzeichen zu sehen, die eine bessere Zukunft der Kirche und der menschlichen Gesellschaft erhoffen lassen.«(zitiert nach: Herder-Korrespondenz, 5 (1961/62), Februar 1962, 225–228.).

318 Vgl. JOHANNES XXIII., Mater et Magistra.

319 Im Folgenden werden nur die einzelnen Abschnitte entsprechend ihrer Nummerierung angegeben.

zum Ausdruck kam, das auch im Konzilsverlauf eine Rolle spielte und Gegenstand von Auseinandersetzungen war. Sein Versuch der Motivierung zeigte ebenfalls klassische Muster, etwa wenn er, den ersten Johannesbrief zitierend, die Lebenshingabe Jesu als Zeichen der Liebe Gottes einschärfte, der nun die Christen nachkommen müssten. »Auch wir müssen das Leben geben für die Brüder«, denn die Liebe Gottes könne nur in dem bleiben, der offen sei für die Not anderer (159). Der Aspekt der Gerechtigkeit erhält auch in »Mater et magistra« Aufmerksamkeit.

> Wenn offenbar manche Völker Überfluß haben an Nahrungsmitteln, namentlich an Stapelprodukten, während in anderen Ländern breite Volksmassen Hunger und Not leiden, dann fordern Gerechtigkeit und Menschlichkeit, daß die Überschußländer den Mangelgebieten zu Hilfe kommen (161).

Johannes XXIII. erwies sich hier nicht nur als feinsinniger Beobachter der Gesellschaft, sondern auch als bestens informiert über die landwirtschaftliche Produktion, die durch die in den 1950er Jahren noch vorherrschende Unterproduktion an Nahrungsmitteln mit Subventionen zu deutlich höherer Leistung animiert wurde und bereits in den 1960er Jahren eine Überproduktion verursachte, die später dann im Bereich der Europäischen Gemeinschaft zu den Begriffen der »Butterberge« und »Milchseen« führte und heftig kritisiert wurde. Überproduktion führe zwar zu Preisverlusten bei den Landwirten, »daraus folgt aber nicht, daß die begüterten Völker nicht gehalten seien, ärmeren und hungernden Völkern Hilfe zu leisten, wenn sie sich in besonderer Bedrängnis befinden.«(162) Zu dieser eher karitativen Hilfe brauche es jedoch ebenso nachhaltige Maßnahmen wie die fachliche und berufliche Ausbildung, Kapitalhilfen und Investitionen. Anerkannt wird die schon stattfindende Ausbildung junger Menschen, »an den Hochschulen der fortgeschrittenen Länder zu studieren und sich zeitgemäß in Technik und Wissenschaft auszubilden« (165). Dabei seien jedoch »die Irrtümer der Vergangenheit« zu vermeiden, etwa die soziale Ungleichheit oder kolonialistisches Verhalten, und die Eigenarten der Völker seien zu respektieren (166–170). So verstanden handle es sich um ein »uneigennütziges Werk«, das dem Erhalt des Weltfriedens diene (171–172). Aufgabe der Kirche, die »nach göttlichem Recht [...] alle Völker« (178) umfasse, sei es, zum Fortschritt des wirtschaftlichen und gesellschaftlichen Lebens beizutragen:

> Jeder, der sich Christ nennt, muß es als seinen Auftrag und als seine Sendung ansehen, sich mit aller Kraft für die Vervollkommnung der Gesellschaft einzusetzen und bis zum äußersten sich zu bemühen, daß die Menschenwürde in keiner Weise angetastet wird, vielmehr alle Schranken niedergelegt und alle Hilfen beigestellt werden, die ein Leben nach der Tugend anziehend machen und befördern (179).

Auch wenn Johannes XXIII. das Thema Gerechtigkeit ansprach, auch wenn er Ausbildung und Infrastrukturhilfen an die »Entwicklungsländer« forderte, seine

Lösungsstrategie der wahrgenommenen Notlagen war eine deutlich karitative – besonders sichtbar am Beispiel der Nahrungsmittelhilfen durch Überproduktion; eine grundlegende Veränderung der Umstände, die zu diesen Notlagen führten, war noch nicht im Blick. Auch zwei Jahre später hatte sich das in der Enzyklika »Pacem in terris« mitten in einer Hochphase des Kalten Krieges nicht verändert. Die besondere Bedeutung dieser Enzyklika lag darin, dass sie erstmals nicht nur die Christgläubigen ansprach, sondern »alle Menschen guten Willens« (1), womit der Papst den erweiterten Anspruch seines Lehrschreibens deutlich machte und nach der richtigen Ordnung des Zusammenlebens fragte. »Die rechte Ordnung unter den Staaten«, so zitierte er die Pfingstbotschaft seines Vorgängers Pius XII. von 1941, »muß aufgebaut sein auf der unverrückbaren Grundlage jenes Sittengesetzes, das vom Schöpfer selbst durch die Ordnung der Natur erlassen und unaustilgbar in die Herzen der Menschen geschrieben ist« (48). In dieser moralischen Ordnung sei kein Platz für die Verletzung der Freiheit (66). Was Pius im Hinblick auf die nationalsozialistische Diktatur und die Ermordung der Juden Europas 1941 in Erinnerung zu rufen gesucht hatte, wendete Johannes XXIII. nun auf die weltweiten Beziehungen zwischen Staaten an. Kein Mensch könne einem anderen überlegen sein, »da alle mit der gleichen Würde der Natur ausgezeichnet« seien (50).

Eine dritte, wegbereitende Persönlichkeit, die nun in das Konzil hineinführt, ist der junge Weihbischof von Rio de Janeiro, Dom Hélder Câmara[320]. Câmara, so beschreibt Otto Hermann Pesch die Ereignisse, »nahm in Rom jede Gelegenheit wahr, mit Besuchern über die damals schon dramatischen, im öffentlichen kirchlichen Bewußtsein sich aber erst zögernd abzeichnenden Probleme der Dritten Welt zu sprechen«[321]. Häufig überliefert sind seine Sätze über die Diskussionen während der Konzilssitzungen.

---

320 HÉLDER PESSOA CÂMARA (1909–1999). 1931 Priesterweihe. Aufbau der Katholischen Aktion in Brasilien. 1936 Versetzung nach Rio de Janeiro, Mitarbeit im Erziehungsministerium. 1952 Bischofsweihe, Weihbischof von Rio de Janeiro. 1952–1964 Aufbau der Brasilianischen Bischofskonferenz und Generalsekretär. 1955 Generalsekretär des Eucharistischen Weltkongresses, Gründung des CELAM. Zahlreiche Kontakte in die Elendsviertel Brasiliens und Aufbau von Sicherungssystemen. 1962–1965 Konzilsteilnehmer, Sprecher der Kirche der »Dritten Welt«. Initiator und Unterzeichner des Katakombenpaktes. 1964 Ernennung zum Erzbischof von Olinda und Recife. Vertreter der Befreiungstheologie. Zahlreiche Auslands- und Vortragsreisen. 1974 Volksfriedenspreis. 1985 Emeritierung, sein Nachfolger bekämpfte die theologischen und sozialen Projekte. Vgl. dazu: Kapitel III.4.b. Vgl. C. CARL, Art. Hélder Pessôa Câmara, S. 67–70. Vgl. zu seiner Rolle während des Zweiten Vatikanischen Konzils: U. EIGENMANN, Politische Praxis des Glaubens, S. 82–87. Eigenmann hebt hervor, dass sich Câmara in der Konzilsaula zurückgehalten habe. »In der Einleitung zu einer Rede vor Journalisten über das Schema 13 sagte er am 28. Oktober 1964, er habe seine Intervention in der Basilika mit derjenigen draußen vertauscht, weil es erstens sehr schwierig sei, über Probleme von morgen in einer Sprache von gestern zu reden und zweitens als Zeichen der Wertschätzung des Beitrages, den Presse, Radio und Fernsehen für das Konzil leisten.« (U. EIGENMANN, Politische Praxis des Glaubens, S. 83.)
321 O. H. PESCH, Das Zweite Vatikanische Konzil, S. 319.

Sollen wir unsere ganze Zeit darauf verwenden, interne Probleme der Kirche zu diskutieren, während zwei Drittel der Menschheit Hungers sterben? Was haben wir angesichts des Problems der Unterentwicklung zu sagen? Wird das Konzil seiner Sorge um die großen Probleme der Menschheit Ausdruck geben?[322]

Damit rückte er die dramatischen Probleme der »Entwicklungsländer« in all ihrer Bedrohlichkeit ins Bewusstsein der Kirche. Im »Domus Mariae«, der Residenz der brasilianischen Bischöfe während des Konzils, formulierte er dieses Problem in deutlicher Sprache. »Ist das größte Problem Lateinamerikas der Priestermangel? Nein! Die Unterentwicklung«[323]. In unermüdlicher Arbeit versuchte er, mit seiner Idee einer Kirche, die sich mit den Armen der Welt solidarisiert, zu überzeugen.

Damit zeichnen sich in dieser »Sattelzeit« mehrere Veränderungen ab, die den europäischen und nordamerikanischen Blick der katholischen Kirche zu weiten suchten und sich dadurch verschiedener Probleme der Welt bewusst zu werden. So sei in dieser Zeit, resümiert Wilhelm Damberg,

die Wahrnehmung eines beschleunigten, aber in der Zielrichtung unbestimmten gesellschaftlichen Wandels, das Gefühl der Bedrohung und eines Handlungsbedarfs hinsichtlich der Steuerung dieses Prozesses zu konstatieren. Parallel wird registriert, daß das eigene Orientierungsmuster (katholischer Glaube, Sozialismus, nationale Identität) nicht mehr in gewohnter Weise rezipiert und deshalb marginalisiert wird. Folglich bedarf es einer sprachlichen Vermittlung mit den gesellschaftlichen Verhältnissen.[324]

Die frühen 1960er Jahre erwiesen sich also als eine Phase der Bedrohung. Das Gefühl immer knapper werdender Zeit erzeugte einen Handlungszwang, eingeübte Strategien und Orientierungsmuster wurden unsicher. Was nun wurde aus dieser Diagnose, die wohl alle drei Protagonisten teilten?

b) Kirche als »Weltkirche«?
»Das II. Vatikanische Konzil ist in einem ersten Ansatz, der sich erst tastend selber zu finden sucht, der erste amtliche Selbstvollzug der Kirche als Weltkirche«[325]. In diesem Selbstvollzug als Weltkirche aber wurde sich die Kirche ihrer Fehler und Einseitigkeiten bewusst, die sie lange geprägt hatten.

Aber wenn man auf das makroskopische und amtliche Tun der Kirche blickt und sich dabei deutlich macht, daß das konkrete reale Tun der Kirche, trotz des damit gegebenen Widerspruchs zu ihrem Wesen, was sein Verhältnis zur Welt außerhalb Europas angeht, doch – sit venia verbo – das Tun einer Exportfirma war, die eine europäische Religion, ohne eigentlich diese Ware verändern zu wollen, in alle Welt exportierte wie ihre sonstige

---

322 C. Moeller, Geschichte der Pastoralkonstitution, Sp. 247.
323 Ebd.
324 W. Damberg, Konzil und politischer Wandel, S. 256 f.
325 K. Rahner, In Sorge um die Kirche, S. 288.

sich überlegen haltende Kultur und Zivilisation, dann erscheint es doch sinnvoll und berechtigt, das II. Vatikanum als das erste großamtliche Ereignis zu betrachten, in dem sich die Kirche als Weltkirche vollzog, auch wenn dieses Ereignis selbstverständlich Vorläufer hatte, wie z. B. die Weihe einheimischer Bischöfe (aber in größerem Maße erst in unserem Jahrhundert), die Rücknahme von Europäismen in der Missionspraxis [...] usw.[326]

Damit wies Karl Rahner[327] schon darauf hin, was Gisela Muschiol später konstatierte, nämlich dass diese These insofern missverständlich sei, als dass Kirche»›in potentia‹ immer Weltkirche war und weil die Aktualisierung dieser Potenz selber noch einmal ein länger dauerndes geschichtliches Werden bedeutet«[328], das nicht abgeschlossen sei. Die Bedeutung des Konzils aber sah Rahner für diesen Zusammenhang in den »Rückwirkungen auf die europäisch-nordamerikanische Kirche«[329], die bereits anfanghaft das Konzil prägten.

Drei Anzeichen sah Rahner auf dem Konzil verwirklicht. »Das II. Vatikanum war wirklich eine erste Versammlung des Weltepiskopats«, erstmals waren nicht nur »Missionsbischöfe europäischen oder nordamerikanischen Ursprungs« [330] auf einem Konzil anwesend, sondern einheimische Bischöfe, wie Bischof Volks Beobachtung deutlich machte. Johannes XXIII. hatte noch vor dem Konzil den ersten Philippiner und den ersten Tansanier ins Kardinalskollegium aufgenommen. Diese Internationalisierung des Kardinalskollegiums, das auf dem Konzil naturgemäß großen Einfluss hatte, war für das Konzil von entscheidender Bedeutung. Die Kurienkardinäle wurden zu einer Minderheit[331]. Ein zweites Anzeichen stellt die lateinische Sprache dar, die Sprache des abendländischen Kulturkreises gewesen und von daher auch liturgische Sprache geworden war. So verstand Rahner den »Sieg der Muttersprache« als »Werden einer Weltkirche, deren Einzelkirchen autark in ihrem jeweiligen Kulturkreis existieren, inkulturiert sind und nicht mehr europäischer Export«[332] waren. In der Vorbereitung des Konzils war auch erwartet worden, dass gegen die lateinische Sprache als offizielle Konzilssprache protestiert werden würde, vor allem von den Bischöfen aus Missionsländern. »Aber Protest und Befürwortung gingen quer durch die Nationalitäten. Kein Wunder, denn die einheimischen Bischöfe aus den Missionsländern hatten damals noch, samt und sonders in Rom studiert, wo [...] die Vorlesungen [...] auf

326 EBD.
327 KARL RAHNER (1904–1984). 1922 Eintritt in den Jesuitenorden. Studium der Philosophie und Theologie, 1932 Priesterweihe. 1936 Promotion, 1937 Habilitation. 1948–1964 Professor in Innsbruck, 1962 zum Konzilsperitus ernannt, Berater der Kardinäle König und Döpfner, 1964 Nachfolger Romano Guardinis in München, ab 1967 Professor für Dogmatik und Dogmengeschichte in Münster, 1971 emeritiert. Vgl. K. LEHMANN, Art. Karl Rahner, S. 224–227.
328 K. RAHNER, In Sorge um die Kirche, S. 288.
329 EBD., S. 289.
330 EBD., S. 290.
331 Vgl. O. H. PESCH, Das Zweite Vatikanische Konzil, S. 54.
332 K. RAHNER, In Sorge um die Kirche, S. 291.

Lateinisch gehalten wurden«[333]. Das dritte Anzeichen führt nun in die Dokumente des Konzils selbst hinein.

> In ›Gaudium et spes‹ wird sich [...] die Kirche als ganze ihrer Verantwortung für die kommende Geschichte der Menschheit ausdrücklich bewußt. Mag darin im Einzelnen noch vieles europäisch konzipiert sein, in diesem Dekret ist doch die Dritte Welt als Teil der Kirche und als Gegenstand ihrer Verantwortung präsent.[334]

Damit aber kamen auch die Probleme dieser Weltregionen in den Blick und tatsächlich rückte sie die Pastoralkonstitution »Gaudium et spes« in den Fokus und machte sie sich zu eigen, wie der paradigmatische erste Satz der Konstitution deutlich machte, wonach »Freude und Hoffnung, Trauer und Angst der Menschen von heute, besonders der Armen und Bedrängten aller Art« (GS 1) Anliegen der Kirche seien[335]. Die Zeitdiagnose Johannes' XXIII. teilend behandelte »Gaudium et spes« die durch beschleunigten Wandel in verschiedener Hinsicht aus den Fugen geratenen politischen, sozialen und ökonomischen Ordnungen und forderte, im Dialog mit der Welt ein Gemeinwohl im weltweiten Kontext nach göttlicher Ordnung anzustreben (GS 2 f.). Die Menschheit stehe »in einer neuen Epoche ihrer Geschichte, in der tiefgreifende und rasche Veränderungen Schritt für Schritt auf die ganze Welt übergreifen« (GS 4). Die Welt spüre ihr Zusammenwachsen und die wechselseitigen Abhängigkeiten. »Noch niemals verfügte die Menschheit über so viel Reichtum, Möglichkeiten und wirtschaftliche Macht, und doch leidet noch ein ungeheurer Teil der Bewohner unserer Erde Hunger und Not« (GS 4). Die gesellschaftlichen, psychologischen, sittlichen und religiösen Wandlungen machten es notwendig, »eine politische, soziale und wirtschaftliche Ordnung zu schaffen, die immer besser im Dienst des Menschen steht und die dem Einzelnen wie den Gruppen dazu hilft, die ihnen eigene Würde zu behaupten und zu entfalten« (GS 9). Damit gehe einher, dass die »aufsteigenden Völker« ihren Anteil an den Gütern der Erde, politisch und wirtschaftlich verlangten und die »vom Hunger heimgesuchten Völker [...] Rechenschaft von den reicheren Völkern« (GS 9) forderten. Diese Forderung unterstützen die Konzilsväter.

> Angesichts der großen Zahl derer, die in der Welt Hunger leiden, legt das Heilige Konzil sowohl den Einzelnen als auch den öffentlichen Gewalten dringend ans Herz, sie möchten doch eingedenk des Väterwortes: ›Speise den vor Hunger Sterbenden, denn nicht speisen heißt ihn töten‹, jeder nach dem Maße dessen, was ihm möglich ist, Ernst damit zu machen, ihre Güter mitzuteilen und hinzugeben und dabei namentlich jene Hilfe zu gewähren, durch die sie, seien es Einzelne, seien es ganze Völker, sich selber helfen und entwickeln können. (GS 69)

333 O. H. Pesch, Das Zweite Vatikanische Konzil, S. 82.
334 K. Rahner, In Sorge um die Kirche, S. 291 f.
335 »Gaudium et spes«, in K. Rahner / H. Vorgrimler (Hrsg.), Kleines Konzilskompendium, S. 449–552.

Institutionell trug das Konzil zur Bewältigung der »zahllosen Drangsale, unter denen der größere Teil der Menschheit auch heute noch leidet« bei, indem es die Einrichtung eines Organs der Gesamtkirche vorschlug, »um die Gerechtigkeit und die Liebe Christi den Armen in aller Welt zuteil werden zu lassen« (GS 90). Selbsthilfe und Entwicklung sollten nach dem Verständnis der Konzilsväter durch christliches Teilen und Hingabe erreicht werden.

Karl Rahner sah in dem neuen Bewusstsein der Weltkirche jedoch mehr als eine Erweiterung des kirchlichen Blickwinkels. »Das Werden der Weltkirche als solcher [bedeute] nicht bloß einen quantitativen Zuwachs der bisherigen Kirche«, so Rahner, sondern eine »theologische, noch gar nicht deutlich reflektierte Zäsur in der Kirchengeschichte«[336], die nur mit dem Übergang des Christentums vom Juden-Christentum zum Heiden-Christentum in paulinischer Zeit zu vergleichen sei. Diese These haben im Nachgang zahlreiche Kommentatoren des Konzils gestützt. Johann Baptist Metz spricht von der »dritten Epoche der Kirchengeschichte«, in der sich die Kirche als eine polyzentrische Größe darstellt[337]. »Sie ist auf dem Weg von einer kulturell mehr oder weniger einheitlichen, also kulturell monozentrischen Kirche Europas und Nordamerikas zu einer kulturell vielfach verwurzelten und in diesem Sinn kulturell polyzentrischen Weltkirche«[338]. Das aber ziehe fundamentale Veränderungen nach sich. »Die katholische Kirche ›hat‹ nicht mehr einfach eine Dritte-Welt-Kirche, sondern sie ›ist‹ inzwischen selbst eine Dritte-Welt-Kirche mit einer abendländisch-europäischen Ursprungsgeschichte«[339]. Ähnlich argumentieren Helmut Hoping aus systematischer und Sebastian Tripp aus historischer Perspektive[340].

Stefan Nacke hat in seiner Dissertation, ausgehend von der empirischen Beobachtung eines frühen »Weltgesellschaftsbewusstseins« der katholischen Kirche eindrücklich das Konzil als einen Prozess hin zu einer Kirche der Weltgesellschaft nachgezeichnet[341]. Die Konzilstexte zeigten schon auf der semantischen Ebene durch Formulierungen wie die »zunehmende weltweite Verflechtung« oder die »Menschheitsfamilie« eine Zeit- und Gesellschaftsdiagnose, die »eine direkte Vorwegnahme von Bedeutungsgehalten von heute als Innovationen präsentierter Globalisierungsbegrifflichkeiten«[342] darstellen würden. Damit hätten die Konzilsväter aufgrund ihrer neuen Erfahrung als Weltkirche in ihrer gesellschaftlichen Gegenwartsbeschreibung dezidiert und sehr früh ein »ausgesprochenes Weltgesellschaftsbewusstsein entwickelt«[343]. Auf diesem

---

336 K. RAHNER, In Sorge um die Kirche, S. 301.
337 Vgl. J. B. METZ, Aufbruch, S. 93–165.
338 EBD., S. 100.
339 EBD.
340 Vgl. H. HOPING, Die Kirche im Dialog mit der Welt, S. 83–99; S. TRIPP, Die Weltkirche vor Ort, S. 123–137.
341 Vgl. dazu und im Folgenden S. NACKE, Die Kirche der Weltgesellschaft, besonders S. 44–57.
342 EBD., S. 48.
343 EBD.

Konzil habe sich mithin der Katholizismus globalisiert und »von der ›Kirche als Gegengesellschaft‹ (*societas perfecta* [Hervorhebung im Original]) hin zu einer ›Kirche
der Weltgesellschaft‹«[344] entwickelt. Das spiegle sich sowohl in der Durchführung des
Konzils als einer Interaktionsgemeinschaft als auch in den Texten wider.

Das Konzil vollzog so eine neue Verhältnisbestimmung von Kirche und Welt und
damit auch von Kirche und Politik, wie sich an der Einordnung der sozialen Frage
zeigte.

> Das Innovative des Konzils ist […], dass Wirtschaft als Weltwirtschaft wahrgenommen
> wird. Dies geschieht in einer besonderen Form, nämlich indem die Soziale Frage nun
> global gestellt und entsprechend Weltgesellschaftsanalyse in globalem Maßstab mit nor-
> mativer Absicht betrieben wird.[345]

Bei der Beantwortung der Sozialen Frage[346] agierte »Gaudium et spes« analog zur bisherigen Soziallehre, die »ihre Sozialreform auch mit karitativer Arbeit
begann«[347]. »Entwicklungshilfe« wurde empfohlen und damit, wie Nacke betont, im
Grunde »nur ein alter Grundsatz der päpstlichen Soziallehre auf neu gesehene Situationen übertragen«[348], womit sich eine Parallele zu den christlichen Sozialreformen im
19. Jahrhundert zeigt. Für die Bewertung des Konzils ergibt sich damit, dass durch die
neue Wahrnehmung und den »Selbstvollzug« als Weltkirche dieselbe auf einer systematischen Ebene ihr Verhältnis zur Welt neu konfigurierte und dies auf einer sozial-
karitativen Ebene entsprechend ihrer bisherigen Praktiken zu bewältigen versuchte.
»Kurz und gut«, so fasst Karl Rahner zusammen,

> mindestens anfanghaft hat die Kirche in diesem Konzil lehrmäßig als Weltkirche zu han-
> deln begonnen. Es macht sich, wenn man so sagen darf, unter dem noch weithin be-
> stehenden Phänotyp einer europäischen und nordamerikanischen Kirche der Genotyp
> einer Weltkirche als solcher bemerkbar.[349]

c) Folgewirkungen von ›Weltkirche‹ auf dem Konzil

Die grundsätzliche Neuausrichtung der Kirche in der und für die Welt zeitigte verschiedenste Bewegungen, deren Inhalte und tragenden Akteure nach und nach auch
im deutschen Katholizismus zu wirken begannen. Zwei zentrale Bewegungen sollen
hier kurz aufgezeigt werden, eine theologische und eine soziale.

Die indische Hungerkatastrophe Mitte der 1960er Jahre brachte zunächst »Der
Spiegel« unter dem Titel »Skelette vom Land« im Januar 1966 mit einer kurzen Notiz

---

344 EBD., S. 42.
345 EBD., S. 312.
346 Zum Begriff der »Sozialen Frage« vgl. M. MÖHRING-HESSE, Art. Soziale Frage, Sp. 756–758.
347 S. NACKE, Die Kirche der Weltgesellschaft, S. 315.
348 EBD.
349 K. RAHNER, In Sorge um die Kirche, S. 293.

in die Medien[350]. Damit wurde im deutschen Bewusstsein mit der Hungerkatastrophe
in Indien Mitte der 1960er Jahre erstmals nach dem Zweiten Weltkrieg eine weit ent-
fernte Hungerkatastrophe etabliert und zu bewältigen versucht. Das aber führte, wie
insbesondere die Etablierungsversuche der Hilfswerke zeigten, zu einem tieferen Bewusstsein der sich als Weltkirche bezeichnenden Kirche. »Amerikas Präsident Lyndon
Johnson trieb zur Eile: ›Bringt den Weizen so schnell wie möglich in die Bäuche der
Inder.‹«[351] 15 Millionen Tonnen amerikanischer Weizen sollten Indien vor der »größten Hungersnot des Jahrhunderts«[352] bewahren. Auch Ursache und Schuldige wurden
in eindeutig rassistischer Bewertung schnell ausfindig gemacht. Die indische Regierung und das gesamte Volk hätten diese Krise zwar kommen sehen, die Inder aber
würden sich nicht so viele Gedanken um die Zukunft machen wie die Menschen im
Westen. Dabei hätte sich die Lage schon im vorhergehenden Sommer abgezeichnet.
»Der Monsun brachte wenig Regen, weite Gebiete verdorrten«[353]. Lediglich das indische Ernährungsministerium aber warnte vor der Gefahr einer der größten Dürren
»seit Menschengedenken«[354]. Premierminister Schastri jedoch bat die Inder nur, wenigstens einmal in der Woche auf eine Mahlzeit zu verzichten und in den Blumen-
gärten Gemüse anzupflanzen[355]. Traditionelle Anbaumethoden und ein ausgeprägter
Nationalismus würden Indien hindern, die Landwirtschaft zu modernisieren. Daher
hinge sie seit Jahren am Tropf ausländischer Importe. »Weil das Rindvieh heilig ist,
schlachten die Inder keinen der 240 Millionen Wiederkäuer«[356] – ein Umstand, der
zwischen Muslimen und Hindus noch zu Konflikten führen sollte. »Staatshaushalt,
Preispolitik, Entwicklungspläne, Demokratieverhalten, alles war von der Hungersnot
betroffen«[357]. Bei Hungerprotesten Ende Februar und Anfang März 1966 wurden in
West-Bengalen nach blutigen Auseinandersetzungen 5.000 Demonstranten festge-
nommen, im November und Dezember bekämpften sich Hindus und Moslems wegen des Schlachtverbots der heiligen Kühe[358]. Trotz der Umstellung auf Lebensmit-
telkarten bereits 1965, des Anbaus von Nahrungsmitteln in den Gemüsegärten, der
Zwangsbewirtschaftung und des Erlasses der Landsteuer in den Hungernotstandsge-
bieten war die Auslandshilfe von zentraler Bedeutung. Deutsche Privatspenden und
Kredite der Bundesregierung für Kunstdünger wurden aufgebracht, im Sommer 1966
finanzierte Brot für die Welt zehntausenden Kindern eine tägliche Speisung, dennoch

---

350 Vgl. N. N., Skelette vom Land, in: DER SPIEGEL Nr. 4, 17.1.1966, S. 64–67.
351 EBD., S. 64.
352 EBD.
353 EBD.
354 EBD.
355 EBD. Dazu druckte »Der Spiegel« auch ein Bild des Innenministers, der mit seiner Frau im eigenen
     Garten Gemüse pflanzt.
356 EBD.
357 J. NUSSBAUMER, Gewalt.Macht.Hunger. Teil I, S. 64.
358 Vgl. auch im Folgenden EBD., S. 64 f.

starben nach unterschiedlichen Angaben bis zu 1,5 Millionen Menschen. Innerhalb der deutschen katholischen Kirche begannen sowohl der Deutsche Caritasverband in Freiburg als auch das bischöfliche Hilfswerk Misereor mit umfangreichen Hilfsmaßnahmen. Am Passionssonntag 1966 konnten innerhalb der Fastenaktion Misereors sechs Millionen DM für die indische Bevölkerung eingeworben werden. Im Pressebericht Misereors wurden auch die Schwierigkeiten beleuchtet.

> Tausende von Tonnen Lebensmittel mußten kurzfristig gekauft und verschifft werden; die Kapazität der indischen Häfen reichte wegen der aus aller Welt eintreffenden Hilfssendungen nicht aus, so daß sich Verzögerungen beim Entladen ergaben; die Lieferung der LKW, die für den Transport der Lebensmittel an ihre Bestimmungsorte notwendig waren, mußte außerhalb der üblichen Lieferfristen erreicht werden.[359]

Die Verschiffung von Lastkraftwagen ergab im Februar 1966 ein besonders eindrückliches Bild. Papst Paul VI. segnete am 27. Februar 1966 72 Lastwagen, die »noch am gleichen Abend die Stadt wieder verlassen [sollten], um mit dem Segen des Heiligen Vaters eine große Reise nach Indien zu unternehmen«[360]. Es genüge nicht, wie es die Amerikaner machten, Schiffe mit Getreide nach Indien zu schicken, »sondern man muß auch das Nötige vorkehren, damit die Ladung möglichst schnell aus den Schiffen an Land gebracht und über die Hungergebiete verteilt wird«[361]. In einem »Gewaltstreich« hätten die drei Automobilhersteller Mercedes, Fiat und Citroen ihre normale Produktion gestoppt, »um sofort und vordringlich die Transportwagen für das hungernde Indien herzustellen«[362]. Die richtigen Personen seien am Werk gewesen, »der Mann mit der weißen Soutane in Sankt Peter, der zweitausend Jahre geschichtliche Erfahrung in seinen Kleiderfalten hat« genauso wie die Arbeiter am Fließband: »Was an diesem 27. Februar auf dem Petersplatz vom Heiligen Vater gesegnet und verdankt wurde, war nicht bloß eine Autokollektion, sondern auch ein Meisterstück an Organisation, wobei die Wagenreihe nicht der wichtigste, sondern nur der auffälligste Anteil an der Leistung ist«[363]. Die Technikbegeisterung und die gleichzeitige Überordnung der westlichen Organisationsfähigkeiten über die mangelnde Planungsfähigkeit der Inder zeigten eindrücklich den Impetus dieser Hilfsmaßnahmen. Pater Ernst Schnydrig[364], der Autor des Textes und in den 1950er Jahren beim Deutschen Cari-

---

359 PRESSEABTEILUNG MISEREORS, Wasser und Weizen für Indien. Die Soforthilfereaktion von Misereor im Jahre 1966, in: MAA, Sammlung Misereor-Materialien Fastenaktion 1967; zu Indien vgl. auch: ADCV, AA 187 I + 360 In, Fasz. 01.

360 E. SCHNYDRIG, Eine Revolution zu verschlafen.

361 EBD.

362 EBD.

363 EBD.

364 ERNST SCHNYDRIG (1912–1978). Studium der Philosophie, Katholischen Theologie und Kunstgeschichte an der Universität Freiburg i. Ue. 1937 Priesterweihe. 1937–1946 Lehrer in St. Gallen. Ab 1946 im Dienst der Caritas Schweiz in der Nachkriegshilfe in Deutschland tätig. Rundfunkpfarrer

tasverband für die Öffentlichkeitsarbeit verantwortlich, stilisiert diesen Tag zu einem
»entscheidenden Durchbruch« zu jener Phase,

> die kommen muß, wo dann die Gesamtheit aller europäischen Völker – nicht bloß eine
> Elite aus ihnen, eine Auswahl, eine mehr oder weniger beträchtliche Anzahl von Einzel-
> gängern, sondern unsere gut situierten Völker als ungeteiltes Ganzes, vom Staatspräsi-
> denten bis zum Rattenfänger – sich für die Weltmisere verantwortlich fühlt. Und zwar
> nicht bloß zeitweise, wenn gerade wieder irgendeine größere Bettelglocke für Übersee-
> hilfe Sturm läutet, sondern ständig, andauernd, mit einer so nachdrücklichen und selbst-
> verständlichen Anteilnahme am großen, verzweifelten Elend geplagter Brudervölker,
> daß die Gedanken davon gar nicht mehr loskommen.[365]

Dieser 27. Februar 1966 habe gezeigt,

> daß die Verpflichtung zu einer weltweiten brüderlichen Hilfeleistung der großen Masse
> des Volkes immer stärker ins Bewußtsein tritt und damit auch eine wachsende Groß-
> herzigkeit auslöst, die zwischen einer Hungerspende und einem Kinderbatzen für den
> Markttag zu unterscheiden weiß.[366]

Auch eine ökumenische Dimension habe diese Aktion gehabt, die Grenzziehungen
zwischen den Konfessionen seien »als falsche Kulissen erkannt und abgebaut« worden und die »getrennten Brüder« zusammengerückt. Gegen Hunger und Krankheit in
der Welt habe man sich verbrüdert. 400.000 Menschen konnten, so Misereor, durch
diese Hilfsmaßnahmen gerettet, »die Fundamente einer besseren Zukunft für sie
gelegt«[367] werden. Bis zur nächsten Hungersnot in den 1980er Jahren sollte die indische Regierung dann ein System der Lagerung und Verteilung der Lebensmittel aufgebaut haben. Innerhalb der katholischen Presse war dies die erste nach dem Zweiten
Weltkrieg bewusst wahrgenommene Hungerkatastrophe und sie wurde, wie die beiden Ausschnitte zeigen, geradezu hochstilisiert und sowohl moralisch als auch ökumenisch aufgeladen.

Theologisch führte die veränderte Wahrnehmung zu einer letztlich die kirchliche
Ordnung bedrohenden Entwicklung. Am 16. November 1965 versammelten sich 40 Bischöfe in den Domitilla-Katakomben in Rom und unterzeichneten feierlich auf dem
Altar eine Selbstverpflichtung, mit der sie eine grundlegende Änderung ihres Lebens-
wandels besiegelten. Die bischöfliche Gruppe, darunter auch Dom Hélder Câmara,
hatte sich während des Konzils den Namen »Kirche der Armen« gegeben und immer

---

beim Wort zum Sonntag. Ab 1952 Leiter des Referats Werbung und Publizistik des Deutschen Caritasverbandes in Freiburg. Vgl. V. CONZEMIUS, Art. Ernst Schnydrig.

365 E. SCHNYDRIG, Eine Revolution zu verschlafen.
366 EBD.
367 PRESSEABTEILUNG MISEREORS, Wasser und Weizen für Indien. Die Soforthilfereaktion von
     Misereor im Jahre 1966, in: MAA, Sammlung Misereor-Materialien Fastenaktion 1967.

wieder versucht, Einfluss auf das Konzilsgeschehen zu nehmen[368]. Insbesondere die christologisch begründete Erklärung des Erzbischofs von Bologna, Giacomo Kardinal Lercaro[369], wonach das Thema des Konzils die Kirche sei, »insofern sie eine Kirche der Armen«[370] sei, machte den Geist deutlich, aus dem heraus die Gruppe, die sich bereits ab der ersten Session im Belgischen Kolleg zum Austausch traf, zu handeln begann. Thomas Fornet-Ponse hat drei wesentliche Impulse herausgearbeitet, die zu dieser Gründung führten. Erstens habe Johannes XXIII. mit seiner Radioansprache vom 11. September 1962 die Gruppe inspiriert, »in der er sagte, die Kirche erweise sich gegenüber den unterentwickelten Ländern als Kirche aller, vornehmlich als die Kirche der Armen«[371]. Zweitens habe der Aufruf aus Nazareth von Paul Gauthier[372] und seiner ›Bruderschaft der Gefährten des Zimmermanns Jesus von Nazareth‹, von Erzbischof Georges Hakim[373] aus Nazareth und dem belgischen Bischof Charles-Marie Himmer[374], die Verbindung zwischen Kirche und Armen zu betrachten, Wirkung gezeigt sowie auch drittens die Schrift Yves Congars OP[375] »Für eine dienende und arme Kirche«[376]. »Wir haben mit einer Gruppe von Freunden«, so schrieb Dom Hélder

---

368   Vgl. zu dieser Gruppe H. Köss, »Kirche der Armen«?, S. 157–264.

369   GIACOMO KARDINAL LERCARO (1891–1976). Studium der Philosophie und Katholischen Theologie. 1914 Priesterweihe. 1921–1927 Professor für Katholische Theologie und Patrologie in Genua. Ab 1927 Religionslehrer in Genua. 1947 Ernennung zum Erzbischof von Ravenna. 1952–1968 Erzbischof von Bologna. 1953 Erhebung zum Kardinal. Konzilsteilnehmer und Moderator. Vgl. A. LIENKAMP, »Thema dieses Konzils ist die Kirche der Armen.«, S. 108–138; G. ALBERIGO, Art. Giacomo Lercaro, Sp. 845.

370   Dazu und zur Gruppe und ihrem Wirken insgesamt: M.-D. CHENU, »Kirche der Armen«, S. 233; G. ALBERIGO, »Die Kirche der Armen«, S. 67–88.

371   T. FORNET-PONSE, Für eine arme Kirche, S. 655.

372   PAUL GAUTHIER (1914–2002). Professor in Dijon, 1954 Entbindung von dieser Tätigkeit, um Arbeiterpriester zu werden. Ab 1956 Aufenthalt in Nazareth auf Einladung des Erzbischofs Georges Hakim, 1958 Gründung der ›Fraternité des Compagnons de Jésus Charpentier‹. Berater des Erzbischofs auf dem Zweiten Vatikanischen Konzil. Mitglied der Gruppe ›Kirche der Armen‹. Inspirator der Befreiungstheologie. Vgl. M. QUISINSKY, Art. Paul Gauthier, S. 115.

373   GEORGES HAKIM (1908–2001), ägyptisch-libanesischer Bischof (Melkiten). Studium am Sainte Anne in Jerusalem, 1930 Priesterweihe. Ab 1943 Bischof von Akko und Galiläa, ab 1964 Erzbischof. 1967–2000 als Maximos V. Patriarch von Antiochia. Führender Vertreter der Gruppe ›Kirche der Armen‹ auf dem Zweiten Vatikanischen Konzil. Vgl. M. QUISINSKY,. Georges Hakim, S. 125.

374   CHARLES-MARIE HIMMER (1902–1994). 1926 Priesterweihe, Doktoratsstudium in Philosophie und Theologie an der Gregoriana, 1929 Professor in Floreffe, 1944 Direktor der Katholischen Aktion in der Provinz Namur. 1948 Bischofsweihe, bis 1977 Bischof von Tournai. Mitglied und führender Vertreter der Gruppe ›Kirche der Armen‹ auf dem Konzil. Vgl. W. d. PRIL, Art. Charles-Marie Himmer, S. 133.

375   YVES CONGAR (1904–1995). Studium der Theologie und Philosophie in Paris und Le Saulchoir. 1925 Eintritt in den Dominikanerorden. 1930 Priesterweihe. 1931–1954 Professor für Fundamentaltheologie und Ekklesiologie in Le Saulchoir. Nach dem Verbot der Arbeiterpriester musste Congar 1954 Le Saulchoir verlassen. 1958–1968 im Straßburger Konvent, Berater der dortigen Bischöfe beim Zweiten Vatikanischen Konzil. Nach dem Konzil Ernennung zum Mitglied der Internationalen Theologenkommission. 1994 Erhebung zum Kardinal. Vgl. M. QUISINSKY, Art. Yves Congar, S. 82 f.

376   Vgl. T. FORNET-PONSE, Für eine arme Kirche, S. 655.

Câmara in einem seiner 297 Konzilsbriefe in die Heimat, »einen ausführlichen Plan ausgearbeitet, um mit diesem – und mit der Gnade Gottes – in den nächsten drei Konzilsjahren die Heilige Kirche auf die verloren gegangenen Wege der Armut zu führen«[377]. Ihre Überlegungen fassten sie in 13 Handlungsanweisungen zusammen, denen sie sich nach der Rückkehr in ihre Heimatdiözesen unterwerfen würden. »Sie versprachen, ein einfaches Leben zu führen und den Machtinsignien zu entsagen, sowie einen Pakt mit den Armen zu schließen«[378]. Das bedeutete ein Ablegen bzw. das Ersetzen der Amtskleidung und ihrer Amtsinsignien durch einfache Materialien, die Überführung von Konten auf den Namen der Diözese oder karitativer Werke und einen den Diözesanen entsprechenden Lebensstil[379]. Auch hier spielte die aus den Fugen geratene Ordnung eine Rolle, denn Ziel dieses Gelübdes war die Schaffung einer neuen »Gesellschaftsordnung [...], die der Würde der Menschen- und Gotteskinder entspricht«[380]. Deutlich wird im Katakombenpakt ein veränderter Habitus, der zugleich für die in der vom Ersten Vatikanischen Konzil her geprägten Generation einer triumphalistischen, heiligen Kirche eine Bedrohung darstellte. Chenu sprach von der »strukturelle[n] Bedeutung dieser Revolution«[381], die in ihren Auswirkungen auch zwölf Jahre nach dem Katakombenpakt für ihn noch nicht abzuschätzen war.

Vermutlich ist dies auch auf unterschiedliche Wahrnehmungen in verschiedenen Generationen zurückzuführen. Wenn sich etwa zeigt, dass mit Julius Angerhausen[382] lediglich ein deutscher, junger Weibischof unterschrieb, liegt es nahe – und das wird sich in den folgenden Kapiteln weiter begründen lassen –, dass die Konzilsväter zwar sensibel die Veränderungen und Neuordnungsprozesse wahr- und aufnahmen, die Bedrohung erkannten, vor dem Hintergrund ihrer eigenen Sozialisation aber nicht in der Lage waren, diese Prozesse in ihrer Konsequenz zu überschauen und umzusetzen. Franziskus Siepmann konstatiert:

Nimmt man allein die Befreiungstheologie als ein Ergebnis des Katakombenpaktes und Hengsbachs[383] in den 1980er Jahren geäußerten äußerst kritischen Vermerk, diese ›führe

---

377 Dom Hélder Câmara, zit. nach N. ARNTZ, »Für eine dienende und arme Kirche«, S. 299 f.
378 EBD., S. 302.
379 Vgl. EBD., S. 303 f.
380 EBD., S. 304.
381 M.-D. CHENU, »Kirche der Armen«, S. 234.
382 JULIUS ANGERHAUSEN (1911–1990). 1935 Priesterweihe, ab 1948 Aufbau der CAJ, ab 1953 geistlicher Leiter. 1958–1964 Leiter des Seelsorgeamtes im Bistum Essen. 1959–1986 Weihbischof in Essen. Ab 1967 Vorsitzender der DBK-Kommission für Weltmission. Konzilsteilnehmer und Mitglied der Gruppe ›Kirche der Armen‹. Vgl. G. TREFFLER, Art. Julius Angerhausen, S. 39.
383 FRANZ HENGSBACH (1910–1991). Studium der Philosophie und Theologie in Paderborn und Freiburg i. Br. 1937 Priesterweihe. 1944 Promotion. 1948–1958 Leiter des Erzbischöflichen Seelsorgeamtes Paderborn. 1953 Bischofsweihe zum Weihbischof von Paderborn, 1957 Ernennung zum Bischof von Essen. 1961–1978 katholischer Militärbischof. 1961 Initiator des Bischöflichen Hilfswerkes Adveniat, 1961–1991 Vorsitzender der bischöflichen Kommission. 1988 Erhebung zum Kardinal. Vgl. E. SAUSER, Art. Franz Hengsbach, Sp. 652–654.

ins Nichts‹, lassen sich zwischen ihm und Angerhausen divergierende Bischofsbilder wahrnehmen.[384]

Mit der Enzyklika »Populorum progressio« sollte jedoch die jüngere Generation mit ihren Forderungen eine deutliche, lehramtliche Unterstützung erhalten.

Was an dieser Stelle zusammengefasst werden kann, sind zwei Befunde. Zunächst hatte das Zweite Vatikanische Konzil die Weltverantwortung der Kirche und der Christen neu und schärfer profiliert als je zuvor[385]. Der Eurozentrismus von Theologie und Mission war deutlich kritisiert worden[386]. Indem Gott als Gott einer globalen Gerechtigkeit bestimmt wurde, darauf wiesen die Sozialenzykliken der 1960er Jahre und »Gaudium et spes« immer wieder hin, ›globalisierte‹ sich die Vorstellung christlicher Sozialverantwortung auch für die Hungerkatastrophen in Weltteilen, die bislang allenfalls entlegene Missionsgebiete waren. So verlangte die neue Bestimmung der Kirche in der Welt eine Pflicht gegenüber den Ärmsten und ein solidarisches Handeln. Zweitens führte die Vielzahl der lehramtlichen Äußerungen zu den Problemlagen der »Dritten Welt« in einem Zeitraum von etwas mehr als einem Jahrzehnt zu einem Dringlichkeitsdiskurs und zu einem immensen Handlungsdruck. Die Promulgationen von »Mater et magistra« 1961 über »Pacem in terris« 1963, »Gaudium et spes« 1965, »Populorum progressio« 1967, dem Dokument »Die Gerechtigkeit in der Welt« der Römischen Bischofssynode 1971, sowie die Diskussionen und Dokumente der lateinamerikanischen Bischofskonferenz von Medellín (1968) und der Würzburger Synode der deutschen Bistümer 1975 zeigen innerhalb von nur 14 Jahren einen beachtlichen Perspektivwechsel, der nicht nur auf der Ebene der Eliten, sondern auch im deutschen Katholizismus Rezeption erfuhr.

5. Ein Fazit in Thesen

Im vorangegangen Kapitel wurden nach eingehender Kontextualisierung des Themenfeldes ›Hunger im deutschen Katholizismus der Nachkriegszeit‹ zwei für die Etablierung des Themas wesentliche Weichenstellungen beschrieben und analysiert: die Gründung des Hilfswerkes Misereor und das Zweite Vatikanische Konzil. Daraus ergeben sich drei Thesen, die im Folgenden zu explizieren sind.

Nach dem Zweiten Weltkrieg begann langsam sowohl im wissenschaftlichen als auch im gesellschaftlichen und damit auch im katholisch-kirchlichen Bereich eine Wahrnehmung von Hungerkatastrophen in verschiedenen Teilen der Welt. Diese

---

384 F. Siepmann, Der verblassende Gründungsmythos, S. 168.
385 Vgl. dazu J. Schmiedl, Dieses Ende ist eher ein Anfang, S. 221–280.
386 Vgl. auch P. Hünermann, Dekret über die Missionstätigkeit der Kirche, S. 223.

Wahrnehmung wirkte vor dem Hintergrund der Erfahrungen des Krieges und der Hungerjahre der Nachkriegszeit. Zu einer Bedrohung der Bundesrepublik entwickelte sich die Problemlage insofern, als dass durch die unzureichenden Versorgungslagen zahlreicher Völker ein Ausgreifen des Kommunismus befürchtet wurde, das es zu verhindern galt. Der beginnende Ost-West-Konflikt führte zu einem immensen Handlungsdruck, dem insbesondere die Kirchen aufgeschlossen gegenüberstanden. Sie wurden zu Vorreitern der Bewältigungsarbeit. Dabei halfen ihnen ihre umfassenden Erfahrungen in der Missionsarbeit und das ausgeprägte Netzwerk der Missionsstationen, die die Hilfe zügig und effektiv verteilen konnten. Gleichzeitig eröffnete das neue Tätigkeitsfeld für die Kirche die Möglichkeit, ihren Versuch der Rechristianisierung der Gesellschaft nach dem Ende des Zweiten Weltkrieges weiter zu etablieren[387]. Denn über das Engagement für notleidende Völker wurden einerseits Zielgruppen angesprochen, die schon verloren geglaubt waren, andererseits wurde versucht, unter dem Deutungsmuster des Fastens nun im globalen Kontext eine Neukonfigurierung der deutschen Wohlstandsgesellschaft zu erreichen. Die Gründung Misereors kann in diesem Sinne als Versuch interpretiert werden, die katholische Aktion im bundesdeutschen Kontext zu etablieren. Mit der entwicklungsbezogenen Arbeit wurde ein identifikationsstarkes Arbeitsfeld geschaffen, das auch nach dem kurzen »religiösen Frühling« enge amtskirchliche Anbindungen ermöglichte. Gleichwohl führte, das deutete sich im letzten Teilkapitel am Beispiel der Person Angerhausens bereits an, die Betätigung in diesem neuen Arbeitsfeld insbesondere bei der jungen Generation zu fundamentalen Auseinandersetzungen mit den amtskirchlichen Vertretern über die politischen Zielsetzungen und die theologischen Ordnungsvorstellungen. So lässt sich die von Damberg bereits konstatierte These, dass die

> Geschichte der Katholiken [...] nach 1945 nicht mehr als Geschichte einer geschlossenen Gesellschaft beschrieben werden [kann], sondern [...] mit anderen Teilkulturen in einem allgemeinen politischen, wirtschaftlichen und kulturellen Zivilisationsprozeß zu verschmelzen [scheint][388]

auch am Beispiel der langsamen Globalisierung der Wahrnehmungen verifizieren.

Für die Bewältigung des wahrgenommenen Hungerproblems waren diese Vorerfahrungen ebenfalls unerlässlich und insofern handlungsleitend, als dass das vorwiegend als Problem der zur Verfügung stehenden Nahrungsmenge verstandene Phänomen des Hungers zumindest anfangs mit bereits erprobten Strategien zu bewältigen gesucht wurde. So stellten vor allem Nahrungsmittelhilfen eine der häufigsten Strategien dar. Zwar sollte Misereor von Beginn an zur Selbsthilfe motivieren und dazu Hilfestellungen leisten. Die Wirklichkeit, etwa am Beispiel der Hungerkatastrophe in Indien

---

387 Vgl. dazu W. Löhr, Rechristianisierungsvorstellungen, S. 25–41, besonders S. 29–31.
388 W. Damberg, Konzil und politischer Wandel, S. 254.

aber zeigt, dass Hungernden analog zu den sozialkaritativen Maßnahmen im nationalen Raum des 19. Jahrhunderts über finanzielle Hilfen karitativ geholfen wurde.

> Als kirchliches Werk sollte ›Misereor‹ keine Änderung gesellschaftlicher Strukturen anstreben und ›nicht die Dinge der weltlichen Ordnung tun, wie z. B. gerechte Bodenverteilung, Schaffung von Arbeitsplätzen durch Industrialisierung. Es wird vielmehr zu den Werken der Barmherzigkeit rufen‹,[389]

wie Frings in seiner Gründungsrede bereits ausführte. Hunger, das setzt dieser Hilfsansatz gewissermaßen voraus, wurde damit definiert als ein Problem, das durch Technisierung, eine nachholende Entwicklung, durch eine ›Grüne Revolution‹ zu lösen sein würde. Damit blieb die Bewältigungsstrategie ganz der frühneuzeitlichen Arbeitsteilung zwischen staatlichem und kirchlichem Bereich verhaftet[390].

Nicht zuletzt die Wahrnehmung weltweiter Notlagen löste eine neue Verhältnisbestimmung der Kirche zur Welt aus, mindestens verschärfte sie den Handlungsdruck[391]. Das Zweite Vatikanische Konzil führte dann auch einen Perspektivwechsel durch, den Margit Eckholt als Versuch bezeichnet, Kirche auch über das »ad extra« zu definieren[392]. Zwar habe die Kirche sich auch zuvor schon über das »ad extra« definiert, diese Erfahrung sei aber verschüttet und nun mit dem Konzil in einer Phase der Neuvergewisserung reaktiviert worden[393]. Das führte dazu, dass sich die Kirche vom Gedanken verabschiedete, »die ganze Welt gewissermaßen in die Kirche hineinintegrieren«[394] zu wollen. Stattdessen maß sie der Welt einen eigenständigen Wert bei und trat mit ihr in einen Dialog[395]. »Dies bedeutete und wurde auch in der Konstitution ›Gaudium et spes‹ so formuliert, daß die Kirche angesichts der Risiken einer zivilisatorischen ›Wachstumskrise‹ zu einer ›brüderlichen Gemeinschaft‹ aller Menschen beitragen wolle«[396]. In der Konsequenz führte das zu einem Ende einer eurozentrischen »Exportkirche« und insbesondere die verschiedenen Missionsgesellschaften in eine schwerwiegende »Identitätskrise«[397]. Mit dem Engagement in der »Entwicklungsarbeit« vollzog sich, wie Sebastian Tripp bemerkt, die anthropologische Wende des Christentums und die Wende zur Welt als stärkere Betonung der Praxis[398]. Damberg

---

389 F.-J. STEGMANN / P. LANGHORST, Geschichte der sozialen Ideen, S. 832.
390 Vgl. dazu C. RIESE, Hunger, Armut, Soziale Frage?; J. M. SCHMIDT, Hungerbedrohung, Sündenstrafe und Magie.
391 Vgl. dazu S. TRIPP, Die Weltkirche vor Ort, S. 123–137.
392 Vgl. G. MUSCHIOL, Das Zweite Vatikanum als Beginn des weltkirchlichen Zeitalters?, S. 28 f.
393 Vgl. EBD., S. 36.
394 W. DAMBERG, Milieu und Konzil, S. 346.
395 Vgl. zum Konzil als Dialogerfahrung einer Bischofsgeneration H. J. POTTMEYER, Dialogstrukturen in der Kirche, S. 133–147.
396 W. DAMBERG, Milieu und Konzil, S. 346.
397 Vgl. S. TRIPP, Die Weltkirche vor Ort, S. 124–127.
398 Vgl. dazu P. EITLER, »Gott ist tot – Gott ist rot«, S. 239–310.

hat darauf hingewiesen, dass damit der endgültige Abschied der katholischen Sonder- und Gegengesellschaft des 19. Jahrhunderts besiegelt war. Die Pluralisierung des Katholizismus wurde ermöglicht, neue Gruppierungen konnten sich bilden, die an die späteren Neuen Sozialen Bewegungen anschlussfähig und politisch-thematisch aufgestellt waren. Das neue theologische Paradigma war der nicht mehr kirchlich-konfessionell, sondern alle Menschen umfassende, »an Menschenwürde und Gerechtigkeit orientierte ›Dienst‹ an der Menschheit«[399], der in der Bewältigung der nun globalen sozialen Frage sehr konkret wurde.

Genau hieran aber entzündete sich ein generationeller Konflikt, dessen erste Andeutungen am Beispiel des Katakombenpaktes und im Verhältnis der Bischöfe Hengsbach und Angerhausen offenkundig wurden. Zwar konnten die handelnden Akteure diese Neuordnungsprozesse ermöglichen und durchaus prägen, gleichwohl blieben sie in ihren Deutungs- und Bewältigungsschemata verhaftet, in denen sie aufgewachsen und im langen 19. Jahrhundert geistlich erzogen worden waren. Die ›alternative Konzilsrezeption‹ der Unterzeichner des Katakombenpaktes, den bisherigen eher triumphalistischen Habitus abzulegen und die Lebenswelt der Armen als theologischen Ort zu begreifen, war nur wenigen Teilnehmern möglich gewesen[400]. So erklären sich auch die karitativ, kolonialistisch und bisweilen rassistisch anmutenden Bewältigungsstrategien, die sich im Weltnotwerk der Katholischen Arbeitnehmerbewegung gewissermaßen verdichteten und als Beispiel für den konstatierten Generationenkonflikt stehen können.

---

399 W. DAMBERG, Milieu und Konzil, S. 347.
400 Vgl. N. METTE, Gaudium et spes, S. 429 f.

II. »Heute ist die soziale Frage weltweit geworden.« Etablierung einer Bedrohung (1967–1972)

Nachdem mit der Gründung Misereors und der Dynamisierung des Themenfeldes im Zweiten Vatikanischen Konzil die Hungerproblematik im bundesdeutschen Katholizismus immer deutlicher wahrgenommen worden war, erreichte das Bewältigungshandeln mit der Enzyklika Pauls VI. »Populorum progressio« 1967 einen ersten Höhepunkt, nicht zuletzt deshalb, weil der Papst dieses Handeln in den größeren Gesamtzusammenhang der sozialen Frage einordnete. Gleichwohl, und davon soll das folgende Kapitel handeln, führte diese neue Interpretation im deutschen Katholizismus vor dem Hintergrund der gesellschaftlichen Transformationsprozesse der späten 1960er Jahre zu unterschiedlichen Ausdifferenzierungen des Versuchs der Bewältigung und darin zu Konflikten zwischen verschiedenen Generationen und politischen Sozialisationen, die sich zuvor abgezeichnet hatten, nun aber ihre volle Wirkung entfalteten. Damit aber stellt dieses Kapitel eine Scharnierstelle der Arbeit dar: In gewisser Weise ›kippte‹ hier der bisherige Fokus, die ferne Bedrohung rückte näher, Handlungsroutinen wurden unsicher, die Zeit verknappte sich. Während die einen auf diesen Zug aufsprangen, blieben andere auf bewährten Gleisen, wie das nun folgende Beispiel des Weltnotwerkes der Katholischen Arbeitnehmerbewegung (KAB) zeigt.

1. Eine Großtat der Liebe: Das Weltnotwerk als karitative Bewältigungsstrategie

a) Gründung eines Notwerkes

»In mehreren Vorständekonferenzen und auch in Gesprächen mit einigen Sekretären«, so der Jugendbildungsreferent der KAB, Willi Franke[1] an den Bundesvorsitzenden Alfons Müller[2], »wurde Kritik laut, die sich in der Frage äußerte, wer ist Weltnotwerk, wer ist Mitglied des e.V., wer ist im Vorstand usw.?«[3] Niemand in der KAB schien mehr eine rechte Idee von dieser Einrichtung zu haben, sie musste zu Beginn der 1970er Jahre geradezu aus der Vergessenheit geholt werden. Als Sammlungsorganisation war das Werk 1960 von einigen Männern der katholischen Arbeiterschaft

---

1 WILLI FRANKE. Jugendbildungssekretär der KAB. Vgl. URL: http://http://www.kab-paderborn.de/mm/mm001/1981_2005.pdf (Stand: 1.5.2018).

2 ALFONS MÜLLER (1931–2003). Handwerkliche Ausbildung, Weiterbildung am Katholisch-Sozialen Institut Bad Honnef. 1955 Eintritt in die CDU. Ab 1960 Verbandssekretär der KAB. 1971–1991 Bundesvorsitzender der KAB. 1964–1984 Vizepräsident des ZdK. 1980–1994 MdB. Vgl. A. MÜLLER, Erlebnisse und Erinnerungen.

3 Willi Franke an Alfons Müller, 17.11.1972, 1, in: AKAB, Weltnotwerk 50.

© VERLAG FERDINAND SCHÖNINGH, 2019 | DOI:10.30965/9783657792474_004

gegründet und später in die Katholische Arbeitnehmerbewegung integriert worden. Mit großem Aufwand betrieben der Diözesansekretär der KAB des Erzbistums Paderborn, Willi Heitkamp[4], und der Generalsekretär des Internationalen Bundes der christlichen Gewerkschaften, August Vanistendael[5], auf Anregung des Paderborner Prälaten Caspar Schulte[6] die Gründung eines Entwicklungswerkes mit dem Ziel, »nach und nach dahin zu gelangen, daß das Elend in der Welt systematisch ausgerottet wird und eine gesunde Existenzgrundlage gewährleistet ist«[7]. Die Gründung und Entwicklung dieses Werkes soll im Folgenden betrachtet werden, weil so geradezu idealtypisch auf einer Mikroebene verdeutlicht werden kann, wie die Hungerproblematik im gesamten Katholizismus etabliert und zunächst bewältigt wurde.

Am 14. Mai 1960 hatte Willi Heitkamp in das Hotel Gude nach Wanne-Eickel zur Gründung eingeladen. Vorausgegangen waren intensive Absprachen mit allen Persönlichkeiten, die sich zu Beginn der 1960er Jahre für »Entwicklungsarbeit« einzusetzen suchten. Der erste Entwurf zu einem ›Weltnotwerk der Arbeiterschaft‹ stammte vom 31. Oktober 1958 aus der KAB in Paderborn, vermutlich von Prälat Caspar Schulte[8]. Die Not der Welt wachse ständig, die Zahl der Menschen steige, die Lebensmittelmenge jedoch nicht. »Nur ca. 20 Prozent der Menschen haben wirklich satt zu essen. Fast die Hälfte aller Kinder erhält keine Milch. Alle zwei Sekunden stirbt ein Mensch Hungers«[9]. Daher sei eine Aktion »Drei Minuten täglich« notwendig. »Aus der Verantwortung für die Völker der Welt verpflichten sich gemäß dem Gebot des Herrn die Mitglieder, freiwillig laufend drei Minuten der tägliche Arbeitszeit für Hilfeleistung an hungernden Völkern [sic!] zu spenden«[10]. Das bedeute etwa ein halbes Prozent des Monatseinkommens. Neben dieser finanziellen Hilfe wolle die Aktion jedoch mehr, sie »will ein WELTNOTWERK [Hervorhebung im Original] sein«, ein »Pflichtopfer der ganzen freien Welt« mit dem Ziel einer verpflichtenden Sozialversicherung aller

---

4   WILLI HEITKAMP (1903–1988). 1917–1930 Bergmann. 1930–1933 Arbeitersekretär der KAB Dortmund. 1933–1964 Diözesansekretär der KAB im Erzbistum Paderborn. Eintritt in die CDU. 1960 Mitbegründer des Weltnotwerkes und erster Vorsitzender. 1961–1962 und 1965–1966 MdL in Nordrhein-Westfalen. Vgl. URL: http://www.landtag.nrw.de/portal/WWW/Webmaster/GB_I/I.1/ Abgeordnete/Ehemalige_Abgeordnete/details.jsp?k=00446 (Stand: 3.10.2015).

5   AUGUST VANISTENDAEL (1917–2003). Nach der Schulausbildung Bankangestellter in der Bank des Christlichen Arbeitnehmerverbandes. Ab 1938 verschiedene Tätigkeiten in der christlichen Arbeitnehmerbewegung, ab 1947 stellvertretender, ab 1952 Generalsekretär des Internationalen Bundes Christlicher Gewerkschaften. Berater Adenauers, Frings und Laienauditor während des Zweiten Vatikanischen Konzils. Ab 1967 Sekretär der CIDSE. Vanistendael war auch als Schriftsteller tätig. Die Angaben wurden aus verschiedenen Primärquellen und online-Recherchen rekonstruiert.

6   CASPAR SCHULTE (1899–1980). Männerseelsorger und Präses der KAB im Erzbistum Paderborn. Vgl. URL: http://www.kab-paderborn.de/mm/mm001/1905_1980.pdf (Stand: 1.5.2018).

7   Protokoll der Gründungsversammlung, 14.5.1960 in Wanne-Eickel, in: AKAB, Weltnotwerk 46.

8   Vgl. Entwurf Weltnotwerk der Arbeiterschaft, 31.10.1958, in: AKAB, Weltnotwerk 46.

9   EBD., 1.

10 EBD.

Menschen[11]. Aus drei Gründen sei dieses Weltnotwerk wichtig. Erstens sei es eine Aktion der Pflicht. Zweitens sei es eine Aktion der Liebe, der »Liebe des HERRN [Hervorhebung im Original]«[12], zu der insbesondere die Christen gerufen seien. Drittens schließlich sei es ein Gebot der Gerechtigkeit, da die Lebensumstände in Deutschland auch »infolge der Hungerlöhne anderer Völker«[13] so gut seien. Die interdependente Welt war den Gründern folglich schon 1958 deutlich bewusst.

Die Arbeiterschaft habe durch ihre »reiche Erfahrung durch einen langen Kampf um die Eingliederung in die Wirtschaftsgesellschaft von heute«[14] eine besondere Aufgabe in dieser Situation. Die Deutschen, von denen »Unheil in die Welt ausgegangen« sei, seien nochmals in besonderer Weise gefordert, »das große heilbringende Wort der Welt«[15] zuzurufen. Deutlich wurde in diesen Begründungen auch die Angst vor dem Anwachsen des Kommunismus.

> Die freie Welt wird nur weiterexistieren, wenn sie durch eine Großtat der Liebe ihre geistige Überlegenheit beweist. Alle Demokratie kann nur bestehen im Opfer aller für alle. Es weckt dieses Opfer echte Gemeinschaftsverantwortung und sichert damit den Sieg über die Zwangsgewalt der totalitären Staaten. Wir leben in einer Stunde der Entscheidung. Wir dürfen nicht mehr lange zuwarten. Eile tut not![16]

Das gezeichnete Bedrohungsszenario war dem der Rede Kardinal Frings' zur Gründung Misereors im September 1958 sehr ähnlich. Die Furcht vor einem Übergreifen des Kommunismus schien denn auch durch die dringliche Warnung, die alle Kennzeichen einer Bedrohungskonstellation beinhaltete, der eigentliche Grund für die Gründung eines Weltnotwerkes zu sein.

In den folgenden beiden Jahren unternahmen Heitkamp und Schulte zusammen mit August Vanistendael zahlreiche Versuche, die entscheidenden Personen für ihr Werk zu gewinnen. So begrüßte Bundespräsident Heinrich Lübke[17] die Aktionen der KAB Paderborn »aufrichtig« und wünschte »von ganzem Herzen Erfolg«[18]. Er fügte

---

11 EBD., 2.
12 EBD.
13 EBD.
14 EBD., S. 1.
15 EBD.
16 EBD., S. 2.
17 HEINRICH LÜBKE (1894–1972). Studium der Landwirtschaft, Geodäsie und Kulturtechnik, später auch Volkswirtschaft, Verwaltungsrecht, Boden- und Siedlungsrecht. 1926 Mitbegründer der Deutschen Bauernschaft. 1931–1933 Mitglied des Reichstags für die Zentrumspartei. Während des Zweiten Weltkrieges Tätigkeit in einem Architekturbüro, das auch Konzentrationslager mitplante. 1946 Eintritt in die CDU, MdL in Nordrhein-Westfalen. 1947–1952 Landesminister für Ernährung, Landwirtschaft und Forsten. 1949–1950 MdB. 1953–1959 MdB, Bundesminister für Ernährung, Landwirtschaft und Forsten. 1959–1969 Bundespräsident. Zentrales Anliegen war die »Entwicklungshilfe« als Bekämpfung des Hungers in der Welt. Vgl. R. MORSEY, Heinrich Lübke.
18 Heinrich Lübke an Willi Heitkamp, 13.10.1959, 2, in: AKAB, Weltnotwerk 46.

hinzu, die Gründung einer Dachorganisation vorzubereiten, die der »Gefahr einer Zersplitterung der Hilfskräfte« entgegenwirken sollte, die aber überkonfessioneller Art und »frei von allen berufsständischen und sonstigen Bindungen«[19] sein müsse; ein Gedanke, der dann in der Stiftung des Bundespräsidenten für die »Entwicklungsländer« mündete[20]. Auch die Prälaten Dossing von Misereor und Mund[21] vom Päpstlichen Werk für die Glaubensverbreitung unterstützten das Anliegen der Gründung, nachdem Kardinal Frings sein Einverständnis auch zur Mitgliedschaft der Prälaten im Werk gegeben hatte[22]. Der Caritasverband musste zunächst überzeugt werden, ihm war insbesondere der Ansatz eines Vereins mit internationalen Mitgliedern – Vertreter aus Frankreich, Belgien und Holland sollten ebenfalls Mitglied werden, um den internationalen Charakter des Werkes zu verdeutlichen – und die Interkonfessionalität ein Dorn im Auge[23].

Auch diese Widerstände wurden schließlich überwunden, zeigen aber die strukturellen und diplomatischen Schwierigkeiten dieser Jahre, als es den großen Hilfswerken nicht zuletzt auch darum ging, finanziellen Verlust durch eine Diversifizierung der Spendenorganisationen zu vermeiden. Eine Schwierigkeit ergab sich durch den Umstand, dass Prälat Schulte eine Weltversicherung im Sinn hatte, die Vorbereitungen nun aber immer weniger in diese Richtung zu gehen schienen. »Während es Ihnen [Willi Heitkamp, der Verf.] wesentlich auf Hilfsaktionen ankommt, will Herr Prälat Schulte [...] mehr eine Propaganda für eine Weltversicherung. Er intendiert also ein rein sozial-politisches Ziel«[24]. Die Gründungsunterlagen und der Satzungszweck zeigen schließlich, dass sich Heitkamp durchsetzte[25].

An der Gründungsversammlung nahmen schließlich 16 Personen teil. Willi Heitkamp, August Vanistendael, Gottfried Dossing und ein Mitglied der niederländischen Katholischen Volkspartei wurden zum Vorstand gewählt. Dem Werk wurde ein Beirat zur Seite gestellt, in dem neben dem Ideengeber Prälat Caspar Schulte auch gewogene Persönlichkeiten der Politik und der Gesellschaft das Werk zu beraten hatten, darunter Dr. Maria Alberta Lücker aus dem Zentralkomitee der deutschen Katholiken[26]. Aus dem Satzungszweck ging eine bemerkenswerte Weitsicht hervor. Erster Zweck des Weltnotwerkes sollte sein, »Sachkenntnisse über die Not in der Welt und besonders in den Entwicklungsländern zu vermitteln, Interesse dafür zu wecken und

---

19 EBD., 2 f.
20 Vgl. R. MORSEY, Heinrich Lübke, S. 369 ff.
21 KLAUS MUND (1902–1979). 1931 Diözesanjugendpräses von Aachen, 1947–1969 Präsident des PWG Aachen. 1948 Ernennung zum Päpstlichen Hausprälaten. 1954–1970 Präsident des Deutschen Katholischen Missionsrates. Vgl. S. HÖLLER, Das Päpstliche Werk der Glaubensverbreitung, S. 169.
22 Vgl. Gottfried Dossing an Willi Heitkamp, 19.3.1960, in: AKAB, Weltnotwerk 46.
23 Vgl. Willi Heitkamp an Albert Stehlin, 5.5.1960, in: AKAB, Weltnotwerk 46.
24 Gottfried Dossing an Willi Heitkamp, 21.4.1960, in: AKAB, Weltnotwerk 46.
25 Vgl. dazu und im Folgenden: Satzung des Weltnotwerkes, 14.5.1960, in: AKAB, Weltnotwerk 46.
26 Vgl. Protokoll der Gründungsversammlung, 15.5.1960, in: AKAB, Weltnotwerk 46.

die Opferbereitschaft zur Behebung dieser Not zu fördern«[27]. Damit hatte die Gründungsversammlung das spätere Ziel der Bewusstseinsbildung bereits zu diesem frühen Zeitpunkt in die Satzung mit aufgenommen. Auch die Präambel wies eine außer-
gewöhnliche Weitsicht auf. Zunächst rekapitulierte sie das »Wissen, dass eine Minderheit über den Großteil des Welteinkommens verfügt und, dass 2/3 der Menschen nicht
das Notwendigste zu einem menschenwürdigen Leben besitzen«[28]. Danach wurden
die zentralen Motive aufgeführt, die zu Hilfeleistungen zwingen würden: eine men-
schenunwürdige Ungerechtigkeit, die Forderungen der Gerechtigkeit und der Liebe
und die Pflicht, anderen Menschen beizustehen[29]. Notwendig sei ein Opfer der schon
industrialisierten Länder zur »Neugestaltung der Welt und Aufrechterhaltung des
Friedens«[30].

In der Außendarstellung des Werkes griffen Heitkamp und Vanistendael diese Motive und Begründungen nochmals auf, gleichzeitig aber stellten sie den Kommunismus
als zentrale Bedrohung vor, dem nur das Christentum eine adäquate Lösung entgegenzusetzen habe. »Der internationale Kommunismus hat sich als Aufgabe gestellt, diese
noch nicht entschiedene Welt [die ›entwicklungsfähigen Länder‹, der Verf.] für sich zu
erobern«[31]. Da die Frage von Entwicklung jedoch auch eine geistig-religiöse Entscheidung sei und Islam, Brahmanismus, Buddhismus und Animismus keine befriedigende
Antwort leisten könnten, mithin die »letzte Bindung an irgendeine weltanschauliche
Tradition [...] bedroht« sei und sich der Materialismus durchsetze, ein Vakuum ent-
stünde, das der Kommunismus nutzen könnte, seien die Christen »die einzige Bevöl-
kerungsgruppe in der Welt«, die aufgrund ihrer Erfahrungen im 19. Jahrhundert beim
»Aufbau eines modernen demokratischen Staates, mit der Ausdehnung der Industrie, mit der Rationalisierung der Landwirtschaft und des Handels, mit der Errichtung
einer sozialen Struktur, im Sinne der Gerechtigkeit«[32] eine Lösung der Entwicklungsprobleme herbeiführen könnten. Es brauche eine »wirkliche Volksbewegung«[33], die
dieses Problem mittragen könnte.

> Wenn es nicht gelingen soll, eine weltweite Volksbewegung zur Behebung der Not in der
> Welt ins Leben zu rufen, wird es wahrscheinlich nie möglich sein, die Mittel und den
> Glauben aufzubringen, die zur Lösung dieses Problems unentbehrlich sind. Nur, wenn
> in den freien Ländern der Welt jeder einzelne sich dieser Verantwortung annimmt, wird
> das Problem der Not entpolitisiert und der Sieg der Freiheit gesichert werden können.[34]

---

27 Satzung des Weltnotwerkes, 14.5.1960, in: AKAB, Weltnotwerk 46.
28 Satzungsentwurf für das Weltnotwerk e. V., Dokument I/4/2, 1, in: AKAB, Weltnotwerk 46.
29 Vgl. EBD.
30 EBD., S. 2.
31 Dokument Nr. 1 des Weltnotwerkes, gez. von Willi Heitkamp und August Vanistendael, 1, in: AKAB,
    Weltnotwerk 46.
32 EBD., S. 1 f.
33 EBD., S. 2.
34 EBD.

Diesem Ziel, an einer Volksbewegung mitzuwirken, habe sich das Weltnotwerk verschrieben, »so daß eine Art Weltnotversicherung aus dieser christlichen Bewegung emporwachsen kann«[35].

In den folgenden Jahren entwickelte sich das Werk als eine von wenigen Personen getragene Institution, die immer wieder zu kämpfen hatte mit ebenfalls entstehenden Entwicklungsbemühungen anderer Institutionen, wie etwa des Deutschen Gewerkschaftsbundes[36]. Bereits 1963 stand die Auflösung des Vereins zur Debatte, wenn nicht die KAB sich zur Übernahme des Vereins entschließen würde[37]. Dazu kam es schließlich im Januar 1964, der ›Verein Weltnotwerk‹ wurde als ›Weltnotwerk. Solidaritätsaktion der katholischen Arbeiterschaft Deutschlands für die Entwicklungsländer‹[38] mit Sitz in Köln in die KAB integriert. Anlässlich der damit verbundenen Satzungsänderung wurde der Ordnungsgedanke in die Satzung eingefügt. »Es wird angestrebt, durch Hilfsmaßnahmen die Völker der Entwicklungsländer in die Lage zu versetzen, aus eigener Kraft eine gesunde soziale Ordnung, die auf die gottgewollte Würde der menschlichen Person und auf die soziale Gerechtigkeit gründet, aufzubauen«[39]. Trotz dieser inhaltlichen Präzisierung und trotz der neuen Struktur stand im Juli 1967 wiederum die Auflösung des Vereins zur Debatte[40]. Die Aktenlage zeigt, dass das Weltnotwerk zwar nicht aufgelöst, aber ruhen gelassen wurde, lediglich Prälat Caspar Schulte hielt brieflich die Idee des Weltnotwerkes immer wieder wach[41]. Der Verein geriet in Vergessenheit, obwohl regelmäßige Überweisungen an soziale Projekte weiterliefen[42].

b) Reaktivierung einer karitativen Idee?

1970 gab es dann wieder Anstrengungen einer Reaktivierung, bis dahin hatten vor allem »private Spenden der KAB-Mitglieder«[43] das Weltnotwerk finanziell am Leben erhalten. Verbandssekretär Alfons Müller schrieb am 6. April 1970 an alle KAB-Vorstände einen Aufruf für eine Straßensammlung.

> Seit Jahren hat die KAB durch zahlreiche Aktionen versucht, einen Beitrag zur Linderung der Not in den Entwicklungsländern zu leisten. So wurden in den letzten 10 Jahren 1.384.770.- DM der Entwicklungshilfe aus dem Bereich der KAB Westdeutschlands an

---

35 Ebd.
36 Vgl. Bericht der Beiratssitzung des Weltnotwerkes, 12.4.1961, in: AKAB, Weltnotwerk 46.
37 Vgl. Willi Heitkamp an Johannes Even, 3.7.1963, in: AKAB, Weltnotwerk 46.
38 Protokoll der außerordentlichen Mitgliederversammlung des Weltnotwerkes e. V., 25.1.1964, in: AKAB, Weltnotwerk 46.
39 Ebd.
40 Vgl. Niederschrift über die Sitzung des Weltnotwerkes, 6.7.1967, in: AKAB, Weltnotwerk 46.
41 Vgl. mehrere Briefe Schultes an die KAB-Zentrale sowie Alfons Müller an Boy Petersen, 12.3.1968, in: AKAB, Weltnotwerk 46.
42 Vgl. AKAB, Weltnotwerk 47. Darunter etwa auch Spenden für hungrige Kinder im Biafra-Konflikt.
43 Werkmappe der KAB, Aktion Weltnotwerk. Hilfe zur Selbsthilfe, Köln 1975, 2, in: AKAB, Weltnotwerk 53.

Geldspenden zur Verfügung gestellt. Trotzdem hungern immer noch Millionen von Menschen und müssen in unsagbarem Elend leben.[44]

Die Sammelaktion zehn Jahre nach Gründung des Weltnotwerkes sollte als klassische Sammlung nach Gottesdiensten und Sportveranstaltungen, vor Kaufhäusern und Haltestellen des Personenverkehrs im Sinne einer karitativen Sammlung stattfinden und Bildungsveranstaltungen sowie Hilfsmaßnahmen in Biafra finanzieren. Zwar konnten über 80.000 DM eingeworben werden, doch die Sammlung geriet in den eigenen Reihen in Kritik[45].

1971 musste daher etwas geschehen, wie Willi Franke, zuständiger Referent aus der KAB-Verbandszentrale in Köln für die Aktion, den Bezirkssekretären für die Aktion 1971 mitteilte: »Wir müssen unseren Mitbürgern die Lage der Menschen in Latein-Amerika, Afrika und Asien bewußt machen«[46]. In großer Zahl wurde Werbematerial gedruckt und versandt, Franke besuchte die Vorstandskonferenzen und schrieb an die Präsides und Sekretäre – und dennoch:

Heute schreiben wir den 25. Juni, es haben mittlerweile 87 Vereine und die drei aufgeführten Bezirksverbände bestellt. Es ist nicht zu erwarten, daß in den nächsten 5 Tagen noch 1000 Bestellungen eingehen, selbst dann wäre erst eine Beteiligung der Vereine in Höhe von 50% erreicht.[47]

Wieder zog die Aktion nicht so, wie von der Zentrale angedacht. Allerdings konnte die KAB durch den Besuch des Erzbischofs von Olinda und Recife, Dom Hélder Câmara, anlässlich des Zusammenschlusses der drei KAB-Verbände Rottenburg, München und Köln am 23. Mai 1971 in Würzburg einen beachtlichen öffentlichkeitswirksamen Erfolg erzielen[48]. Câmara legte in seiner Rede ein besonderes Augenmerk auf die Ordnungsfragen, die zum Frieden führen würden. »Wir wollen klarmachen, worin die Ordnung besteht, die fähig ist, uns aus Unordnung und Chaos zu retten«[49]. Die herrschende Unordnung und das Chaos, hervorgerufen durch Egoismus, fehlenden moralischen Fortschritt und einseitiges Wachstum, brauchten eine neue Ordnung, sodass »alles am rechten Platz ist«[50]. Es bedürfe einer neuen sozialen, wirtschaftlichen und politischen Ordnung. Kapitalismus und Sozialismus müssten einen gemeinsamen Weg finden

44   Alfons Müller an die Vorstände der KAB-Vereine, 6.4.1970, 1, in: AKAB, Weltnotwerk 47.
45   Vgl. Verbandspräses Walter Andermahr an die Vereinspräsides der KAB, 5.5.1970, in: AKAB, Weltnotwerk 47.
46   Willi Franke an die Bezirkssekretäre der KAB, 10.5.1971, in: AKAB, Weltnotwerk 47.
47   Willi Franke an den Verbandsvorstand der KAB Westdeutschlands, 25.6.1971, in: AKAB, Weltnotwerk 47.
48   Vgl. WELTNOTWERK DER KAB (Hrsg.), Deutschland schuldet der Welt ein Beispiel. Vortrag von Dom Hélder Câmara am 23.5.1971, Köln 1971, in: AKAB, Weltnotwerk 50.
49   EBD., S. 3.
50   EBD.

und seien nicht unversöhnliche Feinde. Keiner dieser Ordnungen aber sollte man in der Reinform folgen.

> Wie soll man wählen zwischen einem Kapitalismus, der seinen Überfluß auf Kosten des Elends und der unmenschlichen Lebensbedingungen von mehr als zwei Dritteln der Weltbevölkerung aufbaut, und einem Sozialismus, der, so wie er sich heute darstellt, Mitstreiter und praktisch Nachfolger des Kapitalismus ist?[51]

Die »Gegenwart Christi« müsste in der Welt der Arbeit dargestellt werden, die deutsche KAB müsse versuchen,

> die sogenannte soziale, die sogenannte wirtschaftliche und die sogenannte politische Ordnung unter die Lupe zu nehmen, um herauszufinden, inwieweit sich hier wirklich wahre Ordnung realisiert, oder bis zu welchem Grad hier, unter dem Schein von Ordnung, Unordnung und Ungerechtigkeit walten.[52]

1972 startete ein weiterer Versuch der Belebung der Aktion, der vor allem im Bistum Trier und im Bistum Aachen auf Resonanz stieß[53]. Die KAB des Bistums Aachen beschloss 1971, die Jahre 1972/73 unter das Schwerpunktthema »Dritte Welt« zu stellen und dazu umfangreiche Arbeitshilfen auszuarbeiten. Finanziell unterstützt werden sollte eine »Selbsthilfeorganisation der Pächter und Landarbeiter auf den Philippinen, die sich selbst zu Land und Arbeit verhelfen wollen durch politisches und soziales Engagement«[54]. Ganz bewusst sollte das Schwerpunktprogramm ein Aktions- und Bildungsprogramm sein, was für den Themenbereich zur »Dritten Welt« bedeute:

> Es genügt nicht, über die Probleme der Dritten Welt wie Hunger, Analphabetismus etc. zu sprechen; aber ebenso falsch ist es, nur Finanzaktionen zu Gunsten der Dritten Welt zu starten. Beides zusammen erst, nämlich Bildung und Aktion, haben Aussicht auf Erfolg.[55]

In einem ausführlichen Anhang suchte die Arbeitshilfe dann über Probleme der »Entwicklungsländer« zu informieren, wobei die Thesen der Unterlagen deutlich die kritischen und bedrohlichen Argumente wiedergaben. Das kapitalistische System beruhe auf der Ausplünderung und Ausbeutung der unterentwickelten Völker, »kurz: Wir sind reich auf Kosten der Armen«;[56] auch die Unterentwicklung sei von außen aufgezwungen worden. Daher brauche es nun bessere Handelsbedingungen, eine verstärkte »Entwicklungshilfe« und bessere Kreditmöglichkeiten für die »Entwicklungsländer«.

51　EBD., S. 7.
52　EBD., S. 9.
53　Vgl. KAB Weltnotwerk 47, 50.
54　Arbeitshilfe zur Aktion »FFF Federation of Free Farmers«, in: AKAB, Weltnotwerk 47.
55　Vorwort der Arbeitshilfe zur Aktion »FFF Federation of Free Farmers«, in: AKAB, Weltnotwerk 47.
56　EBD., S. 10.

Diese Forderungen richten sich an die Regierungen der Industrienationen. Ein wichtiges Ziel unseres Jahresschwerpunktes ›Dritte Welt‹ ist es, möglichst vielen Bürgern die hier erläuterten Zusammenhänge klar zu machen und sie von der Notwendigkeit der obigen drei Forderungen zu überzeugen.[57]

Ohne die Solidarität der deutschen Bevölkerung sei die Lösung der Probleme der »Dritten Welt« nicht möglich. »Almosen allein, und seien sie noch so groß, können zu keiner ernsthaften Änderung der Zustände führen«[58]. Damit waren die Unternehmungen der KAB zum Weltnotwerk 1972 und in der Folge unter dem Slogan »Hilfe zur Selbsthilfe«[59] sowohl hinsichtlich der inhaltlichen Ausgestaltung wie auch der didaktischen Bearbeitung des Themenfeldes auf gleicher Höhe wie andere entwicklungspolitische Aktionen ihrer Zeit. Die Werkmappe des Weltnotwerkes 1975 zeigte dies sehr deutlich. »Durch das Leben selbst und die Arbeiteraktion wird die von Jesus Christus gewollte Befreiung weitergeführt. Das besagt, daß alle Dinge, die der Gerechtigkeit und Menschenwürde im Wege sind, gebrandmarkt werden müssen, um eine neue Gesellschaft aufbauen zu können«[60]. Das Ziel der Bemühungen des Weltnotwerkes sollte also der Aufbau einer neuen, gerechteren Ordnung sein. Hier zeigt sich die ganze Ambivalenz des Werkes. Semantisch wurde mit Ordnungskonfigurationen gearbeitet, die dem Zeitgeist entsprachen, angewendet aber wurden karitative Strategien.

Die Entwicklung des Werkes zwischen 1960 und 1979 zeigt, wie bereits angedeutet, die Entwicklung kirchlicher Entwicklungsarbeit, hier auf einer verbandlichen Mikroebene. Drei wesentliche Punkte sind abschließend noch einmal hervorzuheben. Erstens verlief die Entwicklung des Weltnotwerkes nahezu analog zur Wahrnehmung und Etablierung des Problemfeldes Hunger insgesamt. Nach einer anfänglichen Betroffenheit, die sich in hohen Spendenaufkommen und der Institutionalisierung verschiedenster Einrichtungen zeigte, ebbte die Aufmerksamkeit für den Problemzusammenhang im weiteren Verlauf eher wieder ab. Um die 1970er Jahre ist dann ein neues Hoch der Bewegung zu erkennen, das unter anderem durch die Hungerkatastrophe in Biafra ausgelöst wurde. Gleichzeitig verschoben sich die Bewältigungsmodalitäten. Waren Spendensammlungen wie die Straßensammlung des Weltnotwerkes ähnlich wie des bischöflichen Hilfswerkes Misereor anfänglich der wesentliche Beitrag zur Bewältigung des Hungers, erschien in den 1970er Jahren diese Form als unzureichend; neue Aktionsformen wurden in vielfältiger Spielart zu etablieren gesucht. Zweitens hatte die Aktion Weltnotwerk, sobald sie über eine reine Straßensammlung hinauszugehen suchte, ebenfalls Etablierungsprobleme. Zwar nahmen sich zwei Diözesanverbände

57 EBD., S. 11.
58 EBD.
59 Vgl. Aktion 1974, in: AKAB, Weltnotwerk 47.
60 Werkmappe der KAB, Aktion Weltnotwerk. Hilfe zur Selbsthilfe, Köln 1975, 3, in: AKAB, Weltnotwerk 53.

des Themas in besonderer Weise an, eine wirkliche Implementierung des Weltnot-
werks in die Strukturen der KAB schien jedoch schwierig zu bleiben. »Entwicklungsarbeit«, die die Fragen von Gerechtigkeit bzw. ungerechten Strukturen ernsthaft mit-
bedachte, schien auch in der KAB ein Politikfeld zu sein, das insbesondere von den
führenden Verbandsfunktionären, mithin den Eliten propagiert wurde, aber kaum
eine breite Masse erreichen konnte. Drittens fügte sich das Bewältigungshandeln ein
in eine klassische Strategie karitativer Hilfe. Spendensammlungen oder der Verkauf
von »Ware, die die Assoziation Entwicklungsland auslößt«[61] sollten Gelder bereitstel-
len, um Hilfe und Aufbauarbeit für die Arbeitnehmerbewegung in »Entwicklungsländern« zu finanzieren. Die Strategien also zeigten deutliche Anklänge an die Arbei-
tervereine des späten 19. und frühen 20. Jahrhunderts und deren Bemühungen der
sozialen Fürsorge für notleidende Arbeiterfamilien[62]. Diese Strategien aber mussten
in den 1960er Jahren unweigerlich wenn nicht ans Ende, so doch mindestens in die
Kritik geraten, denn die gesellschaftlichen Transformationsprozesse der 1960er Jahre
hatten auch Auswirkungen auf die Strukturen katholischer Verbände.

2. Gesellschaft in Bewegung: ›1968‹, die Rezeption im Katholizismus und die
Etablierung des Hungerbooms

a) Die ›68er‹ im deutschen Katholizismus. Einige Schlaglichter auf den
gesellschaftlichen Wandel

> Das Semester begann, auch für uns, mit einer Demonstration gegen den Krieg in Viet-
> nam. Ho-Ho-Ho-Tschi-Minh, trabten wir durch die Schildergasse, Ho-Ho-Ho-Tschi-
> Minh, im Laufschritt, Tanzschritt, das brachte die stehende Luft in Bewegung wie Ge-
> lächter. ›Bürger runter vom Balkon, unterstützt den Vietcong‹ schrie ich, hundertpro-
> zentig überzeugt, was schon bei ›Lass den Kuchen, lass die Sahne, schnapp dir eine rote
> Fahne‹ nicht mehr ganz zutraf.[63]

In ihrem autobiografischen Roman »Spiel der Zeit« beschreibt die Schriftstellerin Ulla
Hahn am Beispiel ihrer Protagonistin Hilla Palm die Umwälzungen der deutschen
Gesellschaft in der zweiten Hälfte der 1960er Jahre. Protestmärsche und Sit-ins, die
Störung der universitären Lehrveranstaltungen, die öffentliche Beschuldigung von
Ordinarien für ihr Verhalten während der nationalsozialistischen Diktatur, die gesell-
schaftlichen und intellektuellen Diskurse erzählt Hahn als ganz neue Erfahrungen für
die vom Dorf kommende katholische junge Studentin Palm und eröffnet so in litera-
rischer Weise Einblicke in die Mentalität dieser Zeit, die jedoch nicht nur von Hilla

---

61 Willi Franke an Alfons Müller, 17.11.1972, 2, in: AKAB, Weltnotwerk 50.
62 Vgl. hierzu die Arbeit von C. Riese, Hunger, Armut, Soziale Frage?; J. Aretz, Katholische Arbeiterbewegung, S. 159–214.
63 U. Hahn, Spiel der Zeit, S. 333.

Palm als neuartig empfunden wurde. Noch 1965 schrieb der Sozialwissenschaftler und Bildungspolitiker Ludwig von Friedeburg[64] über die deutsche Gesellschaft und insbesondere die junge Generation:

> Überall erscheint die Welt ohne Alternativen, passt man sich den jeweiligen Gegebenheiten an, ohne sich zu engagieren, und sucht sein persönliches Glück in Familienleben und Berufskarriere. In der modernen Gesellschaft bilden Studenten kaum mehr ein Ferment produktiver Unruhe;[65]

eine Fehlinterpretation, wie sich bald zeigen sollte. Zwei Jahre später verdichteten sich die gesellschaftlichen Entwicklungen, das Jahr 1968 wurde wahlweise als Zäsur, als zweite Staatsgründung, als Beginn eines gesellschaftlichen Verfalls und der Auflösung von Ordnung interpretiert[66]. Bis zu dieser Verdichtung jedoch war Friedeburgs Auffassung geradezu Konsens. »Die politische und ökonomische Entwicklung in der Bundesrepublik zur Mitte des Jahrzehnts schien Friedeburgs Befund zu stützen. Die Wirtschaft befand sich noch auf Wachstumskurs«[67]. Mit Ludwig Erhard[68] gelang den Unionsparteien im Bundestagswahlkampf im September 1965 ein deutlicher Sieg. In der Gesellschaft aber begann es zu gären und es zeichnete sich ab,

> dass sich ein politischer Generationenwechsel vollzog; dass sich auf der Grundlage des erreichten materiellen Wohlstands kulturelle Orientierungen und Verhaltensweisen veränderten; dass ein grundlegender Wertewandel begonnen hatte; dass eine kritische Öffentlichkeit im Entstehen begriffen war; dass sich, damit zusammenhängend, die westdeutsche Gesellschaft politisierte und politische Kultur und Sozialkultur liberaler und westlicher wurden.[69]

---

64 Ludwig von Friedeburg (1924–2010). Im Zweiten Weltkrieg U-Boot-Kommandant. 1947–1951 Studium der Mathematik, Physik, dann Psychologie, Philosophie, Soziologie in Kiel und Freiburg i. Br. 1952 Promotion. 1960 Habilitation. 1962 Professor für Soziologie und Direktor des Instituts für Soziologie an der Freien Universität Berlin. 1966 einer der Direktoren des Instituts für Sozialforschung, 1975–2001 dessen geschäftsführender Direktor. 1969 Mitglied der SPD, 1969–1974 Hessischer Kultusminister. Vgl. URL: http://www.lagis-hessen.de/pnd/116791950 (Stand: 1.5.2018).

65 Ludwig von Friedeburg, Jugend in der modernen Gesellschaft, Köln – Berlin 1965, S. 55; zit. nach: E. Conze, Die Suche nach Sicherheit, S. 331.

66 Vgl. R. Faber, Die Phantasie an die Macht?; N. Frei, 1968; P. Gassert (Hrsg.), 1968; I. Gilcher-Holtey (Hrsg.), 1968 – Vom Ereignis zum Gegenstand der Geschichtswissenschaft; I. Gilcher-Holtey, Die 68er Bewegung; I. Gilcher-Holtey (Hrsg.), 1968 – Vom Ereignis zum Mythos; B. Hey / V. Wittmütz (Hrsg.), 1968 und die Kirchen; R. Sievers (Hrsg.), 1968 – Eine Enzyklopädie.

67 E. Conze, Die Suche nach Sicherheit, S. 331.

68 Ludwig Erhard (1897–1977). Ausbildung zum Einzelhandelskaufmann. Teilnahme am Ersten Weltkrieg. 1919–1922 Studium der Betriebswirtschaftslehre und Soziologie in Frankfurt a. M. 1925 Promotion. 1928–1942 Wissenschaftler an der Handelshochschule Nürnberg. 1942–1945 Leiter des Instituts für Industrieforschung. 1945–1946 Staatsminister für Handel und Gewerbe in Bayern. 1948 Direktor der Verwaltung für Wirtschaft des Vereinigten Wirtschaftsgebietes. 1949–1977 MdB. 1949–1963 Bundeswirtschaftsminister, 1963–1966 Bundeskanzler. 1966–1967 Bundesvorsitzender der CDU. Vgl. A. C. Mierzejewski, Ludwig Erhard.

69 E. Conze, Die Suche nach Sicherheit, S. 331 f.

Die Bundesrepublik war in Bewegung gekommen. Ohne ›1968‹ und seine Ereignisse herabwürdigen zu wollen, ist es jedoch inzwischen »common sense« der zeitgeschichtlichen Forschung, dass die Jahre 1967–1969 als Verdichtung gesellschaftlicher Transformationsprozesse der »langen 1960er Jahre« zu verstehen sind. »Eher wird man wohl in der Protestbewegung der späten 1960er Jahre einen ›treibenden und übertreibenden Teil einer dynamischen Modernisierung der westdeutschen Gesellschaft und ihrer politischen Kultur‹, die vor 1968 begann und deutlich über 1968 hinaus andauerte, ausmachen«[70]. Axel Schildt hat die 1960er Jahre auch als »dynamische Zeiten«[71] bezeichnet, die sich durch wenigstens drei Tendenzen charakterisieren lassen und deren Auswirkungen auch für den deutschen Katholizismus relevant sind. Zunächst beendeten die 1960er Jahre endgültig die Phase der Nachkriegszeit. Die wirtschaftlichen und kulturellen Entwicklungen der 1950er Jahre verstetigten, die Gesellschaft verjüngte sich durch den »Babyboom« der frühen 1960er Jahre, und die Zuwanderung aus Südeuropa machte die Bundesrepublik zu einem Einwanderungsland. Der durchschnittliche Arbeitnehmerhaushalt konnte am gestiegenen Konsum der neuen Wohlstandsgesellschaft teilhaben, neue Lebensstile entstanden. »Das Lebensalter und Wahrnehmungsraster jung-alt mit einem jugendspezifischen Anspruch auf Progressivität seien in den sechziger Jahren in den Vordergrund sozialer Wahrnehmung gerückt [...]«[72]. Die »Erlebnisgesellschaft«[73], eine Gesellschaft, in der nicht mehr das Überleben, sondern das Erleben im Vordergrund stand, ermöglichte den rasanten Aufstieg des Fernsehers und damit ein neues audiovisuelles Erlebnis, über das die nähere und vor allem auch die fernere Welt und ihre Bilder in die bundesdeutschen Wohnzimmer gelangte. Nicht zuletzt durch diese neuen Möglichkeiten der Kommunikation etablierten sich neue Mode- und Musiktrends insbesondere in der jungen Generation. Insgesamt wurde »die ›Take-off-Phase‹ eines tiefgreifenden Wertewandels von der Dominanz so genannter Pflicht- und Akzeptanzwerte hin zu Selbstentfaltungswerten«[74] erkennbar. Eine zweite Tendenz, so Schildt, waren oppositionelle Aufbrüche im politischen, aber auch im insgesamt gesellschaftlichen Bereich. »Die sechziger Jahre – und nicht erst 1968! – waren insgesamt gekennzeichnet durch eine qualitative Intensivierung vergangenheitspolitischer Diskurse«[75]. Aber auch die Wiederaufbauphase mit ihrer schwerpunktmäßigen Konzentration auf wirtschaftliches Wachstum wurde einer radikalen Kritik unterzogen. Die ›Bildungskatastrophe‹ (Georg Picht) sollte die gesamten 1960er Jahre prägen.

---

70 EBD., S. 333.
71 Dazu und im Folgenden A. SCHILDT, Materieller Wohlstand, S. 21–53.
72 EBD., S. 30.
73 EBD.
74 EBD., S. 35.
75 EBD., S. 36.

> Unter Intellektuellen gern gebraucht wurde zu dieser Zeit bereits der Begriff ›Pluralis-
> mus‹, in dem sich zugleich die Beobachtung einer gesteigerten gesellschaftlichen Diffe-
> renziertheit wie auch das Postulat der Toleranz gegenüber unterschiedlichen Auffassun-
> gen ausdrückte.[76]

Die Regierungsbildung 1966, die zur ersten Großen Koalition der Republik führte, war
einerseits eine »gesellschaftliche Versöhnung«[77] der großen politischen Lager und
konträrer Biografien, wurde andererseits jedoch wegen des Fehlens einer wirksamen
Opposition im Parlament massiv kritisiert. Die Vorbereitung der Notstandsgesetze
passte »in das Bild von der Vorbereitung eines von gleichgeschalteten Massenmedien
unterstützten autoritären Staates«[78]. In den Debatten um diese Notstandsgesetz-
gebung spielte dann eine neue Bewegung der Linken, die ›Neue Linke‹, eine maßgebliche Rolle. Die Entwicklung dieser neuen linken Bewegung in der Bundesrepublik geschah, wie inzwischen von verschiedenen Wissenschaftlern herausgearbeitet
wurde[79], nicht losgelöst, vielmehr in engem Austausch mit »nahezu allen westlichen
Gesellschaften«[80]. Wichtige Impulse kamen dabei aus den Vereinigten Staaten von
Amerika, der dortigen Bürgerrechtsbewegung, der Antirassismusbewegung und vor
allem dem Protest gegen den Vietnam-Krieg.

> Im Protest gegen den Vietnam-Krieg, der mit Sit-ins, Go-ins und Teach-ins auch ganz
> neue Protestformen hervorbrachte, ließ sich die Kritik an der Rassendiskriminierung,
> [...] mit der Kritik an der innen- und außenpolitischen Aggressivität des Antikommunis-
> mus und an liberalen und demokratischen Defiziten der amerikanischen Gesellschaft
> verknüpfen.[81]

Der Vietnam-Krieg hatte eine verbindende Wirkung auf studentische Protestbe-
wegungen in allen westlichen Gesellschaften. »Erst Vietnam machte aus Studen-
tenprotest und Studentenunruhe ein transnationales Phänomen und führte zum
Brückenschlag zwischen den Studenten der westlichen Länder«[82], auch wenn die
Proteste nie einer gemeinsamen Agenda folgten. Die deutschen Studentenproteste resultierten aus ganz unterschiedlichen Motiven. Die Ablehnung staatlicher, wirtschaftlicher, politischer, wissenschaftlicher und familiärer Autoritätsverhältnisse, der Widerstand gegen autoritäre Strukturen und der Wunsch nach Selbstbestimmung aber
einte das protestierende Lager. Und diese gemeinsame Überzeugung endete nicht
bei der bundesrepublikanischen Gesellschaft, sie »zielte ins Globale und schuf

---

76 EBD., S. 40.
77 EBD., S. 47.
78 EBD., S. 49.
79 Vgl. etwa C. KALTER, Die Entdeckung der Dritten Welt; D. WEITBRECHT, Aufbruch in die Dritte Welt.
80 E. CONZE, Die Suche nach Sicherheit, S. 333.
81 EBD., S. 335.
82 EBD.

globale Netzwerke. Nicht nur die deutsche Neue Linke solidarisierte sich mit den Unterdrückten in der ›Dritten Welt‹ und den Befreiungsbewegungen in Asien, Afrika und Lateinamerika«[83].

Christoph Kalter hat in seiner Studie herausarbeiten können, dass die Entdeckung und die Idee der »Dritten Welt« »einen wichtigen Bezugspunkt für die Kritik an der eigenen Gesellschaft«[84] bot, die »die politische Kommunikation in und zwischen den Ländern der westlichen und der nicht-westlichen Welt«[85] erleichterte. »Im Licht der sogenannten Dritten Welt bekamen (vermeintlich) gemeinsame Erfahrungen und Forderungen einen Sinn, der intersubjektiv und international kommunizierbar war und Mobilisierung erzeugte«[86]. Auslandsreisen in »Drittweltländer«, die neue, transnationale Reichweite von Medien und Texten aus Ländern der »Dritten Welt« schufen einen »Deutungsrahmen, der die Dritte Welt ins Zentrum grenzüberschreitender Weltbilder, Selbstbilder und Zugehörigkeitsgefühle rückte«[87]. Dorothee Weitbrecht hat in ihrer Arbeit nachgezeichnet, wie Menschenrechtsverletzungen, politische und soziale Ungleichheiten als Erkenntnisse einer zunehmenden Internationalisierung politischen und wirtschaftlichen Handelns, durch eine aus den Erfahrungen der beiden Weltkriege resultierende humanitäre Sensibilität, eines medial vermittelten Prozesses der Dekolonisierung und einer »wachsenden medialen Verbreitung internationaler humanitärer Katastrophen und Menschenrechtsverletzungen« verstärkt wahrgenommen wurden und von der Studentenbewegung in den »Mittelpunkt einer globalpolitischen Diskussion auf zivilgesellschaftlicher Ebene«[88] gerückt wurden. Die Vergangenheitsbewältigung- der Umgang mit der NS-Geschichte und deren Aufarbeitung – war eine weitere unabdingbare Triebfeder der deutschen Protestbewegung[89].

> Die Weigerung seitens politischer Eliten und der älteren Generation, das nationalsozialistische Erbe zu diskutieren oder im Detail zu thematisieren sowie die Beibehaltung überholter gesellschaftlicher Ordnungs- und Rechtsprinzipien, hinterließen bei der Studentenschaft das diffuse Gefühl einer politischen Kontinuität und aktueller Schuld.[90]

Weitbrecht sieht in diesem Zusammenhang die Solidarität mit der ›Dritten Welt‹ als »Ventil dieser schuldhaften Identität«[91]. Auch das respondierte im deutschen Katholizismus, in dem Schuld ein wesentliches Motiv für das Engagement für Hungernde,

---

83 EBD., S. 341.
84 C. KALTER, Die Entdeckung der Dritten Welt, S. 23.
85 EBD.
86 EBD.
87 EBD.
88 D. WEITBRECHT, Aufbruch in die Dritte Welt, S. 13.
89 Vgl. etwa D. SIEGFRIED, Zwischen Aufarbeitung und Schlußstrich, S. 77–113.
90 D. WEITBRECHT, Aufbruch in die Dritte Welt, S. 165.
91 EBD., S. 166.

Wiedergutmachung und Wiederanerkennung Deutschlands in der internationalen Gemeinschaft darstellte.

In der Summe führten diese Transformationen zu einer kritischen Gesellschafts-wahrnehmung, zu neuen Protestformen und dies in transnationaler Weise: »Eine neue Gesellschaftsordnung dürfe also nicht bei der Revolutionierung der sozioöko-nomischen und politischen Verhältnisse Halt machen, sondern müsse sich auf die gesamte Lebenswelt des Einzelnen erstrecken«[92]. Der Fokus endete außerdem nicht mehr an der deutschen Grenze, sondern weitete sich auf Unterdrückungssituationen in vielen Teilen der Erde aus. Hunger und die damit verbundenen Auswirkungen eta-blierten sich damit als ein Bereich gesellschaftlicher, globaler Unterdrückung. Trotz der Radikalisierungen in dieser gesellschaftlichen Transformation in den Jahren um ›1968‹ waren der gesellschaftliche Wandel und der politische Aufbruch nicht mehr auf-zuhalten. »Gesellschaft und Sozialkultur waren nun offener, liberaler und westlicher«[93]. Die Gesellschaftsordnung und das politische System wurden kritisch begleitet, Re-formbedarf angemahnt, kurz: eine Politisierung großer gesellschaftlicher Teile, eine Demokratisierung und Pluralisierung der Gesellschaft konnte durch die Transforma-tionen der 1960er Jahre erreicht werden. Das führte jedoch nicht nur zum Engagement in politischen Parteien. »Es gehörte zu den Lehren der Zeit, dass man die Kritik an der Gesellschaft auch außerhalb der Parteien vertreten, dass man sich ganz unmit-telbar und anlassbezogen für politischen und gesellschaftlichen Wandel einsetzen konnte, nicht zuletzt im lokalen Umfeld«[94]. Zahlreiche neue Bewegungen wurden gegründet[95]. »Die Bundesrepublik ist 1968 nicht umgegründet worden, doch sie hat sich in den 1960er Jahren grundlegend gewandelt«[96].

Was nun die Rolle der Kirchen angeht, so kommt Dorothee Weitbrecht zu dem Schluss, dass der »Wind des Wandels, der insgesamt die 60er Jahre durchzog, [...] auch von eher unerwarteter Seite zu wehen«[97] begann, nämlich aus Richtung der Kirchen, bei denen ein verstärktes Engagement zu globalen und ökumenischen Fragestellun-gen einsetzte. Diese Zeit der Neubestimmung der Gesellschaft, eine Phase, die »vor allem von einer Lebensstilrevolution geprägt war«[98], hatte Folgen für die katholische Kirche[99]. Für Hugh McLeod müssen die 1960er Jahre im Westen verstanden werden

---

92   E. CONZE, Die Suche nach Sicherheit, S. 339.

93   EBD., S. 354.

94   EBD.

95   Vgl. dazu C. LEPP, Zwischen Konfrontation und Kooperation, S. 364–385; R. ROTH / D. RUCHT (Hrsg.), Die sozialen Bewegungen, darin besonders: C. OLEJNICZAK, Dritte-Welt-Bewegung, S. 319–345. Für den kirchlichen Bereich: W. DAMBERG / T. JÄHNICHEN (Hrsg.), Neue Soziale Bewegungen.

96   E. CONZE, Die Suche nach Sicherheit, S. 356.

97   D. WEITBRECHT, Aufbruch in die Dritte Welt, S. 53.

98   T. GROSSBÖLTING, Der verlorene Himmel, S. 96.

99   Vgl. dazu P. EITLER, »Umbruch« und »Umkehr«, S. 249–268; P. EITLER, »Gott ist tot – Gott ist rot«, S. 239–310; T. GROSSBÖLTING, Der verlorene Himmel, S. 95–179; C. SCHMIDTMANN, Vom »Mi-lieu« zur Kommunikation, S. 269–281; C. SCHMIDTMANN, Katholische Studierende; B. ZIEMANN,

»as marking a rupture as profound as that brought about by the Reformation«[100]. Thomas Großbölting hebt hervor, dass die Gründe für diesen Wandel nicht monokausal zu
finden, sondern nur im Zusammenspiel der Kirchen und der Gesellschaft insgesamt zu
erklären seien[101]. »Für keine Institution und soziale Gruppe in der deutschen Gesellschaft dürften die 6oer Jahre von ähnlich weitreichender Bedeutung gewesen sein wie
für die katholische Kirche und die Katholiken«[102], brachten sie doch mit dem bereits
erwähnten Zweiten Vatikanischen Konzil eine Zeit des euphorischen Aufbruchs mit
sich. Aber »Aufbruch und Abbruch in die Moderne liegen zeitlich nah beieinander«,
denn die Kirche geriet zugleich »in eine Wandlungsdynamik, die ihre [...] Sozialform
zu erodieren begann«[103]. Karl Gabriel beschreibt diese beiden Pole, zwischen denen
sich der deutsche Katholizismus in den 1960er Jahren gewissermaßen ›abspielte‹, an
zwei paradigmatischen Beispielen: dem Zweiten Vatikanischen Konzil einerseits und
der Promulgation der Enzyklika »Humanae vitae« 1968 »und den offen ausbrechen-
den Konflikten im deutschen Katholizismus«[104] andererseits. »Die Nachkriegszeit bis
in die Mitte der 6oer Jahre hinein stellte für die katholische Kirche wie für die religi-
ös-kirchliche Lage in der Bundesrepublik insgesamt eine gewisse Einmaligkeit im gesamten Jahrhundert dar«[105]. Die Kirche galt in der unmittelbaren Nachkriegsphase als
»Siegerin in Trümmern«, als eine aus der Katastrophe hervorgegangene gesellschaftliche Kraft. »Wie die Zeitreihen zum Kirchenaustritt verdeutlichen, hat es keine ähnliche Phase sinkender und geringerer Austrittshäufigkeit gegeben, wie in den Jahren
zwischen 1950 und 1967«[106]. Für die Gottesdienstbesucherzahlen ergibt sich ein ähnli-
ches Bild, dieser stieg von 51 Prozent 1952 bis 1963 auf 55 Prozent an. »In die kirchliche
Ritualpraxis am Lebensende waren so gut wie alle integriert«[107], für die große Mehrheit gehörten Taufe und Eheschließung ebenfalls zu den normalen Kasualien. Mitte
der 1960er Jahre kündigte sich jedoch eine Trendwende an, eine »scharfe Zäsur«[108] in
der Geschichte des deutschen Katholizismus. »Die bis dahin hohe Integrationskraft
der Kirche verlor plötzlich an Wirksamkeit«[109]. Plötzlich stiegen die Austrittszahlen
rasant an, im Jahr 1970 verließen 70.000 Katholiken die Kirche, ein Drittel der Got-
tesdienstbesucher ging verloren. Der »Stern« -Titel im April 1967 »Warum treten sie

---

     Opinion Polls, S. 562–586. Für die 1960er Jahre insgesamt als erster Zugriff: A. SCHILDT (Hrsg.),
     Dynamische Zeiten.
100   H. MCLEOD, The Religious Crisis, S. 1.
101   Vgl. T. GROSSBÖLTING, Der verlorene Himmel, S. 97. Für das Weitere vgl. auch EBD., S. 97–179.
102   K. GABRIEL, Zwischen Aufbruch und Absturz, S. 528.
103   EBD., S. 529.
104   EBD.
105   EBD., S. 536.
106   EBD.
107   EBD.
108   EBD., S. 537.
109   EBD.

nicht aus der Kirche aus?« zeigte eine »massive Entkirchlichung großer Teile der Gesellschaft«[110], vor allem aber wurde dieses Thema nun öffentlich verhandelt. »Zuvor waren die Anzeichen für die erodierenden volkskirchlichen Strukturen, wie sie in den Statistiken und demoskopischen Untersuchungen zu Tage traten, intern in den neu gegründeten Seelsorgeabteilungen und Generalvikariaten diskutiert worden«[111]. Die große »Spiegel«-Reportage »Was glauben die Deutschen«, pünktlich zu Weihnachten 1967 erhoben, beanspruchte, erstmals »Glaube und Unglaube« in den Mittelpunkt einer repräsentativen Befragung gestellt zu haben und dies auch zu veröffentlichen[112].

> Die Ergebnisse mehrerer größerer Forschungsarbeiten, von den Kirchen in Auftrag gegeben, durften nicht veröffentlicht werden. Dasselbe Emnid-Institut, das jetzt für den SPIEGEL tätig geworden ist, hat 1960 zwei Expertisen nur für die Bücherschränke von Bischöfen beider Konfessionen geliefert.[113]

Die Kirchen seien in eine »Krise des Glaubens geraten, wie sie in den zwei Jahrtausenden ihrer Geschichte fast ohne Beispiele ist«[114]. Lediglich 9,4 Prozent der Katholiken würden in den wichtigen Glaubensfragen noch der kirchlichen Lehre folgen, auch wenn die reinen Kasualienzahlen noch immer über 90 Prozent der Bevölkerung abbildeten. Das Denken habe über das Glauben gesiegt. So kommt der »Spiegel« zu dem Schluss, dass die

> Kirche, die aus der Welt flieht, sich der Vernunft verschließt und ihren Glauben trotzig in Formeln erstarren läßt, [...] zur Sekte zu werden [droht] – wieviel Taufen, Trauungen und kirchliche Beerdigungen es auch geben mag. Denn unabhängig von religiösen Riten wächst die Zahl der Christen ohne Kirche.[115]

Kirche brauche es noch »wie eine gute, alte Tante«[116] bei Familienfesten, ansonsten würde geglaubt, was gefällt. Den Bischöfen gelänge es jedoch nicht mehr, »sie heimzuholen in die gelichteten Herden des Glaubens«[117]. Kirche habe sich um Seelsorge und Gottesdienst zu kümmern, aus Politik und Gesetzgebung aber herauszuhalten. Die Ergebnisse dieser Umfrage standen im Einklang mit weiteren zeitgenössischen Beobachtungen und lösten in den Kirchenleitungen ein bedrohliches Gefühl aus.

---

110 T. GROSSBÖLTING, Der verlorene Himmel, S. 97. Vgl. zur Medialisierung von Religion N. HANNIG, Die Religion der Öffentlichkeit.
111 EBD.
112 Dazu und im Folgenden N. N., Diesseits und Jenseits, in: DER SPIEGEL Nr. 52, 18.12.1967, S. 38–58, S. 38.
113 EBD.
114 EBD., S. 39.
115 EBD., S. 58.
116 EBD.
117 EBD.

»Explizit machten diese Diskussionen deutlich, dass Distanz zur Kirche keinesfalls mehr die Ausnahme war, die den Träger dieser Haltung zum Außenseiter in einer durchweg christlich geprägten Gesellschaft stempelte«[118]. Gläubig zu sein war, wie Hans Joas später formulieren würde, »eine Option«[119] geworden. Die neu erlebte Freiheit ermöglichte eine Vielfalt von Wahlmöglichkeiten, die Entlassung aus Bindungen, Konventionen und Zugehörigkeiten wurden instabiler. Thomas Großbölting fasst diese Umbrüche in den Begriff der ›Me-Decade‹ (Tom Wolfe)[120]. Sowohl die Formen der kollektiven Sinnstiftung als auch die individuellen Identitätskonstruktionen wurden unsicher, neu codiert oder ganz aufgelöst[121].

Die große Synodenumfrage von Gerhard Schmidtchen bestätigte diese Veränderungen. Danach konnte das Allensbacher Institut belegen,

> daß diejenigen Katholiken, die sich in ihren Freiheitsbestrebungen, in ihrer Suche nach sozialer Gerechtigkeit, in ihren Wünschen, etwas vom Leben haben zu wollen und im Ziel, überflüssige Autoritäten abzubauen, von der Kirche behindert sahen, eine insgesamt kritischere Haltung zur Kirche einnahmen und seltener am Gottesdienst und den übrigen kirchlichen Teilnahmeformen partizipierten.[122]

Der gesamtgesellschaftliche Transformationsprozess der ›langen 1960er Jahre‹ hatte, so wiesen die Umfragen nach, auch die katholische Kirche und den Katholizismus erfasst[123]. »Die kirchlichen Deutungsmuster verloren angesichts der neuen Situation ihre Plausibilität. Es kam infolgedessen in allen Dimensionen zu einem – gemessen an der vorherigen Phase – deutlich distanzierten Verhältnis einer großen Zahl von Katholiken zur Kirche«[124]. Die oben skizzierten gesellschaftlichen Transformationen führten zu einer Sprach- und Handlungslosigkeit im Katholizismus, der bisher für seine Mitglieder eine umfassende Integrationskraft »von der Wiege bis zur Bahre«[125] besessen hatte. »Der Katholizismus sah sich damit gesellschaftsstrukturell erzeugten Ansprüchen auf Freiheit, Selbstbestimmung und Autonomie des einzelnen gegenüber, denen sich seine traditionalisierte Sozialform als nicht gewachsen erwies«[126]. Konflikte und Auseinandersetzungen brachen innerhalb des Katholizismus auf und nicht – wie bisher – außerhalb.

---

118 T. GROSSBÖLTING, Der verlorene Himmel, S. 102.
119 H. JOAS, Glaube als Option.
120 Vgl. T. GROSSBÖLTING, Der verlorene Himmel, S. 103.
121 Vgl. EBD., S. 96.
122 K. GABRIEL, Zwischen Aufbruch und Absturz, S. 538.
123 Vgl. EBD.
124 EBD.
125 T. GROSSBÖLTING, Der verlorene Himmel, S. 106.
126 K. GABRIEL, Zwischen Aufbruch und Absturz, S. 541.

> Die einsetzenden Prozesse der Individualisierung, De-Institutionalisierung und Plurali-
> sierung vollzogen sich nicht mehr außerhalb oder am Rande des Katholizismus, sondern
> reichten bis in seine Kernbereiche hinein und begannen seine aus dem 19. Jahrhundert
> stammende Sozialform aufzulösen.[127]

Dem Konzil, so Karl Gabriel, kam dabei eine wesentliche Bedeutung zu, führte es doch
zu einer »tiefgreifenden ›Umcodierung‹ der Glaubenstradition«[128]. Dialog statt Unterscheidung war das neue Stichwort.

Hinsichtlich der Etablierung des Hungerproblems »akzentuierte [das Konzil] eine
solidarische Zeitgenossenschaft, mit allen Menschen, besonders mit den Armen und
Bedrängten«[129]. Auch wenn seine Rolle nicht zu überschätzen sei, es also auch ohne
die Bischofsversammlung zur Erosion des Katholizismus gekommen wäre, bleibt die
besondere Bedeutung des Konzils als Neuverortungsversuch in der Welt. Damit verhin-
derte es, »daß der Katholizismus auf das Schicksal eines insgesamt schrumpfenden,
sich in fundamentalistischen Wertkonjunkturen hin und wieder ein wenig füllenden
Rest-Milieus als Widerlager der modernen Gesellschaftsentwicklung festgelegt wurde«[130]. Der Preis dafür war ein sich entwickelnder, auch innerkirchlicher Pluralismus,
der, ebenso wie die zunehmende Politisierung sowohl als Chance und Veränderung
sowie als Bedrohung wahrgenommen wurde[131]. Pluralismus und Politisierung aber
ermöglichten und verstärkten die Impulse, über den eigenen Tellerrand hinauszubli-
cken und sowohl neue Themenfelder als auch neue Umgangsformen zu etablieren.
»Mit den neuen sozialen Bewegungen verband sich eine Protestkultur, die vielfältig in
die Kirchen hineinwirkte«[132]. So gewannen die Impulse von ›1968‹ auch in den Fakul-
täten und den Hochschulgemeinden an Bedeutung[133]. »Rasch wandelten sich vor allem die evangelischen und katholischen Studentengemeinden von vormals frommen
Organisationen der Spezialseelsorge zu stark politisierten Einrichtungen«[134]. Interessant ist für den Kontext die Erfahrung katholischer Studierender in den Hochschulgemeinden, an die sich der junge Politikstudent Elmar Halsband[135] erinnert:

---

127   EBD.

128   EBD.

129   EBD., S. 542.

130   EBD., S. 543.

131   Vgl. T. GROSSBÖLTING, Der verlorene Himmel, S. 149.

132   EBD., S. 137.

133   Vgl. EBD., S. 138; T. GROSSBÖLTING, Zwischen Kontestation und Beharrung, S. 157–189; T. GROSS-
      BÖLTING, Vom »akademischen Biersesel« zum »theophilen Revoluzzer«?, S. 223; C. LEPP, Zwischen
      Konfrontation und Kooperation, S. 370–375.

134   T. GROSSBÖLTING, Der verlorene Himmel, S. 138. Dieser Befund muss insofern relativiert werden,
      als dass nur »eine Minderheit der Studentengemeinden und kirchlichen akademischen Einrichtun-
      gen« von dieser Politisierung geprägt wurden (EBD.).

135   ELMAR HALSBAND (1948–2014). 1968–1973 Studium der Wirtschaftspädagogik in Göttingen, 1973–
      1976 Politikstudium. 1976–1977 Studienreferendar. Ab 1977 Lehrer an kaufmännischen Berufsschu-
      len um Göttingen. Vgl. E. HALSBAND, Erinnerungsbericht 1968–1974, S. 163–167.

Einerseits die traditionelle ksg: Einen Studentenpfarrer, der schon seit vielen Jahren in dieser Gemeinde gearbeitet hatte, einen Gemeinderat, in den kath. Verbindungen noch als Organ ihre Vertreter schicken konnten, ein eher betuliches Gemeindeleben: neben Gottesdiensten einen Bibelkreis, Freizeitveranstaltungen, evtl. Vorträge. Andererseits die oppositionelle ksg: In einem Arbeitskreis, der sich damals ›Rothenfelser Hochschulring‹ nannte, wurden kontroverse theologische Themen diskutiert, z. B. Pflichtzölibat, demokratische Gemeindereform, Ökumene.[136]

Halsband erinnert darüber hinaus erste Konflikte mit dem Bischof, der im Semesterprogramm der ksg das »spezifisch Katholische« vermisste und über ein Übergewicht sozialpolitischer Arbeitskreise klagte[137].

Die evangelischen Studentengemeinden galten als noch deutlich politischer, denn die »neuen Impulse in der katholischen Kirche betrafen eher kircheninterne Entwicklungen. Eine Auseinandersetzung mit weltlichen Themen wurde nicht in dem Ausmaß betrieben wie seitens der evangelischen Kirche«[138], wie etwa das Beispiel der Hamburger evangelischen Studentengemeinde zeigt. »Wie Jesus von Nazareth ›einseitig‹ für die Unterdrückten eingetreten sei, so handle man nach diesem Vorbild ebenso«[139], was jedoch bald zum Konflikt mit der Landeskirche führte. Allerdings entstanden auch in den katholischen Studentengemeinden rasch Arbeitskreise zur Befreiungstheologie und zur »Dritten Welt«[140]. Resümierend ist im Hinblick auf die Studentengemeinden mit Großbölting festzuhalten, dass sie als »Experimentierfelder«[141] fungierten.

In ihnen wurden neue Formen der Gemeindeorganisation und des Gottesdienstes praktiziert. [...] In ihnen etablierten sich die neuen gesellschaftspolitischen Engagements, die sich später auch in vielen Gemeinden wiederfanden: Der Einsatz für den Weltfrieden und die Bewahrung der Schöpfung gehörte ebenso dazu wie die Dritte- und später dann Eine-Welt-Gruppen, in der man auf verschiedene Weise entwicklungspolitische Kooperation praktizierte.[142]

Aus diesen neuen Themenfeldern und dem veränderten Umgang damit resultierten weitere Transformationen, wie Christian Schmidtmann in seiner Arbeit über katholische Studierende nachzeichnen konnte[143].

136 EBD., S. 163.
137 Vgl. EBD., S. 165.
138 D. WEITBRECHT, Aufbruch in die Dritte Welt, S. 44.
139 T. GROSSBÖLTING, Der verlorene Himmel, S. 141.
140 Vgl. die Unterlagen zu den Arbeitskreisen der Tübinger Hochschulgemeinde, in: AKHGT, Ordner Nr. 31.
141 T. GROSSBÖLTING, Der verlorene Himmel, S. 143.
142 EBD.
143 C. SCHMIDTMANN, Katholische Studierende, S. 316–409, 495 f.

Die veränderten gesellschaftlichen und kirchlichen Rahmenbedingungen hatten
eine für die Bewältigung der Hungerproblematik wesentliche ›Umcodierung‹ zur
Folge.

> Rituale und Formen der Frömmigkeit verloren an Bedeutung für das christliche Selbst-
> verständnis, während dem praktisch karitativen oder politischen Wirken des Einzelnen
> [...] religiöse Dignität zugesprochen wurde. Glauben sollte in der Praxis wirksam werden
> und gesellschaftlich Relevanz zeigen.[144]

Diese Umcodierung führte zu einer anderen, eher sozial und politisch verstandenen
religiösen Praxis. »Statt zur Messe zu gehen, schrieb man kritische Artikel, statt zu
beichten, las man Hans Küng, statt Priester zu werden, wurde man Funktionär in einer
Gewerkschaft«[145]. Thomas Großbölting sieht darin den christlichen Bezugsrahmen
erhalten, innerhalb dieses Rahmens aber hätten sich die Gewichtungen deutlich verschoben. »Im Vordergrund stand nun die innerweltliche soziale Dimension der Religion, während sich die religiös-kultische Praxis auflöste«[146].

In Bezug auf das kirchliche Selbstverständnis wurden nun vor allem Fragen nach
der Funktion der Kirche in der Welt gestellt und damit letztlich nach der im gesamten
Untersuchungszeitraum relevanten Frage, wie politisch Kirche sein dürfe. »Was und
vor allem wer ist Kirche?«[147] fragte nach einem anders akzentuierten Selbstverständnis von Kirche, aus der »Institution Kirche wurde die Bewegung Kirche«;[148] und dies
nicht nur in sozialer Hinsicht, sondern auch in theologischer; denn auch das Gottesbild wandelte sich. »Aus den jahrhundertelang angedrohten Höllenqualen, die der
strafende Gott im Jenseits verhängte, wurde die Vorstellung eines ›zutiefst menschlichen Gott[es]‹, der in ›schöpferischer Liebe [all jenes] zurechtbiegt‹, das sich ›diesem
Zurechtbiegen nicht völlig verschließt‹«[149].

Johann Baptist Metz' oder Jürgen Moltmanns[150] Theologie nach Auschwitz und
die gesamte neue politische Theologie, Dorothee Sölle[151] und ihr – erstmals auf dem

---

144 T. GROSSBÖLTING, Der verlorene Himmel, S. 109.
145 EBD.
146 EBD.
147 EBD., S. 168.
148 EBD.
149 EBD., S. 169.
150 JÜRGEN MOLTMANN (* 1926). 1952 Promotion, 1957 Habilitation. 1957–1963 Professor an der Kirch-
     lichen Hochschule Wuppertal, 1963–1967 Professor in Bonn. 1967–1994 Professor für Systematische
     Theologie, Universität Tübingen. 1994 Emeritierung. Vgl. J. MOLTMANN, Weiter Raum.
151 DOROTHEE SÖLLE (1929–2003). Studium der Theologie, Philosophie und Literaturwissenschaft in
     Köln, Freiburg i. Br. und Göttingen, 1954 Promotion (Dr. phil.), 1971 Habilitation. 1954–1960 Lehre-
     rin im höheren Schuldienst in Köln. Ab 1960 Schriftstellerin und freie Mitarbeiterin beim Rund-
     funk. 1962–1964 Assistentin am Philosophischen Institut der TH Aachen, 1964–1967 Studienrätin
     im Hochschuldienst am Germanistischen Institut der Universität Köln. Ab 1971 Privatdozentin für

Essener Katholikentag gefeiertes – »Politisches Nachtgebet«[152], etwas später auch der brasilianische Erzbischof Dom Hélder Câmara und die lateinamerikanische Befreiungstheologie waren in dieser Phase zentrale Bezugspunkte vor allem junger Katholiken beim Versuch, angesichts der zunehmend wahrgenommenen Ungerechtigkeiten in der Welt, Gesellschaft (christlich) zu gestalten[153]. »Auf diese Weise bildete sich in wenigen Jahren – jenseits der Kirchlichen Bruderschaften und weit über die Studentengemeinden hinaus – so etwas wie eine neue dezidiert linke christliche Tradition«[154]. Thomas Mittmann hat für die kirchlichen Akademien eine »Internationalisierung des kirchlichen Handlungs- und Verantwortungsraumes«[155] konstatiert. Die Kirche müsse sich in ihrer Sendung an alle Völker und die ganze Welt wenden und das bedeutete eindeutig eine Ausweitung kirchlichen Handelns, das aber die Akademien als Begegnungsorte zwischen Kirche und Welt in ihrem Programm leisten. »Sowohl die evangelischen wie auch die katholischen Akademien fungierten in ihrem Einsatz für die Frauen-, Friedens-, Umwelt- und ›Dritte Welt‹-Bewegung als wichtige Scharniere zu den sozialen Bewegungen der 1970er und 1980er Jahre«[156].

Zu erwähnen sind in diesem Zusammenhang auch die christlich-marxistischen Gespräche in den 1960er Jahren, die Pascal Eitler eingehend untersucht hat[157]. Dieses Dialogforum charakterisiert Eitler als Ort der Grenzverschiebung zwischen Politik und Religion, der eine umfassende Politisierung der Religion initiierte, eskortierte und fokussierte[158]. Eine veränderte Haltung zur Welt, die »Orientierung in die Horizontale«[159] wie Metz dies formulierte, drückte sich in diesen Gesprächen nur zu deutlich aus. Die regelmäßig teilnehmenden Theologinnen und Theologen wie Metz, Sölle oder Rahner verfolgten damit ihren Ansatz einer christologisch begründeten Zuwendung zur Welt. Aufgrund der Menschwerdung Gottes müsse sich die Kirche auf die Welt als Gesellschaft und die weltverändernden Kräfte dieser Gesellschaft beziehen und hier Solidarität mit den Unterdrückten und Notleidenden suchen[160]. Für Dorothee Sölle führte die biblische Synthese von Gottes- und Nächstenliebe zur Synthese von Glauben und Politik. Damit aber deutete sich eine Wende zur Praxis an, die sich auf semantischer wie performativer Ebene auf dem Katholikentag 1968 in Essen oder den späteren entwicklungspolitischen Aktionsformen konkretisieren sollte. Bei einem der Politischen

---

Neuere deutsche Literaturgeschichte. 1975–1987 Professur für Systematische Theologie in New York, 1994 Ehrenprofessur in Hamburg. Vgl. U. BALTZ-OTTO, Art. Dorothee Sölle, S. 530–532.

152   Vgl. P. CORNEHL, Dorothee Sölle, S. 266–284.
153   Vgl. dazu T. GROSSBÖLTING, Der verlorene Himmel, S. 175.
154   P. CORNEHL, Dorothee Sölle, S. 273.
155   Vgl. hierzu auch T. MITTMANN, Kirchliche Akademien, S. 106–114.
156   T. GROSSBÖLTING, Der verlorene Himmel, S. 167.
157   Vgl. P. EITLER, »Gott ist tot – Gott ist rot«, S. 239–310.
158   Vgl. EBD., S. 274.
159   EBD., S. 266.
160   Vgl. dazu und im Folgenden EBD., S. 266 f.

Nachtgebete brachte Dorothee Sölle diese insbesondere bei Jugendlichen anschluss-
fähige neue Haltung pointiert auf den Punkt, als sie betonte, dass Nächstenliebe nir-
gends mächtiger und wirkungsvoller sei als im politischen Handeln und damit die
Mitarbeit an der politischen Veränderung der Welt als Nachfolge im Sinne der christlichen Botschaft einforderte[161].

Die christlich-marxistischen Dialoge und die sie tragenden Theologen stellten damit gewissermaßen einen theologischen Überbau zu einer erneuten Politisierung von
Religion in den 1960er Jahren zur Verfügung, die jedoch nicht ein allein intellektueller
Diskurs blieb. Sicher stellten diese Jahre eine Hochzeit dar, Politisierung von Religion
hatte es jedoch auch schon zuvor gegeben. Vielmehr liefen nun durch die Rahmenbedingungen der 1960er Jahre, das wachsende ›Welt‹-Bewusstsein der katholischen
Kirche und den Kalten Krieg verschiedene Stränge zusammen, die insbesondere
im Kontext von ›1968‹ die Stimmung einer ganzen Generation politisierter junger
Menschen anzusprechen in der Lage waren und von diesen in konkretere Umsetzung
gebracht wurden als dies insbesondere die katholischen Theologen selbst im Sinne
gehabt hatten[162]. Der Diskurs machte für den vorliegenden Zusammenhang unmissverständlich deutlich, dass die Betätigung auf dem Feld der Entwicklungsarbeit eine
politische Theologie geradezu voraussetzte.

Am Beispiel des Essener Katholikentags ›Mitten in dieser Welt‹ im September 1968
lässt sich, wie angedeutet, die Pluralisierung und Politisierung des deutschen Katholizismus deutlich erkennen[163]. Schon zeitgenössische Beobachter wie der Journalist
Herbert Riehl-Heyse[164] wunderten sich über die Veränderungen, die ihm beim Katholikentag auffielen. »Brandreden gegen Papst und Bischöfe werden gehalten, offene
Aufrufe gibt es zum Ungehorsam. [...] Dürfen die jungen Menschen, die nun dauernd
den Ton angeben, das alles überhaupt? Sie tun es jedenfalls, und kein Blitz schlägt ins
Gebälk der Grugahalle«[165]. »Essen war anders«, zu diesem Fazit kamen dann auch die

---

161　Vgl. EBD., S. 273.
162　Eitler weist beispielsweise darauf hin, dass es innerhalb der Theologinnen und Theologen unter-
　　　schiedliche Auffassungen zur Gewaltfrage gegeben habe. Während Sölle und andere Gegengewalt
　　　zur Schaffung einer neuen Ordnung für legitim erachteten, unterstellt Eitler Metz, Rahner und
　　　Moltmann ein »gebrochenes Verhältnis zur Praxis« (P. EITLER, »Gott ist tot – Gott ist rot«, S. 303).
　　　Vgl. zur Gewaltfrage auch S. TRIPP, Fromm und politisch.
163　Vgl. dazu ZdK (Hrsg.), Mitten in dieser Welt; auch: P. EITLER, »Gott ist tot – Gott ist rot«, S. 310–340;
　　　D. GERSTER, Friedensdialoge im Kalten Krieg, S. 165–172.
164　HERBERT RIEHL-HEYSE (1940–2003). Studium der Rechtswissenschaften. 1968 Redakteur beim
　　　Münchener Merkur, ab 1971 bei der »Süddeutschen Zeitung«, ab 1987 stellvertretender Chefredak-
　　　teur. 1989 kurzzeitig Chefredakteur des »Stern«, 1990 Rückkehr zur »Süddeutschen Zeitung«. Vgl.
　　　N. N., Trauer um Journalisten-Legende Herbert Riehl-Heyse, URL: http://www.spiegel.de/kultur/
　　　gesellschaft/sueddeutsche-zeitung-trauer-um-journalisten-legende-herbert-riehl-heyse-a-245789.
　　　html (Stand: 1.5.2018).
165　H. RIEHL-HEYSE, Ach, du mein Vaterland, S. 66.

Organisatoren des Katholikentags[166]. Was war nun das ›andere‹ dieser Katholikenversammlung? »Es war meinungsfreudiger, offener, unverblümter, engagierter, kritischer, jünger, konsequenter, mündiger, hoffnungsvoller«, fasste Franz-Maria Elsner die Tage zusammen, nicht ohne hinzuzufügen, dass es »nicht minder fromm, gläubig, einmütig im Wesentlichen, kirchentreu, kirchenliebend«[167] zugegangen sei. Waren bisherige Katholikentage eher »Heerschauen der katholischen Verbände und Laieninitiativen« gewesen, vermeldete die FAZ »schroffe Fronten« und »verschärfte Spannungen«[168]. Ein großes publizistisches Interesse begleitete den Katholikentag, der »bisher nicht gekanntes öffentliches Aufbegehren erlebt«[169] hatte. Nach den schon länger sich anbahnenden Kontroversen im Katholizismus brach an der Enzyklika »Humanae vitae« Pauls VI. vom Juli 1968 der offene Streit aus. Auf dem Katholikentag kündigten zahlreiche Laien, vor allem jüngere, den Gehorsam auf, laut und öffentlichkeitswirksam. »Sich beugen und zeugen«, »Hengsbach wir kommen, wir sind die linken Frommen«, »Sündig statt mündig«, das waren medial geschickt in Szene gesetzte Spruchbänder bei den Diskussionsforen zur Ehe[170]. Der Gruppe ›Kritischer Katholizismus‹ gelang es, sich gewissermaßen als Opposition in Stellung zu bringen[171]. ›Essen‹ ermöglichte also eine Plattform, war ein Ventil für innerkirchlichen Protest. »Zur Diskussion stand in der ›(nach)konziliaren Aufbruchstimmung‹ [...] das Verhältnis von Autorität und Freiheit in der katholischen Kirche«[172].

Letztlich kam in den Referaten und Podien immer wieder die Unsicherheit und Krisenhaftigkeit der Zeit zur Geltung. Bei der Abendveranstaltung in der Essener Grugahalle sprach der Intendant des WDR von dem Gefühl einer kleiner werdenden, begrenzten Welt mit begrenzten Reichtümern. »Was der eine zu viel hat – hat gleich der andere zu wenig. Die Linien in die Zukunft laufen für unsere Erde nicht mehr wie Strahlen auseinander ins Unendliche. Sie laufen aufeinander zu, stoßen sich. Der Endpunkt ist fühlbar«[173]. Die deutliche Krisenwahrnehmung ist nicht zu übersehen. Es werde etwas kosten, »die gewaltigen Katastrophen, die die Welt bedrohen, abzuwenden«[174], so Klaus von Bismarck[175]. Hunger nannte er dabei als zweitwichtigste Aufgabe nach dem Frieden.

---

166   F.-M. Elsner, Essen war anders, S. 15–89.
167   Ebd., S. 19.
168   T. Grossbölting, Der verlorene Himmel, S. 110.
169   Ebd.
170   Ebd., S. 112.
171   Vgl. ebd.
172   C. Lepp, Zwischen Konfrontation und Kooperation, S. 374.
173   K. v. Bismarck, Unruhe in der Welt, S. 624.
174   Ebd., S. 626.
175   Klaus von Bismarck (1912–1997). 1961–1976 Intendant des Westdeutschen Rundfunks in Köln. 1977–1989 Präsident des Goethe-Instituts in München. 1977–1979 Präsident des Deutschen Evangelischen Kirchentages. Vgl. N. N., Art. Klaus von Bismarck, S. 683.

> Die Menschheit vermehrt sich beängstigend mit 60 Millionen pro Jahr. Der Hungertod
> für Millionen bedroht uns [...] mehr als die Atombombe. Die Kluft zwischen den armen
> und reichen Nationen wird immer größer. Die Notwendigkeit der Solidarität zwischen
> den hungernden und den satten Völkern wird viel zu langsam eingesehen. So breiten sich
> auf der einen Seite Unruhe, Furcht, Haß und auf der anderen Seite engstirnige Selbstbe-
> hauptung der Besitzenden aus.[176]

Die Christen seien daher aufgerufen »Geburtshelfer der Zukunft zu sein«[177]. Auch August Vanistendael sah die »Stunde der Christen«[178] gekommen. Niemand habe »tiefere
Gründe als wir, an die Gleichheit aller Menschen in deren Rechten und Würde zu glauben«[179]. Vielmehr seien sich die Menschen in aller Welt bewusst geworden, dass Not
und Elend nicht notwendig seien und »daß die Mittel, sie zu beseitigen, zur Verfügung
stehen und daß alle Menschen ein gleiches Recht auf Leben, Freiheit und Würde inne-
haben«[180]. Man wisse, dass eine Mehrheit der Menschen hungere, kenne die Zahlen
und Statistiken, fühle Mitleid und leiste Hilfe. Eine echte Lösung der genannten Probleme aber brauche mehr als Hilfe. »Eine solche Lösung bedarf eines Strukturwech-
sels der internationalen Wirtschafts- und Machtauffassungen und -verhältnisse«[181]. Es
sei bedrohlich, dass »die entwickelten Länder des Nordatlantiks [...] über einen so
perfekten Machtapparat verfügen, daß sie imstande wären, bei einem Aufstand der
hungernden Völker diese in kürzester Zeit vom Erdboden zu fegen«[182]. Dieser Aufstand aber sei gerechtfertigt als »Schrei der Hungernden nach Leben, Freiheit und
Würde«[183]. Für die Menschheit sei dies von größter Bedeutung.

> Das tragische Schicksal unserer Zeit ist es, daß wir zwar in einer Welt leben, deren Ein-
> heit durch die Leistungen von Wissenschaft und Technik unter Beweis gestellt wird und
> die sich dieser zwingenden, unausweichlichen Einheit stärker und stärker bewußt wird,
> daß die Menschheit aber weder über die moralische Erkenntnis noch über die mora-
> lischen und politischen Einrichtungen verfügt, diese neuen Aufgaben der Einheit zu
> bewältigen.[184]

Die Christen stünden daher vor der Entscheidung, zu einer wirklichen Entwicklung
der Menschheit beizutragen oder zu deren Vernichtung. Die Situationsanalyse war
damit klar und geradezu apokalyptisch beschrieben: Die bisherige Ordnung der Gesellschaft und letztlich der gesamten Welt schien an ein Ende gekommen angesichts

---

176 K. v. BISMARCK, Unruhe in der Welt, S. 627.
177 EBD., S. 633.
178 Dazu und im Folgenden A. VANISTENDAEL, Unruhe in der Welt, S. 639.
179 EBD.
180 EBD., S. 635.
181 EBD., S. 636.
182 EBD.
183 EBD.
184 EBD., S. 637.

der massiven Ungleichzeitigkeiten. Damit benannte Vanistendael erstmals die »Ungerechtigkeit der internationalen Strukturen«[185], die die Lösung der weltweiten Probleme behinderten bzw. die bisherige »humanitär-diakonisch motivierte Hilfe«[186] als unzureichend für eine nachhaltige Lösung erklärten. Die Christen hätten als Christen und als Staatsbürger die Pflicht,

> eine fortschrittliche Entwicklungspolitik kräftigst zu unterstützen und bei unseren Regierungen die internationalen Anliegen der Entwicklungspolitik durchzusetzen: mehr Hilfe, jawohl, aber auch Erneuerung des internationalen Handelns, Arbeitsteilung für industrielle Erzeugung, gerechte Preisabkommen für Rohstoffe,[187]

Begrifflichkeiten, die insbesondere in den 1970er Jahren Eingang in die Debatte fanden.

Vor allem aber ging er mit diesen Forderungen weiter als viele andere, insbesondere weiter als die Bischöfe, die in den Katholikentagsgottesdiensten Solidarität einforderten und zu Spenden aufriefen. So etwa Kardinal Lorenz Jaeger:[188]

> Seit Anfang dieses Jahres ruft die Kirche außerdem – gemeinsam mit den evangelischen Kirchen – am Herz-Jesu-Freitag eines jeden Monats uns auf, ›brüderlich zu teilen‹ mit denen, die weniger haben als wir. Das ist nicht Abschöpfen der Überschüsse des Wohlstandes hier in Europa zugunsten der Entwicklungsländer; nicht kluge Berechnung als Überrest kolonialistischen Denkens oder opportunistischer Überlegung, die mit möglicher Explosion jener Hungergebiete rechnet. Nein, die Liebe unseres Gottes ist es, die zum brüderlichen Teilen drängt. Wir sollten dabei nicht nur vom Überfluß geben, sondern wirklich in Dankbarkeit opfern.[189]

Genau diese Praxis aber geriet mit dem Katholikentag verstärkt in die Kritik. So »empörten sich [die jungen Leute] über unnötigen Pomp in der Kirche [...]. Andere beschwerten sich darüber, daß der Episkopat zwar von den Gläubigen große Opfer fordere, nicht aber daran denke, aus den eigenen Kirchensteuereinnahmen erhebliche Summen«[190] zur Verfügung zu stellen. Noch weiter gingen die wenigen Teilnehmer, die am Forum »Entwicklung – ein neuer Name für Frieden« teilnahmen[191]. In fünf Diskussionspunkten riefen sie zu einer umfassenden Erneuerung der Entwicklungsarbeit der Kirchen wie des Staates auf. Kerngedanke war eine Bewusstseinsbildung und eine Wirkung der »Entwicklungsarbeit« nicht nur in den »Entwicklungsländern«, sondern

---

185 EBD.

186 C. LEPP, Zwischen Konfrontation und Kooperation, S. 375.

187 A. VANISTENDAEL, Unruhe in der Welt, S. 639.

188 LORENZ JAEGER (1892–1975). Studium der Theologie in Paderborn und München. 1922 Priesterweihe. 1941 Bischofsweihe in Paderborn. Mitglied des Einheitssekretariats. Konzilsteilnehmer. 1965 Erhebung zum Kardinal. 1973 Emeritierung. Vgl. A. KLEIN, Art. Lorenz Jaeger, Sp. 707.

189 L. Kardinal JAEGER, »Tag des brüderlichen Teilens«, S. 592.

190 N. N., Mission – Heilsdienst an den Völkern, S. 584.

191 Vgl. dazu und im Folgenden N. N., Entwicklung. Ein neuer Name für Frieden, S. 563–574.

auch in den westlichen Ländern. Partnerschaft und gemeinsame Verantwortung für-einander sollten die zentralen Handlungskategorien werden und Hilfe »zum Aufbau einer neuen Weltgesellschaft beitragen«[192], die auch die Geberländer beinhalte. Dazu seien langfristige Strukturänderungen notwendig, die sich nicht zuletzt aus der Dring-lichkeit des Problems ergeben. »Die Entwicklung der Welt, die Gemeinsamkeit aller Menschen, die Gemeinsamkeit ihrer Verantwortung, sind das erste und wichtigste Problem unserer Zeit«[193], so die abschließende Erklärung des Forums.

> Entwicklung ist nicht nur etwa ein neuer Name für Frieden, sondern der einzige Weg zum Frieden. Entwicklung ist daher nicht zuerst eine Angelegenheit persönlicher Cari-tas und privaten Almosens, sondern das Zentralproblem gesellschaftlichen Wandels von Macht und Gerechtigkeit auf der ganzen Welt.[194]

Gerechtigkeit als zentraler Begriff des Bewältigungshandelns rückte damit immer stärker in den Fokus.

Gemein war all diesen Diskussionen, dass sie wahrgenommene Ungerechtigkeiten und Ungleichheiten in der Welt aufnahmen und sie – mit unterschiedlichen Überle-gungen zu den Ursachen dieser Ungleichheiten – zu verändern suchten. Letztlich be-drohten diese neuen Situationen die kirchliche Ordnung in ihrer bisherigen Form, weil sie Verhaltens- und Erwartungsmuster, Sozialformen und Wertorientierungen radikal in Frage stellten und umcodierten. Zentrale Ergebnisse des Katholikentages waren, so Eitler, die positive Bewertung des Pluralismus, die Einordnung des Katholizismus in die pluralistische Gesellschaft und die Forderungen nach innerkirchlicher Demokra-tisierung und Überprüfung autoritärer Strukturen[195]. Gleichzeitig ermöglichten diese Veränderungen einerseits die Erschließung und Besetzung neuer Themenfelder, eben den Bereich der »Entwicklungshilfe«, und andererseits damit einhergehend die Kon-taktnahme mit neuen, dem Katholizismus ferner stehenden Personenkreisen. Denn, so hat Claudia Lepp herausgearbeitet, die »fließendsten Grenzen zwischen Kirchen und sozialen Bewegungen finden sich auf dem Feld der Solidarität mit dem ›fernen Nächsten‹. Christliche ›Dritte-Welt‹-Arbeit fand sowohl im Raum verfasster Kirchlich-keit als auch im Bewegungssektor statt und war oft transkonfessionell angelegt«[196], mehr noch als die Akademien.

Zu Bindegliedern zwischen der Studentenbewegung und der Kirche in der Ent-wicklungspolitik wurden die kirchlichen Jugendorganisationen. Das Thema »Dritte Welt« wurde zu einem Komplex, der den Zusammenschluss von Studentenbewegung und BDKJ bzw. katholischen Jugendlichen allgemein ermöglichte. Ab Ende der 1960er

---

192 EBD., S. 572.
193 EBD., S. 574.
194 EBD.
195 Vgl. P. EITLER, »Gott ist tot – Gott ist rot«, S. 334.
196 C. LEPP, Zwischen Konfrontation und Kooperation, S. 375.

Jahre bildeten sich mehrere hundert entwicklungspolitische Basisinitiativen aus Menschen der Studentenbewegung, der Kirchen und jenseits klassischer Kirchlichkeit.

> Sie reichten von Solidaritätsgruppen, die Elemente der religiösen und ethischen Praxis der Basisgemeinden der ›Dritten Welt‹ in das eigene Gemeindeleben überführen wollten, über Gruppen im studentischen Milieu und in der Ladenszene bis zu Projekten alternativer Lebensgemeinschaften.[197]

Ebenso begannen viele Kirchengemeinden, anknüpfend an bisherige Unterstützungsaktionen für bisweilen ›eigene, lokale‹ Missionare, über Projektpatenschaften mit »Entwicklungsländern« ihr Engagement für die »Dritte Welt« und etablierten so immer weiter die Hungerproblematik in den Kirchengemeinden[198]. Die entwicklungspolitischen Aktionsgruppen wurden in den 1970er Jahren zu einer der sogenannten Neuen Sozialen Bewegungen mit Akteuren der unterschiedlichsten Sozialisationen und mit unterschiedlichen Zielen[199]. »Radikalen Systemgegnern mit sozialistischen Orientierungen standen mehrheitlich Engagierte mit christlichen oder eher allgemein-humanistischen Ansätzen gegenüber«[200]. Gemeinsam war ihnen eine »neue, entgrenzte Solidarität«[201], ohne, im Unterschied auch zu anderen sozialen Bewegungen, von ihrem Anliegen unmittelbar betroffen zu sein. Diese neuartige Bewegungsform brach damit einerseits die Einheit des Katholizismus endgültig auf, löste andererseits traditionelle politische Bindungen und öffnete damit dem Katholizismus eine breitere politische Präsenz[202]. Bald schon teilten die Bewegungen auch ihre massive Kritik an der bisherigen staatlichen und kirchlichen Entwicklungsarbeit, wobei die aus Südamerika stammende Dependenztheorie zur Anwendung kam. »Deren theologisches Pendant war die Theologie der Befreiung, die in den Basisgruppen intensiv rezipiert wurde, innerhalb der katholischen Kirche aber auch auf heftigen Widerspruch stieß«[203]. Bevor dies nun aber behandelt wird, sollen zunächst noch der wissenschaftliche und mediale Diskurs und seine Vernetzung im katholischen Raum thematisiert werden.

b) Medialer und gesellschaftlicher Diskurs: Bevölkerungswachstum, Welternährung, Hungerboom

> die welt steht vor dem ›hungerboom‹. hungersnöte auf der ganzen welt sind das schreckgespenst der zukunft, das ernaehrungsexperten auf grund ihrer erfahrungen und untersuchungen sehen. ihre argumentation: die bevoelkerungsexplosion ist staerker als die

---

197 Ebd., S. 10.
198 Vgl. Ebd., S. 10.
199 Vgl. dazu: C. Olejniczak, Dritte-Welt-Bewegung, S. 339–341.
200 C. Lepp, Zwischen Konfrontation und Kooperation, S. 379.
201 Ebd.
202 Vgl. M. Möhring-Hesse, Art. Soziale Bewegungen, Sp. 755 f.
203 C. Lepp, Zwischen Konfrontation und Kooperation, S. 378.

zunahme an nahrungsmitteln. 1966 beispielsweise hat die weltbevölkerung um rund 70 millionen menschen zugenommen – die nahrungsmittelproduktion jedoch wurde vergleichsweise nur unbedeutend gesteigert.[204]

Ende der 1960er und zu Beginn der 1970er Jahre verstärkte sich durch die intensiven Etablierungsbemühungen und die aufgezeigten gesellschaftlichen Transformationsprozesse der mediale und gesellschaftliche Diskurs über die Fragen von Welternährung und Bevölkerungswachstum.

Die von der FAO 1960 angesichts des weltweiten Hungers ins Leben gerufene ›Freedom from Hunger Campaign‹, die 1962 zur Gründung des Deutschen Ausschusses für den Kampf gegen den Hunger durch Bundespräsident Heinrich Lübke geführt hatte, traf sich im November 1969 zu ihrer vierten Konferenz am Sitz der FAO in Rom[205]. Ziel dieser Konferenz war die Abstimmung von Maßnahmen zur Vermeidung von weiteren Hungersnöten.

> mitte oktober startete die fao eine alarmrakete, als sie die ergebnisse einer vierjaehrigen untersuchungsarbeit veroeffentlichte: wenn nicht innerhalb der kommenden eineinhalb jahrzehnte dem hunger ganz entschieden der kampf angesagt wird, ist eine welternaehrungskrise nicht zu vermeiden. schon heute reicht die nahrungsmittelproduktion nicht aus, um die rund 3,4 milliarden menschen der erde zu ernaehren. in afrika, lateinamerika und in asien hungern millionen.[206]

Deutlich wurde in dieser dpa-Meldung vom 3. November 1969 die zeitliche Verdichtung: Nur wenig Zeit stehe zur Lösung des Hungerproblems zur Verfügung. Die FAO und ihre nationalen Komitees sowie viele private Hilfsorganisationen hätten in den vergangenen fünf Jahren zwar mehr als 100 Millionen DM an Spenden zur Verfügung gestellt, die Bundesrepublik habe 10 Prozent dazu beigetragen. »private spenden allein aber koennen eine weltweite ernaehrungskrise nicht abwenden. experten der fao verlangen dazu ein umfassendes reformprogramm, an dem sich die ›reichen‹ und die ›armen‹ gleichermassen beteiligen muessen«[207]. Dazu sei insbesondere die Steigerung der wirtschaftlichen Produktivität der »Entwicklungsländer« notwendig, hinzu müsse ein gegenseitiges Miteinander über »falsches nationaldenken«[208] hinaus erreicht werden. Die eindringliche Warnung vor dem »hungerboom« mit den gefühlsbeladenen Begriffen einer »bevölkerungsexplosion«, der »alarmrakete« und dem »schreckgespenst der zukunft«[209] verfehlten ihre Wirkung nicht. Ausgehend von den Hungerkatastrophen der 1960er Jahre konnte sich die Welternährung zu einem

---

204   DPA-Meldung, die welt steht vor dem »hungerboom«, 3.11.1969 (2 Meldungen), 1, in: ACDP PRESSE-
        ARCHIV, Hunger.
205   Vgl. dazu und im Folgenden EBD., S. 1.
206   EBD.
207   EBD., S. 2.
208   EBD.
209   EBD., S. 1.

Zukunftsthema des öffentlichen Diskurses etablieren, das dringlich zu bearbeiten sei. »Die Angst vor einer dramatischen Situation war dabei durchaus real, wurde jedoch durch das traditionsreiche Schlagwort ›Überbevölkerung‹ noch zusätzlich geschürt. [...] [E]ine globale ›Bevölkerungsexplosion‹ bestimmte die Debatten«[210]. Erschien das Problem der Welternährung insbesondere in den frühen 1960er Jahren als ein lösbares Problem, dem mit marktwirtschaftlichen Mechanismen beizukommen sei, veränderten sich nun die Diskussionen, »weg von einem ernsten, aber mit Willen und Technik lösbaren Problem der Ernährung der Weltbevölkerung, hin zu einer drohenden (und kaum aufzuhaltenden) globalen Krise«[211]. Heike Wieters zeigt auf, dass »verstärktes Umweltbewusstsein, wachsende Zukunftsängste und politische Auseinandersetzungen in der Bundesrepublik« dazu geführt hätten, »dass auch die Debatten um das Welternährungsproblem vermehrt im Zeichen der Krise«[212] gestanden hätten. Der bisherige Optimismus, eine hungerfreie Welt zu erreichen, schwand, als Experten und Öffentlichkeit »die wachsende Lücke zwischen ›Sein und Sollen‹ im Kampf gegen den Hunger«[213] immer stärker wahrnahmen.

Deutlich zeigen den schwindenden Optimismus auch die in verstärktem Maße veröffentlichen Publikationen dieser Jahre, insbesondere das in der Reihe »ro ro ro-aktuell« verlegte Bändchen der Vereinigung Deutscher Wissenschaftler »Welternährungskrise oder: Ist eine Hungerkatastrophe unausweichlich?« vom Oktober 1968[214]. »Der Hunger«, so die Inhaltsbeschreibung, »ist heute das Weltproblem Nr. 1. Jahr für Jahr verhungern allein 3.500.000 Kinder in den sogenannten ›Entwicklungsländern‹. Eine Lösung des Problems ist nicht in Sicht«[215]. Diese pessimistische Sicht auf die Welternährungslage resultierte aus dem immer größer werdenden Abstand zwischen den reichen und den hungernden Ländern und den nicht abreißenden Hungerkatastrophen-Meldungen, die trotz steigender Nahrungsmittelproduktion nicht weniger würden. Hinzu komme, dass die

> reichen Länder die ›unterentwickelten‹ Länder seit Jahrhunderten ausgebeutet haben und noch heute ausbeuten. Anstatt daß man die verfügbaren Überschüsse zum Kampf gegen den Hunger verwendet, vergeudet man sie in einem sinnlosen Wettrüsten und einem – im Vergleich mit dem weltweiten Hunger – ins Maßlose gesteigerten Konsum.[216]

Das bisherige Welternährungsproblem bedrohte die bestehende Ordnung aus einer moralischen wie einer politischen Perspektive. »Die Unruhe darüber, daß eine so große, ständig wachsende Zahl von Menschen dem Hunger preisgegeben ist, während es

---

210 H. WIETERS, Debatten über das »Welternährungsproblem«, S. 223.
211 EBD., S. 227.
212 EBD., S. 228.
213 EBD.
214 Vgl. dazu und im Folgenden VDW (Hrsg.), Welternährungskrise.
215 EBD., S. 2.
216 EBD.

niemals soviel Mittel und Möglichkeiten gegeben hat, alle zu sättigen, wächst bei uns wie überall«[217]. Dieser Zustand aber sei ein »Versagen der menschlichen Gesellschaft in unserer Zeit« und eine »beständige Anklage und Herausforderung«[218], denn es gelte, keine Zeit zu verlieren.

> Es ist nicht die Frage, ob wir uns dieser Herausforderung stellen oder nicht. Indhira Gandhi sagte zur Eröffnung der Zweiten Welthandelskonferenz in Neu-Delhi: ›Für die entwickelten Nationen heißt die Frage nicht, ob sie es sich leisten können, den Entwicklungsländern zu helfen, sondern ob sie es sich leisten können, ihnen nicht zu helfen.‹[219]

Damit ist auch die zweite mögliche, die politische Perspektive angesprochen, denn das Welternährungsproblem habe, so die Überzeugung, erhebliche politische Auswirkungen.

> Wenn sich die Kluft zwischen arm und reich ständig verbreitert, statt sich zu schließen, wird es mit Sicherheit keine wirtschaftlichen und politischen Lösungen mehr geben. Gewaltsame Veränderungen, Umstürze und Revolutionen sind die Alternative. Dabei wird es nicht nur darum gehen, den Reichen in den betroffenen Ländern ihre Privilegien zu nehmen [...], es werden auch solche wirtschaftlichen Interessen von Industriestaaten [...] nicht unangetastet bleiben dürfen.[220]

Das bedrohliche Potential von Hungerkatastrophen entfalteten die Wissenschaftler deutlich in der Andeutung eines Dritten Weltkrieges: »Es ist nicht ausgeschlossen, daß aus Hunger und Verzweiflung ein kriegerischer Konflikt weltweiten Ausmaßes entstehen kann«[221]. Vielmehr gebe es schon Autoren, »die das Zeitalter der Hungerkatastrophen als die das atomare Zeitalter ablösende Epoche ›feiern‹«[222].

1969 erschien im Auftrag der Deutschen Welthungerhilfe das Taschenbuch »Strategie gegen den Hunger«[223], das ebenso dringlich eine Lösung der Hungerproblematik anmahnte. Noch nie habe es »eine Aufgabe von solcher Größe gegeben wie die Sicherung der Ernährung des in den kommenden Jahrzehnten in den Entwicklungsländern zu erwartenden Bevölkerungszuwachses«[224]. Der Information der Öffentlichkeit komme bei der Bewältigung dieser Aufgabe eine wesentliche Aufgabe zu, vor allem das ›Wie‹ dieser Information. Das Bändchen der Welthungerhilfe stellte damit einen klassischen Versuch einer weiteren Etablierung des Problemfeldes Hunger in der Öffentlichkeit dar, deren Meinung bezüglich der »Entwicklungshilfe« sehr differenziert

---

217 EBD., S. 108.
218 EBD., S. 108 f.
219 EBD., S. 109.
220 EBD., S. 14.
221 EBD.
222 EBD.
223 Vgl. dazu und im Folgenden DEUTSCHE WELTHUNGERHILFE (Hrsg.), Strategie gegen den Hunger.
224 B. DREESMANN, Strategie gegen den Hunger, S. 9.

zu betrachten sei. Eine Umfrage im Frühjahr 1969 habe ergeben, dass »die eher negative Einstellung der Bevölkerung zur Entwicklungshilfe dort am geringsten ist, wo es um die Bekämpfung des ›Hungers‹ geht«[225]. Die Hilfsbereitschaft bei diesem Themenkomplex aber generiere sich nicht aus dem »Bewußtsein sozialer Ungerechtigkeit und menschlicher Mitverantwortung«[226], sondern aus Mitleid.

> Anders ausgedrückt: das Bild hungernder Kinder und leidender Mütter läßt die Münze in der Sammelbüchse klingen, während der hoffnungslose Kampf vieler Millionen afrikanischer Landwirte gegen eine Heuschreckenplage oder der riesige Schaden, den Dürrejahre auf den Feldern asiatischer Landwirte anrichten, kaum eine Reaktion auslösen.[227]

Damit hatte die Welthungerhilfe präzise das Problem benannt, vor dem Hilfsorganisationen und Engagierte in der Hungerbewältigung Ende der 1960er Jahre immer wieder standen.

> Für die meisten Menschen ist daher der Begriff ›Hunger‹ gleichbedeutend mit Katastrophe, d. h. einem begrenzten Zeitraum akuter Not, die man durch gezielte Aktionen schnell lindern kann. In seiner Überzeugung, daß jede Hungersnot nur eine Art ›versorgungstechnischen Unfalls‹ darstellt, wird der Bürger gestärkt, wenn er zu gleicher Zeit erfährt, daß die Landwirtschaft der Industriestaaten unter riesigen Überschüssen ächzt.[228]

Die Lösungsvorstellungen einer Nahrungsmittelhilfe in die Notgebiete sei aber ein »kindlicher Fehlschluß«, denn mit »wenigen Zahlen läßt sich nachweisen, daß Nahrungsmittellieferungen allein die chronische Versorgungslücke auf die Dauer nicht werden schließen können«[229]. Daher müsse die Agrarproduktion in den »Entwicklungsländern« gesteigert werden.

> Wenn man einmal von der reinen Katastrophenhilfe und den speziellen, sehr wirksamen Maßnahmen des ›Welternährungsprogramms‹ d. h. Lebensmittel als entwicklungsfördernde Gegenleistung für erbrachte Arbeit zu geben, absieht, erscheint die Nahrungsmittelhilfe daher nicht als der richtige Weg, die Ernährungslage in der Dritten Welt entscheidend zu verbessern.[230]

Vielmehr brauche es ein umfassendes Programm, »das auch die weiteren wirtschaftlichen Zusammenhänge und die sozialen Fragen gebührend berücksichtigt«[231]. Dieses Schwerpunktprogramm hatte die FAO in der zweiten Entwicklungsdekade ab 1971

---

225 Ebd., S. 10.
226 Ebd.
227 Ebd.
228 Ebd.
229 Ebd.
230 Ebd., S. 11.
231 Ebd.

entwickelt, um einen »Durchbruch zu einer Besserung der wirtschaftlichen und sozialen Lage in der Dritten Welt«[232] zu erreichen.

Mit den 1970er Jahren begann die von der FAO ausgerufene zweite Entwicklungsdekade, zu deren Auftakt diese Überlegungen entstanden waren. Dazu hatte eine von der Weltbank eingesetzte Kommission unter Leitung des ehemaligen kanadischen Premierministers und Friedensnobelpreisträgers Lester Pearson[233] einen umfassenden Bericht über die zurückliegenden 20 Jahre der Entwicklungspolitik vorgelegt, der insofern eine Zäsur darstellt, als dass er die bis dahin favorisierte Politik der Modernisierung deutlich kritisierte und den herrschenden Fortschrittsoptimismus empfindlich in Frage stellte[234]. »Die immer größer werdende Kluft zwischen Industrie- und Entwicklungsländern ist zu einem zentralen Problem unserer Zeit geworden«[235]. Der Bericht untersuchte ausgehend von dieser Krisenwahrnehmung die bisher erreichten Entwicklungsziele und stellte in Umrissen eine Entwicklungsstrategie für die zweite Entwicklungsdekade vor. Am Übergang zur zweiten Entwicklungsdekade sei ein »Nachlassen der internationalen Entwicklungsanstrengungen«[236] zu beobachten, Erfolgsaussichten und Sinn seien infrage gestellt, Enttäuschung und Misstrauen prägten die Atmosphäre, hervorgerufen durch falsche Erwartungen, Vorstellungen und fehlenden Willen. Die »Entwicklungshilfe« sei daher in eine »akute Krise«[237] gekommen.

Auch in der Frage, warum »Entwicklungshilfe« überhaupt notwendig sei, gab der Bericht eine bemerkenswerte, für die Fragestellungen dieser Arbeit wesentliche Antwort: »Warum sollen die reichen Länder den armen Nationen Hilfe leisten, wenn selbst die reichsten unter ihnen mit schweren sozialen und wirtschaftlichen Problemen innerhalb ihrer Grenzen zu kämpfen haben?«[238] Zu dieser Frage, die sich in den 1970er Jahren im bundesdeutschen Kontext angesichts erster Konjunkturschwächen, erhöhter Arbeitslosigkeit und Rohstoffpreisanstiegen immer deutlicher stellte, gab er zunächst die »einfachste Antwort« moralischer Natur. »Es ist nur gerecht,

---

232 EBD., S. 12.

233 LESTER PEARSON (1897–1972). Studium der Geschichte in Toronto. 1928 Eintritt in den diplomatischen Dienst, Tätigkeiten im Außenministerium, in London und Washington D.C. 1946 Ernennung zum Vize-Außenminister, ab 1948 Außenminister. 1951 und 1952 Vorsitzender der NATO-Versammlung, 1952 Präsident der UN-Generalversammlung. 1957 Friedensnobelpreis für seine Rolle bei der Beilegung des Konflikts im Suezkanal. 1963–1968 Premierminister. Ab 1969 Leitung der Kommission für Internationale Entwicklung der Weltbank, Veröffentlichung des Pearson-Berichts. Darin erstmalige Bilanz von 20 Jahren Entwicklungspolitik und Empfehlungen für die zweite Entwicklungsdekade; Kritik an der Modernisierungstheorie. Vgl. B. KUPFER, Lexikon der Nobelpreisträger, Art. Lester Pearson, S. 431 f.

234 L. B. PEARSON, Der Pearson-Bericht.

235 EBD., S. 21.

236 EBD., S. 22.

237 EBD.

238 EBD., S. 27.

wenn die Besitzenden ihren Reichtum mit den Armen teilen«[239]. Allerdings mache
die Tatsache, dass die »Sorge um das Wohlergehen anderer und ärmerer Nationen
[...] Ausdruck einer grundlegend neuen Kennzeichnung unseres Zeitalters [ist] – des
Bewußtseins, in einer kleiner gewordenen Welt zu leben und einer Weltgemeinschaft
anzugehören«[240], die Motivation zur Hilfe zu mehr als einem moralischen Impuls.
»Sie macht ihn zu einem politischen und sozialen Gebot für die Regierungen, die heute in ihren Beziehungen zueinander zumindest ein gewisses Maß an gegenseitiger Verantwortung zu übernehmen beginnen«[241]. Dieses Gebot resultiere aus der Einsicht,
dass

> die Sorge um die Verbesserung der menschlichen Verhältnisse nicht teilbar ist. Wenn
> die reichen Länder sie zu teilen versuchten, wenn sie sich auf die Beseitigung der Armut
> und Rückständigkeit bei sich zu Hause beschränkten und sie anderswo ignorierten, was
> würde dann aus den Grundsätzen, nach denen sie zu leben trachten? Können die mora-
> lischen und sozialen Fundamente ihrer eigenen Gesellschaftsordnungen fest und stark
> bleiben, wenn sie mit der Not der anderen nichts zu tun haben wollen?[242]

Hunger, Armut und Not anderer Menschen stellten nach dieser Lesart nicht nur eine
moralische Ordnung, etwa die der Gerechtigkeit infrage, sondern bedrohten auch die
politische und soziale Ordnung von Gesellschaften durch das Bewusstsein einer zu-
sammenwachsenden Welt, letztlich die Weltgemeinschaft. Insbesondere die Jugend
spüre dies und empfinde am deutlichsten »den internationalen Charakter menschlicher Ereignisse und Beziehungen« und engagiere sich daher stärker in »einer Gemeinschaft, die über die Grenzen ihrer Nation hinausgeht«[243]. Angesichts der weltweiten
Notlagen stünde die Menschheit vor

> einer entscheidenden Aufgabe und vor einer Chance, die in der Geschichte ohne Beispiel
> ist. Die internationale Wirtschaftsentwicklung ist eine große Herausforderung unserer
> Zeit. Unsere Reaktion auf diese Herausforderung wird zeigen, ob wir begriffen haben,
> welche Konsequenzen die gegenseitige Abhängigkeit aller Länder voneinander in sich
> birgt, oder ob wir uns lieber weiterhin der Illusion hingeben wollen, daß wir die Armut
> und Entbehrungen der meisten Menschen ignorieren können, ohne damit tragische Fol-
> gen für alle heraufzubeschwören.[244]

Die skizzierten Publikationen zeigen abschließend betrachtet zwei für den Fortgang
wesentliche Aspekte auf. Erstens war, wie ausgeführt, die Vorstellung der Bewältigung
des Hungerproblems durch Nahrungsmittelhilfe, Spendenaufrufe und nachholende
Modernisierung obsolet geworden. »Zu Beginn der 1970er Jahre war die Vision einer

---

239 EBD.
240 EBD.
241 EBD.
242 EBD.
243 EBD., S. 28 f.
244 EBD., S. 30.

Welt ohne Hunger, jenseits nationaler Interessen an der Realität zerschellt«[245]. Zwar stiegen, wie im folgenden Unterkapitel noch auszuführen sein wird, die Spendenmittel durch umfassende Werbung Ende der 1960er Jahre deutlich an, parallel »zur ausgeweiteten Darstellung des Hungers gewann jedoch das Argument an Boden, dass zunehmend nicht nur die Hungernden selbst, sondern auch die Satten bedroht seien«[246]. Willy Brandt zeichnet in einem Beitrag zum Band »Strategie gegen den Hunger« diese Bedrohungslage in emotionaler Deutlichkeit:

> Der Nord-Süd-Gegensatz beginnt, die nach wie vor bestehenden Ost-West-Spannungen teilweise zu überlagern und zu verschieben, möglicherweise auch zu potenzieren. [...] Wenn wir – d. h. die industrialisierten Länder einschließlich der Bundesrepublik Deutschland – einfach nur mit den augenblicklich praktizierten Mitteln weiterarbeiten und uns nicht wesentlich intensiver als bisher auf die Notwendigkeiten der Dritten Welt einstellen, werden die Menschen dieser den Wettlauf mit dem Hunger verlieren. Dann kann uns die Lawine, die schon ins Rutschen gekommen ist, unter sich begraben. [...] Der Konflikt, der sich vom Süden unserer Erdkugel her anbahnt, würde uns gewiß nicht verschonen. Die Splitter der gewaltigen Explosion – verursacht durch das Aufeinanderprallen von armen und reichen Nationen – würden auch uns sehr empfindlich treffen.[247]

Heike Wieters zeigt deutlich, dass die Kirchen und ihre Hilfswerke ebenfalls zu einer Stilisierung der »Hungerbombe« beitrugen, deren Auswirkungen auch eine Gefahr für die Menschen in den Industrieländern darstellte. »Tatsächlich avancierte die ›Hungerbombe‹ zum Medienschlagwort jener Jahre: Hunger wurde immer öfter zu einem Pulverfass erklärt, das jederzeit explodieren könne«[248].

Damit einher geht zweitens die Erkenntnis, dass das Problemfeld umfassender verstanden wurde. Hunger stellte nun vielmehr ein Symptom zahlreicher Ungerechtigkeiten auf der Welt dar. Wieters beschreibt dies als Ablösung der agrarisch-technischen Betrachtungsweise zugunsten einer wirtschaftlich-sozialen Dimension des Welternährungsproblems[249].

> Die große Mehrzahl all jener Agronomen und Experten, die sich bisher überwiegend auf technische Methoden der Mehrproduktion verlegt hatten und den Absatz als Aufgabe der Politik, Entwicklungshilfe oder, noch allgemeiner, automatische Folge der ›Industrialisierung‹ gesehen hatten, waren gezwungen einzuräumen, dass Nahrung nicht nur erzeugt, sondern auch gekauft werden musste,[250]

mithin also auch Fragen der Beschäftigungssituationen und der Kaufkraft in den Blick kommen mussten. Der »Teufelskreis Arbeitslosigkeit – Armut – Hunger«[251] wurde

---

245 H. WIETERS, Debatten über das »Welternährungsproblem«, S. 231.
246 EBD., S. 228.
247 W. BRANDT, Entwicklungshilfe, S. 26 f.
248 H. WIETERS, Debatten über das »Welternährungsproblem«, S. 228 f.
249 Vgl. EBD., S. 231.
250 EBD.
251 EBD.

als solcher wahrgenommen. »Nicht mehr allein der leibliche Hunger, sondern vor allem das globale Kräftegleichgewicht und die Folgen kapitalistischer oder ›imperialistischer‹ Handelspolitik, die Dependenz des globalen Südens vom globalen Norden, wurden zunehmend thematisiert«[252]. Mit diesen Forderungen zur Zukunft der »Entwicklungszusammenarbeit« zogen zwei neue Begrifflichkeiten in die Debatte ein: Partnerschaft und Verantwortung. Die bisherigen Anstrengungen waren, wie kritisiert, von einer nachholenden Entwicklungsleistung im Sinne der Modernisierung geprägt gewesen. Durch den Begriff der »Entwicklungshilfe« war gleichsam die hierarchische Ordnung von Gebern und Nehmern konstruiert worden. Indem nun Partnerschaft und gegenseitige Verantwortung ins Zentrum der weiteren Anstrengungen rückte, wurden erstens Überlegungen zahlreicher entwicklungspolitisch Engagierter aufgegriffen und zweitens ein neues Selbstverständnis in die Debatte gebracht, das sich in der zweiten Entwicklungsdekade noch deutlicher herauskristallisieren sollte und vor allem im Begriff der Gerechtigkeit Wirkung entfaltete. Heike Wieters konstatiert, dass sich so eine »dauerhafte Debatte über Verteilungsgerechtigkeit und vor allem ein besserer Zugang der Länder der ›Peripherie‹ zum Weltmarkt entwickelte, die das Welternährungsproblem als Konzept deutlich überlebte«[253]. Politisch führten diese neuen Aspekte zu einer vom seit 1969 amtierenden »Entwicklungshilfeminister« Erhard Eppler[254] im Wahlkampf entwickelten neuen ›Generalformel zur Entwicklungspolitik‹, die Eppler unter anderem in einem ausführlichen Artikel in der Wochenzeitung »Die Zeit« entfaltete[255].

An dieser Stelle deutet sich eine Vernetzung der Diskurse an, denn die oben eingeführten Aspekte fanden ebenso Eingang in die kirchlichen Debatten wie die Argumentationen kirchlicher Autoritäten, Institutionen und Publikationen in den gesamtgesellschaftlichen Diskurs.

So publizierte der Direktor des Instituts für Ausländische Landwirtschaft an der Universität Stuttgart-Hohenheim, Hans Ruthenberg[256] in der Schriftenreihe des Heinrich-Pesch-Hauses »Freiheit und Ordnung« einen Band mit dem Titel »Das

---

252 EBD.; vgl. dazu O. MATZKE, Plündern die Reichen die Armen aus?

253 H. WIETERS, Debatten über das »Welternährungsproblem«, S. 232.

254 ERHARD EPPLER (* 1926). Studium der Germanistik, Englisch und Geschichte, 1951 Promotion (Dr. phil.), Gymnasiallehrer in Schwenningen. 1956 Eintritt in die SPD, 1961–1976 MdB, 1976–1982 Mitglied des Landtags von Baden-Württemberg. 1968–1974 Bundesminister für wirtschaftliche Zusammenarbeit, 1974 Rücktritt wegen Haushaltskürzungen. Tätigkeiten als Kirchentagspräsident, Publizist und aktiv in der Friedensbewegung. Vgl. R. FAERBER-HUSEMANN, Der Querdenker.

255 Erhard EPPLER, Kraftspritze für die Dritte Welt, in: DIE ZEIT, Nr. 14, 4.4.1969, URL: http://www.zeit .de/1969/14/kraftspritze-fuer-die-dritte-welt (Stand: 1.5.2018).

256 HANS-HARTWIG RUTHENBERG (1928–1980). Studium der Agrarwissenschaften in Göttingen, Promotion. 1965 Habilitation. Ab 1966 Professor für Ökonomik der landwirtschaftlichen Produktion in den Tropen und Subtropen im Institut für landwirtschaftliche Betriebslehre der Landwirtschaftlichen Hochschule Hohenheim. Vgl. Eintrag auf der Homepage der Universität Hohenheim, URL: https://troz.uni-hohenheim.de/uploads/media/Prof._Ruthenberg.pdf (Stand: 3.10.2015).

Welternährungsproblem«[257], in dem er das Ernährungsproblem weniger als ein Problem fehlender Nahrungsmittel oder Produktion darstellte, sondern als eines der Armut insgesamt. Auch der Pearson-Bericht fand Widerhall in der katholischen Öffentlichkeit. Dem zweiten Entwicklungsjahrzehnt widmete sich eine Schrift von Klaus Lefringhausen[258] und Friedhelm Merz[259], beide jeweils für die evangelische und die katholische Kirche im Entwicklungsbereich bzw. bei Misereor tätig, die den Pearson-Bericht und seine Konsequenzen für die kirchliche Arbeit aufzuarbeiten suchte[260]. In einem ersten Teil fasste Klaus Lefringhausen die wesentlichen Ergebnisse des Pearson-Berichtes zusammen und bezog die Erkenntnisse immer wieder auf die deutsche Situation der Entwicklungspolitik. So stehe der Bericht im Kontext einer Überprüfung bisheriger »Entwicklungshilfebemühungen« und der Entwicklung neuer Konzeptionen, an denen auch die Kirchen mitarbeiteten. Zwei von Lefringhausen angesprochene Aspekte belegen die bereits ausgeführten Neukonfigurationen, die das Hungerproblem an dieser Schwelle erlebte. Es gehöre, so Lefringhausen, »mit zu den bittersten und noch aufzuarbeitenden Erfahrungen der 1. Dekade, daß man den Entwicklungsländern zwar Millionen an Hilfe gewähren kann, während sie gleichzeitig Milliarden durch die Bedingungen des Welthandels verlieren«[261]. Damit fand das Problem der Welthandelsstrukturen Eingang in die Debatte, die die 1970er Jahre intensiv prägen sollte. Es bedürfe daher einer »Zusammenschau von Entwicklungs- und Handelshilfe«[262]. Die Aufgabe der Christen sah Lefringhausen darin, Energien freizusetzen,

> um ein geistiges und politisches Klima in der Bundesrepublik schaffen zu helfen, in dem Handelserleichterungen für Importe aus den Entwicklungsländern und langfristige Maßnahmen, um die zurückfließenden Gelder aus den Entwicklungsländern für diese wieder einzusetzen, realisiert werden können.[263]

---

257 Vgl. dazu und im Folgenden H. Ruthenberg, Das Welternährungsproblem.

258 Klaus Lefringhausen (1934–2009). Studium der Wirtschafts- und Sozialwissenschaften. 1971 Berufung zum Geschäftsführer des Deutschen Forums für Entwicklungspolitik, 1974 Geschäftsführer der Gemeinsamen Konferenz der Kirchen für Entwicklungsfragen und des kirchlichen Dialogprogramms ›Entwicklung als internationale soziale Frage‹. 1995–2000 Nord-Süd-Beauftragter des Ministerpräsidenten von Nordrhein-Westfalen und ab 2002 Integrationsbeauftragter der Landesregierung Nordrhein-Westfalens. Vgl. URL: http://www.peter-hammer-verlag.de/autorendetails/klaus_lefringhausen/ (Stand: 1.8.2015).

259 Friedhelm Merz (1937–1996). Ressortleiter Politik und Gesellschaft bei »Publik«, Redenschreiber bei Entwicklungshilfeminister Erhard Eppler. SPD-Mitglied. 1974–1976 Chefredakteur der Monatszeitschrift »sozialdemokrat. Magazin«, 1976–1978 Chefredakteur der SPD-Wochenzeitung »Vorwärts«, 1979–1985 deren Verleger. Ab 1986 Verleger und Inhaber des Friedhelm-Merz-Verlags. Vgl. F. Bock, Der Fall »Publik«.

260 K. Lefringhausen / F. Merz, Das zweite Entwicklungsjahrzehnt.

261 Ebd., S. 9.

262 Ebd., S. 10.

263 Ebd.

Zweitens sei der Titel des Berichtes Programm. »Partner der Entwicklung«, dieser Slogan sei notwendigerweise in der Entwicklungsarbeit zu verwirklichen, die nur dann einen Sinn haben, »wenn Geber und Empfänger gemeinsam Zielvorstellungen erarbeiten«[264]. Entwicklungspolitik könne nicht länger Anhängsel, Druck- oder Lockmittel der Außenpolitik sein. »Wer das politische Klima der ›Dritten Welt‹ auch nur einigermaßen kennt, weiß, daß heute eine echte Partnerschaftspolitik Realpolitik – und eine konservative Außenpolitik nach rückwärts gerichtete Romantik ist«[265]. Hier zeigte sich, wie wichtig die von Willy Brandt entwickelte neue Ostpolitik war, die die Maßgabe der Hallstein-Doktrin aufgab und damit neue Herangehensweisen, auch an Entwicklungsprobleme ermöglichte.

Friedhelm Merz, Pressereferent Misereors, skizzierte dann das zweite Entwicklungsjahrzehnt als Aufgabe der Kirchen, die eine ebenso große Verpflichtung trügen wie die Regierungen oder die internationalen Entwicklungsorganisationen[266]. »Gerade sie sind zur Erfüllung des Auftrages aufgerufen, der am Ende dieses Jahrtausends der gesamten Menschheit gestellt ist: Hunger, Armut, Krankheit, Unwissenheit und Unterdrückung überall auf der Welt zurückzudrängen und schließlich auch zu beseitigen«[267]. Merz verknüpfte das pastoral-seelsorgliche Handeln der Kirche mit den Entwicklungsbemühungen, die gleichfalls notwendig seien, sonst würden auf »dem Markt millionenfacher Hoffnungslosigkeit und abgrundtiefer Verzweiflung [...] zentrale christliche Begriffe wie ›Christliches Zeugnis‹ oder ›Frohe Botschaft‹ oder ›Verheißung‹ oder gar ›Glauben‹ zu entwerteter Münze«[268]. Die kirchliche »Entwicklungshilfe« müsse sich fragen, ob sie »wirklich allen theoretischen, politischen, finanziellen und personellen Möglichkeiten entsprach, die den Kirchen zu Gebote stand«[269]. Der Anfang des kirchlichen Engagements sei mehr von christlicher Ethik und einem »stark gefühlsbetonten Hilfswillen« bestimmt gewesen als von »Sachwissen und einer abgewogenen Einschätzung der Weltsituation und der den Kirchen gegebenen Möglichkeiten«[270]. So sei man irrtümlicherweise der Auffassung gewesen, »daß eine mehr oder minder kurze Zeit der Anstrengung ausreichen würde, eine Wende zum Guten zu erzielen«[271]. Die theologische Basis dieses Engagements habe weitgehend gefehlt, der »Appell ›Gebt ihnen zu essen‹ war mehr als ausreichend. Die Not der Welt schrie von allen Wänden. Man mußte handeln«[272]. Erst das Konzil habe zu einer »grundlegenden Orientierung« beigetragen, allerdings gebe es innerhalb, aber

264   EBD., S. 15.
265   EBD., S. 15 f.
266   Vgl. EBD., S. 40.
267   EBD.
268   EBD.
269   EBD., S. 41.
270   EBD., S. 42.
271   EBD., S. 43.
272   EBD.

auch zwischen den Kirchen große Unterschiede im Selbstverständnis des Entwicklungsengagements. »Der Bogen spannt sich von der Auffassung, Entwicklungshilfe sei nicht Aufgabe der Kirche, bis hin zu einer ›Theologie der Revolution‹ oder einem Kirchenbegriff, der Kirche nur noch als sozialengagierte Organisation anzuerkennen bereit ist«[273]. Insbesondere die Unterschiede zwischen der katholischen und evangelischen Kirche wurden von Merz in den Fokus gerückt.

> Der derzeitige Zustand der kirchlichen Entwicklungshilfe unseres Landes ist geradezu ein Lehrbeispiel dafür, wie Organisationsformen Kausalitäten schaffen, die bis in die theologisch-theoretische Bewältigung der Sachfragen hinein ausstrahlen. An ihnen zeigt sich weiterhin, daß nicht allein intellektuelle Auseinandersetzungen und geistiges Engagement positive Weiterentwicklungen bringen, sondern daß diese wesentlich und nicht zuletzt von pragmatisch-organisatorischen Voraussetzungen oder Konsequenzen abhängig sind.[274]

Eine eher intellektuell-geistige Bewältigung sieht Merz auf Seiten der evangelischen Kirche, die praktische eher bei den Katholiken, die mit Misereor, der Katholischen Zentralstelle und der AGEH[275] ein Kompetenzzentrum mit Sitz in Aachen aufgebaut hätten, dessen Arbeit unabhängig sei von kirchlichen Stellen in Rom und in den ›Entwicklungsländern‹[276]. Brot für die Welt als Werk der evangelischen Kirche sei dagegen beim Diakonischen Werk angesiedelt worden, das »nur über Erfahrungen im nationalen diakonischen und sozial-caritativen Bereich«[277] verfügte. Auch mit der Einrichtung der evangelischen Zentralstelle, genauer mit der Annahme staatlicher Mittel für die Entwicklungsarbeit, hätte sich die evangelische Kirche aus grundsätzlichen Überlegungen zum Staat-Kirche-Verhältnis schwer getan und daher schlussendlich die Zentralstelle an einem anderen Ort eingerichtet. »Seitdem existieren zwei Zentren praktischer kirchlicher Entwicklungshilfe im evangelischen Bereich mit durchaus unterschiedlicher Konzeption«[278]. So gebe es bei den Kirchen »erhebliche Unterschiede«[279] in der organisatorischen, aber auch der inhaltlichen Ausgestaltung der »Entwicklungshilfe«. Derartig deutliche Kritik ist überraschend, zumal das Engagement der evangelischen Kirche in der neueren Forschung deutlich stärker gemacht wird als das der katholischen. Außerdem verschweigt Merz die nicht unerheblichen Schwierigkeiten, denen sich die katholische »Entwicklungshilfe« gegenüber der

---

273 EBD., S. 44.
274 EBD., S. 45.
275 Vgl. dazu B. HEIN, Die Westdeutschen und die Dritte Welt.
276 Vgl. K. LEFRINGHAUSEN / F. MERZ, Das zweite Entwicklungsjahrzehnt, S. 46.
277 EBD.
278 EBD., S. 47.
279 EBD., S. 48.

Bischofskonferenz und Rom ebenfalls immer wieder ausgesetzt sah[280]. Die Debatte, wie politisch Kirche sein dürfe und damit verbunden, wie weit sie dann auch Hilfe leisten dürfe, wurde vor allem im katholischen Raum geführt[281].

Trotz derartiger ökumenischer Schwierigkeiten zog Merz eine positive Bilanz der ersten zehn Jahre kirchlicher Hilfe. »Die Kirchen haben Ende der fünfziger Jahre unmittelbar und engagiert dem weltweiten Elend entsprochen und entsprechende Hilfsaktionen eingerichtet«[282]. Es sei viel wirksame Hilfe durchgesetzt worden.

> Es bestehen auch gravierende Mängel, die jedoch im Blick auf die Erfordernisse des zweiten Entwicklungsjahrzehntes konstruktive Weiterentwicklungen und insbesondere eine engere ökumenische Zusammenarbeit nicht hindern dürften. Der Weg in die nächsten zehn Jahre kirchlicher Entwicklungshilfe ist sicherlich schwierig und mühsam, steht aber grundsätzlich offen und sollte modellhafte Lösungen möglich machen.[283]

Kirchliche Hilfe müsse sich deutlicher bewusst werden, dass sie eine »Dienstfunktion im Gesamtrahmen aller Entwicklungsbemühungen«[284] und sich langfristig überflüssig zu machen habe. »Sie sollten ihre Entwicklungsarbeit nicht dazu benützen, neue kirchliche Machtpositionen in den Entwicklungsländern aufzubauen, die zwangsläufig zum Konflikt führen müßten«[285]. Den Kirchen käme folglich eine besondere Aufgabe in der zweiten Entwicklungsdekade zu, so Merz abschließend.

> Das Fazit aller Überlegungen heißt: Die Kirchen müssen an der Schwelle zum zweiten Entwicklungsjahrzehnt eine Reform und Weiterentwicklung ihrer praktischen Entwicklungsarbeit einleiten, stärker als bislang zusammenarbeiten und ihre Aufgabe im Lernprozeß der Industrieländer mutiger und sachgerechter wahrnehmen. Die Kirchen aber sind wir, sind die einzelnen Christen. Es bleibt zu hoffen, daß die kirchliche Entwicklungsarbeit bei ihnen in Zukunft nicht mehr nur ein ›gefühliges‹ Echo findet, sondern auf eine kritische und vorurteilslose Diskussionsbereitschaft stößt.[286]

Zur Kronzeugin dieser Neuorientierung aus Reform und Weiterentwicklung der Entwicklungsarbeit aber wurde die Enzyklika »Populorum progressio« von Paul VI.

---

280 Vgl. etwa D. Weitbrecht, Aufbruch in die Dritte Welt, S. 208 f.; A. Scheunpflug, Geschichte der entwicklungsbezogenen Bildungsarbeit.

281 Vgl. die Diskussionen um die Gewaltfrage, etwa bei P. Eitler, »Gott ist tot – Gott ist rot«, S. 293–309.

282 K. Lefringhausen / F. Merz, Das zweite Entwicklungsjahrzehnt, S. 55.

283 Ebd., S. 56.

284 Ebd., S. 59.

285 Ebd.

286 Ebd., S. 67.

3. »Magna Charta« der »Entwicklungshilfe«: Paul VI., die Enzyklika »Populorum progressio« und ihre Rezeption

In den acht Wochen, seit Papst Paul VI. am Vormittag des 28. März im Beisein der zuständigen Prälaten seines Staatssekretariats die Enzyklika ›Über den Fortschritt der Völker‹ unterzeichnete, hat an hektischen Reaktionen kein Mangel geherrscht. Langsam jedoch scheint eine gelassene, nun aber auch schärfere Interpretation wie glättendes Öl auf kabbelige Wellen zu wirken. Einige schnelle Kommentatoren hatten beinahe den Eindruck erweckt, als wehe über dem Vatikan schon die rote Fahne der Weltrevolution. ›Ein fast marxistisches Dokument‹ hatte die ›New York Times‹ die Enzyklika genannt; und das italienische Kommunistenblatt ›L'Unità‹ hatte kurzerhand konstatiert: ›Niemand kann den objektiven Zusammenhang zwischen der Enzyklika und der kommunistischen Lehre verkennen.‹[287]

Der Papst habe mit der »umstrittene[n] Enzyklika«[288] die alte Welt schockiert, schrieb »Die Zeit« im Juni 1967. »Dem Beifall von links stand mehr oder minder respektvolle Betroffenheit von rechts gegenüber«, während die katholischen Kreise sie als »Aufruf zum Kreuzzug gegen die Armut«[289] begriffen hätten. »Durchaus charakteristisch dafür, wie die Enzyklika zugleich als Signal wie als Schock gewirkt hat, waren die ersten Stellungnahmen der beiden großen Parteien in der Bundesrepublik«[290]. Während das Lehrschreiben für die Sozialdemokraten ein »geradezu revolutionäres Dokument [darstellte], dessen aufrüttelnder Wirkung sich wohl niemand entziehen kann«, bedurfte es für die CDU zunächst einer »sorgfältigen Prüfung«[291]. Was war geschehen, dass die Zeitungskommentatoren Marxismus aus Rom und damit eine kommunistische Bedrohung aus dem Vatikan vermeldeten?

a) Vorläufer und Vorbereitungen
Bereits 1965 war über die KNA vermeldet worden, Paul VI. bereite im Anschluss an das Konzil eine Enzyklika über den Hunger in der Welt vor[292]. Zwei Jahre später, in seiner Osterbotschaft vor dem Segen »Urbi et Orbi« am Ostersonntag 1967 machte der Papst deutlich, dass nach dem Konzil nun die Zeit reif sei, »ein weiteres Wort zu dem zu sagen, was die Menschen bewegt und erregt, ja spaltet – die Menschen auf der Suche nach Brot, nach Frieden, nach Freiheit, nach Gerechtigkeit und Brüderlichkeit«[293]. Daher wolle er mit der Enzyklika an alle Menschen ein »Wort der

---

287 Dazu und im Folgenden Alexander Rost, Der Papst schockiert die alte Welt, in: DIE ZEIT, Nr. 22, 2.6.1967, URL: http://www.zeit.de/1967/22/der-papst-schockiert-die-alte-welt (Stand: 1.5.2018).
288 EBD.
289 EBD.
290 EBD.
291 EBD.
292 Vgl. N. N., Enzyklika über den Hunger in der Welt, in: KNA 65/XI/302, 23.11.1965.
293 N. N., Ostern – Botschaft der Hoffnung, in: KNA 67/III/537, 28.3.1967, S. 2.

Hoffnung« sagen, »das nicht nur religiösen, sondern auch sozialen, nicht nur geistlichen, sondern auch irdischen Charakter habe«[294]. Dieses Wort verband Paul VI. mit
der Auferstehung Christi, die die Kraft habe, »den Menschen ihre letzte Bestimmung
zu offenbaren, dem Gewissen jedes einzelnen den Grundgedanken seiner Existenz
aufleuchten zu lassen, ja der ganzen Weltgeschichte einen einheitlichen und wesens-
gerechten Sinn zu geben, die Grundlagen des geistigen und sittlichen Lebens zu bilden«[295]. Die Fragen nach gelingendem Menschsein weltweit und die Entwicklung des
Menschen in einer sittlichen Ordnung, die zum ganzen Menschsein führen könnte,
das war Sinn und Ziel der fünften Enzyklika Pauls VI. Seit 1963, kurz nach seiner Wahl,
hatte Paul VI. dieses Schreiben vorbereitet, das dem Diplomaten Montini ein echtes
Anliegen war. Es sollte, so vermerkte der Papst, »kein Traktat, keine Lektion, kein ge-
lehrter Artikel, sondern ein Brief [sein], und als solcher muß das Dokument um der
Ziele willen, die es verfolgt, christliche Liebe atmen«[296].

Giovanni Battista Montini war von Kindheit an von zwei Erfahrungen geprägt, die
sich in seinem Pontifikat widerspiegelten und in der Enzyklika kulminierten:[297] die
Herkunft aus Brescia, wo sein »Einsatz für die Freiheit, die Gerechtigkeit und die aktive Solidarität« wurzelten und das Interesse an internationalen Fragen, anderen Kulturen und neuen Erfahrungen[298]. Nach seiner Priesterweihe begann er ein Studium an
der päpstlichen Diplomatenakademie, machte jedoch vor allem im Staatssekretariat
und weniger in den Botschaften Karriere. Als Substitut des Staatssekretariats war er an
wichtigen Reden und Schreiben Pius XII. während des Zweiten Weltkriegs beteiligt.
Zugleich aber suchte er, jenseits der diplomatischen und politischen Aufgaben eines
Substituts, soziale und pastorale Dienste in Rom wahrzunehmen, etwa im Rahmen
der Vinzenzkonferenz[299].

> Schon als junger Mann hatte er während des Ersten Weltkriegs im Rahmen der
> Vinzenzkonferenz von Brescia Nahrungsmittel an die Armen verteilt und sich auch
> nach Kriegsende um die Armen der Stadt gekümmert. Diese Gewohnheit sollte er als
> Erzbischof von Mailand beibehalten[300]

---

294 EBD.

295 EBD., 1.

296 N. N., Die Welt braucht gemeinsames Handeln, in: KNA 67/III/569, 29.3.1967, S. 7.

297 Ein erster Zugang zu Giovanni Montini / Paul VI. vgl. J. ERNESTI, Paul VI.

298 Vgl. EBD., S. 27–29, 59.

299 Vinzenzkonferenzen sind Zusammenschlüsse ehrenamtlicher karitativ tätiger Laien innerhalb
     einer Gemeinde oder einer Institution, die Hilfsbedürftige betreuen. Die Vinzenzkonferenzen
     gehen zurück auf eine französische Initiative im Jahr 1833. Vgl. L. KÖNCZÖL, Art. Vinzenz-
     Konferenzen, Sp. 800 f.

300 J. ERNESTI, Paul VI., S. 44.

– und sie brachte ihm den Ruf ein, ein Arbeiterbischof zu sein[301].

Als Mailänder Erzbischof begann er, seinen Blick in die Welt hinaus zu richten. 1960 flog Montini in die USA und von dort aus weiter nach Brasilien, »wo er sowohl [...] Brasilia, Symbol des aufsteigenden Staates und dessen modernes Gesicht, als auch die Favelas von Rio de Janeiro kennenlernte. Hier begleitete ihn der damalige Weihbischof Dom Hélder Câmara (1909–1999), den er seit 1950 kannte«[302]. Dieser Kontakt ist deshalb so bedeutsam, weil Câmara, dessen Rolle auf dem Konzil bereits beschrieben wurde, diesen Kontakt zu Paul VI. zu Konzilszeiten immer wieder nutzte, und nicht zuletzt durch sein Engagement wesentlich zur Etablierung des Entwicklungsproblems beitrug[303].

1962 reiste Montini nach Afrika, wo ihn »das Elend der Menschen bedrückte«[304]. Zwei Reisen als Papst dürften Montinis Wahrnehmung noch stärker geprägt haben. Nach einer überraschenden, weil erstmaligen Pilgerfahrt eines Papstes ins Heilige Land 1963, reiste Paul VI. im Dezember 1964 nach Indien, um am 38. Internationalen Eucharistischen Kongress in Bombay teilzunehmen. Paul VI. stellte hier besonders die Nächstenliebe in den Mittelpunkt der Reise und beeindruckte durch geschickte Gesten. »Er frühstückte mit Waisenkindern und zeigte sich sichtlich betroffen. Er liebkoste ohne Berührungsängste [...] schwerkranke Kinder. Er verlangte dabei, anders als im Protokoll vorgesehen, die Schwerstkranken und unheilbaren Patienten zu sehen«[305]. In Indien schließlich äußerte er auch erstmals die Idee, einen Fonds zu gründen, der mit Geldern aus Abrüstungsmaßnahmen den Ärmsten zugutekommen sollte[306]. Hatte diese Reise besonders im karitativen Sinne Wirkung gezeigt, so brachte der Papst anlässlich seiner Reise nach New York zu den Vereinten Nationen die Rolle des Vatikans in den internationalen Bemühungen auf politischer Ebene zum Ausdruck.

> Nous sommes porteur d'un message pour toute l'humanité. Et Nous le sommes non seulement en Notre Nom personnel et au nom de la grande famille catholique: mais aussi au nom des Frères chrétiens qui partagent les sentiments que Nous exprimons ici, et spécialement de ceux qui ont bien voulu Nous charger explicitement d'être leur interprète,[307]

---

301   Vgl. EBD., S. 54 f., 170–174.
302   EBD., S. 59.
303   Vgl. Kapitel I.4.a.
304   J. ERNESTI, Paul VI., S. 59.
305   EBD., S. 112.
306   Vgl. EBD.
307   Rede Pauls VI. am 4.10.1965 vor den Vereinten Nationen, vgl. URL: http://www.vatican.va/holy_father/paul_vi/speeches/1965/documents/hf_p-vi_spe_19651004_united-nations_fr.html (Stand: 1.5.2018).

so Paul VI. in seiner Ansprache vor der Generalversammlung. Die Kirche sei »Expertin für die Humanität« [Übers. der Verf.] und als solche Verbündete aller fortschrittlichen, an der Entwicklung der Menschen beteiligten Kräfte. Dazu bedürfe es einer Beendigung des Krieges und der Herstellung eines Friedens, »der das Geschick der Völker und der ganzen Menschheit leiten muss«[308]. So rief der Papst zu einer neuen, universalen Solidarität auf, die dem Frieden diene. »Er erinnert in diesem Zusammenhang an die ›Sakralität‹ allen Lebens, mit der sich keine ›künstliche Geburtenkontrolle‹ zur vermeintlichen Lösung der Welternährungsprobleme vertrage und die sich fundamental davon herleite, dass Gott der Vater aller Menschen ist«[309].

Aber die Reisen prägten nicht nur den Papst, sie prägten auch die öffentliche Wahrnehmung des Papstes als Oberhaupt der Kirche als einer Weltkirche,

> insofern einerseits der Papst durch sie die Weltkirche kennenlernt und andererseits die Weltkirche ihr Oberhaupt vor Ort erlebt. Kirche wird durch diese Reisen weniger zentralistisch, weniger auf Rom fixiert, sie wird internationaler, und die Ortskirchen kommen stärker in den Blick.[310]

Diese Reisen blieben nicht folgenlos. So merkte der Papst an, dass eine Enzyklika zum Thema ›Entwicklung‹ »gerechtfertigt und erforderlich« sei, »1. wegen der Reise nach Indien, 2. wegen der Aktualität und Dringlichkeit des Problems, 3. als Konsequenz des Schemas 13 des Konzils«[311], also der späteren Pastoralkonstitution »Gaudium et spes«. So unterschrieb Paul VI. am 28. März 1967

> in feierlicher Weise fünf Exemplare der Enzyklika ›Über den Fortschritt der Völker‹. Sie waren bestimmt für U Thant[312], den Generalsekretär der Vereinten Nationen, für René Maheu[313], den Direktor der UNESCO, für B. R. Sen[314], den Direktor der FAO, für Kardinal

---

308   Zitiert nach J. ERNESTI, Paul VI., S. 117.

309   EBD.

310   EBD., S. 110 f.

311   N. N., »Die Welt braucht gemeinsames Handeln«, in: KNA 67/III/569, 29.3.1967.

312   SITHU U THANT (1909–1974). 1947 Informationsminister von Birma, 1957–1961 Vertreter von Burma bei der UNO. 1961–1971 dritter Generalsekretär der Vereinten Nationen. 1973 Menschenrechtspreis der Vereinten Nationen. Vgl. URL: http://www.un.org/sg/formersg/thant.shtml (Stand: 3.10.2015).

313   RENÉ MAHEU (1905–1975). Professor der Philosophie, Kulturattaché in London 1936–1939. Ab 1949 Direktor der Abteilung Freier Informationsfluss bei der UNESCO, 1954–1958 vertritt er die UNESCO bei der UNO in New York. 1962–1974 Generaldirektor der UNESCO. Vgl. URL: http://portal.unesco .org/en/ev.php-URL_ID=3386&URL_DO=DO_TOPIC&URL_SECTION=201.html> (Stand: 3.10.2015).

314   BINAY RANJAN SEN (1898–1993). Studium in Kalkutta und Oxford. Ab 1922 Tätigkeit im Öffentlichen Dienst. Nach der Unabhängigkeit Indiens 1947 Mitglied der ersten Delegation Indiens bei der UNO. Indischer Botschafter in den Vereinigten Staaten, Italien, Jugoslawien, Japan und Mexiko. 1956–1967 Generaldirektor der Welternährungsorganisation FAO. Vgl. URL: http://www.nyti-mes.com/1993/06/15/obituaries/binay-ranjan-sen-is-dead-at-94-led-un-drive-against-hunger.html (Stand: 1.5.2018).

Maurice Roy[315], den Präsidenten der Kommission Justita et Pax, und für Msgr. Jean Rodhain[316], den Präsidenten der Caritas Ionternationalis.[317]

Mit der Übergabe des päpstlichen Lehrschreibens auch an Vertreter säkularer Institutionen der Weltgemeinschaft brachte Paul VI. nochmals zum Ausdruck, welche Rolle er der katholischen Kirche zugedacht hatte und welchen Anspruch er damit vertrat[318], nämlich letztlich den einer ›Expertin für die Humanität‹. Daraus ergibt sich auch die von Johannes XXIII. in der Enzyklika »Pacem in terris« bereits verwendete Anrede an »alle Menschen guten Willens«[319], die Paul VI. nun wieder aufnahm. »Der Papst sieht seinen Aufruf also keineswegs als einen auf Katholiken oder wenigstens alle Christen beschränkten Appell an, sondern als eine hochpolitische Intervention gegenüber allen beteiligten Staaten und Völkern«[320].
Auch eine zweite Neuerung setzte mit dieser Enzyklika ein.

> Zum erstenmal [sic!] in einer Enzyklika sind zeitgenössische Autoren in den Anmerkungen zitiert, Kleriker wie Laien: ein südamerikanischer Bischof, die Dominikaner Lebret[321]

---

315 MAURICE ROY (1905–1985). 1927 Priesterweihe und Promotion (Dr. theol.), Philosophiestudium und Promotion (Dr. phil.) in Rom und Paris. 1939–1945 Militärgeistlicher. Ab 1945 Professor in Laval, Regens. 1946 Bischof von Trois-Rivières und Militärbischof, 1947–1981 Erzbischof von Quebec. Ab 1961 Mitglied der das Konzil vorbereitenden Theologischen Kommission. Konzilsteilnehmer, Mitwirkung an den Texten »Lumen gentium« und »Gaudium et spes«. 1965 Erhebung zum Kardinal. 1967–1977 Präsident der päpstlichen Kommission ›Justitia et Pax‹. Vgl. G. ROUTHIER, Art. Maurice Roy, S. 232 f.

316 JEAN RODHAIN (1900–1977). Französischer Priester und erster Generalsekretär der ›Secours catholique‹. 1924 Priesterweihe, 1946 Gründung der ›Secours catholique‹. 1965–1971 Präsident der ›Caritas Internationalis‹. Vgl. URL: http://fondationjeanrodhain.org (Stand: 1.5.2018).

317 H. KRAUSS, Über den Fortschritt der Völker, S. 12.

318 Vgl. EBD.; POLITISCHE AKADEMIE EICHHOLZ / WISSENSCHAFTLICHES INSTITUT DER KAS (Hrsg.), Material zur politischen Diskussion, S. 8.

319 H. KRAUSS, Über den Fortschritt der Völker, S. 1.

320 POLITISCHE AKADEMIE EICHHOLZ / WISSENSCHAFTLICHES INSTITUT DER KAS (Hrsg.), Material zur politischen Diskussion, S. 8.

321 LOUIS-JOSEPH LEBRET (1897–1966). Französischer Dominikanerpater und Ökonom. Studium an der Marineschule, 1923 Eintritt in den Dominikanerorden. Soziales Engagement für die Fischer der französischen Küsten. 1941 Gründung der Vereinigung ›Économie et humanisme‹. Berater der Vereinten Nationen für Fragen der Ungleichheit von Lebensstandards. 1958 Gründung des IRFED, ›Institut International de Recherche et de Formation Education et Dévelopement‹. Regierungsberater in südamerikanischen und afrikanischen Staaten. Von Paul VI. zum Berater des Zweiten Vatikanischen Konzils ernannt, inspirierte insbesondere den Papst zur Enzyklika »Populorum progressio«. 1965 Teilnahme an der ersten UNCTAD in Vertretung des Papstes. Vgl. P. HOUÉE, Louis Joseph Lebret.

und Chenu[322], die Jesuiten de Lubac[323] und von Nell-Breuning[324], der Philosoph Jaques Maritain[325] und der Nationalökonom Colin Clark[326].[327]

Paul VI. habe in den Vorbereitungen intensiv im Kontakt mit Wissenschaftlern und Experten gestanden.

> Entworfen wurde die Enzyklika von dem französischen Dominikanerpater L. J. Lebret, einem hervorragenden Soziologen und Nationalökonomen [...]. In der Enzyklika wird sein Name anerkennend und ehrerbietig genannt. Siebenmal wurde angeblich die Fassung der Enzyklika geändert. Das endgültige Dokument, im Februar vom Papst mit der Randnotiz ›So ist alles gut‹ versehen, wurde dann aus dem Französischen ins Lateinische und daraus wieder in die anderen Sprachen übersetzt[328] –

auch das ein ungewöhnlicher Vorgang, auf den die Kommentatoren sogleich hinwiesen, um etwaige Schärfen der Enzyklika als Übersetzungsfehler abzumildern[329]. Die Autorenschaft hatte jedoch nicht immer positives Echo gefunden:

---

322 MARIE-DOMINIQUE CHENU (1895–1990). Studium und Promotion in Le Saulchoir und Rom. 1913 Eintritt in den Dominikanerorden. 1919 Priesterweihe. 1920–1942 Professor für Geschichte der christlichen Lehre in Le Saulchoir. 1942 Entzug der Lehrerlaubnis. Nach dem Verbot der Arbeiterpriester Übersiedlung nach Rouen. Berater des Bischofs Claude Rollands von Antsirabé in Madagaskar auf dem Zweiten Vatikanischen Konzil. In engem Austausch mit Befreiungstheologen. Vgl. C. BAUER, Ortswechsel der Theologie.

323 HENRI DE LUBAC (1896–1991). 1913 Eintritt in den Jesuitenorden. 1929–1950 und 1953–1960 Professor für Fundamentaltheologie, Dogmatik und Religionsgeschichte in Lyon; zwischenzeitlich Entzug der Lehrerlaubnis. Peritus beim Zweiten Vatikanischen Konzil. 1983 Erhebung zum Kardinal. Vgl. M. FIGURA, Art. Henri de Lubac, Sp. 1074 f.

324 OSWALD VON NELL-BREUNING (1890–1991). Studium der Philosophie und Theologie. 1911 Eintritt in den Jesuitenorden. Ab 1928 Professor für Moraltheologie und Sozialwissenschaften an der Philosophisch-Theologischen Hochschule St. Georgen, ab 1956 Honorarprofessor für Philosophie an der Universität Frankfurt a. M. Verfasser der Enzyklika »Quadragesimo anno« 1931. Mitglied des wissenschaftlichen Beirats beim Bundesministerium für Wirtschaft. Vgl. W. KERBER, Art. Oswald von Nell-Breuning, Sp. 732 f.

325 JAQUES MARITAIN (1882–1973). Studium der Philosophie und Naturwissenschaften in Paris. 1906 Übertritt zum katholischen Glauben. Ab 1914 Professor für moderne Philosophie in Paris. Ab 1933 Lehre in Kanada und USA, 1945–1948 französischer Botschafter beim Hl. Stuhl. 1948 Berufung nach Princeton. Sein Werk »Integraler Humanismus« 1935 hatte wesentlichen Einfluss auf das Zweite Vatikanische Konzil und Paul VI., der ihn als Inspirator des Konzils ehrte. Vgl. M. SCHEWE, Art. Jaques Maritain, Sp. 829–835.

326 COLIN CLARK (1905–1989). Studium der Wirtschaftswissenschaften. 1931–1937 Statistiker in Cambridge. 1937–1952 politisches Engagement in Australien. 1942 Bekehrung zum katholischen Glauben, Interesse an Bevölkerungsfragen; Gegner der Malthus-Thesen. Ab 1951 Berater der FAO. 1953–1969 Direktor des ›Institute for Research in Agricultural Economics‹. 1966–1969 Mitglied der päpstlichen Kommission für Bevölkerung. Vgl. G. H. PETERS, Art. Colin Grant Clark, S. 790 f.

327 H. KRAUSS, Über den Fortschritt der Völker, S. 12.

328 POLITISCHE AKADEMIE EICHHOLZ / WISSENSCHAFTLICHES INSTITUT DER KAS (Hrsg.), Material zur politischen Diskussion, S. 8.

329 Vgl. EBD.

Unmißverständlich deutet der ›Enthusiasmus dieser optimistischen Sprache‹ (von Nell-Breuning) auf den ursprünglichen spiritus rector. Das dynamische Menschenbild und der anthropologische Ansatz der christlichen Auffassung von der Entwicklung entsprechen dem ›integralen Humanismus‹ französischer Schule.[330]

Der Montini-Papst hatte sich also als erster Papst einer nicht ausschließlich theologischen Debatte gestellt und einerseits die Einflüsse der französischen Theologie, andererseits Erkenntnisse der Sozial- und Wirtschaftswissenschaften in seine Enzyklika integriert. Schon von daher ergaben sich deutliche sprachliche wie inhaltliche Unterschiede im Vergleich zu vorhergehenden Enzykliken[331].

b) Die Enzyklika

Was aber führte nun zu den aufsehenerregenden Kommentaren der Zeitungen? Dazu soll nun im Folgenden ein Blick auf den Text selbst gerichtet werden, bevor dann seine Rezeption herauszuarbeiten ist[332]. Die Enzyklika besteht aus zwei großen Teilen. Im ersten Teil widmet sich der Papst unter dem Titel »Umfassende Entwicklung des Menschen« der Problembeschreibung, der kirchlichen Stellung zu diesem Thema und der anstehenden Aufgaben. Der zweite Teil steht unter der Überschrift »Um eine solidarische Entwicklung der Menschheit«. Paul VI. beschrieb hier die drei wesentlichen Handlungsoptionen, die Hilfe für die Schwachen, Recht und Billigkeit in den Handelsbeziehungen und die Liebe zu allen, bevor er seine Überlegungen schließlich in dem berühmt gewordenen Ausspruch, Entwicklung sei der neue Name für Frieden, bündelte.

Bedeutsam ist zunächst die Einleitung, denn hier geschieht die Weitung des Blickes in die Welt. Die Entwicklung der Völker, vor allem derer, die an Hunger litten, werde von der Kirche aufmerksam verfolgt, das Konzil habe diesen Perspektivwechsel »klarer und lebendiger im Bewußtsein der Kirche« (PP 1) verankert. Paul VI. griff die bisherige Soziallehre der Kirche auf, vollzog aber genau den Wandel in der kirchlichen Wahrnehmung, denn

> [h]eute ist – darüber müssen sich alle klar sein – die soziale Frage weltweit geworden. [...] Die Völker, die Hunger leiden, bitten die Völker, die im Wohlstand leben, dringend und inständig um Hilfe. Die Kirche erzittert vor diesem Schrei der Angst und wendet sich an jeden einzelnen, dem Hilferuf seines Bruders in Liebe zu antworten (PP 3).

Die soziale Frage, Thema der katholischen Soziallehre seit der ersten Sozialenzyklika Leos XIII.[333] »Rerum novarum«, erfuhr angesichts der weltweiten Bedrohungslage

---

330 EBD.

331 Vgl. dazu P. LANGHORST, Kirche und Entwicklungsproblematik, S. 143 f.

332 Die im Folgenden angeführten Zitate sind entnommen aus: PAUL VI., Enzyklika »Populorum progressio« und folgen der dortigen Nummerierung.

333 PAPST LEO XIII. (1878–1903). * 1810 als Vincenzo Gioacchino Pecci. Studium in Rom, 1837 Promotion und Priesterweihe. Diplomatischer Dienst in verschiedenen europäischen Ländern. 1846

eine deutliche Erweiterung. Nicht mehr die verarmenden Massen infolge der Industrialisierung Westeuropas im 19. und frühen 20. Jahrhundert standen im Fokus der
Kirche, sondern angesichts des Kolonialismus, der wachsenden Störung des Gleichgewichts zwischen den Nationen, des Zusammenpralls der Kulturen und des langsam
wachsenden Bewusstwerdens der Lage rückte das weltweite Ausmaß der sozialen
Frage ins Blickfeld. Und dies mit einem deutlichen Zungenschlag: Die Störung des
Gleichgewichtes sei bedrohlich, die einen erzeugten Nahrungsmittel im Überfluss,
die anderen litten »jämmerlichen Mangel« (PP 8). Die sozialen Konflikte nähmen zu.
»Unruhen, die die ärmeren Bevölkerungsklassen während der Entwicklung ihres Landes zum Industriestaat erfaßt haben, greifen auch auf Länder über, deren Wirtschaft
noch fast rein agrarisch ist« (PP 9). Schreiende Ungerechtigkeiten würden bewusst,
der Konflikt der Generationen verschärfe sich und »[i]n dieser Verwirrung wächst die
Versuchung, sich durch großtuerische, aber trügerische Versprechungen von Menschen verlocken zu lassen, die sich wie ein zweiter Messias aufspielen« (PP 11). Paul
VI. sah in dieser weltweiten Situation ein mannigfaltiges Bedrohungspotential. »Wer
sieht nicht die daraus erwachsenden Gefahren: Zusammenrottung der Massen, Aufstände, Hineinschlittern in totalitäre Ideologien?« (PP 11) Daher genügten die bisherigen Anstrengungen nicht mehr, »[d]ie gegenwärtige Situation der Welt verlangt ein
gemeinsames Handeln, beginnend bereits mit einer klaren Konzeption auf wirtschaftlichem, sozialem, kulturellem und geistigem Gebiet« (PP 13). Und Paul VI. fügte hinzu:
»Es eilt« (PP 29).

Die Aufgabe begründete der Papst zunächst biblisch-theologisch. »Die Heilige
Schrift lehrt uns auf ihrer ersten Seite, daß die gesamte Schöpfung für den Menschen
da ist.« (PP 22) »Gaudium et spes« habe dies deutlich in Erinnerung gebracht.

> Gott hat die Erde mit allem, was sie enthält, zum Nutzen aller Menschen und Völker
> bestimmt; darum müssen diese geschaffenen Güter in einem billigen Verhältnis allen
> zustatten kommen; dabei hat die Gerechtigkeit die Führung, Hand in Hand geht mit ihr
> die Liebe (GS 69).

Zugleich definierte der Papst, welcher Art Entwicklung nach seinem Verständnis zu
sein hatte und wies so eine Entwicklung im Sinne eines Nachholprozesses weit von
sich. Entwicklung sei eben nicht gleichbedeutend mit wirtschaftlichem Wachstum,
sondern müsse als eine ganzheitliche Entwicklung des Menschen verstanden werden.
»Wahre Entwicklung muß umfassend sein, sie muß jeden Menschen und den ganzen
Menschen im Auge haben« (PP 14), denn nach dem Plan Gottes sei jeder Mensch zur
Entwicklung berufen, »weil das Leben eines jeden Menschen von Gott zu irgendeiner
Aufgabe bestimmt ist« (PP 15).

Bischofsweihe zum Bischof von Perugia. 1853 Erhebung zum Kardinal. 1878 Wahl zum Papst. 1891
Enzyklika »Rerum novarum«, Grundlage der katholischen Soziallehre. Vgl. O. KÖHLER, Art. Leo
XIII., Sp. 828–830.

Nach dieser Problemdefinition ging Paul VI. im zweiten Teil der Enzyklika über zur Politikformulierung. Die Entwicklung des Menschen müsse zusammengehen mit der Entwicklung der ganzen Menschheit – von dieser Entwicklung hänge »die Zukunft der Zivilisation ab« (PP 44). Die ganzheitliche Entwicklung des Menschen in einer »solidarischen Entfaltung der Menschheit« wurde zum Programm Pauls VI. »Indem er im zweiten Hauptteil der Enzyklika [...] spezielle, praxisorientierte Maßnahmen beschreibt, geht es ihm um die Realisierung des integralen Humanismus auf Weltebene, eben um einen ›universalen Humanismus‹ (PP 72)«[334]. Mit dieser Argumentation versuchte der Papst die »Verbindung eines anthropologisch-humanistischen Ansatzes mit einem christlich-theologischen«[335].

Der Kampf gegen den Hunger findet in »Populorum progressio« zwar noch Erwähnung:

> Heute gibt es – da ist niemand, der es nicht wüßte – in einigen Kontinenten unzählige Männer und Frauen, die vom Hunger gequält werden; unzählige Kinder, die unterernährt sind, so daß viele noch im zarten Alter sterben; bei anderen ist aus diesem Grund die körperliche und geistige Entwicklung gefährdet, und ganze Landstriche sind zu düsterer Hoffnungslosigkeit verurteilt (PP 45).

Im Vergleich zur Gründung Misereors als Werk gegen Hunger und Krankheit in der Welt aber stellte Hunger nunmehr nur noch einen Faktor unter vielen dar, der die unzureichende Entwicklung des Menschen verursachte. Hunger sollte auch nicht mehr im besten Sinne karitativ kuriert werden. Paul VI. stellte die Frage nach der Gerechtigkeit und den internationalen Zusammenhängen, die eine große Zahl der Menschheit in Armut leben ließen. Damit fand hier gewissermaßen höchst lehramtlich eine Erweiterung der Perspektive statt. Die bisherigen Anstrengungen und Spenden der FAO und ›Caritas Internationalis‹ reichten nicht mehr aus.

> Denn es handelt sich nicht nur darum, den Hunger zu besiegen, die Armut einzudämmen. Der Kampf gegen das Elend, so dringend und notwendig er ist, ist zu wenig. Es geht darum, eine Welt zu bauen, wo jeder Mensch, ohne Unterschied der Rasse, der Religion, der Abstammung, ein volles menschliches Leben führen kann, frei von Versklavung seitens der Menschen oder einer noch nicht hinreichend gebändigten Natur; eine Welt, wo Freiheit nicht ein leeres Wort ist, wo der arme Lazarus an derselben Tafel mit den Reichen sitzen kann (PP 47).

Die begüterten Völker treffe hier in besonderem Maße eine Pflicht zur Hilfe hin zu einer solidarischen »Entwicklung der gesamten Menschheit« (PP 43). Pflicht also ist eine erste Begründung dieser Anstrengungen, die »in der natürlichen und übernatürlichen Brüderlichkeit der Menschen« (PP 44) wurzele. In dreifacher Weise lasse sich,

334 P. LANGHORST, Kirche und Entwicklungsproblematik, S. 160.
335 EBD., S. 154.

so Paul VI., diese Pflicht entfalten, von deren Erfüllung »die Zukunft der Zivilisation« (PP 44) abhänge.

> Zuerst in der Pflicht zur Solidarität, der Hilfe, die die reichen Völker den Entwicklungs-ländern leisten müssen; sodann in der Pflicht zur sozialen Gerechtigkeit, das, was an den Wirtschaftsbeziehungen zwischen den mächtigen und schwachen Völkern ungesund ist, abzustellen; endlich in der Pflicht zur Liebe zu allen, zur Schaffung einer menschlicheren Welt für alle, wo alle geben und empfangen können, ohne daß der Fortschritt der einen ein Hindernis für die Entwicklung der anderen ist (PP 44).

Ausdrücklich erweiterte Paul VI. die Pflicht zur Solidarität von einer für den einzel-nen Menschen bestehenden um die Solidarität auch unter den Völkern: »Wenn es auch richtig ist, daß jedes Volk die Gaben, die ihm die Vorsehung als Frucht seiner Arbeit geschenkt hat, an erster Stelle genießen darf, so kann trotzdem kein Volk sei-nen Reichtum für sich allein beanspruchen.« (PP 48) Vielmehr müsse jedes Volk mehr und besser produzieren, um an der solidarischen Entwicklung der ganzen Mensch-heit mitarbeiten zu können. Dazu müssten sie auch im Sinne einer personellen Hilfe Fachkräfte aus den »Entwicklungsländern« ausbilden, sowie Teile ihrer Produktion an Hilfsbedürftige abgeben. »Der Überfluß der reichen Länder muß den ärmeren zustat-ten kommen«. (PP 49) Das Subsidiaritätsprinzip der Soziallehre wurde ausgeweitet auf »die Gesamtheit der Weltnöte«. (PP 49) Andernfalls, so drohte der Papst, werde der reichen Völker »hartnäckiger Geiz das Gericht Gottes und den Zorn der Armen erregen, und unabsehbar werden die Folgen sein« (PP 49).

Die Anstrengungen bedürften einer Koordinierung, abgestimmter Programme. »Ein Programm ist wirksamer und besser als eine Hilfe, die je nach Gelegenheit dem guten Willen der einzelnen überlassen bleibt.« (PP 50) Diese Programme aber müss-ten über wirtschaftliches Wachstum hinausgehen, sich vielmehr um die »Verbesse-rung der Ordnung in der Welt« bemühen und so »dem Menschen selbst ein höheres Maß an Würde und Kraft« (PP 50) verleihen. Zu einem solchen Programm zählte der Papst auch den Abrüstungsfond. Damit ließen sich auch friedenserhaltende Verbin-dungen schaffen, denn nur »eine weltweite Zusammenarbeit, für die der gemeinsame Fonds Symbol und Mittel wäre, würde es erlauben, unfruchtbare Rivalitäten zu über-winden und ein fruchtbares und friedliches Gespräch unter den Völkern in Gang zu bringen« (PP 51).

Die Handelsbeziehungen stellten, und hier liegt ein erster Grund für die kontrover-sen Diskussionen der Enzyklika, mit den wachsenden Ungleichheiten zwischen den Völkern, »das Grundprinzip des sogenannten Liberalismus als Regel des Handels« (PP 58) infrage, denn der »freie Austausch von Gütern ist nur dann recht und billig, wenn er mit den Forderungen der sozialen Gerechtigkeit übereinstimmt« (PP 59). Der Wett-bewerb zwischen den Völkern sei verzerrt, weil ihre jeweiligen Ausgangssituationen zu verschieden und ungleich seien.

> Die soziale Gerechtigkeit fordert, daß der internationale Warenaustausch, um menschlich und sittlich zu sein, zwischen Partnern geschehe, die wenigstens eine gewisse Gleichheit der Chancen haben. Diese ist sicher nicht schnell zu erreichen. Um sie zu beschleunigen, sollte schon jetzt eine wirkliche Gleichheit im Gespräch und in der Preisgestaltung geschaffen werden. Auch hier könnten sich internationale Abkommen, an denen eine hinreichend große Zahl von Staaten beteiligt sind, als nützlich erweisen; sie könnten allgemeine Normen und gewisse Preise regeln, könnten gewisse Produktionen sichern, gewisse sich im Aufbau befindliche Industrien stützen. Wer sähe nicht, daß ein solch gemeinsames Bemühen um eine größere Gerechtigkeit in den Handelsbeziehungen zwischen den Völkern den Entwicklungsländern positiv helfen würde? Eine solche Hilfe hätte nicht nur unmittelbare, sondern auch dauernde Wirkungen (PP 61).

Noch aber sei die Welt krank an Egoismus und dem »Fehlen der brüderlichen Bande« (PP 66). Seine Überlegungen münden im Gedanken der »Entwicklung als neuem Namen für Frieden« (PP 76). Eine Entwicklung in dem von ihm beschriebenen Sinne bedeute, das Elend und die Ungerechtigkeiten zu bekämpfen, und damit am geistigen und sittlichen Fortschritt der Menschheit zu arbeiten. Jetzt sei die »Stunde der Tat«, das Anliegen sei dringlich und die Aufgabe groß. »Das Leben so vieler unschuldiger Kinder, der Aufstieg so vieler unglücklicher Familien zu einem menschlichen Leben, der Friede der Welt, die Zukunft der Kultur, stehen auf dem Spiel. Alle Menschen, alle Völker haben ihre Verantwortung zu übernehmen.« (PP 80)

Schließlich unterstrich Paul VI. seinen universalen Gestaltungsanspruch, indem er die Schlussmahnung zunächst an die Katholiken, dann an die Christen allgemein, dann an alle Menschen guten Willens und darin an besondere Funktionsträger wie Publizisten und Staatsmänner, richtet. Die Journalisten müssten »uns die Augen öffnen für das, was unternommen wird [...]. Die Reichen sollen wenigstens wissen, daß die Armen vor ihrer Tür stehen und auf die Brosamen von ihren Tischen warten« (PP 83). Auch diese Mahnung enthält wiederum eine bedrohliche Konnotation, denn die Armen seien eben nicht weit entfernt, sondern stünden vor der Tür. Die Abhängigkeiten unter den Menschen würden immer stärker und sich der Wirklichkeit zu entziehen, sei nicht möglich. Zusätzlich zu den bereits aufgezeigten Bedrohungspotentialen, die in der Unterentwicklung liegen, ergibt sich durch die Frage des Bevölkerungswachstums und seiner Steuerung eine Bedrohung der kirchlichen Ordnung. Diese Frage, in den 1970er Jahren intensiv im deutschen Katholizismus debattiert und mit der Enzyklika »Humanae vitae« von Paul VI. nur ein Jahr nach »Populorum progressio« erst mit deutlicher Schubkraft versehen, bedeutete für das »Entwicklungsproblem eine zusätzliche Schwierigkeit« (PP 37). »Die Bevölkerung wächst schneller als die zur Verfügung stehenden Hilfsmittel, und man gerät sichtlich in einen Engpaß.« (PP 37) Die Versuchung sei daher groß, durch radikale Maßnahmen den Bevölkerungsanstieg zu lenken und der Staat habe hier auch das Recht, durch Aufklärung an einer Begrenzung mitzuwirken, aber immer »vorausgesetzt, daß diese in Übereinstimmung mit dem Sittengesetz« steht und »die berechtigte Freiheit der Eheleute nicht antasten. Ohne das unabdingbare Recht auf Ehe und Zeugung gibt es keine Würde des Menschen. Die letzte Entscheidung über die Kinderzahl liegt bei den Eltern« (PP 37). Sie – und nicht der Staat – hätten dies vor sich, der Gemeinschaft und ihrem durch das Gesetz Gottes gebildeten Gewissen zu verantworten.

Den zweiten Grund für die kontroverse Diskussion des Lehrschreibens aber stellten vor allem die Äußerungen des Papstes zum Privateigentum und deren Einordnung in kommunistisches Gedankengut dar, auch wenn zum Privateigentum keine neuen lehrmäßigen Aussagen gemacht wurden. Die Kritik am Liberalismus, von manchen als Kritik an der Marktwirtschaft verstanden, und die Einschärfung der Gemeinwohl-orientierung des Privateigentums – »Privateigentum ist also für niemand ein unbedingtes und unumschränktes Recht. Niemand ist befugt, seinen Überfluß ausschließlich sich selbst vorzubehalten, wo andern das Notwendigste fehlt« (PP 23) – zeitigten diese zunächst harsche Kritik.

In der Materialsammlung der Konrad-Adenauer-Stiftung vom November 1967 jedoch wurden die Aussagen der Enzyklika und die hervorgerufenen Reaktionen schon wieder differenzierter diskutiert.

> Wenn sich die meisten Kommentare zu der Enzyklika bei den einzelnen Formulierungen und Einzelproblemen wie der Eigentumsfrage, der Kapitalismuskritik oder den Vorschlägen der Entwicklungspolitik aufhalten, dann gehen sie an der wesentlichen Intention des Sendschreibens vorbei.[336]

Vielmehr müssten sie als Anregungen zum Dialog interpretiert werden. Die Eigentumsfrage bleibe im Bereich der bisherigen Soziallehre und die Kapitalismuskritik bedeute keine Ablehnung der sozialen Marktwirtschaft deutschen Modells[337]. Freilich bedeutete diese Einordnung der den regierenden Parteien nahestehenden Stiftung auch eine Beruhigung der politischen Debatte und eventueller Diskussionen im bundesrepublikanischen Bereich.

c) Die Rezeption der Enzyklika – (Katholische) Presse und bischöfliche Plädoyers
Die Bedeutung der Enzyklika für die Entwicklung der kirchlichen Soziallehre wie für die Etablierung des Politikfeldes ›Hunger‹ ist also ungemein hoch einzuschätzen. Sie steht vielleicht am Ende der Etablierungsbemühungen, ohne ein Schlusspunkt zu sein, weitet aber gleichsam den Blick auf die größeren Zusammenhänge und Fragen und leistet konkrete Anregungen zum Bewältigungshandeln. Bevor die Rezeption bzw. ihre Folgewirkungen in einem weiter gefassten Sinne in drei Schritten beleuchtet werden soll, lohnt sich ein Blick auf die unmittelbaren Reaktionen in der (Kirchen-) Presse auf das päpstliche Lehrschreiben und die wissenschaftliche Beurteilung. Dank

---

336   POLITISCHE AKADEMIE EICHHOLZ / WISSENSCHAFTLICHES INSTITUT DER KAS (Hrsg.), Material zur politischen Diskussion, S. 9.
337   EBD.

einer umfassenden Pressesammlung der Pressestelle Misereors lassen sich diese Wahrnehmungen sowohl gesamtgesellschaftlich als auch im Katholizismus intensiv nachzeichnen.

»Der Papst ruft zum gemeinsamen Kampf gegen den Hunger auf«, titelte die FAZ am 29. März 1967. Er fordere auf zur weltweiten Zusammenarbeit[338]. Die Enzyklika sei ein »Stilwandel«, spreche sie doch eine »Sprache der heutigen Welt«[339] und nicht mehr in kurialem Duktus. Eine kritische Würdigung oder die Rezeption der durchaus alarmierenden Zustandsbeschreibung und ihres als knapp beschriebenen zeitlichen Wirkungsfensters spielten weder in der FAZ noch in der NZZ vom 30. März eine Rolle, auch die Unterstellung kommunistischer Ideologien in dem Lehrschreiben tauchten gerade in der eher konservativ geprägten FAZ nicht auf. Das änderte sich am 3. April 1967, als sich die Wirtschaftsredaktion der FAZ der Enzyklika widmete.

> Papst Pauls VI. eindringlicher Appell an die Welt und besonders an die Industrieländer, größere Anstrengungen für den ›Fortschritt der Völker‹ zu unternehmen, die unter Hunger, rückständiger Entwicklung und Überbevölkerung leiden, ist mit ungewöhnlich kritischen Urteilen über die Leistungsfähigkeit der in den Industrieländern herrschenden Wirtschaftsordnung verbunden.[340]

Bisher habe das Lehramt das liberale Wirtschaftssystem als solches nicht kritisiert. Erst unter Johannes XXIII. habe sich der Ton verschärft, das »Gewicht verlagerte sich von der sozialen Frage in den Industrieländern auch auf die ›schreienden wirtschaftlichen und sozialen Gleichgewichtsstörungen zwischen den wohlhabenderen Industrieländern und den weniger entwickelten Ländern‹«[341]. Paul VI. nehme diese in »Mater et magistra« geäußerten Gedanken auf und entwickle sie weiter.

> Der Papst meint, Liberalismus, freien Wettbewerb und ›internationalen Kapitalismus der Hochfinanz‹ mitverantwortlich für die Vermachtung in der Wirtschaft und für die ›zum Himmel schreienden Ungerechtigkeiten im Besitz und im Gebrauch der wirtschaftlichen Güter‹ machen zu müssen.[342]

Für den Papst hänge der wirtschaftliche Fortschritt vom sozialen Fortschritt ab. Damit aber rufe Paul VI. Reaktionen in sozialistischen und kommunistischen Kreisen hervor, »die sich über die ›progressiven‹ Auffassungen des Papstes besonders befriedigt zeigen«[343]. Das zeige, »in welch bedenkliche Nähe der Papst zu wirtschaftlichen und

---

338　Vgl. N. N., Der Papst ruft zum gemeinsame Kampf gegen den Hunger auf, in: FAZ, 29.3.1967, S. 1, in: MAA, Pressesammlung Populorum Progressio.

339　Ebd.

340　Martin Wiebel, Scharfe päpstliche Kritik am Wettbewerb, in: FAZ, 3.4.1967, o. S., in: MAA, Pressesammlung Populorum Progressio.

341　Ebd.

342　Ebd.

343　Ebd.

sozialen Thesen gerückt ist, gegenüber denen die katholische Kirche bisher eine sicht-
bare Zurückhaltung bewiesen hat«[344] und mit denen sich die Kirche gegen die Politik
vieler Industrieländer stelle, »die davon überzeugt sind, daß auch für die Entwicklungsländer eine Wettbewerbswirtschaft mit starker Initiative des Privateigentums die
beste Gewähr für den Fortschritt ist«[345].

Schärfer noch fiel der Kommentar von Joachim Schilling in »Christ und Welt« am
7. April 1967 aus. Unter der Schlagzeile »Gezielte Propaganda«[346] suchte er nachzu-
weisen, dass die »einseitige Enzyklika des Papstes« politische Hintergründe habe.
Man müsse die Enzyklika hinsichtlich ihres Inhalts, ihrer propagandistischen Zielsetzung und ihrer Substanz analysieren. Schilling nutzte eine bedrohliche Sprache. Der
Papst habe die Sorge, »daß die Distanz zwischen den satten reichen und den zornigen
armen Völkern das explosivste Problem unserer Zeit darstellt«[347]. Daher sei Ziel des
Lehrschreibens, »in präziser Kalkulation […] im Bewußtsein breiter Massen sozial ge-
fährdeter und in Entwicklung befindlicher Länder den Eindruck zu zerstreuen, daß
die katholische Kirche unzertrennliche Alliierte und Bundesfreundin von Kapitalismus, Imperialismus und Kolonialismus sei«[348]. Ansonsten sei der Text dilettantisch
und kein Lehrschreiben. Vielmehr hätten sich ein paar katholische Linkskatholiken,
vom Mythos der Revolution von 1789 ergriffen, durchgesetzt; unter einem Pater Gundlach[349] wäre so etwas nicht passiert[350].

Auch im Mai wird die Enzyklika noch in der FAZ kritisch besprochen. Sie sei die
»Bestätigung für die Falschen«[351] gewesen, denn sie kritisiere zwar die liberale Marktwirtschaft, aber nicht die Staatsmänner der »Entwicklungsländer«.

> Dabei weiß man heute sehr gut, daß jetzt sie es sind, die die weitaus größeren Fehler
> machen. Sie strangulieren die Märkte, schrecken mit Sozialisierung, hoher Besteuerung
> und Transfererschwernissen ausländische Investoren ab und bauen kapitalintensive Pro-
> duktionen auf, anstatt das knappe Kapital mit dem reichlich vorhandenen Produktions-
> faktor Arbeit zu kombinieren, in dessen niedrigem Preis ihre Stärke liegt.[352]

---

344 EBD.

345 EBD.

346 JOACHIM SCHILLING, Gezielte Propaganda, in: Christ und Welt 7.4.1967, o. S. in: MAA, Presse-
     sammlung Populorum Progressio.

347 EBD.

348 EBD.

349 GUSTAV GUNDLACH (1892–1963). 1929–1938 Professor für Sozialphilosophie und -ethik in St. Georgen,
     ab 1934 an der Gregoriana. Wesentliche Prägung der katholischen Sozialverkündigung als Berater
     Pius XII. 1962 Emeritierung, Leitung der Katholischen Sozialwissenschaftlichen Zentralstelle in
     Mönchengladbach. Vgl. A. RAUSCHER, Art. Gustav Gundlach, Sp. 1102 f.

350 JOACHIM SCHILLING, Gezielte Propaganda, in: Christ und Welt 7.4.1967, o. S. in: MAA, Presse-
     sammlung Populorum Progressio.

351 JOCHEN RUDOLPH, Bestätigung für die Falschen. Bemerkungen zur Enzyklika, in: FAZ, 3.5.1967, o.
     S., in: MAA, Pressesammlung Populorum Progressio.

352 EBD.

Die Regierungen der »Entwicklungsländer« hätten versagt und würden nun auch noch durch die Enzyklika bestätigt. Der eigentliche Konflikt bestand darin, dass der Papst mit der Enzyklika die negativen Auswirkungen der liberalen Marktwirtschaft gerügt und dabei von der politisch linken Seite Bestätigung erfahren hatte. Dies nun nahmen die wirtschaftsfreundlichen, liberalen Kräfte als Bedrohung wahr und suchten, entsprechend gegenzusteuern und die Enzyklika der kommunistischen Ideologie verdächtig zu machen. Man müsse sich daher fragen, ob bei der Abfassung des Lehrschreibens »genügend Arbeit und Sorgfalt verwandt«[353] worden sei. »Die bisherige Geschichte der Entwicklungspolitik lehrt beinahe in allen Punkten das Gegenteil dessen, was die Enzyklika für gut hält«[354]. Die Politik Pauls VI. könne »nicht im Interesse der Entwicklungspolitik und nicht im Interesse des Fortschritts der Völker sein«[355].

Die bisweilen harten Auseinandersetzungen um das päpstliche Schreiben fanden auch Widerhall in der kirchlichen Presse. Der Enzyklika sei das »Schicksal früherer Sozialrundschreiben erspart geblieben: der unverbindliche Beifall von allen Seiten. Der Ruf des Papstes hat gezündet. Die Reaktionen bewegen sich zwischen glatter Ablehnung und begeisterter Zustimmung«[356]. Gegen den Papst brächten die Liberalen ihren Unmut vor, weil er den Kapitalismus und die Marktwirtschaft verurteilt habe. Er habe wirklichkeitsfremd alles verteufelt und marxistische Gedanken wieder aufgewärmt[357]. Der Autor des Kommentars hält dagegen: »Der Papst ist nicht gegen die Freiheit. Im Gegenteil [...]. Für den Papst ist der Bereich der Wirtschaft ein Bereich sittlicher Entscheidungen – und damit ein Bereich menschlicher Freiheit und menschlicher Bewährung«[358]. Die Münsteraner Bistumszeitung »Kirche und Leben« titelte am 21. Mai 1967 gar mit der »Bombe des Papstes«, weil sie weltweit beachtet, kontrovers diskutiert und gar als »Atombombe« bezeichnet würde[359]. Dabei sei es abwegig, eine Verbindung zwischen Kommunismus und Katholizismus zu ziehen. Vielmehr sei das Lehrschreiben »eines der nachhaltigsten Zeichen dafür [...], mit welch einem Ungestüm sich die Kirche der Welt stellt und versucht, aus dem Evangelium eine Antwort auf die Erwartungen der Menschheit zu geben«[360]. Die Kirche, so zitierte das Bistumsblatt den Präsidenten der Kommission für Gerechtigkeit und Frieden, biete dem Menschen an, über die Gestaltung der Erde nachzudenken. »Sie erhebe nicht den Anspruch, ein Allheilmittel für die Gestaltung der Welt anzubieten, sondern

---

353 EBD.
354 EBD.
355 EBD.
356 N. N., Die Sozialenzyklika schlägt Wellen, in: Kirchenzeitung für das Bistum Hildesheim, 9.4.1967, o. S., in: MAA, Pressesammlung Populorum Progressio.
357 Vgl. N. N., Polemik gegen Papst Paul VI., in: Ruhrwort, 15.4.1967, o. S., in: MAA, Pressesammlung Populorum Progressio.
358 EBD.
359 Vgl. N. N., Die »Bombe« des Papstes, in: Kirche und Leben, 21.5.1967, o. S., in: MAA, Pressesammlung Populorum Progressio.
360 EBD.

zeige den Weg und lade die Menschen ein, sich in der allen gemeinsamen schöpferi-schen Aufgabe zu vereinen, diese neue Welt zu erbauen«[361]. Auch der Jesuit Oswald von Nell-Breuning, Professor für Wirtschafts- und Sozialethik, bezeichnete sowohl die wütende Kritik der liberalen Kreise als auch den Vorwurf des Kommunismus als »heuchlerisch und berechnete Irreführung«[362]. Schließlich wisse der Kommunismus, »daß er etwa in Lateinamerika keine Chance mehr habe, wenn die dort vom Papst ge-forderten sozialen und wirtschaftlichen Reformen stattfänden«[363]. Darüber hinaus sei zur angeblichen Verurteilung des Kapitalismus durch die Enzyklika nur zu sagen, dass sie »lediglich jenen grobschlächtigen Paläoliberalismus anprangere, der selbst durch den heute schon nicht mehr ganz modernen Neoliberalismus überholt wurde«[364].

Auch international stieß die Enzyklika auf reges Interesse. Der spätere Erzbischof von Recife, Dom Hélder Câmara, legte zusammen mit 15 Bischöfen aus verschiedenen »Entwicklungsländern« im Zuge der Promulgation der Enzyklika ein »Plädoyer für die Dritte Welt« vor, das erstmals auf französisch am 31. August 1967 in »Témoignage Chré-tien« erschien[365]. Sie wollten sich »dem besorgten Appell Papst Paul VI.« anschließen und ihren »Priestern und Gläubigen ihre Pflichten ein[...]schärfen und [...] Worte der Ermutigung« zusprechen, denn die Völker der »Dritten Welt« seien »das Proletariat der gegenwärtigen Menschheit«, die ausgebeutet und in ihrer Existenz bedroht wür-den von denen, die sich alleinig das Recht herausnähmen, »Richter und Polizisten der materiell weniger reichen Völker zu sein«[366]. Angesichts dieser Ausgangslage re-flektierten die Bischöfe, welche Haltung die Kirche zur Entwicklungsproblematik und zu revolutionären Bestrebungen in den »Entwicklungsländern« einzunehmen habe. Nicht alle Revolutionen seien notwendigerweise gut, aber bestimmte Revolutionen seien geradezu notwendig gewesen. Alle derzeitigen Systeme seien aus Revolutionen hervorgegangen, aus dem Bruch mit einem System und der Errichtung einer neuen Ordnung. Auch die Kirche trage revolutionäres Potential in sich.

> Die Kirche weiß, daß das Evangelium die erste und radikalste Revolution fordert, die den Namen Bekehrung trägt, als totale Umkehr, von der Sünde zur Gnade, vom Egoismus zur Liebe, vom Hochmut zum demütigen Dienst. Diese Bekehrung ist nicht nur innerlich und geistlich; sie zielt auf den ganzen Menschen, sie ist leiblich und sozial ebenso wie geistlich und personal. Sie hat einen Gemeinschaftsaspekt, der für die ganze Gesellschaft von schwerwiegender Bedeutung ist, nicht nur für das irdische Leben in Christus, der,

---

361   EBD.

362   N. N., Heuchlerisches Lob für die Enzyklika, in: Regensburger Bistumsblatt, 4.6.1967, o. S., in: MAA, Pressesammlung Populorum Progressio.

363   EBD.

364   N. N., Warum so viel Aufregung, in: Suso-Blatt Konstanz, 4.6.67, o. S., in: MAA, Pressesammlung Populorum Progressio.

365   Vgl. dazu U. EIGENMANN, Politische Praxis des Glaubens, S. 138–144.

366   Dazu und im Folgenden N. N., Plädoyer für die Dritte Welt, S. 157.

über die Erde erhöht, die ganze Menschheit zu sich erhöht. Das ist in den Augen des Christen die vollkommene Entfaltung des Menschen.[367]

Ausgehend vom Evangelium, dem »Ferment in den tiefgreifenden Umwandlungen der Menschheit«[368] und dem Magnificat (Lk 1, 46–55), in dem Maria den Gott preist, der die Mächtigen vom Thron stößt und die Niedrigen erhöht, schärften die Bischöfe wiederum, analog zu Paul VI., die Pflicht ein zu teilen. »Gott will nicht, daß die Armen immer elend bleiben. Religion ist nicht Opium für das Volk. Die Religion ist eine Kraft, die die Niedrigen erhebt und die Hochmütigen stürzt, die den Hungernden Brot gibt und die Hochstehenden hungern läßt«[369]. Zwar unterstützten manche Regierungen der Industrieländer die Entwicklungsbemühungen, es sei aber vor allem an den armen Völkern, »ihr Recht auf Leben wirksam«[370] zu verteidigen. Auf die Bekehrung der Reichen zu warten, sei illusorisch. Die Zielperspektive dieser Selbstermächtigung der »Entwicklungsländer« sei das ewige Leben. »Jesus hat auf sich die ganze Menschheit genommen, um sie zum ewigen Leben fortzuführen. Dessen Vorbereitung auf Erden ist die soziale Gerechtigkeit, die erste Form der brüderlichen Liebe«[371]. Mit diesem Dokument der Bischöfe rückte freilich ein Thema innerhalb der Bewältigung der Entwicklungsproblematik in den Blick, das kirchlicherseits zu vermeiden versucht wurde: die Frage von Revolution und Gewalt als Instrument zur Entwicklung[372].

Die Enzyklika »Populorum progressio« rief jedoch nicht nur kurzfristig nach Erscheinen ein großes Echo hervor.

> Es ist das bleibende Verdienst der Sozialenzyklika ›Populorum progressio‹, ›Entwicklung‹ zum Kernthema der katholischen Soziallehre gemacht zu haben. Die Probleme der Menschen in der Dritten Welt sind für Paul VI. das Motiv für eine Neukonzeption der kirchlichen Entwicklungstheorie, die ein integrales Modell von menschlicher Entwicklung vorstellt, das soziale, ökonomische, kulturelle, ethische, religiöse und theologische Komponenten berücksichtigt.[373]

Im Hinblick auf die Frage der bedrohten Ordnung hält Langhorst fest, dass nach der Enzyklika jedem Menschen, »um die Ordnung des vollen Humanismus« zu erreichen, die Verantwortung für eine echt menschliche Entwicklung aufgegeben sei[374]. »Paul VI. bestimmt Entwicklung zum ›gesellschaftlichen Totalprozeß‹, der alle Komponenten

367 EBD., S. 158.
368 EBD.
369 EBD., S. 162.
370 EBD., S. 163.
371 EBD.
372 Zur weiteren Kritik an der Enzyklika, etwa die Gewaltfrage vgl. erst jüngst S. HENSEL / H. WOLF (Hrsg.), Die katholische Kirche und Gewalt; D. GERSTER, Friedensdialoge im Kalten Krieg, S. 194–217.
373 P. LANGHORST, Kirche und Entwicklungsproblematik, S. 172.
374 EBD.

zu einer sozialeren Besserstellung umfasst«, also »demokratische, marktwirtschaftli-
che und partizipative Strukturen«, orientiert an den Kategorien soziale Gerechtigkeit
und Solidarität und der »möglichst alle Menschen an dem gemeinschaftlichen Entwicklungsprozeß beteiligen«[375] solle. Dieses Verständnis von Entwicklung, zur Schaffung von Frieden, Gerechtigkeit mit dem Ziel einer guten Ordnung, wurde in der Folge
von zahlreichen Institutionen und Personen aufgegriffen.

Drei dieser Rezeptionsstränge sollen im Folgenden thematisiert werden: die Kommission ›Justitia et Pax‹, der entwicklungspolitische Kongress von Misereor, Adveniat
und ZdK und die Würzburger Synode, die alle die vom Montini-Papst angestoßenen
Entwicklungen im deutschen Katholizismus zu etablieren suchten.

d) Die päpstliche Kommission ›Justitia et Pax‹ und der deutsche Arbeitskreis für Entwicklung und Frieden

> Erst jüngst haben Wir schließlich in dem Bestreben, den Wünschen des Konzils zu ent-
> sprechen und zugleich dem Interesse des Apostolischen Stuhles an der großen und
> gerechten Sache der Entwicklungsländer Ausdruck zu geben, es für Unsere Pflicht
> erachtet, die Behörden der Römischen Kurie durch eine Päpstliche Kommission zu er-
> gänzen, deren Aufgabe es sein soll, ›im ganzen Volk Gottes die Einsicht zu wecken, welche
> Aufgaben die Gegenwart von ihm fordert: die Entwicklung der armen Völker vorantreiben,
> die soziale Gerechtigkeit zwischen den Nationen fördern; den weniger entwickelten Na-
> tionen zu helfen, daß sie selbst und für sich selbst an ihrem Fortschritt arbeiten können‹.
> ›Gerechtigkeit und Friede‹ ist Name und Programm dieser Kommission. (PP 5)

Paul VI. nahm in »Populorum progressio« Bezug auf das »Motu proprio Catholicam
Christi Ecclesiam« vom 6. Januar 1967, mit dem er den Auftrag des Konzils verwirklich-
te, das »ein Organ der Gesamtkirche« für »sehr zweckmäßig« erachtete, »um die Gerechtigkeit und Liebe Christi den Armen aller Welt zuteil werden zu lassen« (GS 90),
und eine päpstliche Studienkommission mit dem Namen ›Justitia et Pax‹ einsetzte.

> Den entscheidenden Anstoß für die Gründung eines Arbeitskreises in der Bundesrepu-
> blik Deutschland, der noch im gleichen Jahr ins Leben gerufen wurde und die Funktio-
> nen einer nationalen Justitia et Pax-Kommission wahrnehmen sollte, lieferte dann die
> ›Betroffenheit‹, die die Enzyklika Populorum progressio [...] auslöste.[376]

Infolge dieser Betroffenheit lud Prälat Gottfried Dossing am 13. April 1967, also unmittelbar nach Erscheinen der Enzyklika, Weihbischof Heinrich Tenhumberg, den Leiter

---

375 P. LANGHORST, Kirche und Entwicklungsproblematik, S. 173.
376 E. GIESEKING, Justitia et Pax 1967–2007, S. 11. Gieseking hat in einem Band die Geschichte und
     wichtige Dokumente der ›Justitia et Pax‹-Kommission in der Bundesrepublik aufgearbeitet und
     dient daher im Folgenden als Hauptquelle. Vgl. dazu: J. MEIER, Justitia et Pax, S. 327–338.

des Katholischen Büros in Bonn, Dr. Johannes Niemeyer[377], seinen Stellvertreter, August Vanistendael, Heinrich Köppler[378], Generalsekretär des Zentralkomitees der deutschen Katholiken, Karl Osner[379], Oberregierungsrat im Bundesministerium für wirtschaftliche Zusammenarbeit, und Hans-Peter Merz[380], Misereor, zu einem Treffen im Katholischen Büro ein, »um möglichst rasch ›zu einer klaren Vorstellung darüber‹ zu kommen, welches die Folgerungen aus der Enzyklika für die ›deutsche kirchliche Entwicklungshilfe sein‹ könnten«[381]. Osner und Merz regten die Bildung eines »Katholischen Arbeitskreises für Entwicklungspolitik« an,

> der als ›Diskussionsforum für grundsätzliche und aktuelle Fragen der kirchlichen Entwicklungshilfe sowie der nationalen und internationalen Entwicklungspolitik‹ gedacht war. Bereits zu diesem frühen Zeitpunkt bestand die Absicht, Persönlichkeiten und Fachleute zur Teilnahme einzuladen, die in verantwortlichen Positionen der kirchlichen oder öffentlichen Entwicklungshilfe tätig waren.[382]

Die Herren einigten sich auf die Einrichtung eines Arbeitskreises. Gieseking konstatiert, dass die Enzyklika »offenbar den entscheidenden Durchbruch für eine nationale Kommission ›Justitia et Pax‹ in der Bundesrepublik Deutschland geliefert«[383] hatte. Über alle organisatorischen Fragen, auch in der Abstimmung mit der Päpstlichen

---

377 JOHANNES NIEMEYER (* 1927). Studium der Rechts- und Staatswissenschaften. Promotion. Tätigkeiten als Staatsanwalt und Richter sowie im Bundesjustizministerium. 1959–1992 stellvertretender Leiter des Katholischen Büros. Vgl. URL: http://kirchensite.de/index.php?id=archivartikel&type=98&no_cache=1&myELEMENT=126034 (Stand: 3.10.2015).

378 HEINRICH KÖPPLER (1925–1980). Nach dem Zweiten Weltkrieg von 1945 bis 1948 Studium der Rechtswissenschaften in Erlangen und Mainz, 1950 und 1953 Abschluss der juristischen Staatsexamina. 1952–1956 Bundesführer des BDKJ, 1956–1965 Generalsekretär des ZdK, dort später Leiter des Außenamtes und bis zu seinem Tode Vizepräsident, 1965–1970 MdB, danach Mitglied des Landtags in Nordrhein-Westfalen und Vorsitzender der dortigen CDU-Fraktion. Vgl. S. MARX, Heinrich Köppler.

379 KARL OSNER (1927–2014). 1959–1962 Funktionen beim Aufbau des Bischöflichen Hilfswerkes Misereor, danach Mitglied im Beirat. 1962–1992 Beamter im BMZ, zuletzt als Ministerialdirigent. 1980–1983 Generalsekretär der CIDSE. Ab 1962 Gründungsgeschäftsführer der AGEH. 1964 Aufbau des KAEF, Generalsekretär, bis 2004 Mitglied im Vorstand, Mitarbeit im Dialogprogramm der GKKE. 1980–1988 ZdK-Mitglied. Ab 1983 Gründung und Entwicklung des Exposure- und Dialogprogramms, Geschäftsführer bis 2001. Vgl. Pressemitteilung ›Justitia et Pax‹, URL: http://www.justitia-et-pax.de/jp/pressemeldungen/archiv/daten/20140922_Zum_Tod_Dr_Osner.pdf (Stand: 1.5.2018).

380 HANS-PETER MERZ (1933–2014). Stellvertretender Geschäftsführer Misereors. Wechsel zur GTZ. Geschäftsführer der Sektion Entwicklung im KAEF, später ›Justitia et Pax‹. Vgl. Pressemitteilung Justitia et Pax, URL: http://www.justitia-et-pax.de/jp/newsletter/20141016_26_jp_in_kuerze.pdf (Stand: 1.5.2018).

381 Prälat Gottfried Dossing per Hauspost an Dipl.-Ing. Hans-Peter Merz, 8.4.1967, zit. nach E. GIESEKING, Justitia et Pax 1967–2007, S. 13.

382 EBD., S. 14.

383 EBD.

Kommission, kamen die Beteiligten schnell hinweg und nahmen »sehr flexibel und unkompliziert die Arbeit«[384] auf. Wie bedrohlich die Situation eingeschätzt und wie eng der zeitliche Korridor des Handelns empfunden wurde, zeigt folgendes Zitat: »Jeder muß mit anpacken. Jeder ist mit verantwortlich. Entstandene Kosten werden von den Beteiligten getragen«[385].

Offiziell wurde der Arbeitskreis am 18. Dezember 1967 im Katholischen Büro in der Kaiser-Friedrich-Straße in Bonn mit dem Ziel gegründet, alle an der kirchlichen Entwicklungsarbeit beteiligten Kräfte zu vernetzen, strategische Konzepte zu entwickeln und das Themenfeld auch politisch zu vertreten[386]. Gleichzeitig ermöglichte die Struktur des Trägerkreises eine weitere Zentralisierung und Ansiedlung der Entwicklungsarbeit beim Katholischen Büro und damit bei der Bischofskonferenz. Den Trägerkreis bildeten Adveniat, der Caritasverband, das Katholische Büro, Misereor und das Zentralkomitee der deutschen Katholiken, den Vorsitz übernahm Weihbischof Heinrich Tenhumberg. Ein von Beginn an gemeinsames Interesse galt der Verwirklichung der kirchlichen »Entwicklungshilfe« als ›Hilfe zur Selbsthilfe‹ sowie der Gedanke der Partnerschaft in der Zusammenarbeit. Enge Verbindungen bestanden zu den staatlichen Stellen und Geldgebern. Der Bundesminister für wirtschaftliche Zusammenarbeit, Dr. Erhard Eppler, erläuterte als Gast immer wieder die entwicklungspolitische Konzeption der Bundesregierung. Das Parlament war an einem Austausch mit den kirchlichen Institutionen sehr interessiert. »Weihbischof Tenhumberg glaubte, daß die internationalen Organisationen und die Regierungen erst langsam beginnen würden, die Notwendigkeit einer Motivierung für Entwicklungshilfe zu erkennen«[387], dass aber eine Brücke zwischen der staatlichen und kirchlichen »Entwicklungshilfe« geschlagen werden müsste, deren gemeinsames Motiv die Brüderlichkeit sein könne. Diese Brücke bestand freilich schon länger, zumindest in finanzieller Hinsicht. Seit 1962 existierte zwischen der Bundesregierung, der evangelischen und der katholischen Kirche eine entwicklungspolitische Partnerschaft. Die Bundesregierung machte es sich zunutze, dass die Kirchen durch ihre Missionsstationen häufig über ein bereits bestehendes Netzwerk an Kooperationspartnern verfügten und unterstützte diese Arbeit (bis 2011) mit über sechs Milliarden Euro[388]. Außerdem fand kirchliche »Entwicklungshilfe« unterhalb der staatlichen Ebene statt, sodass insbesondere die zivilgesellschaftlichen Anstrengungen gestärkt werden bzw. in Konfliktfällen Hilfsmaßnahmen weiterlaufen konnten, weil sie nicht den diplomatischen und völkerrechtlichen Regeln der internationalen Staatengemeinschaft unterworfen waren. Im gleichen Jahr wurden sowohl die Evangelische wie die Katholische Zentralstelle für Entwicklungshil-

---

384 EBD., S. 15.
385 Auftrag und Aufgabenstellung, 1989, zit. nach: EBD.
386 Vgl. dazu und im Folgenden EBD., S. 16 f.
387 EBD., S. 17.
388 Vgl. URL: http://www.kirchen-ez.de/5.0.html (Stand: 1.5.2018).

fe (EZE und KZE) gegründet. Die Zentralstellen konnten die Auswahl der Projekte ohne politische Vorgaben der Bundesregierung jeweils eigenständig vornehmen. Für den staatlichen Geldgeber war dabei wichtig, dass die kirchlichen Stellen zwischen »Entwicklungshilfe« und Missionsarbeit deutlich unterschieden. Projekte mit missionarischem Charakter durften von staatlichen Geldern nicht gefördert werden[389].

Der zunächst mit dem Schwerpunkt ›Entwicklung‹ gegründete Arbeitskreis wurde im November 1968 um das Element ›Frieden‹ erweitert, praktisch wurde dies in der Einrichtung zweier Sektionen ›Entwicklung‹ und ›Frieden‹ umgesetzt[390]. Den Trägerkreis verstärkten ›Pax Christi‹ und das Päpstliche Werk für die Glaubensverbreitung. Innerhalb der beiden Sektionen arbeiteten zwischen 30 und 50 Fachleute, Mitarbeiter der kirchlichen Werke, Experten, Historiker, Wirtschaftswissenschaftler, Missionsfachleute, Politiker und Publizisten, die vom Trägerkreis für drei Jahre berufen wurden. Karl Osner wurde ehrenamtlicher Geschäftsführer der Sektion Entwicklung. In der Folge entstanden eine Fülle von Papieren und Gutachten, vierteljährliche oder noch häufigere Sitzungen fanden vornehmlich im Katholischen Büro statt.

> Der KAEF arbeitete grundsätzlich nach vier Prinzipien: 1) exemplarisch, indem er angesichts beschränkter Ressourcen grundsätzliche und aktuelle Probleme schwerpunktmäßig unter dem Aspekt der politischen Wirksamkeit herausgriff, 2) innovativ, was bedeutet, neue Probleme zu bearbeiten, um zu deren Lösung andere Gruppierungen und Einrichtungen in der Kirche anzuregen und anzuleiten, 3) subsidiär im Sinne von ergänzend tätig werden, indem sachkundige Anregungen, Begleitung wie auch Unterstützung angeboten wurden, wo andere Gruppierungen und Einrichtungen der Kirche bereits arbeiteten, 4) komplementär: das heißt, die Zusammenarbeit mit den Schwesterkommissionen in der Welt ebenso zu suchen, wie die mit anderen kirchlichen und gesellschaftlichen Gruppen und auch parallelen Einrichtungen der evangelischen Kirche.[391]

Zwei Ziele verfolgte der Arbeitskreis. Erstens repräsentierte die Sektion die Kirche bei den zentralen staatlichen Akteuren der Entwicklungspolitik, die durch die enge finanzielle Kooperation und in ihrer Rolle als (internationale) Entscheidungsträger wichtige Ansprechpartner im Sinne einer Lobbyarbeit waren. Vor allem in den Bundestagsausschüssen Auswärtiges, Wirtschaftliche Zusammenarbeit, Wirtschaft und

---

389 Zum Missionsverständnis des Zweiten Vatikanischen Konzils und den Schwerpunktverschiebungen zum Bereich der Entwicklung vgl. P. HÜNERMANN, Dekret über die Missionstätigkeit der Kirche, besonders S. 228–230. Die Unterscheidung zwischen Missionsarbeit und »Entwicklungsarbeit« spielte zwar immer wieder eine Rolle, vor allem in den Anträgen der Partner in den »Entwicklungsländern«, die Misereor erhielt. Doch die katholische Kirche tat sich mit der Unterscheidung deutlich leichter als die evangelische Kirche. Zu diesem Thema entsteht derzeit eine Arbeit von Ruth Jung mit dem Arbeitstitel »Von der Kolonialmission zur Entwicklungshilfe: Deutscher Katholizismus und humanitäres Engagement (1919 bis 1975)«.

390 Vgl. etwa das Organigramm des KAEF, in: E. GIESEKING, Justitia et Pax 1967–2007, S. 37. Die Sektion ›Frieden‹ wird in dieser Arbeit mit Ausnahme des Krieges in Nigeria-Biafra nicht einbezogen.

391 EBD., S. 20.

in den dazugehörenden Spiegelministerien waren die Kirchen gern gesehene Dialogpartner und als Experten gefragt. Ein Beispiel ist das Hearing des Ausschusses für wirtschaftliche Zusammenarbeit am 27. und 28. April 1970 zu den »Grundsätzen der Entwicklungspolitik in der zweiten Dekade«[392]. Der Ausschuss für wirtschaftliche Zusammenarbeit hatte den eingeladenen Experten einen Fragenkatalog vorgelegt, der im Hearing zu beantworten war. In einer Sondersitzung erstellten die Mitglieder der Sektion Entwicklung eine umfassende Stellungnahme, der sie eine Vorbemerkung zu ihrem katholischen Verständnis von »Entwicklungshilfe« voranstellten.

> Es ist von jeher Aufgabe der Kirche und ihrer Glieder gewesen, sich der sozial-schwachen, notleidenden Menschen anzunehmen. Aus dieser Verantwortung hat sie auch die Verpflichtung, zur Entwicklungshilfe Stellung zu nehmen, und Anwalt für die heute Unterprivilegierten unserer Welt zu sein.[393]

Dies geschehe auf Grundlage zweier Prämissen. Einerseits müsse bei allen Bemühungen der Mensch im Mittelpunkt stehen, andererseits sei »eines der wichtigsten Erfordernisse die Verwirklichung der sozialen Gerechtigkeit«[394]. Der Entwicklungspolitik habe ein eigener und hoher Rang zuzukommen, frei von außen- und wirtschaftspolitischen Interessen. Nur so könne sie ein »wichtiges Instrument einer konstruktiven Weltfriedenspolitik«[395] werden. Die drei wesentlichen Ziele der Entwicklungspolitik seien Wirtschaftswachstum, soziale Gerechtigkeit und die Selbstbestimmung der Völker. Insbesondere der Partnerschaftsgedanke sei nach den Erfahrungen der ersten Entwicklungsdekade in den Mittelpunkt zu stellen. Daraus resultierte auch die Orientierung der künftigen Entwicklungspolitik an den Zielen und Bedürfnissen der »Entwicklungsländer«. Dringlich sei eine »tiefgreifende, kritische Bewußtseinsbildung« in der Bevölkerung anzustreben, »mit dem Ziel, diese zustimmende Haltung durchgehend zu erzeugen«[396], wozu alle politischen und gesellschaftlichen Kräfte Anstrengungen zu unternehmen hätten. Transparentere Informationen über die Entwicklungspolitik, die Aufwertung der Entwicklungshelfer, die Überwindung von Klischees und Stereotypen und die »Aufnahme dieser Problematik in die Lehrinhalte unserer Schulen, Volkshochschulen, Bildungsarbeit, etc.«[397] seien Mittel, diese bewusste Öffentlichkeit herzustellen.

Kritisch wandten sich die Kirchenvertreter schließlich gegen die Familienplanung: »Die Familienplanung ist kein Allheilmittel und kann nur im Zusammenhang mit

---

392   Vgl. Kurzprotokoll der Sektion Entwicklung, 22.4.1970, in: ZDK-ARCHIV 5619, Schachtel 1.

393   Abschrift der Stellungnahme der katholischen Kirche zu den Fragen des Bundestagsausschusses für Wirtschaftliche Zusammenarbeit im Hearing am 27. und 28. April 1970, in: ZDK-ARCHIV 5619, Schachtel 1.

394   EBD.

395   EBD.

396   EBD.

397   EBD.

anderen Förderungsmaßnahmen gesehen werden«[398]. Die »Entwicklungsländer« müssten selbst über Programme zur Familienplanung entscheiden. Ausbildungsstätten für Familienberatung müssten eingerichtet werden, Grundlage aller Maßnahmen sei, »daß die Eltern in eigener Verantwortung und Einsicht in Tragweite und Konsequenz ihrer Entscheidung handeln können«[399]. Hunger spielte in dieser Stellungnahme keine explizite Rolle, gleichwohl blieb er als Symptom weiter erhalten und wurde insbesondere in den Auseinandersetzungen um die Familienplanung wegen der befürchteten Überbevölkerung immer wieder vorgebracht. Zu einem Lernort wurden diese politischen Veranstaltungen auch deshalb, weil sie die ökumenische Arbeit vorantrieben. Bereits in dieser Sitzung stimmten sich die katholischen Vertreter eng mit den evangelischen Kollegen ab, teilten sich die Fragen und ihre Beantwortung auf, um im Zeitrahmen zu bleiben. Man wollte in der Beantwortung mit dem gleichen Ziel auftreten, um »dem gemeinsamen Anliegen mehr Nachdruck zu verleihen«[400]. Diese enge ökumenische Kooperation verstetigte sich und führte 1973 zur ›Gemeinsamen Konferenz der Kirchen für Entwicklungsfragen‹ (GKKE)[401].

Zweitens unternahm der Arbeitskreis zahlreiche Unternehmungen zur Bewusstseinsbildung. Bis 1984 hatte die 1969 eingerichtete Wissenschaftliche Kommission insgesamt 99 Forschungsprojekte mit einer Gesamtsumme von 5,6 Millionen DM in Angriff genommen[402]. Veranstaltungsergebnisse und -dokumentationen sowie Forschungsergebnisse wurden in der Reihe »Entwicklung und Frieden« im Matthias-Grünewald-Verlag einer breiten Öffentlichkeit zugänglich gemacht[403]. Ein eigener »Fachbeirat für Bildungs- und Öffentlichkeitsarbeit« mit Fachleuten aus Pädagogik, Pastoral, Politischer Bildung, Medien und Öffentlichkeitsarbeit war für diese Bewusstseinsbildung zuständig[404]. Außerdem war der KAEF immer wieder Träger entwicklungspolitischer Bildungsveranstaltungen, insbesondere des Entwicklungspolitischen Kongresses ›Entwicklung, Gerechtigkeit, Frieden‹ 1979 in Bonn, auf den in Kapitel III noch einzugehen sein wird. Kennzeichen des KAEF waren zwei Elemente. Von Anfang an wurden neben theologischem Sachverstand auch Experten aus Politik, Wirtschaft und Sozialwissenschaften hinzugezogen. Außerdem läutete die Entwicklungsarbeit bereits sehr früh intensive ökumenische Zusammenarbeit ein, die schließlich in der GKKE auch ihre institutionelle Ausprägung erreichte. »Päpstlicher Impuls, spezifisch organisatorische Besonderheiten und konfessionsübergreifendes Handeln bildeten

---

398 EBD.
399 EBD.
400 E. GIESEKING, Justitia et Pax 1967–2007, S. 39.
401 Vgl. EBD., S. 72–82.
402 Vgl. EBD., S. 57.
403 Vgl. EBD., S. 69–71.
404 Vgl. EBD., S. 41.

zusammen die Grundlage für ein 40-jähriges erfolgreiches Wirken für Gerechtigkeit und Frieden«[405], resümiert Erik Giesking.

e) Entwicklungspolitischer Kongress: »Jedem Menschen eine Chance«
Eine Verdichtung der Rezeption der Enzyklika stellte der Arbeitskongress zur kirchlichen »Entwicklungshilfe« mit dem Titel »Jedem Menschen eine Chance« am 27. und 28. Februar 1970 im Städtischen Saalbau in Essen dar, den das Zentralkomitee der deutschen Katholiken in Zusammenarbeit mit den Hilfswerken Misereor und Adveniat veranstaltete. Damit wollte das Zentralkomitee das Instrument der bisherigen Arbeitstagungen, so etwa die Tagung 1958 in Saarbrücken, von der wesentliche Impulse zur Gründung des Hilfswerkes Misereor ausgingen, nutzen und dabei ins Gespräch mit verschiedenen Laienräten und Gruppen im Katholizismus, Politikern und Experten kommen, »und versuchen, sich auf gemeinsame Aktionen zu einigen«[406]. Dabei solle der Kongress »keine Fachtagung werden, sondern so angelegt sein, daß die Probleme der Entwicklungshilfe und Entwicklungspolitik transparent gemacht werden und zu einer breiten Diskussion im katholischen Raum anregen«[407]. Öffentlichkeitsarbeit und Bewusstseinsbildung also waren die beiden Ziele dieses Vorhabens. Dies erschien den Vertretern der Institutionen ZdK, Misereor und Adveniat notwendig, da die »Entwicklungshilfe« »in der deutschen Bevölkerung nicht mehr die Resonanz wie in früheren Jahren«[408] finde. »Bei Diskussionen über diese Fragen brechen frühere Vorbehalte und Ressentiments gegenüber einem Engagement in der Dritten Welt stärker wieder auf«[409]. Solidarität unter den Völkern habe sich als Gedanke bisher nicht etablieren können, eine Gesamtkonzeption zur Entwicklungsarbeit fehle. »Man engagiert sich daher schneller bei Aufgaben der Not- und Katastrophenhilfe«[410], doch auch die Spendensammlungen Misereors stießen inzwischen an Grenzen.
Deutlich wird in diesen Überlegungen am Beginn der Planungsphase, vor welche Herausforderungen sich die hauptberuflich mit Entwicklungsfragen befassten katholischen Experten – eine neue Berufsgruppe, die es vorher nicht gegeben hatte – gestellt sahen: Hatten anfangs die Neugierde und das Mitleid über die fremden Völker und Kulturen überwogen und die Darstellungen des Hungers an eigene Erfahrungen anknüpfen können, schien am Beginn der 1970er Jahre eine gewisse Ernüchterung einzutreten. Daher sollte der Kongress insbesondere Multiplikatoren ansprechen, also Vertreter von Verbänden, Pfarrgemeinderäten und diözesanen Laiengremien, die durch Kontakt mit Experten und Politikern interessierter, aufgeschlossener und engagierter für die Entwicklungsfragen werben und arbeiten sollten.

---

405 Ebd., S. 114.
406 Dazu und im Folgenden: Aktenvermerk Paul Becher, 13.6.1969, in: ZdK-Archiv 5617, Schachtel 5.
407 Ebd.
408 Ebd.
409 Ebd.
410 Ebd.

Vier große Themen ergaben sich aus diesen zeitgenössischen Beobachtungen. Zunächst sollten die »Ursachen der Lethargie und die vorhandenen Ressentiments offen angesprochen«[411] und Vorschläge zur Lösung dieser Ursachen erarbeitet werden. Zweitens sollte im Sinne der Bewusstseinsbildung über Ziele, Projekte, Prioritäten und Konflikte in der Entwicklungsarbeit informiert werden. Drittens sei eine Gesamtkonzeption der kirchlichen Arbeit zu entwickeln und die Methode der Spendenaufrufe zu überarbeiten. Schließlich würde es viertens »darauf ankommen, die bestehende Mentalität kritisch zu analysieren. Es muß die Frage behandelt werden, ob wir Katholiken die richtige Einstellung gegenüber den Problemen der Dritten Welt haben«[412]. Das Vorgespräch unter Beteiligung der verschiedenen Institutionenvertreter schloss sich den Überlegungen aus dem ZdK weitestgehend an. Der Kongress müsse »aufrüttelnd« sein und in die Öffentlichkeit hineinwirken. Gleichzeitig sei damit zu rechnen, »daß die bisherige kirchliche Entwicklungsarbeit sehr massiv angegriffen und in Resolutionen eine demokratische Umformung der bischöflichen Hilfswerke gefordert werde«[413]. Neben dieser Befürchtung gab es zwischen dem gastgebenden Bischof Dr. Franz Hengsbach und dem ZdK Meinungsverschiedenheiten über die Zuständigkeit des ZdK in dieser Frage. Allerdings wies die Vorbereitungsgruppe diesen Einwand mit dem Hinweis ab, »daß das Zentralkomitee in der gegenwärtigen Situation besonders dazu geeignet und von seinem Statut her auch dazu aufgerufen sei, die Meinungsbildung im katholischen Raum zu koordinieren und gesellschaftspolitische Aktionen anzuregen«[414]. Das würde den ›Weltauftrag der Laien‹ auch nochmals transparent machen. Thematisch schloss der Kongress eng an die Überlegungen des ZdK an. Proaktiv suchte man durch die Veranstaltungstitel ›Demokratisierung der bischöflichen Hilfswerke‹ und ›Prioritäten für den Einsatz von Kirchensteuermitteln‹ etwaiger Kritik entgegenzuwirken.

Doch die Kritik kam bei diesem Kongress deutlich zum Vorschein. »Bei diesem ersten repräsentativen Entwicklungskongreß kam manches zur Sprache, was sich innerhalb von zehn Jahren kirchlicher Entwicklungsarbeit an Fragen und an Kritik im deutschen Katholizismus aufgestaut hatte«[415]. Insbesondere die Gruppe ›Kritischer Katholizismus‹ äußerte massive Kritik und bewies, »daß sie die Problematik der Entwicklungsarbeit sehr intensiv reflektiert hatten«[416]. Insbesondere an der Arbeit der Hilfswerke entzündete sich die Kritik.

---

411 EBD.
412 EBD.
413 EBD.
414 EBD.
415 Informationsdienst 1970, S. 31.
416 EBD.

> Die Hilfswerke sind wesentlich dafür verantwortlich, daß sich der Bewußtseinsstand
> unter Deutschlands Katholiken von Mitleid und Barmherzigkeit zu internationaler Soli-
> darität und sozialer Gerechtigkeit wandelt. Den Werken wurde empfohlen, unter diesem
> Aspekt auch eine Änderung ihrer Namen in Erwägung zu ziehen. Appelle an Mitleid und
> Barmherzigkeit, wie sie im diesjährigen Misereor-Plakat (füllt die leeren Löffel) und in
> einer Predigt des Essener Bischofs Dr. Franz Hengsbach während des Kongresses zum
> Ausdruck kamen, wurden als Rückschritt scharf kritisiert.[417]

Was der Informationsdienst des BDKJ in aller Kürze vom Essener Kongress berichtete, war für den Kongress und für die Entwicklungsarbeit der Kirchen insgesamt
von höchster strategischer und politischer Bedeutung. Zwei Aspekte sollen dies kurz
beleuchten:

Zunächst nahm das ZdK die »heftigste Kritik« deutlich wahr, wie eine Aktennotiz
für den Generalsekretär des ZdK, Dr. Friedrich Kronenberg[418] zeigt, insbesondere aus
den Diözesanräten, der KDSE und dem BDKJ. »Im Übrigen hatte ich am Samstag den
Eindruck, daß eine Reihe älterer Teilnehmer, ferner Mitarbeiter der Werke MISEREOR,
ADVENIAT und PWG und nicht zuletzt anwesende Geistliche die kritischen Einwän-
de der Jugendlichen mit Beifall bedachten«[419]. Kirchliche Entwicklungsarbeit schien
im Gefolge der studentischen Unruhen, die um ›1968‹ auch die kirchlichen Jugendverbände erfassten, in ihrer bisherigen Gestalt immer stärker kritisiert zu werden. Die Berichte aus den Arbeitskreisen weisen bereits auf geradezu bedrohliche Kritik hin, die
dann im Plenum des Kongresses wohl zu deutlichen Sympathiebekundungen sogar
des »Establishments« führen sollten. Der Arbeitskreis 2 empfahl, dass Entwicklungsarbeit in Deutschland nicht auf »Geldbeschaffung« beschränkt sein dürfe, sondern
»vielmehr eine wesentliche Aufgabe auch in der Bewußtseinsbildung in Deutschland«[420] finde. Außerdem seien bei der Spendenvergabe in den Verteilergremien auch
Laien als Vertreter der Spender zu beteiligen, eine Aufgabe, die bis dato den bischöflichen Kommissionen vorbehalten war. Im Arbeitskreis 3 wurde deutlicher Kritik geübt.

> Die Arbeitsgruppe hat mit allem Nachdruck darauf hingewiesen, daß ohne durch-
> greifende Änderung der Strukturen eine Entwicklungshilfe, wie sie für die zwei-
> te Entwicklungsdekade postuliert worden ist, nicht möglich ist, und daß jegliche
> Entwicklungshilfe – auch von den Kirchen – nur am Symptom herumkuriert.[421]

---

417 EBD.
418 FRIEDRICH KRONENBERG (* 1933). 1954–1960 Studium der Wirtschafts- und Sozialwissenschaft an
     der Universität Münster. 1960 Promotion bei Prof. Dr. Joseph Höffner. 1960–1964 Hauptamtlicher
     Leiter der Deutschen Pfadfinderschaft St. Georg. 1966–1999 Generalsekretär des ZdK. 1968–2001
     Mitglied im Beirat des Hilfswerkes Misereor, 1992–2000 dessen Vorsitzender. 1983–1990 MdB. Diese
     Angaben beruhen auf Selbstauskunft.
419 Aktennotiz vom 2.3.1970, Dr. Paul Becher, in: ZDK-ARCHIV 5617, Schachtel 5.
420 Berichte und Ergebnisse aus den Arbeitskreisen, 5, in: ZDK-ARCHIV 7600, Schachtel 1.
421 EBD., S. 8.

Änderungen seien nicht nur in den »Entwicklungsländern« nötig, sondern auch in den Wirtschafts- und Gesellschaftsstrukturen der Geberländer. »[D]aher [sei] eine Umorientierung nationalstaatlicher Gesellschafts- und Wirtschaftspolitik in den Industriestaaten dringend notwendig«[422]. Was darunter zu verstehen war, wurde eingehend expliziert:

a) Öffnung der Märkte gegenüber den Entwicklungsländern gefährdet Arbeitsplätze in unserer Wirtschaft und erfordert eine entsprechende Strukturänderung.

b) Internationale Solidarität verlangt, daß die Interessen der Entwicklungsländer auch in die Zielvorstellungen unserer eigenen Wirtschafts- und Gesellschaftspolitik eingehen.

c) Weltweite Partnerschaft setzt voraus, daß auch nichtstaatliche Organisationen an der Meinungs- und Willensbildung in unserer Gesellschaft stärker beteiligt sind und aktiv tätig werden.

d) Im Hinblick auf Einsicht in die Notwendigkeit und die Verantwortung unserer Gesellschaft auf dem Gebiet der Entwicklungspolitik, auf die Notwendigkeit einer entsprechenden Institutionalisierung besteht ein großer Nachholbedarf[423].

Konkret wurde gefordert:

a) Alle Gesetze und zwischenstaatlichen Verträge sind daraufhin zu überprüfen, ob sie die Interessen der Entwicklungsländer schädigen.

b) Die Bundesregierung sollte sich bei internationalen Verhandlungen grundsätzlich für die Interessen der Entwicklungsländer einsetzen. Sich möglicherweise ergebende negative Auswirkungen für die eigene Wirtschaft sind durch eine entsprechende konstruktive Wirtschaftspolitik aufzufangen.

c) Privatinvestitionen kommerzieller Art in Ländern der Dritten Welt sind unter Entwicklungsgesichtspunkten zu beurteilen und nur dann durch die öffentliche Hand zu begünstigen, wenn sie obigen Kriterien standhalten.

d) Unter Hinweis auf die Konferenz des Weltkirchenrates in Montreux wurde gefordert, einen Teil der für Entwicklungshilfe vorgesehenen Mittel für die Mobilisierung der eigenen Gesellschaft auf diesem Gebiet auszugeben. Dabei erschienen 20–25% der Mittel z. T. als ausreichend, z. T. zu wenig[424].

Der Arbeitskreis 4 nahm den Referenten Winfried Böll[425], Unterabteilungsleiter im BMZ, nach seinem Vortrag geradezu auseinander. »Einige Teilnehmer vermißten eine

---

422 EBD., S. 9.

423 EBD.

424 EBD., S. 9 f.

425 WINFRIED BÖLL (* 1925). Studium der Rechtswissenschaft und der Soziologie in Köln, Bonn und München. Ab 1951 Mitglied der SPD. Ab 1956 Mitarbeiter der Carl-Duisberg-Gesellschaft (zuletzt Geschäftsführer). 1962 Mitarbeiter im BMZ. 1963 Geschäftsführer des DED (Deutscher Entwicklungs-Dienst). 1968 Unterabteilungsleiter. 1972 Abteilungsleiter im BMZ, Aufbau des Programms für gesellschaftspolitische Bildung in den Entwicklungsländern unter Einschaltung der politischen Stiftungen. 1979 als Ministerialdirektor im einstweiligen Ruhestand. Vgl. URL: https://www.fes.de/archiv/adsd_neu/inhalt/nachlass/nachlass_b/boell-wi.htm (Stand: 1.5.2018).

grundlegende kritische Analyse der gesamtgesellschaftlichen und der kirchlichen Strukturen, womit die Ursachen für die Unfähigkeit zur brauchbaren Entwicklungshilfe aufgedeckt werden sollten«[426]. Bölls Gedanken, wonach die kirchliche Entwicklungsarbeit mit ihrer Bewusstseinsbildung stärker ihre Zielgruppen aktivieren konnte als andere Gruppen, wurde

> von einigen Teilnehmern lebhaft widersprochen. Man wies vor allem darauf hin, daß die vorwiegend karitative Einstellung zur Dritten Welt, die sich etwa auch im neuesten MISEREOR-Plakat (Löffel-Motiv) [Hervorhebung im Original] manifestiert, die Einsicht verschließt, daß es nicht um milde Gaben, sondern um Gerechtigkeit geht.[427]

Die Umbenennung Misereors wurde zwar abgelehnt, aber die Darstellung der Hilfswerke stark kritisiert. Es gehe um Veränderungen »der eigenen inneren Strukturen der Gesellschaft und der Kirche, von der die Entwicklungshilfe der Werke nicht ablenken dürfe«[428].

Die bisherige Praxis der »Entwicklungshilfe« staatlicher- wie kirchlicherseits wurde damit einer Generalkritik unterzogen und musste den etablierten Experten und Politikern geradezu negativ aufstoßen. Die Vergabepraxis, letztlich die Anlage Misereors als bischöfliches Werk, dessen Öffentlichkeitsarbeit, die, obwohl mühsam immer wieder angepasst, nach außen doch ausschließlich karitativ wirkte, der typische Nimbus der Spendensammlungen zur Bewältigung weltgesellschaftlicher Probleme – all dies war spätestens mit dem Kongress im Februar 1970 massiv öffentlich und von verschiedenen Seiten des politischen Feldes in Frage gestellt.

Das zweite Ereignis zeigt, welch zunehmender Kritik sich die Kirche auch in den Medien ausgesetzt sah. Der Empfang des Essener Bischofs Dr. Franz Hengsbach anlässlich des Entwicklungspolitischen Kongresses wurde, wie ein Bericht des Generalsekretärs des ZdK, Dr. Friedrich Kronenberg zeigt, durch einen »Zwischenfall« gestört.

> Beim Empfang des Bischofs von Essen, am 27. Februar 1970 abends, im Städtischen Saalbau in Essen, hat zwischen Herrn von Nußbaum, einem der Herausgeber der Zeitschrift ›Kritischer Katholizismus‹ und dem Kameramann aus dem Team des Herrn Hamerski vom WDR eine Verständigung dahingehend stattgefunden, daß Herr von Nußbaum bei der Ansprache des Bischofs hinter diesen treten werde und dabei die letzte Nummer seiner Zeitschrift (Februar 1970), die das Bild des Bischofs von Essen in einer Fotomontage zeigt, emporhält, und daß diese Szene gefilmt wird. Entsprechend geschah es auch, erst durch mein dazwischentreten [sic!] wurde die Aufnahme abgebrochen.[429]

---

426   Berichte und Ergebnisse aus den Arbeitskreisen, 12, in: ZdK-Archiv 7600, Schachtel 1.
427   Ebd., S. 12 f.
428   Ebd., S. 13.
429   Ebd.

Kronenberg habe daraufhin Druck gemacht und eine öffentliche Erklärung für den Fall der Ausstrahlung dieser »gestellte[n] Szene«[430] angekündigt, woraufhin das Kamerateam eine »Beeinträchtigung der Pressefreiheit«[431] geltend machte. Die Szene wurde nach Kenntnis des ZdK nie ausgestrahlt[432]. Die Begebenheit zeigt aber, mit welcher für die Amtsträger neuen Situation kritischer (Medien-)Begleitung die Kirche konfrontiert war. Auch ein Interview Hengsbachs mit der WDR-Sendung »Hier und Heute« zeigt die massiv geübte Kritik an kirchlicher »Entwicklungshilfe«[433]. Schon die Anmoderation nahm Anschuldigungen gegen die katholische Kirche auf, wonach Entwicklungsgelder »zum Fenster hinausgeworfen«[434] worden seien. Außerdem leiste die katholische Kirche im Vergleich zum Weltkirchenrat zu wenig, da sie nur zwei Prozent der Kirchensteuermittel aufwenden würde, sowohl die Vereinten Nationen als auch der Weltkirchenrat aber fünf Prozent angeraten hätten. Auch dem Vorwurf, kirchliche »Entwicklungshilfe« sei eine Form von »missionarischem Neokolonialismus«[435], sah sich der Essener Bischof ausgesetzt. Das aber könne man, so Hengsbach, »ganz sicher nicht sagen«[436]. Der Bau eines Krankenhauses führe zwar dazu, dass »die Kraft der dort örtlichen Missionsgemeinde deutlicher sichtbar«[437] werde. »Aber wir haben gerade in unserem Werk Misereor von Anfang an äußerste Behutsamkeit darauf verwandt, daß die Hilfe allen zugute kommt und daß keinerlei, ich möchte sagen, so hintergründige Missionsabsicht dahinter steckt«[438]. Diesem Vorwurf aber konnte sich die kirchliche »Entwicklungshilfe« lange nicht entziehen, er wurde eher befeuert von Kritikern wie etwa dem ehemaligen katholischen Priester Ivan Illich[439], für den Misereor und Adveniat die falsche Arbeit leisteten und eine Bettlermentalität erzeugten[440].

f) Synodendokument: Der Beitrag der katholischen Kirche in Deutschland für
   Entwicklung und Frieden (1975)
In diesem Umfeld ist auch das Synodendokument »Der Beitrag der katholischen Kirche in der Bundesrepublik Deutschland für Entwicklung und Frieden«, das aus der

---

430 EBD.
431 EBD.
432 Vgl. EBD.
433 Vgl. dazu und im Folgenden: Tonbandabschrift eines Berichtes in der Sendung »Hier und Heute« am 28.2.1970, in: ZDK-ARCHIV 5617, Schachtel 5.
434 EBD.
435 EBD.
436 EBD.
437 EBD.
438 EBD.
439 IVAN ILLICH (1926–2002). 1944–1951 Studium der Philosophie und Theologie in Rom. 1951 Priesterweihe, Promotion. 1951–1956 Seelsorger in New York. 1956–1960 Vize-Rektor der Katholischen Universität von Puerto Rico. Konflikt mit der vatikanischen Südamerika-Politik. Vgl. M. KALLER-DIETRICH, Ivan Illich.
440 Vgl. dazu: EBD.; N. N., Kann Gewalt christlich sein?, in: DER SPIEGEL Nr. 9, 23.2.1970, S. 104–116.

Würzburger Synode hervorging, zu verorten[441]. Zur Umsetzung der weitreichenden Konzilsbeschlüsse hatten die deutschen Bischöfe 1969 eine »Gemeinsame Synode der Bistümer in der Bundesrepublik Deutschland« für die Jahre 1971 bis 1975 nach Würzburg einberufen[442].

Nachdem die Frühjahrsvollversammlung der Bischofskonferenz 1969 den Entschluss gefasst hatte, eine Synode in Deutschland durchzuführen, um über die Umsetzung der Konzilsbeschlüsse in den deutschen Ortskirchen zu beraten, und an diesen Beratungen und Beschlüssen auch Laien zu beteiligen, gaben die vorbereitenden Kommissionen beim Institut für Demoskopie in Allensbach eine Meinungsumfrage in Auftrag, die zur Erhebung des Meinungsstandes im Katholizismus dienen sollte[443]. Die Umfrage ergab einen hohen Stellenwert der gesellschaftlichen Funktion der Kirche.

> Die Antworten brachten an erster Stelle den Wunsch der befragten Katholiken (55% aller Katholiken und 61% der praktizierenden Katholiken) zum Ausdruck, ›daß die Kirche die Staatsmänner und Politiker in der Welt zu Gerechtigkeit und Frieden aufruft‹. Ebenso wurde ein stärkeres Engagement speziell im Bereich der Entwicklungshilfe vor allem von jüngeren Menschen (44–48%), von den ›gebildeten Schichten‹ (48–59%) und auch von nicht praktizierenden Katholiken (46%) gefordert.
> So wurde die Sachkommission V für gesellschaftliche Aufgaben der Kirche gebeten, die Themenbereiche ›Kirche und Entwicklung‹ bzw. ›Kirche und Weltfrieden‹ zu bearbeiten.[444]

Daraus folgte ein Beratungstext, der vier Aspekte beinhaltete, jeweils für den Bereich Entwicklung und für den Bereich Frieden, die zwar in einem Dokument, aber in zwei Abschnitten behandelt wurden[445]. Der Synodentext sollte eine »theologische und situationsbezogene Grundlegung«, eine »Darstellung kontroverser Fragen«, eine »Erarbeitung von Leitsätzen« und eine »Empfehlung konkreter Schlußfolgerungen«[446]

---

441 Vgl. Beschluss: Entwicklung und Frieden, in: J. HOMEYER u. a. (Hrsg.), Gemeinsame Synode der Bistümer, S. 470–510.

442 Zur Synode insgesamt vgl. J. HOMEYER u. a. (Hrsg.), Gemeinsame Synode der Bistümer; darin besonders K. LEHMANN, Allgemeine Einleitung, S. 21–67; SEKRETARIAT DER GEMEINSAMEN SYNODE DER BISTÜMER IN DER BUNDESREPUBLIK DEUTSCHLAND (Hrsg.), Synode. Amtliche Mitteilungen der Gemeinsamen Synode der Bistümer in der Bundesrepublik Deutschland, München 1970–1976. Vgl. auch die jüngeren Arbeiten des DFG-Forschungsprojektes »Nationalsynoden nach dem Zweiten Vatikanischen Konzil«, herausgegeben von Joachim Schmiedl, die bisher jedoch nur am Rande auf den Entwicklungsbereich eingehen, was gleichzeitig für ein Desiderat spricht und zukünftig vor allem auf diözesaner Ebene zu erforschen wäre.

443 Vgl. dazu G. SCHMIDTCHEN, Zwischen Kirche und Gesellschaft.

444 P. BECHER, Beitrag der katholischen Kirche, S. 459.

445 Im Folgenden wird in der Argumentation vom Endtext her gearbeitet. Auch hier wäre eine tiefergehende Erforschung sinnvoll, etwa dahingehend, inwieweit die Debatten um diesen Beschluss der Synode zu Kontroversen führten. Im vorliegenden Fall war diese Arbeit jedoch nicht zu leisten.

446 P. BECHER, Beitrag der katholischen Kirche, S. 460.

enthalten. Zentral für die Erarbeitung des Papiers war der intensive Austausch der Synodenteilnehmer mit anderen Gruppen im nationalen wie transnationalen Bereich. Die Einbindung des KAEF, des Katholischen Missionsrats und vor allem auch von Fachleuten und Institutionen außerhalb des katholischen Bereichs galt als Selbstverständlichkeit.

> Wegen der Bedeutung der Vorlage für die zukünftige Zusammenarbeit mit den Kirchen in den Entwicklungsländern erschien es selbstverständlich, den Text in Englisch, Französisch und Spanisch zu übersetzen und ihn etwa 300 Partnern der kirchlichen Hilfswerke in der Dritten Welt zu übersenden.[447]

Der Gedanke der Weltkirche und der Zusammenarbeit im Sinne einer Partnerschaft war offensichtlich etabliert genug, um nun konkret verwirklicht zu werden. »Das Echo war ungewöhnlich groß«;[448] so groß, dass ein eigener Band davon Zeugnis ablegt und als Dokument zeitgenössischen Diskussionsstandes verstanden werden kann[449]. Insgesamt nämlich war es ein positives Echo, das die Synodenteilnehmer erreichte, dem Aufbau und grundsätzlichen Aussagen wurde zugestimmt. Konkret kritisiert jedoch wurde die »Darstellung der Partnerschaft, die noch zu sehr vom Geist des Überlegenen geprägt schien. Es wird erwartet, daß der Kontakt der Kirchen über Projekthilfe hinaus intensiviert wird«[450]. Außerdem wurde die Synode gebeten, die ungerechten Strukturen im Welthandel stärker herauszustellen[451]. Die Expertise und die Kritik anderer Gruppen flossen im Beratungsprozess immer wieder ein, die Vorlage veränderte immer wieder ihre Gestalt, wie die Berichte und Abdrucke in den amtlichen Mitteilungen der Synode zeigen[452].

Im zur Beschlussfassung vorgelegten Text ging es um die Frage, was die katholische Kirche in Deutschland für die Entwicklung und den Frieden in der Welt tun könne. Diesem Anliegen suchte die Präambel nachzukommen. Sprachlich orientierte sich das Papier an der Pastoralkonstitution »Gaudium et spes« und der Sozialenzyklika »Populorum progressio«, geteilt wurde auch deren Entwicklungsverständnis einer ganzheitlichen Entwicklung.

---

447 EBD., S. 462.
448 EBD.
449 Vgl. U. KOCH / H. T. RISSE / H. ZWIEFELHOFER (Hrsg.), Die Dritte Welt antwortet der Synode.
450 P. BECHER, Beitrag der katholischen Kirche, S. 462.
451 Vgl. EBD.
452 Vgl. SEKRETARIAT DER GEMEINSAMEN SYNODE DER BISTÜMER IN DER BUNDESREPUBLIK DEUTSCHLAND (Hrsg.), Synode. Amtliche Mitteilungen der Gemeinsamen Synode der Bistümer in der Bundesrepublik Deutschland, München 1970–1976, 1-72-14 f.; 8-73-29-48; 3-74-83 f.; 5-75-1-34; 2-76-1-27. Vgl. dazu: H. T. RISSE, Beitrag der katholischen Kirche, S. 239–278.

Die Vorlage zieht im Wesentlichen zwei Konsequenzen für die praktische Arbeit: Die kirchlichen Mittel sind – gemessen am Umfang der Not – nur ein Bruchteil des Erforderlichen, doch haben sie beachtliche Auswirkungen gehabt. [...] Eine qualitative und quantitative Verbesserung der eigenen finanziellen und besonders der personellen Hilfe ist aufgrund der Reaktionen aus der Dritten Welt unumgänglich. Eine zweite Stoßrichtung zielt auf die öffentliche Diskussion um die Entwicklungspolitik.[453]

Wieder wurden also mehr Geld und ein größeres Bewusstsein als Ziel der Entwicklungsarbeit in der Bundesrepublik angestrebt. Dieses Mal jedoch wurden auch Veränderungen in der Wirtschaftsstruktur und der Lebensführung der Deutschen gefordert: Die Menschheit sei »aber noch immer weit davon entfernt, die Erde für alle bewohnbar zu machen (vgl. Jes 45,18)«[454]. Millionenfaches Elend, die Ausbeutung von Menschen und Natur, die Überbevölkerung und die Hungersnöte hätten »die Welt an den Abgrund der Selbstzerstörung«[455] gebracht. Daher gehöre in einer solchen Situation, die in durchaus bedrohlicher Diktion als Krise erlebt wurde, »außerordentlicher Mut dazu, sich den Verlauf der nächsten Jahrzehnte ohne globale Katastrophen vorzustellen«[456]. Entwicklung und universaler Friede seien deshalb »von unaufschiebbarer Dringlichkeit«[457]. Die theologische Begründung für diese Dringlichkeit und den Auftrag der Kirche sei die »neue Erde«.

> Als Christen glauben wir an den Heilswillen Gottes für alle, an die brüderliche Gemeinschaft der Menschen als ein Ziel der Geschichte (vgl. Mt 20,20–28). Mit seiner Botschaft vom Reiche Gottes bezeugte Jesus die Verheißung einer verwandelten Welt, in der es keine Armut, keinen Hunger, keine Trauer, keine Unterdrückung, kein Leiden und keine Unfreiheit mehr geben wird.[458]

Dieses Reich Gottes sei anfanghaft schon jetzt zu verwirklichen. Kirche habe dabei ein prophetisches Amt, »das, was Unrecht ist und Angst macht, offen beim Namen zu nennen«[459].

> Wenn also die endzeitliche Erneuerung der Welt im einzelnen Menschen und in den gesellschaftlichen Strukturen schon durch unser gegenwärtiges Handeln beginnen soll (vgl. auch LG 35), dann müssen alle Christen [...] entschieden und nachhaltig daran arbeiten, Armut und Krankheit, Ausbeutung und Unfrieden zu verringern. [...] Christliche Verkündigung vom Anbruch des Reiches Gottes und soziales Engagement in der Nachfolge Jesu sind dabei [...] nicht zu trennen, sondern müssen je für sich und gemeinsam als integrale Bestandteile des umfassenden kirchlichen Auftrags erkannt und verwirklicht werden.[460]

---

453   P. Becher, Beitrag der katholischen Kirche, S. 467.
454   Entwicklung und Frieden, in: J. Homeyer u. a. (Hrsg.), Gemeinsame Synode der Bistümer, S. 471.
455   Ebd.
456   Ebd.
457   Ebd.
458   Ebd., S. 472.
459   Ebd.
460   Ebd., S. 472 f.

Nach dieser theologischen Grundlegung wandte sich das Dokument der aktuell wahrgenommenen Situation zu, die »eine ständige Herausforderung an das Gewissen der Christen«[461] sei. Die beschriebene Lage zeigte deutlich, wie groß die Bedrohung auch für das Leben in Deutschland sei.

> Die Verknappung wichtiger Rohstoffe, die Erhöhung der Ölpreise, die von ihr ausgelöste Energiekrise, die weltweite Inflation, die Unordnung der internationalen Waren- und Geldmärkte, die Unsicherheiten der verschiedenen Wirtschafts- und Währungssysteme u. a. m. haben diese Situation dramatisch verschärft. [...]
>
> Die Aussichten für die Zukunft sind dunkel. Die Bevölkerung der Erde wächst jährlich um etwa siebzig Millionen Menschen [...]. Die Erkenntnis, dass die Vorräte dieser Erde begrenzt sind und dass unkontrolliertes Wachstum zur Zerstörung der menschlichen Umwelt führen kann, hat vorerst keine heilsame Wirkungen gezeigt.[462]

Eine Politik der wohlhabenden Länder, ihre Interessen ohne Rücksicht auf die Bedürfnisse anderer und das »Gemeinwohl der Welt« durchzusetzen, könnte »zu schweren internationalen Konflikten führen«[463]. Die bisherigen Bemühungen reichten nicht aus. Die Bevölkerung spende, Regierung und Parlament sähen eine Pflicht zur Hilfe, aber die Umfragen zeigten, »daß sehr viele Menschen in der Bundesrepublik vorerst nicht bereit sind, auf Vorteile der eigenen wirtschaftlichen Lage zu verzichten und das Streben nach immer mehr privatem Wohlstand einzuschränken«[464]. Drei große Aufgabenbereiche seien daher zu benennen: »die Lage bewußtzumachen [...], als Anwalt für die Interessen der Entwicklungsvölker einzutreten [...], materielle und personelle Hilfe zu leisten«[465]. Insbesondere müsste die Bewusstseinsbildung »den Menschen in unserem Land die sich verschlimmernde Situation der Entwicklungsländer deutlich« machen, »besonders die soziale Krise jener Länder, die durch die jüngsten Preissteigerungen bei Rohöl, Industriegütern und anderen Produkten in eine verzweifelte Lage mit drohenden Hungersnöten gekommen sind«[466]. Hilfsmöglichkeiten seien aufzuzeigen, eine gerechte Beteiligung am Welthandel und -währungssystem, eine Öffnung der europäischen Märkte und angemessene Preise seien anzustreben, aber weniger Verschwendung und mehr Sparsamkeit deutlich zu machen. Hinsichtlich der materiellen Hilfen betonte die Synode:

> In vielen Regionen der Welt ist eine große Anzahl der Menschen unterernährt und von Hunger, Krankheiten und Wohnungsmangel bedroht. [...] Auch treten periodisch (d. h. klimatisch bedingt) in manchen Gebieten der Erde immer wieder Naturkatastrophen oder Hungersnöte auf. Sollen die Menschen in solchen Situationen gerettet werden, ist sofortige Hilfe nötig. Sie muß aber so gegeben werden, daß sie nicht nur das Überleben

---

461 EBD., S. 474.
462 EBD., S. 474 f.
463 EBD., S. 475.
464 EBD.
465 EBD., S. 481.
466 EBD., S. 482.

ermöglicht, sondern langfristig Grundlagen für eine ständige Verbesserung der Lebenssituation dieser Menschen schafft.[467]

Nachdem das Dokument im Weiteren wünschenswerte Empfehlungen angesichts dieser Situation aufführte, ordnete die Synode schließlich drei Aufgaben direktiv an. »Die kirchlichen Medienbeauftragten haben in ihrem Verantwortungsbereich dafür zu sorgen, dass die Entwicklungsfragen entsprechend ihrem Gewicht sachgemäß dargestellt werden«[468]. Zweitens seien kirchliche Mittel im Sinne der Koordinierung immer in Absprache mit Misereor zu vergeben und drittens solle der KAEF alle drei Jahre einen Gesamtbericht abliefern über die Entwicklungsarbeit der Kirche[469]. Darüber hinaus schlug die Synode vor, in jeder Diözese einen Sachausschuss »Entwicklung, Frieden und Gerechtigkeit« einzurichten, um die Entwicklungsarbeit in den Gemeinden und auf diözesaner Ebene zu koordinieren[470]. Das Dokument stellte damit keine radikalen Forderungen und wesentlichen Neuerungen auf. »Man machte sich Gedanken um das ›Machbare‹«[471]. Die erste Lesung wies zwar auch radikale Forderungen zurück, die geäußert wurden, insgesamt forderte aber auch die Synode mehr Selbstkritik der europäischen Kirche und der Christen. Tatsächlich hatte wohl eine transparente Arbeitsweise, der Einbezug verschiedener Akteure einschließlich der Betroffenen und der Versuch, die Unterschiede in den Beurteilungen nicht zuzudecken, zu einer weitgehend konfliktfreien Diskussion des Beschlusses geführt, der nach zweiter kurzer Lesung bei vier Gegenstimmen angenommen wurde[472].

g) Verdichtung theologischen und sozialen Bewältigungshandelns

An dieser Stelle lohnt es, kurz innezuhalten und zusammenzufassen, denn am Beginn der zweiten Entwicklungsdekade verdichteten sich fundamentale Veränderungsprozesse sowohl im theologischen als auch im sozialen Bewältigungshandeln. Die fortschreitende Etablierung des Problemfeldes einerseits und der gesellschaftliche Wandel führten zu fundamentaler Kritik an der bisherigen Entwicklungsarbeit der Kirchen. Die Beschlüsse des Zweiten Vatikanischen Konzils, insbesondere die neue Stellung der Kirche in der Welt und damit auch in der Politik, sowie die Enzyklika Pauls VI. wirkten dabei dynamisierend. »Wortkonstellationen, die in der kirchlichen Sozialverkündigung erstmals vorkommen, belegen diese Neuorientierung der Entwicklungstheorie, die sich ausgehend vom ökonomischen und kulturellen Entwicklungsverständnis ins Religiöse fortsetzt«[473]. Diese von französischen Theologen und

---

467 EBD., S. 484.
468 EBD., S. 490.
469 EBD.
470 Vgl. EBD., S. 488.
471 H. T. RISSE, Beitrag der katholischen Kirche, S. 250.
472 Vgl. EBD., S. 251 f.
473 P. LANGHORST, Kirche und Entwicklungsproblematik, S. 154.

Sozialwissenschaftlern inspirierte und verfasste Enzyklika und ihre Neuorientierung wurden in der jüngeren Generation – nicht nur von Katholiken – mit großer Zustimmung aufgenommen. Die Jüngeren übten, bisweilen unter dem Applaus der etablierten Kräfte, heftige Kritik an der Ausrichtung der Entwicklungsarbeit als einer karitativen Hilfe mit dem motivierenden Schwerpunkt der Nächstenliebe und forderten zunehmend, die weltweiten Problemlagen als gerechtigkeitstheoretisches Problem wahrzunehmen und entsprechend zu bearbeiten. Auf dem Kongress in Essen zeigten die Kritik des BDKJ an der Arbeit der Hilfswerke und die Kritik an der rein karitativ und humanitär ausgerichteten Predigt des Essener Bischofs Hengsbach, dass sich immer mehr Katholiken mit der bisherigen Ausrichtung nicht länger zufrieden geben wollten und Veränderungen forderten. Es schien, als stünde der Katholizismus mit der Enzyklika als »Magna Charta« der gesamten Entwicklungsarbeit an vorderster und politisch deutlich linker Front. Im Gegensatz dazu zeigen Institutionen wie das Weltnotwerk, dass diese Veränderungsprozesse eben nicht den gesamten Katholizismus ergriffen. Hier folgte das Bewältigungshandeln der Akteure klassischen Ansätzen des Sozialkatholizismus des 19. Jahrhunderts, zwar mit weltweiter Dimension, aber deutlich unter dem Aspekt der Nächstenliebe.

Anders formuliert: Während 1967 und 1968 die päpstliche Enzyklika eine ungeheure Verbreitung fand und das Entwicklungsproblem als ein gerechtigkeitstheoretisches und damit politisches anerkannte, suchten die Verantwortlichen des Weltnotwerkes noch 1970, über Spendensammlungen vor Kaufhäusern und an Bushaltestellen hungernden Menschen Hilfe zu leisten. Die Politisierung des vor allem jungen, kritischen Katholizismus aber – der sich keineswegs homogen darstellte – setzte sich im weiteren Verlauf, insbesondere auf der performativen Ebene, sehr stark durch.

4. Zunehmende Politisierung: Arbeitskreise, Friedensmärsche und der faire Handel

a) Intensivierungen im Entwicklungspolitischen Arbeitskreis (EPA)

> Der Bundesführungsrat hat in seiner Sitzung am 22./23. Januar 1970 dem Vorschlag der Arbeitsgemeinschaft der Evangelischen Jugend Deutschlands (AGEJD) zugestimmt, einen gemeinsamen Entwicklungspolitischen Arbeitskreis der AGEJD und des BDKJ einzurichten.[474]

An der Etablierung des Hungerproblems waren im Bereich der Zivilgesellschaft ganz besonders kirchliche Gruppierungen beteiligt. In den von Annette Scheunpflug als »Take-off-Phase«[475] bezeichneten Jahren um den Dekadenwechsel ragt für die kirchliche Jugendarbeit besonders die Gründung des Entwicklungspolitischen Arbeitskreises

---

474 Protokoll der Hauptversammlung des BDKJ, Vorlage Nr. 3, 4.-8.11.1970, 12, in: ABDKJ, A 526, HV 1970.
475 A. SCHEUNPFLUG, Entwicklungsbezogene Bildung, S. 423.

heraus. Dieser auf Anregung der Evangelischen Jugend eingerichtete ökumenische Arbeitskreis, bestehend aus neun Mitgliedern je Konfession, konstituierte sich am 8. und 9. April 1970 in Düsseldorf; Harry Neyer[476] wurde zum Vorsitzenden gewählt[477]. Der Arbeitskreis wurde ohne direkte Aufträge der Dachverbände ausgestattet, er sollte sich dem weiten Bereich der »Entwicklungspolitik« widmen, worunter »die Beziehungen zu den Menschen der Dritten Welt in all ihren Aspekten«[478] zu verstehen seien. Auf der BDKJ-Hauptversammlung im November 1970 berichtete der Arbeitskreis bereits von ersten konkreten Projekten. So war der Friedensmarsch, der im Folgenden noch eigens Thema sein wird, eingehend analysiert worden. Besonders kritisch aber merkte der Arbeitskreis schon zu diesem frühen Zeitpunkt die derzeitige Praxis der kirchlichen »Entwicklungshilfe« an und vollzog damit eine fundamentale Erweiterung des Problemfeldes: »Die kirchliche Entwicklungshilfe beider Kirchen hat ihre Werbung vor zehn Jahren mit dem Motiv ›Hunger‹ angefangen. Jetzt besteht die Gefahr, daß sie bei diesem Motiv bleiben [...]«[479]. Indem der Arbeitskreis im Zusammenhang der Werbung von einer »Gefahr« sprach, kirchliche Hilfe könne beim Hungerproblem bleiben, stellte er dieses Motiv deutlich in Frage. Zwar habe sich die Werbung mit diesem Motiv bewährt, aber die weiterführende Argumentation lässt deutlich werden, dass Hunger nicht mehr als zentrales Problem verstanden wurde, denn »für die eigentlichen Probleme der Entwicklungshilfe (z. B. Weltwirtschaft, Welthandel, Arbeitslosigkeit usw.) [seien] keine geeigneten Handlungsmodelle vorhanden«[480]. Daran würde etwa im Rahmen der »Aktion 3. Welt-Handel«, die ebenfalls noch anzusprechen sein wird, bereits gearbeitet[481].

Zuvor, so resümiert Scheunpflug, habe Entwicklungsarbeit auch bei den Jugendverbänden vor allem ein humanitäres Image gehabt, mit einem auf der Modernisierungstheorie basierenden Entwicklungsverständnis. Zentraler Auslöser der Bemühungen war der gemeinsame christliche Glaube. Die Durchsicht der Protokolle der Hauptversammlungen des BDKJ in den 1960er Jahren zeigt diese, einem humanitären Anliegen verpflichtete Arbeitsweise deutlich auf. Berichtet wurden Ergebnisse

---

476 HARRY NEYER (1930–2017). Studium der Germanistik, Soziologie und Publizistik in München, Bonn und Freiburg i. Br., 1960–1966 Chefredakteur der katholischen Jugendzeitschrift »Fährmann«. 1965–1971 Bundesvorsitzender der Deutschen Pfadfinderschaft Sankt Georg, Sitz Düsseldorf, zusätzlich 1967–1971 Stellvertretender Bundesvorsitzender des BDKJ. Im Bundesvorstand Federführung für Dritte Welt / Entwicklungspolitik / Soziale Dienste. 1971–1995 Referent für Entwicklungspolitik, dann Geschäftsführer der Deutschen Kommission ›Justitia et Pax‹, Bonn. Publizistische Tätigkeit zu den beruflichen Arbeitsbereichen. Mitbegründer des ›Fairen Handels‹ (›Aktion Dritte Welt Handel‹). Diese Angaben beruhen auf Selbstauskunft.

477 Vgl. Protokoll der Hauptversammlung des BDKJ, Vorlage Nr. 3, 4.-8.11.1970, 12, in: ABDKJ, A 526, HV 1970.

478 EBD.

479 EBD., S. 13.

480 EBD.

481 EBD.

von Spendensammlungen, darunter auch die Sternsingeraktionen und Aktionen der Mitgliedsverbände zur Einwerbung von Spenden für die einzelnen internationalen Ableger[482]. »Entwicklungshilfe« ist in diesen Protokollen inhaltlich eng verwoben mit der Missionshilfe und der Thematik des Wehrdienstes bzw. der Friedensdienste.

1966 entstand auf Anraten des Bundesfamilienministeriums über die »Tätigkeit des BDKJ für die Entwicklungsländer«[483] eine Erhebung.

> Nach dieser Statistik waren von 1959 bis zum 30.6.1965 aus den Reihen des BDKJ 525 Fachkräfte als Entwicklungshelfer eingesetzt. Für Entwicklungshilfe-Maßnahmen wurden vom BDKJ und seinen Gliedgemeinschaften in zentralen Aktionen bisher mindestens 6,3 Mill. DM aufgebracht,[484]

wobei das Engagement vieler Gemeindegruppen dabei nicht erfasst wurde. Deutlich zeigt diese Erhebung die humanitäre Zielsetzung. Gleichwohl rief das Engagement der Jugend zahlreiche öffentliche Reaktionen hervor und erfuhr eine hohe Akzeptanz in der Gesellschaft. Die Jugendlichen zeichneten sich in ihrer Arbeit schließlich durch eine hohe Kontinuität aus und waren in besonderem Maße für die entwicklungsbezogenen Probleme ansprechbar, besonders dort, »wo die Auseinandersetzung mit dem Christentum (kirchliche Semantik der Nächstenliebe), ein modernes Theologieverständnis im Sinne gesellschaftlicher Verantwortung [...] zusammenfällt mit internationalen Jugendkontakten«[485], über die die katholischen Verbände in großer Zahl verfügten.

In der Folge vollzog sich im BDKJ langsam eine Umcodierung der Entwicklungsarbeit hin zu einem politischeren Engagement mit einer zentralen Gerechtigkeitsforderung. »Friede durch Gerechtigkeit« wurde zu einer erfolgreichen Kampagne der katholischen und evangelischen Jugend Hamburgs, die eine ›Hungersteuer‹ propagierten, die etwa 15 Prozent der Lohn- oder Einkommenssteuer betragen sollte[486]. 1968 forderte der Weltkongress der ›Weltbünde der Katholischen Jugend‹ mitten in einem durch das Attentat auf Rudi Dutschke aufgewühlten Berlin die Mitarbeit an und die Errichtung einer Gesellschaft, »in der Frieden, Gerechtigkeit, Wahrheit und Liebe entfaltet werden können und sollen«[487]. Einer der Hauptredner war Erzbischof Câmara, der unter »lebhaftem Applaus« einen »Dialog zwischen Christentum und Marxismus zum Nutzen der Menschheit und strukturelle und kulturelle Revolution der gesellschaftlichen Systeme in den unterentwickelten und in den entwickelten Ländern« forderte, eine »Sensation«[488]. Die weitere Institutionalisierung des Themas

---

482 Vgl. dazu: Protokolle der Hauptversammlungen des BDKJ, in: ABDKJ, A 526.
483 Protokoll der Hauptversammlung des BDKJ, 7.-11.11.1966, 9, in: ABDKJ, A 526, HV 1966.
484 EBD., S. 10.
485 A. SCHEUNPFLUG, Entwicklungsbezogene Bildung, S. 423.
486 Vgl. Hauptversammlung 1968, Antrag 4, in: ABDKJ, A 526, HV 1968.
487 Informationsdienst 1968, S. 76.
488 EBD., S. 76, 80.

bahnte sich nicht zuletzt auch im Jahresthema des BDKJ »Menschlichkeit und Fortschritt als Auftrag der Christen«[489] 1969/1970 an. Der Bundespräses nannte als wesentliche Ziele das

> Bewußtwerden und Bewußtmachen der Erfahrung der zunehmenden Nähe und Einheit
> aller Menschen bezüglich ihrer personalen Entfaltung und des Aufbaus einer mensch-
> licheren Welt und zum anderen gegenseitige Verantwortung als einen Grundtenor mo-
> derner Entwicklung und des Fortschritts.[490]

Im BDKJ kam einiges in Bewegung, immer wieder im Rückbezug auf die Enzyklika
»Populorum progressio«, an die sich, wie der Weltkongress kritisierte, aber »selbst in
Rom«[491] niemand halte.

Mit der Gründung des gemeinsamen Arbeitskreises erfolgte 1970 »einer der wichtigsten Schritte in der Dritte-Welt-Arbeit der beiden Jugendverbände«[492] und schon
bald waren die Folgen dieser Gründung zu erkennen. Bereits 1968 hatte die Hauptversammlung die Einrichtung eines neuen »Referats für internationale soziale Dienste«[493]
beschlossen, das auch die »Entwicklungshilfe« mitbearbeiten sollte. Die Gründung
des Entwicklungspolitischen Arbeitskreises als eine der wenigen ökumenischen Organisationen war Neuland für beide Konfessionen und hob die Entwicklungsarbeit auf
eine neue Ebene, auch in der Diskussion innerhalb der gesamten Ökumene[494]. Durch
die gemeinsamen ökumenischen Aktionen konnte die Arbeit auf diesem Gebiet deutlich intensiviert und damit die Problemimplementierung weiter vorangetrieben werden. Gleichzeitig garantierte die Institutionalisierung ein weiter steigendes Maß an
Kontinuität. Auch das Verhältnis der Jugendlichen zur amtlichen Kirche erfuhr durch
die intensivere Arbeit eine Veränderung[495]. »Der EPA wird [...] Ausdruck einer Basisbewegung kirchlicher Jugendgruppen, die ihre kirchliche Identität nicht mehr über
die Kirchenzugehörigkeit und Glaubensinhalte im engeren Sinn definiert, sondern
über soziale und ethische Aspekte«[496], womit eine Praxis des christlichen Glaubens
in den Mittelpunkt rückte, die über die Verkündigung und die Liturgie hinausging und
die Jugendlichen in ihrer Lebenswelt leichter anzusprechen vermochte. »Die theologische Auseinandersetzung [...] findet eine praktische Realisierung in den in dieser
Zeit entstehenden Aktionen des ›politischen Nachtgebetes‹. Von 16 dokumentierten

---

489 Bundespräses Gordsz zum Jahresthema 1969/70. Protokoll der Hauptversammlung des BDKJ, An-
     lage 6, 6.11.1968, in: ABDKJ, A 526, HV 1968.
490 Ebd., S. 2.
491 Informationsdienst 1968, S. 76.
492 A. Scheunpflug, Entwicklungsbezogene Bildung, S. 423.
493 Bericht der Bundesführung. Protokoll der Hauptversammlung 1969, 5.-9.11.1969, 29, in: ABDKJ,
     A 526, HV 1969.
494 Vgl. dazu A. Scheunpflug, Entwicklungsbezogene Bildung, S. 423 f.
495 Vgl. Kapitel II.3.
496 A. Scheunpflug, Entwicklungsbezogene Bildung, S. 425.

Andachten beschäftigten sich drei mit Entwicklungspolitik«[497]. Darüber hinaus trug die Intensivierung durch Institutionalisierung zu einem deutlichen Zuwachs öffentlicher Anerkennung bei. Harry Neyer sprach als Vertreter des Bundesjugendringes beim Hearing des Deutschen Bundestags im April 1970 und damit als Vertreter der gesamten deutschen Jugend[498]. Auch der Bundesminister für wirtschaftliche Zusammenarbeit, Erhard Eppler, beteiligte sich 1969 an der Jahresaktion der KLJB; ein Beleg, dass dieses Engagement auch politischerseits wahrgenommen und im Falle Epplers auch geschätzt wurde[499].

Die Intensivierung entwicklungspolitischer Arbeit durch die Gründung des EPA ging mit zwei weiteren Entwicklungen einher: einer Didaktisierung und einer Politisierung der Arbeit.

»Bereits 1968 wird die Didaktisierung entwicklungspädagogische [sic!] Arbeit im BdkJ signalisiert, als Misereor im Informationsdienst seine Beratungsdienste für Aktionen und Materialien mit einer einseitigen Anzeige für die Jugendarbeit anpreist«[500], allerdings habe diese Didaktisierung noch eine »Effektivierung der Spendenwerbung«[501] zum Ziel gehabt. 1969 aber zeigte ein gemeinsamer Erfahrungsaustausch von BDKJ und Misereor in St. Augustin, dass »[r]eine Sammelaktionen« nur »halbe Sache[n]«[502] seien. »Die Jugend« könne

> mit Fantasie und originellen Aktionen Erhebliches für eine gegenüber der Entwicklungshilfe aufgeschlossene öffentliche Meinung tun. Vorgestellt und besprochen wurden während der Tagung die Aktion ›Frieden durch Gerechtigkeit‹ (Selbstbesteuerung), ›Aufstand‹ (Ulm) und ›Rumpelkammer‹ (Kleidersammlung).[503]

Das Anliegen wurde nicht zuletzt aufgegriffen durch eine Jahresaktion der KLJB mit dem Thema »Gerechtigkeit – Zukunft für alle«, die von Kardinal Julius Döpfner[504] und Erhard Eppler eröffnet wurde und zur Aufgabe hatte, »auf dem Land ›fundierter die Notwendigkeit der Entwicklungshilfe einsichtig zu machen durch Information und Diskussion‹, kritisches Engagement für entwicklungspolitische Aufgaben zu fördern und finanzielle Mittel für die Unterstützung von ausgewählten Projekten

---

497 EBD.
498 Vgl. EBD.
499 Vgl. EBD.
500 EBD.
501 EBD.
502 Informationsdienst 1969, S. 97.
503 EBD.
504 JULIUS DÖPFNER (1913–1976). Studium der Theologie in Würzburg und Rom. 1939 Priesterweihe. 1941 Promotion. 1948 Bischofsweihe, Bischof von Würzburg. 1957 Ernennung zum Bischof von Berlin, 1958 Erhebung zum Kardinal, 1961 Ernennung zum Erzbischof von München und Freising. Ab 1961 Vorsitzender der Bayerischen, ab 1965 Vorsitzender der Fuldaer bzw. Deutschen Bischofskonferenz. Konzilsteilnehmer und ab 1963 Konzilsmoderator. 1971–1975 Präsident der Würzburger Synode. Vgl. K. WITTSTADT, Julius Kardinal Döpfner.

zu gewinnen«[505]. Generierung von finanziellen Ressourcen war hier also ein Ziel von mehreren, nicht mehr eigentliches Ziel der Jahresaufgabe.

Zwei Aktionen des EPA ragen im Hinblick auf eine neue Didaktisierung besonders heraus. 1970 bereiteten Misereor und der BDKJ die Aktion »Slum-City« als » [b]undesweite Aktion der Bewußtseinsbildung«[506] vor, die vom 5. bis 7. März in großen deutschen Städten durchgeführt werden sollte. »Mit dem Thema ›Slums‹ ist eine zentrale Aufgabe der gesamten Entwicklungshilfe-Arbeit angesprochen: die beschleunigte Beschaffung von Arbeitsplätzen in der Industrie und in der Landwirtschaft der Entwicklungsländer«[507]. Zweierlei wurde mit dieser Zielsetzung deutlich: Nicht mehr nur Hunger galt es zu bekämpfen, sondern alle Faktoren, die zu Hunger und Hungerkatastrophen zu führen in der Lage waren. Außerdem rückte damit beispielhaft eine Bewusstseinsbildung in den Mittelpunkt. Nicht mehr das reine Geldsammeln etwa über Spendenbüchsen war das Ziel.

> Mit ›Slum-Hütten‹, die auf einem belebten Platz der Stadt aufgebaut werden, soll auf die alarmierende Situation in zahlreichen teilindustrialisierten Entwicklungsländern hingewiesen werden. Fotos, Plakate und Schrifttafeln sollen informieren. Diskussionsgruppen suchen mit Passanten das Gespräch.[508]

Die Information sollte im Mittelpunkt stehen und durch »eine drastische und naturalistische Darstellung«[509] die Aufmerksamkeit im Sinne eines »eye-catchers« geweckt werden. Gleichzeitig, das blieb freilich erhalten, sollte diese Aktion die Fastenaktion Misereors auch finanziell unterstützen. Diese neue Form der Bewusstseinsbildung sprengte alle Erwartungen.

> 24 Städte werden sich an der Aktion Slum-City beteiligen, die vom BDKJ und dem Entwicklungshilfe-Werk der deutschen Katholiken Misereor durchgeführt wird. Dieses große Interesse übertrifft bei weitem die Erwartungen und bringt die Organisatoren, insbesondere Misereor, in erhebliche Schwierigkeiten,[510]

denn es waren zu wenige Experten für die Gesprächsrunden verfügbar. Die Erfahrungen dieser Aktion aber zeigten, dass es mehr Mittel für die Bewusstseinsbildung brauchte. Die Teilnehmer der ersten gemeinsamen Studienkonferenz von BDKJ und AGEJD über die Entwicklungsarbeit in Kirchähr bei Limburg im Januar 1970 »betrachtet[en] es als eine vordringliche Aufgabe der kirchlichen Jugendarbeit, die

---

505   Informationsdienst 1969, S. 147.
506   Informationsdienst 1970, S. 2.
507   Ebd.
508   Ebd.
509   Ebd.
510   Ebd., S. 17.

entwicklungspolitische Information und Bewußtseinsbildung voranzutreiben«[511]. Die EKD und die ›Justitia et Pax‹-Kommission wurden aufgefordert, die »Mittel für Informations- und Werbematerial zur verstärkten Bewußtseinsbildung über die Entwicklungspolitik zur Verfügung zu stellen«[512]. Auch hier wurde Kritik laut. Ein Film des Mathias-Filmverleihs zum Thema Hunger sollte aus dem Angebot genommen werden,

> da er nicht zureichend und nach den gegenwärtigen Erkenntnissen die Gründe für den Hunger in der Welt darstellt. Vielmehr diene der Film [...] mehr dazu, die caritativen Leistungen der Kirche herauszustreichen und von den Problemen der Entwicklungspolitik selbst abzulenken.[513]

Zur sachgerechten Diskussion über die »Entwicklungspolitik« brauche es »erhebliche ökonomische, soziologische und sozialpsychologische Komponenten«[514], die in verständlicher Weise zu beschaffen künftig eine wichtige Aufgabe sei. In die gleiche Richtung zielte auch die Selbstverständigung des BDKJ über »seine Verantwortung für die Dritte Welt«[515], die der Jugenddachverband 1972 in Angriff nahm und dabei kritisch reflektierte, dass Entwicklungspolitik immer noch einen geringen Stellenwert hätte. 1973 gab sich der BDKJ dann »Gesellschaftspolitische Leitlinien für Fragen der Entwicklungshilfe«[516].

Die zweite Aktion des EPA, die hervorzuheben ist, ist die Initiative ›Wahlkampf für die Dritte Welt‹, »die unter dem Stichwort ›Entwicklungspolitik ist Gesellschafts- und Friedenspolitik‹ die traditionellen Wahlkampfthemen durchbrechen und die Entwicklungspolitik in den Mittelpunkt der Diskussion des laufenden Wahlkampfes rücken möchte«[517]. Dazu erarbeitete die Initiative unter Mitwirkung des EPA eine umfangreiche Broschüre mit Aktionsvorschlägen und Diskussionsanregungen sowie einen Fragenkatalog an Bundestagskandidaten[518]. Die Aktion war deshalb bedeutsam, weil sie verschiedene Politikfelder diskutieren und Lösungsmöglichkeiten aus Sicht der politischen Parteien aufzeigen wollte und dies ausgehend von den Fragen der Entwicklungspolitik. Sie sollte eben nicht mehr das Dasein eines kleinen Ministeriums fristen, sondern gleichsam Ausgangspunkt zukünftiger politischer Strategien sein.

> In unserer Zeit müssen nationale Fragestellungen zugleich weltpolitische Perspektiven beinhalten. Die Frage nach dem Glück menschlicher Existenz, nach der Qualität des Lebens – die unter anderem bestimmt wird durch Gerechtigkeit, Frieden, Bildung,

---

511 EBD., S. 11.
512 EBD.
513 EBD.
514 EBD., S. 12.
515 Informationsdienst 1972, S. 17.
516 Vgl. Informationsdienst 1973, S. 231 f.
517 Informationsdienst 1972, S. 146.
518 Vgl. EBD.

Wohlstand für alle – kann nicht mehr beantwortet werden mit dem uneingeschränkten Wachstum von Konsum und Produktion; der Ausbeutung der Ressourcen (natürliche Reserven und menschliche Arbeitskraft); dem Anspruch auf Vorherrschaft, den sowohl östliche wie auch westliche Gesellschaftssysteme stellen.[519]

Der Wahlkampf, so die Initiative in der Broschüre, »ist daran zu messen, ob die Parteien und ihre Kandidaten über unsere kurzfristigen Interessen hinaus bereit sind, Maßnahmen durchzusetzen, die die Wurzel des Übels angreifen. Dazu gehört es, auch Opfer sichtbar zu machen, die wir bringen müssen«[520]. Ein Wahlkampfsonderteil des Informationsdienstes ging nochmals explizit auf die Fragen an die Politiker ein[521].

Diese Aktion verweist letztlich auf die zweite Entwicklung: die zunehmende Politisierung kirchlicher jugendverbandlicher Entwicklungsarbeit im Zeitraum der ›take-off-Phase‹. Die Wahlkampfaktionen, ganz besonders aber der Friedensmarsch 1970 stehen für die schärferen politischen Diskussionen und Aktionen in den Dachverbänden. Dabei wird, wie Annette Scheunpflug untersucht hat, der »Zusammenhang zu den Menschen der Dritten Welt [...] nun zum einen über den christlichen Gerechtigkeitsbegriff hergestellt, zum anderen über die Bewußtmachung einer gemeinsamen Vernetzung im Weltmarkt«[522]. Damit nun ist nach der Pflicht eine zweite Motivation kirchlicher Entwicklungsarbeit benannt: die Gerechtigkeit. War in den lehramtlichen Texten stärker von der Pflicht die Rede gewesen, motivierte nun das Ideal einer christlichen Gerechtigkeit zum Handeln und kritisierte damit gleichzeitig alle Verhaltensmuster und Strukturen, die als ungerecht empfunden wurden.

Nach Gerechtigkeit und Solidarität zu streben, von denen der Papst in seinem Lehrschreiben »Populorum progressio« gesprochen hatte, empfanden vor allem viele Jugendliche zunehmend als eine Aufgabe, der mit klassischen Bewältigungsmustern nicht mehr nachzukommen war. Tatsächlich hatten, wie oben gezeigt, die Pluralisierungs- und Demokratisierungsentwicklungen um ›1968‹ sowie die Erfahrungen im Biafra-Konflikt[523] gerade bei den kirchlichen Jugendgruppen zu dem Eindruck geführt, kirchliche »Entwicklungshilfe« verbleibe häufig im karitativen Bereich kirchlicher Barmherzigkeit. Diese Wahrnehmung der Zeitgenossen stützt Oliver Müller in seiner Arbeit »Vom Almosen zum Spendenmarkt«[524], in der er für die späten 1950er und die 1960er Jahre eine » ›Globalisierung‹ des Almosenbegriffs«[525] konstatiert, die diesem »(ein letztes Mal) zu einer aktualisierten Existenz verhelfen sollte«[526]. Auf

519 Ebd.
520 Ebd.
521 Vgl. Informationsdienst 1972, Wahlkampfsonderteil zu Nr. 20 /1972: »Entwicklungspolitik ist keine Nebensache oder: Unsere gemeinsame Welt von morgen« .
522 A. Scheunpflug, Entwicklungsbezogene Bildung, S. 432.
523 Vgl. dazu das folgende Teilkapitel.
524 O. Müller, Vom Almosen zum Spendenmarkt.
525 Ebd., S. 286.
526 Ebd.

die Gründungsrede Frings' rekurrierend, macht Müller in den 1960er Jahren nun eine Doppelfunktion der Spende aus, die nach außen Hilfe, nach innen religiöse Erneuerung und Festigung bewirken sollte. So sei die »regionale Erweiterung der christlichen Wohltätigkeit in Form einer ›Entwicklungshilfe‹«[527] zwar eine »zeitgemäße Weiterentwicklung der Caritas-Idee«[528] gewesen, diese Doppelfunktion der Spenden allerdings »beschränkt sich bis Ende der sechziger Jahre auf die Form der finanziellen Gabe«[529]. Der Frings'sche Ansatz in der Gründung Misereors bleibt noch in der Form der Hilfe, die, so Müller, »die Armen eher als Objekte der Zuwendung, denn als Akteure zur Verbesserung ihres eigenen Schicksals ansieht«[530], auch wenn zu Gründungszeiten schon ein Selbsthilfe-Ansatz zu erkennen ist, der in den 1970er Jahren viel stärker und deutlicher zu erkennen sein wird. Gleiches lässt sich auch für die bewusstseinspolitische Aufklärungsarbeit festhalten, die in den 1960er Jahren eher auf die Maximierung der Spendenerlöse abzielte.

> Almosen und Spende finden als Unterstützungsform für internationale Aufgaben [...] einen legitimierten und unwiderfragten Ort in Kirche und Theologie. Jährlich steigende Spendenerlöse unterstreichen zudem die wachsende Sympathie der Bevölkerung für diesen Aufgabenbereich.[531]

Die jährlichen Zuwächse sind jedoch auch durch eine veränderte gesetzliche Praxis bei Spendensammlungen ermöglicht worden.

> Weil die staatlichen Genehmigungs- und Kontrollbehörden mit der Beaufsichtigung des Spendenwesens zunehmend überfordert waren und zudem Gerichtsurteile die gesetzlichen Grundlagen dieser Kontrolle zunächst einschränkten und dann ganz beseitigten, liberalisierte sich die obrigkeitsstaatliche Regulierung des Spendenmarktes deutlich.[532]

Das führte, so Lingelbach, zunächst zu einer »Internationalisierung: Organisationen wie Misereor, Brot für die Welt oder Adveniat, die zuvor nur bei den Kirchengemeinden hatten sammeln dürfen, konnten nun [...] an die breite Öffentlichkeit herantreten und unerwartet hohe Spendeneinnahmen verzeichnen«[533]. Jugendlichen und »Dritt-Welt-Engagierten« aber reichte diese »Unterstützungsform« nicht länger[534].

---

527 EBD., S. 287.
528 EBD.
529 EBD., S. 291.
530 EBD.
531 EBD., S. 296. Zur Spendenpraxis in der Bundesrepublik vgl. auch G. LINGELBACH, Spenden und Sammeln; G. LINGELBACH, »... die Hungernden zu speisen«, S. 29–34.
532 G. LINGELBACH, »... die Hungernden zu speisen«, S. 33.
533 EBD.
534 Vgl. etwa E. SCHMIED, Die »Aktion Dritte Welt Handel«, S. 23, 57.

Im Kern war die Kritik der jungen Generation dagegen gerichtet gewesen, mit der Spendenwerbung das Bild von der ›Almosenhilfe für die gute Sache‹ zu fördern, also auch eine ›Caritas-Gesinnung‹, und der Diskussion der Hauptmerkmale von Unterentwicklung auszuweichen. Die Kritiker argwöhnten, die kirchlichen Hilfswerke fürchteten bei einem konsequenten Vorgehen in der Verwirklichung der Maßgaben jüngster entwicklungspolitischer Dokumente einen Rückgang der Spenden und letztlich das Eingreifen der Obrigkeit bei einer stärkeren ›Politisierung‹ der Öffentlichkeitsarbeit der Werke.[535]

Daher erklärten die Verantwortlichen des Friedensmarsches 1970:

Die Welt ist krank, ihr fehlt der Friede. Zwei Drittel der Menschheit können sich nicht ausreichend versorgen. [...] Die Welt ist krank, weil sie nicht allen Menschen die Grundlagen für ein menschenwürdiges Dasein geben kann. [...] Alle Maßnahmen der staatlichen Entwicklungspolitik, der kirchlichen und privaten Hilfe sind zum Scheitern verurteilt, wenn sich nicht breite Schichten der Bevölkerung mit den elenden, hungernden und arbeitslosen Massen der 3. Welt solidarisch erklären.[536]

Um diese Solidarität auszudrücken, rief die Aktion ›Friedensmarsch 1970‹, gebildet als ökumenische Aktion von evangelischer und katholischer Jugend, ›Terre des Hommes‹, und den Aktionen ›Selbstbesteuerung‹ und ›Brüderlich Teilen‹ für den 23. und 24. Mai 1970 zu Friedensmärschen in der Bundesrepublik Deutschland auf. Über 30.000 Menschen in 70 Städten nahmen daran teil. Nachdem im Zusammenhang der Fastenaktion Misereors mit der ›Aktion Slum-City‹ erstmals eine handlungsorientierte Aktion zur Bewusstseinsbildung durchgeführt worden war, stellte die zunächst unter dem Namen ›Hungermarsch‹ firmierende, später ›Friedensmarsch‹ genannte Aktion eine erste bundesweite und ökumenische, zugleich politische Form der Entwicklungsarbeit dar[537]. Die Aktion, im Oktober 1969 in Kiel und Karlsruhe erstmals in Deutschland erprobt, beruhte auf der Aktion ›Miles for Millions‹ der FAO, die erstmals 1966 in Australien, Neuseeland und England durchgeführt worden war und in der Art der Durchführung Assoziationen an die christlichen Ostermärsche der Friedens- und Anti-Atomwaffenbewegung weckten, die seit 1960 als eine der ersten Neuen Sozialen Bewegungen diese neue Aktionsform prägten[538].

Der Informationsdienst des BDKJ zeichnete im April 1970 die Grundlagen des Marsches nach. Die Konferenz für weltweite Zusammenarbeit in Entwicklungsfragen in Beirut 1968 habe besonders die Mitverantwortung der Christen an der Weltentwicklung betont.

535 EBD., S. 26.
536 Flugblatt Aktion Friedensmarsch 1970, in: PERSÖNLICHE UNTERLAGEN HARRY NEYER.
537 »Für die Organisation des Hungermarsches [...] fanden bereits in der Zentrale der Evangelischen Jugend in Stuttgart die ersten Vorgespräche statt.« Vgl. Informationsdienst 1970, S. 17.
538 Vgl. dazu C. LEPP, Zwischen Konfrontation und Kooperation, S. 368; K. A. OTTO, Vom Ostermarsch zur APO; Kapitel II.3.

> Der primäre Grund für christliche Mitverantwortung besteht darin, daß die Mehrheit der Christen im entwickelten Norden lebt. [...] Seine Bewohner sind daher als Nutznießer dieses unausgeglichenen Wohlstandes um ihres Gewissens willen zur Rechenschaft verpflichtet.[539]

Christen trügen eine entscheidende Verantwortung für die Welt und seien durch Christus als Menschensohn der Einheit und Gleichberechtigung aller Menschen verpflichtet. Sie hätten dem Auftrag Gottes zu folgen, »ihre Güter zur Erhaltung und Erneuerung der Erde einzusetzen«[540]. Die Zeit dränge. »Christen kommen zu einem Zeitpunkt zueinander, an dem Bereitschaft zur Zusammenarbeit in Entwicklungsfragen bei dem reichen Norden erlahmt, während die Notstände im entwicklungsbedürftigen Süden immer bedrängender werden«[541]. Aus dieser Gemengelage nun ergab sich die Notwendigkeit einer verstärkten Bewusstseinsbildung. »Der Friedensmarsch (Hungermarsch) ist für die Bundesrepublik Deutschland eine Art von Protest und Demonstration, die einige Chancen hat, selbst von einer demonstrationsmüden (-feindlichen) Bevölkerung akzeptiert und unterstützt zu werden«[542]. Damit äußerten die Organisatoren gleichzeitig ihre Wahrnehmung einer kaum vorhandenen Bereitschaft zur Bewusstseinsbildung in der Bevölkerung. Die Aktion wollte aufmerksam machen auf die Probleme der »Dritten Welt« am Beginn der zweiten, von der UN ausgerufenen Entwicklungsdekade. Sie sollte informieren, eine »Schärfung des Problembewußtseins der Öffentlichkeit über die soziale und wirtschaftliche Notsituation der Dritten Welt und unsere Verantwortung«[543] erreichen. Zugleich sollte auf die Entwicklungspolitik der Bundesregierung Einfluss genommen werden. Hier zeigt sich wiederum die Verschiebung der Problematik. »Es muß deutlich werden«, so der Informationsdienst, »daß ungerechte Wirtschaftsstrukturen Hintergrund der Not sind«[544]. Außerdem müsse der »Entwicklungshilfeetat« eine Steigerung erfahren. Erst das dritte Ziel stellte ein finanzielles dar. So suchte die Aktion eine Finanzierung von Entwicklungsprojekten zu erreichen, indem beim Marsch Kilometergeld gesammelt wurde. Dies sei, in Abgrenzung zur bisherigen Praxis, aber nicht als Almosen zu verstehen und solle mitnichten den »Bundesbürgern ein Alibi«[545] verschaffen, vielmehr ermögliche die Projektfinanzierung »Anlaß für intensive Gespräche über entwicklungspolitische Notwendigkeiten«[546].

Zur Durchführung wurden umfassende Materialien herausgegeben. Neben der Suche nach Sponsoren zur Finanzierung von Kilometergeld sollten als flankierende

---

539   Informationsdienst 1970, S. 53.
540   Ebd.
541   Ebd.
542   Ebd.
543   Ebd.
544   Ebd.
545   Ebd.
546   Ebd.

Maßnahmen Flugblätter verteilt und Transparente und Lautsprecherwagen mitgeführt werden. Informationsstände, Straßentheater und Sketche, die dazu eigens vorbereitet und im Marschbuch der Teilnehmer abgedruckt wurden, sollten weitere Attraktionen sein, um die Bevölkerung zu sensibilisieren. Am Zielort sollte ein Gottesdienst und eine Abschlussveranstaltung geplant werden. »Die Hungerbombe tickt«, stand auf den Transparenten der Demonstranten. In den Plakaten drückte sich die Ambivalenz der Protestierer und ihrer Bewältigungsvorstellungen aus. Angesichts einer tickenden Hungerbombe sprach das eine Plakat noch vom Staat als barmherzigem Samariter, der die Not wahrnahm und Wunden pflegte, das andere davon, »mit den Kostproben der Gerechtigkeit«[547] aufzuhören und ernst zu machen mit der Verwirklichung gerechter Strukturen.

Kern der Bemühungen waren sechs politische Forderungen an die Bundesregierung, die auf Flugblättern verteilt und abschließend auch an Bundesminister Erhard Eppler übergeben wurden. Darin forderten die Organisatoren und Vorstände der beteiligten Gruppierungen eine ehrliche, außenpolitisch unabhängige Entwicklungspolitik, »die sich von den Notwendigkeiten in den Entwicklungsländern bestimmen läßt«, bessere Handelsbedingungen für die ›Entwicklungsländer‹ »mit dem Ziel, diese Länder auf dem Weltmarkt wettbewerbsfähig zu machen«, Strukturveränderungen in der europäischen Landwirtschaftspolitik durch Subventionsabschaffungen, Abrüstungsmaßnahmen, da »Entwicklungshilfe« in der Friedenssicherung Vorrang haben müsse und die Rüstungsetats hier besser einzusetzen seien, einen teilweisen Schuldenerlass und die Steigerung der »Entwicklungshilfe« bis 1975 auf ein Prozent des Bruttosozialprodukts[548]. Auf der Abschlusskundgebung in Stuttgart unterstützte dann auch Erhard Eppler die Aktion ›Friedensmarsch‹. Der deutschen Gesellschaft müssten in Fragen der Entwicklungspolitik »Beine gemacht«[549] werden. »Besonders die junge Generation habe ein waches Bewußtsein dafür, daß wir auf dieser Erde entweder alle gemeinsam die Zukunft gewinnen oder aber diese Zukunft uns allen verloren geht«[550]. Durch eine ausführliche Beantwortung und Stellungnahme der Forderungen durch das BMZ stellte sich Eppler auch im Namen der Bundesregierung deutlich auf die Linie der Protestierer. »Der Bundespräsident und der Bundeskanzler begrüßten diese Initiative und im Bundesministerium für wirtschaftliche Zusammenarbeit ging eine Flut von Briefen und Unterschriften ein, die die sechs entwicklungspolitischen Forderungen unterstützten«[551]. Die Redaktion der BMZ-Materialien ging sogar noch weiter.

547   Dazu und im Folgenden: Pressemappe zum Hungermarsch 1970, S. 4, in: MAA, Sammlung Friedensmarsch 1970.
548   Vgl. Flugblatt der Aktion Friedensmarsch 1970, in: MAA, Sammlung Friedensmarsch 1970.
549   Jugendinformationsdienst Nr. XI/27–28, 17.7.1970, in: MAA, Sammlung Friedensmarsch 1970.
550   Ebd.
551   Einleitung der Redaktion, BMZ-Materialien Nr. 3, S. 1, in: MAA, Sammlung Friedensmarsch 1970.

Es besteht kein Zweifel darüber, daß die sechs politischen Forderungen, der Kommentar der Aktion Friedensmarsch 70 und die Stellungnahme des Bundesministers für wirtschaftliche Zusammenarbeit zu diesen Forderungen in ihrer Gesamtheit ein wichtiges entwicklungspolitisches Dokument darstellen.[552]

Scheunpflug spricht in diesem Zusammenhang von einer immensen Aufmerksamkeit für die entwicklungspolitische Arbeit der Jugendverbände im öffentlichen Raum unter der Ägide Epplers[553]. Sie erreichten gar die Anfrage eines CDU-Abgeordneten im Deutschen Bundestag in der parlamentarischen Fragestunde, wie sich die Bundesregierung zu den sechs Forderungen verhalte[554].

Die junge Generation aber war sich alles andere als einig. So schlossen sich manche sozialistischen Jugendgruppen der Aktion an, manche protestierten gegen die Form des Marsches, »weil er nicht für einen Umsturz in unserer kapitalistisch-imperialistischen Gesellschaft eingetreten sei«[555] und wieder Geld gesammelt würde. Viele, auch kirchliche »Dritte-Welt«-Gruppen, hatten ihre Teilnahme wegen »mangelnder Progressivität«[556] der Forderungen abgesagt. Selbst die ESG-Nachrichten aus Stuttgart übten scharfe Kritik an der Aktion.

[D]urch den Aufruf der AGEJD werden die Marschierer aufgefordert, ›die vom Hunger der Welt verwundeten Herzen durch wunde Füße zu heilen‹, und nennt das Ganze ›kirchlichen Sadomasochismus‹. Hier werde Spendern und Teilnehmern endlich ein Weg gewiesen, ›sich von den durch die bisherigen christlichen Aufrufe entwickelten Schuldkomplexe gegenüber dem Elend der Dritten Welt freizukaufen und freizumarschieren‹.[557]

Andere erinnerten gar an »spätmittelalterliche Geißelprozessionen«[558]. Die Tageszeitungen zogen ein positives Fazit der Aktion, wie die Presseschau im Informationsdienst zeigt[559], die Veranstalter ein eher negatives. Der Marsch sei teilweise umfunktioniert worden »in naiv-humanitäre und damit in restaurative und unpolitische Ambitionen«[560]. Die

caritativen Aspekte der Aktion wurden so betont, daß sie die politischen überspielten. Und eben diese caritativen Aspekte lösten bei den Verantwortlichen und zugleich

---

552 Vgl. EBD.
553 Vgl. A. SCHEUNPFLUG, Entwicklungsbezogene Bildung, S. 424. Vgl. auch Eppler in den BMZ-Materialien Nr. 3, S. 15, in: MAA, Sammlung Friedensmarsch 1970.
554 Vgl. E. SCHMIED, Die »Aktion Dritte Welt Handel«, S. 61 f.
555 M. KIRCHNER, Hungermarsch, S. 5.
556 EBD.
557 D. M., Kilometerfresser unterwegs zur Hungerfront? Kritische Stimmen zum »Friedensmarsch für Recht und Leben«, in: MAA, Sammlung Friedensmarsch 1970.
558 EBD.
559 Vgl. auch E.-E. PIOCH, Latsch-in oder Bewußtseinsolympiade?, in: E+Z 19 (1970), S. 8.
560 M. KIRCHNER, Hungermarsch, S. 5.

Mitschuldigen am Dilemma der Dritten Welt jenes wohlwollende Schulterklopfen aus, das zu nichts verpflichtet. Einsicht, Widerstand, Engagement werden nicht provoziert.[561]

Dennoch solle man weitermachen, so die Kommentatorin nach der Aktion, denn es gehe doch in »Richtung Gerechtigkeit«[562].

Das Referat für Dokumentation des BDKJ fasste die Berichte und Ereignisse des Marsches in einem »umfunktionierten Literaturbericht« zusammen:

Den Wohlstandshintern heben, nachdenken, solidarisieren – dazu wurden die Bürgersleut' hinter den Stores und vor den Kneipeneingängen von Friedensmarschierern aufgefordert. Aber selbst sorgfältig artikuliertes Skandieren half da nicht. Motto: wer sich zum Engagement bemüßigt fühlt, nimmt ohnehin an der Aktion teil.[563]

Neben organisatorischen Problemen in der Durchführung der Aktion sei genau dieses Desinteresse der Bevölkerung schwierig gewesen.

Wenn also gerade die Jugend der Kirchen einen Hungermarsch durchführt, um auf die Not, auf die Armut in der Welt hinzuweisen, dann genügt es nicht, sich darüber zu freuen, daß das Echo der Öffentlichkeit freundlich, aber unverbindlich war. Ist es nicht tatsächlich so, daß in unserer bürgerlichen Gesellschaft nur provokative, wenn nicht gar gewalttätige Aktionen die Gewissen wecken? Also Handlungen, die den satt-zufriedenen Tageslauf der Wohlstandsmenschen so empfindlich stören, daß sie dann zu hören beginnen? Und daß sie also nur so anzusprechen sind?[564]

Ernüchtert kam der Bericht zu dem Schluss, der Hungermarsch sei mit seinen 30.000 Teilnehmern zwar kein Misserfolg gewesen, aber »einen Durchbruch kann man ihn ebenfalls nicht nennen [...]. Gerade Hunger aber, Entwicklungshilfe und Frieden erfordern ›von der Sache her‹ Durchbrüche – alles andere ist Spiegelfechterei«[565].

Die Presseschau zeigte, zu welchen Konfrontationen die skizzierte Politisierung führte. So berichtete die »Westfälische Rundschau« von einem Zusammenstoß mit den Aplerbecker Schützen. »Nicht marschieren, sondern denken«[566], hätten ihnen die Jugendlichen entgegengerufen, als sie zu Marschmusik marschierend durch die Straßen gezogen seien.

›Solidarisieren – mitmarschieren!‹ fordern die jungen Demonstranten. Sie stoßen auf Unwillen: ›Schaut da, die Gammler.‹ – ›Was wollt ihr Schnösel?‹ kommt es zurück. Willig werden Handzettel genommen und fortgeworfen, ungelesen. Da muntert es dann auf,

561 EBD.
562 EBD., S. 8.
563 REFERAT FÜR DOKUMENTATION, Was man bei ökumenischen Friedensmärschen beachten sollte. Ein »umfunktionierter« Literaturbericht, 1, in: PERSÖNLICHE UNTERLAGEN HARRY NEYER.
564 EBD., S. 2.
565 EBD., S. 2 f.
566 Informationsdienst 1970, S. 80.

wenn Zuruf wie ›Prima, daß ihr das macht‹ das Ohr erreichen. In Hamm, Witten, Gelsenkirchen und Dortmund machten die Demonstranten die Bevölkerung auf großen Spruchbändern mit ihren Forderungen vertraut: ›Weniger Waffen – mehr Entwicklungshilfe‹ – ›Zwei Drittel der Welt hungert – ein Drittel ist christlich‹ – ›Die anderen hungern, weil wir zu wenig denken‹. In Hamm mahnten Sprechchöre die Bevölkerung: ›Und niemand kann sagen, er habe nichts gewußt!‹[567]

Mit solchen Parolen freilich wollten die Jugendlichen vor allem provozieren, erinnerten sie doch an das Verhalten ihrer Elterngeneration zu den Geschehnissen des Zweiten Weltkrieges. Die Übernahme von Protestformen der 1968er-Bewegung, die deutliche Abgrenzung zur bisherigen Handlungsweise der Entwicklungsarbeit, die Etablierung eines »Bewegungssektors«[568] innerhalb des Katholizismus und damit die Schaffung neuer Organisationsformate, das alles brach die bisherigen Handlungsroutinen auf, stellte sie radikal in Frage und führte von daher zu Spannungen zwischen den Akteuren. Doch trotz dieser Spannungen wurden der Weg der Bewusstseinsbildung in der Bevölkerung und die übergeordnete Forderung der Bewegung nach einer sozialen Weltgerechtigkeit stetig weiterverfolgt. Das aber führte zur Neukonfiguration von Handlungsoptionen, die an drei Beispielen zu zeigen sind.

b) Konsequenzen: Ein Mehr an Politik?
Zunächst führte die Ausweitung des Problemfeldes beziehungsweise die Ursachenanalyse zu einer Infragestellung der Handelsbeziehungen, die zunehmend als ungerecht und daher veränderungsbedürftig wahrgenommen wurden.

> Es ist eine recht banale Tatsache, daß die Notwendigkeit, das kritische Bewußtsein breitester Kreise der Bevölkerung für die Probleme der Dritten Welt zu verstärken, sich nicht leicht in Programme verwandeln läßt, die von der Öffentlichkeit verstanden und unterstützt werden. Das Beispiel der Hunger- bzw. Friedensmärsche hat gezeigt, daß große Aktionen, die in anderen Ländern viel Aufmerksamkeit erregten und zu einer Solidarisierung zwischen Marschteilnehmern und der übrigen Bevölkerung führten, in der Bundesrepublik als eine jener jugendlichen Protestäußerungen betrachtet wurden, die der Durchschnittsbürger nicht versteht und konsequenterweise instinktiv ablehnt.[569]

Nicht nur inhaltlich aber brauche es eine Veränderung des Themenfeldes, auch methodisch ergebe sich die Notwendigkeit, aktionsorientierte Veranstaltungen durchzuführen, um eine Ermüdung der »in der Regel intellektuell den Durchschnitt ihrer Altersgenossen überragen[den]«[570] Jugendlichen zu verhindern. Vor dem Hintergrund dieser Erfahrung legte im Juni 1970 der Geschäftsführer des EPA diesem eine

567 EBD.
568 K. GABRIEL, Christentum zwischen Tradition und Postmoderne, S. 188.
569 B. DREESMANN, Bazare zur Bewußtseinsbildung?, S. 10.
570 EBD.

»Problemskizze zur Gründung einer Aktionsgemeinschaft ›Dritte Welt‹-Handel«[571]
zur Information vor.

> Ausgehend von der Feststellung, daß das Hauptproblem der Entwicklungshilfe in den
> vergangenen Jahren als Welternährungsproblem beschrieben worden sei und sowohl
> in der staatlichen wie kirchlichen Entwicklungshilfe hier ein wichtiger Akzent gesetzt
> worden sei, werden nach der Lösung des Welternährungsproblems das Weltbeschäfti-
> gungsproblem und die ›ungerechten Welthandelsstrukturen‹ als vorrangig zu lösende
> Probleme angesprochen.[572]

Drei Aufgaben sollte die neue Aktionsgemeinschaft bearbeiten: das Bewusstsein
bilden, neue Märkte für kleine Produktionsgenossenschaften öffnen und in den
»Entwicklungsländern« das Interesse am europäischen Markt wecken[573]. Man beschloss daher, über die holländische Organisation S. O. S. (›Stichting Ontwikkelings-
Samenwerking‹), die schon in den 1960er Jahren kunsthandwerkliche Artikel aus
»Drittweltländern« importierte, Waren nach Deutschland einzuführen. Um diesem Import eine Rechtsform zu geben, schlossen sich die Stiftung S. O. S. und der
Referent für Öffentlichkeitsarbeit Misereors, Dr. Erwin Mock[574], zu einer GmbH zusammen[575], anschließend wurde ein Verein als Träger der Bildungsarbeit gegründet, denn neben dem Verkauf fair gehandelter Waren sollten diese auf Bazaren und
Ausstellungen verkauften Artikel zugleich bewusstseinsbildend und aufklärend wirken. Der Vereinszweck galt der Aufklärung der »Bevölkerung in der Bundesrepublik
Deutschland über die Situation der Entwicklungsländer sowie die Probleme der Entwicklungspolitik und der Weltwirtschaft, vor allem über die Benachteiligung der Entwicklungsländer im Welthandel«[576], indem der Verein »Informationsaktionen anregt,
fördert und durchführt«[577]. Erster Vorsitzender des Vereins wurde wiederum Harry
Neyer. Die Hauptversammlung des BDKJ beschloss dann im Mai 1971, die neu gegründete ›Aktion Dritte Welt-Handel‹ (A3WH) »als Aktion der Bewußtseinsbildung zur

---

571   Vgl. E. SCHMIED, Die »Aktion Dritte Welt Handel«, S. 64; F.-J. STUMMANN, Aktion Dritte Welt.
572   E. SCHMIED, Die »Aktion Dritte Welt Handel«, S. 64 f.
573   Vgl. EBD., S. 65.
574   ERWIN MOCK (* 1934). Studium der Philosophie und Theologie in Tübingen und Innsbruck.
      1959–1968 im Dienst der Diözese Rottenburg-Stuttgart. 1969–1997 Leiter der Abteilung Bildung und
      Pastoral, Bischöfliches Hilfswerk Misereor. 1973–1978 berufsbegleitendes Zweitstudium an der Pä-
      dagogischen Hochschule Rheinland, Allgemeine Pädagogik, Soziologie, Didaktik der Geschichte /
      Politische Bildung. 1978 Promotion (Dr. paed.). Mitbegründer des ›Fairen Handels‹. Initiator und
      verantwortlicher Betreuer der Misereor-Hungertücher. Diese Angaben beruhen auf Selbstauskunft.
575   Nach verschiedenen Unstimmigkeiten gründete sich schließlich im Mai 1975 die ›Gesellschaft zur
      Förderung der Partnerschaft mit der Dritten Welt mbH – GFP Dritte Welt mbH‹, kurz GEPA, die die
      wirtschaftliche Organisation der Zusammenarbeit zu leisten hatte. Vgl. E. SCHMIED, Die »Aktion
      Dritte Welt Handel«, S. 94–108.
576   EBD., S. 93.
577   EBD.

Entwicklungsverantwortung«[578] zu unterstützen, den Mitgliedsverbänden die Unterstützung der Aktion zu empfehlen und im Trägerkreis der Aktion mitzuarbeiten[579].

Die Geschichte der A3WH und später der GEPA verlief im Weiteren alles andere als reibungslos, wie die Arbeiten von Ernst Schmied und Franz-Josef Stummann zeigen. Für den Zusammenhang sind hier zwei Punkte von Bedeutung. Erstens geriet dieses Handlungsmodell sehr bald ebenso in die Kritik wie die Aktionsformen des ersten Entwicklungsjahrzehnts. Der Artikel »Bazare zur Bewußtseinsbildung?« fragte bereits im Oktober 1970, »ob der Verkauf von Drittwelt-Nippes ein Modell zukunftsweisender Bewußtseinsbildung sein kann«[580]. Insbesondere nahm er Anstand an den zum Verkauf beabsichtigten Textilien, Tonwaren und Bastwaren.

> Auch wenn die ›Antikolonial-Waren‹ nur mit dem entsprechenden Informationsmaterial zusammen abgegeben werden, besteht doch die Gefahr, daß der Gesamteindruck des Sortiments das weitverbreitete Vorurteil bestätigt, billige Bastwaren, Masken und folkloristisches Tonwerk seien die für die Dritte Welt typischen Produkte.[581]

Er empfahl dagegen, auch Kaffee zu verkaufen, weil hier gezeigt werden könne, »wie wenig des Kaufpreises der Erzeuger erhält und wieviel in die Taschen der Verarbeiter, Händler und des Fiskus gehen«[582]. Die Kritik bestärkte Schmied, wonach »der exotische Charakter der kunstgewerblichen Waren, die zu Beginn der siebziger Jahre in eine Marktlücke stießen, [...] unmittelbar die Kauflust und nicht das Interesse an entwicklungspolitischen Zusammenhängen«[583] förderte, eine Erfahrung, die auch das ökumenische Pfingsttreffen in Augsburg kennzeichnete[584].

Die Forderung, eher Kaffee zu verkaufen, nahm die A3WH sehr bald auf, womit der zweite Punkt in den folgenden Kampagnen angesprochen wäre: »politische Waren«[585]. Mit der Aktion ›Indio-Kaffee‹ begann dieser Handel. Misereor verfügte über Kontakte zum guatemaltekischen Kooperativenverbund Fedecocagua und bezog von hier aus erste Kaffeelieferungen[586]. Dazu erarbeitete Erwin Mock mit seiner Abteilung umfangreiche Informationsmaterialien. So gelang es, wie Markus Raschke nachweist, »erstmals die Arbeit eines Projektpartners sowie die Welthandelsproblematik am Beispiel des Kaffees einer relativ großen Öffentlichkeit deutlich (zu) machen«[587].

---

578 Antrag Nr. 2 zur Hauptversammlung 1971, 28.3.1971, in: ABDKJ, A 526.
579 Vgl. EBD.
580 B. DREESMANN, Bazare zur Bewußtseinsbildung?, S. 10.
581 EBD., S. 11.
582 EBD.
583 E. SCHMIED, Die »Aktion Dritte Welt Handel«, S. 57.
584 Vgl. M. RASCHKE, Fairer Handel, S. 62.
585 EBD.
586 Vgl. EBD., S. 63.
587 EBD.

Allerdings, so der zeitgenössische Vorwurf, verstelle die Aktion den Blick auf die politischen Machtkonstellationen in Guatemala und die entstehenden Monokulturen.

Raschke kommt zu dem Schluss, im »Rahmen der Aktion Indio-Kaffee« hätten sich einerseits alle »Problemstellungen einer sinnvollen Entwicklungszusammenarbeit« gezeigt, andererseits hätte diese Aktion in der Inlandsarbeit eine Perspektive eröffnet, »wie die Aktion Dritte-Welt-Handel ihre entwicklungspädagogische Zielsetzung und ihre bewusstseinsbildenden Ansprüche wesentlich wirkungsvoller umsetzen konnte«[588]. Drei weitere Aktionen sollten folgen, die Aktion ›Aluschock‹[589], die ›Simba- und Singa‹-Teeaktion und vor allem die Aktion ›Jute statt Plastik‹ in der zweiten Hälfte der 1970er Jahre, die in der Einleitung schon dargestellt wurde.

Die ›Aktion Dritte Welt-Handel‹ wurde so zu einem Hauptbetätigungsfeld weltkirchlichen Engagements. Kirchliche Organisationen wurden zu Trägern von Import- und Siegelorganisationen und setzten sich für eine gerechtere Weltordnung ein. Sie entwickelte sich von einer Solidaritätskampagne zu einer ausdifferenzierten sozialen Bewegung und half beim Aufbau einer ganz neuen wirtschaftlichen Branche mit. Mit dem Friedens- und Hungermarsch 1970 begann ein neues Engagement für mehr Informations- und Aufklärungsarbeit. Diese Aktion ermöglichte neben dem Spenden von Geld auch eine kritische Auseinandersetzung mit den von zahlreichen Jugendlichen als ungerecht empfundenen Wirtschaftsstrukturen auf internationaler Ebene. Der Verkauf in den »Dritte-Welt«-Läden war eine Möglichkeit, die Konsumenten auch über diese Ungerechtigkeiten zu informieren.

> Die [...] Zwei-Standbeine-Theorie der ›Aktion Dritte-Welt-Handel‹, Bildungsarbeit und Verkauf, findet ihren bewegungstheoretischen Hintergrund im Mobilisierungsbestreben sozialer Bewegungen [...] sowie in der Aktionsorientierung als ihrer öffentlichkeitsbezogenen Dimension.[590]

Theologisch sei, so Markus Raschke, »der Faire Handel nur in der Doppelperspektive von Gerechtigkeit und Barmherzigkeit, von gerechter Sozialordnung und praktischer Hilfe, von einer Ordnungs- und einer Solidaritätsperspektive«[591] zu verstehen. Damit

---

588 EBD., S. 64.

589 Dazu heißt es im Aktionskonzept von ›Aluschock‹: »Die Schokolade, die der Käufer erhält, vermittelt ihm gleichzeitig durch die Packungen Informationen über das, was er gekauft hat: über Schokolade (bzw. Kakao) und über Aluminium (Bauxit). Die Ware dient dem Verkäufer als Einstieg zu einem Gespräch mit dem Kunden über die Probleme des Handels und des Zolls. Ist der Konsument stärker interessiert und auf Grund des Gesprächs und der Information motiviert, sich stärker damit zu beschäftigen, steht ihm eine Broschüre zur Verfügung. Zum Mithandeln wird er durch eine Postkarte aufgefordert, auf der er durch seine Unterschrift die Forderungen an das Bundeswirtschaftsministerium unterstützen kann« (Zit. nach E. SCHMIED, Die »Aktion Dritte Welt Handel«, S. 236).

590 M. RASCHKE, Fairer Handel, S. 156.

591 EBD., S. 20.

konnte eine kirchliche Basisbewegung eine öffentlichkeitsträchtige, zukunftsweisende und dauerhafte Institution wie den fairen Handel prägen und so zumindest für Teile der Gesellschaft den Entwicklungsgedanken öffentlichkeitswirksam etablieren.

Zweitens wurde auch in den katholischen Studierendenorganisationen Entwicklungszusammenarbeit zu einem zentralen Thema. Die Veranstaltungen der Bischöflichen Studienförderung Cusanuswerk zeigten die Begeisterungsfähigkeit und die Betroffenheit insbesondere der jungen Generation im Hinblick auf die Probleme der »Dritten Welt«. Das Cusanuswerk, 1956 von der Bischofskonferenz aufgrund der Inferiorität der Katholiken in Wirtschaft und Gesellschaft gegründet, machte es sich zur Aufgabe, »eine säkulare katholische Elite« zu schaffen, um sich »Macht und Einfluß auf Politik, Gesellschaft und Wissenschaft«[592] zu verschaffen. Seit Beginn der Planungen zur Gründung des Werkes stand insbesondere die Bildungsarbeit der jungen katholischen Männer im Vordergrund[593]. »Die inhaltliche und strukturelle Ausgestaltung wurde im folgenden nahezu ausschließlich vom überaus machtbewußten und charismatischen [Prälaten Bernhard, der Verf.] Hanssler[594] bestimmt, dem es gelang, dem Cusanuswerk seinen ganz persönlichen Stempel aufzudrücken«[595], auch und vor allem in der Bildungsarbeit. Auf dreiwöchigen Ferienakademien sollten die Stipendiaten mit philosophischen, theologischen und gesellschaftswissenschaftlichen Fragestellungen vertraut gemacht werden.

> Die Behandlung philosophischer Themen sollte aus Sicht Hansslers die Cusaner befähigen, ›auch ihr eigenes Treiben in einem größeren Zusammenhang (zu) sehen‹ und sie ›immunisieren gegen ideologische Anfälligkeiten‹; durch die Theologie ›soll (der Stipendiat) sich als Kirche erleben, muß wissen, was Kirche ist, wie Kirche sich selbst versteht‹; die Notwendigkeit der Sozialwissenschaften ergab sich daraus, daß ›der Cusaner (einer ist), der einmal in der modernen Gesellschaft eine Rolle übernimmt, deshalb muß er die Spielregeln kennen‹.[596]

Im Sinne eines »Studium generale« wurden führende wissenschaftliche, kirchliche und politische Persönlichkeiten zu Vorträgen auf die Akademien geladen. Mit dieser Ausgestaltung des Akademieprogramms aber konnte sich Hanssler nach den auch

---

592   C. SCHMIDTMANN, Katholische Studierende, S. 174.
593   Vgl. EBD., S. 175.
594   BERNHARD HANSSLER (1907–2005). Studium der Theologie, Priesterweihe 1932, Vikar in Ulm, 1934 Jugendpfarrer und ab 1936 Studentenpfarrer in Tübingen, Rede- und Schreibverbot während der NS-Zeit. Nach Kriegsende bis 1951 Pfarrer in Schwäbisch-Hall, 1952–1955 in Stuttgart. Mitbegründer des Cusanuswerks, dessen erster Geschäftsführer ab 1956, 1957–1970 geistlicher Direktor des ZdK, später dessen Bischöflicher Assistent. 1970–1974 Rektor des deutschen Priesterkollegs im Campo Santo, 1981 Rückkehr in die Diözese Rottenburg-Stuttgart. Vgl. R. HANK, Der Geistliche und die Macht.
595   C. SCHMIDTMANN, Katholische Studierende, S. 177.
596   EBD., S. 178.

am Cusanuswerk nicht spurlos vorübergehenden Studentenunruhen um 1968 nicht länger durchsetzen[597]. Ein 1968 eingerichteter Beirat, dem künftig die Bildungsarbeit unterstellt wurde, genehmigte nach immensem Druck der Studierenden, inzwischen wurden auch Studentinnen aufgenommen, 1970 eine Akademie zum Thema »Probleme der III. Welt (unter besonderer Berücksichtigung der Situation in Lateinamerika)«[598]. Damit wurden die bis heute stattfindenden thematischen und möglichst interdisziplinären Akademiethemen etabliert. Für die nunmehr nur noch zweiwöchige Akademie im Klausenhof bei Dingden in Westfalen, der Ausbildungsstätte der Entwicklungshelfer der KLJB, lud Hanssler alle im August verfügbaren, thematisch geeigneten Referenten. Der Politikwissenschaftler Wolfgang Hirsch-Weber[599] sollte eine »historisch-politische Einführung«[600] in die Thematik geben. Das BMZ führte in die entwicklungspolitischen Konzepte der Bundesrepublik ein, abschließend berichteten der Dominikanerpater und Gesandte des Heiligen Stuhls bei den Vereinten Nationen in Genf, Henri de Riedmatten[601], über die Entwicklungsenzyklika »Populorum progressio« und Ulrich Koch[602], Grundsatzreferent des Hilfswerkes Misereor, über die kirchliche »Entwicklungshilfe«.

Kochs viergliedriges Referat über den ›Beitrag der Kirchen zur Entwicklung‹[603] stellte zunächst den kirchlichen Beitrag vor. In der Vergangenheit seien die Hauptmotive der kirchlichen »Entwicklungshilfe« Barmherzigkeit und Nächstenliebe gewesen sowie Sozial- und Bildungsmaßnahmen, um Missionierungen durchführen

---

597 Vgl. etwa: EBD., S. 376.

598 Übersicht über die Ferienakademien 1970, in: ACW, Ordner Ferienakademien III 1970.

599 WOLFGANG HIRSCH-WEBER (1920–2004). Kaufmannsgehilfe, 1938 Emigration nach Bolivien, dort bis 1949 kaufmännischer Angestellter, zuletzt kaufmännischer Direktor der staatlichen Bergwerksgesellschaft in Tarija. Rückkehr nach Deutschland und Studium. 1956 Promotion. 1955–1965 Abteilungsleiter des Instituts für politische Wissenschaft, 1969–1972 Abteilungsleiter des Lateinamerikainstituts der Freien Universität Berlin. 1968 Habilitation. 1966–1968 Gastprofessor der Universität in Chile. 1969–1971 Professor an der Freien Universität Berlin. Ab 1972 ordentlicher Professor für Politische Wissenschaft an der Universität Mannheim. Vgl. URL: https://www.fes.de/archiv/adsd_neu/inhalt/nachlass/nachlass_h/hirsch-weber-wo.htm (Stand: Stand: 1.5.2018).

600 BERNHARD HANSSLER, Bericht über die Ferienakademien 1970, in: ACW, Ordner Ferienakademien III 1970.

601 HENRI DE RIEDMATTEN (1919–1979). 1940 Eintritt in den Dominikanerorden, 1945 Priesterweihe. Studium der Philosophie und Theologie in Frankreich, Rom, Oxford und Freiburg, dort Doktorat. Ab 1953 kirchlicher Berater am ›Centre international d'information‹ (Koordinationsstelle für internationale katholische Organisationen in Genf). 1963–1965 Berater beim Zweiten Vatikanischen Konzil, beteiligt an der Verfassung von »Gaudium et spes«. 1967 Ernennung zum ständigen Beobachter des Hl. Stuhls bei den internationalen Organisationen in Genf, 1971 Generalsekretär des päpstlichen Rats ›Cor unum‹. Vgl. G. BEDOUELLE, Art. Henri de Riedmatten.

602 ULRICH KOCH (* 1930). Studium der Betriebs- und Volkswirtschaftslehre. 1958 Promotion. Ab 1959 Referent beim Bischöflichen Hilfswerk Misereor, 1974–1995 Mitglied der Geschäftsführung des Werkes. Vgl. U. KOCH, Meine Jahre bei Misereor.

603 Dazu und im Folgenden: ULRICH KOCH, Der Beitrag der Kirchen zur Entwicklung, 1, in: ACW, Ordner Ferienakademien III 1970.

zu können, wobei sich die Kirchen hier unter der »Ideologie des Kommunismus«[604] bewegt hätten. »Spätestens seit Beginn der 6oer Jahre wandelt sich das Engagement der Kirchen«[605], wobei das Motiv der Gerechtigkeit stärker in den Vordergrund getreten sei. »Die Neuorientierung ist häufig [...] von der linken Gesellschaftskritik beeinflußt«[606], so Koch. Theologisch sei die Begründung des kirchlichen Beitrags als unzulänglich empfunden worden. Koch verwies auf die begründenden Texte der kirchlichen Hilfswerke Misereor und Brot für die Welt, sowie auf die kirchenamtlichen Texte »Gaudium et spes«, »Mater et magistra« und »Populorum progressio«, das Papier der lateinamerikanischen Bischofskonferenz in Medellín und die Erklärungen des Weltkirchenrates. »In all diesen Verlautbarungen stehen die Prinzipien der Gerechtigkeit, der Achtung der Menschenwürde und die Entfaltung der Menschen im Vordergrund«[607]. Dazu brauche es alle zur Verfügung stehenden Kräfte, wobei der Kirche der Status eines »besonders geeignete[n] ›Agent[en]‹ «[608] zukomme. Die Kirchen hätten eine Infrastruktur auch in extrem abgelegenen Gebieten oder besonders unterprivilegierten Gruppen und der Klerus und die Ordensleute genössen ein besonderes Vertrauen, allerdings könne die Kirche durch eine Zementierung des Status quo die Entwicklung auch hemmen. Daher regte Koch eine kritische Reflexion des kirchlichen Beitrags an.

Die Vorträge und Debatten der Akademie regten offenbar auch die politische Gesinnung der Teilnehmer an, denn Hanssler vermerkte in seinem Bericht, »[d]er Ertrag der Akademie schlug sich u. a. in einer Resolution der Teilnehmer nieder«[609]. In dieser Resolution an die zuständigen Bundesministerien und Parlamentsausschüsse, die kirchlichen Einrichtungen der Entwicklungsarbeit und die Nachrichtenagenturen forderten sie, den Entwicklungsdienst auch für Abiturienten als Wehrdienst anzuerkennen. »Mehr noch als Wehrdienst sind Sozial- und Entwicklungsdienst dazu geeignet, dem Frieden durch Abbau sozialer Spannungen zu dienen«[610]. Das Entwicklungshelfergesetz von 1969 aber schließe Abiturienten von diesem Dienst aus. Daher forderten die Teilnehmer, dass »Abiturienten [...] auf Wunsch vom Wehrdienst zurückgestellt werden« sollten, »um nach dem Studium gemäß ihrer Qualifikation und der Nachfrage in Entwicklungsländern arbeiten zu können«[611].

---

604 EBD.
605 EBD.
606 EBD.
607 EBD., S. 5.
608 EBD.
609 BERNHARD HANSSLER, Bericht über die Ferienakademien 1970, in: ACW, Ordner Ferienakademien III 1970.
610 Resolution der Cusaner-Akademie 1970 über Entwicklungspolitik, 1, in: ACW, Ordner Ferienakademien III 1970.
611 EBD., S. 2.

Die Sensibilität für Entwicklungsfragen hatten die Cusaner schon 1968 unter Beweis gestellt, als sie in einem offenen Brief an Papst Paul VI. drastisch zum Handeln im Biafra-Konflikt aufgerufen hatten.

> Hunderttausende sind bereits verhungert, Millionen droht in den kommenden Monaten der Hungertod. Presse und Fernsehen berichten ausführlich diese Tatsachen. Eine notdürftige Unterstützung bringen das Rote Kreuz und die Organisationen der Kirchen. Nach deren Angaben werden sie bald der Katastrophe – Erntevorrat und Saatgut sind aufgezehrt – nicht mehr gewachsen sein. Mit ihren begrenzten Mitteln werden sie dann nur noch Leiden verlängern können.
>
> Über die politische Situation bestehen verschiedene Meinungen. Viele sind sich aber darin einig, daß es ein Ausmaß an menschlichem Elend gibt, welches das Prinzip der Nichteinmischung aufhebt. Wenn Millionen verhungern, wird die Frage, ob berechtigte politische Interessen gefährdet werden, bedeutungslos. Wir, die Katholiken, die der Bischöflichen Studienförderung Cusanuswerk angehören, vertreten mit anderen die Auffassung, daß politische Bedenken und Rücksichten niemals die Hilfe für die hungernden Menschen Nigeria-Biafras schwächen oder gar verhindern dürfen. Wir klagen alle an, die dieses Elend direkt oder indirekt verschuldet haben oder weiter mitverschulden. [...]
>
> Als einzelne sind wir ohnmächtig. Wir sind aber Glieder einer Kirche, deren Wort in der Kirche gehört wird. Wir appellieren daher an Sie, Heiliger Vater, das Oberhaupt unserer Kirche. Kraft ihres Amtes haben Sie die Macht und den Auftrag, einer human sich gebenden Welt die Unmenschlichkeit ihrer Passivität und Gleichgültigkeit täglich vor Augen zu führen. Sie sind nicht abhängig von Mehrheitsentscheidungen wie der Weltkirchenrat. Sie können glaubhaft den Anspruch erheben, über den politischen Parteien zu stehen. Machen darum Sie sich zum Ankläger jener Regierungen und Gruppen, die die Würde des Menschen politischen und wirtschaftlichen Interessen unterordnen. Stellen Sie das Ansehen und die Mittel der Kirche in den Dienst dieser verhungernden Menschen. Nachdem die UNO versagt hat, sind Sie die letzte Instanz, die vor der Weltöffentlichkeit Klage führen kann.
>
> Wir wissen, daß Sie sich zum Krieg in Nigeria geäußert haben. Sie haben an die kriegführenden Parteien, Biafra und Nigeria, appelliert und in einzelnen Ansprachen der Leiden dieses Volkes gedacht. Die Vorsicht und Zurückhaltung Ihrer Appelle und Ansprachen kann aber angesichts dieser Katastrophe nur schwer gegen den Vorwurf des Schweigens verteidigt werden. Wir glauben, daß die allein angemessene Sprache gezielt Anklage und unablässiges Bloßstellen derer, die Hilfe verhindern, sein kann. Wir fragen Sie, Heiliger Vater, wir fragen die Kirche und damit uns selbst: Haben wir alles getan, haben wir unsere ganze Macht eingesetzt, um den Hungertod eines Volkes zu verhindern? Wir müssen diese Frage verneinen. Wir beschwören Sie als unser Oberhaupt, nicht mitschuldig zu werden durch Schweigen, das auf vermeintlicher Ohnmacht gründet. Die Tätigkeit der Caritas genügt nicht. Sie droht für uns Glieder der Kirche zum Alibi zu werden. Sie wird uns nicht rechtfertigen. Sie wird uns nicht von der Schuld lossprechen, den Hungertod eines Volkes zugelassen zu haben.[612]

Eine Durchsicht aller cusanischen Bildungsveranstaltungen im Untersuchungszeitraum ergab, dass sich auch in dieser kirchlichen Institution langsam die

---

612 Offener Brief an Papst Paul VI., o. D., Meldung der KNA vom 3.2.1969, geschrieben von den Cusanern und Altcusanern der Bundesrepublik Deutschland, 2 Seiten, in: ADCV, AA 187.1/6 biaf-11, Fasz. 07.

Entwicklungsproblematik zu etablieren begann[613]. Höhepunkt dieses Engagements war die Gründung der ›Initiative Teilen im Cusanuswerk e. V.‹, eines Vereins von Stipendiaten und Altstipendiaten im Jahr 1984, der sich die Einwerbung von Spenden, die Bewusstseinsbildung auf cusanischen Bildungsveranstaltungen und die Finanzierung von Entwicklungsprojekten von Cusanerinnen und Cusanern zur Aufgabe machte und 2014 sein 30-jähriges Bestehen feiern konnte[614].

Drittens trieb das Ökumenische Pfingsttreffen im Juni 1971 in Augsburg die Etablierung des Problemfeldes weiter voran. Dieses ökumenische Treffen war 1968 vom Zentralkomitee der deutschen Katholiken und dem Präsidium des Deutschen Evangelischen Kirchentages einberufen worden und kann als Vorreiter der Ökumenischen Kirchentage gelten. Unter der Losung ›Nehmet einander an, wie Christus uns angenommen hat‹ aus dem Römerbrief versammelten sich über 8.000 Dauerteilnehmer zu dieser als Arbeitstagung verstandenen Veranstaltung und diskutierten in sechs Foren (kirchen-)politisch relevante und aktuelle Themen, darunter in Forum VI zur ›Entwicklung – Verantwortung der Christen‹, das seit 1970 in einem Arbeitskreis intensiv vorbereitet war[615]. Sowohl in Plenumsphasen mit über 600 Teilnehmern als auch in verschiedenen Diskussionsgruppen wurde diskutiert und beraten, 42 Resolutionen entstanden[616]. Thematisch sollte nach Vorgabe des vorbereitenden Arbeitskreises über die Verantwortung der Christen, die Analyse der politischen Situation zwischen »Entwicklungsländern« und Industrieländern und über die Konsequenzen für die kirchlichen und gesellschaftlichen Strukturen in Deutschland aus dieser Bestandsaufnahme beraten werden. Damit wollte der Arbeitskreis

> einem doppelten Anliegen Rechnung tragen. Einerseits soll damit ein Beitrag für die Bewußtseinsbildung geleistet, andererseits eine Möglichkeit geschaffen werden, daß sich das Oekumenische Pfingsttreffen auch konkret zu bestimmten politischen Fragestellungen äußern kann.[617]

In verschiedenen Untergruppen wurden die Schwerpunkte ausführlich behandelt und zu einem gemeinsamen Entwurf zusammengeführt, der dann wiederum auch öffentlich diskutiert und mit Anmerkungen versehen wurde. Die Arbeitsweise des Arbeitskreises zeigt einerseits, wie professionalisiert, bürokratisch und hierarchisch

---

613 Insgesamt fanden bis 1980 fünf Ferienakademien zu entwicklungspolitischen Themen wie Friedensforschung, Soziallehre, Entwicklungspolitik und Kirche und Macht statt. Die Nord-Süd-Problematik, die in den späten 1970er Jahren aufkam, wurde 1987 unter dem Titel ›Entwicklung in der Krise – die eine Welt in der Spannung zwischen Nord und Süd‹ thematisiert. Vgl. ACW, Ordner Ferienakademien.
614 Vgl. URL: http://www.initiativeteilen.de/index.php?id=27 (Stand: 1.5.2018).
615 Vgl. dazu und im Folgenden PRÄSIDIUM DES DEKT / ZDK (Hrsg.), Ökumenisches Pfingsttreffen.
616 Vgl. EBD., S. 410–428.
617 Protokoll des Arbeitskreises 6, 26.9.1970, 2, in: ZDK-ARCHIV 7511, Schachtel 5, Ökumenisches Pfingsttreffen Augsburg 1971.

die Problematik verhandelt wurde. Andererseits zeigt sie, dass der einbezogene Personenkreis mindestens in der Vorbereitung im Wesentlichen aus den bekannten Verbandsfunktionären bestand, die die kirchliche Entwicklungsarbeit im Wesentlichen trugen, darunter die Leiterin des Außenamtes des ZdK, Dr. Maria Alberta Lücker und die Vertreter von EPA und BDKJ, ›Pax Christi‹ und PWG. Diese durften zum erarbeiteten Entwurf Stellungnahmen einreichen, die dann im Vorfeld des Pfingsttreffens eingearbeitet wurden. Am Tag vor der Eröffnung des Pfingsttreffens, am 3. Juni 1971, wurde dann das sechzehnseitige Papier des Arbeitskreises »an die Öffentlichkeit«[618] übergeben. Zunächst zeichnete das Papier das Bedrohungspotential der gegenwärtigen Situation nach: »Wir leben in einer sich rasch verändernden Welt. [...] Es handelt sich um einen allmählich die ganze bewohnte Erde ergreifenden Prozeß, der zugleich die gesellschaftlichen Gruppen, Völker und Staaten in immer stärkere wechselseitige Abhängigkeit bringt«[619], mit Folgen für die Menschheit. Diese Folgen gelte es zu beachten, sonst würden »sich die sozialen Spannungen und Konflikte«[620] verschärfen. Soziale Gerechtigkeit und eine jeweils auf die Lebensumstände angepasste Entwicklung seien daher notwendige Kriterien von Entwicklungsarbeit. Deutliche Kritik übte das Papier an der bisherigen Wirkungsweise der Kirchen.

> Die Mehrheit der Christen hat jedoch, zusammen mit den Kirchen und theologischen Schulen, mitgeholfen, Verhältnisse zu schaffen und zu stabilisieren, die aus einem unsozialen Verständnis von Eigentum an Grund und Boden, an Produktionsmitteln und an anderen Gütern erwachsen sind. Sie haben also mitgeholfen, einzelnen und bestimmten Gruppen Privilegien einzuräumen und zu garantieren, die nur auf Kosten anderer möglich waren und sind.[621]

Als Christen könnte man deshalb den Auftrag für die Entwicklung der Menschheit nur dann »glaubhaft wahrnehmen, wenn wir uns von jedem Versuch distanzieren, der bestehende Privilegien und Herrschaftsverhältnisse zu stabilisieren sucht«[622]. Es brauche einen »radikalen Wandel des Bewußtseins« und stärkeres Engagement, »um gerechte Strukturen zu schaffen, die eine bessere Verteilung der natürlichen Reichtümer, des Eigentums sowie der gesellschaftlichen und politischen Macht garantieren«[623]. Die kirchliche Entwicklungsarbeit habe dabei eine wichtige Aufgabe. Sie strebe

> aus dem Motiv der Nächstenliebe nach Gerechtigkeit für alle Menschen. Sie erkennt auch auf diesem Feld mehr und mehr die gesellschaftlichen und politischen Dimensionen der

---

618   Vgl. Endfassung des Papiers für Arbeitsgruppe 6, 1, in: ZDK-ARCHIV 7511, Schachtel 5, Ökumenisches Pfingsttreffen Augsburg 1971.
619   EBD.
620   EBD.
621   EBD., S. 3.
622   EBD., S. 4.
623   EBD.

Nächstenliebe: es darf nicht nur an den Symptomen der Ungerechtigkeit kuriert, sondern deren Ursachen müssen beseitigt werden. So verstandene Nächstenliebe fordert von den Kirchen und den Christen, durch die Dynamik des gelebten Evangeliums mitzuhelfen, daß gerechtere gesellschaftliche Strukturen aufgebaut werden. Die Kirchen müssen sich daher überall auf die Seite der Unterdrückten, der Unterprivilegierten und von der Gesellschaft Ausgestoßenen stellen. Sie müssen Ungerechtigkeiten und Verletzungen der Menschenrechte aufdecken und anklagen.[624]

Damit nahm das Papier mindestens Abstand von vor allem karitativen Bemühungen und stellte das Entwicklungsproblem als ein politisches dar, dessen Bearbeitung auch Folgen für die Industrieländer habe. Das sei auch deshalb Aufgabe der Christen, weil »christlicher Glaube [...] heute vor allem glaubwürdig [werde] durch das Engagement für die Entwicklung der einen Welt«[625]. Es brauche eine volle Partnerschaft zwischen Entwicklungs- und Industrieländern. Der entscheidendste Beitrag sei, so das Papier abschließend, dass die Kirchen für das, was »heute höchste politische Priorität beanspruchen muß«, zentrale »Anreger, Motor[en] und ›Innovationsgruppe[n]‹«[626] seien.

Die jeweiligen thematischen Unterpunkte wurden mit den Teilnehmern des Forums dann intensiv in Arbeitsgruppen diskutiert, die abschließend insgesamt 42 Resolutionen erarbeiteten und im Plenum zur Abstimmung stellten, darunter die kirchenpolitisch heikle Frage nach der Zusammenlegung kirchlicher Entwicklungseinrichtungen wie Misereor und Brot für die Welt sowie die politische Forderung, den Entwicklungsetat deutlich zu steigern[627]. Insgesamt zeichnete sich die inhaltliche Debatte durch eine umfassende Behandlung der Themenfelder und insbesondere durch eine Ursachenforschung aus. So stellte der Moderator der Arbeitsgruppe ›Gesellschaftliche und politische Aspekte der Entwicklungshilfe‹ in seinem einführenden Statement die provokante Frage, ob es

systematische Ursachen in unseren Gesellschaften [gebe], die für den mangelhaften Erfolg der bisherigen Entwicklungspolitik verantwortlich sind? Im vergangenen Jahrzehnt sind die Armen ärmer und die Reichen reicher geworden. Das heißt, der einzelne Mensch im Entwicklungsland ist heute schlechter ernährt und schlechter gekleidet und hat eine geringere Chance, eine angemessene Ausbildung zu bekommen, als vor 10 Jahren. Warum ist das so?[628]

Damit wurde nicht mehr nur an den Symptomen wie etwa der Hungerproblematik ›kuriert‹, sondern zunehmend die Frage nach internationalen Zusammenhängen

---

624 EBD., S. 9.
625 EBD., S. 10.
626 EBD., S. 15.
627 Vgl. PRÄSIDIUM DES DEKT / ZDK (Hrsg.), Ökumenisches Pfingsttreffen, S. 382, 410, 417.
628 EBD., S. 399.

gestellt. Die Motive ›Verantwortung‹ und ›Gerechtigkeit‹ rückten weiter in den Mittelpunkt der theologischen Begründung[629].

> Wenn wir aber Ernst machten mit der Einsicht, daß wir alles, was wir sind und besitzen, einzig und allein haben aufgrund von unverdienter Gnade und Barmherzigkeit und daß andere Glieder der Menschheitsfamilie, die weniger bevorteilt sind, keinen Grund dazu haben, dies als Strafe für weniger Verdienst oder Leistung zu empfinden, müssten Christen und Kirchen sich glaubwürdig und wirksam darum bemühen, die eigene – sowohl individuelle wie kollektive – Nutzung dieser Privilegien zumindest einzuschränken.[630]

So zeichnete sich das Ökumenische Pfingsttreffen insgesamt durch eine bemerkenswerte Weiterentwicklung der Entwicklungsarbeit sowohl auf der inhaltlichen als auch der sozialen Ebene des Bewältigungshandelns aus. Durch die zahlreichen Resolutionen wurde politisches Handeln eingefordert und zu implementieren versucht.

Die drei skizzierten Entwicklungen im deutschen Katholizismus um den Dekadenwechsel 1970 belegen die Neukonfigurationen der Handlungsoptionen, die durch eine zunehmende Etablierung des Problemfeldes Hunger ausgelöst und durch die gesellschaftlichen Transformationen der späten 1960er Jahre verstärkt wurden. Die Beispiele zeigen, wie Politik von katholischen Akteuren nicht mehr nur als Betätigungsfeld von Kirche wahrgenommen wurde, sondern von politischen Ausgangssituationen her kirchliche beziehungsweise katholische Entwicklungsarbeit konzipiert wurde.

Am Beispiel der Hungerkatastrophe in Biafra (1967–1970) sollen nun abschließend einerseits die Infragestellung bisheriger Routinen und andererseits die Ansätze zur Neukonfiguration der Handlungsoptionen exemplarisch analysiert werden.

5. Biafra als Exemplum: Hungerkatastrophen und ökumenisches Engagement[631]

> Ein Millionen-Volk wird ausgehungert. [...] Fünf Minuten vor der angekündigten Zeit sind gestern um 16.55 Uhr die Teilnehmer am Schweigemarsch für Biafra von Frankfurt nach Bonn auf dem Münsterplatz eingetroffen. [...] Durch die am Sonntag begonnene Aktion soll die breite Bevölkerung der Bundesrepublik auf das traurige Schicksal der Ibos [sic!] in Biafra hingewiesen werden. ›Es ist eine Katastrophe, daß im 20. Jahrhundert ein Millionen-Volk ausgehungert wird. Es ist ebenso eine Katastrophe, daß ein solcher Tatbestand erst durch eine Großdemonstration bekannt gemacht werden muß‹, sagte Hansheinz König vom Komitee der Nothilfe Biafras.[632]

---

629 Vgl. Ergebnisprotokoll der Untergruppe 1 des Arbeitskreises 6, 2–8, in: ZDK-ARCHIV 7511, Schachtel 5, Ökumenisches Pfingsttreffen Augsburg 1971.
630 EBD., S. 3.
631 Vgl. J. STOLLHOF, »Ein Millionen-Volk wird ausgehungert.« Auf diesem Aufsatz beruht das folgende Teilkapitel.
632 N. N., Ein Millionen-Volk wird ausgehungert, in: Bonner Generalanzeiger, 22.8.1968, in: ACDP, PRESSEARCHIV, Biafra.

Der »Bonner Generalanzeiger« berichtete am 22. August 1968 ausführlich über die Kundgebung auf dem Bonner Münsterplatz, die einer von zahlreichen Versuchen war, den Hunger der biafranischen Bevölkerung in der deutschen Wahrnehmung zu etablieren. 150 Menschen, vor allem in der Bundesrepublik lebende Biafraner, waren drei Tage lang von Frankfurt nach Bonn marschiert und begegneten »dem Herzen der Deutschen«[633], wie ein biafranischer Teilnehmer dem »Generalanzeiger« sagte. Abgeschlossen wurde der Schweigemarsch durch einen Bittgottesdienst im Bonner Münster, in dem Weihbischof Heinrich Tenhumberg, damaliger Leiter des Katholischen Büros, Solidarität und Verantwortung für Biafra einforderte[634]. Was im Sommer 1968 mit ersten, schockierenden Berichten und Bildern ins Bewusstsein der deutschen Öffentlichkeit drang, wurde in der Folge zu einer der wirkmächtigsten Hungerkatastrophen in der Nachkriegszeit, deren Auswirkungen sich bis heute ins Gedächtnis eingeprägt haben[635].

a) Etablierung einer Katastrophe

Am 28. Juli 1968 titelte das Magazin »Stern« in eindrücklicher Weise: »Bilder klagen an. Die verhungernden Kinder von Biafra«. Im Fokus des Titelbildes stand ein Kind, das, bis auf die Knochen abgemagert, den Betrachter direkt ansah. »Die weit geöffneten Augen sind ein wiederkehrendes Motiv in der fotografischen Inszenierung der ›Biafrakinder‹«[636], die die Betrachter um Hilfe anzuflehen scheinen. Der achtseitige Artikel, vorwiegend Bilder abgemagerter Kinder, zeichnete ein dramatisches Bild der Lage[637]. Das letzte Stadium des Hungers sei das allmähliche Hinüberdämmern in den Tod. Die Lage sei hoffnungslos, alle Nahrungsquellen versiegt, bis Ende August 1968 würden in Biafra zwei Millionen Kinder und stillende Mütter verhungert sein[638]. Biafra kämpfe gegen zwei Feinde: »Nigeria und den Hungertod. Beide scheinen zu siegen«[639].

Der nigerianische ›Bürgerkrieg‹ von 1967 bis 1970 – der Begriff ›Bürgerkrieg‹ ist im Falle Biafras umstritten – wurde schon zeitgenössisch als »Tragödie«[640] bezeichnet und ist nur vor dem Hintergrund des Kolonialismus zu verstehen. »The first black on black genocide in postcolonial Africa, the war took a terrible toll in the Igbo people, causing massive numbers of civilian deaths«[641]. Die Hungerkatastrophe ab 1968 bahnte sich bereits kurz nach der Unabhängigkeit Nigerias 1960 an. »The pluralistic structure of postcolonial Nigeria and the inherently suspicious relations between ethnic

633 EBD.
634 Vgl. EBD.
635 Vgl. A. HARNEIT-SIEVERS, Nigeria, S. 278.
636 L. HEERTEN, A wie Auschwitz, B wie Biafra, S. 400.
637 N. N., Bilder klagen an. Die verhungernden Kinder von Biafra, in: STERN 30 (1968), S. 14.
638 EBD., S. 19.
639 EBD., S. 18.
640 Vgl. in Auswahl: C. J. KORIEH, The Nigeria-Biafra War; F. FORSYTH, Biafra-Story; T. ZÜLCH, Biafra.
641 C. J. KORIEH, The Nigeria-Biafra War, S. 2.

groups led to perpetual disagreement and enhanced ethnic tensions«[642]. Das große
Misstrauen der verschiedenen nigerianischen ethnischen Gruppen trat 1966 offen zutage. Nach einem misslungenen Staatsstreich jüngerer Offiziere gegen die Bundesregierung und die Regionalregierungen Nigerias am 15. Januar 1966 übernahm der Igbo
General J.T.U. Aguiyi-Ironsi[643] die Herrschaft in Nigeria. »That no major Igbo political leaders were killed gave the incident the apperance of an Igbo coup«[644]. Dieser
Anschein wurde durch den Versuch verstärkt, die föderalistische Struktur Nigerias in
einen Zentralstaat umzuwandeln[645]. Massive Unruhen waren die Folge, die sich nach
Ironsis Ermordung Ende Juli 1966 in igbofeindlichen Pogromen entluden. »These pog-
roms resulted in the deaths of over thirty thousands Igbo men, women, and children,
as well as in the maiming of thousands more«[646]. Über eine Million Igbos floh in die
Ostregion, ihrem Herkunftsgebiet. »Bereits nach dem Putsch im Juli 1966 ging die Mi-
litärregierung des Südostens unter Lt. Col. E. O. Ojukwu[647] auf Sezessionskurs; Hoffnungen auf ein Mitziehen des Westens sollten sich allerdings nicht erfüllen«[648]. Der
Versuch der neuen nigerianischen Zentralregierung unter Staatspräsident Gowon[649],
das Land neu zu ordnen und die Ostregion, das Gebiet der Igbos, zu zersplittern, schei-
terte. »Das eigentliche Ibo-Gebiet [sic!] hätte seinen Zugang zum Meer und damit
auch die wichtige Hafen- und Industriestadt Port Harcourt verloren. Ferner wären
die reichen Erdölgebiete abgezwackt worden«[650]. Nach Bekanntwerden dieser Pläne
erklärte sich die Ostregion am 30. Mai 1967 als Republik Biafra für unabhängig, was
von der Zentralregierung als Rebellion empfunden wurde. Eine Mobilmachung und

---

642 EBD., S. 4.

643 JOHNSON THOMAS UMANANKE AGUIYI-IRONSI (1924–1966). Nigerianischer Militär. 1942 Ein-
     tritt in die nigerianische Armee, bis 1965 Aufstieg zum höchsten Militär Nigerias. Nach dem Mi-
     litärputsch im Januar 1966 Übernahme der Führung des Landes. Juli 1966 Ermordung bei einem
     Gegenputsch. Vgl. URL: http://www.britannica.com/place/Nigeria/Independent-Nigeria#ref517364
     (Stand: 1.5.2018).

644 C. J. KORIEH, The Nigeria-Biafra War, S. 5.

645 Vgl. dazu: DPA GMBH, DPA-Hintergrund, S. 2–7.

646 C. J. KORIEH, The Nigeria-Biafra War, S. 4; sowie: DPA GMBH, DPA-Hintergrund.

647 ODUMEGWU OJUKWU (1933–2011). Nigerianischer Offizier und Politiker. Studium in Oxford.
     1957 Eintritt in die nigerianische Armee. 1966 nach dem Militärputsch Gouverneur Ostnigerias.
     Auch nach dem Gegenputsch behält er dieses Amt. 1967 Erklärung der Unabhängigkeit Ostnige-
     rias als Republik Biafra. 1970 Flucht in die Elfenbeinküste, im Exil bis 1982. Vgl. URL: http://www
     .britannica.com/biography/Odumegwu-Ojukwu (Stand: 1.5.2018).

648 A. HARNEIT-SIEVERS, Nigeria, S. 280.

649 YAKUBU GOWON (*1934). Nigerianischer Militär. Januar 1966 Stabschef unter General Aguiyi-Ironsi,
     Juli 1966 Staatspräsident nach einem Gegenputsch nord-nigerianischer Militärs. Versuch der
     Umstrukturierung Nigerias in zwölf Staaten, was die Sezession Biafras zur Folge hatte. 1975 Ab-
     setzung vom Amt des Präsidenten, Exil in Großbritannien. Vgl. URL: http://www.britannica.com/
     biography/Yakubu-Gowon#ref837271 (Stand: 1.5.2018).

650 DPA GMBH, DPA-Hintergrund, S. 6.

eine Wirtschaftsblockade sowie eine vollständige Blockade aller Zugangswege nach Biafra folgten.

> Biafra kämpfte im Bürgerkrieg für die Anerkennung als eigenständigen Staat; [...] der Grund für die Sezession war nicht allein die Furcht davor, die Igbo würden in Nigeria politisch ausgeschaltet und zu ›Bürgern zweiter Klasse‹ gemacht werden. Vielmehr herrschte unmittelbare Angst vor einem Völkermord, gespeist aus den Pogrom-Erfahrungen von 1966.[651]

Nur wenige afrikanische Staaten und Haiti erkannten Biafra diplomatisch an, das von europäischer Seite nur von Frankreich und privaten Gruppen aus vielen westlichen Ländern Unterstützung erfuhr, während Großbritannien und die Sowjetunion dem Staat Nigeria massive Militärhilfe leisteten[652]. Weniger die militärischen Aktionen als vielmehr die Kriegsfolgen verursachten die hohen Todeszahlen in der Zivilbevölkerung: Hauptursache waren der Hunger und die unterernährungsbedingten Krankheiten[653]. Durch den starken Zustrom der Igbos nach Biafra und die Blockade der Zugangswege kam es in der Folge zu massiven Versorgungsproblemen und Hungersnöten.

> Starke Defizite bestanden bei der Versorgung mit tierischem Protein und bei Gemüse, Mais und Hirse. Aber auch die kohlehydratreichen Grundnahrungsmittel wurden bald knapp, weil Biafra die Kontrolle über die wichtigsten Nahrungsmittel-Überschußgebiete im Nordwesten bereits in der Anfangsphase des Krieges verlor.[654]

Ende 1967 deutete sich die Hungerkatastrophe an, die im Sommer 1968 auch in Westdeutschland immer bekannter wurde. Wie schwer jedoch die Etablierung dieses Themas war, zeigt die Tatsache, dass bereits zu Beginn des Jahres 1968 über die Vorgänge in Biafra berichtet worden war, dies jedoch bis in den Sommer und bis zu einer bilderstarken Veröffentlichung brauchte, um sich durchzusetzen. Im Februar 1968 erreichten den Bundestagspräsidenten Gerstenmeier schon kritische Briefe besorgter Christen, ob man sich es »als Deutsch mit unserer Vergangenheit belastet – leisten [könne], zu einem Völkermord zu schweigen«[655]. Die Bevölkerung werde über die Presse nicht ausreichend informiert und die Bundesregierung schweige sich »zu diesen Vorgängen« aus, »weil sie sich nicht in interne Angelegenheiten anderer Länder einmischen will«[656]. Kritisch fragten sie: »Würde sie [die Bundesregierung, der Verf.] den in Deutschland verübten Mord an Millionen Juden auch als interne Angelegenheit

---

651 A. Harneit-Sievers, Nigeria, S. 280.
652 Vgl. ebd., S. 283.
653 Vgl. ebd., S. 285.
654 Ebd.
655 Eberhard Baisch an Eugen Gerstenmeier, 23.2.1868, 1, in: PA-DBT 5000 18/76, S. 12.
656 Ebd.

›Großdeutschlands‹ bezeichnen?«[657] Auch der Bundestag befasste sich mit der Biafra-Frage in einer Fragestunde des Bundestages am 29. März 1968, in der bereits das Dilemma deutlich wurde, in dem sich die Bundesregierung und nicht zuletzt die späteren Hilfsmaßnahmen befinden würden[658].

> Die deutsche Regierung erkennt nur die Zentralregierung von Lagos an und hat daher keinen Kontakt zu Biafra. Auch das Generalsekretariat der Vereinten Nationen, die Organisation für afrikanische Einheit und das Commonwealth-Sekretariat vertreten die gleiche Haltung. Keine Regierung hat bisher Biafra anerkannt. Humanitäre Hilfsmaßnahmen zugunsten Biafras sind nicht möglich, da die Häfen von der Zentralregierung blockiert sind und der Luftraum für gesperrt erklärt wurde. Die deutsche Regierung hat jedoch wiederholt auf offizieller Ebene Lagos ihre Besorgnisse wegen der blutigen Auseinandersetzungen und ihre Hoffnung auf einen für alle Teile annehmbaren Kompromiß zum Ausdruck gebracht.[659]

Bedeutend aber war die letzte Frage des Abgeordneten Deringer[660] an den Parlamentarischen Staatssekretär im Auswärtigen Amt, da er die Einschätzung, in Deutschland gebe es kein Interesse am Biafra-Konflikt, zu teilen schien.

> Herr Staatssekretär, wie erklären Sie es sich, daß diese Vorgänge, die sicher, was das Problem der Menschenrechte angeht, auch nicht ganz unwesentlich sind, in der deutschen Öffentlichkeit und hier in diesem Hause, insbesondere bei einem bestimmten Flügel, bisher so wenig Aufmerksamkeit gefunden haben im Gegensatz zu anderen Vorgängen?[661]

An dieser Stelle vermerkte das Protokoll Beifall in der Mitte, dem Platz der CDU/CSU-Fraktion. Der Parlamentarische Staatssekretär Gerhard Jahn[662] schien geradezu froh, diese Frage gestellt bekommen zu haben.

> Aber ich will kein Hehl daraus machen, Herr Kollege Deringer: die Bundesregierung ist sehr dankbar dafür, daß dieses Thema hier wenigstens zur Sprache gebracht wird. Was die Verletzung der Menschenrechte und die durch den Krieg in Not geratenen Menschen anlangt, so ist dieses Thema sicher von gleicher Qualität wie viele andere Themen, über

---

657 EBD., S. 2.

658 Vgl. Protokoll der 164. Sitzung des Deutschen Bundestages, 29.3.1968, URL: http://dipbt.bundestag.de/doc/btp/05/05164.pdf, 8545 (Stand: 1.5.2018).

659 Vgl. EBD.: Staatssekretär Jahn auf die Frage des Abg. Deringer, 29.3.1968.

660 ARVED DERINGER (1913–2011). 1939–1947 Kriegsdienst und französische Kriegsgefangenschaft. Ab 1953 Rechtsanwalt in Stuttgart und ab 1962 in Bonn. 1957–1969 MdB (CDU), 1958–1970 MdEP. Vgl. URL: http://www.bundesarchiv.de/cocoon/barch/ko/k/k1960k/kap1_3/para2_3.html (Stand: 1.5.2018).

661 Frage des Abg. Deringer an Staatssekretär Jahn, 29.3.1968, URL: http://dipbt.bundestag.de/doc/btp/05/05164.pdf, 8546 (Stand: 1.5.2018).

662 GERHARD JAHN (1927–1998). Studium der Rechtswissenschaften in Marburg. 1949 Eintritt in die SPD. Ab 1957 Zulassung als Rechtsanwalt. 1957–1990 MdB. 1967–1969 Staatssekretär im Auswärtigen Amt. 1969–1974 Bundesminister der Justiz. Vgl. S. PROFITTLICH, Mehr Mündigkeit wagen.

die heutzutage sehr viel eingehender und mit größerer Bereitwilligkeit in unserem Lande diskutiert wird.[663]

Der Vorgang machte klar, vor welchen Schwierigkeiten die Politik, die Medien und die kirchlichen Hilfswerke standen, im öffentlichen Raum Resonanz für diese Frage zu finden. Schließlich hatte auch der Besuch des Mitglieds des Weltkirchenrates, Dr. Akanu Ibiam[664] im Januar 1968 trotz Berichterstattung nicht dazu geführt, dass sich die Öffentlichkeit intensiv mit dem Thema zu beschäftigen begann. Es brauchte offensichtlich eine deutlich stärkere, emotionalere Vorgehensweise.

Missionare im christlich dominierten Biafra hatten als erste auf die Krise aufmerksam gemacht. Sie

> zeichneten das Bild eines Religionskriegs zwischen dem muslimischen Norden Nigerias und den christlichen Igbo in Biafra, der in einem Genozid an ihren Glaubensgenossen zu gipfeln drohe. Diese Berichte weckten das Interesse einzelner Journalisten aus Westeuropa und Nordamerika.[665]

Zudem versuchte die biafranische Führung, die Angst vor einem Genozid zu schüren und nutzte dies gezielt zur Propaganda im eigenen Land und zur Mobilisierung der internationalen Öffentlichkeit. Internationalen Medienvertretern wurden möglichst gute Gelegenheiten für Reportagen aus der Krisenregion eingeräumt[666]. Mit der »Stern«-Titelgeschichte konnte sich der Fall Biafra in der deutschen Öffentlichkeit endgültig etablieren und seine Wirkkraft entfalten – auch wegen der »appellativen Ikonographie«[667], die eine »visuelle Verknüpfung zwischen Biafra und dem Holocaust«[668] herstellte. Sprachlich wurde die Hungerkatastrophe in ein Narrativ des Genozids eingefügt und als Teil einer gezielten Inszenierungsstrategie mit den Verbrechen des Nationalsozialismus verbunden[669]. Die Vergleiche aktivierten Schuld- und Verantwortungsgefühle und entwarfen durch die Erinnerung zugleich mögliche Szenarien. »Auschwitz fand hinter Stacheldraht statt. Nur wenige wußten davon; das

---

663 Staatssekretär Jahn auf die Frage des Abg. Deringer, 29.3.1968, URL: http://dipbt.bundestag.de/doc/btp/05/05164.pdf, 8546 (Stand: 1.5.2018).

664 AKANU IBIAM (1906–1995). Nigerianischer Arzt, Missionar und Politiker. Medizinstudium in Schottland an der University of St. Andrews. 1935 Rückkehr nach Nigeria als Missionsarzt der ›Church of Scotland‹. Politisches Engagement in der nigerianischen Unabhängigkeitsbewegung. Nach der Unabhängigkeit 1960 Ernennung zum Gouverneur von Ostnigeria und Wahl zum Präsidenten des Weltkirchenrats. Im nigerianischen Bürgerkrieg 1966–1970 vertritt er die Interessen Biafras. Vgl. A. F. WALLS, Art. Akanu (Francis) Ibiam, S. 315.

665 L. HEERTEN, A wie Auschwitz, B wie Biafra, S. 400.

666 Vgl. A. HARNEIT-SIEVERS, Nigeria, S. 285.

667 L. HEERTEN, A wie Auschwitz, B wie Biafra, S. 5.

668 EBD., S. 397.

669 Vgl. EBD., S. 405. Heerten spricht von der »Rhetorik des Holocaust-Vergleichs« (S. 405).

macht die Schuld nicht kleiner«[670]. Biafra aber finde, so Günter Grass[671] in »Die Zeit«, in aller Öffentlichkeit statt. »Fernsehberichte tragen den unmenschlichen Prozeß in jede Familie. Nach dem Abendessen schauen wir zu, wie in Biafra gehungert und gestorben wird«[672]. Gerade die Deutschen stünden aufgrund ihrer Geschichte in einer besonderen Verantwortung. »Nicht moralisierende Besserwisserei, sondern das Wissen um Auschwitz, Treblinka und Belsen verpflichtet uns, offen die Schuldigen und Mitschuldigen an dem Völkermord in Biafra anzusprechen«[673]. Die Folgen Biafras würden die Verantwortlichen ebenso treffen wie Auschwitz auf die Deutschen nachwirken würde.

Konzentrationslager, Schuld und Verantwortung, damit entwarf Grass gewissermaßen Szenarien, die von vielen geteilt wurden und die es zu verhindern galt. Die Vergleiche zu Ausschwitz zogen verschiedene Bürgerinnen und Bürger schon früh, wie die Korrespondenz des damaligen Bundestagspräsidenten Dr. Eugen Gerstenmeier zeigt. Gerstenmeier, durch seine Mitgliedschaft in der Bekennenden Kirche und dem Kreisauer Kreis als Widerstandskämpfer bekannt und moralisch in der Bevölkerung hoch geschätzt, hatte sich schon in den 1950er Jahren in der Gründung der Deutschen Afrika-Gesellschaft als besonders interessiert an Entwicklungsfragen gezeigt und wurde im Biafra-Konflikt von vielen Bürgern als Instanz bewertet, die zugunsten der Bevölkerung Biafras intervenieren sollte: »Schmälern sich die Bundesregierung und andere Länderregierungen nicht das Recht, Naziverbrecher zu verfolgen und zu bestrafen, wenn sie zur gleichen Zeit das ›Ausschwitz unserer Tage‹ dulden und sogar mit Waffenlieferungen unterstützen?«[674] Intensiv bemühte sich der Bundestagspräsident um eine Lösung des Konfliktes und appellierte an Außenminister Willy Brandt, etwa den Standpunkt der Nichteinmischung fallen zu lassen[675]. Gerstenmeier veröffentlichte dann einen ausführlichen Artikel in der evangelischen Wochenzeitung »Christ und Welt« im September 1968 in seiner Eigenschaft als Präsident der Afrika-Gesellschaft, der intensiv im Präsidialbüro vorbereitet worden war und in dem er diplomatisch einerseits die politischen Bemühungen nicht in Abrede stellen wollte, andererseits deutlich zu machen suchte, dass seiner Ansicht nach mehr Engagement

670   Günter Grass, Völkermord vor aller Augen, in: die zeit, Nr. 41, 11.10.1968, URL: http://www.
       zeit.de/1968/41/voelkermord-vor-aller-augen (Stand: 3.10.2015).
671   Günter Grass (1927–2015). Studium der Grafik und Bildhauerei 1948–1952 in Düsseldorf. 1955
       Einladung zur ›Gruppe 47‹ . 1959 erscheint sein Roman »Die Blechtrommel«. Engagement für die
       SPD, Parteimitglied ab 1982. Politisches Engagement für die »Dritte Welt«, für die Umwelt- und Frie-
       densbewegung. 1999 Literaturnobelpreis. Vgl. B. Kupfer, Lexikon der Nobelpreisträger, Art. Günter
       Grass, S. 312 f.
672   Günter Grass, Völkermord vor aller Augen, in: die zeit, Nr. 41, 11.10.1968, URL: http://www.
       zeit.de/1968/41/voelkermord-vor-aller-augen (Stand: 1.5.2018).
673   Ebd.
674   R. P. an Eugen Gerstenmeier, 1.8.1968, in: PA-DBT 5000 18/76, S. 12.
675   Vgl. Vermerk Gerstenmeiers, 25.3.1968, in: PA-DBT 5000 18/76, S. 13.

für Biafra aufgebracht werden müsste und die von Brandt weiterhin vertretene Nichteinmischung in die inneren Angelegenheiten des Staates Nigeria als unzureichend anzusehen sei[676].

Die vielfältigen Etablierungsbemühungen entwarfen durch die eindeutigen Anlehnungen des Vokabulars an die Kriegserlebnisse und die nationalsozialistische Propaganda ein Szenario, das es unbedingt zu verhindern galt. Die Speyrer Bistumszeitung
»Der Pilger« interviewte am 18. August 1968 Caritasdirektor Dr. Ludwig Staufer[677], der
zahlreiche Reisen nach Biafra unternommen hatte und Spender und Öffentlichkeit
in ausführlichen Briefen über die Geschehnisse in Biafra und seine Erlebnisse informierte, unter dem Titel: »Wettlauf mit dem Tod«[678]. Julius Kardinal Döpfner und sein
evangelischer Kollege Hermann Dietzfelbinger[679] appellierten in beiden deutschen
Fernsehprogrammen am 6. Juli 1969 an die deutsche Bevölkerung, eine Hungersnot
in Biafra zu verhindern[680]. In Biafra beginne ein neues Massensterben, da die Versor-
gungsluftbrücke für die hungernde Bevölkerung fast völlig zerstört worden sei. »Nur
noch vereinzelt gelingt es den Hilfsflugzeugen, den Sperrriegel der Hungerblockade zu
durchbrechen«[681]. Deshalb würden in Kürze 4,5 Millionen Menschen Hilfe benötigen.

> Dies ist ein Augenblick, in dem Worte nicht ausreichen, um das Mass [sic!] an Verant-
> wortung zu beschreiben, das nunmehr auf allen Politikern, auf der Bevölkerung unseres
> Landes und auf der gesamten Menschheit liegt. Es geht nicht an, dass die Existenz eines
> ganzen Volkes wirtschaftlichen und politischen Interessen geopfert wird.[682]

Politiker und die Wirtschaft wurden eindringlich aufgefordert, Krieg und Hungertod
zu beenden. »Sie können es«[683], so Döpfner und Dietzfelbinger.

Um der deutschen Bevölkerung die Notwendigkeit weiterer Spenden und Hilfs-
flüge deutlich zu machen, wurden mit der Luftbrücke immer wieder auch Journalisten in den »Kessel von Biafra« geflogen. Besonders Berichte über Kinder sollten die
deutsche Bevölkerung aufrütteln. »Schon im ersten Krankenhaus stehe ich am Lager

---

676 Vgl. Dokumentation über die Bemühungen Eugen Gerstenmeiers zur Beilegung des Konflikts in
Nigeria, 30.8.1968, in: PA-DBT 5000 18/76, S. 13.
677 Ludwig Staufer (1912–2004). Ab 1945 Leiter des Caritaswerks Ludwigshafen, 1965–1989 Caritasdirektor, 1989–1995 Vorsitzender des Caritasverbandes Diözese Speyer. 1985 Ernennung zum Prälaten durch Papst Johannes Paul II. Vgl. URL: http://www.caritas-speyer.de/aktuelles/presse/
praelat-dr.-ludwig-staufer-gestorben-d13f6d42-e95a-45f9-8a96-aeg3dd7e27dd (Stand: 1.5.2018).
678 L. Staufer, Wettlauf mit dem Tod, in: Der Pilger, 18.08.1968, S. 1f.
679 Hermann Dietzfelbinger (1908–1984). Studium der Evangelischen Theologie in Erlangen,
Tübingen und Greifswald. 1931 Ordination. 1955 Wahl zum Bayerischen Landesbischof, 1967–1972
Ratsvorsitzender der EKD. Vgl. J. J. Seidel, Art. Hermann Dietzfelbinger, Sp. 509–514.
680 Gemeinsamer Appell von Kardinal Döpfner und Landesbischof Dietzfelbinger in beiden deutschen Fernsehen am 6.7.1969, in: ADCV, AA 187.1/6 biaf 11, Fasz. 01.
681 Ebd.
682 Ebd.
683 Ebd.

eines Kindes, vielleicht sechs Jahre alt, das wimmernd in seinem Bettchen zusam-
mengekauert war. Haut und Haare gelblich-rot verfärbt von der ›Kwashiorkor‹, der
›Roter-Mann-Krankheit‹, die durch Proteinmangel entsteht«[684]. Täglich würden mehr
Kinder von dieser Krankheit befallen, da proteinhaltige Nahrung wie Fleisch, Eier
oder Milch kaum zu finanzieren seien.

> ›Er wird es nicht schaffen‹, sagte die Schwester, streichelt bekümmert seinen Kopf und
> flüstert dem weinenden Kind ein paar Trostworte in seiner Muttersprache ins Ohr. Leicht
> wie eine Feder hebt sie im nächsten Bett ein Bübchen auf, nur Haut und Knochen. ›Der
> hat schon ein Pfund zugenommen, seit wir ihn haben. Wir werden ihn durchbringen‹,
> strahlt sie und fügt hinzu: ›Dank Caritas.‹[685]

Intensiv bemühte sich Weihbischof Heinrich Tenhumberg, Leiter des Katholischen
Büros in Bonn, auf die politischen Entscheidungsträger Einfluss zu nehmen. So schrieb
er immer wieder an Bundeskanzler, Bundesminister und Abgeordnete, um sie für die
Hungerkatastrophe zu sensibilisieren, die sich zu einer Katastrophe zuspitzen würde,

> wie sie nach meiner Kenntnis dieses Jahrhundert selbst im letzten Weltkrieg nicht ge-
> kannt hat. Ein ganzes Volk oder wenigstens große Teile desselben drohen unterzugehen,
> wenn die Staaten die – naturgemäß im Volumen unzulänglichen – Hilfen der Kirchen
> und privater Organisationen nicht unterstützen.[686]

Den Bundeslandwirtschaftsminister forderte er auf, »bei den riesigen Beständen an
verschiedenen Lebensmitteln im EWG-Raum [...], solche abbaufähigen Vorräte, die
für Afrika geeignet sind, mit in die Hilfsaktionen des Staates, der Kirchen und anderer
freier Hilfsorganisationen einzubeziehen«[687]. Der Haushaltsausschuss des Deutschen
Bundestages wurde aufgefordert, die Kirchen bei ihren Bemühungen zu unterstützen. »Nach allen uns vorliegenden Meldungen von Augenzeugen aus den letzten Tagen drohen in Biafra/Nigeria bis August (neue Ernte) Hunderttausende vor allem von
Kindern und Frauen an Hunger zu sterben [...]«[688]. Insbesondere unter den etwa 4,5
Millionen Flüchtlingen habe die Auszehrung einen Grad erreicht, »wie wir sie von
Bildern von KZ-Häftlingen gewohnt sind«[689]. Es gehe, so zeichnete Tenhumberg das
bevorstehende Szenario, nicht um Schuldfragen am nigerianischen Krieg oder um
deutsche Interessen, sondern »um die Rettung großer hilfloser Teile eines um seine

---

684   H. KNAPP, Nächstenliebe auf Schleichwegen, S. 764 f.
685   EBD., S. 765.
686   Weihbischof Heinrich Tenhumberg an den Bundesminister für Ernährung, Landwirtschaft und
       Forsten Hermann Höcherl vom 25.6.1968, in: ADCV, AA 187.1/6 biaf-12 Fasz. 01.
687   EBD.
688   Weihbischof Heinrich Tenhumberg an die Mitglieder des Haushaltsausschuss des Bundestages
       vom 20.6.1968, in: ADCV, AA 187.1/6 biaf-12 Fasz. 01.
689   EBD.

physische Existenz kämpfenden Volkes!«[690] Ähnlich wie in der Vietnam-Hilfe sollten den beiden kirchlichen Hilfsorganisationen, die sich hier schon bewährt hätten, staatliche Mittel zur Verfügung gestellt werden.

b) Soziale und politische Handlungsoptionen

In einem Spenderbrief Dr. Staufers deutete sich das inzwischen große Interesse der deutschen Bevölkerung an Informationen aus Biafra an. »Das Aktionskomitee Biafra der Paderborner Studenten hat mich gebeten, Ihnen einige Angaben über die Situation in Biafra mitzuteilen. Ich war im August, September und Mitte November selbst in Biafra. Was ich Ihnen sage, habe ich selbst gesehen«[691]. Die schlimmsten Hungermonate seien, so Dr. Staufer, Juli, August und September gewesen. »Die nigerianische Offensive hatte die Biafraner vom Meer abgeschnitten und die 11 Millionen Einwohner Biafras in einen Kessel von etwa 80x140 km zusammengetrieben«[692]. Dabei seien die Reisanbaugebiete verloren gegangen und die andere Ernte noch nicht reif gewesen. »So starben in diesen Hungermonaten täglich Tausende von Menschen. Vor allem erlagen die Kleinkinder unter 4 Jahren dem Hunger«[693]. Er habe zu Skeletten abgemagerte Kinder gesehen, die an den Folgen des Hungers starben, obwohl er ein Auto mit Lebensmitteln bei sich hatte. »Sie konnten die Nahrung nicht mehr zu sich nehmen. [...] Noch heute höre ich das Jammern und Wimmern der sterbenden Kinder. Noch heute habe ich die entsetzlichen Bilder der verhungernden Kinder vor Augen«[694]. Das Schweigen der Regierungen der Welt und der UNO verhindere den Frieden.

> Wir fragen: Sind die Regierungen wirklich nicht in der Lage, zu Weihnachten einen Waffenstillstand und anschließend Friedensverhandlungen zu vermitteln, oder wollen sie es nicht, weil sie ihre wirtschaftlichen oder politischen Interessen mit allen Mitteln durchsetzen wollen, selbst wenn dabei ein Volk verhungert.[695]

Nach der Beschreibung dieses bedrohlichen Szenarios zeigte Staufer deutlich die Handlungsmöglichkeiten auf.

> Daher fordern wir alle Menschen, alle Politiker, alle Regierungen auf, beim Rettungswerk Nigeria/Biafra mitzuhelfen. Vor drei Jahren gelang es der einmütigen Hilfe der ganzen Welt, die Hungersnot in Indien abzuwenden. Das ist auch heute möglich, bei dem kleinen Biafra, wenn man nur will.[696]

---

690 EBD.
691 Spendenbrief Dr. Staufers, Dezember 1968, in: ADCV, AA 187.1/6 biaf-04 Fasz. 01.
692 EBD.
693 EBD.
694 EBD.
695 EBD.
696 EBD.

Die Appelle Tenhumbergs, Staufers und anderer, intensiv zu helfen und zu spenden, fanden in der Bevölkerung große Resonanz.

Angesichts der medialen Eindrücke und des großen Drucks der Kirchenvertreter traten am 29. Juli 1968 der Auswärtige Ausschuss und der Ausschuss für Entwicklungshilfe zusammen, um Hilfsmaßnahmen zu beraten[697]. Auch die kirchlichen Vertreter saßen als »weitere Teilnehmer« am Tisch: Misereor, das Diakonische Werk und der Caritasverband[698]. Nach den Berichten des Außenministers Brandt über die Haltung der Bundesregierung in Nigeria diskutierten die Abgeordneten hitzig über dieses Verhalten, bis der Vorsitzende die Abgeordneten bat, »zu erwägen, ob analog zu den Unterausschüssen ›Vietnamhilfe‹ und ›Nahosthilfe‹ die Bildung eines Unterausschusses ›Nigeria-Biafra-Hilfe‹ opportun sei«[699]. Dieser wurde schließlich noch am selben Nachmittag konstituiert und bis zum Ende der Legislaturperiode im September 1969 insgesamt elf Mal, immer unter Beteiligung der Vertreter des Roten Kreuzes und der kirchlichen Hilfswerke einberufen.

Neben dieser politischen Institutionenbildung zur Koordinierung der Hilfen entstanden in der ganzen Bundesrepublik ›Aktionskomitees‹, die sich mit der Bevölkerung in Biafra solidarisierten und die Öffentlichkeit wachzurütteln suchten. Besonders aktiv waren das ›Aktionskomitee Biafra‹ in Münster, das im Wesentlichen aus Mitgliedern der Katholischen Hochschulgemeinde bestand und dort auch seinen Sitz hatte[700], und das Bonner Aktionskomitee ›Biafra / Sudan e. V.‹ in Bonn-Beuel, einem Zusammenschluss der größeren Aktionskomitees. In Bonn organisierte das ›Aktionskomitee Biafra‹ die Aktion ›Hungern für Biafra‹ kurz vor Weihnachten 1968, ein öffentlicher Hungerstreik mit 50 bis 100 Studenten in Bonn[701]. »Der Hungerstreik soll etwa eine Woche dauern und jedes Mal wenn 500,- DM an Spendengeldern zusammengekommen sind, wird einer der Studenten vom Hungerstreik abgelöst«[702]. Beim ökumenischen Gottesdienst der Aktion am 19. Dezember 1968 in der Schlosskirche in Bonn predigte Karl Rahner über einen der klassischen Texte der Armenfürsorge, das Weltgericht (Mt 25,31–46), und die Verbindung dieses Textes zur Aktion des Aktionskomitees[703]. »Wir, die wir die Kirche sind, demonstrieren nicht für die Kirche«, so Rahner, »[d]ie Kirche, die wir selber sind, ist gerufen zum Dienst an den

---

697 Vgl. dazu und im Folgenden: Stenografisches Protokoll der 66. Sitzung des Auswärtigen Ausschusses am Montag, 29.7.1968, in: Der Auswärtige Ausschuß des Deutschen Bundestages. Sitzungsprotokolle 1965–1969, Bd. 13/V, S. 942–979.

698 Vgl. EBD.

699 EBD., S. 952.

700 Vgl. dazu: BAM, GV NA, Abteilung Jugendseelsorge, A-220-114; BAM, Katholische Studentengemeinde, A 355.

701 P. Kasper, DiCV Münster an DCV, Herrn Kramer betr. Aktion »Hungern für Biafra«, 29.11.1968, in: ADCV, AA 187.1/6 biaf-04 Fasz. 01.

702 EBD.

703 Vgl. dazu und im Folgenden: Predigt Karl Rahners am 19.12.1968 in der Schloßkirche Bonn, in: BAM, Katholische Studentengemeinde, A 131.

Menschen«[704]. Mit der Hilfe für die Hungernden in Biafra würde man nicht sein Gewissen von der Verantwortung für Arme und Sterbende entlasten, vielmehr belaste man es. »Wir machen keine Biafra-Aktion vor Weihnachten, um dann umso genießerischer unbeschwertes Weihnachten einer Wohlstandsgesellschaft feiern zu können«[705]. Es schade nicht, Weihnachten mit einem schlechten Gewissen zu feiern.

Die Versuche, die Öffentlichkeit aufzurütteln, zeigten Wirkung. Die Hilfsbereitschaft in der Bevölkerung war groß, wie berührende Schreiben an den Deutschen Caritasverband zeigen. »Anbei sende ich«, so schreibt Sr. Josefine an den Caritasverband,

> beiliegende 50 M für die Hungernden in Biafra. Ich freue mich ja so, durch den Neuesten Bericht v. Ihnen zu hören, daß die Transportmaschienen [sic!] glücklich landeten. O wäre ich doch jung, einzig deshalb mitzufliegen u. den Ärmsten beizustehen. Oder hätte ich Billionen Ihnen beizugeben. Ein Taschengeld v. 20,30 M ist mein Monatliches. Aber ich bekam durch gute Menschen ›Gottes Vorsehung‹ zu diesem Betrag – Diesen schenke ich dem lb. Gott in seinen Armen zum Danke zurück.[706]

Auch auf die ärmsten Teile der deutschen Bevölkerung wirkten die Spendenaufrufe. Elisabeth Berghammer aus Altötting schickte dem Caritasverband ein Paket Zuckerstückchen: »Da ich zuckerkrank bin, habe ich die Zuckerstückchen, die ich in den Cafés zu meiner Tasse Café oder Tee bekam, jeweils gesammelt und verschenkt, diesmal sollen sie den Biafra-Kindern gehören«[707].

In der westdeutschen Bevölkerung lösten die zahlreichen Berichte und Bilder, wie diese Quellenbeispiele zeigen, eine Welle des Mitgefühls aus. Das Bewältigungshandeln war vor allem ein sozial-karitatives, denn die Ereignisse bedrohten nicht zuletzt die gerechte Schöpfungsordnung, an deren Aufbau der Christ mitzuwirken habe[708]. Daraus folgte der empathische Einsatz für die Hungernden, wie ein Brief der Schülerinnen und Schüler der Grundschule Triererstraße in Köln zeigt.

> In unserem Glaubensbuch ist ein schönes Bild. Es zeigt, wie eine Frau einem Kind aus Afrika Essen gibt. Jesus (gibt) hat [sic!] gesagt, wir sollen unseren Nächsten lieben wie uns selbst. Darum haben wir eine gelbe runde Dose aufgestellt und jeder hat seit Januar von seinem Taschengeld da hineingetan. Wir hoffen, daß wir einigen Kindern aus Biafra damit Freude machen und sie dafür Brot bekommen.[709]

704 EBD.
705 EBD.
706 Brief von Schwester Josefine Bläsi (Wyhlen Kreis Lörrach) an den H. H. Präsident Dr. Stehlin, 8.10.1968, in: ADCV, AS 084 N 26, Fasz. 12.
707 Elisabeth Berghammer, 74 Jahre, Altötting an den DCV, 2.3.1969, in: ADCV, AA 187.1/6 biaf-03, Fasz. 01.
708 Vgl. etwa: Hirtenwort zur Fastenaktion 1966, in: MAA, Sammlung Misereor-Materialien, Hirtenwort 1966.
709 Klasse 4 der Grundschule Triererstraße in Köln, 21.2.1969, in: ADCV, AA 187.1/6 biaf-03, Fasz. 01.

Das Spendenverhalten wurde jedoch auch schon zeitgenössisch kritisch gesehen. Spenden für Biafra wären selten wirkliche Opfer und zumeist seien »solche materiellen Opfer in Wirklichkeit, biblisch gesprochen, in einem ganz massiven Sinne ›Mammon der Ungerechtigkeit‹«[710]. Diesen Ungerechtigkeiten räumte Rahner in seiner Bonner Predigt breiten Raum ein,

> denn wir sind reich, weil die anderen arm sind, weil die gesellschaftlichen, politischen und wirtschaftlichen Strukturen ungerechterweise so sind, daß wir, Leute der voll entwickelten Länder, immer noch reicher und die anderen in den sogenannten unterentwickelten Ländern immer noch ärmer werden.[711]

Aus diesen Gründen hätten die Christen die Pflicht vor Gott und dem eigenen Gewissen, »einen Teil dieses ungerechten Mammon zurückzugeben«, nicht als Almosen oder Opfer, weil auch »ein Dieb seine Rückerstattung [nicht] Almosen oder Opfer nennen und so edel garnieren kann«[712]. Für Karl Rahner ließ sich deshalb die »Fragwürdigkeit« der menschlichen Existenz vor Gott angesichts der Hungerkatastrophe deutlich und erbarmungslos entdecken, wenn »wir in unsere welthafte und gesellschaftliche Situation hinausblicken, dorthin, wenn sich die Objektivationen dieser inneren Widersprüchlichkeit zeigen und uns die Illusion nehmen, wir könnten diese innere Desintegration in uns selbst sehr leicht überwinden«[713].

c) »Biafra« als politische Erfahrung

Neben der sozial-karitativen Hilfe und den Erfahrungen einer internationalen, ökumenischen Hilfsaktion wurde die Hungerkatastrophe für den deutschen Katholizismus auch zu einem Ort politischer Erfahrung, zu einem Bewusstwerden, politisch Einfluss zu nehmen, auch jenseits direkt-kirchlicher Belange. »Obgleich die Biafra-Frage für die Kirche primär unter humanitären Aspekten zu sehen ist, hat sie auch eine internationale und nationale politische Bedeutung für die Kirche«[714], schrieb Regierungsdirektor Karl Osner im Januar 1969. Aus dem Bericht und der Erfahrung des Kommissariats der Bischöfe in Bonn ergaben sich Anregungen für künftige Katastrophen, die den kirchlichen Anstrengungen dann eine größere Wirkung verschaffen könnten[715]. Die Hungernden in Biafra und die internationalen Verwicklungen führten

---

710 Predigt Karl Rahners am 19.12.1968 in der Schloßkirche Bonn, in: BAM, Katholische Studentengemeinde, A 131.
711 EBD.
712 EBD.
713 EBD.
714 Karl Osner an Georg Hüssler, 17.1.1969, in: ADCV, AA 187.1/6 biaf-11, Fasz. 02.
715 EBD.

Bischof Heinrich Tenhumberg am 15. Juli 1969 zu einem resümierenden Artikel in der »Politisch-sozialen Korrespondenz«:[716]

> Der Krieg in Nigeria-Biafra hat die große Hilflosigkeit der Weltmächte und der internationalen Organisationen angesichts von Kriegs- und Kriegsfolgeelend gezeigt. [...] Das Beispiel des Bürgerkrieges in Nigeria-Biafra kann eine Wende in der Auffassung von kirchlicher karitativer Aktivität bedeuten.[717]

Langsam hätten die Hilfsaktionen Verständnis in der Öffentlichkeit gefunden, hätten Studenten über Biafra berichten können und katholische und evangelische Laien »mit Protest- und Sammelaktionen heilsame Unruhe«[718] gestiftet. Zugleich hätte die kirchliche Presse, vor allem die KNA ausführlich berichtet.

> Das Kommissariat der deutschen Bischöfe hatte sich in seinem ›Arbeitskreis Menschenrechte‹ ausführlich mit Hilfsmöglichkeiten befaßt und Berichte über die Hungersituation in Biafra [...] diesem Kreis und durch den Katholischen Klub auch Politikern und Beamten zugänglich gemacht. Ähnlich wie die evangelische Kirche stellte auch die katholische Kirche in Deutschland zunächst 450.000 DM aus Kirchensteuermitteln zur Verfügung. Begleitet von einer Pressekampagne gegen Hindernisse, die sich in einigen Ämtern einstellten, richteten Politiker Forderungen an die Bundesregierung. Es kam zur Bildung eines Unterausschusses ›Humanitäre Hilfe‹ des Auswärtigen Ausschusses im Bundestag. [...] Der gemeinsame Vortrag der Kirche im Auswärtigen Ausschuß, die überzeugende Zusammenarbeit von Caritas und Diakonischem Werk erzielten einen Durchbruch.[719]

Dank der Kollekten, Spenden und vielen anderen Aktivitäten hätten die beiden Kirchen zur Linderung der Hungersnot etwa 100 Millionen DM beigetragen. Dann kam Tenhumberg zu den Konsequenzen, die aus der Katastrophe in Biafra zu ziehen seien. Drei bedeutsame Tatsachen seien festzustellen: Die Hilfswerke der Kirchen seien als einsatzfähige und wirksame humanitäre Organisationen wahrgenommen worden, in einer Rolle also, die bisher dem Roten Kreuz vorbehalten gewesen sei. Die Ökumene sei durch diese Zusammenarbeit überzeugend zusammengewachsen. Dem Heiligen Stuhl und den evangelischen Kirchen sei es so gemeinsam gelungen,

---

716 Bereits auf dem Essener Katholikentag im September 1968 formulierte Tenhumberg wesentliche Gedanken, die er im Juli 1969 in der »Politisch-sozialen Korrespondenz« publizierte. Diese waren von WDR 2 am 7.9.1968 gesendet und durch das ›Aktionskomitee Biafra‹ in Münster verbreitet worden. Tenhumberg hielt damit schon im Frühherbst 1968 »das Prinzip der Nichteinmischung, dies alte nationalstaatliche Prinzip der Diplomatie und Strategie, in der gegenwärtigen Zeit [für] überholt«. Vgl. dazu: Manuskript der Stellungnahme von Tenhumberg, gesendet am 7.9.1968 in WDR 2, in: HAEK, Katholisches Büro Bonn, Zugang 964, 251.
717 Bischof Heinrich TENHUMBERG, Wende in der Aktivität der Kirche? Der Krieg in Nigeria-Biafra, in: POLITISCH-SOZIALE KORRESPONDENZ, 15.7.1969, in: E. GIESEKING, Justitia et Pax 1967–2007, S. 171–173, 171.
718 EBD., S. 172.
719 EBD.

»moralisch-humanitäre Grundsätze über unhaltbare völkerrechtliche Einengungen zu stellen«[720], denn die Luftbrücke der ›Joint Church Aid‹, der vereinigten Kirchenhilfe, nach Biafra sei illegal gewesen. Durch die Luftbrücke aber seien die Kirchen mit dem Internationalen Roten Kreuz die »einzige wirksame Hilfsmacht gegen einen für Millionen Menschen drohenden Hungertod«[721] gewesen. »Das muß der Idee der humanitären Interventionen im Völkerrecht zum Durchbruch verhelfen«[722]. Daher ergebe sich

> eine Weiterentwicklung des Völkerrechts: die Grenzen nationalstaatlicher Souveränität sind in jedem Fall da erreicht, wo das Lebensrecht ganzer Menschengruppen bedroht ist. [...] Die Zeit ist reif für einen umfassenden Friedensdienst der Kirche. Er braucht Nüchternheit und Zielklarheit, Schwärmertum kann ihm nur schaden. Er würde auch innerkirchlich eine heilsame Auswirkung haben: im nüchternen Dienst am armen Menschen werden wir alle nämlich erkennen, daß es leichter ist, mit intellektuellen Spielereien sich selbst eine Traumkirche vorzuzaubern und – da sie nicht erreichbar ist – in eine rechthaberische Nörgelei zu verfallen, als dem Hungernden das Brot zu reichen und mit dem Nackten den eigenen Mantel zu teilen.[723]

Ähnliche Überlegungen schrieb Tenhumberg auch an Außenminister Willy Brandt. Besonders die Kritik von Studierenden und katholischen Organisationen an der deutschen Außenpolitik hinsichtlich Biafra betrachtete er mit Sorge. Die junge Generation sehe die deutsche Außenpolitik »nicht mehr primär unter nationalstaatlichen, sondern vielmehr unter sozial-humanitären Aspekten, insbesondere dem der Verwirklichung der Menschenrechte«[724]. Deshalb, so Tenhumberg, müsse über das Prinzip der Nichteinmischung neu nachgedacht werden, denn es finde dort seine Grenze, »wo es um das gottgegebene Lebensrecht von Menschen oder menschlichen Gemeinschaften geht«[725]. So sei jeder am Prinzip der Menschenrechte orientierte Staat verpflichtet, »alle ihm zur Verfügung stehenden friedlichen Mittel einzusetzen, um menschliches Leben zu schützen«[726].

Diese klare Positionierung des vormaligen Leiters des Katholischen Büros und zu diesem Zeitpunkt neuen Bischofs von Münster zeigt eine bedeutsame Erweiterung der Perspektive: Bis dahin wurden weltweite Katastrophenfälle kirchlicherseits vor allem sozial, karitativ durch Spendensammlungen bewältigt. Nun aber wurden politische Forderungen erhoben und etabliert. Letztlich kann Tenhumbergs Artikel zumindest

---

720 EBD.
721 EBD.
722 EBD.
723 EBD., S. 173.
724 Weihbischof Heinrich Tenhumberg an den Bundesminister des Auswärtigen, Willy Brandt, 25.6.1968, in: ADCV, AA 187.1/6 biaf-12 Fasz. 01.
725 EBD.
726 EBD.

von katholischer Seite als ein Anstoß verstanden werden, der zur Überarbeitung des Völkerrechts und zur Etablierung der »responsibility to protect« führte.

d) »Biafra« als Schlüsselposition

»Die humanitäre Arbeit der beiden Kirchen hat zugleich eine wirksame Basis für die moralische Glaubwürdigkeit im politischen Bereich gegeben. Andererseits hat sich gezeigt, daß aus der Biafra-Hilfe für künftige Fälle Lehren gezogen werden müssen«[727], hielt Karl Osner im Januar 1969 in einem 20-seitigen Bericht an den Vorsitzenden des Deutschen Caritasverbandes, Prälat Georg Hüssler[728], fest. Darin führte er aus, wie die Ereignisse in Biafra aus der Sicht von Parteien, Bundesregierung und Kirchen zu beurteilen seien, welche politischen Aktionen stattgefunden hätten und wie die Kirche humanitär gewirkt habe, ohne dabei kritische Anmerkungen auszulassen. So hob er hervor, dass »es mit ein Erfolg der Kirchen ist, in den Parteien den Mut zu einem tätigen Bekenntnis zu ethischen Normen innerhalb einer erstarrten Völkerrechtsordnung gestärkt zu haben«[729], kritisierte aber die Absprachen zwischen den katholischen Hilfswerken. Die mangelnde finanzielle Ausstattung des Deutschen Caritasverbandes mache die Arbeit in akuten Katastrophensituationen schwer. »Aufrufe und Spendenaktionen sind eine langfristige und im Volumen ungewisse Finanzierungsbasis. Daneben bestehen große Werke wie Misereor mit Fonds von mehr als 50 Millionen DM jährlich ›Gegen Hunger und Krankheit‹«[730], die aber nur zögernd größere Mittel für Katastrophen wie in Biafra einsetzen würden. Insgesamt hatten allein die christlichen Kirchen 4.314 Flüge nach Biafra zur Ernährung der hungernden Bevölkerung durchgeführt[731], Millionen gespendet und eine Vielzahl deutscher »Entwicklungshelfer« zur Unterstützung, etwa im Kinderdorf Libreville in Gabun, ausgesandt.

Die Wahrnehmung und das Bewältigungshandeln der katholischen Kirche Westdeutschlands angesichts der Hungerkatastrophe in Biafra stellen aus drei Gründen eine Schlüsselposition dar, nicht zuletzt deshalb, weil sie eine der größten Hilfsaktion nach dem Zweiten Weltkrieg auslöste[732].

---

727 Regierungsdirektor Karl Osner, BMZ an den Hochwürdigsten Herrn Prälat Dr. G. Hüssler, 17.1.1969, Biafra / Nigeria-Bericht, in: ADCV, AA 187.1/6 biaf-11, Fasz. 02.

728 GEORG HÜSSLER (1921–2013). Studium der Theologie in Rom. 1951 Priesterweihe. 1952–1954 Seelsorger in Mannheim. 1957 Promotion in Rom, Assistent im Generalsekretariat des Deutschen Caritasverbandes. 1959–1969 Generalsekretär des Deutschen Caritasverbandes, 1969–1991 dessen Präsident. Vgl. URL: http://www.caritas-international.de/ueberuns/huessler (Stand: 1.5.2018).

729 Regierungsdirektor Karl Osner, BMZ an den Hochwürdigsten Herrn Prälat Dr. G. Hüssler, 17.1.1969, Biafra / Nigeria-Bericht, in: ADCV, AA 187.1/6 biaf-11, Fasz. 02.

730 EBD.

731 Vgl. E. URHOBO, Relief Operations, S. 23 f.

732 Konrad J. Kuhn zeigt für die Schweiz, dass die Hungersnot in Biafra bei der Thematisierung von Hunger und in der konkreten humanitären Hilfe eine zentrale Rolle einnimmt und letztlich einen Wendepunkt für die kirchlichen Hilfswerke darstellt. Vgl. K. J. KUHN, Entwicklungspolitische Solidarität, S. 202–210.

Erstens lässt sich, wie beschrieben, im Falle Biafras eine Öffnung karitativen Umgangs hin zu politischem Engagement zeigen, das dann vor allem in den 1970ern an Fahrt aufnahm. So wurde, wie Karl Rahner schon 1968 ausführte, die Gerechtigkeit angesichts ungerechter internationaler Strukturen zum zentralen Motiv, das ab 1971 ausgehend von der Weltbischofssynode und ihrem Dokument »De iustitia in mundo« im deutschen Katholizismus breit aufgegriffen und diskutiert wurde. Gleichwohl muss angefügt werden, dass die Etablierung dieser Hungerkatastrophe und die damit verbundene Hilfe ohne den Hintergrund der Kriegs- und Nachkriegserfahrung sowie ohne den Hintergrund des Kalten Krieges und der dadurch geprägten deutschen Außenpolitik nicht zu verstehen ist. Theologische Reflexionen, historische Erfahrungen und politisches Ereignis griffen hier ineinander.

Zweitens zeigt der Umgang mit dem Hunger in Biafra ein Charakteristikum entwicklungspolitischer Arbeit. Von Beginn an war die Arbeit in Biafra ökumenisch geprägt, so stark schließlich, dass beim Augsburger Pfingsttreffen 1971 diskutiert wurde, die beiden kirchlichen Hilfswerke zusammenzulegen[733]. Schon die Gründung der Hilfswerke fand in enger ökumenischer Abstimmung statt, spätestens mit der ›Joint Church Aid‹ in Biafra war entwicklungspolitische Arbeit ohne Ökumene nicht mehr denkbar. Die Gemeinsame Konferenz Kirche und Entwicklung (GKKE), der EPA, sowie die Memoranden und Kongresse in den 1970er Jahren waren ausnahmslos ökumenisch geplant und durchgeführt worden. Damit, so eine weitere Überlegung, war die Hungerkatastrophe in Biafra nach der Öffnung des Zweiten Vatikanischen Konzils ein zentrales Ereignis, durch welches ökumenisches Arbeiten möglich und praktiziert wurde.

Drittens zeigt sich an diesem Beispiel besonders die wesentliche Rolle der medialen Vermittlung[734]. Reportagen wie die des »Stern« waren notwendig, um die breite Bevölkerung anzusprechen. Obwohl bereits vor Ende Juli 1968 kirchliche Hilfsmaßnahmen angelaufen waren, über die auch berichtet wurde, setzten doch die großen Spendenströme und die öffentlichen Debatten erst mit derartig breiten Informationskampagnen ein. So luden beispielsweise der Deutsche Caritasverband und das Diakonische Werk am 28. Juni 1968 in Frankfurt zu einer Pressekonferenz, während der eine Transportmaschine abfliegen sollte[735]. »Die Chance dieser Maßnahme liegt darin, daß auf diese Weise das Deutsche Fernsehen Aufnahmen in die Tagesschau bringen kann und damit eine größere Publizität für den Spendenaufruf erreicht wird«[736]. Dennoch brauchte es Zeit, bis sich die Hungerkatastrophe in der deutschen, auch kirchlichen Öffentlichkeit etablieren konnte[737].

---

733   Vgl. Präsidium des DEKT / ZdK (Hrsg.), Ökumenisches Pfingsttreffen, S. 410.
734   Vgl. K. J. Kuhn, Entwicklungspolitische Solidarität, S. 206 f.
735   Aktennotiz 16.6.1968, gez. Konrad Pölzl, Betr.: Hilfe für Nigerien-Biafra, in: ADCV, AZ 187.1/6 biaf-02
      Fasz. 01.
736   Ebd.
737   Vgl K. J. Kuhn, Entwicklungspolitische Solidarität, S. 204.

Im Hinblick auf die eingangs formulierten Überlegungen, wonach die Wirkung der Hungerkatastrophe in Biafra auf den deutschen Katholizismus exemplarisch für erfolgreich etablierte Bedrohungskommunikation steht, sollte die Analyse der Hungerkatastrophe notwendige Schritte zur Etablierung dieser Kommunikation aufzeigen. Sie weist auch, wie angedeutet, über eine reine Kommunikation hinaus, weil die Berichte und Bilder zum Handeln drängten. Daraus lassen sich aus der Frage, wie eine Bedrohung be- und verarbeitet werden muss, die zunächst außerhalb des eigenen Erfahrungsraumes liegt, aber Wirkung und Bewältigungshandeln zeitigen soll, verschiedene Überlegungen ableiten. Kriterien dazu bietet das Analysemodell zur Bedrohungskommunikation an. Eine Verständigung der beteiligten Akteure über den Status quo, die zu erwartenden Szenarien und praktischen Handlungsempfehlungen sind unverzichtbar. Diese drei Kriterien müssen zugleich von wesentlichen Akteuren oder größeren Gruppen getragen werden, um Resonanz zu erzeugen. Medien aller Art spielen für die Vermittlung eine der wesentlichsten Rollen, sind sie es doch, die den Erfahrungsraum gezielt durch bisweilen dramatische Zuspitzungen kleiner werden lassen. Darüber hinaus scheinen vor allem persönliche Erfahrungen mit ähnlichen Situationen Etablierungsversuche zu verstärken, sie stellen erst einen Resonanzraum zur Verfügung. Auch weltanschauliche und politische Überzeugungen oder Abwehrmechanismen mobilisieren zusätzlich. So weisen die Wahrnehmung und der Umgang mit der Hungerkatastrophe in Biafra in ihrer grundsätzlichen Bedeutung weit über den eigentlichen Fall hinaus.

6. Ein Fazit in Thesen

Im vorangegangenen Kapitel stand ausgehend von der Enzyklika »Populorum progressio« und ihrer Verortung im Zusammenhang der Sozialen Frage das differenzierte Bewältigungshandeln innerhalb des deutschen Katholizismus im Mittelpunkt des Interesses. Aus den aufgezeigten Strängen ergeben sich drei Thesen, die im Folgenden noch einmal zu explizieren sind.

Erstens erlebten in den ersten Jahren nach der Bewusstwerdung des weltweiten Hungers und den ersten Bewältigungsanstrengungen die bekannten Fürsorgepraktiken Ende der 1968er Jahre zunächst eine Renaissance, als im Konflikt um Biafra die dortige Hungerkatastrophe einer schnellen und umfangreichen Hilfe bedurfte. Je länger die Hilfsmaßnahmen jedoch andauerten, umso deutlicher erkannten die zentralen Akteure, dass die bisherigen Modi der Bewältigung die Bedrohung nicht aufzulösen in der Lage waren. Vielmehr verschärfte sich das Hungerproblem zusehends. Vor diesem Hintergrund mussten neue Handlungsoptionen entwickelt werden, wie sie etwa Bischof Tenhumberg in der politisch-sozialen Korrespondenz vorschlug[738].

---

738 Vgl. Kapitel II.5.

Der Befund äußert sich vor allem in der semantischen Verschiebung der Motive, die nun zur Etablierung der Hungerbewältigung vorgebracht wurden. Waren es im ersten Kapitel vor allem karitative Motive wie Barmherzigkeit und Nächstenliebe, rückten nun Begriffe wie Gerechtigkeit, Solidarität und Verantwortung in den Mittelpunkt[739]. Zwar beinhaltete auch eine bisherige Almosentheorie Aspekte der Gerechtigkeit und hatten die Vermögenden auch zuvor schon eine Verpflichtung, Armut zu bekämpfen. Durch die Ausweitung des Begriffs der Sozialen Frage auf den internationalen Bereich durch Paul VI. ließ sich nun aber immer deutlicher erkennen, dass die Bewältigung des Hungers in der Welt nicht durch Spendensammlungen zur Finanzierung von Nahrungsmittelhilfen vorangehen konnte. Die ganzheitliche Entwicklung des Menschen, wie der Papst sie forderte, machte nun den Bedürftigen zu einem Berechtigten. Diese Umcodierung ergab sich nicht zuletzt deshalb, weil immer klarer erkannt wurde, dass die Armut nicht auf eigenes Verschulden, sondern auf weltweite Strukturen zurückzuführen war. Erst durch diese Umcodierung einer Berechtigung der Armen wurde der »Nickneger«, die an der Krippe kniende und um Geld bettelnde farbige Figur, zum Problem, wurde aus dem karitativen ein gerechtigkeitstheoretisches Problem. Statt Fürsorge lag nunmehr, analog zur Entwicklung der Sozialpolitik, das Augenmerk auf der sozialen Sicherung.

Diese Umcodierung führte zweitens zu einer neuen Verortung des kirchlichen Selbstverständnisses. Katholisches Bewältigungshandeln bewegte sich nicht mehr länger auf den eingefahrenen Spuren der Fürsorge, sondern kritisierte zunehmend staatliches Handeln und stellte internationale Vereinbarungen und Handlungspraxen zunehmend in Frage. Ausgangspunkt dieser Neuverortung war ein veränderter Weltbezug, der als Konzilsrezeption zu verstehen ist. Welt war nunmehr nicht Gegenüber zur Kirche, sondern Kirche war konstitutiv in der Welt verortet, auf sie bezogen und von daher als theologischer Ort mit eigener Würde ausgestattet. Die Welt, vor allem aber Lateinamerika, »quickly emerged as the key reference point« innerhalb des Katholizismus, »in theological and political respects«[740]. Damit aber hatte das Konzil »the framework of participatory Catholicism« fundamental verändert: »It reformulated Catholic faith not only in terms of an open dialogue with the secular ›world‹, but also spatially, in terms of global connectedness and a universal inclusion in a world society«[741].

Diese theologischen und kirchenpolitischen Weichenstellungen des Konzils hatten nunmehr aber auch handfeste Konsequenzen. Auf dem Essener Katholikentag oder während der politischen Nachtgebete um Dorothee Sölle wurden sie offensichtlich:

---

739   Gleiches kann Andreas Henkelmann für die innerdeutsche Caritasarbeit aufzeigen. Er weist jedoch völlig zurecht darauf hin, dass diese Verschiebung als Konfliktfeld zu beschreiben ist. Vgl. A. Henkelmann, Caritas im Abseits?, S. 176.

740   C. Dols / B. Ziemann, Progressive Participation, S. 467.

741   Ebd.

Soziale und politische Zustände in der Welt wurden offen diskutiert und theologisch interpretiert[742]. Kritischer Glaube bekam einen öffentlichen, liturgischen Ausdruck und fand als solcher breite Resonanz bei einer entstehenden dezidiert linken christlichen Strömung[743]. Auf vielfältige Weise, etwa im Freckenhorster Kreis, einer Priesterbewegung im Bistum Münster, wurde im deutschen Katholizismus reflektiert, wie »Christsein heute möglich« sein könne – und wurden insbesondere die transnationalen Problemstellungen eingehend diskutiert[744]. Aus Lateinamerika gelangten durch die Rezeption etwa von Johann Baptist Metz oder Jürgen Moltmann befreiungstheologische Ansätze in die deutsche Debatte, die die Glaubwürdigkeit des Christentums für diese Strömungen innerhalb des Katholizismus wieder herzustellen in der Lage waren[745]. »It is indeed hard to overstate the significance of liberation theology, not only as an intellectual and spiritual framework but also as a motivational resource, for Catholic activsts in many« European countries well into the 1970s«[746].

Allerdings gilt es hier zu differenzieren, denn diese Neuverortung vollzog sich nicht in allen katholischen Akteursgruppen gleichermaßen. Das Beispiel des Weltnotwerkes der KAB zeigte ein Verharren in klassischen, bekannten Handlungsroutinen der sozialen Fürsorgepraxis, während sich etwa im BDKJ der Weltbezug insofern veränderte, als dass sie sich »mitten in dieser Welt« verstanden. Von dieser Welt bezogen sie ihre thematischen Orientierungen, ihre Protestformen und immer wieder auch ihre Akteure. Kirche nahm also eine erweiterte Stellung ein, vollzog sich nun gewissermaßen im öffentlichen Raum. Kirche veränderte aber auch ihre Zuständigkeitsbereiche, indem sie sich als Anwältin einer weltweiten Humanität verstand.

Diese Umcodierungen und Neuverortungen liefen freilich drittens nicht konfliktfrei ab. Eine Generation von vorkonziliar geprägten und im Sozialkatholizismus des 19. Jahrhunderts sozialisierten Akteuren beendete langsam ihren Dienst und wurde von jüngeren, wesentlich politischer orientierten Katholiken verdrängt. Bisherige Routinen wurden geradezu verworfen. Daraus entwickelte sich der bereits im ersten Kapitel erkennbare Konflikt zwischen den Generationen, der sich an theologischen Diskussionen über die Frage nach der Gestalt der Kirche entzündete und sich semantisch und performativ ausdrückte. In »Die Zeit« überschrieb der Kommentator des Stuttgarter evangelischen Kirchentags im Juli 1969 die Pole dieses, in beiden christlichen Kirchen zu findenden Konfliktes als eine »Kluft zwischen den traditionellen Christen und den Sozialrevolutionären«; es gebe einen »Gott der Alten und Jungen«[747]. Die kirchliche

---

742   Vgl. etwa U. SEIDEL / D. ZILS (Hrsg.), Aktion Politisches Nachtgebet; D. SÖLLE / F. STEFFENSKY (Hrsg.), Politisches Nachtgebet in Köln (Bde. 1 u. 2).

743   Vgl. P. CORNEHL, Dorothee Sölle, S. 273 und Kapitel II.2.a.

744   Vgl. T. GROSSBÖLTING, Wie ist Christsein heute möglich?, S. 170–184.

745   Vgl. C. DOLS / B. ZIEMANN, Progressive Participation, S. 483.

746   EBD.

747   Rolf ZUNDEL, Der Gott der Alten und Jungen, in: DIE ZEIT, Nr. 30, 25.7.1969, URL: http://www.zeit
        .de/1969/30/der-gott-der-alten-und-jungen (Stand: 1.5.2018).

Neuverortung hatte bei einem Teil des Katholizismus Hoffnungen geweckt. »[T]hese new transnational connections were clearly driven by participatory demands and aspirations, as well as by hopes for a reform of the Church«[748]. Lateinamerika wurde den von Ziemann und Dols skizzierten ›Progressiven‹ zu einem Sehnsuchtsort dieser neuen, basisgemeindlichen kirchlichen Ausrichtung[749]. Sie richteten den Blick auf die wirtschaftlichen und politischen Aspekte der Unterentwicklung,

> which were analysed from the perspective of the neo-Marxist dependencia-theory that underpinned liberation theology. [...] For many progressive German Catholics, they embodied the direct opposite to the bureaucratic appearance of the German Church apparatus with its – in their perception – ossified structures and well-heeled routines.[750]

Gerade der letzte von Dols und Ziemann angesprochene Kritikpunkt an der deutschen Kirche sollte in den folgenden 1970er Jahren zu einem Konfliktthema in der Entwicklungsarbeit werden. Vor dem explizierten Hintergrund lassen sich die beiden in unterschiedlichen Generationen zu verortenden antagonistischen Strömungen vielleicht als Pragmatisten und Utopisten bezeichnen, die sich in Semantik und Performanz deutlich unterschieden[751].

Die Semantik der Akteure etwa der ›Aktion Dritte Welt-Handel‹ unterscheidet sich deutlich von der der Akteure des Weltnotwerkes. Letztere wollten der Welt »ein heilbringendes Wort«[752] zurufen, um die Versuchung des Kommunismus abzuwehren, erstere forderten die Eröffnung neuer Märkte für Produkte der »Entwicklungsländer« und eine kritische Bewusstseinsbildung in der Bundesrepublik. Zwar bewegten sich beide innerhalb des sozialpolitischen Paradigmas, die einen jedoch mit deutlich revolutionärer Semantik. Als Kronzeuge stand ihnen dafür die Entwicklungsenzyklika zur Verfügung, die durch die Einflüsse der »nouvelle théologie«[753] geprägt, mit einem geradezu kommunismusverdächtigen Autor für viele die Wirkung einer avantgardistischen Kirche zeitigte. Andere, etwa Oswald von Nell-Breuning, kritisierten den »französischen Enthusiasmus dieser optimistischen Sprache«[754]. Dieser Konflikt verschiedener Generationen zeigt sich ebenfalls auf der performativen Ebene. Unschwer ist zu erkennen, wie Protestformen der 1968er-Bewegung Einzug hielten in die Debatten um das richtige Bewältigungshandeln. Hungerstreiks folgten der Logik der Sit-ins, die Hunger- bzw. Friedensmärsche mit provokanten Plakaten und Straßentheater nahmen die Ostermärsche und Kundgebungen der Studentenbewegung gegen den Vietnamkrieg auf. Die Protestkulturen der 1960er Jahre also wurden intensiv im

---

748   C. DOLS / B. ZIEMANN, Progressive Participation, S. 477.
749   Vgl. EBD., S. 484 f.
750   EBD., S. 480.
751   Vgl. dazu Einleitung, in: A. SCHILDT (Hrsg.), Dynamische Zeiten, S. 44–53.
752   Entwurf Weltnotwerk der Arbeiterschaft, 31.10.1958, 1, in: AKAB, Weltnotwerk 46.
753   Vgl. dazu C. BAUER, Ortswechsel der Theologie.
754   O. v. NELL-BREUNING, »Populorum progressio«, S. 391.

deutschen Katholizismus rezipiert und veränderten damit auf fundamentale Weise das gewohnte Bewältigungshandeln. Dieser Wende durch Politisierung des Engagements standen viele der bisherigen Akteure skeptisch bis ablehnend gegenüber, sie konnten diesen Schritt aufgrund ihrer Sozialisation kaum nachvollziehen[755]. Das aber führte zu einer ganz eigentümlichen Konstellation. Einerseits ermöglichte das kritische Engagement kirchlicher Gruppierungen im Entwicklungsbereich Anschlussmöglichkeiten an andere, kirchenkritische bis -ferne Milieus, die den Katholizismus nun gelegentlich sogar als progressive Kraft empfanden. Andererseits hatten die im binnenkirchlichen Raum verbliebenen Akteure fundamentale Auseinandersetzungen mit den amtskirchlichen Leitungsstrukturen auszufechten, die stets darauf bedacht waren, die Schwebe zu halten zwischen einer Bindung dieser freien Gruppen an kirchliche Strukturen und dem Verhindern einer ausufernden Politisierung[756].

Damit stellen die späten 1960er und frühen 1970er Jahre einen Kippmoment im Rahmen dieser Arbeit dar. Der bundesdeutsche Katholizismus veränderte sich in fundamentaler Weise, auch und gerade durch die Bewältigung großer Menschheitsfragen: das schon längst in Auflösung begriffene Milieu erodierte endgültig, vor allem jüngere Akteure beeinflussten und ließen sich beeinflussen von Neuen Sozialen Bewegungen und die klassischen Bewältigungsmuster funktionierten – wie am Beispiel Biafras gezeigt werden konnte – zwar noch, standen aber bereits in der Kritik. Das nun folgende dritte Kapitel wird zeigen, zu welchen neuen Ordnungsmustern sich die beschriebenen Neukonfigurationen im bundesdeutschen Katholizismus entwickelten, welche Leitthemen sich unter der Ägide welcher Akteure entwickelten und wie die durch Hunger ausgelöste Bedrohungslage plötzlich ganz konkret und nahbar wurde.

---

755 Vgl. G. MUSCHIOL, Das Zweite Vatikanum als Beginn des weltkirchlichen Zeitalters?, S. 32–34; P. EITLER, »Gott ist tot – Gott ist rot«, S. 239–310.

756 Vgl. dazu Kapitel IV.

III. »Eine fast schicksalhafte Bedrohung ›unseres‹ Systems«: Bedrohter Wohlstand oder bedrohender Lebensstil (1972–1979)

[So] wird bzw. bleibt die katholische Kirche auf diese Weise für kritische innerkirchliche Gruppen attraktiv; die gegenüber der Gesamtgesellschaft um einige Jahre verspätete ›Revolte‹ innerhalb der Kirche wurde z. T. so abgefangen: sie lief auf die ›Progressivität‹ kirchlicher Entwicklungsarbeit auf. Dabei bietet sich der entwicklungspolitische Bereich u. a. deswegen an, weil er auf den ersten Blick ›humanitär‹ und nicht ›politisch‹ ist und weil die politischen Konsequenzen, die aus ihm – auf den zweiten Blick – gezogen werden, nicht gleich zu einer Parteinahme innerhalb des gesellschaftlichen Systems der BRD führen, sondern uns zunächst ›alle in einem Boot‹ dichter zusammenstehen und eine fast schicksalhafte Beidrohung ›unseres‹ Systems, ja der gesamten Welt [...] befürchten läßt.[1]

Die 1970er Jahre unterschieden sich in ihrer Bedrohungslage im Hinblick auf den Entwicklungsbereich fundamental von den vorhergehenden Jahrzehnten. Während sich die »langen 1960er Jahre« einerseits durch eine zunehmende Wahrnehmung weltweiter sozialer Probleme wie etwa dem Hunger auszeichneten, die ein ausdifferenziertes und immer stärker professionalisiertes Bewältigungshandeln analog zu den Fürsorgestrategien der Arbeiterfürsorge des 19. und frühen 20. Jahrhunderts hervorriefen, rückte mit den 1970er Jahren im Kontext der allgemeinen Krisendiagnostik eine weit existentiellere, auch Westeuropa erfassende Bedrohung in den Fokus. Die Jahre zwischen 1972 und 1979 stellten damit den zentralen Ort der Bedrohung des deutschen Katholizismus dar, die der junge Soziologe Michael Vesper[2] in das Bild fasste, dass nunmehr »alle in einem Boot«[3] säßen. Hatte sich die Bedrohung in den 1960er Jahren noch in den fernen, als unterentwickelt geltenden Ländern abgespielt, die sich besonders in

---

1   M. Vesper, Misereor und die Dritte Welt, S. 176.
2   Michael Vesper (* 1952). 1970–1976 Studium der Mathematik und Soziologie in Köln und Bielefeld. 1982 Promotion über Homelands in Namibia. 1979 Gründungsmitglied der Partei DIE GRÜNEN. 1977–1983 wissenschaftlicher Mitarbeiter, Fakultät für Soziologie, Universität Bielefeld. 1983–1990 Fraktionsgeschäftsführer der Fraktion DIE GRÜNEN im Bundestag. 1990–1995 Parlamentarischer Geschäftsführer der Fraktion BÜNDNIS 90/DIE GRÜNEN im Landtag NRW. 1995–2005 Mitglied der Landesregierung und Stellvertreter des Ministerpräsidenten, bis 2000 als Minister für Bauen und Wohnen NRW, dann als Minister für Städtebau und Wohnen, Kultur und Sport NRW. 2005–2006 Zweiter Vizepräsident des Landtags. Ab Oktober 2006 Generaldirektor und seit Dezember 2014 Vorstandsvorsitzender des Deutschen Olympischen Sportbundes. Bis Mitte der siebziger Jahre Mitarbeit in christlichen Jugendverbänden. Mitglied der KSJ, stellvertretender Bundesleiter. Diese Angaben beruhen auf Selbstauskunft.
3   M. Vesper, Misereor und die Dritte Welt, S. 176.

© Verlag Ferdinand Schöningh, 2019 | DOI:10.30965/9783657792474_005

der Rede vom »fernen Nächsten«[4] ausdrückte, entstand nunmehr das Gefühl einer umfassenden Ordnungsbedrohung »unseres Systems«[5], in der sich ökonomische, ökologische und theologische Krisenwahrnehmungen in komplexer Weise verschränkten und damit sowohl die kirchliche als auch die politisch-wirtschaftliche Ordnung der westdeutschen Gesellschaft massiv infrage stellten. Auf den Begriff brachte dies die 1972 vorgelegte Studie »Die Grenzen des Wachstums«[6].

1. Die Grenzen des Wachstums: Endszenarien der Wissenschaft und ihre Wirkungen

a) Der Bericht an den ›Club of Rome‹ 1972

> Es steht schlecht um die Zukunft unserer Spezies, sehr schlecht. Wenn wir fortfahren, uns in dem Maße zu vermehren wie bisher, wenn Industrialisierung, Umweltverschmutzung, Nahrungsmittelmangel und Ausbeutung der Rohstoffquellen weiterhin so zunehmen, wie es gegenwärtig geschieht, dann wird schon vor Ablauf der nächsten hundert Jahre eine absolute Wachstumsgrenze erreicht sein. Bald darauf werden Hunger und Krankheit plötzlich eine rasche und unaufhaltsame Dezimierung der Menschheit verursachen. Nicht minder rapide wird die industrielle Kapazität kollabieren. Selbst wenn es uns gelänge, der Bevölkerungsexplosion augenblicklich Einhalt zu gebieten, könnten wir den Zusammenbruch unserer Zivilisation nicht mehr verhindern; es sei denn, die Menschheit fände sich alsbald in internationaler Einigkeit dazu bereit, freiwillig auf industrielles Wachstum zu verzichten, außerdem die Industrieproduktion gleichmäßig unter alle [sic!] Völker des Planeten zu verteilen und eine Menge Bequemlichkeiten aufzugeben, die nur mit einer Belastung der Umwelt zu erkaufen sind.[7]

So griff der Gründer des Wissenschaftsressorts der Wochenzeitung »DIE ZEIT«, Thomas von Randow[8], in der Ausgabe vom 17. März 1972 das Erscheinen des Buches »Die Grenzen des Wachstums« auf, das wohl als eine der wenigen global rezipierten wissenschaftlichen Studien gelten kann. Analog zu von Randow lässt sich konstatieren: Das Buch schlug ein wie eine »Bombe«[9]. Im Folgenden sollen daher die Ergebnisse

---

4   Vgl. etwa zeitgenössisch in: C. BERG (Hrsg.), Brot für die Welt, S. 129; auch: K. E. KEMNITZER, Der ferne Nächste.

5   M. VESPER, Misereor und die Dritte Welt, S. 176.

6   D. H. MEADOWS u. a., Die Grenzen des Wachstums.

7   Thomas von Randow, So geht die Welt zugrunde, in: DIE ZEIT, Nr. 11, 17.3.1972, URL: http://www.zeit.de/1972/11/so-geht-die-welt-zugrunde (Stand: 1.5.2018).

8   THOMAS VON RANDOW (1921–2009). 1940 nach Abitur von der Wehrmacht eingezogen. Ab 1944 Studium der Mathematik in Hamburg. 1954 Ruf als Gastprofessor an das Massachusetts Institute of Technology. 1961–1989 Wissenschaftsredakteur bei »Die Zeit«. Vgl. O. v. RANDOW, Die Randows, S. 589 f.

9   Vgl. den Untertitel des Artikels: »Eine Bombe im Taschenbuchformat«, vgl. Thomas von RANDOW, Bremsen ehe es zu spät ist, in: DIE ZEIT, Nr. 42, 12.10.1973, URL: http://www.zeit.de/1973/42/bremsen-ehe-es-zu-spaet-ist (Stand: 1.5.2018).

der aufsehenerregenden Studie und ihre Umfeldwirkungen im Mittelpunkt stehen, bevor dann auf die Rezeption im deutschen Katholizismus einzugehen ist.

Die Studie »Grenzen des Wachstums« wurde im Frühjahr 1972 veröffentlicht und gilt als Vorläufer und Wegbereiter der gesamten nachhaltigen Entwicklungsforschung[10]. Entstanden war sie auf Initiative und mit Unterstützung des ›Club of Rome‹, einer internationalen Vereinigung zur Diskussion internationaler politischer Problemfelder, und wurde von der Volkswagenstiftung gefördert. Ein Team von 17 Wissenschaftlern am ›Massachusetts Institute of Technology‹ erstellte unter den damals modernsten elektronischen Datenverarbeitungsbedingungen auf Basis eines eigens erarbeiteten Modells eine umfassende Studie zur zukünftigen Entwicklung der Welt. Es berücksichtigte dabei die Wechselwirkungen zwischen Bevölkerungswachstum, Nahrungsmittelressourcen, Industrialisierung, Umweltverschmutzung, Land- und Rohstoffnutzung und kam so zu verschiedenen Szenarien, die im Ergebnis jedoch alle den gleichen Tenor hatten:

> Wenn die gegenwärtige Zunahme der Weltbevölkerung, der Industrialisierung, der Umweltverschmutzung, der Nahrungsmittelproduktion und der Ausbeutung von natürlichen Rohstoffen unverändert anhält, werden die absoluten Wachstumsgrenzen auf der Erde im Laufe der nächsten hundert Jahre erreicht. Mit großer Wahrscheinlichkeit führt dies zu einem ziemlich raschen und nicht aufhaltbaren Absinken der Bevölkerungszahl und der industriellen Kapazität.[11]

Daher brauche es, so die Wissenschaftler, »den Übergang vom Wachstum zum Gleichgewicht«[12]. Und dieser Übergang sei möglich. »Er könnte so erreicht werden, daß die materiellen Lebensgrundlagen für jeden Menschen auf der Erde sichergestellt sind und noch immer Spielraum bleibt, individuelle menschliche Fähigkeiten zu nutzen und persönliche Ziele zu erreichen«[13]. Allerdings sei es notwendig, den Gleichgewichtszustand zügig herbeizuführen. Die ausführlichen Berechnungen im weiteren Verlauf der Publikation waren schließlich dafür verantwortlich, dass die Studie derartige Wirkungen entfalten konnte, weil sie durch die Annahme eines exponentiellen Wachstums etwa der Weltbevölkerung explosionsartige Entwicklungen voraussagten[14]. Für das Jahr 2030 bedeutete dies, dass für jeden 1972 lebenden Menschen vier weitere geboren würden, eine Zunahme, die durch die natürliche Wirkungsverzögerungen nur auf lange Sicht bevölkerungspolitisch zu steuern sei. Gleichzeitig führe ein exponentielles Anwachsen der Bevölkerung durch die begrenzte landwirtschaftliche

---

10 Vgl. dazu und im Folgenden N. FREYTAG, »Eine Bombe im Taschenbuchformat«?, S. 465–469; P. KUPPER, »Weltuntergangs-Vision aus dem Computer«, S. 98–111; S. MENDE, »Nicht rechts, nicht links, sondern vorn«, S. 289–321.
11 D. H. MEADOWS u. a., Die Grenzen des Wachstums, S. 17.
12 EBD.
13 EBD.
14 Vgl. dazu und im Folgenden: EBD., S. 18–74.

Nutzfläche und die endlichen Wasserressourcen zu einem immensen Ungleichgewicht. »Es zeigt sich, daß diese Schwierigkeiten letztlich eine gemeinsame, recht ba-
nale Ursache haben: unsere Erde ist nicht unendlich«[15]. Das aber habe die Menschheit
noch immer nicht verstanden.

> Das offensichtliche Ziel des Weltsystems ist gegenwärtig, immer noch mehr Menschen
> zu erzeugen und sie mit noch mehr Nahrungs- und Gebrauchsgütern, mit reiner Luft
> und Wasser zu versorgen. Wir haben gezeigt, daß die Gesellschaft bei weiterer Verfol-
> gung dieses Ziels über kurz oder lang gegen eine der vielen endgültigen Grenzen für das
> Wachstum auf der Erde stoßen wird.[16]

Das dann folgende Szenario beschrieben die Wissenschaftler in eindringlicher Weise.

> Soll das heißen, daß es tatsächlich der Menschheit bestimmt sei, bis zu einem Optimal-
> wert anzuwachsen und dann in eine kümmerliche Existenzform zurückzufallen mit
> ungenügender Ernährung und hohen Geburten- und Sterberaten, also stark verkürzter
> Lebenserwartung?[17]

Es brauche daher umfassendes und rasches Handeln, eine Abschwächung der Wirkung des Wachstums und die Einstellung eines Gleichgewichts. Dieses Gleichgewicht
sei nicht das Ende des Fortschritts oder der menschlichen Weiterentwicklung, aber
das Ende mancher Freiheiten, die jedoch zu anderen Freiheiten führen könnten, etwa
zur Freiheit von Hunger und Armut.

> Wenn man [aber] nichts unternimmt, diese Probleme zu lösen, geschieht tatsächlich
> doch sehr viel. Jeder Tag weiterbestehenden exponentiellen Wachstums treibt das
> Weltsystem näher an die Grenzen des Wachstums. Wenn man sich entscheidet, nichts
> zu tun, entscheidet man sich in Wirklichkeit, die Gefahren des Zusammenbruchs zu
> vergrößern.[18]

So entstand ein mehr als bedrohliches Szenario, das medial in beeindruckender Weise
rezipiert wurde. Nahezu alle Zeitungen druckten eine Rezension, die Verleihung des
Friedenspreises des deutschen Buchhandels 1973 an den ›Club of Rome‹ sorgte darüber hinaus für eine Aufwertung der Wissenschaftler und eine weitere Verbreitung
der Publikation – und dies, obwohl die Kritik an der Studie von Beginn an kaum zu
überhören war. So veröffentlichte der Nobelpreisträger Paul A. Samuelson[19] kurze Zeit

---

15   EBD., S. 74.
16   EBD.
17   EBD., S. 115.
18   EBD., S. 164.
19   PAUL A. SAMUELSON (1915–2009). Studium an der Universität von Chicago, Promotion in Harvard.
     1940 Professur am ›Massachusetts Institute of Technology‹. 1965 Präsident der ›International Economic
     Association‹. Tätigkeit als Wirtschaftsberater von John F. Kennedy in dessen Wahlkampagne. 1970
     Nobelpreis. Vgl. B. KUPFER, Lexikon der Nobelpreisträger, Art. Paul Anthony Samuelson, S. 473.

nach Erscheinen der Studie eine Arbeit über die methodischen Mängel und inhaltlichen Fehlschlüsse des ›Club of Rome‹ -Reports, die noch den Fortschrittsoptimismus der 1960er Jahre zeige[20]. So wurde Meadows und seinen Mitstreitern vorgeworfen, die Theorien Thomas R. Malthus neu aufzuwärmen, der doch in seiner Auffassung, das rasante Bevölkerungswachstum führe in eine Ernährungskatastrophe, durch die Geschichte widerlegt worden sei[21].

Aufzuhalten war die Etablierung des Gedankens der »Grenzen des Wachstums« jedoch nicht mehr, wie die vielfältige Rezeption in den Medien zeigt: »Weltuntergangs-Vision aus dem Computer«[22] überschrieb »Der Spiegel« seinen Bericht über die Studie. »Das Ende der Menschheit für spätestens das Jahr 2100 hat ein Forscher-Team vom renommierten ›Massachusetts Institute of Technology‹ in einer Studie vorausgesagt«[23]. Notwendig wäre ein Wandel, der aber beträchtliche Veränderungen nach sich zöge. »Wo der Optimismus des ewigen ›going to the west‹, des Vorwärtsstürmens in immer neue Leerräume, zu Ende geht, müßte der liberal-kapitalistische Fortschrittsglaube seine Unschuld, der Leistungswille des Eroberns seine Zuversicht verlieren«[24].

In eine ähnliche Richtung zielten die vom »Spiegel« zitierten Theologen und Politiker, Johann Baptist Metz und Erhard Eppler.

> Johann Baptist Metz, Professor für Fundamentaltheologie in Münster und Vater der sogenannten politischen Theologie, leitete aus der MIT-Untersuchung sogleich die Forderung nach ›drastischer Revision unserer gesellschaftlichen und politischen Wertmaßstäbe‹ ab. Auch Bonns Entwicklungsminister Erhard Eppler verkündete nach Lektüre der Weltuntergangs-Warnung, daß ›wir mit den jetzt sichtbar werdenden Aufgaben nicht fertig werden ohne einen grundlegenden Wandel in unseren Wertsystemen. Unser Begriff von Leistung wird sich ändern müssen‹.[25]

Auch Thomas von Randows Kommentar in »Die Zeit« anlässlich der Verleihung des Friedenspreises des Deutschen Buchhandels zeigte die Konsequenzen der Studie auf.

> Die Streitgespräche über die Meadows-Studie werden so leidenschaftlich geführt, weil ihrem Resultat zu entnehmen ist, daß wir sehr bald und sehr drastisch das demoskopische und industrielle Wachstum der Erdbevölkerung stoppen und der Belastung

---

20 Vgl. W. L. Oltmans, (Hrsg.), »Die Grenzen des Wachstums«.
21 So etwa Thomas von Randow in der »Zeit«: »Katastrophen sind den Menschen von jeher vorausgesagt worden, nicht nur in der Apokalypse, sondern auch von Leuten, die solche Prophezeiungen mit Fakten zu untermauern verstanden wie der Pastor Thomas Malthus gegen Ende des achtzehnten Jahrhunderts. Bisher haben sich alle diese Unken geirrt. Statt zu ersticken oder zu verhungern, hat es der Mensch dank seiner Ingenuität stets verstanden, die Lebensverhältnisse auf der Erde allgemein zu verbessern.« (Thomas von Randow, So geht die Welt zugrunde, in: Die Zeit, Nr. 11, 17.3.1972, URL: http://www.zeit.de/1972/11/so-geht-die-welt-zugrunde (Stand: 1.5.2018)).
22 N. N., Weltuntergangs-Vision aus dem Computer, in: Der Spiegel Nr. 21, 15.5.1972, S. 126–129, S. 126.
23 Ebd.
24 Ebd.
25 Ebd., S. 127.

unserer Umwelt schnell Einhalt gebieten müssen, daß überdies die Bewohner der reichen Länder ihre Ansprüche zugunsten der Dritten Welt zurückzuschrauben haben. Nur
dann nämlich, das lassen die Kurven der veröffentlichten Ergebnisse unschwer erkennen, kann sich das globale Gleichgewicht unter menschenwürdigen Umständen einstel-
len. Anderenfalls wird es der miserable Endzustand einer darbenden Menschheit sein.
Das alles schlägt der in sozialistischen und kapitalistischen Staaten gehuldigten Wachs-
tumsideologie mitten ins Gesicht.[26]

Mit diesem Dringlichkeitsdiskurs aber war letztlich das Lebens- und Wirtschaftsmo-
dell des Westens massiv infrage gestellt – und das in Zeiten des Kalten Krieges.

Zwei Jahre später untermauerten die Wissenschaftler mit einer weiteren Studie ihre
Auffassung von den »Grenzen des Wachstums«, die sich, so Thomas von Randow nun
als »eine sichere Katastrophe« zeigten und »bittere Pillen für den Wohlstandsbürger«[27]
seien. Hunger sei dabei die bedrohlichste Krise.

> Die Menge der Nahrungsmittel pro Kopf hat seit 1936 nicht mehr zugenommen, sie geht
> vielmehr trotz großer Ertragssteigerung seit ein paar Jahren zurück. Riesige Gebiete wie
> Südamerika, die früher Nahrungsmittel exportierten, sind inzwischen genötigt, selber
> zu importieren. Die Frage ist nur, woher? Alle Reserven sind erschöpft, und das Ausmaß
> der kommenden Ernährungskatastrophe läßt sich unschwer berechnen. Wie sehr diese
> Welt globaler friedlicher Zusammenarbeit bedarf, wird deutlich, wenn man hört, daß die
> Länder des Gemeinsamen Marktes zur gleichen Zeit, da Millionen Menschen hungern,
> darüber nachdenken, wie sie die Agrarerzeugung einschränken können,[28]

so empörte sich die Herausgeberin der »Zeit«, Marion Gräfin Dönhoff[29], in der gleichen Ausgabe.

Ragt die Studie »Die Grenzen des Wachstums« in ihrer öffentlichen Wahrnehmung und Bedeutung besonders heraus, lässt sie sich dennoch in eine allgemeine
Krisenwahrnehmung um den Dekadenwechsel einordnen. »Die Studie war Teil jener
transnationalen Planungs- und Steuerungsutopien, die mittels elektronischer Daten-
verarbeitung Zukunftsentwürfe generierten und deren Risikopotenziale öffentlichkeitswirksam aufbereiteten«[30]. Zahlreiche Publikationen dieser Zeit beschäftigten
sich mit ähnlichen Themenkomplexen, »die der Menschheit immer düstere

---

26   Thomas von RANDOW, Bremsen ehe es zu spät ist, in: DIE ZEIT, Nr. 42, 12.10.1973, URL: http://www
     .zeit.de/1973/42/bremsen-ehe-es-zu-spaet-ist (Stand: 1.5.2018).

27   Thomas von RANDOW, Drehbücher für die Welt-Katastrophe, in: DIE ZEIT, Nr. 43, 18.10.1974, URL:
     http://www.zeit.de/1974/43/drehbuecher-fuer-die-welt-katastrophe (Stand: 1.5.2018).

28   Marion Gräfin DÖNHOFF, Die Schrift an der Wand, in: DIE ZEIT, Nr. 43, 18.10.1974, URL: http://www
     .zeit.de/1974/43/die-schrift-an-der-wand (Stand: 1.5.2018).

29   MARION GRÄFIN DÖNHOFF (1909–2002). Studium der Volkswirtschaft in Frankfurt a. M. Nach
     1933 Exil in Basel, dort 1935 Promotion. 1945 Flucht aus Ostpreußen. Ab 1946 Redakteurin bei der
     Wochenzeitung »Die Zeit«, ab 1955 Ressortleiterin und stellvertretende Chefredakteurin, ab 1968
     Chefredakteurin, ab 1972 Herausgeberin. Vgl. K. HARPPRECHT, Die Gräfin.

30   N. FREYTAG, »Eine Bombe im Taschenbuchformat«?, S. 469.

Zukunftsperspektiven in Aussicht stellten«[31], darunter etwa die Schrift von Paul Ehrlich[32] »Die Bevölkerungsbombe«[33], in der er einen Kollaps des westlichen Lebensstandards in den folgenden zwei Jahrzehnten voraussagte, da »›die DNA stärker sei als das BSP‹«[34]. »Entwicklungshilfe« verstand er als ein bioökonomisches Verteilungsproblem, dem er mit dem Kriegsverwundetensystem, einer Klassifikation der medizinischen Erstversorgung, entgegenzukommen suchte[35]. Angesichts der wahrgenommenen Abhängigkeiten, der weltweiten Schicksalsgemeinschaft ging es Ehrlich wie vielen seiner Zeitgenossen »weder nur um ›zu viele‹ Menschen noch um eine gerechte internationale Balance von Bevölkerungen und Ressourcenverteilung. Vielmehr zielten die Kosten- und Nutzenvergleiche vorrangig auf den Erhalt politischer und wirtschaftlicher Vormachtstellung des Westens ab«[36].

Diese Feststellung aber beinhaltet für die hier vorliegende Fragestellung zwei wesentliche Ergebnisse. Erstens zeigt sich auf einer semantischen Ebene durch die Verwendung von Begriffen wie »Bombe« oder »Explosion« die besondere Dringlichkeit des Problemfeldes, die insofern mit dem Hungerproblem verwoben ist, als dass sich diese Masse an Menschen keiner ausreichenden Nahrungsmittelproduktion sowie einem endlichen Lebensraum gegenüber sah und damit ihren eigenen Wohlstand als bedroht empfand. Zweitens zeigt sich auf der praxeologischen Ebene des Bewältigungshandelns, dass angesichts der weltweiten Problemlagen nun immer drastischere Mechanismen zur Bewältigung ins Gespräch gebracht wurden. Patrick Kupper weist darauf hin, dass sich zu Beginn der 1970er Jahre drei fundamentale Neuerungen abzeichneten.

> An erster Stelle ist das [...] Denken in komplexen Systemen zu erwähnen. Zweitens zeichnete ein globaler Blickwinkel die Problemanalysen aus, wie er auf semantischer

---

31 P. KUPPER, Die »1970er Diagnose«, S. 345.

32 PAUL R. EHRLICH (* 1932). Studium der Zoologie, 1957 Promotion. Ab 1966 Professor für Biologie in Stanford. Vgl. S. HÖHLER, Die Wissenschaft von der »Überbevölkerung«, S. 460–464.

33 Vgl. P. EHRLICH, Die Bevölkerungsbombe; G. R. TAYLOR, Das Selbstmordprogramm; A. TOFFLER, Der Zukunftsschock; B. COMMONER, Wachstumswahn und Umweltkrise.

34 S. HÖHLER, Die Wissenschaft von der »Überbevölkerung«, S. 461.

35 »Nach diesem Selektionsprinzip werde die tragische Gruppe derjenigen, bei denen alle Bemühung vergeblich wäre, sich selbst überlassen, ebenso diejenigen, die ohne Behandlung überleben würden. Priorität werde den Verwundeten eingeräumt, die durch sofortige Hilfe gerettet werden könnten. Ehrlich empfahl, internationale Erste-Hilfe-Leistungen nach diesem System zu rationalisieren, um eine sachliche Wahl zwischen den Ländern treffen zu können: erstens denen, die dazu verurteilt seien, die Malthusianische Katastrophe zu erleiden, zweitens denen, die aus eigener Kraft mit ihrer Überbevölkerung fertig würden, sowie drittens denjenigen, die mit Hilfe von außen die Chance erhalten sollten, ihre Krise in den Griff zu bekommen.« (S. HÖHLER, Die Wissenschaft von der »Überbevölkerung«, S. 463).

36 EBD., S. 463–464.

Ebene in der Metapher vom ›Raumschiff Erde‹ zum Ausdruck kam. Drittens schließlich expandierte das Denk- und Sagbare nicht nur im Raum, sondern auch in der Zeit.[37]

Zur Durchsetzung gerade der Studie »Grenzen des Wachstums« habe, so Nils Freytag, neben ihrer leicht verständlichen Argumentation auch das Cover der deutschen Ausgabe beigetragen. »Der zwischen zwei Eierschalenhälften platzierte Globus erinnerte nicht von ungefähr an den begrenzten, verletzlichen und schützenswerten ›blauen Planeten‹, ein Bild, das die damaligen Leser spätestens nach der Mondlandung abrufen konnten«[38]. Kupper weist dagegen drei Diskurse nach, die zum großen Echo der Studie geführt haben dürften. Erstens schloss sie an die schon genannten Publikationen an, zweitens entwickelte sich seit etwa 1970 ein umweltpolitisches Bewusstsein und eine zunehmende Wachstumskritik, und drittens »bauten die ›Grenzen des Wachstums‹ auf den Planungs- und Steuerungsutopien der Nachkriegszeit auf«[39]. Verstärkt wurde die Wahrnehmung der Publikation jedoch auch durch die sich 1973 entwickelnde Ölpreiskrise[40]. Durch eine Verteuerung des Ölpreises wollten die erdölexportierenden Staaten eine Haltungsänderung des Westens gegenüber Israel erzwingen. Zusätzlich war sie eine Antwort auf den Verfall des Dollars, der zu einer Verteuerung in den OPEC-Staaten führte und über höhere Ölpreise zu kompensieren versucht wurde. Bedeutsam ist nun jedoch die Wirkung, die diese Ölkrise erzielte, denn mit »der Erdölverteuerung setzte eine weltweite Diskussion über Rohstoffreserven und -preise, Energieträger und -einsparungen und die ›Grenzen des Wachstums‹ ein«[41]. Hinzu kam, dass die Weltwirtschaft durch die Verteuerung des Erdöls als wichtigstem wirtschaftlichen ›Schmiermittel‹ die tiefste Krise seit der Weltwirtschaftskrise von 1929 erlebte. Die Bewältigungsversuche der deutschen Bundesregierung und anderer europäischer Staaten im November und Dezember 1973, über Sonntagsfahrverbote und Geschwindigkeitsbegrenzungen Energie einzusparen, verstärkten letztlich die Wahrnehmung der deutschen Bevölkerung, an die ›Grenzen des Wachstums‹ zu gelangen. In der Folge fiel das Bruttosozialprodukt. Die Zahl der Arbeitslosen stieg an, was insgesamt zu dem bedrohlichen Gefühl führte, das Wirtschaftswunder komme an seine Grenzen und die Endlichkeit der Erde werde erkennbar.

Damit lässt sich die Studie »Die Grenzen des Wachstums« als »Kristallisationspunkt gesellschaftsrelevanter Diskussionen«[42] in einer Umbruchzeit verstehen, schärfte sie doch die Wahrnehmung der Endlichkeit der natürlichen Ressourcen und damit die Bedrohung des westlichen Lebensstils in den beginnenden 1970er Jahren.

---

37 P. KUPPER, Die »1970er Diagnose«, S. 346.
38 N. FREYTAG, »Eine Bombe im Taschenbuchformat«?, S. 469.
39 P. KUPPER, »Weltuntergangs-Vision aus dem Computer«, S. 109.
40 Vgl. P. BOROWSKY, Deutschland 1970–1976, S. 57. Vgl. auch J. HOHENSEE, Der erste Ölpreisschock 1973/74.
41 P. BOROWSKY, Deutschland 1970–1976, S. 58.
42 P. KUPPER, »Weltuntergangs-Vision aus dem Computer«, S. 110.

> In den ›Grenzen des Wachstums‹ vereinigten sich ökologische Apokalypsevorstellun-
> gen mit Bestrebungen einer gesellschaftlichen Neuausrichtung, die noch von der Pla-
> nungs-, Steuerungs- und Machbarkeitseuphorie des vorangehenden Jahrzehntes zehren
> konnte.[43]

Hier kreuzten sich Diskurse über die Welternährung, die Bevölkerungsexplosionen, erste Ansätze einer Umweltschutzdiskussion und enttäuschte Fortschrittsgläubigkeit. »Das eigentlich längst angebrochene Zeitalter der Globalisierung wurde in all seiner Garstigkeit präsentiert und in ein medienwirksam inszeniertes Bedrohungsszenario gegossen, an dem sich jede Teilbereichsdebatte abzuarbeiten hatte«[44]. Generell voll-zog sich in den 1970er Jahren, so Kupper, »eine Bewegung vom Großen ins Kleine [...], von den globalen Weltverbesserungsentwürfen zu den Versuchen, auf einer lokalen bis nationalen Ebene oder auch im privaten Bereich konkrete Schritte zu realisie-ren«[45]. Als Beleg führt Kupper das Buch des Ökonomen Ernst Friedrich Schumacher[46] an, das 1973 in englischer Sprache unter dem Titel »Small is Beautiful«, auf deutsch mit dem Titel »Die Rückkehr zum menschlichen Maß« erschien[47]. Diese Studien wur-den unter den Leitbegriff der Lebensqualität und das Bild der »sanften Gesellschaft« gefasst, »einer Gesellschaft, die durch die dezentrale Organisation in kleinen, über-schaubaren und geschlossenen Kreisläufen charakterisiert wurde«[48]. Auf dieser ideo-logischen Grundlage konnten sich dann die Neuen Sozialen Bewegungen entwickeln, »die von Wohngemeinschaften über Dritte-Welt-Bewegungen bis zu Umwelt- und Anti-AKW-Organisationen reichte[n]«[49].

b) Katholikentage als Seismografen der Veränderung

> Um sich dem in Italien auch an Feiertagen geltenden Fahrverbot anzupassen, hat sich
> Papst Paul VI. am Samstag, 8. Dezember, mit einer Pferdekutsche an den Spanischen
> Platz in der römischen Innenstadt begeben.[50]

Das Bild des Kutsche fahrenden Papstes verdeutlichte einmal mehr wie bedroh-lich die Lage geworden war. Die den Katholizismus in der Folge der »Grenzen des Wachstums« prägenden Diskurse lassen sich insbesondere an den Katholikentagen

---

43 P. KUPPER, Die »1970er Diagnose«, S. 346.
44 H. WIETERS, Debatten über das »Welternährungsproblem«, S. 233.
45 P. KUPPER, Die »1970er Diagnose«, S. 346.
46 ERNST FRIEDRICH SCHUMACHER (1911–1977). Studium der Volkswirtschaftslehre, zunächst in
    Bonn und Berlin, dann an der London School of Economics and Political Science und in Oxford.
    1950–1970 Chief Economic Advisor der britischen Kohlebehörde. Vgl. N. N., Art. Ernst Friedrich
    Schumacher, S. 293.
47 E. F. SCHUMACHER, Die Rückkehr zum menschlichen Maß.
48 P. KUPPER, Die »1970er Diagnose«, S. 346.
49 EBD.
50 N. N., Paul VI kam in der Pferdekutsche, in: KNA 73/XII/112, 10.12.1973.

der 1970er Jahre aufzeigen. Die konstatierte Bedrohung der wirtschaftlichen und politischen Ordnung forderte neue Antworten heraus, die die Redner und Diskutanten der Katholikentage im Rahmen ihrer theologischen Deutungsschemata zu formulieren versuchten. Dabei zeigten sich fundamentale politische und theologische Verschiebungen.

Walter Kasper[51], Professor für Dogmatik an der Universität Tübingen, griff die Stimmungslage der Katholiken im Jahr 1974 auf.

> Die Kirche antwortet auf Fragen, die – scheinbar oder wirklich – nicht gestellt sind; auf
> die gestellten großen Fragen der Zeit, die Frage nach Friede und Versöhnung, gerechter
> Güterverteilung und Abbau ungerechter Privilegien, Rassengleichheit, Bevölkerungs-
> wachstum und drohenden Hungerkatastrophen hat sie nach der Meinung vieler keine
> überzeugende Antwort zu geben.[52]

Kirche habe aber den Auftrag, eine »brüderlich und sozial engagierte Kirche«[53] zu sein. »Die christliche Botschaft von der Liebe muß gleichsam zum Motor werden, um die Forderungen der Gerechtigkeit immer wieder neu den sich wandelnden Situationen anzupassen«[54]. Solidarität müsse »grundlegendes Stichwort der Kirche von heute und morgen«[55] sein. Oswald von Nell-Breuning habe darauf hingewiesen,

> daß wir uns als Christen nicht damit zufriedengeben können, eine wenngleich notwen-
> digerweise immer unvollkommene gerechte Ordnung im Innern unserer Gesellschaft zu
> erhalten und weiterzuentwickeln und gleichzeitig nach außen unbestreitbare horrende
> Ungerechtigkeiten im internationalen Bereich zuzulassen.[56]

In der Diskussionsgruppe ›Engagierte für die ›Dritte Welt‹. Belächelte Utopisten?‹ aber wurde deutlich, wie schwer politisches Engagement in der Kirche immer noch war. »Unsere eigene Gesellschaft muß lernen, ihr System kritisch in Frage zu stellen und zu verändern«[57]. Der Kirche komme auch in der Entwicklungspolitik eine wesentliche Verantwortung zu, »Entwicklung [...] als ein weltweites, alle Gesellschaften umfassendes und alle Bereiche des gesellschaftlichen Lebens betreffendes und mit

---

51 WALTER KASPER (* 1933). 1952–1956 Studium der Philosophie und Theologie in Tübingen und
     München. 1961 Promotion. 1964 Habilitation. 1964–1970 Professor für Dogmatik an der Universität
     Münster, dort Mitbegründer des Freckenhorster Kreises und Sprecher desselben. 1970–1989 Professor
     für Dogmatik und Dogmengeschichte an der Universität Tübingen. 1989 Bischofsweihe. 2001
     Erhebung zum Kardinal. 2001 Ernennung zum Präsidenten des Päpstlichen Rates zur Förderung der
     Einheit der Christen. 2010 Emeritierung. Vgl. KÜRSCHNERS DEUTSCHER GELEHRTENKALENDER
     2015 (Bd. 2), S. 1738.
52 W. KASPER, An dem Menschen vorbei, S. 129.
53 EBD.
54 EBD., S. 139.
55 EBD.
56 EBD.
57 R. DYBOWSKI, Engagierte für die »Dritte Welt«, S. 397.

machtpolitischen Fragen zusammenhängendes Problem theologisch zu reflektieren«[58] und zugleich ihre praktische Entwicklungsarbeit daran auszurichten. Geschehen aber sei hier immer noch zu wenig.

> Wie ist es möglich, daß in offiziellen kirchlichen Stellungnahmen die Dringlichkeit dieser Fragen sehr betont wird, daß sie aber in vielen Ortsgemeinden, und damit an der Basis christlicher Verkündigungsarbeit und sozialer Mitverantwortlichkeit, totgeschwiegen werden? Warum hemmen offizielle Stellen politische Jugendaktionen oft allzu schnell?[59]

Das Forum ›Aufgaben für die Zukunft – Wie handeln Christen?‹ reihte sich ein in die skizzierte, als krisenhaft wahrgenommene Zeit. »Das Bewußtsein der Umweltkrise hat einen Umfang angenommen, der manche Spekulationen der 6oer Jahre als weltfremde Spielerei erscheinen läßt«[60]. Die Evidenz der Bedrohung sei nun augenscheinlich. »Wenn wir so weitermachen, werden wir es gar nicht mehr erleben, was dort angekündigt ist«[61], formulierte der Redner Dr. Jürgen Hübner[62]. Der Mensch bedrohe sich nun selbst, der Kreislauf der Natur gerate zusehends aus dem Gleichgewicht. Ein Signal dieser Bedrohung sei die Bevölkerungsexplosion. Seien Arbeitslosigkeit und Hunger dieser »Scharen von Menschen« heute das größte Problem des Zusammenlebens, »könnte das Raumproblem noch bedrohlicher werden als die Arbeitslosigkeit und die Ernährungsfrage. Tiere mit zu engem Lebensraum werden jedenfalls aggressiv und neurotisch, sofern sie überhaupt überleben«[63]. Ausführlich ging Hübner auf die Studie »Grenzen des Wachstums« ein, die in ihrer Zukunftsdiagnose Anfragen an die Theologie und Aufgaben für die Christen stellte. »Bis jetzt ist der Mensch Ausbeuter gewesen«, nun brauche es »ein neues Verhältnis zum Mitmenschen, aber auch zur Natur, zu Stein, Pflanze und Tier«[64], das nur über eine umfassende Erziehungs- und Bildungsarbeit zu bewerkstelligen sei. Die Ergebnisse des ›Club of Rome‹ seien ernst zu nehmen, sie machten auf Entwicklungen aufmerksam, »die zur Kenntnis zu nehmen lebenswichtig ist«[65], aber sie sagten nicht alles aus. Deshalb brauche es sinnvolle Aktionen, von denen die Bekämpfung der Bevölkerungsexplosion die dringendste sei.

---

58 EBD.
59 EBD., S. 398.
60 J. HÜBNER, Leben im Jahr 2000, S. 508.
61 EBD.
62 JÜRGEN HÜBNER (* 1932). Studium der Biologie, Chemie und Theologie in Berlin, Göttingen und Zürich. Habilitation in Heidelberg, Mitarbeiter der Evangelischen Akademie Baden, als wissenschaftlicher Referent an der Forschungsstätte der Evangelischen Studiengemeinschaft, Institut für interdisziplinäre Forschung, und außerplanmäßiger Professor an der Theologischen Fakultät der Universität Heidelberg. Vgl. seine Homepage, URL: http://www.fest-heidelberg.de/index.php?option=com_content&view=article&id=78&Itemid=70 (Stand: 1.5.2018).
63 J. HÜBNER, Leben im Jahr 2000, S. 513.
64 EBD., S. 518.
65 EBD.

»Ohne bewußte Geburtenkontrolle, in welcher Form auch immer, wird es nicht zu lösen sein«[66]. Insgesamt müssten die Menschen ihr Verhalten ändern.

> Die nördlichen Industrienationen haben heute die Aufgabe, die Entwicklung ins Positive zu wenden. Das ist aber nur durch ein sinnvolles Maß an Selbstlosigkeit, Begrenzung des eigenen Gewinns zugunsten der Entwicklungsländer, Genügenlassen an erreichtem Wohlstand, kurzum: Anerkennung der eigenen Grenzen und entsprechendes Verhalten möglich.[67]

Es brauche also eine »Grundhaltung geschöpflichen Dankes«[68], eine Nächstenliebe in weltweiter Dimension und den Einsatz aller Fähigkeiten, technischen Möglichkeiten und allen Wissens, die Zukunftsprobleme zu bewältigen.

> Der Christ behauptet: Es ist die Zukunft Gottes, des Schöpfers, die uns erwartet. Es ist Gottes Wille, daß wir als Geschöpfe an seinem Schöpfertum teilhaben. So ist Resignation Sünde. Das macht frei von Angst, läßt Grenzen anerkennen und befreit zu brennender Liebe für das Leben.[69]

Auch in weiteren Arbeitskreisen wurden die Thesen des ›Club of Rome‹ -Berichts aufgegriffen und diskutiert. Alle teilten die Auffassung, dass ein veränderter Konsum, Sparmaßnahmen, ein »Zurück zu einem sinnvollen Dasein«[70] angezeigt wären. Im globalen Maßstab bedeute dies, wie Günter Linnenbrink[71] hervorhob, dass es

> keine Alternative zu einer Entwicklungspolitik [gibt], die an einem langfristigen Ausgleich der Interessen zwischen den Entwicklungsländern und Industriestaaten orientiert ist, wenn man nicht Katastrophen unvorstellbaren Ausmaßes provozieren will und internationale Politik auf rationaler Basis letztlich unmöglich machen will.[72]

Hunger und Verzweiflung würden zu Gewalt und Anarchie führen, in die die Industriestaaten miteinbezogen würden. In dieser neuen Haltung finde der christliche Glaube »eine entscheidende Bewährungsprobe«[73].

> Unser christlicher Glaube an den dreieinigen Gott läßt uns erkennen, daß wir Menschen als Geschöpfe Gottes zur universalen Solidarität aufgerufen sind, uns um Christi willen

---

66 EBD., S. 519.

67 EBD.

68 EBD., S. 520.

69 EBD., S. 521.

70 W. WITTMANN, Konsum auf Kosten der Zukunft, S. 622.

71 GÜNTER LINNENBRINK (* 1934). 1969–1976 Oberkirchenrat in der Kirchenkanzlei der EKD, 1976 Landessuperintendent der Evangelisch-Lutherischen Landeskirche Hannover. Ab 1984 Geistlicher Vizepräsident des Landeskirchenamtes Hannover. Vgl. K. KUNTER, Erfüllte Hoffnungen und zerbrochene Träume, S. 332.

72 G. LINNENBRINK, Dritte Welt – Unsere Welt, S. 807.

73 EBD., S. 811.

auf die Seite derer zu stellen haben, die unter Armut, Hunger, Verfolgung, Ausbeutung, rassischer oder sonstiger Diskriminierung leiden. Zugleich sind wir aufgerufen, in der Hoffnung auf das kommende Reich Taten der Gerechtigkeit und Versöhnung zu tun.[74]

Damit rückte der Katholikentag in seinen Reflexionen über die Rolle der Kirche in der Welt die Zukunftsprobleme in ein größeres Licht, als dies bisher der Fall gewesen war.

Auf der semantischen Ebene prägten neue Schlagworte wie Konsumverzicht, Wachstumsbegrenzung, alternative wirtschaftliche Ansätze, Solidarität, Verantwortung und Gerechtigkeit die Diskussion. Theologisch rückte insbesondere die Schöpfungstheologie in den Fokus, die nicht zuletzt auf eine Entdeckung der Ökologie und ihrer Bedrohung zurückzuführen ist[75]. Die Publikationen zu diesem Themenbereich begannen 1972 und verdichteten sich gegen Ende der 1970er Jahre. Systematiker wie Karl Lehmann[76] sahen die Christen »in besonderer Weise dazu berufen, der menschlichen Gemeinschaft bei der Einübung des notwendigen ›neuen Denkens‹ beizustehen«, und zwar »von der Mitte des Schöpfungsglaubens« und der Anerkenntnis der »Kreatürlichkeit der Welt«[77] her.

Vor diesem Hintergrund kann auch das Katholikentagsmotto ›Ich will euch Zukunft und Hoffnung geben‹ des Freiburger Katholikentags 1978 verstanden werden[78]. Dabei nahm die Studie »Grenzen des Wachstums« wiederum großen Raum ein, insbesondere im Forum ›Atomzeitalter – Fortschritt oder Bedrohung‹. Der bayerische Wirtschaftsminister Anton Jaumann[79] nahm die Krisenwahrnehmung seiner Zeitgenossen auf, verknüpfte sie aber auch immer wieder mit »dem generellen Gestaltungsauftrag, der sich aus der Einbindung des einzelnen in eine Verantwortung Gott gegenüber ergibt«[80]. Weithin feststellbar sei, dass viele »mit Skepsis in die Zukunft« blicken und »einer undifferenzierten Sehnsucht nach einer besseren Welt«[81] nachgeben würden. Das aber sei nicht christlich. »Gerade ein Christ hat m. E. die Verpflichtung, die Welt so, wie sie ihm real begegnet, als Gestaltungsaufgabe aus einzelmenschlicher und

---

74 EBD.

75 Vgl. dazu den zeitgenössischen Literaturüberblick mit 190 Titeln in K. SPRECKELMEIER, Theologische Literatur zur Umweltkrise, S. 213–223.

76 KARL LEHMANN (1936–2018). 1956–1964 Studium der Philosophie und Theologie in Freiburg i. Br. und Rom. 1962 Promotion (Dr. phil.). 1963 Priesterweihe. Mitarbeiter von Karl Rahner beim Zweiten Vatikanischen Konzil, Assistent an dessen Lehrstuhl in München und Münster. 1967 Promotion (Dr. theol.). 1968 Berufung zum Professor für Dogmatik in Mainz, ab 1971 in Freiburg i. Br. 1983 Bischofsweihe, bis 2016 Bischof von Mainz. 1987–2008 Vorsitzender der Deutschen Bischofskonferenz. 2001 Erhebung zum Kardinal. Vgl. D. DECKERS, Der Kardinal.

77 K. LEHMANN, Kreatürlichkeit, S. 68.

78 Vgl. dazu und im Folgenden ZdK (Hrsg.), Ich will euch Zukunft und Hoffnung geben.

79 ANTON JAUMANN (1927–1994). Studium der Theologie, Volkswirtschaft und Rechtswissenschaft. 1958–1990 MdL, 1963–1967 Generalsekretär der CSU. 1966–1970 Staatssekretär im Staatsministerium der Finanzen, 1970–1988 Staatsminister für Wirtschaft und Verkehr. Vgl. F. KRAMER, Art. Anton Jaumann.

80 A. JAUMANN, Atomzeitalter, S. 159.

81 EBD.

gemeinschaftlicher Verantwortung heraus zu begreifen und sich ihr aktiv zu stellen«[82]. Die Lösung bestehe in weiterem Wirtschaftswachstum, das einzig in der Lage wäre, soziale Integration, Fortschritt und Zukunft für die Jugend zu ermöglichen, mithin den Wohlstand zu halten und den sozialen Frieden zu gewährleisten. »Wir brauchen also ein quantitativ wie qualitativ ausreichendes Wirtschaftswachstum, um die vor uns liegenden Probleme lösen zu können und uns den Weg in die Zukunft offenzuhalten«[83]. Wachstumsverzicht sei dagegen »eine auch moralisch höchst fragwürdige Bevormundung«[84].

Im Gegensatz dazu stand in zunehmendem Maß der Gedanke eines alternativen Lebensstils, den einerseits der Münsteraner Fundamentaltheologe Johann Baptist Metz und andererseits der Hauptgeschäftsführer Misereors, Prälat Leo Schwarz[85], propagierten. Metz zufolge brauchte es einen »Wandel in den Prioritäten«, »eine Umkehr«, einen »Weg über eine gesamtkirchliche und gesamtgesellschaftliche, geradezu weltpolitische Umorientierung«[86]. Die Welt sei »durch tiefe, leidschaffende Gegensätze zerrissen, die immer mehr zum apokalyptischen Abgrund zwischen Arm und Reich, zwischen Herrschenden und Beherrschten zu werden drohen«[87]. Das führe bei einigen zu Hass und Fanatismus, bei anderen zu Abwehr und Selbstbehauptung. Dagegen brauche es eine »Umkehr der Herzen«:

> Müssen wir nicht davon ausgehen, daß die den Haß und die Verzweiflung bzw. die Apathie nährenden Gegensätze nur dann in nichtkatastrophischer Weise überwunden werden können, daß also die Armen und Ausgebeuteten nur dann ohne Explosion des Hasses aus ihrem beschädigten, von Anbeginn entstellten Leben heraustreten können, wenn es bei uns, in den reichen Ländern dieser Erde [...] zu einer Revision der Lebensprioritäten kommt [...]?[88]

Bisher aber verharrten die reichen Länder in Untätigkeit ob der Größe der zu bewältigenden Aufgaben. Die Bedrohung sei zwar im Bewusstsein der Menschen angekommen, sie erreiche jedoch nicht die Herzen, »sie erzeugt Depressionen, aber keine

---

82 EBD.
83 EBD., S. 161.
84 EBD., S. 160.
85 LEO SCHWARZ (1931–2018). 1952–1961 Studium der Pädagogik, der Philosophie und der Theologie in Trier, Kalamazoo (USA), Münster. 1960 Priesterweihe. 1962–1970 Seelsorger in Sucre (Bolivien). 1974–1976 Stellvertretender Geschäftsführer des Bischöflichen Hilfswerkes Misereor, 1976–1982 Hauptgeschäftsführer des Hilfswerkes. 1982 Bischofsweihe. 1982–2006 Weihbischof im Bistum Trier und Bischofsvikar für verschiedene Regionen. 1989–1999 Vorsitzender der Deutschen Kommission ›Justitia et Pax‹, später auch Vorsitzender der Europäischen Kommission ›Justitia et Pax‹. Ab 2003 Vorsitzender des Exposure-Dialog-Programms e. v. 2006 Emeritierung, seither zeitweise Seelsorger in Bolivien. Diese Angaben beruhen auf Selbstauskunft.
86 J. B. METZ, Glaube, S. 423.
87 EBD.
88 EBD., S. 424.

Trauer; Apathie, aber keinen Widerstand. Wir werden, so scheint es, immer mehr zu Voyeuren des eigenen Untergangs«[89]. Die Folgen dieser Untätigkeit aber seien keine »abstrakte Zukunftsspekulation«, kein »imaginäres Exerzierfeld eines ästhetischen Radikalismus«, es gehe »ganz konkret um die Frage, ob andere, nämlich unsere eucharistischen Tischgenossen in der einen Kirche, überhaupt eine Gegenwart haben – von der Zukunft noch ganz zu schweigen«[90]. Mit der theologischen Frage nach der Tischgemeinschaft, mit der Frage nach der Einheit einer Kirche, die sich durch immense Unterschiede auszeichnete, stellte Metz die angesprochenen Probleme der Wohlstandsunterschiede, der Armut und des Hungers radikal in den Kontext der Ekklesiologie. Die bedrohte Wirtschaftsordnung führte damit zu einer Bedrohung der Kirche als Gemeinschaft der Glaubenden. Es brauche daher eine deutliche Entscheidung.

> Es mag sein, daß das, was uns die Liebe hier abfordert, wie ein Verrat erscheint, wie ein Verrat an unserem Wohlstand, an unseren Familien und gewohnten Lebensordnungen. Es mag aber auch sein, daß sich gerade an dieser Frage zuerst entscheidet, ob wir Christen sein und bleiben wollen.[91]

Diese Entscheidung aber brauche die »Umkehr«[92] der Christen im Sinne einer Umkehr zum Evangelium und zur Christusnachfolge.

> Dem unmittelbaren Kampf des armen und unterdrückten Volkes dort muß hier ein Kampf gegen uns selbst entsprechen, der Kampf gegen die eingeschliffenen Ideale des Immer-noch-mehr-Habens, des immer noch zu steigernden Wohlstandes; der Kampf gegen die Überdeterminiertheit unseres gesamten Lebens durch Tausch und Konkurrenz, die jede Solidarität und Sympathie nur als Zweckbündnis gleich starker Partner und jegliche Humanität nur als Zweckhumanität zuläßt.[93]

Mit einem ›Weiter so‹ in der Spendentätigkeit sei es nicht getan, so Metz, die »Zumutung der hier geforderten Liebe ist nicht durch das ›Sakrament des Geldes‹ abzugelten«[94]. Auch in der Bewusstseinsbildung müssten die politischen und sozialen Dimensionen der christlichen Verantwortung viel deutlicher werden. Erste »keimhafte Ansätze zur Umorientierung unserer Lebensprioritäten«[95] lasse die Würzburger Synode bereits erkennen.

Hier konnte Leo Schwarz im Forum ›Anders leben, damit andere überleben‹ anknüpfen[96]. Anders zu leben sei vielen Menschen durch Hunger, Krankheit und

---

89 EBD., S. 423.
90 EBD., S. 424.
91 EBD., S. 427.
92 Zum Begriff der Umkehr bei Metz vgl. P. EITLER, »Umbruch« und »Umkehr«, S. 249–268.
93 J. B. METZ, Glaube, S. 426.
94 EBD.
95 EBD., S. 427.
96 Vgl. zu dieser Rede auch die entsprechenden Passagen in Kapitel IV.

Arbeitslosigkeit unfreiwillig aufgezwungen. »Es existiert das ›fremde‹ Leid. Tagtäglich wird es uns in Farbe vorgestellt und in Stereo vorgespielt«[97]. Daneben gebe es auch ein freiwilliges ›Anders-Leben‹, das aber als freiwilliger »Auszug aus den fest geprägten, satten Lebensformen fast unscheinbar«[98] erscheine. Anders zu leben beruhe jedoch auch auf einer langen geschichtlichen Tradition, die Schwarz bei Siddharta Gautama beginnend über Mohammed und Jesus Christus bis Franz von Assisi nachweist. Angesichts der »globalen Grenzsituation« mit ihren ungelösten Problemen der Welternährung, der Rohstoffe, der Umweltverschmutzung und der ideologischen Konfrontationen stelle sich die Frage nach der globalen Weltverantwortung der Christen in verschärfter Weise, wie die »großen Manifeste des ›Anders Leben‹ «[99], die Pastoralkonstitution »Gaudium et spes« und die Enzyklika »Populorum progressio« ebenfalls betont hätten. Das Hilfswerk Misereor, schon in seiner Gründung neben der Hilfe für notleidende Menschen auch als Einladung zur Reflexion des eigenen Lebens angelegt, habe eine »neue Bereitschaft zum ›Anders-Leben‹ «[100] aufbrechen lassen. »Wie viele Menschen sind doch bereit, aus dem rationalen Zweck- und Nützlichkeitsdenken auszubrechen! Der Begriff der Lebensverantwortung taucht auf«[101]. Schwarz sah in diesen Bemühungen vier verschiedene Stufen, wie ›anders zu leben‹ praktisch umzusetzen sei. Zunächst brauche es eine wache Solidarität, mitmenschliche Verantwortung und die Bereitschaft, »die Strapaze der Freiheit und Eigenverantwortung auf sich zu nehmen«[102]. Konkret bedeute dies eine Abkehr vom bisherigen Lebensstil des Deutschen,

> dessen Leben zum Teil darin besteht, bis zu seinem 70. Geburtstag 15 Schweine, 2 Rinder, 2 Kälber, 90 Zentner Kartoffeln, 70 Zentner Fisch, 33.000 Eier, 12 Zentner Brot, 135 Liter Milch, 150 Liter Bier, 19 Liter Wein und 7 Liter Spirituosen zu konsumieren und 2.000 Kalorien zuviel am Tag zu verbrauchen.[103]

Zweitens müssten dann die spürbare Solidarität, eine Einübung in die Armut und echte persönliche Opfer folgen, entgegen der Brecht'schen Überzeugung, wonach die »Sattgefressenen [...] zu den Hungernden von den großen Zeiten, die kommen werden«[104], sprächen. Drittens verbinde sich dann mit dieser Solidarität die persönliche Kontaktaufnahme, das »Zusammenfinden von Gleichgesinnten, die Brücken schlagen zu den Armen der Dritten Welt«[105]. Die vierte Stufe schließlich sei das volle

---

97   L. Schwarz, Anders leben, damit andere überleben, S. 517.
98   Ebd.
99   Ebd., S. 526 f.
100 Ebd., S. 528.
101 Ebd., S. 529.
102 Ebd., S. 531.
103 Ebd., S. 530.
104 Ebd., S. 531.
105 Ebd.

Teilen und Leben mit den anderen, der »absolute Verzicht auf alle Privilegien«, die »volle Identifikation«[106]. Diese christlich grundgelegte und durch die als krisenhaft wahrgenommenen globalen Dynamiken als dringlich eingestufte Lebensstilrevolte fiel insbesondere in der jungen Generation auf fruchtbaren Boden und wurde von BDKJ und Misereor Ende der 1970er Jahre intensiv in den Fastenaktionen als Bewältigungsmuster propagiert[107].

c) Fern und nah

Mit der Studie »Die Grenzen des Wachstums« und ihrer deutlichen Rezeption war im weiten Kontext einer allgemeinen gesellschaftlichen Krisenwahrnehmung die zuvor eher diffuse Bedrohungslage evident geworden[108]. Ölkrise, Welternährungskrise und die zunehmenden globalen Interdependenzen fügten sich zusammen in ein allgemeines Krisenempfinden, das als Beginn einer Globalisierungskrise beschrieben wurde. Hinsichtlich der Frage der Welternährung bedeutete dies, wie ein Kommentar im »Deutschen Allgemeinen Sonntagsblatt« zeigt, dass es spätestens »seit 1973 [...] nicht mehr erlaubt [war], Einzelprobleme wie das der Ernährung zu isolieren«[109]. Hunger und soziale Verelendung einer rasant wachsenden Bevölkerung in den »Entwicklungsländern« wurden damit zu einer Bedrohung des westlichen Wohlstandes und führten darin zu einer fundamentalen Systembedrohung. Der ferne Nächste war nun nicht mehr fern, vielmehr erkannten die Akteure ein neues ›Zusammengehörigkeitsgefühl‹, das Vesper im Bild des »Bootes«[110] ausdrückte. Das aber hatte fundamentale Rückwirkungen auf die Kirche als Gemeinschaft der Glaubenden, die Johann Baptist Metz in seiner Rede von der bedrohten Zukunft der Tischgemeinschaft, an der wenige viel, viele nur wenig partizipieren könnten, verdichtet auf den Punkt brachte. Den deutschen Katholizismus nämlich setzte diese Bedrohungskonstellation gleichsam doppelt unter Druck: einerseits das menschliche Zusammenleben und seine Sicherungssysteme, nun aber – im Gegensatz zu den langen 1960er Jahren – auch das theologische Deutungsschema einer guten, gottgewollten Ordnung der Welt und die entsprechende religiöse Praxis von Kult und Caritas.

In den nun folgenden drei Teilkapiteln III.2 bis III.4 soll diese These entfaltet und ihre Folgen für den deutschen Katholizismus exemplarisch herausgearbeitet werden. Zu zeigen ist zunächst am Beispiel der Hungerkatastrophe in der Sahel-Zone, wie diese neue Bedrohungssituation zunehmend bisherige Handlungsmuster unsicher machte (2). Dann zeigen exemplarisch die Entstehung einer entwicklungspolitischen Konzeption der CDU, die massive Kritik an der Arbeit der Hilfswerke Misereor und Adveniat

---

106 EBD., S. 532.
107 Vgl. Kapitel III.4.
108 Vgl. dazu M. H. GEYER, Politische Sprachkritik, S. 257–274.
109 Brotkrümel für die Welt, in: DEUTSCHES ALLGEMEINES SONNTAGSBLATT, 23.6.1974, zit. nach: H. WIETERS, Debatten über das »Welternährungsproblem«, S. 233.
110 M. VESPER, Misereor und die Dritte Welt, S. 176.

und an der katholischen Entwicklungsarbeit insgesamt, wie die Bedrohungssituation und die unsicheren Handlungsroutinen Ordnungsschemata infrage stellten (3). Im letzten Schritt sind am Beispiel des Lüdinghausener Modells, des Lehrerarbeitskreises im Hilfswerk Misereor und des Entwicklungspolitischen Kongresses des ZdK im Januar 1979 methodische wie inhaltliche Neukonfigurierungen der bedrohten Ordnung zu zeigen (4). Dabei ereigneten sich diese, zusammengefasst als Bewältigungshandeln zu bezeichnenden Prozessen im deutschen Katholizismus alles andere als konfliktfrei. Die schon zuvor teils schemenhaft, teils offensichtlich gewordenen Konflikte zwischen Generationen um den Gestaltungsauftrag der Kirche und um die Ausrichtung der kirchlichen Entwicklungsarbeit brachen hier nun offen auf.

2. Unsichere Handlungsoptionen: Der Hungergürtel im Sahel und in Äthiopien

> 1973 wurde für viele Menschen im ›Sahel‹ wieder ein Katastrophenjahr. Betroffen waren vor allem die Länder Senegal, Mauretanien, Mali, Obervolta, Niger und Tschad, weiter im Osten Äthiopien. Unter den Auswirkungen der ungewöhnlichen Dürre litten aber auch der Norden Nigerias, Gebiete in Dahomey, Togo, West-Sudan und in Kenya. Manche Gebiete hatten seit 6 Jahren keinen Regen mehr erlebt. Man schätzt die Zahl der betroffenen Menschen auf rund 20 Millionen. Das entspricht fast der Gesamtbevölkerung der Sahel-Staaten (Äthiopien zählt nicht hierzu). Nachrichten über die bedrohliche Dürre mit ihren unmittelbaren Gefahren für Mensch und Tier wurden in der europäischen Presse bereits 1972 hin und wieder veröffentlicht.[111]

Nachdem durch die gesamtgesellschaftlichen Schwerpunktverschiebungen der späten 1960er und frühen 1970er Jahre die Probleme der »Dritten Welt« einerseits durch das Engagement linker Gruppen verstärkt ins Blickfeld geraten waren, andererseits damit aber eine Themenverschiebung einherging, die die Probleme vor allem im Kontext ungerechter, benachteiligender Strukturen der Weltwirtschaft verhandelte, mithin die in den 1950er und 1960er Jahren dominierenden Themen Hunger, Armut und Elend nun eher als Symptome zugrundeliegender Ungerechtigkeiten wahrgenommen wurden, rückte Mitte der 1970er Jahre noch einmal eine Hungerkatastrophe massiv ins öffentliche Bewusstsein, die durch bedrohliche Dürren in den Ländern der sogenannten Sahelzone ausgelöst worden war[112]. Im Frühsommer 1973 erfuhr die deutsche

---

111 G. SPECHT, Dürrekatastrophe in Afrika, S. 169.

112 Die Sahelzone (oder nur Sahel) ist die langgestreckte semiaride Übergangszone vom eigentlichen Wüstengebiet der Sahara bis zur Trocken- bzw. Feuchtsavanne im Süden und umfasst Gebiete der Staaten Senegal, Mauretanien, Mali, Burkina Faso, Niger, Nigeria, Tschad, Sudan, Eritrea und Äthiopien. Zur Sahelzone und den Ursachen der Dürren vgl. etwa IFO (Hrsg.), Dürren in Afrika; IFO (Hrsg.), Nach der Dürre; H. RITTER, Sahel; T. KRINGS, Sahelländer; zu den einzelnen Staaten vgl. auch F. NUSCHELER / D. NOHLEN, Handbuch der Dritten Welt (Bd. 5).

Öffentlichkeit langsam vom Ausmaß der Katastrophe. Zugleich wurde eine weitere Hungerkatastrophe in Indien bekannt, die jedoch nicht die gleiche Publizität erzielen konnte, wie die Sahelkatastrophe[113]. Das Bewältigungshandeln beider Katastrophen innerhalb des deutschen Katholizismus wies dabei sehr schnell deutliche Unterschiede zur Bewältigung der Biafra-Katastrophe auf, die erkennen lassen, wie die veränderte Bedrohungslage Handlungsroutinen unsicher und Neukonfigurierungen notwendig machte.

a) Die Verständigung über den Status quo
Die Verständigung über den Status quo lässt sich in den Publikationen und Akten sowie in den zahlreichen Spendenaufrufen deutlich erkennen. Im Frühsommer 1973 wurde die Katastrophe in der deutschen Öffentlichkeit bekannt, nachdem erstmals im März 1973 die KNA eine Meldung französischer Hilfswerke aufgenommen hatte, wonach sich die Wüste ausdehne, die Länder der Sahelzone »die größte Trockenheit seit 60 Jahren« erlebten und »[h]underttausende von Menschen [...] in Todesnot«[114] seien. »Deshalb müsse die französische Bevölkerung ein Zeichen ihrer Solidarität mit den afrikanischen Völkern setzen und die größte Not lindern helfen«[115]. Bezeichnend ist, dass der Appell der Hilfswerke die eigene Schuld an der Unterentwicklung dieser Staaten aufgriff, die die Lage nun noch verschlimmere.

Die Sahelzone war freilich nicht zum ersten Mal vor das Problem des Hungers gestellt:

> Die Geschichte Afrikas, besonders der ›Sahel-Zone‹, [...] berichtet immer wieder von langanhaltender Dürre infolge gänzlich ausgebliebener oder zu geringer Niederschläge. In normalen Jahren fallen durchschnittlich 200–400mm Niederschläge. Folgen mehrere Trockenjahre unmittelbar aufeinander, dann hat das katastrophale Auswirkungen auf die Bevölkerung. Das Vieh findet keine Weiden mehr, die Aussaaten verdorren, die Ernten bleiben aus, die Menschen dürsten und hungern. Allein in unserem Jahrhundert werden solche Dürrekatastrophen in der Sahel-Zone aus den Jahren 1910–13, 1933–34 und 1940/41 berichtet.[116]

Auch in den 1960er Jahren verdichteten sich die Anzeichen einer aufziehenden Krise, da über sechs Jahre lang kein Regen gefallen war; die Anzeichen waren jedoch nicht bekannt geworden. Der Referent der Auslandsabteilung führte dafür zwei wesentliche Faktoren an. Einerseits hätten betroffene Staaten erst Alarm geschlagen, als es bereits zu spät war. »Vielleicht hofften sie zu lange auf eine natürliche Besserung der Lage. Vielleicht hielt sie ihr Stolz ab, vor der Welt als Hilfesuchende aufzutreten. Vielleicht war im Lande selbst das ganze Ausmaß der Katastrophe bis zuletzt nicht richtig

---

113   Vgl. etwa immer wieder wiederkehrende Kurzmeldungen in der KNA: KNA 281/VII/73, 26.7.1973.
114   Hierzu und im Folgenden: N. N., Die Wüste dehnt sich aus, in: KNA 442/73/III, 29.3.1973.
115   EBD.
116   G. SPECHT, Dürrekatastrophe in Afrika, S. 169.

bekannt«[117]. Andererseits hätten einige Länder schon relativ früh auf die Katastrophe aufmerksam zu machen versucht. »Der Erfolg war gering. Offenbar nahm man die Hilferufe aus diesen Ländern, die zu den ärmsten in der Welt gehören, nicht übermäßig ernst. Die Not dort war zu bekannt, als daß sie besonderes Aufsehen hätte erregen können«[118]. Damit war die besondere Bedeutung der medialen Vermittlung und der schockierenden Bilder angesprochen, die auch im Biafra-Fall offensichtlich geworden war:

> Erst als auf den Fernsehschirmen die Bilder durch Hunger und Durst entkräfteter Menschen, die Kadaver massenweise verendeten Viehs und die Risse ausgetrockneter Flußbetten und Seen erschienen, dämmerte uns eine Ahnung der Tragödie, die sich in den Halbwüsten Afrikas abspielte.[119]

Insbesondere die Viehnomaden waren betroffen, weil sie weder Weideland noch Wasser fanden. »Die Trockenheit eilte den Herden auf ihrem Zug nach Süden voraus, überrollte sie und ließ Millionen Skelette am Weg zurück«[120]. Damit zerstörte die Dürre die Existenzgrundlage tausender Nomaden der Sahelzone, die daran nicht ganz unschuldig gewesen wären, da jahrelang auf die zu großen Herden hingewiesen worden war, die das Gleichgewicht der Natur gestört hatten. »Der Pflanzenbestand konnte sich nicht mehr regenerieren, der Boden erodierte. Als die Niederschläge über mehrere Jahre ausblieben, war die Katastrophe da«[121].

In ähnlicher Weise klärte die Bundesleitung der DPSG ihre Mitglieder über den Zustand im Sahel auf, als sie im Juni 1973 dazu aufriefen, in »Blitzaktionen«[122] Hilfe zu leisten: »Seit fünf Jahren ist in Westafrika kein Regen gefallen. In zahlreichen Ländern herrscht eine für uns kaum vorstellbare Hungersnot, von der mehrere Millionen Menschen betroffen sind. Diesen muß dringend Hilfe gebracht werden, um sie vor dem Tode zu bewahren«[123]. Die Nahrungsmittelhilfe sei bisher unzureichend gewesen. 320.000 Tonnen Getreide würden benötigt, um die kritische Lebensmittelknappheit zu überwinden, dazu auch Transportmittel zur Verteilung der Hilfen. Das Vieh verende vor Durst oder müsse notgeschlachtet werden, nicht einmal die Bauern könnten

---

117   EBD.

118   EBD., S. 170.

119   EBD.

120   EBD.

121   EBD.

122   Dazu und im Folgenden: Bundesleitung der DPSG, Referat für Entwicklungsfragen, September 1973 an die Mitglieder betr. Blitzaktion Hungerhilfe Afrika, in: ADCV, AA 187.1 sahe-01, Fasz. 01, 1973–1974.

123   Mitteilungen der DPSG-Bundesleitung Nr. 4/1973, 3.6.1973, in: ADCV, AA 187.1 sahe-01, Fasz. 01, 1973–74.

ihre Familien ernähren. »Eine Mutter bot Zwillinge zum Verkauf an, weil sie diese nicht ernähren konnte«[124], so die Hintergrundinformationen an die Pfadfinder.

Aus einem Bericht des ehemaligen Rottenburger Domkapitulars Eberhard Mühlbacher[125], nach langjähriger Tätigkeit als bischöflicher Sekretär Ordinariatsrat für weltkirchliche Aufgaben in der Diözesanleitung der Diözese Rottenburg-Stuttgart, lässt sich, da Mühlbacher die Region selbst besucht hatte, eine noch genauere Zustandsbeschreibung entnehmen.

> Die diesjährige Ernte (soweit überhaupt möglich) reicht nicht aus. Man rechnet damit, daß die Ernte jetzt von gewinnsüchtigen Händlern aufgekauft und eingelagert wird, um sie demnächst teurer wieder zu verkaufen. Hunger und Unterernährung herrschen aber auch in anderen Provinzen [...]. Davon darf offiziell nicht gesprochen werden. Insbesondere Eritrea ist wegen der politischen Unruhe (Liberationsfront – liberation front) von direkten Hilfsmaßnahmen abgeschnitten. [...] Die Notsituation wird weitergehen. Es ist zwar Regen gefallen, in einigen Gebieten, in anderen geht die Dürre weiter. Es fehlt fast überall an einfachsten Wasserversorgungsprojekten.[126]

Stellten diese Situationsanalysen vor allem auf die Lage vor Ort ab, zogen die deutschen Bischöfe in ihrem Aufruf zur Fastenaktion 1974 eine beeindruckende Verbindung zum eigenen westdeutschen Wohlstand. Das Zerbrechen eines »Idealbild[es] eines unaufhörlich wachsenden Wohlstandes«[127] in Westdeutschland, in dem »Energie zur Mangelware«[128] wurde, verbanden sie mit den afrikanischen Dürregebieten, in denen »Millionen von Menschen vor dem Hungertod [stünden], weil der Regen ausblieb«[129]. Das führe dazu, sich neu bewusst zu werden, »daß wir Menschen auf dieser Erde ohne mehr Gerechtigkeit, Solidarität und Liebe nicht leben können«[130]. Nach dem Vorbild Jesu, der in die Welt gekommen sei, um zu dienen, sei »den Notleidenden und Unterdrückten Solidarität und Liebe zu geben und zu mehr sozialer Gerechtigkeit beizutragen. Nur so werden wir wahrhaft dienend wandeln mit Gott«[131]. Aus dem jesuanischen Vorbild des Dieners der Menschen leiteten die Bischöfe hier nun zunächst einmal die Handlungsempfehlungen ab, Solidarität und Nächstenliebe zu üben. Zugrunde lag eine als ungerecht, unsolidarisch und lieblos wahrgenommene Ordnung, die mit den empfohlenen Aufträgen zu verbessern sei. Ähnlich lässt sich auch das Schreiben Papst Pauls VI. an den Präsidenten des Päpstlichen Rates »Cor

---

124   Ebd.
125   Vgl. dazu Kapitel IV.
126   Herbert Czaja an Bruno Heck, 15.1.1974, in: ADCV, AA 187.1 sahe-01, Fasz. 01, 1973–1974. Vgl. auch: KNA 304/I/74, 22.1.1974.
127   Aufruf der deutschen Bischöfe zur Fastenaktion Misereors 1974, in: MAA, Sammlung Misereor-Materialien 1974.
128   Ebd.
129   Ebd.
130   Ebd.
131   Ebd.

Unum«, Jean Kardinal Villot[132], interpretieren. Der Papst erkannte in der Sahelkatastrophe symptomatisch eine weltweite Erscheinung:

> Es handelt sich nicht nur um einige Länder Westafrikas, wo die Lage besonders ernst ist, sondern auch um weite Gebiete anderer Kontinente. Wir sehen uns hier einer weltweiten Erscheinung gegenüber, die durch ihre ständig wachsenden Ausmaße mit Recht all jene immer stärker beunruhigt, die ein offenes Herz für die Not der anderen haben und die die Gegenwart und Zukunft unserer Erde sowie die Probleme der gesamten Menschheitsfamilie aufmerksam beobachten.[133]

Daher, so der Papst, müsse »auch die Liebe neue Dimensionen annehmen; sie muß unter den Nationen weltweit werden: ›Dilatentur spatia caritatis‹ – ›Die Räume der Liebe mögen sich erweitern‹!«[134] Diese neue Dimension zu verwirklichen war, so der Aufruf der DPSG, eine Verpflichtung, »[d]ie lebensbedrohende Gefahr, der ganze Völker ausgesetzt sind, erfordert [...] sehr viel mehr und vor allem schnelles Handeln«[135].

So zeigt sich bereits in der Beschreibung des Status quo eine fundamental andere Perspektivierung als noch im Biafra-Konflikt. Nicht mehr allein die fernen Hungernden galt es, durch Nahrungsmittelhilfen zu ernähren. Vielmehr rückten die vielfältigen politischen und wirtschaftlichen Ursachen der Sahelkatastrophe als einem Teil der ersten Welternährungskrise zwischen 1972 und 1975 in den Blick und damit die »Deutungsmuster, die das koloniale Erbe oder neo-koloniale Machtstrukturen verantwortlich machten«[136]. Die Tatsache also, hier kein isoliertes Phänomen vorzufinden, sondern die Folgen einer interdependenten Weltwirtschaft, die ihre Visualisierung nun im Hungergürtel der Sahelzone fand, führte zur Einsicht einer globalen Bedrohung des westlichen Wohlstandes. Diese Verschiebung hatte auch Auswirkungen auf die visuellen Repräsentationen. Die Bilder von Hungeropfern konnten in diesem Fall kaum eingesetzt werden, hätte man damit doch eingestanden, zu spät gekommen zu sein. »Bilder von Hungeropfern alarmieren zwar und sind geeignet, um nach kurzfristiger humanitärer Hilfe zu rufen«[137], die ikonischen Opferbilder fehlen aber aus der Sahelzone. Allenfalls finden sich Fotos aus der parallelen äthiopischen Katastrophe.

---

132   JEAN KARDINAL VILLOT (1913–1968). Studium an der Sorbonne und am ›Institut catholique‹ in Paris. 1939 Priesterweihe. 1948 Promotion. Ab 1949 Mitarbeiter der französischen Abteilung des vatikanischen Staatssekretariates unter Montini. 1959 Bischofsweihe, 1961 Koadjutor in Paris, 1966 Erzbischof von Paris. 1965 päpstliche Genehmigung zum Einsatz von Arbeiterpriestern. 1967 Erhebung zum Kardinal. Vgl. A. RAFFELT, Art. Jean Villot, S. 279.

133   Papst Paul VI. an den Präsidenten des Päpstlichen Rates ›Cor Unum‹ Kardinal Jean Villot, o. D., in: ADCV, AA 187.1 sahe-02, Fasz. 02, 1973–1974.

134   EBD.

135   Mitteilungen der DPSG-Bundesleitung Nr. 4/1973, 3.6.1973, in: ADCV, AA 187.1 sahe-01, Fasz. 01, 1973–1974.

136   F. RAUH, Tierkadaver im Wüstensand, S. 157.

137   EBD., S. 159.

Vielmehr spricht Rauh im Sahelfall von einer »Dürreästhetik«[138] mit einigen wenigen toten Tierkadavern oder verdorrten Pflanzen in der Weite der Wüste. »Wenn Menschen vorkommen, sind sie häufig klein, am Boden kauernd, oder in der Ferne zu sehen; sie sind der Dürre machtlos ausgesetzt«[139].

b) Szenario

Aus diesen Visualisierungen ergaben sich bereits erste Szenarien, ebenso aus der Verwendung des Katastrophenbegriffs, noch dazu in der augenscheinlichen Häufigkeit, wie sie etwa im Bericht für das »Caritasjahrbuch« feststellbar ist. Schon die Überschrift stellte das katastrophische Szenario vor Augen. 1973 sei als Katastrophenjahr zu interpretieren, das tausende Nomaden in ihrer Existenz getroffen habe[140]. Auch die DPSG erzeugte schon auf der semantischen Ebene durch die Verwendung der Begriffe »Hungersnot«, »Katastrophe«, »lebensbedrohliche Gefahr, der ganze Völker ausgesetzt sind«, »Hungertod« und »Massensterben«[141] eine Dringlichkeitsevidenz, die sich auch in den Ausführungen des Diakonischen Werkes wiederfindet, das, vergleichbar zum Biafra-Konflikt, umfangreiche Rundschreiben zum ›Dürregürtel Afrika‹ an ihre Glieder versandte:

> In der von der Dürrekatastrophe heimgesuchten Sahel-Zone in Afrika hat sich die Notsituation leider weiter verschärft. Fachleute der Uno-Organisationen rechnen damit, daß jetzt ungefähr 13 Millionen Menschen in diesem Gebiet unmittelbar von der Hungersnot betroffen sind. Die Verteilung der Hilfsgüter aus den überlasteten westafrikanischen Häfen wird durch eine mangelnde Koordination und durch die eintretenden Regenfälle, die viele Straßen in das Landesinnere unpassierbar machten, äußerst erschwert.[142]

In der KNA wurden »täglich 500 Hungertote« befürchtet: »Der Vatikansender appellierte an die Solidarität der Industrieländer, zur Lösung der schwerwiegenden Probleme beizutragen«[143]. Fünf von sieben Kindern fielen dem Hungertod zum Opfer. Flankiert wurden diese Zahlen von den bereits angesprochenen Bildern, insbesondere in der Wochenzeitung »Die Zeit«, die mit einem Magazin zur Sahelkatastrophe eindrückliche Bilder ins Bewusstsein der deutschen Öffentlichkeit brachte. »Dürre, Hunger, Tod. Berichte über die afrikanische Tragödie am Südrand der Sahara«[144], so war das Magazin betitelt worden. »Die Dürre hat dieses Land besiegt, auch wenn die Menschen überleben. Noch überleben sie, denn wenn es regnet, im August, und die

---

138 EBD., S. 160.
139 EBD.
140 Vgl. G. SPECHT, Dürrekatastrophe in Afrika, S. 169.
141 Mitteilungen der DPSG-Bundesleitung Nr. 4/1973, 3.6.1973, in: ADCV, AA 187.1 sahe-01, Fasz. 01, 1973–1974.
142 Rundschreiben Nr. 2, 9.8.1973, gez. Hahn/Geißel, in: ADCV, AA 187.1 sahe-01, Fasz. 01, 1973–1974.
143 Dazu und im Folgenden: N. N., Täglich 500 Hungertote, in: KNA 37/74/II, 4.2.1974.
144 Peter SCHILLE / Horst MUNZIG, Die afrikanische Tragödie, in: ZEIT-Magazin, Nr. 30, 20.7.1973, S. 10.

Straßen im Schlamm versinken, werden auch sie verhungern, wie ihre Kamele und ihre Rinder und Schafe«[145]. Resignativ schloss das Magazin: »Nichts wird sich ändern in Westafrika, solange nicht die Industrieländer des Westens, die gönnerhaften Geber begriffen haben, daß die erbarmungswürdigen Staaten der Dritten Welt auch dann ernst zu nehmen sind, wenn es regnet«[146]. Im November 1973 stellte eine Reportage in »Die Zeit« das Ausmaß der Hungerkatastrophe in Äthiopien drastisch vor Augen, die von der staatlichen Führung zu vertuschen gesucht würde[147]. Der Reisebericht aber sprach eine andere Sprache. »An beiden Seiten der Straßen liegen Tierkadaver und bleiche Knochen. Wir sehen Geier und Hyänen beim Fraß«[148]. Die Lebenden seien ebenso erschreckend anzusehen, die Augen wirkten »in den ausgemergelten Gesichtern noch größer, die Physiognomien erinnern an Auschwitz und Dachau«[149]. Im »Caritasjahrbuch« wurde sogar davor gewarnt, dass »das berüchtigte Elend der Ibos [sic!] im Biafrakrieg [...] weit übertroffen«[150] werde. Auch die FAO warnte vor einer immer bedrohlicheren Lage im Sahel, mit der »Gefahr der ›größten Katastrophe Westafrikas‹«[151].

Damit folgten die Darstellungen dem so genannten »Opfermodell«[152], das von der Passivität und Hilflosigkeit der Betroffenen ausgeht, wie sie die Visualisierung eines kleinen Menschen in einer grenzenlos scheinenden Wüste verdeutlichten. Um nicht in Resignation zu verfallen, mischten sich in diese Dürreästhetik Bilder äthiopischer Hungernder, die nach den stereotypen Opfermotiven funktionierten. Sterbende Kinder mit übergroßen Augen blickten in die Kamera.

> Manche Printmedien [...], aber auch Fernsehreportagen, vermitteln durch die Macht suggestiver Bilder von verhungernden Kindern den Eindruck von ausweglos erscheinenden Situationen und verstärken den ohnehin in der westlichen Welt weit verbreiteten ›Afrika-Pessimismus‹.[153]

Das Szenario millionenhaft hungernder Menschen verstärkte sich noch, da durch die Bodenerosionen und den abgesenkten Grundwasserspiegel, durch den Wegfall von Ernten und Viehherden auch die längerfristige Existenz vieler Nomaden bedroht war.

---

145   EBD.
146   EBD.
147   Vgl. dazu G. HÖLTER, Hungersnot in Äthiopien, S. 174–176.
148   Heiko GEBHARDT, Elender als die Tiere, in: DIE ZEIT, Nr. 48, 23.11.1973, URL: http://www.zeit. de/1973/48/elender-als-die-tiere (Stand: 1.5.2018).
149   EBD.
150   G. HÖLTER, Hungersnot in Äthiopien, S. 174.
151   N. N., Dürre und Hunger im Sahel-Gebiet immer bedrohlicher, in: KNA 287/VII/73, 27.7.1973.
152   T. KRINGS, Sahelländer, S. 67.
153   EBD.

Wie vorhergesehen, blieb die Ernte in den von der Dürre betroffenen Gebieten Afrikas trotz intensiver Bemühungen weit hinter den Erwartungen zurück [...]. Das bedeutet, daß die Lage nach wie vor als sehr ernst angesehen werden muß und sich für diese Länder schwerwiegende Konsequenzen für die weitere Zukunft ergeben.[154]

Das »Zeit-Magazin« veranschlagte acht Jahre, die es dauern würde, »bis sich die Herden der Tuareg und der Peuhl regeneriert haben, zehn Jahre werden vergehen, ehe die Republik Niger wieder ein florierender Staat sein wird«[155]. Aus diesem Grund setzten schon früh neben sofortigen Nothilfen auch Überlegungen zur langfristigen Aufbauhilfe ein, die in Fotos von Nahrungsmittelverteilungen, Lastwagenkolonnen und Brunnenbauprojekten für die Spender visualisiert wurden. Rauh konnte dabei zeigen, dass die FAO in ihren Publikationen auch in diesem Fall noch ein »in sich abgeschlossenes Hunger-Hilfe-Narrativ« prägte, das »Ursache, Wirkung und Überwindung von Hunger im Sahel erzählt«[156]. Im Gegensatz dazu durchbrach die Schweizer Caritas 1977 dieses Narrativ einer einfachen Kausalkette und führte die Katastrophe zurück auf asymmetrische Beziehungen und Abhängigkeiten der internationalen Wirtschaft. »Hungerhilfe wird mit dieser Begründung von einem technischen zu einem zumindest indirekt politischen Engagement, ohne dass *Caritas* [Hervorhebung im Original] selber als politischer Akteur hätte in den Ring steigen müssen«[157]. Allerdings, und darauf wird auch im Weiteren immer wieder zurückzukommen sein, zeigte sich in kirchlichen Publikationen ein Unterschied zwischen Text- und Bildnarrativ. Die schriftlichen Äußerungen brachen die einfachen Kausalketten auf, nahmen komplexere Ursachen und entwicklungstheoretische Diskurse in den Blick, während die Bildnarrative bei den einfachen Kausalketten blieben, mit dem Ziel einer Komplexitätsreduktion: »Obwohl die Ursachenerklärungen vielfältiger werden, beweisen die Bilder dem lesenden Publikum, dass die Hilfswerke handlungsfähig bleiben«[158]. Diese Diskrepanz verdeutlicht zunächst die (spenden-)strategische Arbeit der Hilfswerke, sie ist in diesem Zusammenhang aber ebenso ein Beleg, dass die bisher geltenden Routinen der Spendensammlung kaum mehr funktionierten.

c) Handlungsempfehlungen

Auch bei den Handlungsempfehlungen lassen sich Diskrepanzen erkennen. Die Spendenmotivierungen Misereors klangen denen im Biafrafall noch sehr ähnlich: »Auch sie [die Menschen der Sahelzone, der Verf.] sind unsere Brüder und Schwestern«[159], so

---

154 Rundschreiben Nr. 5, 5.11.1973, in: ADCV, AA 187.1/6 sahe-02, Fasz. 01.
155 Peter SCHILLE / Horst MUNZIG, Die afrikanische Tragödie, in: ZEIT-Magazin, Nr. 30, 20.7.1973, S. 10.
156 F. RAUH, Tierkadaver im Wüstensand, S. 160.
157 EBD., S. 165.
158 EBD., S. 167.
159 Erwin MOCK / Siegfried BAUMGARTNER, Dürrekatastrophe in Westafrika, in: MAA, Sammlung Misereor-Materialien 1973, S. 8.

Misereor. Aus dem Zustand in der Sahelzone und dem drohenden Szenario ergebe sich die »zwingende Aufgabe, den zuständigen staatlichen Stellen eindringlich die Notwendigkeit einer wirksamen Hilfe vor zu führen«[160] und zwar aus folgendem Grund: »Eingedenk des Auftrages des Herrn, die Hungernden zu speisen und den Durstenden zu trinken zu geben, sind wir aber auch als einzelne zu einem großherzigen Opfer für die vom Hungertod bedrohten Menschen aufgerufen«[161].

Um die Szenarien zu verhindern, sich dem millionenfachen Hungertod der Menschen im Sahel entgegenzustemmen, riefen die Hilfswerke und Verbände zu umfangreichen Spenden auf. »Im Auftrag des Papstes hatte ›Cor Unum‹ am 11. Mai 1973 zu weltweiter Hilfe für die Dürregebiete in Afrika aufgerufen. Papst Paul VI. selbst forderte am 27. Mai 1973 in seiner sonntäglichen Ansprache zu weiteren Hilfen großen Umfangs auf«[162]. Aus dem Biafra-Fall hatte man insofern gelernt, als dass die Hilfsmaßnahmen schon früh koordiniert durch einheimische kirchliche Stellen abliefen, die durch Kenntnis der Geografie und der aktuellen Situation schnell helfen konnten. Die »wohlstrukturierten einheimischen Caritasverbände« boten »besonders gute Ansatzpunkte«[163] für eine zügige Verteilung der Hilfsgüter. »In der Bundesrepublik hatten sich die Mitglieder des Katholischen Katastrophenrats (DCV, Adveniat, Malteser Hilfsdienst, Misereor, Missio, Verband der Diözesen) am 17. April 1973 mit der Dürrekatastrophe befasst«[164]. Die deutsche Bischofskonferenz setzte für den 29. Juli 1973 eine Sonderkollekte an, der eine »vielbesuchte Pressekonferenz«[165] voranging. Auch hier wurden kurzfristige Soforthilfe und langfristige Aufbauhilfe verbunden:

> [D]ie Soforthilfen zur Rettung des Lebens hätten dabei zunächst Vorrang. Doch müßten möglichst schnell auch Hilfen eingeleitet werden, die eine gründliche Änderung der Situation bewirken können, sowohl die Soforthilfe als auch die langfristigen Maßnahmen erforderten hohe Geldmittel, die nur aufgebracht werden könnten, wenn sich die gesamte Menschheit solidarisch zusammenfinde.[166]

Vordergründig also verfolgte der Caritasverband die Strategie, auf die er auch in Biafra gesetzt hatte: Spenden sammeln, eine Luftbrücke zum Transport der Lebensmittel organisieren und Nothilfe leisten[167]. Aus den Darstellungen des Jahrbuchs aber ergibt sich, dass die langfristige Aufbauhilfe von Beginn an einen Schwerpunkt der Arbeit bedeutete.

---

160 EBD.
161 EBD.
162 G. SPECHT, Dürrekatastrophe in Afrika, S. 171.
163 EBD., S. 172.
164 EBD., S. 171.
165 EBD.
166 N. N., Katholiken helfen in Dürregebieten, in: KNA 281/VII/73, 26.7.1973.
167 Vgl. Rundschreiben des Diakonischen Werkes Nr. 2, 9.8.1973, in: ADCV, AA 187.1/6 sahe-02, Fasz. 01.

Das ganze Jahr 1974 wird noch unmittelbare Katastrophenhilfen für die Menschen in der Sahel-Zone notwendig machen. Eine Katastrophe vom Ausmaß dieser Dürre in Afrika wirkt lange nach. Sie hat Staaten in Existenzkrisen gestürzt. An Plänen für lebensnotwendige Aufforstungen, Wasserprogramme, rationelle Vieh- und Weidewirtschaft, Seßhaftmachung von Nomaden, ausgearbeitet von den afrikanischen Staaten selbst, von EWG, UNO und FAO, von Regierungen und Hilfsorganisationen, fehlt es nicht. Zum Teil verstauben sie schon seit Jahren in Schubladen. Der Schock, den diese Katastrophe ausgelöst hat, muß genutzt werden.[168]

Der Caritasverband forderte als langfristige Folge die Änderung der sozialen Strukturen im Sahel. »Chancen für die Menschen im Sahel liegen nur im Wandel. [...] Fremde Hilfe, bei Hungersnöten ohne Gegenleistung verteilt, weckt keine Bereitschaft zur Selbsthilfe«[169]. Diese Weckung der Selbsthilfe sei nur über eine Gemeinwesenarbeit zu bewältigen. »Das Gesamtziel im Sahel heißt Rückgewinnung und Erhaltung der Lebensräume. Die notwendigen Mittel dafür sind [...] eine Veränderung der Wertsysteme und Verhaltensweisen der Menschen«[170], die die Europäer durch ihre Einwirkungen außer Kraft gesetzt hätten. Deshalb müssten die neuen Wertsysteme und Verhaltensweisen von den Betroffenen selbst ausgehen. »Die außerordentliche Notsituation kann die Bereitschaft zu Veränderungen unterstützen«[171]. Dabei sei eine ökonomische Verbesserung erstes Ziel, danach »sollen besondere Akzente auch auf die Bereiche Gesundheitsvorsorge, Ernährungslehre und Hauswirtschaftslehre gelegt werden«[172].

Den DPSG-Gruppen empfahl die Bundesleitung einerseits Aktionen zur Bewusstseinsbildung, andererseits die klassischen Geldsammlungen. Vorschläge waren, »[d]ie örtliche Presse mit Informationen [zu] beliefern (zum Beispiel wenn der Trupp eine Aktion startet, wenn die Caritas eine Sammlung veranstaltet, wenn in den Sonntagsmessen darüber gepredigt werden soll ...) und um Veröffentlichung bitten« oder

> Informationswände [zu] malen, auf denen die Situation in Westafrika dargestellt wird. [...] Die Passanten in Gespräche verwickeln, ihnen Flugblätter in die Hand drücken und mit ihnen darüber reden. Zu konkretem Handeln auffordern: Sagen Sie es weiter! Oder: Spenden Sie! Oder: unterschreiben Sie bitte einen Aufruf an die Bundesregierung.[173]

Bei den Straßensammlungen müssten unbedingt Informationen über den Hunger mitgeliefert werden. Die DPSG betonte also die Bildungsarbeit, ohne freilich die

---

168 G. Specht, Dürrekatastrophe in Afrika, S. 172.
169 R. Bernatzky, Sahel-Zone, S. 173.
170 Ebd.
171 Ebd.
172 Ebd., S. 174.
173 Mitteilungen der DPSG-Bundesleitung Nr. 4/1973, 3.6.1973, in: ADCV, AA 187.1 sahe-01, Fasz. 01, 1973–1974.

karitativen Aspekte gänzlich außer Acht zu lassen. Auch sie sah eine Notwendigkeit zu zweifachen Hilfsmaßnahmen. Kurzfristig brauche es Nothilfe für die Schwachen.

> Ohne eine Konkurrenzorganisation aufbauen zu wollen, besteht hier die Möglichkeit für die Kirche, diskret zu helfen und die Notdürftigsten vor dem Hungertode zu bewahren. Dies wäre Aufgabe der hiesigen Caritas. Ein Beitrag als Katastrophenhilfe wäre hier angebracht und dies umsomehr, als sich die Hungersnot im Laufe der nächsten Monate ganz sicher nach Süden verpflanzen wird.[174]

Längerfristig sei es aber »erstes Gebot für den Sahel und die angrenzenden südlichen Gebiete [...], eine wirksame Infrastruktur von Wasser zu schaffen«[175]. Dazu wurden von Misereor neue Projektideen umgesetzt. Statt allgemeiner Hilfen durch Spenden sollten nun Gruppen und Verbände ganze Projekte als Paten übernehmen. Damit konnten persönlichere und langfristigere Bindungen erzeugt werden und mehr Motivation entstehen. Ziel des Projektes 115–6/7 etwa war es

> mitzuhelfen, die Wasserversorgung in dem Gebiet von Dori und Gorom sicherzustellen, weiter mitzuhelfen, die Aufforstung des Landes durchzuführen, die Bewußtseinsbildung der Bevölkerung zu fördern und schließlich auf ihre Nahrungsgewohnheiten einzuwirken.[176]

Dazu wurden Gruppen oder Gemeinden gesucht, die sich mit diesem Projekt »identifizieren«[177] wollten und Geldmittel in Höhe von 3.000 DM aufbringen konnten.

Eine Parallele zu Biafra ergibt sich im Bemühen des Caritasverbandes, auch direkt auf die politischen Entscheidungsträger Einfluss zu nehmen und über einen Unterausschuss für humanitäre Hilfe im Bundestag an den politischen Gesprächen so beteiligt zu sein »wie das früher üblich war«[178].

d) Wirkungen und Vergleich

Die Auswirkungen dieser medial inszenierten Bedrohungsverdichtung auf den deutschen Katholizismus waren wiederum beeindruckend. Ausführlich berichtete die Bundesleitung der DPSG über ihre von den Mitgliedern in den Gemeinden organisierten Blitzaktionen für Afrika. »Die Blitzaktion [...] hatte im Juni begonnen – zu einem Zeitpunkt, als die Dürrekatastrophe in Westafrika in fast allen bundesdeutschen Zeitungen sich noch in kurzen Meldungen auf den letzten Seiten niederschlug«[179]. Für den

---

174 EBD.

175 EBD.

176 Referat Presse- und Öffentlichkeitsarbeit, Brunnen für Sahel, in: MAA, Sammlung Misereor-Materialien 1973.

177 EBD.

178 Georg Specht an Dr. Czaja, MdB, 4.2.1974, in: ADCV, AA 187.1 sahe-01, Fasz. 01, 1973–1974.

179 Bundesleitung der DPSG, Referat für Entwicklungsfragen, September 1973 an die Mitglieder betr. Blitzaktion Hungerhilfe Afrika, in: ADCV, AA 187.1 sahe-01, Fasz. 01, 1973–1974.

Jugendverband könne man von einem »enormen Erfolg« sprechen: »Eine ganze Reihe von Leserbriefen, Zeitungsberichten und Pressemeldungen brachten die Katastrophe in eine größere Öffentlichkeit. Aktionen von Einzelpersonen und Gruppen beendeten in vielen Orten das Schweigen über das riesige Elend in Westafrika.«[180] Nun hoffte man, »daß sich dieses Engagement auch bei der Aktion 74 ›Flinke Hände, flinke Füsse schaffen für junge Leute in Afrika‹ fortsetzen wird«[181]. Schon im Juli 1973 hatte die DPSG über 103.000 DM an Spenden gesammelt. Die »Totenglocken brauchten nicht zu läuten«[182], meldete die KNA bereits Ende Juli 1973.

> Fast 12.000 Mark haben Mitglieder der Deutschen Pfadfinderschaft St. Georg (DPSG) in Offenbach für [...] Afrika gesammelt. Damit brauchten die Pfadfinder ihre Ankündigung, bei Nichterreichen des von ihnen gesteckten Zieles von 5.000 DM die Totenglocken in der Stadt läuten zu lassen, nicht in die Tat umsetzen.[183]

Laut Caritasverband belief sich die Sonderkollekte im Juli 1973 auf über 17 Millionen DM, die auf Misereor, Missio und den Caritasverband aufgeteilt wurden[184].

> Eine Koordinierung der Planung, Organisation und Durchführung der Hilfen erfolgt außerdem im innerdeutschen Bereich auf ökumenischer Basis mit dem evangelischen Diakonischen Werk, [...] sowie über den Katastrophenstab der Bundesregierung mit den Bundesbehörden und mit den anderen deutschen Organisationen der humanitären Hilfe.[185]

Insgesamt kamen im Jahr 1973 weitere acht Millionen DM an Spenden, vier Millionen DM über Kirchensteuermittel und dreieinhalb Millionen DM durch staatliche Gelder zusammen.

> Über 90% der Mittel kamen in Ländern zum Einsatz, die maximal bis zu 5% christlich sind. Die Frage der Konfession spielt infolgedessen keine Rolle. Die Steuerung dieser Mittel über wachsende einheimische Hilfsstrukturen konnte in manchen Ländern das Schlimmste verhüten.[186]

Die zahlreichen Berichte, Artikel und Sonderhefte belegen insbesondere in der zweiten Hälfte des Jahres 1973 und in der ersten Hälfte des Jahres 1974 eine Kommunikations-verdichtung, die noch verstärkt wurde durch mehrere Bildberichte und Länderhefte,

---

180 EBD.
181 EBD.
182 N. N., Totenglocken brauchten nicht zu läuten, in: KNA 309/73/VII, 28.7.1973.
183 EBD.
184 Vgl. G. SPECHT, Dürrekatastrophe in Afrika, S. 172.
185 Informationen des Deutschen Caritasverbandes 4 (1974) 3, in: ADCV, AA 187.1/6.025, Fasz. 21, 1974–1983.
186 DCV an alle DiCV und Hauptvertretungen, 16.7.1973, in: ADCV, AA 187.1/6 sahe-02, Fasz. 01.

die die Staaten des Sahels, ihre Geografie, Ökonomie und Soziologie ins Bewusstsein zu bringen suchten. Dennoch konnte sich keine vergleichbar große Aufmerksamkeit für die Hungerkatastrophe durchsetzen wie noch Ende der 1960er Jahre für Biafra. Eine wesentliche Gemeinsamkeit, die schon in Kapitel II.5 herausgearbeitet wurde, ist die Rolle der Medien. Die Vermittlung durch die Medien ist zur Etablierung von Bedrohungen unerlässlich. Der DCV kritisierte deutlich die Teilnahmslosigkeit der Öffentlichkeit[187]. Auf die dynamisierende Wirkung der Medien wies nicht zuletzt die Spendenaktion der katholischen Zeitschrift »Neue Bildpost« hin, die im Sommer und Herbst 1973 mehrere Millionen DM erzielte[188].

Insgesamt ergeben sich auf der Ebene des sozialen Bewältigungshandelns drei fundamentale Unterschiede bei der Etablierung und Bewältigung dieser beiden Katastrophen. Zunächst zeigen die Berichterstattung und die Aufrufe auf der semantischen Ebene ein wesentlich weniger mit dem Zweiten Weltkrieg in Verbindung stehendes Vokabular. So findet sich kein ›Kessel‹ mehr, direkte Bezüge zu Auschwitz oder anderen Konzentrationslagern werden nur einmal im Bericht der »Zeit« verwendet. Die Luftbrücke jedoch als positive Erinnerung an die Hilfsaktion der Amerikaner in Westberlin in den Jahren 1948 und 1949 wurde als Begriff im Rahmen der Hilfsaktionen häufiger verwendet[189]. Diese Luftbrücke brauchte es vor allem auch innerhalb der Sahel-Staaten, da durch den im Herbst einsetzenden Regen die Versorgung ohne Hubschrauber unmöglich gewesen wäre. Hinzu kam eine komplexere Darstellung der Problemzusammenhänge. Zum einen wurden die Ursache-Wirkung-Argumentationen immer komplexer gedeutet. Historische, politische oder ökonomische Argumente, durchaus selbstkritisch vorgetragen, wurden ergänzt[190]. Zum anderen führte diese komplexere Darstellung zum Einzug neuer Begrifflichkeiten wie Gerechtigkeit, Solidarität und Verantwortung. Auch die Bildebene veränderte sich. Die Fotografien zeigten vorwiegend Dürrelandschaften, die die Handlungsfähigkeit der Hilfswerke demonstrieren sollten; Opferbilder wie noch im Biafra-Konflikt im »Spiegel« oder im »Stern« fanden sich kaum.

Zweitens, auch das ist schon angeführt worden, begann sofort nach Bekanntwerden der Katastrophe die Ursachenforschung, die dann zur Implementierung langfristiger Lösungsmodelle führte. Während sich im Biafra-Konflikt die Ansätze zur Hilfe nahezu ausschließlich auf die kurzfristige Katastrophenhilfe begrenzten, ermöglichte diese erweiterte Perspektive den Moment der empathisch erzeugten Unterstützungswelle auch für Brunnenprojekte, Aufforstungskampagnen und Gemeinwesenarbeit zu nutzen. Zweierlei tue not, schnelle Hilfe wie »Mehl, Hirse, Mais und Milchpulver für die Nomadenflüchtlinge und ihre Kinder, [...] Trinkwasser, wo Brunnen vertrocknen, wo

187   Vgl. G. Specht, Dürrekatastrophe in Afrika, S. 170.
188   Vgl. N. N., Höchster Spendenbetrag, den eine Zeitung bisher sammelte, in: KNA 234/IX/73, 15.9.1973.
189   Vgl. N. N., Kirchliche Luftbrücke für Westafrika, in: KNA 62/VIII/73, 8.8.1973.
190   Vgl. F. Rauh, Tierkadaver im Wüstensand, S. 175.

schmutzige Pfützen verseucht sind«, aber auch »[l]angfristige Programme, die den Menschen in diesen Ländern eine Zukunft sichern: die Tuareg müssen Hirse anbauen, die Peuhl ihre Herden verringern; die Savanne muß aufgeforstet, die Landwirtschaft verbessert, die Beratung der Nomaden ernstgenommen werden«[191], forderten Mock und Baumgartner in ihrer Bildmeditation bereits im Sommer 1973.

Drittens verwob sich die Hungerkatastrophe im Sahel mit der Krisendiagnostik der 1970er Jahre. Was die deutschen Bischöfe 1974 in ihrem Hirtenwort zur Fastenaktion zum Ausdruck brachten, spiegelte sich in vielen Spendenaufrufen, Zeitungsartikeln und Publikationen wider. Die im Sahel durch eine lange Trockenperiode hervorgerufene Dürre war ein Signal für wahrnehmbare Umweltveränderungen, die auch den Wohlstand des Westens bedrohten: »Nun aber haben sich [...] die Meteorologen und Klimaforscher in die Sahel-Diskussion eingeschaltet. Sie haben einen weiteren Grund für die Katastrophe ausgemacht: das sich verändernde Welt-Klima«[192]. Damit konnte die Hungerkatastrophe nicht mehr abgetan werden als bedauerliches Ereignis im fernen Afrika, die Bedrohung erfasste nun auch das reiche Westeuropa.

> Die Ölkrise hat die Menschheit gerade noch verkraften können. Jetzt steht die nächste, viel größere Krise bevor: die Hungerkatastrophe. Im Wettlauf zwischen Bevölkerungswachstum und der Steigerung der Nahrungsmittelproduktion scheint der Sieger schon festzustehen – der Hunger.[193]

Der hohe Ölpreis habe die Düngemittelpreise verdreifacht, »[o]hne Dünger ist aber eine Steigerung der landwirtschaftlichen Produktion nicht möglich«[194]. Gleichzeitig seien die Getreidereserven der Welt auf den tiefsten Stand gesunken, wodurch die Getreidepreise stiegen. Die Meere seien überfischt, dazu kämen die Klimaveränderungen. »Alle diese Faktoren wirken zusammen, und sie schaffen weltweit Unsicherheit, politische Unrast in den betroffenen Ländern, Ungewißheit für das Überleben eines großen Teils der Menschheit«[195]. Und die »Schockwellen ferner Hungersnöte«[196] würden auch die reichen Industriestaaten zu spüren bekommen. »Die Welt muß sich auf eine chronische Nahrungsmittelknappheit einrichten«[197]. Allerdings konstatierten die Engagierten eine Disparität angesichts dieser Bedrohungslage: Informationsfülle, Aufnahme und Verarbeitung dieser Informationen stünden sich unverbunden gegenüber, so die Autoren des Lehrerheftes von Misereor zur Welternährung. »Die Ursache

---

191 Erwin MOCK / Siegfried BAUMGARTNER, Dürrekatastrophe in Westafrika, in: MAA, Sammlung Misereor-Materialien 1973, S. 8.

192 N. N., Die Wüste wächst, in: DER SPIEGEL Nr. 7, 11.2.1974, S. 128 f.

193 Vgl. Gabriele VENZKY, Die nächste Krise heißt Hunger, in: DIE ZEIT, Nr. 23, 31.5.1974, URL: http://www.zeit.de/1974/23/die-naechste-krise-heisst-hunger (Stand: 1.5.2018).

194 Vgl. EBD.

195 Vgl. EBD.

196 Vgl. EBD.

197 Vgl. EBD.

ist einerseits in der Reizüberflutung durch die Massenproduktion von Not und Elend in den Medien zu suchen, andererseits aber auch darin, daß die Erfahrungen am eigenen Leib fehlen«[198]. Bedeutsam ist aber ihre Beobachtung, dass der Hunger zu einer »unterschwellige[n] Existenzangst«[199] bei Erwachsenen und Schülern führe, die Abwehrmechanismen auslöse und daher gar nicht erst behandelt würde. Und das obwohl, wie Günter Grass in »Die Zeit« ausführte, jeder von dieser »statistisch erfaßte[n] Barbarei«[200] wisse.

> Ein lückenloses Informationsnetz sorgt dafür, daß wir zwischen den gemischten Tagesnachrichten jeweils pünktlich erfahren, wo gehungert und gestorben wird. Die grobgeschätzten Zahlen lassen sich am Jahresende addieren. Unerschrocken hält das Fernsehen drauf. Illustrierte Zeitungen verbreiten in hoher Auflage gut photographierte Elendsberichte. Die Not ist telegen, photogen geworden. Und auch die Wissenschaft tappt nicht mehr im Dunkeln. Unwiderlegte Statistiken füllen amtliche Jahrbücher. Bekannt ist, welche Vitamine wo fehlen. Vom globalen Proteindefizit zu sprechen ist für europäische Gymnasiasten und Studenten selbstverständlich geworden. Das gehört zur Allgemeinbildung wie die Relativitätstheorie. Noch grauenhafter in seiner gedankenlosen Hilflosigkeit ist jene in Europa verbreitete pädagogische Praxis, eßunlustige Kinder mit dem Hinweis auf hungernde Kinder in Indien und sonstwo zum Löffeln der eigenen Suppe zu ermuntern. Der Hunger ist Allgemeinplatz geworden. Niemand kann sagen, er wisse nicht, er habe davon nichts gewußt. Auch sind es nicht Sturmfluten oder andere Naturkatastrophen, die dieses zum Himmel schreiende Elend verursachen, sondern Menschenwerk oder, genauer gesagt: unterbliebenes Menschenwerk.[201]

Die Menschen seien großartig und genial, »doch vor den Folgen ihrer Taten stehen sie fassungslos, wie ohne Begriff, und verhalten sich infantil, das heißt: unverantwortlich«[202], das Zusammenleben der Menschheit sei »ohne Hoffnung«[203], zu groß die Bedrohungslage angesichts der Bevölkerungsexplosion und der unzureichenden Welternährung, die zu Hungerkatastrophen in Indien, Bangladesch oder Afrika führten.

Auf der Ebene des theologischen Bewältigungshandelns lassen sich die unsicher gewordenen Handlungsroutinen gut nachweisen: »Auf eine pauschale Formel gebracht: Es ist eindeutig, daß ein Drittel der Weltbevölkerung vier Fünftel des materiellen Reichtums der Welt besitzt, während die restlichen zwei Drittel sich bloß mit einem Fünftel zu begnügen haben«[204]. Das aber sei nicht länger hinnehmbar, weil sich die Welt als Gemeinde verstehen müsse. »Darum bedürfen unsere geistigen Einstellungen, soziale Strukturen, Handelseinrichtungen und Erziehungsprogramme

---

198 BILDUNGSREFERAT MISEREOR (Hrsg.), Hunger tut weh, S. 5.
199 EBD.
200 Günter GRASS, Die Zukunft hat uns schon eingeholt, in: DIE ZEIT, Nr. 9, 21.2.1975, URL: http://www.zeit.de/1975/09/die-zukunft-hat-uns-schon-eingeholt (Stand: 1.5.2018).
201 EBD.
202 EBD.
203 EBD.
204 A. D'SOUZA, Entwicklungshilfe, S. 184.

einer tiefgreifenden Reform und Erneuung«[205]. Mit den bisherigen Routinen käme man nicht mehr weiter.

> In der gegebenen Situation sind die traditionellen Formen der Wohltätigkeit, nach denen der Reiche von seinem Überfluß etwas abgibt, nicht nur unangemessen, sondern sie ver-letzen sogar die Gerechtigkeit. Was heute nottut, ist nicht eine falsche Wohltätigkeit, die die Grundforderungen der Gerechtigkeit ignoriert, sondern eine christliche Nächsten-liebe, die die wahre Brüderlichkeit des Menschen unter der Vaterschaft Gottes anerkennt und die aus dieser Erkenntnis die gerechtere Verteilung der Güter und ein faires Teilen der Früchte des technischen Fortschritts sichert.[206]

Durch den Tatbestand der Armut der übergroßen Mehrheit der Menschheit aber werde Ungerechtigkeit ausgeübt. »Unser Unvermögen, die Situation zu begreifen, könnte diese Völker dazu treiben, gefährliche Revolten zu beginnen, die dann noch mehr Chaos der Gewalt an die Stelle gerechter Ordnung setzen«[207]. Gerechtigkeit war denn auch das Thema der Fastenaktion 1974 von Misereor. Nach Jahren eines eher karitativen Werbens um Gelder mit oftmals neokolonialistischen Motiven trat an diese Stelle nun die Frage der Gerechtigkeit und des eigenen Lebensstils, der die Ungerechtigkeiten befördere. Ins Wort brachten dies die Jugendaktionen von BDKJ und Misereor ›Anders leben, damit andere überleben‹. Anders zu leben, den eigenen Lebensstil zu hinterfragen, wurde immer häufiger gefordert. »Die Zeit« schrieb, dass es kaum vorstellbar sei, »daß wir uns mit mehr Fleisch vollstopfen, als wir brauchen, und den Kindern der Armen das für die Entwicklung des Gehirns notwendige Eiweiß vorenthalten«[208]. Stattdessen werde die Menschheit »ihre Essgewohnheiten ändern müssen«, die Reichen mit der »Völlerei aufhören«[209] und ihren Bedarf anders stillen. In diesem Sinne forderte sie, »auf einen Hamburger pro Woche«[210] zu verzichten. Es bedürfe »historischen Themenwechsel und eine[s] Wandel[s] unserer Einstellung«[211].

> Massenhungersnot hat begonnen in der Sahel-Zone Afrikas, in Bangla Desh und allge-mein in Südindien. Die nukleare Bedrohung ist realer denn je seit Indiens sogenann-ter ›friedlicher Kernexplosion‹, der Bekanntgabe von Israels nuklearer Kapazität durch den Präsidenten des Landes, und der unkontrollierten Vermehrung von Kernkraftwer-ken in vielen Teilen der Welt. Die Krise rings um die Rohstoffversorgung und die Zah-lungsbilanzen führt gegenwärtig eine Reihe von Ländern an den Punkt, an dem sie aus dem organisierten internationalen Wirtschaftssystem ausscheiden müssen [...]. Wir

---

205 EBD., S. 185.
206 EBD.
207 EBD., S. 186.
208 Gabriele VENZKY, Die nächste Krise heißt Hunger, in: DIE ZEIT, Nr. 23, 31.5.1974, URL: http://www.zeit.de/1974/23/die-naechste-krise-heisst-hunger (Stand: 1.5.2018).
209 Vgl. EBD.
210 EBD.
211 Ralf DAHRENDORF, Schritte in die richtige Richtung, in: DIE ZEIT, Nr. 4, 17.1.1975, URL: http://www.zeit.de/1975/04/schritte-in-die-richtige-richtung (Stand: 1.5.2018).

müssen die Welternährungsorganisation (FAO) zu dem machen, was sie sein sollte:
einem Instrument zur Sicherung maximaler Produktion und optimaler Verteilung von
Nahrungsmitteln.[212]

Notwendig sei Freiheit auf menschliche Lebenschancen, die »durch die Folgen unseres eigenen Handelns«[213] gefährdet würden. »Um der Gefahr zu begegnen und das
Entwicklungspotential zu verwirklichen, brauchen wir keine Heilslehre. Wir haben
die Waffen, die wir brauchen: unsere Köpfe«[214]. Selbst das Weihnachtsfest blieb von
dieser bedrohlichen Situation nicht verschont.

> Wenn wir vor den geschmückten Tannenbaum treten, wenn wir uns zu Tisch setzen,
> um die Weihnachtsgans oder den Puter zu verspeisen, wird ein Stück Zukunftsangst den
> Lichterglanz verdunkeln. Und ganz werden wir die Unruhe unseres Gewissens nicht be-
> zwingen können: daß wir es uns gut sein lassen, wo es so vielen anderen schlecht geht.[215]

Die Mehrheit der Menschheit hungere, die »Statistik des Elends übersteigt unser Be-
griffsvermögen: Eine Milliarde Menschen – ein Viertel der Menschheit! – hat nicht
genug zu essen; vierhundert Millionen vegetieren stumpf am Rande des Verhungerns
dahin«[216]. Dieses Grauen werde

> lebendig, wenn man sich die Bilder des Elends ins Gedächtnis ruft: bengalische Hunger-
> leichen; die ausgemergelte Mutter, die, eine halbe Welt entfernt, ihr totes Baby in den
> Armen hält; die traurigen, hoffnungslosen Augen von Kindern, die nur noch Haut und
> Knochen und Anklage sind.[217]

Die Situation sei so ernst, dass auch ein dritter Weltkrieg nicht unmöglich scheine.
Daher brauche es mehr als einen »moralischen Impuls«, mehr als Caritas, die zwar die
»Satten aus ihrem Zynismus reißen« könne; vielmehr bedürfe es einer »gewaltige[n]
organisatorische[n] Kraftanstrengung«[218]. Auch in diesem Artikel wurde der westliche Lebensstil kritisch angefragt. Nur, »[d]aß die einen mit der Völlerei aufhören,
heißt noch nicht automatisch, daß sich die anderen nun sattessen könnten«, es brauche ein »funktionierendes Verteilungssystem«[219]. Angesichts dieser »herkulische[n]
Aufgabe« wuchs die Sehnsucht nach einem »Mann von Statur, [...] von Format, internationalem Ansehen, moralischem Gewicht, politischem Durchsetzungsvermögen«

---

212 EBD.
213 EBD.
214 EBD.
215 Theo SOMMER, Weihnachten in einer Welt des Hungers, in: DIE ZEIT, Nr. 53, 27.12.1974, URL: http://
     www.zeit.de/1974/53/weihnachten-in-einer-welt-des-hungers (Stand: 1.5.2018).
216 EBD.
217 EBD.
218 EBD.
219 EBD.

und dieser Mann stehe in Willy Brandt zur Verfügung, er könnte sich der Aufgabe widmen, »Barmherzigkeit zu organisieren, Compassion, wie er zu sagen pflegte, bis Gerechtigkeit geschaffen werden kann«[220]. Damit gelang in der Etablierung eine persönliche, existentielle Betroffenheit, die das eigene Handeln massiv in Frage stellte, den eigenen Wohlstand und Lebensstil bedrohte und sich einreihte in die Krisensemantik der 1970er Jahre. Waren in Biafra Mitleid und Nächstenliebe ausschlaggebende Motivatoren zur überschwänglichen Hilfe, war das Schicksal der Menschen im Sahel Auslöser für ein Bedrohungsszenario in der westdeutschen Gesellschaft, das theologisch mit Forderungen und Ansätzen zur Gerechtigkeit, sozial durch veränderte Lebensgewohnheiten und Veränderung insbesondere des internationalen Wirtschaftssystems zu bewältigen gesucht wurde. Das noch allseits vorbildhaft gelobte kirchliche Bewältigungshandeln in Biafra dagegen geriet, so zeigte die Analyse der Hungerbewältigung im Sahel, zunehmend in die Kritik.

3. Bedrohte Ordnungsschemata: Entwicklungsarbeit in der Kritik

Nachdem die Handlungsroutinen unsicher geworden waren und sich bereits erste Ansätze zu veränderten Bewältigungsstrategien zeigten, standen bisherige Ordnungsschemata des deutschen Katholizismus infrage. Drei Aspekte sollen dies erläutern.

a) CDU und Kirche – eine Liaison in der Krise
Von zentraler Bedeutung für die Stabilität der Bundesrepublik Deutschland nach der Gründung 1949 war die enge Verbindung zwischen der führenden Christlich Demokratischen Union unter Konrad Adenauer und dem deutschen Katholizismus[221]. Am Beispiel der Mitte der 1970er Jahre erarbeiteten entwicklungspolitischen Konzeption lassen sich jedoch die verschiedentlich beschriebenen Auflösungen dieser engen Verbindung nachzeichnen. Zielten in den 1950er und 1960er Jahren die Aussagen des deutschen Episkopats deutlich auf eine Unterstützung der CDU und betrachtete die CDU die katholischen Wählerinnen und Wähler als traditionelle Klientel, die sie mit konservativen Wert- und Wirtschaftsvorstellungen bedienen konnte, lässt sich dieser Befund für die 1970er Jahre nicht mehr in gleicher Deutlichkeit nachweisen[222].

Zum Protagonisten dieser Entwicklungen sollte sich Jürgen Todenhöfer[223] entwickeln. »Die CDU sagt Ja zur Entwicklungspolitik. Die CDU hat als erste und bislang

---

220 EBD.
221 Vgl. A. LIEDHEGENER, Der deutsche Katholizismus, S. 47–82, besonders S. 55–60; A. LIEDHEGENER, Demokratie – Pluralismus – Zivilgesellschaft, S. 49–66, besonders S. 52–57.
222 Vgl. dazu A. LIEDHEGENER, Demokratie – Pluralismus – Zivilgesellschaft, S. 53; F. BÖSCH, Die Adenauer-CDU.
223 JÜRGEN GERHARD TODENHÖFER (* 1940). Studium der Rechts- und Staatswissenschaften in München, Paris, Bonn und Freiburg. 1969 Promotion. 1970 Eintritt in die CDU, 1972–1990 MdB.

einzige deutsche Partei eine entwicklungspolitische Konzeption erarbeitet. Sie beweist damit, daß sie der Entwicklungspolitik einen hohen Rang beimißt«[224]. Mit einer ›Argumentations-Karte‹ vom 21. Juli 1976 suchte die Christlich Demokratische Union die vom Präsidium am 14. Juni 1976 beschlossene Entwicklungspolitische Konzeption öffentlichkeitswirksam gegen die sozialliberale Koalition unter dem Bundesminister für wirtschaftliche Zusammenarbeit, Egon Bahr[225], nicht zuletzt auch im beginnenden Bundestagswahlkampf in Stellung zu bringen[226]. Entstanden war die Idee zu diesen Leitlinien 1973 im Zuge der Neuausrichtung der Partei nach Helmut Kohls[227] Antritt als Parteivorsitzender[228]. Am 20. September 1973 konstituierte sich die entwicklungspolitische Kommission, deren Zweck in der Erarbeitung eines Programms und der Abgrenzung zur sozialliberalen Entwicklungspolitik bestand[229]. Zum Vorsitzenden der Kommission wurde der junge Abgeordnete Dr. Jürgen Gerhard Todenhöfer gewählt, der auch als entwicklungspolitischer Sprecher der Bundestagsfraktion fungierte. Der bisherige entwicklungspolitische Sprecher und spätere Bundesschatzmeister der CDU, Walther Leisler Kiep[230], hatte nach der Bundestagswahl das Amt niedergelegt und sich der Außenpolitik zugewandt. »Todenhöfer ergriff die Chance. Mit progressiven

1987–2008 Vorstandsmitglied des Burda-Konzerns. Vgl. die eigenen Angaben auf der Homepage: URL: http://juergentodenhoefer.de/biografie/ (Stand: 1.5.2018).

224 Argumentationskarte Entwicklungspolitik, 21.7.1976, 1, in: ACDP. Bundespartei, 07-001-2107.

225 EGON BAHR (1922–2015). Ausbildung zum Industriekaufmann. Nach dem Zweiten Weltkrieg Journalist bei verschiedenen Tageszeitungen und dem Rundfunk im amerikanischen Sektor (RIAS). 1956 Eintritt in die SPD. 1960–1966 Pressesprecher des Berliner Senats unter Willy Brandt. 1966–1969 Ministerialdirigent im Auswärtigen Amt, ab 1969 Staatssekretär im Bundeskanzleramt. 1972–1990 MdB. 1974–1976 Bundesminister für wirtschaftliche Zusammenarbeit. 1976–1981 Bundesgeschäftsführer der SPD. Vgl. Archiv der Friedrich-Ebert-Stiftung, URL: https://www.fes.de/archiv/adsd_neu/inhalt/nachlass/nachlass_b/bahr-eg.htm (Stand: 1.5.2018).

226 Vgl. Argumentationskarte Entwicklungspolitik sowie die Entwicklungspolitische Konzeption der CDU, 21.7.1976, in: ACDP. Bundespartei, 07-001-2107.

227 HELMUT KOHL (1930–2017). 1950–1958 Studium der Geschichte, Rechts- und Staatswissenschaften in Frankfurt a. M. und Heidelberg. 1958 Promotion. 1959–1969 Referent beim Industrieverband Chemie. 1947 Eintritt in die CDU, Mitgründer der JU Ludwigshafen, ab 1953 Mitglied des CDU-Vorstands der Pfalz, 1955–1966 Mitglied des CDU-Landesvorstands. 1960–1969 Stadtrat und Fraktionschef in Ludwigshafen. 1959–1976 MdL Rheinland-Pfalz, 1961–1963 stv. Fraktionsvorsitzender, 1963–1969 Fraktionsvorsitzender, 1966–1974 Landesvorsitzender der CDU Rheinland-Pfalz, 1969–1976 Ministerpräsident von Rheinland-Pfalz. 1969–1973 stv. CDU-Bundesvorsitzender. 1973–1998 Bundesvorsitzender der CDU. 1976–2002 MdB. 1976–1982 Vorsitzender der CDU / CSU-Fraktion im Deutschen Bundestag. 1982–1998 Bundeskanzler. Vgl. H. J. KÜSTERS / U. HOSPES, Art. Helmut Kohl.

228 Vgl. dazu F. BÖSCH, Macht und Machtverlust, S. 37–53.

229 Vgl. dazu und im Folgenden: Kurzprotokoll der konstituierenden Sitzung der Unterkommission »Entwicklungspolitik«, 20.9.1973, 11.10.1973, in: ACDP. Bundespartei, 07-001-2102.

230 WALTER LEISLER KIEP (1926–2016). Studium der Geschichte und Volkswirtschaft, kaufmännische Lehre. 1961 Eintritt in die CDU, 1965–1976 und 1980–1982 MdB, 1967–1976 Landesschatzmeister Hessen, 1976–1980 Finanzminister und 1978–1980 MdL Niedersachsen, 1971–1992 Bundesschatzmeister, 1984–2000 Vorsitzender der Atlantik-Brücke, seit 2004 Ehrenvorsitzender. Vgl. G. BUCHSTAB, Art. Walter Leisler Kiep.

Äußerungen erweckte er sehr bald den Eindruck, bei der Union sei ganz im stillen wieder ein Entwicklungsexperte herangewachsen«[231]. In den folgenden Jahren entwickelte sich Todenhöfer zum Gegenspieler der sozialdemokratischen Entwicklungshilfeminister. »Lieferte er zu Anfang nur Scharmützel, so pflegte er schon bald die Attacke«[232], insbesondere gegen Erhard Eppler. »Der von strengen Moralbegriffen geprägte Eppler [...] fühlte sich durch unsachliche Angriffe des entwicklungspolitischen Neulings zutiefst persönlich verletzt und löste ungewollte Reaktionen aus, die Todenhöfer noch stärker ins Scheinwerferlicht rückten«[233], urteilte »Die Zeit« 1976. Schon in seinem Antrittsreferat als Kommissionsvorsitzender machte er deutlich, dass er die bisherige Entwicklungspolitik als gescheitert ansah. Vielmehr forderte er angesichts einer konstatierten »Gleichsetzung von Entwicklungspolitik und Entwicklungshilfe«[234] deren Trennung. Entwicklungspolitik bedeute die Durchsetzung konkreter Strategien,

> die zu Zusammenarbeit und Arbeitsteilung, d. h. funktionaler und komplementärer gegenseitiger Abhängigkeit führen und zwar in den Außenwirtschaftsbeziehungen wie auch nach innen gegenüber den Interessen, die Strukturanpassungen verhindern. Entwicklungshilfe hat vor diesem Hintergrund weitgehend die Funktion der Unterstützung bei Strukturanpassungen und der Kompensation für Verzögerungen bei Strukturanpassungen in den Industrieländern.[235]

Daher müsse die CDU/CSU die Aufgabe der Entwicklungspolitik darin sehen, »ökonomische Interessenkonflikte zwischen Industrie- und Entwicklungsländern zu lösen, statt sie zu verschleiern oder zu verschärfen«[236]. »Entwicklungshilfe« sei dabei eines der Instrumente. »Die Aufgabe der Kommission ist es, für die Oppositionstätigkeit und zur Vorbereitung der Übernahme der Regierung durch die CDU/CSU einen Orientierungsrahmen für das politische Handeln zu schaffen«[237]. So legte die Kommission fest, den Nachweis erbringen zu wollen, »daß es nicht darum gehen kann, moralisch-ideologische Positionen (Eppler) zu beziehen, vielmehr allein darum gehen muß, Entwicklungshilfe zu verstehen als flankierendes, marginales Instrument der Entwicklungspolitik«[238]. Was folgte, waren mehrere Jahre intensiver Debatten der Partei zu diesem Programm, in die die Kirchen ebenso wie andere gesellschaftliche Gruppen eingebunden wurden. Das zeigt bereits die Zusammensetzung der

---

231 Wolfgang HOFFMANN, Aufstieg in der Lücke, in: DIE ZEIT, Nr. 38, 12.9.1975, S. 23.

232 EBD.

233 EBD.

234 Anlage zum Kurzprotokoll der konstituierenden Sitzung der Unterkommission »Entwicklungspolitik«, 20.9.1973, 11.10.1973, 3, in: ACDP. Bundespartei, 07-001-2102.

235 EBD., S. 4.

236 EBD., S. 7.

237 EBD.

238 Kurzprotokoll der konstituierenden Sitzung der Unterkommission »Entwicklungspolitik«, 20.9.1973, 11.10.1973, 2f, in: ACDP. Bundespartei, 07-001-2102.

Kommission, der etwa auch der Ministerialdirigent Karl Osner angehörte, der zeitgleich im KAEF als Sekretär fungierte[239]. In einem Vermerk hielt Osner zum Referat Todenhöfers fest, dass sich die Kommission auch mit der »Gesellschaftsordnung der Entwicklungsländer« befassen und der Frage, »wie sich die CDU über ihre parlamentarischen Aktivitäten hinaus im Bewußtsein der deutschen Öffentlichkeit und der gesellschaftlichen Gruppen in der Bundesrepublik als eine aktive, an der Gestaltung der Entwicklungspolitik sich beteiligende Kraft darstellt«[240], mehr Raum beimessen sollte. Die enge Vernetzung zu den Kirchen zeigte sich auch darin, dass die Wissenschaftliche Kommission des KAEF intensiv die immer neu überarbeiteten Leitlinien diskutierte und an die CDU-Parteizentrale zurücksandte[241]. Nach der Veröffentlichung der Leitlinien dankte Todenhöfer den Kirchen

> für die offenen und fruchtbaren Diskussionen [...] am 25. August 1975 und am 29. März 1976 [...]. Gerade die Anregungen und Vorschläge aus den entwicklungspolitisch engagierten Bereichen der Kirche, Ihre konstruktive Kritik, haben sehr wesentlich dazu beigetragen, daß die Konzeption selbst bei vielen unserer Gegner Anerkennung und Beachtung gefunden hat.[242]

Drei Motive verleiteten die CDU zur Erarbeitung einer entwicklungspolitischen Konzeption. Zunächst musste sie als ›Regierung im Wartestand‹ der Entwicklungspolitik Erhard Epplers etwas entgegenzusetzen haben, der trotz seiner immer stärken Isolierung in der sozialliberalen Koalition große Zustimmung bei den entwicklungspolitischen Kreisen erfuhr. »Die ›entwicklungspolitischen Leitlinien‹, die die CDU im Juni 1976 verabschiedete, gehen auf die Kontroverse zu Beginn des Jahrzehnts zurück, als sich die Opposition vorhalten lassen musste, sie habe nur Kritik, jedoch kein eigenes Konzept anzubieten«[243]. Ein zweites, noch immer wirkendes Motiv war die schon ausgeführte Sorge vor einem Übergreifen des Kommunismus. Ein drittes Motiv ist mit der Anerkennung, die Eppler erfuhr, bereits angesprochen: das Interesse der Jugend. »Der Themenkreis Entwicklungspolitik findet zunehmendes Interesse bei Jugend und gesellschaftspolitisch engagierten Gruppen und bietet daher eine besondere Chance, den Kontakt zur Jugend herzustellen«[244], vermerkte das Protokoll des Arbeitskreises V der CDU/CSU-Bundestagsfraktion im November 1971. »Dies ist dringend erforderlich, wenn man bedenkt, daß bei den letzten Wahlen in Bremen 79% der Jugendlichen

239　Vgl. Anwesenheitsliste im Kurzprotokoll der konstituierenden Sitzung der Unterkommission »Entwicklungspolitik«, 20.9.1973, 11.10.1973, in: ACDP. Bundespartei, 07-001-2102.

240　Karl Osner, Vermerk zu den Ausführungen von Dr. Todenhöfer am 20.9.1973, 1, in: ACDP. Bundespartei, 07-001-2102.

241　Vgl. Protokolle des KAEF, Sektion Entwicklung, 1975–1976, in: ZDK-Archiv 5619, Schachtel 1.

242　Schreiben Dr. Jürgen Todenhöfers an die Kirchen, 22.7.1976, in: ACDP. Bundespartei, 07-001-2107.

243　B. Hein, Die Westdeutschen und die Dritte Welt, S. 297.

244　Protokoll des Arbeitskreises V der Bundestagsfraktion, 9.11.1971, 13, in: ACDP. Bundestagsfraktion, 08-001-42/1.

zwischen 18 und 21 Jahren SPD und KPD gewählt haben«[245]. Entwicklungspolitik galt mithin als Machtfaktor und Vehikel, Wähler zu gewinnen. 1976 schließlich stellte die CDU die »Entwicklungspolitische Konzeption« der Öffentlichkeit vor.

Der Entstehungsprozess der Konzeption zeigt, dass die Ergebnisse des ›Club of Rome‹ und deren Verstärkung durch die Ölpreiskrise den Entstehungskontext bildeten. So standen beim ›Entwicklungspolitischen Kongress Partnerschaft und Solidarität‹ im September 1975, der der Diskussion eines Konzeptionsentwurfes dienen sollte, insbesondere die »Folgen der Erdölpreiserhöhung für die Entwicklungspolitik«[246] sowie die Rohstoffproblematik insgesamt im Mittelpunkt der Diskussion. Weltweit würden sich die Spannungen verschärfen, die »äußere Bedrohung trifft auf europäische Staaten und Gesellschaften, die selbst vor zunehmenden sozialen und Verteilungskämpfen stehen und die nach innen schwieriger regierbar werden«[247], so der Bundesvorsitzende Dr. Helmut Kohl in seiner Eröffnung. Es gehe daher »um unsere eigene Zukunft, [...] unsere eigene Freiheit ist auf Dauer gefährdet, wenn die Mehrheit der Menschen in Unfreiheit lebt«[248]. Entwicklungspolitik orientiere sich an den Werten, die auch innenpolitisch verfolgt würden. »Friede, Entspannung und Fortschritt bleiben leere Formeln, wenn sie nicht durch die Werte Freiheit, Gerechtigkeit und Solidarität qualifiziert sind«[249]. Auch Todenhöfer sah Entwicklungspolitik als Möglichkeit zur Existenzsicherung. Er begründete sie jedoch mit dem Menschenbild der CDU.

> Es ist mit unserer Auffassung von der Würde und den Rechten eines Menschen unvereinbar, das unvorstellbare Ausmaß an Hunger, Not und Elend in weiten Teilen der Welt hinzunehmen – während gleichzeitig in der EG, in Kanada und den USA, große Mengen von Nahrungsmitteln vernichtet oder denaturiert werden. Ich bezweifle, daß es gelingen wird, die Glaubwürdigkeit, die Legitimität und damit den Bestand unseres Systems langfristig zu sichern, wenn unser Bekenntnis zu Menschenwürde und Solidarität an den nationalen Grenzen aufhört, wenn sich herausstellen würde, daß unsere Entscheidung für soziale Gerechtigkeit nicht mehr war als ›sozialer Egoismus‹.[250]

Das Ziel deutscher Entwicklungspolitik sah Todenhöfer in der Stärkung des freien Welthandels – eine Tatsache, die den Kirchen mehr und mehr aufstieß. Die Krise

---

245 EBD.
246 Tagungsablauf des Entwicklungspolitischen Kongresses »Partnerschaft und Solidarität«, 4.-5.9.1975, S. 1 f., in: ACDP. Bundespartei, 07-001-2106.
247 Helmut KOHL, Partnerschaft und Solidarität. Rede auf dem Entwicklungspolitischen Kongress 4.-5.9.1975, S. 2, in: ACDP. Bundespartei, 07-001-2106.
248 EBD., S. 2–4.
249 EBD., S. 4.
250 Jürgen Gerhard TODENHÖFER, Entwicklungspolitik am Wendepunkt, 11, in: ACDP. Bundespartei, 07-001-2106.

verdichtete sich, sodass Bernhard Vogel[251], Präsident des Zentralkomitees und CDU-Ministerpräsident in Rheinland-Pfalz, sich besorgt an den Parteivorsitzenden Kohl wandte.

> Aus Kreisen des Zentralkomitees der deutschen Katholiken wird dies mit der Sorge ver-
> bunden, daß die von Herrn Todenhöfer vertretene Dominanz wirtschaftlicher und wirt-
> schaftspolitischer Gesichtspunkte in der Entwicklungspolitik noch verstärkt werden
> könnte.[252]

Daher sollten zwei mit der Arbeit des ZdK vertraute Persönlichkeiten, der Vorsitzende des Bundes der Katholischen Unternehmer und der Geschäftsführer der Deutschen Gesellschaft für technische Zusammenarbeit, in der Kommission als Gegengewicht zu Todenhöfer mitarbeiten[253].

Dennoch setzte sich ein wirtschaftlicher Schwerpunkt in der Konzeption durch. Zwar wurden der Konzeption in der Präambel die »unteilbaren Grundwerte«[254] Frei-heit, soziale Gerechtigkeit und Solidarität als normative Basis deutscher Entwick-lungspolitik vorangestellt, zwar zeichnete die Konzeption ebenfalls ein bedrohliches Szenario der gegenwärtigen weltpolitischen Lage, wonach zu »den weltweiten und regionalen machtpolitisch und ideologisch bedingten Spannungen [...] Spannungen und Verteilungskämpfe zwischen reichen und armen, zwischen rohstoffbesitzenden und rohstoffarmen Ländern«[255] träten.

Die starke wirtschaftspolitische Orientierung des Papiers mit der Forderung einer freien Weltwirtschaftsordnung mit funktionsfähigem internationalem Freihandel als Grundlage von Fortschritt und sozialer Gerechtigkeit stand dennoch unverkennbar an erster Stelle: »Das ordnungspolitische Leitbild einer Internationalen Sozialen Markt-wirtschaft entspricht den Grundwerten einer freiheitlich-demokratischen Politik. Es zielt darauf ab, in der Weltwirtschaft soweit wie möglich Chancengleichheit zu ver-wirklichen«[256]. Zugleich habe Entwicklungspolitik zur »Sicherung unserer eigenen Existenz«[257] beizutragen. Die Konzeption unterschied in ihren Ansätzen zwischen einer Dritten und einer Vierten Welt, eine Unterscheidung, die nicht zuletzt in der Ölpreiskrise notwendig geworden war, da hier Inhomogenitäten der Länder der

---

251 BERNHARD VOGEL (* 1932). Studium der Politischen Wissenschaft, Geschichte, Soziologie und
      Volkswirtschaft in Heidelberg und München. 1960 Promotion. 1967–1976 Kultusminister in
      Rheinland-Pfalz. 1972–1976 Präsident des ZdK. 1976–1988 Ministerpräsident von Rheinland-Pfalz.
      1992–2003 Ministerpräsident von Thüringen. Vgl. M. LINGEN, Art. Bernhard Vogel.
252 Bernhard Vogel an Helmut Kohl, 21.5.1975, 1, in: ACDP. Bundespartei, 07-001-2103.
253 Vgl. EBD., S. 1 f.
254 Entwicklungspolitische Konzeption der CDU, 5, in: ACDP. Bundespartei, 07-001-2107.
255 EBD.
256 EBD., S. 11.
257 EBD., S. 9.

»Dritten Welt« insofern deutlich wurden, als sie sich insbesondere in der Frage der Rohstoffvorkommen massiv unterschieden. So forderte die Konzeption denn auch, die »wirtschaftliche Zusammenarbeit mit Ölländern, die über genügend finanzielle Mittel für ihre eigene Entwicklung verfügen, [...] auf rein kommerzieller Basis«[258] zu gestalten. Deutlich wandte sich die CDU gegen jegliche dirigistischen und planwirtschaftlichen Mittel, wie etwa die Forderung einer »Neuen Weltwirtschaftsordnung«[259].

Das zugrundeliegende Entwicklungsverständnis legte den Schwerpunkt eindeutig auf eine westlich-europäisch geprägte, an einem normativen Ordnungsrahmen orientierte und auf deren Verbreitung bedachte Politik, die die »Förderung freiheitlicher, sozial gerechter Infrastrukturen« vorantreiben solle und »die wesentlichen außenpolitischen und sicherheitspolitischen Interessen der Bundesrepublik Deutschland«[260] zu wahren habe, trotz der Rede von einem partnerschaftlichen Verständnis der »Entwicklungshilfe«, der Solidarität mit besonders schwachen Gruppen und einem ganzheitlichen Entwicklungsbegriff.

Genau hierauf zielte schließlich die Kritik verschiedener gesellschaftlicher Gruppen und der Öffentlichkeit. Nach dem entwicklungspolitischen Kongress der CDU im September 1975 übersandten die kirchlichen Träger der Entwicklungsarbeit umfassende Stellungnahmen zur Konzeption mit der Erwartung, »daß diese Punkte bei einer Überarbeitung berücksichtigt werden«[261]. Man begrüßte zwar, dass sich erstmals eine der Volksparteien in einem Grundsatzdokument zur Entwicklungspolitik geäußert habe, »die Leitlinien gehen [aber] weithin von europäischen Ordnungsvorstellungen und Zielüberlegungen aus. [...] Vielmehr wird erwartet, daß die Partner die ‚deutschen' Auffassungen von wirtschaftlichem und sozialem Fortschritt akzeptieren«[262], was dem Prinzip der Partnerschaft jedoch widerspreche. Hier forderte der KAEF also ein Konzept ein, das, wie im folgenden Kapitel III.3.b ausgeführt wird, auch in den kirchlichen Hilfswerken noch nicht etabliert war.

---

258 EBD., S. 21.

259 Die Konzeption der »Neuen Weltwirtschaftsordnung« war eine erstmals nach der UNCTAD III-Konferenz in Santiago de Chile erhobene Forderung der »Entwicklungsländer« vor dem Hintergrund der Ölpreiskrise. Zentrale Forderungen waren günstigere Bedingungen in der Rohstoffpolitik durch die Bildung von Ausgleichslagern zur Minimierung von Preisschwankungen und im internationalen Handel eine verstärkte Industrialisierung, eine allgemeine Schuldenentlastung, eine Änderung des Weltwährungssystems sowie höhere »Entwicklungshilfe«. Vgl. dazu zeitgenössisch: E. v. HIPPEL, Grundfragen der Weltwirtschaftsordnung; H. ZWIEFELHOFER, Neue Weltwirtschaftsordnung; V. MATTHIES, Neue Weltwirtschaftsordnung.

260 Entwicklungspolitische Konzeption der CDU, 12, in: ACDP. Bundespartei, 07-001-2107.

261 Stellungnahme zum Kommissionsentwurf »Entwicklungspolitische Leitlinien der CDU« der Arbeitsgemeinschaft Kirchlicher Entwicklungsdienst, in: EPD DOKUMENTATION 41 (1975), S. 40.

262 Katholischer Arbeitskreis Entwicklung und Frieden, Sektion Entwicklung, Stellungnahme der Sektion Entwicklung zum Kommissionsentwurf »Entwicklungspolitische Leitlinien der CDU«, Bonn, 15.7.1975, 3, in: ACDP. Bundespartei, 07-001-2103.

In all diesen Debatten lassen sich mindestens indirekt die Folgen der ›Club of Rome‹-Studie »Grenzen des Wachstums« nachzeichnen. Entwicklungspolitik stand, noch nie mit breiter gesellschaftlicher Zustimmung ausgestattet, im Zusammenhang mit der Ölkrise, den Sparmaßnahmen der Bundesregierung angesichts der lahmenden Konjunktur und auch dem schlichten Desinteresse der Entscheidungsträger[263]. Gleichzeitig zeigt die Entstehung der Konzeption die enge Vernetzung der CDU hinein in den Katholizismus, die auch in den 1970er Jahren noch andauerte und insbesondere durch personelle Überlappungen sicher gestellt war, aber insofern in eine Krise geriet, als dass die Äußerungen des KAEF etwa von der sozialdemokratisch zu verortenden Zeitung »Vorwärts« als ein ›Contra‹ ausgeschlachtet wurden. Es gebe offensichtlich noch katholische Gremien, »die zu kritischer Distanz gegenüber einer Partei fähig sind, vor deren Fehlern die katholische Kirche in der Regel die Augen nur allzu gern verschließt«[264]. Freilich veränderte diese offene Kritik eines katholischen Gremiums an der CDU keineswegs die öffentliche Einstellung zur Entwicklungsarbeit, wie Bastian Hein resümiert: »An der Haltung der großen Mehrheit der Westdeutschen änderte all das wenig. [...] [W]ohlwollend, solange es um Allgemeinplätze ging, skeptisch, sobald konkrete Leistungen bzw. Zusammenhänge mit konkurrierenden Politikfeldern angesprochen wurden«[265].

b) Misereor unter Druck

> Wer den Mut hat, zu dem Thema: ›Anders leben, damit andere überleben‹ zu sprechen, von dem wird Glaubwürdigkeit verlangt. Mit einer gewissen Unsicherheit sehe ich unserem gemeinsamen Gespräch an diesem Nachmittag entgegen. Wie sieht denn mein ›Anders-Leben‹ aus? Muß ich nicht vorab bekennen, daß der große Umbruch bis jetzt in meinem Leben nicht gelungen ist? Habe ich meinen Lebensstil grundlegend verändert? Lebe ich, esse ich, trinke ich, kleide ich mich anders? Hat sich mein Alltag verändert?[266]

An einem Freitagnachmittag, am 15. September 1978 stand Leo Schwarz, Hauptgeschäftsführer des bischöflichen Hilfswerkes Misereor im Forum II, ›Anders leben, damit andere überleben‹ vor den anwesenden Besuchern des Freiburger Katholikentags und stellte sich in schonungsloser Offenheit zuallererst einer Gewissenserforschung. Die Fragen nach dem Zusammenleben der Menschen in Industrie- und ›Entwicklungsländern‹ und nach einer Neuausrichtung der bisherigen Arbeit hatten sich Schwarz und mit ihm dem ganzen Werk Misereor in immer stärkerer Weise aufgedrängt und das in einer Phase des Wandels durch den ersten Wechsel des Hauptgeschäftsführers in dem 1958 gegründeten Werk. Gottfried Dossing, von Joseph Kardinal

---

263   Dies führte beispielsweise zum Rücktritt Erhard Epplers als Bundesentwicklungsminister 1974. Vgl. etwa B. Hein, Die Westdeutschen und die Dritte Welt, S. 263–267.
264   K. Koppe, Katholiken contra CDU, in: Vorwärts, Nr. 36, 4.9.1975, S. 7.
265   B. Hein, Die Westdeutschen und die Dritte Welt, S. 297.
266   L. Schwarz, Anders leben, damit andere überleben, S. 517.

Frings 1958 mit der ersten Fastenaktion betraut und dann als Hauptgeschäftsführer eingesetzt, bekam 1974 mit dem 43-jährigen Trierer Diözesanpriester Leo Schwarz zunächst einen Stellvertreter zur Seite gestellt, der ihn 1976 als Hauptgeschäftsführer beerbte. Schwarz war im Gegensatz zu Dossing weniger ein begnadeter Verwaltungsmann und Strippenzieher als vielmehr einer der ersten, die nach langjährigem Auslandsaufenthalt, in seinem Fall als Seelsorger im Erzbistum Sucre (Bolivien), nach Deutschland zurückkehrten und in Führungspositionen gelangten[267]. Schon die erste Fastenaktion unter seiner Führung 1977 zeigte die neue Ausrichtung des Werkes, die deutlich politischere Züge trug und auf das Verhalten der deutschen Katholiken abzielte. Zuvor war Misereor für die Ausrichtung der Fastenaktionen immer wieder massiv kritisiert worden.

Insbesondere die Aktion des Jahres 1970 rief deutlichen Protest hervor, weil sie durch ein Plakat, das schmutzige, dunkelhäutige Hände mit leeren Löffeln zeigte, unter dem Schlagwort ›Füllt die leeren Löffel dieser Welt‹ vor allem auf den karitativen Aspekt der kirchlichen Entwicklungsarbeit abzielte und damit einen Rückschritt hinter inzwischen erreichte Standards in der Verständigung über Ursachen und deren Bekämpfung darstellte. In der Tat hatte die Aktion 1969 unter dem Motto ›Jedem Menschen eine Chance. Aktion Starthilfe zur Selbsthilfe‹ die Partizipation von Menschen am gesellschaftlichen Leben thematisiert. Hans-Gerd Angel konnte zeigen, dass um den Dekadenwechsel die alte und die neue Zielrichtung von Entwicklungsarbeit miteinander rangen. »Während 1969 schon die neue Sicht einer Verbesserung der Startchance, der Hilfe zur Selbsthilfe vertreten wurde, wurden 1970 Hände mit leeren Löffeln gezeigt, demzufolge der Appell erneuert, den Hungernden zu essen zu geben«[268].

Diese stereotype Darstellung hatte die gesamten 1960er Jahre geprägt. So zielte das Motto der ersten Fastenaktion »Gebt ihr ihnen zu essen« (Mk 6,37) auf mitleidige Nächstenliebe und wollte emotionale Betroffenheit auslösen. »Es fand sich noch keine Beziehung zwischen dem Lebensstil der Ersten und der Armut der Dritten Welt, kein Hinweis auf Hilfe zur Selbsthilfe und partnerschaftliche Strukturen. Es war einfach ein Appell an das Gefühl des Mitleidens«[269], und dies sollte sich bis 1965 nicht ändern. Mit dem Jahr 1966 deutete sich eine erste Schwerpunktverschiebung an; die »Starthilfe für eine heile Welt« wurde als Ziel der Fastenaktion ausgegeben. Die Darstellung der Unterentwicklung, der Armut und des Hungers der Menschen in der »Dritten Welt« sowie der Schwerpunkt der Nahrungsmittelhilfe galten zunehmend als nicht mehr zeitgemäß und sachlich unrichtig.

In der Fastenaktion 1972 etwa zeigte sich das Ringen verschiedener Konzepte. Mit dem Motto ›Holt den Menschen vom Kreuz‹ versuchte Misereor, den ersten Schritt in

---

267 Vgl. dazu: Interview mit Weihbischof em. Leo Schwarz in Kapitel IV.
268 H.-G. ANGEL, Christliche Weltverantwortung, S. 149.
269 EBD., S. 148.

Richtung einer politischen Themenwahl zu gehen – und stieß prompt auf massiven innerkirchlichen Protest. »Was ihr uns aber diesjahr [sic!] an ›Leitidee‹ und ›Theologie‹ dazu anbietet, ist einfach nicht acceptabel [sic!]. Dagegen erhebe ich ganz entschieden Protest!«[270], schrieb Pfarrer Heinrich Seiffert aus Oberembt an das Hilfswerk im Januar 1972.

> So dürft Ihr das Wort vom Kreuz nicht verwenden. [...] Wenn Ihr auf Not und Elend in der Welt hinweisen wollt, dafür gibt es ausreichend Worte, die klar sind. Darum dürft Ihr nicht dem Wort Kreuz Gewalt antun und es auf Not und Elend umfunktionieren. [...] Aber mit dem Begriff: das Kreuz ist immer das Kreuz Christi gemeint, sein Opfertod und Erlösungswerk; und von diesem Kreuz sind die Menschen wahrlich nicht herunter zu holen.[271]

Vermutlich sei dieses Motto nicht nur ein »Sprach-Schnitzer«, sondern volle Absicht.

> Ihr wollt uns eine zeitgemäße Deutung geben und erklärt kurzerhand die Botschaft Christi vom Reiche Gottes, die Johannesvision vom neuen Himmel und der neuen Erde, die Ziele des Christentums und die gesamte Eschatologie als Wohlergehen auf dieser Erde, als das letzte und endgültige Ziel der Geschichte.[272]

So verkomme die Theologie zur »Homo-logie«[273], die nur den Menschen betrachte. »Natürlich hat Christus geholfen, geheilt, Not gewendet und uns dasselbe aufgetragen. Aber nicht als Ziel, sondern als Erfüllung des Willens Gottes, des Beweises der Liebe zu ihm usw«[274]. Damit aber verstoße Misereor gegen den christlichen Glauben. »Ihr habt aber sicherlich nicht die Aufgabe, Euch unter der Hand ein neues Christentum zu basteln und uns dann damit unter der Fahne ›Misereor‹ den Glauben umzufunktionieren. Wir erwarten von Euch klare Aussagen im Glauben«[275]. Wandte sich Seiffert noch an das Hilfswerk selbst, schrieben andere auch Protestbriefe an den Kölner Kardinal und Vorsitzenden der bischöflichen Kommission Misereor:

> Das Motto ›Holt den Menschen vom Kreuz ...‹ ist eine religiöse Geschmacklosigkeit ersten Ranges. Seit der paulinischen und johanneischen Verkündigung des Kreuzes Christi als des Heilszeichens, in dem das Skandalon gerade durch die Liebe Gottes umgewertet wird, hat, soweit ich sehe, im christlichen Bereich der Wort- und Bildgebrauch des Kreuzes christologisch und individuell-aszetisch ausschließlich positive Bedeutung.[276]

---

270 Pfarrer Heinrich Seiffert an das bischöfliche Hilfswerk Misereor, 18.1.1972, S. 1, in: MAA, MHG 26.
271 Ebd.
272 Ebd.
273 Ebd.
274 Ebd., S. 2.
275 Ebd.
276 Pfarrer Klaus Dick an Joseph Kardinal Höffner, 5.2.1972, in: MAA, MHG 26.

Die von Misereor verwandten Formulierungen verursachten nun aber Verunsicherung und »Glaubensverfälschung«, ja wären »in Zeiten theologisch sauberer Abgrenzungen sicher als ›haeresiam sapiens‹ eingestuft worden«[277]. Der Bischof von Speyer ging so weit, das gemeinsame Hirtenwort zur Fastenaktion nicht zu unterschreiben und den Text auf der Vollversammlung der Bischofskonferenz zu besprechen[278].

> Nicht wegholen vom Kreuz, sondern hinführen zum Kreuz Christi ist heute vordringliche Verkündigungsaufgabe der Kirche an die (auch katholischen) Mitglieder unserer Wohlstandsgesellschaft. Wir dürfen das Wort Christi von der Bereitschaft zum Kreuztragen nicht verzerren und zerreißen zu einem Werbeslogan wie vorliegend,[279]

urteilte der Münsteraner Weihbischof Laurenz Böggering[280]. »Warum nicht helfen beim Kreuztragen wie Symon von Cyrene!«[281] Misereor hatte dagegen, so der Hauptgeschäftsführer Gottfried Dossing an den Sekretär der Deutschen Bischofskonferenz Joseph Homeyer, keineswegs die Kreuzestheologie der Kirche infrage stellen wollen[282].

> Vielmehr sollte durch dieses Motto den Gläubigen das ungeheure Kreuz der notleidenden Menschen in den Entwicklungsländern ins Bewußtsein gerufen werden, das dadurch abänderlich ist, dass wir reichen Länder die Mittel haben, um Ausbildung zu garantieren, Arbeitsplätze mitzuschaffen und durch Hilfe beim Aufbau von sozialen gerechteren Strukturen bestehende Ungerechtigkeitsverhältnisse beseitigen können. Das Wort sollte auch auf die Schuld hinweisen, die darin bestehen könnte, wenn wir angesichts des Wissens um diese Not nicht [sic!] tun würden, um sie zu beseitigen.[283]

Darüber hinaus habe die bischöfliche Kommission Misereors das Motto abgesegnet und der Vorsitzende der Bischofskonferenz, Julius Kardinal Döpfner, habe es bestätigt. Ganz der Logik einer Spendenorganisation folgend, äußerte Dossing abschließend den Wunsch, dass »die Diskussion über das Motto nicht zu einer Belastung der diesjährigen Fastenaktion würde«[284], mithin sich das Spendenaufkommen nicht verringere.

Aber auch in der Darstellung der Fastenaktion lassen sich konkurrierende Konzepte erkennen. So hat Angela Müller auf die Diskrepanz zwischen der Text- und der

---

277 EBD.
278 Vgl. Bischof Friedrich Wetter an das Sekretariat der deutschen Bischofskonferenz, 11.2.1972, in: MAA, MHG 26.
279 Weihbischof Laurenz Böggering an Prälat Dossing, 9.2.1972, in: MAA, MHG 26.
280 LAURENZ BÖGGERING (1904–1996). Studium der Theologie in Freiburg und Münster. 1929 Priesterweihe. 1954 Ernennung zum Generalvikar im Bistum Münster. 1967 Ernennung und Weihe zum Weihbischof von Münster. Vgl. G. MEES, Laurenz Böggering, S. 17–23.
281 Weihbischof Laurenz Böggering an Prälat Dossing, 9.2.1972, in: MAA, MHG 26.
282 Vgl. hierzu und im Folgenden: Prälat Dossing an Joseph Homeyer, 16.2.1972, in: MAA, MHG 26.
283 EBD.
284 EBD.

Bildebene des Werbeplakates hingewiesen[285]. Zum Motto der Fastenaktion fügten die Grafiker Misereors eine »Hungerikone«[286] hinzu, die im Kontext der Hungerkatastrophe in Indien zu Beginn der 1950er Jahre aufgenommen worden war. Das von unten fotografierte Bild zeigte eine Frau mit einem Kind auf dem Arm, ihre geöffnete Hand wirkte durch die Aufnahmeperspektive überproportional groß und unterstrich damit die Bittgeste. Für Katholiken weckte diese Aufnahme Assoziationen an die Gottesmutter Maria mit dem Kind, drückte jedoch, so Müller, zugleich die »paternalistische und eurozentristische Vorstellung« aus, »die Unwissenheit und Elend ausserhalb Europas lokalisiere«[287]. Durch die nach oben gerichtete Blickrichtung der Betrachter aber, die Bildkomposition also, die das Motiv nicht mehr in einer demütigen(den) Haltung zeigte, sondern durch die ausgestreckte Hand eine Forderung beinhaltete, wurde gleichzeitig dem Anliegen Misereors Rechnung getragen, Starthilfe zu geben und nicht länger nur aus Mitleid zu spenden[288].

Trotz der erkennbaren Konkurrenz von Konzepten gab es zum eingeschlagenen Weg einer komplexeren und nicht rein auf karitative Gesichtspunkte abzielenden Etablierung keine Alternative mehr. Die erste Hälfte der 1970er Jahre prägte das Thema Gerechtigkeit, das Misereor von der römischen Bischofssynode ›Der priesterliche Dienst und die Gerechtigkeit in der Welt‹ vom 30. September bis zum 6. November 1971 und insbesondere von einem der beiden Abschlussdokumente »De iustitia in mundo« aufgenommen hatte[289]. Misereor wollte nun ›Mehr Gerechtigkeit in der Welt‹ erreichen. »Das Thema leitete den intendierten Wandel von einer mehr emotionalen zu einer eher rationalen Form der Hilfe ein. Nicht mehr nur geben aus Mitleid, sondern aus einer Einsicht in das weltweit existierende Ungleichgewicht wurde von Misereor angestrebt [...]«[290]. Das Motto ›Mehr Gerechtigkeit in der Welt‹ sollte den Weltauftrag der Kirche zu mehr sozialer Gerechtigkeit deutlich machen. Die theologische Grundlegung dieses Themas hatte in der Werkmappe zur Fastenaktion der damalige Professor für Dogmatik an der Tübinger Universität, Walter Kasper, übernommen. Misereor wollte nicht wieder eine theologische Kontroverse um die Grundüberlegungen riskieren. Kasper stellte zunächst im Bemühen um Kontinuität klar, dass mit dieser Schwerpunktsetzung »kein Abweichen von der bisherigen Programmatik«[291] geschehen sei. »Liebe und Gerechtigkeit sind nicht, wie man oft meint, Gegensätze; sie gehören vielmehr unlösbar zusammen. Die Liebe schließt die radikale Forderung nach

---

285   A. Müller, »Indien braucht Brot«, S. 134–153.

286   Ebd., S. 148.

287   Ebd., S. 152.

288   Vgl. ebd., S. 151 f.

289   Vgl. dazu DBK (Hrsg.), Der priesterliche Dienst, S. 71–105.

290   H.-G. Angel, Christliche Weltverantwortung, S. 150.

291   Walter Kasper an Erwin Mock, 20.11.1972 betr. theologische Überlegungen zum Thema »Gerechtigkeit und Menschenwürde«, S. 1, in: MAA, MHG 27.

Gerechtigkeit ein«[292]. Diese Gerechtigkeit sei auch biblisch »keine abstrakte Norm, sondern ein konkretes Gemeinschaftsverhältnis«[293], lasse sich allerdings nicht vom Menschen alleine verwirklichen. »In Jesus Christus nimmt Gott selbst alle Ungerechtigkeit der Welt auf sich, am Kreuz solidarisiert und identifiziert er sich mit allen Ausgestoßenen und Ohnmächtigen«[294]. Durch diese Solidarität und Identifikation Jesu Christi gehöre der »Einsatz für die Gerechtigkeit und die Teilnahme an der Umgestaltung der Welt« wesentlich zur »Verkündigung des Evangeliums« und zur »Sendung der Kirche zur Erlösung der Menschen«[295]. Praktisch wirksam würde dies in der »fast ohnmächtigen Geste« der Gabe, diesem »bedeutsame[n] und unverzichtbare[n] Zeichen unseres Glaubens an die befreiende Macht der Liebe Gottes«, die damit die »Vorwegnahme der eschatologischen Gerechtigkeit Gottes«[296] sei. Die theologischen Überlegungen Kaspers ermöglichten es, einen in der entwicklungspolitischen Debatte immer stärker werdenden Begriff der Motivierung aufzugreifen und für den kirchlichen Bereich fruchtbar zu machen.

Aber auch mit diesem Thema eckte das Hilfswerk in bischöflichen Kreisen an. So versuchte der Aachener Bischof Johannes Pohlschneider[297] mit einer Intervention an das Sekretariat der Deutschen Bischofskonferenz die Schärfe des Hirtenwortes zu verhindern, das die Zustände weltweiten Elends als Anklage wertete: »Soll sie [die Lehre des Zweiten Vatikanischen Konzils, der Verf.] kein bloßes Lippenbekenntnis sein, dann müssen wir unsere Grundeinstellung und unser an Profit und Prestige orientiertes praktisches Verhalten als einzelne wie als Gemeinschaft ernsthaft überprüfen«[298]. Gleichwohl blieb auch dieses Hirtenwort darauf bedacht, die Betroffenheit und das Mitgefühl der Spender anzuregen und die Spende als Zeichen der Nächstenliebe in der Diktion des Weltgerichtes (Mt 25) zu werten.

Die thematischen Verschiebungen von 1959 bis 1975 und die inhärenten Konflikte machen zweierlei deutlich. Erstens zeigen sie die Vernetzung Misereors zu weiteren Entwicklungsakteuren und deren theoretischen Grundkonstanten, die sich, wie in Kapitel III.1 aufgezeigt, ebenfalls veränderten. Zu Beginn war man von der Annahme ausgegangen, mit Lebensmittelhilfen das Schlimmste verhindern zu können und so Entwicklung zu ermöglichen. Bei der Reflexion über die Ursachen der Unterentwicklung kam dann zunehmend der Gedanke auf, die Menschen selbst zu befähigen,

---

292 EBD.
293 EBD., S. 2.
294 EBD., S. 3.
295 EBD., S. 4.
296 EBD., S. 5.
297 JOHANNES POHLSCHNEIDER (1899–1981). Studium der Philosophie und Theologie in Münster, Berlin, Innsbruck und Rom. 1921 Promotion (Dr. phil.), 1925 Promotion (Dr. theol.). 1924 Priesterweihe. Ab 1940 Offizial in Vechta, ab 1948 Generalvikar. 1954 Ernennung und Weihe zum Bischof von Aachen. Konzilsteilnehmer. Vgl. A. BRECHER, Art. Johannes Pohlschneider, S. 592 f.
298 Entwurf des Hirtenwortes, o. D., in: MAA, MHG 27.

ihre Entwicklung in die Hände zu nehmen. In diesem Sinne sollte etwa die personelle »Entwicklungshilfe« der AGEH wirken. Als zu Beginn der zweiten Entwicklungsdekade klar wurde, dass trotz dreistelliger Millionenbeträge, trotz nationaler und internationaler Anstrengungen das Entwicklungsproblem, die Armut und der Hunger tausender Menschen nicht weniger, sondern eher mehr geworden waren, rückte die Frage nach den Strukturen dieser Unterentwicklung, der in den Misereor-Materialien immer wieder verwendete »Teufelskreis der Unterentwicklung«[299], stärker in den Fokus. Die sich daraus aber ergebenden Fragen waren deutlich politisch, weil sie Welthandelsstrukturen, Subventionen und Protektionismus, Konsumverhalten und Lebensstil infrage stellten. Das bei Misereor gebräuchliche Wort vom ›Fisch‹, das auf einem chinesischen Sprichwort beruhen soll, brachte diese Entwicklung ins Bild: Gib einem Menschen einen Fisch – er hat einen Tag zu essen. Gib einem Menschen viele Fische – er hat viele Tage zu essen. Lehre ihn fischen – und er wird nie wieder hungern. Misereor-Aktive fügten schließlich einen vierten Schritt hinzu, den der Strukturen, in denen sich der Fischer zu behaupten hatte[300].

Zweitens zeigen sie, dass die langsame Weiterentwicklung der Arbeit bei Misereor vielen Aktiven nicht reichte. So geriet Misereor auch von der Seite der entwicklungspolitisch Aktiven zunehmend unter Druck. Die Entwicklungsarbeit des Werkes betrachteten sie als angepasst an die bundesrepublikanische Politik und Öffentlichkeit, von denen das Werk abhänge. Josef Senft untersuchte 1978 in seiner Studie »Entwicklungshilfe oder Entwicklungspolitik«, ob die Misereors

> Engagement zugrundeliegenden Motive und die mit seiner Arbeit angestrebten Ziele der sich zunehmend verschlechternden Situation des größten Teils der Menschheit gerecht werden und ob – bzw. in welchem Maße – sie bei konkreter Parteinahme für die unterprivilegierten und ausgebeuteten Menschen in den Ländern der Dritten Welt die Chance haben, sich im Rahmen der derzeitigen entwicklungspolitischen Interessenkonstellation und Konzeption auf nationaler und internationaler Ebene durchzusetzen,[301]

mithin also die Frage nach Anspruch und Wirklichkeit Misereors. Nach Senfts Auffassung forderte die weltweite Dimension der sozialen Frage die christlichen Kirchen massiv heraus.

> Wenn Kirche ihrem angestrebten Selbstverständnis gerecht werden will, zum Motor der Veränderung auf mehr Freiheit hin, mehr Einheit, mehr Gerechtigkeit und Solidarität, mehr Hoffnung auf Zukunft für alle Menschen zu werden, kann sie sich nicht damit begnügen, neben der Seelsorge auch die materielle Not und das Elend in der Welt nur mit Katastrophenhilfe zu lindern, sondern muß sich entschieden auf die Seite der um ihr Recht auf menschliches Leben kämpfenden Völker der Dritten Welt stellen; d. h. die

---

299 So etwa N. N. an Misereor, 22.10.1978, in: MAA, BP 1997/11, 1999/4 Lehrerarbeitskreis 1972–1980.
300 Vgl. dazu Äußerungen von Erwin Mock in Kapitel IV.2.b.
301 J. SENFT, Entwicklungshilfe oder Entwicklungspolitik, S. 18.

> Kirche darf nicht nur abstrakt und allgemein Strukturveränderungen fordern, sondern
> muß in konkreten Konfliktsituationen Partei ergreifen und Selbsthilfemaßnahmen,
> auch wenn sie im Notfall in kämpferischer Art vorgenommen werden, uneigennützig
> unterstützen.[302]

Wenn die katholische Kirche dies jedoch nicht eindeutig leistete, würde sie wie im 19.
Jahrhundert, »wo sie den Arbeitern das Recht auf Selbsthilfe […] lange Zeit absprach,
[…] nun auch noch das Vertrauen des ›Proletariats auf Weltebene‹ verlieren«[303]. Und
Senft machte nach eingehender Analyse keinen Hehl daraus, auf welchem Weg er
Misereor sah. Eine Überwindung der absoluten Armut in den ›Entwicklungsländern‹
wäre bei einer Fortführung der bisherigen Aktivitäten »kaum noch zu erwarten«[304],
staatliche Hilfsanstrengungen würden in Zukunft verkümmern.

> Es wird deshalb die mit absolutem Vorrang anzugehende Aufgabe kirchlicher Entwick-
> lungshilfe sein, in wesentlich stärkerem Maße als bisher, der Anwalt für die Interessen
> der Völker der Dritten Welt zu sein. Dies würde jedoch voraussetzen, daß kirchliche Insti-
> tutionen und christlich motivierte Gruppen den in ihren Entwicklungshilfemaßnahmen
> bisher akzeptierten Rahmen von Konzeptionen, Bedingungen, Rücksichtnahmen und
> Einschränkungen durchbrechen, ihn aus der Distanz heraus bewerten und nach Alter-
> nativen suchen.[305]

Genau dies aber sei durch die Anlage Misereors als Spendenorganisation nicht leicht
zu erreichen. Misereor müsse sowohl in der Projektauswahl als auch in der Öffentlichkeitsarbeit auf den Bewusstseinsstand der Spender Rücksicht nehmen. »Da Misereor
auf eine Steigerung des jährlichen Spendenaufkommens angewiesen ist«, könne der
Schwerpunkt der Öffentlichkeitsarbeit »nicht in einer kritischen Analyse der wirtschaftlichen und politischen Bedingungen von Entwicklungshilfe im allgemeinen und
der begrenzten Möglichkeiten der eigenen Projektpolitik im besonderen liegen«[306].
Der entwicklungspolitische Bewusstseinsstand der deutschen Bevölkerung sei auch
1978 noch immer nicht hoch genug, um die Komplexität und die Wechselwirkungen
deutlich zu machen. Daher sei zu fragen, ob nicht viel mehr Spenden in die Öffentlichkeitsarbeit, in Bildungsprojekte und Informationen gelenkt werden müssten, um
nicht unterzugehen in »einer affirmativen Bewußtseinsbildung mit dem nützlichen
Effekt der Spendenmotivation und der Spendenvermehrung«[307]. Das aber sei mit
einem großen Risiko für die Kirche verbunden.

---

302 EBD., S. 27.
303 EBD., S. 28.
304 EBD., S. 205.
305 EBD.
306 EBD., S. 137.
307 EBD., S. 201.

Selbst wenn eine solche Verminderung der Quantität zugunsten der Qualität von den Verantwortlichen in der Misereor-Geschäftsstelle begrüßt oder zumindest verkraftet würde, wäre zu erwarten, daß sich die Kirche (wobei kein wesentlicher Unterschied zwischen evangelischer und katholischer besteht) als Institution und aufgrund deren enger Verflechtung mit unserer gegenwärtigen Gesellschafts- und Wirtschaftsordnung in Frage gestellt sähe, falls diese Ordnung in wesentlichen Punkten kritisiert würde.[308]

Der Vorsitzende der Deutschen Bischofskonferenz Julius Kardinal Döpfner hatte 1975 bei einer Rede vor dem Bundesverband der deutschen Industrie genau diese enge Verflechtung zwischen Kirche und Wirtschaftsordnung auch noch insofern betont, als dass die »ideologischen Angriffe auf die soziale Marktwirtschaft«[309] nicht nur die Unternehmer, sondern auch die Kirchen bedrohten.

Die Kirchen würde daher, so Senft, eine deutliche Veränderung ihrer Politik vor innere Kämpfe stellen.

Eine so geartete radikale Parteinahme für die am Rande des Existenzminimums lebende Bevölkerung der Dritten Welt kann jedoch nur in einer konkreten politischen Auseinandersetzung geschehen, die auch innerhalb der Kirche Interessen aufeinanderprallen lassen wird. ›Als Anwalt der Ohnmächtigen gegen die Macht anderer gesellschaftlicher Gruppen und Interessen aufzutreten, vermag nur eine Kirche, die in sich selbst mit Ohnmacht und Übermacht fertig geworden ist und – wie immer wieder deklariert – Machtpositionen in Dienstfunktionen gewandelt hat.‹[310]

Genau an dieser Stelle setzte nun die noch fundamentaler vorgebrachte Kritik Michael Vespers an. Vesper, heute Generalsekretär des Deutschen Olympischen Sportbundes und damals als Soziologiestudent in Bielefeld Mitglied des EPA, hatte ebenfalls 1978 zum Rundumschlag gegen Misereor ausgeholt. Er stellte in seinem Buch die These auf,

daß die in den entwicklungspolitischen Texten der katholischen Kirche enthaltenen Theorieelemente zur Erklärung und Überwindung der Unterentwicklung keineswegs ein ›origineller Beitrag‹ sind, sondern mit den wesentlichen Aussagen der hergebrachten bürgerlichen Entwicklungstheorien weitgehend übereinstimmen, und daß sie den politisch-ökonomischen Wandel des konkreten Verhältnisses der Metropolen zur Peripherie, der sich in der wechselnden Betonung bestimmter Theorien ausdrückt, jeweils nachvollziehen. Die herrschenden Theorien und die Veränderung der in ihnen gesetzten Akzente sind [...] als Reflex der sich wandelnden Interessen des Kapitals zu verstehen. Schließlich läßt sich dann daraus der Schluß ziehen, daß auch das katholische Entwicklungskonzept Ausdruck der Interessen des metropolitanen, vor allem bundesrepublikanischen Kapitals ist.[311]

---

308   EBD., S. 192.
309   J. DÖPFNER, Ethische Grundsätze einer Wirtschaftsführung, S. 6.
310   J. SENFT, Entwicklungshilfe oder Entwicklungspolitik, S. 205.
311   M. VESPER, Misereor und die Dritte Welt, S. 118.

Zur Begründung dieser These analysierte Vesper die entwicklungspolitischen Texte der katholischen Akteure, darunter insbesondere Misereors. Aus dieser Analyse ergab sich, dass die Theorieelemente der katholischen Kirche deutliche Übereinstimmung mit vor allem in den USA entwickelten Entwicklungstheorien aufwiesen, dass diese Theorien

> die ökonomischen und politischen Verhältnisse in den kapitalistischen Metropolen als für die Entwicklung der ›Dritten Welt‹ vorbildhaft ansehen und im Sinne der Modernisierungstheorie eine Annäherung der ›Entwicklungsländer‹ an dieses Niveau der Metropolen

für sinnvoll erachteten und die dadurch »imperialistische Theorien«[312] seien. Ohne entwicklungspolitisches Konzept gestartet und »mehr von der christlichen Ethik und einem stark gefühlsbetonten Hilfswillen bestimmt«[313], hätte sich die kirchliche Entwicklungsarbeit immer mehr der staatlichen Konzeption angeschlossen und »die interessenbedingten Wandlungen der staatlichen Entwicklungspolitik nach der Krise 1966/67 mit einem Rückstand von wenigen Jahren kirchlicherseits nachvollzogen«[314]. So müsse die »Neuorientierung des katholischen Entwicklungskonzeptes als Entsprechung des [...] historischen Wandlungsprozesses der Interessen des bundesrepublikanischen Kapitals«[315] interpretiert werden.

> Das Motiv der samariterhaften Nächstenliebe, das eine Lösung der Problematik im Verhältnis von Mensch zu Mensch sehen ließ, wird durch das der ›Sozialen Gerechtigkeit‹ abgelöst, dessen Funktion weiter geht: Indem es ein umfassenderes Spektrum von Strategien (über Entwicklungshilfe hinaus) als notwendig impliziert und damit einen globaleren Verzicht begründet, dessen Nutzen nicht unmittelbar einleuchtend ist, wird der Weg für die Einsicht in die Notwendigkeit von Strukturreformen bereitet, die angeblich im langfristigen Interesse sowohl ›der‹ Entwicklungsländer wie von ›uns‹ als ›der‹ Industrieländer, liegen, tatsächlich aber primär den in beiden herrschenden Kapitalien dienen, wobei das Wort von der gegenseitigen ›Partnerschaft‹ die realen Interessenkonstellationen verdunkelt.[316]

So hätten die deutschen Bischöfe auf der römischen Bischofssynode 1971 »unter allen Umständen zu verhindern« gesucht, »daß die Theologie der Befreiung Einfluß auf die Formulierungen des Synodentextes gewann«[317].

Insgesamt befinde sich die Kirche in einem problematischen Spannungsverhältnis. Einerseits sei sie durch ihre spezifische Situation als Akteur innerhalb des öffentlichen

---

312 EBD., S. 128.
313 EBD., S. 145.
314 EBD., S. 146.
315 EBD.
316 EBD., S. 148.
317 EBD., S. 149.

Lebens in der Bundesrepublik mit ihren Privilegien notwendig als eine ordnungsstabilisierende Macht wahrgenommen worden und wollte diesen Zustand auch beibehalten, andererseits sei sie auch innerkatholisch unter Druck geraten. »Kritische Gruppen erscheinen in dieser Optik als Störfaktor, vor allem dann, wenn sie sich nicht mehr auf Kirchenreformbestrebungen beschränken, sondern das Evangelium politisch interpretieren und als gesellschaftskritische Kraft zum Zuge kommen lassen wollen«[318]. Entwicklungspolitik der Kirche sollte also nach Vesper einerseits die kirchlichen Privilegien der finanziellen Förderung bzw. Abhängigkeit weiter sicherstellen und damit faktisch die staatliche Entwicklungspolitik stabilisieren, andererseits musste sie der innerkirchlichen Kritik begegnen.

> Die entwicklungspolitischen Aussagen stellen [...] den Versuch dar, es zu solch offenen Konflikten gar nicht erst kommen zu lassen. Sie sind eine verfeinerte, flexiblere und damit letztlich auch effektivere Reaktion auf innerkirchliche kritische Gruppen, denen mit dem Bereich der Entwicklungspolitik seit ihrem Auftauchen nach dem II. Vatikanischen Konzil und ihrem verstärkten Übergang von liturgischen zu gesellschaftspolitischen Fragestellungen in den siebziger Jahren ein Agitationsfeld überlassen bzw. zugewiesen wird, in dem kritische Äußerungen von vornherein aufgrund der (scheinbaren) Ferne der Problematik leichter hinzunehmen sind [...].[319]

Nach Vespers Auffassung war das Ziel kirchlicher Entwicklungspolitik, kritische und kirchenfernere Gruppen wieder an die Kirche zu binden, »die kritische Kirche teilweise [zu] integrieren und die Kritik im Rahmen dessen [zu] halten, was ohne Gefährdung kirchlicher Macht und Privilegien möglich und daher – wenn auch oft widerwillig – erlaubt ist«[320]. Damit, so sei die Hoffnung gewesen, würden viele kritische Gruppen »den Glauben an die katholische Kirche der BRD nicht verlieren«[321] und die Kirche ihre gesellschaftsstabilisierende Funktion beibehalten können.

Allerdings hätten die kirchlichen Verantwortlichen die Sprengkraft und die politische Wirksamkeit des Themenfeldes Entwicklungspolitik unterschätzt, denn die »entwicklungspolitischen Aussagen der katholischen Kirche« hingen »mit ihrer eigenen Systemerhaltung [...] unmittelbar zusammen, weil Unterentwicklung und Abhängigkeit«[322] auch die kirchliche Existenz infrage stellen würden.

> Bis heute paktiert die katholische Kirche in den unterentwickelten Ländern wie in den kapitalistischen Metropolen mit den Kräften, die an der Aufrechterhaltung jener Eigentums- und Abhängigkeitsverhältnisse interessiert sind, die das Elend der Bevölkerung hervorgebracht haben und weiter hervorbringen.[323]

---

318 EBD., S. 168.
319 EBD., S. 171.
320 EBD., S. 172.
321 EBD.
322 EBD., S. 174.
323 EBD.

Daher stellte Vesper der kirchlichen Existenz eine Bankrotterklärung aus:

> Wie läßt sich in dieser Situation, in der Millionen Menschen verhungern, eine Kirche
> rechtfertigen, die auf der Seite der Satten steht? Sicher nicht durch eine kritische Ana-
> lyse der Ursachen der Verelendung, denn diese müßte gerade das gesellschaftliche Sys-
> tem in der Metropole infragestellen, mit dem die katholische Kirche so stark verbunden
> ist. Stattdessen versuchen die untersuchten entwicklungspolitischen Texte, wirksam das
> Image zu vermitteln, daß sich die katholische Kirche der BRD nicht mit dem Elend ab-
> gefunden hat, sondern sich nach Kräften dagegen engagiert.[324]

Damit aber erklärte Vesper die Arbeit der katholischen Hilfswerke, des KAEF und
vieler entwicklungspolitischer Gruppen zu einer Fassade, die eigentlich dazu diene,
diejenigen Verhältnisse zu stützen, »die Unterentwicklung und Abhängigkeit hervorbringen«[325] und damit ihre eigene Existenz zu untermauern, zu einer macht- und pri-
vilegienerhaltenden Funktion und zu einem Versuch der Restitution des katholischen
Milieus angesichts schwindender Bindungskräfte.

Vespers Buch, das durch seine Rolle als Mitglied im EPA mitten aus dem Katholizismus kam, steht damit unzweifelhaft im Kontext der politischen Umwälzungen der
1970er Jahre. Das Aufkommen der Neuen Sozialen Bewegungen, die Lebensstilrevolte
und die schwindenden Bindungskräfte nahezu aller gesellschaftlichen Gruppen sowie eine erneute Politisierung und die Verbreitung sozialistischer und marxistischer
Ideen und Begriffe, die in Vespers Arbeit unzweifelhaft zu erkennen sind, machten
diese Form der Kritik überhaupt erst möglich[326]. Anliegen Vespers und anderer Kritiker war eine Abkehr der »Entwicklungshilfe« von ihren professionalisierten, pragmatischen Institutionen, hin zu einer Wertorientierung im globalen Maßstab, einem
»Bürgersinn mit Weltgefühl«[327]. Dieser freilich konnten die kirchliche Hierarchie und
ihre Organisationen kaum begegnen, weil »Entwicklungshilfe« nun als eine rein in-
stitutionenerhaltende Maßnahme gebrandmarkt war, ohne jede theologische, soziale
oder humane Motivation.

c) Ein Eklat als Symptom

Nicht nur Misereor geriet unter Druck, auch das eher auf missionarische Arbeit aus-
gerichtete Hilfswerk Adveniat musste sich 1977 massiver Kritik der ersten nachkonziliaren Theologengeneration stellen. Das Beispiel zeigt, dass nunmehr nicht einzelne
Werke oder Handlungen in die Kritik gerieten, sondern kirchliche Entwicklungsarbeit
und damit die bisherigen Ordnungsschemata insgesamt in den Zustand einer Bedrohung kamen.

---

324 Ebd.
325 Ebd.
326 Vgl. C. Lepp, Zwischen Konfrontation und Kooperation, S. 364–385.
327 H. Knoch (Hrsg.), Bürgersinn mit Weltgefühl.

Zum Eklat um Adveniat kam es im November 1977, als namhafte Professoren der katholischen Theologie, darunter Karl Rahner, Johann Baptist Metz, Herbert Vorgrimler[328], Norbert Greinacher[329] und die evangelischen Kollegen Jürgen Moltmann und Ernst Käsemann[330] aus Tübingen kurz vor der jährlichen Adveniat-Weihnachtskollekte ein Memorandum veröffentlichten, in dem sie eine Kampagne gegen die ›Theologie der Befreiung‹ anprangerten, die von Adveniat und insbesondere ihrem bischöflichen Vorsitzenden Franz Hengsbach gefördert würde[331]. Es gelte, »auf das verhängnisvolle Bündnis zwischen der Führungsspitze des bischöflichen Hilfswerkes Adveniat und dem in Lateinamerika als erklärter Feind der Theologie der Befreiung bekannten Pater Roger Vekemans[332] aufmerksam zu machen«[333].

Hengsbach, der 1973 einen Studienkreis ›Kirche und Befreiung‹ aus deutschsprachigen und lateinamerikanischen Theologen gegründet hatte, führte im März 1976 in Rom ein mit deutschen Kirchenmitteln finanziertes Kolloquium durch, das das Ziel hatte, »jede Umdeutung des christlichen Glaubens in ein soziales oder politisches Programm (...) zu verhindern«, und die Befreiungstheologie und die Bewegung ›Christen für den Sozialismus‹ zu ihren Hauptfeinden erklärte, weil sie sich »Erkenntnisse der marxistischen Gesellschaftsanalyse zu eigen gemacht und dadurch zur Aushöhlung des Glaubens beigetragen«[334] hätten. Dadurch gerate »gerade die deutsche Kirche wieder einmal in den bösen Verdacht [...], es mit den Mächtigen zu halten und bewußt oder unbewußt das menschenfeindliche Verhalten sich christlich nennender Diktatoren zu übersehen oder aus taktischen Gründen umzudeuten«[335].

---

328 HERBERT VORGRIMLER (1929–2014). Studium der Philosophie und Theologie in Freiburg i. Br. und Innsbruck. 1953 Priesterweihe. 1958 Promotion. 1968–1972 Professor für Dogmatik in Luzern, 1972–1994 in Münster. Vgl. A. R. BATLOGG, Ein leidenschaftlicher Botschafter.

329 NORBERT GREINACHER (* 1931). Studium der Philosophie, Theologie und Soziologie. 1956 Promotion. 1966 Habilitation. 1969–1997 Professor für Pastoraltheologie in Tübingen. Vgl. N. GREINACHER, Von der Wirklichkeit zur Utopie, S. 227.

330 ERNST KÄSEMANN (1906–1998). Studium in Bonn. 1931 Promotion. 1939 Habilitation. 1946–1952 Professor für Neues Testament in Mainz, 1952–1959 in Göttingen, 1959–1971 in Tübingen. Vgl. K. F. ULRICHS, Art. Ernst Käsemann, Sp. 775–778.

331 Vgl. Memorandum westdeutscher Theologen zur Kampagne gegen die Theologie der Befreiung, in: Presseamt des Erzbistums Köln (Hrsg.), Dokumente, 29.11.1977, 3, in: BAM, GV NA, Büro GV, A-101-548; W. WEBER (Hrsg.), Angriff und Abwehr.

332 ROGER VEKEMANS (1921–2007). 1942 Eintritt in den Jesuitenorden. Studium der Philosophie, Theologie und Soziologie. 1949 Priesterweihe. 1957–1971 Berater des chilenischen Episkopats für Sozialkatholizismus. Anfang der 1960er Jahre Schlüsselrolle in der chilenischen Christdemokratie. Ab Anfang der 1970er Gegner der Befreiungstheologie. Vgl. A.-I. MOEWS, Eliten für Lateinamerika.

333 Memorandum westdeutscher Theologen zur Kampagne gegen die Theologie der Befreiung, in: Presseamt des Erzbistums Köln (Hrsg.), Dokumente, 29.11.1977, 3, in: BAM, GV NA, Büro GV, A-101-548.

334 EBD., S. 3–5.

335 EBD., S. 9.

Sowohl Adveniat als auch Misereor als auch die Deutsche Bischofskonferenz widersprachen sofort allen Anschuldigungen. Auch das Stipendienwerk Lateinamerika-Deutschland unter seinem Leiter Peter Hünermann[336] protestierte gegen die »verehrten Herren Kollegen« und ihre irreführenden Anschuldigungen und warf ihnen eine »politisierende Schwarz-Weiß-Malerei«[337] vor. Eine so kurz vor der jährlichen Kollekte derart öffentlichkeitswirksam platzierte Kampagne weckte aber die Furcht der Verantwortlichen im Hilfswerk, das Spendenaufkommen könnte sich drastisch verschlechtern. Franz Hengsbach ließ einen Vorschlag zur Kanzelverkündigung in den Sonntagsgottesdiensten verbreiten, in dem er die Katholiken aufrief, »sich durch derartige unqualifizierte behauptungen nicht verwirren zu lassen und der lateinamerikanischen kirche die dringend notwendige hilfe nicht zu entziehen [sic!]«[338]. Die Spendenergebnisse blieben zwar konstant hoch, die Professoren aber rückten von ihren Anschuldigungen auch in der Folge kaum ab.

Ähnlicher Kritik hatte sich der KAEF zu stellen, der in den 1970er Jahren zu den Konferenzen der Vereinten Nationen für Handel und Entwicklung (UNCTAD) Memoranden im Sinne kirchlicher Lobbyarbeit herausgab. Dies geschah seit der dritten Konferenz in Santiago de Chile 1972 in ökumenischer Weise als Zusammenschluss der beiden zuständigen Institutionen der Kirchen, die dann als Gemeinsame Konferenz Kirche und Entwicklung (GKKE) firmierte[339]. »Wenn die ›soziale Frage unseres Jahrhunderts‹ gelöst werden soll, muß das System der Weltwirtschaft einschneidend verbessert werden«[340], forderten die Kirchen ganz im Sinne der Etablierungsbemühungen. Trotz zunehmender wirtschaftlicher Sorgen müssten sich die Gesellschaft und die politischen Parteien weiterhin um eine »gerechte Ordnung im Zusammenleben der Völker«[341] sorgen. Im Memorandum zur vierten Konferenz in Nairobi im Mai 1976 mit dem Titel ›Soziale Gerechtigkeit und internationale Wirtschaftsordnung‹ zeigten sich deutlich die Auseinandersetzungen der gesamten entwicklungspolitischen Szene[342]. Die Diskussionen um eine neue Weltwirtschaftsordnung waren auf ihrem Höhepunkt, die Kirchen griffen diese Diskussion auf und forderten einen alternativen Lebensstil.

---

336 PETER HÜNERMANN (* 1929). 1958 Promotion. 1967 Habilitation. Ab 1971 Professur an der Universität Münster, ab 1982 an der Universität Tübingen, 1983 Honorarprofessor an der Universität Cochabamba, Bolivien. Vgl. KÜRSCHNERS DEUTSCHER GELEHRTENKALENDER 2015 (Bd. 2), S. 1584.

337 Protestschreiben des Stipendienwerkes Lateinamerika Deutschland gegen das Theologen-Memorandum über Adveniat, in: Presseamt des Erzbistums Köln (Hrsg.), Dokumente, 29.11.1977, 15f, in: BAM, GV NA, Büro GV, A-101-548.

338 Telex der Bischöflichen Pressestelle Essen, fuer das persoenliche wort von der kanzel, 24.11.1977, in: BAM, Bischöfliches Sekretariat, A-0-473.

339 Vgl. GKKE, Erklärung der Kirchen, S. 69–75.

340 EBD., S. 69.

341 EBD., S. 71.

342 H. KUNST / H. TENHUMBERG (Hrsg.), Soziale Gerechtigkeit.

> Wenn es das Ziel einer neuen Ordnung ist, allen Menschen einen gerechten Anteil an den lebensnotwendigen Gütern dieser Erde zu ermöglichen und das hieße zunächst nur, Millionen von Menschen zur Befriedigung ihrer elementarsten Bedürfnisse zu verhelfen –, dann muß allerdings darüber hinaus die Frage gestellt werden, ob sich nicht auch das ganz alltägliche Arbeits-, Konsum- und Freizeitverhalten des Einzelnen radikal verändern muß.[343]

Zwar schränkten die Autoren dies insofern ein, als dass ein neuer Lebensstil allein das Problem nicht lösen werde, wenn nicht auch politische Veränderungen durchgesetzt würden. Dennoch, so meinten sie, »dienen Entwicklungshilfe, Konsumverzicht und Änderung der Produktionsstruktur dazu, die auf Dauer notwendige Nachfragesteigerung der Dritten Welt vorzufinanzieren – eine Form antizipatorischer internationaler Solidarität«[344].

Mit diesen Memoranden zu den UN-Konferenzen sahen sich die Akteure des KAEF in einer Vorreiterrolle, die wichtige Impulse in die Politik tragen konnte. Allerdings teilten nicht alle katholischen Akteure diese Ansicht. Vielmehr argwöhnten sie, es gehe hierbei nur um Strategien zur Beruhigung der bundesrepublikanischen Gesellschaft angesichts der wirtschaftlichen Probleme der 1970er Jahre.

> Die offiziellen Kirchen in der Bundesrepublik, die wie selten irgendwelche Kirchen in der Welt vom Kapital (Staat) mit Finanzen und anderen Privilegien beschenkt werden, sind objektiv dazu gezwungen, die Politik des BRD-Kapitals ideologisch abzusichern, wollen sie sich als Großorganisationen erhalten. Die Politik des BRD-Kapitals ist aber eine Politik des Hungers und des Massenelends. Daß eine Kirche Jesu Christi Stütze der Verhältnisse ist, die grausames Massenelend bewirken, klagen wir an.[345]

Stattdessen forderte die Arbeitsgemeinschaft katholischer Studenten- und Hochschulgemeinden (AGG), die Ursachen des Hungers zu beseitigen. »Wir meinen also, daß wir die Befreiungsbewegungen in der Dritten Welt unterstützen und gleichzeitig eine Entmachtung der herrschenden Klassen hier vorbereiten sollten«[346].

An den beiden Beispielen aus der Mitte der 1970er Jahre zeigt sich in aller Deutlichkeit, welches Bedrohungspotential »Hunger« in sich zu tragen in der Lage war. Wo die einen durch die Grenzen des Wachstums ihren Lebensstil bedroht sahen, empfanden die anderen genau diesen Lebensstil im Wohlstand als Bedrohung für das weltweite Zusammenleben der Menschen. Im Katholizismus führten diese Spannung und der Umgang damit aber zu einer grundlegenderen Frage, nämlich zu der Frage nach

---

343 Memorandum der GKKE aus Anlaß der 4. Konferenz der Vereinten Nationen für Handel und Entwicklung, 11.2.1976, in: H. KUNST / H. TENHUMBERG (Hrsg.), Soziale Gerechtigkeit, S. 25.
344 EBD., S. 28.
345 CfS-Korrespondenz, Sondernummer 18, Göttingen 1979, in: ARBEITSGEMEINSCHAFT KATHOLISCHER STUDENTEN- UND HOCHSCHULGEMEINDEN (Hrsg.), Misereor. Zum politischen Standort eines kirchlichen Hilfswerkes, Bonn / Bad Godesberg 1980, S. 101.
346 EBD.

der Gestalt von Kirche, zur Frage nach ihrer Wirkweise und ihres Einflussbereichs und letztlich zur Frage nach einem guten und richtigen Leben. Letztlich standen hier im Zweiten Vatikanischen Konzil noch nebeneinander existierende Kirchenbilder im Konflikt. Es galt zu entscheiden, ob Kirche eine Kirche bisheriger Gestalt, mit Privilegien, staatlicher Einbindung und Unterstützung sei oder eine Kirche, die – wie es Jahrzehnte später Papst Franziskus ausdrücken sollte – radikal »an die Peripherien«[347] gehen würde und sich, wie Josef Senft forderte, als »Anwalt für die Interessen der Völker der Dritten Welt«[348] verstehe, unter Inkaufnahme des Verlustes von Macht und Einfluss.

Dieser Konflikt zeigte sich latent seit der Gründung Misereors, als Dossing und der Kölner Generalvikar Teusch um die Ausrichtung des Werkes stritten, er zeigte sich in der Kritik an Adveniat 1977, er zeigte sich in einem Ringen des BDKJ um die Bezuschussung der Namibia-Woche 1975[349], er zeigte sich im KAEF und der Kritik an seinen Memoranden. Damit aber war die Bedrohungslage nun endgültig erkannt und offensichtlich geworden. Die Tatsache einer weiter zunehmenden Verschärfung der weltweiten sozialen Konflikte, einer wiederaufflammenden Welternährungskrise, die den Hunger im Sahel noch verschärfte, die Krisen der bundesrepublikanischen Wirtschaft zu Beginn der 1970er Jahre und die Aushandlungsprozesse einer nachkonziliaren katholischen Kirche – all das führte dazu, dass bisherige Ordnungs- und Handlungsschemata im deutschen Katholizismus akut bedroht waren und Versuche unternommen werden mussten, diese Ordnungsschemata neu zu konfigurieren.

4. Neukonfigurationen: Bedrohte Wohlstandsordnung oder bedrohender Lebensstil?

Eine Vielzahl neuer didaktischer, thematischer und ästhetischer Ansätze zur Neukonfiguration prägte daraufhin die 1970er Jahre. Allen gemeinsam war, dass sie versuchten, neue Bewältigungsstrategien zu etablieren und die Entwicklungsproblematik als Bedrohung des eigenen Wirtschafts- und Lebenssystems komplexer auf der Ebene der persönlichen Lebens- und Glaubenspraxis und auf der politisch-ideologischen Ebene zu bearbeiten. Exemplarisch sollen vier dieser Ansätze im Folgenden ausgeführt werden, die die Bearbeitungsprozesse besonders deutlich erkennen lassen.

---

347 Vgl. dazu: Rede Jorge Mario Bergoglios im Vorkonklave 2013, URL: http://www.adveniat.de/presse/papst-franziskus/rede-im-vorkonklave.html (Stand: 3.10.2015).
348 J. SENFT, Entwicklungshilfe oder Entwicklungspolitik, S. 205.
349 Vgl. Protokoll über die Sitzung der Bischöflichen Kommission für Misereor am 23.4.1975, 5, in: BAM, Bischöfliches Sekretariat, A-0-397; T. SCHMIEDER, Vom Hungermarsch zur Namibia-Woche, S. 105–112.

a) Das Lüdinghausener Modell als neues performatives Paradigma

»Eine Schule entdeckt die Dritte Welt«[350], überschrieb die Informationsreihe Misereors »inform« ihre Ausgabe VII/3 im Jahr 1975. Darin beschrieb das Magazin den »zeichenhaften Versuch eines sich wandelnden Bewußtseins«[351] im Dekanat Lüdinghausen im Kreis Coesfeld im Bistum Münster. Dort war im April 1971 damit begonnen worden, einen Modellversuch zur Bewusstseinsbildung angesichts der Probleme der »Dritten Welt« zu implementieren. Er sollte »allen Schichten der Bevölkerung die Einsicht, das Verständnis und das Interesse für die Zusammenhänge der Entwicklungsproblematik zugänglich [...] machen«[352]. Dabei setzte sich der Modellversuch bewusst von den unsicher gewordenen Handlungsroutinen der 1960er Jahre ab, die als konkrete Umsetzung von Weltverantwortung vor allem »auf Hilfsaktionen zugunsten der hungernden und verelendeten Menschen in den Entwicklungsländern beschränkt«[353] waren. Das bloße Spendensammeln genügte nicht länger. »In der Aufbruchsstimmung der nachkonziliaren Kirche widmete man sich verstärkt allen anstehenden Fragestellungen. Es geschahen zeichenhafte Versuche eines sich wandelnden Bewußtseins angesichts der riesenhaft wachsenden Probleme in der Dritten Welt«[354]. Wissenschaftliche Forschungen, wonach eine angemessene Reaktion auf die Probleme der »Dritten Welt« nicht länger nur in erhöhten finanziellen Hilfen bestehen könnte, führten zu der Idee, »in einem überschaubaren Gebiet der Diözese Münster ein exemplarisches Modell durchzuführen, um verwertbare Erkenntnisse für diese erzieherische Aufgabe zu sammeln«[355].

Jedem einzelnen Bewohner von Lüdinghausen sollte dieses Modell ermöglichen, »in einem schöpferischen Prozeß zu einer persönlichen Antwort auf die bedrängenden Fragen um die Zukunft der Menschheit zu finden«[356], die nicht durch Appelle und nicht durch rationale Argumentation geschehe, sondern durch exemplarisches Erleben. Für dieses neue performative Paradigma gewannen die Initiatoren in allen Gemeinden des Dekanates Lüdinghausen Beauftragte. »Bald wurde der Kontakt zu den evangelischen Christen aufgenommen und intensiv gepflegt. Die ökumenische Zusammenarbeit war für alle Beteiligten stets von befruchtender und befreiender Wirkung«[357]. Die Schulen wurden miteinbezogen, ein Lehrerarbeitskreis arbeitete das Thema für den Unterricht auf. Bevor das Modell begann, führten Soziologen der Universität Münster eine Einstellungsstudie durch, denn um »einen kreativen Prozeß in

---

350 Bildungsreferat Misereor (Hrsg.), Eine Schule entdeckt die Dritte Welt.
351 P. S., Die ›Ausstellung‹ im Rahmen einer langfristigen Bildungsarbeit für mehr Entwicklungsverantwortung, in: inform. Schriften zur Information VII /3 (1975), S. 9.
352 Ebd.
353 Ebd.
354 Ebd.
355 Ebd.
356 Ebd.
357 Ebd., S. 10.

die Wege zu leiten, durch den eigene Antworten auf die Menschheitsprobleme ermöglicht werden, müssen die betroffenen Personen dort ›abgeholt‹ werden, wo sie jeweils stehen«[358]. Die Einstellung zur »Dritten Welt« ließ sich für Seppenrade, ein Stadtteil der Stadt Lüdinghausen, als positiv beschreiben, »wobei Vorurteile gegenüber den Menschen aus der ›Dritten Welt‹, die sich auf ›geringe Intelligenz‹ und ›Faulheit‹ beziehen, am stärksten auffallen«[359].

Die Befragung ergab für die Fragestellung dieser Arbeit drei besonders interessante Befunde[360]. Zentrale Motive für die »Entwicklungshilfe« waren in der Gemeinde Seppenrade erstens die Friedenssicherung (77 Prozent) und ein wirtschaftliches und politisches Eigeninteresse (76 Prozent). »Entwicklungshilfe« als Mittel zur Bekämpfung des Kommunismus gaben 62 Prozent der Befragten an, das außenpolitische Eigeninteresse 40 Prozent. Darin zeigte sich, dass erstens der Kommunismus noch immer als eine reale Bedrohung für die Bundesrepublik und damit auch für den deutschen Katholizismus angesehen wurde, den es mit dem Mittel der »Entwicklungshilfe« abzuwehren galt. Was Joseph Kardinal Frings in der Rede ›Abenteuer im Heiligen Geist‹ zur Gründung Misereors als ein wesentliches Motiv angab, »Entwicklungshilfe« zu betreiben, verfehlte auch 13 Jahre später seine Wirkung nicht[361]. Zweitens war »Entwicklungshilfe« auch zu Beginn der 1970er Jahre in Seppenrade offensichtlich noch immer eher über eine Kosten-Nutzen-Rechnung, über das Eigeninteresse der Deutschen zu motivieren. Drittens gaben bei der Befragung 78 Prozent der Befragten an, »Entwicklungshilfe« sei ein Beitrag des einzelnen Christen für eine gerechtere Ordnung in der Welt. Nächstenliebe als in den 1950er und 1960er Jahren dominierendes Motivierungskonzept wurde dagegen erst an zweiter Stelle mit 65 Prozent, das Schuldmotiv, auf das Frings in seiner Gründungsrede 1958 abzielte, wurde von 57 Prozent der Befragten unter dem Titel »Wiedergutmachung«[362] genannt. Gerechtigkeit und die Ordnung der Welt wurden also zur zentralen Motivation für »Entwicklungshilfe«. Der Befund zeigt, dass sich langsam mindestens auf semantischer Ebene Neukonfigurierungen ergaben.

Dem entgegen standen die Versuche, in Seppenrade weiterhin im Wesentlichen karitatives Bewusstsein zu bilden. Anlässlich der jährlichen Kollekten der kirchlichen Hilfswerke wurde durch Informationsmaterial und Predigten an die Spendenbereitschaft appelliert, hinzu kamen mehrere Missionskollekten von Missionaren sowie die Verbindung zu aus Seppenrade stammenden Missionsschwestern.

---

358 EBD.
359 H. S., »Dritte Welt« in einer kleinen Gemeinde, in: INFORM. SCHRIFTEN ZUR INFORMATION VII /3 (1975), S. 12.
360 Vgl. dazu und im Folgenden: EBD., S. 12–15.
361 Vgl. Kapitel 1.3.
362 H. S., »Dritte Welt« in einer kleinen Gemeinde, in: INFORM. SCHRIFTEN ZUR INFORMATION VII /3 (1975), S. 13.

> Ein vertieftes Eindringen in die Probleme der Unterentwicklung und in die Frage nach
> Schaffung bzw. Sicherung von Gerechtigkeit und Frieden oder ein Überprüfen des eige-
> nen Standortes bewirken diese Maßnahmen jedoch nicht, wie es die soziologische Un-
> tersuchung für Seppenrade nachweist.[363]

So zogen auch die Soziologen ein durchwachsenes Fazit: »Bewußtseinsbildung ist
keine Angelegenheit allein des Appells an den guten Willen. Sie hat meßbare Voraussetzungen im sozialen Bereich«[364]. Die Einstellung zum Themengebiet Entwicklung
sei »Teil des jeweiligen politischen, sozialen und religiösen Gesamtverhaltens«[365],
damit müsse auch die Bewusstseinsbildung bei diesen Unterschieden ansetzen. »Einseitige Veränderungen des ›entwicklungspolitischen Bewußtseins‹ führen deshalb
entweder in soziale Isolation, zu Angstreaktionen oder bestenfalls zu rein emotionalen ›good-will‹ -Aktionen, die an gesellschaftliche Barrieren stoßen«[366].

Beides galt es zu vermeiden. Aus diesem Grund entschloss man sich im Trägerkreis,
die Bildungsarbeit an ein konkretes Entwicklungsprojekt anzubinden. Während sich
das Dekanat insgesamt um Entwicklungsprojekte in Sambia zu kümmern begann, verfolgte Seppenrade ein Projekt in Cardonal in Mexiko, zu dem es persönliche Bindungen gab.

> Von entscheidender Bedeutung für die Bewußtseinsbildung am Ort war der aus Seppen-
> rade stammende Kaplan Clemens-August Holtermann[367], Sohn einer alten und ange-
> sehenen Kaufmannsfamilie, der als Diözesanpriester im Partnerprojekt der Diözese, in
> Cardonal/Mexiko arbeitet.[368]

Dieser persönliche Bezug habe wechselseitige Kommunikation ermöglicht, das Projekt aus der Anonymität gehoben und einen Vertrauensvorstoß gegeben, »der ohne
Zweifel die Fülle negativer Berichte, die Voreingenommenheit und die allgemein mit
dem Bereich der ›Entwicklungshilfe‹ verbundenen Vorurteile neutralisiert[e]«[369].
Mit Holtermann hätten sich die Seppenrader identifizieren können und seien so

---

363   H. S., Bisherige Versuche zur Bewußtseinsbildung im Bereich kirchlicher Entwicklungsarbeit und
      Entwicklungspolitik, in: INFORM. SCHRIFTEN ZUR INFORMATION VII / 3 (1975), S. 16.

364   H. S., »Dritte Welt« in einer kleinen Gemeinde, in: INFORM. SCHRIFTEN ZUR INFORMATION
      VII /3 (1975), S. 15.

365   EBD.

366   EBD.

367   CLEMENS-AUGUST HOLTERMANN (* 1942). Geboren und aufgewachsen in Seppenrade, Studium
      der Theologie. 1970–1977 Pfarrer in Chilcuautla, Mexiko. Danach im Dienst des Bistums, zuletzt als
      Pfarrer in Oer-Erckenschwick; zugleich mehrere Jahre Bundespräses der KAB. Vgl. Jörg MÜLLER,
      Pfarrer Holtermann wird verabschiedet, in: DER WESTEN, 1.3.2015, URL: http://www.derwesten.de/
      staedte/unser-vest/pfarrer-holtermann-wird-verabschiedet-id10401308.html (Stand: 1.5.2018).

368   H. S., »Unser« Mann in der Dritten Welt: C. A. Holtermann, in: INFORM. SCHRIFTEN ZUR
      INFORMATION VII /3 (1975), S. 17.

369   EBD.

nachdenklich geworden »über die Lebenssituationen von Menschen in der Dritten Welt, aufgeschlossen [...] für den Eigenwert andersartiger Menschen, befähigt [...] eigene Standorte zu hinterfragen und offen [...] für notwendige und langfristige Entwicklungsprozesse«[370]. Über diese persönlichen Bindungen und durch das bereitwillige Engagement konnte sich in den folgenden Jahren eine auch bundesweit Beachtung findende Partnerschaft ausbilden, die bis heute besteht[371]. Ausgegangen waren die Initiatoren vom, wie sie es nannten, »Allgemeinplatz«, dass eine »Veränderung der Benachteiligung der Entwicklungsländer [...] ohne eine Bewußtseinsänderung der Menschen der sog. entwickelten Industrieländer nicht möglich« und es daher notwendig sei, »den Zusammenhang zwischen unserem Wohlstand hier und der Not in der Dritten Welt aufzuzeigen«[372]. Die üblichen Aktionen griffen dabei zu kurz, weil es vorwiegend um Besucherzahlen oder Spendenergebnisse gehe. »Vieles hängt [aber] davon ab, inwieweit es gelingt, von Fragestellungen auszugehen, die hier erlebbar sind«[373]. Dabei müsse als oberstes Ziel eine »ganzheitliche Sicht des Menschen im Entwicklungsprozeß«[374] eingenommen werden[375]. »Sie ist eine theologische Perspektive, die den Glauben als Befreiung und die Liebe als Realisierung der Befreiung des Menschen in all seinen Dimensionen (religiös, politisch, sozial usw.) versteht«[376].

Mit diesem Ansatz erzeugten die Lüdinghausener Aufmerksamkeit, bereits 1975 wurde ihnen die Theodor-Heuss-Medaille verliehen. Auch Hildegard Hamm-Brücher[377], damals Vorsitzende der Theodor-Heuss-Stiftung, stellte in ihrer Laudatio den ganzheitlichen Ansatz aus christlicher Perspektive heraus. Peter Steenpaß[378] und seine Mitstreiter verträten »die Überzeugung, daß die Verantwortung der Christen

---

370 EBD., S. 18.

371 Vgl. die Homepage der Arbeitsstelle Gerechtigkeit und Frieden e. V. Lüdinghausen, URL: http://guf.luedinghausen.de/verein.html (Stand: 1.5.2018).

372 H. S., Was bedeutet eigentlich »Entwicklungspolitische Bildungsarbeit«?, in: INFORM. SCHRIFTEN ZUR INFORMATION VII /3 (1975), S. 20.

373 EBD.

374 EBD., S. 21.

375 Vgl. auch PAUL VI., Enzyklika »Populorum progressio«, S. 14.

376 H. S., Was bedeutet eigentlich »Entwicklungspolitische Bildungsarbeit«?, in: INFORM. SCHRIFTEN ZUR INFORMATION VII /3 (1975), S. 21.

377 HILDEGARD HAMM-BRÜCHER (1921–2016). Studium der Chemie, 1945 Promotion. 1948 Eintritt in die FDP, 1950 MdL in Bayern. Ab 1963 Mitglied im FDP-Bundesvorstand. 1964 Gründung der Theodor-Heuss-Stiftung. 1967–1969 Staatssekretärin im hessischen Kultusministerium, 1969–1972 Staatssekretärin im Bundesbildungsministerium. 1974–1988 Mitglied des Präsidiums des DEKT. 1976–1990 MdB. 1976–1982 Staatsministerin im Auswärtigen Amt. Vgl. H. HAMM-BRÜCHER, Freiheit ist mehr als ein Wort.

378 PETER STEENPASS (* 1946). Studium der Philosophie und Theologie in Bamberg und Münster. Religionslehrer in Altenberge. Aufbau des Modellversuchs in Lüdinghausen, 1975 Auszeichnung mit dem Theodor-Heuss-Preis. Studium der Rechtswissenschaften, seit 1983 in eigener Kanzlei tätig. Vgl. eigene Homepage, URL: http://www.rechtsanwalt-steenpass.de/lebenslauf.html (Stand: 1.5.2018).

gegenüber den Entwicklungsländern anders und besser wahrgenommen werden müsse, als in alljährlich verordneten kirchlichen Sammelaktionen«[379]. Diese andere Wahrnehmung sei nicht durch kurzfristige »Aufmöbelungsaktionen« zu erreichen, sondern »nur durch die Befähigung der Mitbürger, sich aktiv und regelmäßig mit Problemen der Entwicklungsländer auseinanderzusetzen und auf diese Weise ›am Ball der Problematik‹ zu bleiben«[380]. In ihrer Begründung für den Preis schrieb dann auch die Theodor-Heuss-Stiftung, dass

> trotz mancher [...] Enttäuschungen und Umwege erfreuliche Fortschritte gemacht [worden seien]. Im Zusammenwirken mit dem katholischen Hilfswerk Misereor, mit Bundesministerien, Parteien, Schulen und gesellschaftlichen Gruppen wurden intensive Information und Aufklärungsarbeit geleistet. In speziellen Aktionen, zum Beispiel in einer ›Woche der Dritten Welt‹, wurde von Schülern und Jugendgruppen konkrete Projektarbeit für den Staat Sambia in Afrika geleistet.[381]

Bei den Dankesworten Peter Steenpaß' kam es dann zum Eklat. Die Auszeichnung lasse eine Diskrepanz deutlich werden. Den Mitarbeitern der Aktion seien »Desinteresse und Opponieren vertrautere Resonanzen auf unsere Arbeit als Ihre geschätzte Aufmerksamkeit. Ja, die Diskussion mit dickköpfigen Westfalen in verrauchten Dorfkneipen gewohnter als die hier übliche festliche Rede«[382]. Damit brachte Steenpaß die Probleme auf den Punkt, die Engagierte für die »Dritte Welt« immer wieder erlebten, wenn sie in Kontakt mit ihren Mitbürgern traten. »Allzuoft mußten und müssen wir erfahren, daß, wer sich für Unterprivilegierte in der Welt einsetzt, wenigstens partiell ebenfalls jene Ablehnung erfährt, aus der heraus sich Unterprivilegierung erklären läßt«[383]. Es gebe einen »fundamentalen Gegensatz« zwischen der »Einsicht, daß Entwicklungsfragen Schicksalsfragen der Menschheit geworden sind« und dem »praktischen Handeln und Verhalten des Normalbürgers«, für den »Entwicklungshilfe« »angesichts der eigenen wirtschaftlichen Verhältnisse« nurmehr »ein Reizwort«[384] sei. Die Engagierten aber hätten die »Bilder von verhungernden Kindern irgendwo in Indien« nicht mehr losgelassen und sie wollten sich nicht länger abfinden »mit der uns allen anerzogenen Haltung des Almosengebens, mit dem ›Alle-Jahre-wieder‹-Rhythmus verordneter Sammelaktionen«[385]. Sie wollten die Prioritäten korrigieren. Daher habe sich ein kleiner Kreis gebildet, der »das Stück ›Afrika‹ in uns, das Stück

379   H. HAMM-BRÜCHER, Der Demokratie eine zweite Dimension geben, S. 20.
380   EBD., S. 21.
381   Pressemitteilung der Stiftung Theodor-Heuss-Preis e. V., 17.12.1974, in: BAM, GV NA, Büro GV, A-101-591.
382   Dankesworte Peter Steenpaß anlässlich der Preisverleihung, in: P. STEENPASS, Dankesworte, S. 25.
383   EBD.
384   EBD.
385   EBD.

Unterentwicklung, das in jedem von uns steckt«[386], aufdecken wollte. In seinem abschließenden Dank an die Theodor-Heuss-Stiftung betonte Steenpaß, wie bemerkenswert die Auszeichnung für ihn und die engagierten Mitstreiter daher sei.

> In einer Zeit, wo die Regierung fragwürdige Korrekturen am entwicklungspolitischen Konzept vornimmt, in einer Zeit, wo wohlsituierte Kirchen die Entwicklungsländer weiterhin mit Trinkgeldern abspeisen, in einer Zeit, wo vielen der eigene Arbeitsplatz verständlicherweise wichtiger ist als das Millionenheer der Arbeitslosen in der Dritten Welt, ist es besonders bemerkenswert, daß die Theodor-Heuss-Preis-Stiftung eine Gruppe mit der geschilderten Konzeption auszeichnet.[387]

Die Rede wurde in der Münsteraner Bistumsleitung als Affront aufgefasst[388]. Sie lässt sich jedoch eindeutig im Kontext der Umwälzungen der 1970er Jahre lesen. Während insbesondere die Kirchenleitungen, aber auch, wie Steenpaß durchaus plakativ ins Bild brachte, weite Teile der Bevölkerung gar keine oder noch mit klassischen karitativen Ansätzen »Entwicklungshilfe« betreiben wollten, ging es der ›Aktion Gerechtigkeit und Frieden‹ im Dekanat Lüdinghausen um mehr. Auch die zunehmende ökumenische Ausrichtung war der Münsteraner Diözesanleitung offensichtlich ein Dorn im Auge. Dennoch lässt sich das Bemühen erkennen, beide Seiten in Kontakt zu halten und die kirchliche Arbeit zu verändern. So informierte Peter Steenpaß den Bischof von Münster von Beginn an über sein Ansinnen. Ihn trieb um, dass ein Ausweg gesucht werden müsse, wenn »bei so zukunftsrelevanten Fragen wie denen der Missions- und Entwicklungsarbeit eine zunehmende Distanz zwischen informierten und breiten Schichten fehl- oder desinformierter Bevölkerung festzustellen ist«[389]. Auch legte er Anmerkungen zum Papier der Würzburger Synode vor, in die er seine Erfahrungen aus Lüdinghausen einbezog[390]. Zusätzlich konnte er immer wieder Weihbischof Laurenz Böggering gewinnen, an Veranstaltungen des Modellversuches teilzunehmen. So wurde im Rahmen der ›Wochen der Partnerschaft‹, die die Theodor-Heuss-Stiftung eigens in ihrer Laudatio erwähnte, in der Seppenrader Hauptschule eine Ausstellung mit einem »Wort der Anerkennung und der Ermutigung«[391] von Weihbischof Böggering eröffnet. Die Ausstellung ermöglichte einerseits die Erprobung neuer didaktischer und lerntheoretischer Modelle[392], andererseits führte der in der

---

386 EBD., S. 26.
387 EBD., S. 27.
388 Vgl. etwa Brief Laurenz Böggerings an Heinrich Tenhumberg, 2.5.1975 betr. Modell Gerechtigkeit und Frieden, in: BAM, GV NA, Büro GV, A-101-591.
389 Peter Steenpaß an Heinrich Tenhumberg betr. Modell Gerechtigkeit und Frieden, 10.12.1973, in: BAM, GV NA, Büro GV, A-101-591.
390 Vgl. Leitungsteam des Modells Gerechtigkeit und Frieden, Anmerkungen zur Vorlage der Synode, 15.5.1974, in: BAM, GV NA, Büro GV, A-101-591.
391 Aktennotiz Laurenz Böggerings für Heinrich Tenhumberg, 4.6.1974, in: BAM, GV NA, Büro GV, A-101-591.
392 Vgl. A. SCHEUNPFLUG, Geschichte der entwicklungsbezogenen Bildungsarbeit, S. 423–445.

Ausstellung zentral verwandte Begriff der Partnerschaft eine neue Begrifflichkeit ein, die insbesondere auf der theologischen Ebene ausgedeutet wurde. Er führe zu einem tieferen ekklesiologischen Verständnis davon, was nach »Lumen gentium« »Zeichen und Werkzeug« (LG 1) meinen könnte.

> Daß die Aufgabenstellung eine zutiefst christliche Angelegenheit ist, bräuchte an sich keine weitere Begründung, geht es doch dabei darum, den Menschen in der Begegnung mit einem anderen in den Mittelpunkt zu stellen, aufeinander zuzugehen, sich nicht voneinander abzuwenden, den anderen abzuholen im Bewußtsein aller eigenen und fremden Unzulänglichkeiten, sich selbst in Frage zu stellen durch den anderen, dem anderen ein angstfreies Fundament für die gemeinsame Selbstverwirklichung anzubieten. So gesehen ist Partnerschaft ein Ernstfall der Gemeindepastoral, weil sie eine Heilsdimension Gottes erlebbar macht, nämlich die Sensibilität füreinander als eine Attraktion des Heiles. Erfahrbar werden kann diese Partnerschaft, wo sie lustvoll angegangen wird und nicht als theoretisches Kommunikationsproblem, sondern als Lebensprinzip verstanden wird.[393]

So verhalf die von Peter Steenpaß ins Leben gerufene ›Aktion Gerechtigkeit und Frieden‹ im Dekanat Lüdinghausen der als bedroht empfundenen weltweiten Ordnung zu einer Neuausrichtung der kirchlichen Entwicklungsarbeit unter den Leitkategorien Gerechtigkeit und Partnerschaft.

b) Hungertücher und das ›andere Leben‹ als neues thematisches Paradigma

> Ein alter liturgischer Brauch, neu aufgegriffen angesichts der Not und des Elends von Millionen Menschen
> Ein Angebot an die Gemeinden, durch das Hungertuch zur Umkehr und zu einem neuen Anfang in Gemeinschaft mit Christus zu kommen
> Eine Botschaft von ›draußen‹, da hier ein indischer Christ uns Christen in Deutschland helfen möchte, unsere Fastenzeit heilbringend zu gestalten
> Ein neuer Impuls, durch Meditation und Gebet Gemeinschaft mit dem notleidenden Bruder zu finden im Glauben an den, der durch seinen freiwilligen Verzicht der Welt Hoffnung gegeben hat[394]

Mit diesen kurzen Impulsen bewarb Misereor 1976 in der Werkmappe zur Fastenaktion das sogenannte ›Hungertuch‹, das auf eine Idee Erwin Mocks zurückgeht[395]. Er wollte damit an die alte Tradition anknüpfen, nach der in vielen Ländern Europas um das Jahr 1000 während der Fastenzeit der Altarraum mit einem Vorhang vom übrigen Kirchenraum abgetrennt und somit der Blick auf den Altar versperrt wurde. »Entfernt wurde das Tuch am Mittwoch in der Karwoche, wenn bei der Komplet das Wort

---

393 P. S., Rückblick und Ausblick, in: INFORM. SCHRIFTEN ZUR INFORMATION VII /3 (1975), S. 49.
394 MISEREOR (Hrsg.), Werkmappe 1976, S. 5, in: MAA, Sammlung Misereor-Materialien 1976.
395 Vgl. dazu Kapitel IV.

aus der Passion erklang: ›und der Vorhang des Tempels riß von oben bis unten entzwei‹«[396]. Dabei hatte der Vorhang eine erinnernde Funktion auszuüben.

> Zu Beginn sollte dieses Fasten-Velum (velum templi), niederdeutsch ›Smachtlappen‹ genannt, die Gläubigen darauf hinweisen, daß die Gottheit Christi sich während seines Leidens verhüllte. Die Gläubigen sollten den Verzicht, das Heiligtum des Altars schauen zu dürfen, schmerzlich und als Akt der Buße empfinden.[397]

Später wurde dieser Vorhang mit Bildern und Symbolen der Passion verziert und als Hungertuch bezeichnet. »Mehr und mehr wurde es zu einem Sinnbild der Fastenzeit. In seinen Bildern und Symbolen sollte es die Gläubigen während der Bußzeit der Fasten [sic!] eindringlich zu den Geheimnissen der Passion hinführen und zur Buße anregen«[398]. Insbesondere die aus dem 14. bis 19. Jahrhundert stammenden Hungertücher in Westfalen konnten einige Berühmtheit erlangen, vor allem das Telgter Hungertuch von 1623[399]. An diese Tradition erinnerte sich Mock nun in der Planung der Aktion 1976, die unter dem Motto ›Unser Verzicht – Hoffnung für Viele‹ stehen sollte:

> Angesichts der bereits jetzt erkennbaren Weltgemeinschaft, spontan sichtbar bei großen Katastrophen und Sympathieaktionen, kann Verzicht auf manche egoistische Gewohnheit im privaten, wirtschaftlichen und gesellschaftlichen Leben möglicherweise die Humanisierung des Menschen und der Welt entscheidend fördern.[400]

»Entwicklungshilfe« sei keine Einbahnstraße, sondern beruhe auf Partnerschaft, also einem »Gegenverkehr«, einer »Rückkopplung. [...] Trotzdem wissen wir viel zu wenig von den Schätzen und kostbaren Geschenken, die die Menschen in den sogenannten unterentwickelten Ländern uns [...] zu bieten haben«[401]. Das Hungertuch als Beispiel für die Kunstfertigkeit und die Theologie des indischen Künstlers Iyoti Sahi[402] aus Bangalore sollte also den Blick weniger auf die Defizite lenken, mit denen vorwiegend auf die »unterentwickelten« Menschen in der »Dritten Welt« geblickt wurde, sondern vielmehr das Können und den Reichtum, letztlich auch die Faszination der ›Andersartigkeit‹ ansprechen, ähnlich wie bei der ›Aktion Dritte Welt-Handel‹ über den Verkauf von Kunstprodukten. Das Hungertuch wollte

---

396 MISEREOR (Hrsg.), Werkmappe 1976, S. 11, in: MAA, Sammlung Misereor-Materialien 1976.
397 EBD.
398 EBD.
399 Vgl. dazu P. ENGELMEIER, Westfälische Hungertücher, S. 30–38.
400 MISEREOR (Hrsg.), Werkmappe 1976, S. 11, in: MAA, Sammlung Misereor-Materialien 1976.
401 EBD.
402 JYOTI SAHI (* 1944). Sohn englisch-indischer Eltern aus Pune, Indien. Künstler und Kunstlehrer. Vgl. URL: https://www.missio-hilft.de/de/themen/spiritualitaet/kirchenjahr/2013-04-ostern-pfingsten/jyoti-sahi-indien.html (Stand: 22.02.2017).

nicht nur die bildlichen Darstellungen der alten Fastenvelen vom Heilshandeln Gottes mit der Welt den Gläubigen während der Österlichen Bußzeit nahebringen, sondern zum mitvollziehenden Heilshandeln des Menschen für den Mitmenschen einladen. Die Misereor-Hungertücher wollen außerdem eine ›Botschaft von draußen‹ vermitteln.[403]

Diese Neuausrichtung stieß auf große Zustimmung und wurde in vielen Gemeinden – bis heute – aufgegriffen.

Parallel zu den Hungertüchern erarbeitete Misereor zusammen mit dem BDKJ explizite Jugendfastenaktionen, die ebenfalls dem Paradigma folgten, und die im Eingangszitat zu diesem Teilkapitel skizzierte Fokussierung des eigenen Lebensstils in den Mittelpunkt stellten. ›Anders leben‹ wurde bis 1981 zentrales Leitmotiv der Fastenaktionen und stieß insbesondere bei der Jugend auf Zustimmung. Neben einem Informationsteil hatten die Herausgeber auch Aktionsvorschläge, Gruppenstunden und geistliche Impulse für die Jugendarbeit vorbereitet. Dabei stellten sie neben Franz von Assisi und Mutter Teresa insbesondere Dom Hélder Câmara als herausragende Beispiele für Personen in den Mittelpunkt, die anders leben bzw. gelebt hätten: Hélder Câmara »lebt als Stimme der stummen Welt. Er lebt die Solidarität mit den Diskriminierten und Unterdrückten. Er lebt die Befreiung für die Ausgebeuteten. Er lebt die Würde und Rechte der Menschen. Er lebt für jenen Frieden Christi, der auf der Gerechtigkeit gründet«.[404]

Câmara hatte sich in den 1970er Jahren zu einer zentralen Identifikationsfigur in der katholischen Jugendarbeit entwickelt. Die lateinamerikanischen Kirchenrepräsentanten wie Câmara verkörperten mit ihrem alternativen Habitus für die progressive, vor allem junge Generation »ein willkommenes Gegenbild zu der heimischen Kirchenhierarchie: Bescheiden im Auftreten, spartanisch im Lebensstil und ebenso direkt wie offen in ihren Aussagen«.[405] Die Basisgemeinden übten ebenfalls eine große Faszination aus, weil sie in ihrer idealisierten Façon für eine lebendige Form »christlicher Vergemeinschaftung«[406] standen. Auch im Juni 1972 entfachte Câmaras Besuch Begeisterungsstürme. Vor dem Zirkus-Krone-Bau in München kam es zu Tumulten, als Câmara am 20. Juni 1972 dort auf Einladung des BDKJ der Erzdiözese München über Unrechtsstrukturen in der Welt sprechen wollte. »Die drinnen schienen hauptsächlich gekommen zu sein, um sich von dem Brasilianer ihre eigenen extremen Vorstellungen von der Veränderung der politischen Landschaft bestätigen zu lassen«.[407]

---

403 E. Mock (Hrsg.), Hoffnung den Ausgegrenzten, S. 17.
404 Misereor / BDKJ (Hrsg.), Arbeitsmappe zur Jugendaktion 1977, o. S., in: MAA, Sammlung Misereor-Materialien 1977.
405 T. Grossbölting, Der verlorene Himmel, S. 175.
406 Ebd.
407 Norbert J. Stahl, Zirkus um Camara. Zum Auftreten des Brasilianers in München, KNA Korrespondentenbericht Nr. 94, 22.6.1972, in: BAM, Bischöfliches Sekretariat, A-0-476.

Verwundert fragte die KNA, wer dieser Mann sei, »daß er solche Scharen anlockt wie Pater Leppich in seinen besten Zeiten«[408].

Dabei zeigte sich an seiner Person die Instrumentalisierung der Befreiungstheologie für die jeweiligen (kirchen-)politischen Zwecke, die auch schon zeitgenössisch erkannt wurde: Man müsse Câmara differenziert sehen, genauso wie die Zuhörer seiner Reden.

> Während die einen immer dann Beifall klatschten, wenn der Oberhirte aus Lateinamerika das kapitalistische Gesellschafts- und Wirtschaftssystem anprangerte und buhten, wenn er dem Sozialismus östlicher Provenienz die Maske herunterriß, applaudierten und buhten die anderen entgegengesetzt. Câmara wird nicht erst seit heute geistig vergewaltigt.[409]

Er prangere sowohl den Kapitalismus an als auch den »imperialistischen Sozialismus«[410], ohne dabei als politischer Agitator gelten zu wollen. Er berufe sich auf das Evangelium, auf das Konzil, währenddessen er einer der Mitunterzeichner des Katakombenpaktes gewesen war, und auf die Soziallehre, insbesondere auf »Populorum progressio«. Das Spannungsfeld, in dem Câmara sich zu bewegen hatte und eingesetzt wurde, zeigt in idealer Weise die Auseinandersetzungen zwischen den Generationen in der Frage, wie die weltweiten Probleme zu bearbeiten seien: hier als heldenhaft verehrter Prophet der jungen Generation, dort als Festredner der KAB 1971. Die Versuche der Amtskirche jedoch, Câmara zu vereinnahmen und seine Popularität zu nutzen, gingen ins Leere, wie der Besuch im Zirkus Krone zeigte.

> Als der Kardinal im Anschluß an die Rede Câmaras im Zirkus Krone die Jugend darauf hinwies, daß Wort und Wirken des Amtsbruders aus Brasilien ein Anstoß sein sollten, die Aufgaben hier und jetzt in der Bundesrepublik, ›einem Rechtsstaat, der uns große Freiheiten gibt‹, zu erfüllen, erntete er Pfiffe. Döpfner blickte versteinert in die Zirkuskuppel und wiederholte dann seine Aussage noch einmal.[411]

Nach Münster kam Câmara 1972, um die Ehrendoktorwürde der Katholisch-Theologischen Fakultät entgegenzunehmen. Die Fakultät ehre damit »den Bischof, der aus gelebter Solidarität mit den Armen im Nordosten Brasiliens und in Verbundenheit mit dem Papst und dem Episkopat seines Landes die gewaltlose, befreiende Macht der Botschaft Jesu Christi neu und glaubwürdig bezeugt«[412] und dies weltweit in Vorträgen

---

408 EBD.
409 EBD.
410 EBD.
411 EBD.
412 Pressemitteilung der Presse- und Informationsstelle der Westfälischen Wilhelms-Universität, 22.6.1972 betr. Ehrendoktorwürde an Erzbischof Dom Helder Camara, S. 1, in: BAM, Bischöfliches Sekretariat, A-0-476.

und Publikationen kundtue. Câmara wertete diese Ehrung dann »als eine Ermutigung für all jene ...«, die die Theologie der Befreiung, die ihre theologischen Experten zu entdecken und zu beschreiben suchen, selbst leben und bei anderen zum Leben bringen«[413], was natürlich von Kritikern der Befreiungstheologie als Affront verstanden wurde. Mit seinen Vorträgen aber, vor der KSG in Münster etwa zum Thema ›Christentum, Sozialismus, und Marxismus in Begegnung und als gegenseitige Anfrage‹[414], traf Câmara den Ton eines Teils einer jungen Generation, die zunehmend über die Rolle der Bundesrepublik und der katholischen Kirche im Zusammenleben der Völker nachdachte. Câmaras Befund, wonach das Christentum darin »die härteste Demütigung erfahre[...], daß die privilegierte Minderheit von weniger als 10% der Weltbevölkerung, die aber mehr als 80% der wirtschaftlichen Mittel besitzt, wenigstens ihrer Herkunft nach christlich« sei und dem die moralische Kraft fehle, Strukturveränderungen zu fordern, »wenn unsere Institutionen an diese Strukturen gefesselt«[415] seien, rüttelte die Zuhörerinnen und Zuhörer massiv auf und forderte zum Handeln. »Wenn wir uns bekehren, und uns besonders der Sorge um Prestige und sozialen Einfluß enthalten würden, dann stände die Jugend auf unserer Seite, und wir hätten die Möglichkeit, uns mit den Unterdrückten zu verbrüdern«[416]. Dieser Forderung kamen immer mehr Jugendverbände und Gruppierungen nach. In den Hochschulgemeinden entstanden entwicklungspolitische Diskussionskreise, die vor allem die Theologie der Befreiung diskutierten[417]. Großbölting konstatiert jedoch, dass diese Begeisterung vor allem ein »Generationenprojekt«[418] derer gewesen sei, die die Impulse der Studentenbewegung in die Kirchen hätten übertragen wollen. In jedem Fall ebbte die Welle in den frühen 1980er Jahren bereits wieder ab. Gleichwohl verdichtete sich Mitte der 1970er Jahre in Personen wie Câmara der Wunsch nach einer alternativen Lebensweise. So lässt sich an Câmara deutlich der Wunsch einer jungen, »progressiven« und von der Amtskirche enttäuschten Generation nach einer alternativen Lebensweise erkennen, die durch die Aufnahme theologischer wie künstlerischer Ansätze auf eine Veränderung der deutschen Kirche drängte.

c) Der »Lehrerarbeitskreis« als neues didaktisches Paradigma

Waren die Hungertücher ein Ansatz auf der Ebene der Glaubenspraxis und die Jugendfastenaktionen auf der Ebene der persönlichen Lebenspraxis, versuchte Misereor, mit einem neuen didaktischen Ansatz den Schulbereich in den Blick zu nehmen, die umfassendere, existentielle Bedrohung des Problemfeldes komplexer darzustellen

---

413   EBD., S. 2.
414   Rede Camaras in der Universität Münster, 21.6.1972, S. 1, in: OSSERVATORE. Meinungs- und Informationsblatt der KSG Münster, in: BAM, Katholische Studentengemeinde, A 117.
415   EBD., S. 4.
416   EBD., S. 5.
417   Vgl. AKHGT, Ordner 31.
418   T. GROSSBÖLTING, Der verlorene Himmel, S. 175.

und eine Sensibilität im Hinblick auf die Lösungsparadigmen Solidarität und Partnerschaft zu vermitteln.

Nachdem die Presse- und Öffentlichkeitsabteilung um den Dekadenwechsel aufgestockt worden war und in den 1970er Jahren immer mehr Mitarbeiter umfasste, setzte der Abteilungsleiter Dr. Erwin Mock seit Dezember 1973 auf die Schule als Ort der Etablierung: »Seit 1 1/2 bis 2 Jahren bin ich bemüht, die neben den Pfarrern und Kaplänen wichtigste Zielgruppe, die Lehrer und Religionslehrer auf Adressträger zu bekommen, damit wir diese Gruppe auch aktiv angehen können«[419]. Im Dezember 1973 gründete er den ›Arbeitskreis Schule und Dritte Welt‹ bei Misereor, der bis heute besteht. Dabei legte der Arbeitskreis den Schwerpunkt zunehmend auf komplexe Darstellungen des Entwicklungsproblems und seiner Lösungen.

> Ziel und Aufgabe dieses Arbeitskreises ist es, den aktuellen Erkenntnisstand im Bereich Entwicklung/Unterentwicklung, Entwicklungspolitik, kirchliche Entwicklungsarbeit in die pädagogische Praxis umzusetzen. Schwerpunkte der Arbeit sind die Erstellung von Arbeitsmaterialien für Schule und Erwachsenenbildung, der Einsatz als Referenten zur Schulung von Multiplikatoren in Schule und Erwachsenenbildung sowie theoretische Probleme von Bildungsplanung und -organisation.[420]

Lehrkräfte verschiedener Schularten erarbeiteten didaktische Materialien, in denen sie die Informationsfülle zu Hunger und Entwicklungsfragen insgesamt schülergerecht aufarbeiteten. 1974 plante Misereor einen eigenen Etatposten zur Erstellung dieser Unterrichtsmodelle ein. Im November 1973 fand eine erste große Tagung im Klausenhof statt, bei der Religionspädagogen zu Multiplikatoren ausgebildet wurden. In der Folge erarbeitete der Lehrerarbeitskreis einerseits mehrere Publikationen mit konkreten Unterrichtsbausteinen, andererseits systematisierte er die bereits erschienene entwicklungspolitische und entwicklungspädagogische Literatur[421]. Drei Publikationen ragen dabei im Hinblick auf den vorliegenden Untersuchungsgegenstand besonders hervor.

1975 legte der Arbeitskreis das Heft »Hunger tut weh« vor, das das Ziel verfolgte, in der Schule eine Haltung zu fördern, »in solidarischer Zusammenarbeit eine gemeinsame Zukunft zu schaffen«[422]. Hunger sei als Phänomen wie kaum ein anderes in den Massenmedien präsent. »Allein das Jahr 1974 brachte in Verbindung mit den großen Konferenzen der Vereinten Nationen, Weltbevölkerungskonferenz in Bukarest, Welternährungskonferenz in Rom, eine nicht mehr zu überbietende Informationsfülle«[423]. Hungerbilder hätten über Jahre die Hilfsaufrufe im Bewusstsein der Menschen geprägt,

---

419 Aktennotiz Dr. Erwin Mock, 7.11.1973, in: MAA, BP 1997/11, 1999/4 Lehrerarbeitskreis 1972–1980.
420 Erwin Mock in einer Bescheinigung für ein Mitglied des Arbeitskreises, o. D., in: MAA, BP 1997/11, 1999/4 Lehrerarbeitskreis 1972–1980.
421 Vgl. etwa die Übersichten in: MAA, BP 1997/11, 1999/4 Lehrerarbeitskreis 1972–1980.
422 Bildungsreferat Misereor (Hrsg.), Hunger tut weh, S. 1.
423 Ebd.

»in Millionen von Haushalten flimmerten Dokumentationen des Elends über die Bild-schirme«[424]. Angesichts der Entwicklung, dass »[u]nsere Schüler [...] sich in wenigen Jahren die Erde mit 6 oder 8 Milliarden Menschen teilen müssen«, dass Hunger mithin ein »existenzielles Problem auch für uns selbst [sei], ganz abgesehen von der Frage der Verantwortung für Gerechtigkeit und Frieden«, müsse die Schule Voraussetzun-gen schaffen,

> die vielfältigen Informationen zu ordnen, sie auf ihren Informationsgehalt und ihre Aus-sageabsicht zu befragen, Ursachen des Hungers zu analysieren, Alternativen zur Lösung des Hungerproblems zu entwickeln und die sich daraus ergebenden Konsequenzen zu ziehen.[425]

Die Autoren des Heftes erarbeiteten dazu fünf Unterrichtseinheiten und legten die-sen grob skizzierten Einheiten eine Fülle an Materialien bei. Zugrunde lagen die in der entwicklungspädagogischen und entwicklungspolitischen Diskussion geteilten Thesen, wonach eine Differenzierung der Hungerkatastrophen in naturbedingte und andere notwendig sei, die erst einen weiteren Blick über klassische Ansätze der Hun-gerhilfe hinaus zulasse.

> Hungerkatastrophen bedingen aus mitmenschlicher Verantwortung den Einsatz von Soforthilfeleistung. Aber nur langfristige Maßnahmen, die erhebliche Mentalitäts- und Denkveränderungen in den ›Entwicklungs‹- und Industrieländern notwendig machen, bieten eine Chance, das Welthungerproblem zu lösen und damit allen Menschen eine gemeinsame Zukunft zu verschaffen.[426]

Um diese »Denkveränderungen« anzustoßen, suchten die Autoren mit den Unter-richtseinheiten, die »Handlungsebene mit einzubeziehen«, die »Abgestumpftheit« gegenüber der Not des größten Teiles der Menschheit« zu überwinden und zu einem Verhalten überzuleiten, das »sich mit den Begriffen Partnerschaft und Solidarität umschreiben läßt«[427]. Daraus ergab sich das übergeordnete Ziel der Unterrichtsmate-rialien: »Fähigkeit und Bereitschaft, Vorurteile gegenüber anderen Gruppen und Ge-sellschaften abzubauen, die Bedingungen ihrer Andersartigkeit zu erkennen, für eine gerechte Friedensordnung und für die Interessen benachteiligter Gruppen und Völker einzutreten«[428].

Am Beispiel der Sahel-Hungerkatastrophe zeigte das Heft auf, welche Ursa-chen derartige Katastrophen meist hervorriefen und beleuchtete dabei auch die Rolle der Medien und der Industrieländer bei der ›Nicht-Wahrnehmung‹ dieser

---

424 EBD.
425 EBD.
426 EBD., S. 2.
427 EBD., S. 5.
428 EBD., S. 6.

Ursachen. Damit zeichnete es sich durch das Bemühen um eine »differenzierte Argumentation«[429] aus. Die bisherige unterkomplexe ›Ursache-Wirkung-Argumentation‹ wurde verlassen und historische, politische und ökonomische Argumente in die Diskurse über die Bewältigung eingeführt. Auf der Bildebene jedoch setzten die Autoren eher auf Kontinuität in der Darstellung. Auf dem Titelbild des Heftes fanden sich ein seit dem Biafra-Konflikt bekanntes Kind mit Hungerbauch ebenso wie das Dürrebild und ein mit einer Hacke einen vertrockneten Boden bearbeitendes Mädchen. Das Bildnarrativ also setzte eindeutig auf die »emotionale Berührung der Schülerinnen und Schüler« und griff »bereits vorhandene Imaginationen vom direkten Zusammenhang zwischen Dürre und Hunger«[430] auf.

Auch die erweiterte und um Zusatzinformationen ergänzte Auflage 1978 wies diese Diskrepanz zwischen Text- und Bildnarrativen auf. »Wesentlich erschien, auf dem Hintergrund der UN-Konferenzen [...] einen Einblick in die gegenwärtige Diskussion zu vermitteln. Es muß dabei aufgezeigt werden, daß die politische Dimension des Welternährungsproblems immer stärker in den Vordergrund rückt«[431]. Immer mehr setzte sich die Einsicht durch, dass das Problem mit einer Steigerung der Produktion und einer Geburtenregulierung nicht allein in den Griff zu bekommen sei.

> Die augenblickliche Diskussion um Lösungswege weist zwei Grundpositionen auf. Einerseits wird international das Modell einer neuen Weltwirtschaftsordnung diskutiert, in dessen Rahmen Wachstum den entscheidenden Faktor darstellt, ein Wachstum allerdings, das Entwicklungs- wie Industrieländern dienen soll. Andererseits wird eine Dissoziationstheorie vertreten [...], die eine Abkoppelung der Entwicklungsländer vom Weltmarkt, und deren eigenständige, an ihren jeweiligen Bedürfnissen orientierte ›autozentrierte‹ Entwicklung als einzig erfolgversprechenden Weg herausstellt.[432]

Das Zitat aus der Einleitung des Zusatzheftes zeigt, wie weit sich die Debattenkultur innerhalb des Hilfswerkes entwickelt hatte. Standen in der Frings'schen Gründungsrede die Abwehr des Kommunismus, die Nächstenliebe und die geistliche Erneuerung der deutschen Katholiken im Mittelpunkt, zeigten die Materialhefte der späten 1970er Jahre die professionalisierte und theoriegeleitete Diskussion und Implementierung der Lösungswege. Dabei ging es insbesondere um die Herausarbeitung neuer Prinzipien der Entwicklung, die sich in den Begriffen »self reliance, social justice, people's participation, liberation, qualitative growth« ausdrückten und eine »andersartige Entwicklung«[433] verdeutlichen sollten. Die Materialien für die Schülerinnen und Schüler skizzierten in ausführlichen Texten die Begriffe und die damit verbundenen neuen Konzeptionen, warnten jedoch auch eindringlich vor einer neuerlichen

---

429 Dazu und im Folgenden F. RAUH, Tierkadaver im Wüstensand, S. 169.
430 EBD., S. 170.
431 BILDUNGSREFERAT MISEREOR (Hrsg.), Fünf Jahre danach, S. 3.
432 EBD.
433 EBD., S. 5.

Hungerkatastrophe im Sahel. Aber auch die Diskrepanz des eigenen Lebens im Vergleich mit den Lebensumständen der Hungernden griffen die Materialien in polemischen Comics und einem ›Dankgebet eines Scheinheiligen‹ auf:

> Ich danke dir, o Herr, daß du mich nach deinem unerforschlichen Ratschluß auf dieser Hälfte der Erde hast zur Welt kommen lassen und nicht in den Dürregebieten der Sahelzone, im volkreichen Überschwemmungsgebiet des Gangesdeltas oder auf den kargen Höhen der Anden, wo ich mich bei einer durchschnittlichen Lebenserwartung von fünfunddreißig Jahren, doch ohne jede Erwartung an das Leben, vielleicht in den Tiefen einer Kupfermine langsam zu Tode rackern müßte.
>
> Ich danke dir, o Herr, daß ich das strahlende Neonlicht jener Hemisphäre erblicken durfte, die das Geschehen der Welt bestimmt, in der die Preise für Rohstoffe und Nahrungsmittel gemacht werden nach dem Prinzip von Angebot und Nachfrage, was bedeutete: je größer der Druck auf die Nahrungsmittelreserven, desto höher der Gewinn aus der Weizenernte.
>
> Gelobt sei, was hart macht; denn es geschieht nichts ohne deinen Willen und dein Auge ruht mit sichtlichem Wohlgefallen auf uns, deinen weißen Kindern, die wir dir freudig dienen.
>
> Ich danke dir, o Herr, daß ich nicht bin wie diese Hungerleider in der dritten Welt, die zu falschen Göttern beten und es daher zu nichts bringen konnten durch ihrer Hände Arbeit, im Gegensatz zu uns, die wir deine willfährigen Werkzeuge sind.
>
> Gib mir, o Herr, ein friedliches Dasein, zu essen im Überfluß, ein reines Gewissen und gute Verdauung.
>
> Amen.[434]

In die Materialsammlung wurde ein bösartiger Kommentar über die ›Ernährungskampagne '77‹ der ZDF-Sendung »Praxis« aufgenommen, die im Januar 1977 große Erfolge erzielte. »Die ›Ernährungskampagne '77‹ ist ein Abspeckungsprogramm des Fernsehens für bundesdeutsche Wohlstandskilo, die sich in Form von Fettschichten und Rundungen an Hintern, Hüfte, Bauch, Herz und Hirn festgesetzt haben«[435]. Vergessen werde dabei aber das ›Schlanksein‹ einer wenige Flugstunden entfernten Welt.

> Dort das Elend mit den Skelett-Menschen, den aufgetriebenen Hungerbäuchen der Kinder, den Lumpen-Schlangen, die um eine Handvoll Reis bei karitativen Speisungen anstehen, hier die prallvollen Delikatessläden, die Bilder der fettglänzenden, kugelköpfigen Deutschen hinter Eisbeinbergen oder genüßlich ein knuspriges Federvieh auseinandernehmend.[436]

In aller Schärfe wurde angesichts dieser Diskrepanz gefragt: »Sich schlank schlemmen kann doch nicht die einzige Alternative für uns sein! [...] Müßte nicht jeder von uns

---

434 EBD., S. 35.

435 Winfried KURRATH, Schlemmen Sie sich schlank?, in: CONTACTS 2/1977, S. 33; nachgewiesen in: BILDUNGSREFERAT MISEREOR (Hrsg.), Fünf Jahre danach, S. 33.

436 EBD.

für sich ein vernünftiges Maß für sein Leben selbst festlegen?«[437] Dabei wurde das kurz zuvor erschienene Werk »Haben oder Sein« zum Vorbild, das die Ausbeutung der Erde anprangerte.

> Die Notwendigkeit radikaler menschlicher Veränderung erhebt sich somit weder als bloße ethische oder religiöse Forderung, noch ausschließlich als psychologisches Postulat, das sich aus der pathogenen Natur unseres gegenwärtigen sozialen Charakters ergibt, sondern auch als Voraussetzung für das nackte Überleben der Menschheit. Richtig leben heißt nicht länger nur ein ethisches oder religiöses Gebot erfüllen. Zum erstenmal in der Geschichte hängt das physische Überleben der Menschheit von einer radikalen Veränderung des Herzens ab.[438]

Hunger hatte sein Bedrohungspotential noch immer nicht verloren, allerdings hatten sich die Ursachenforschungen und die Lösungsansätze deutlich verschoben, wie der Auszug aus Fromms Buch zu zeigen vermag. Eine Veränderung des Bildnarrativs aber fand sich auch 1978 nicht, das »Narrativ der Bilder erweist sich [...] als wesentlich langlebiger als jenes der komplexeren Texte«[439] und der neuen Bewältigungsparadigma.

Hatten die beiden Hefte »Hunger tut weh« eher die Sekundarstufe I im Blick, zielte 1977 eine Publikation des Lehrerarbeitskreises auf den Elementarbereich. Mit dem Kinderbilderbuch »Gimka und Golka« sollten Kinder im Kindergarten- und Grundschulalter an die Lebensumstände ihrer Altersgenossen in der »Dritten Welt« herangeführt werden[440]. Kinder wüssten »zu wenig Wahres und zu viel Falsches von Schwarzafrika und den Menschen dort«[441], könnten kaum den Alltag, die afrikanischen Werte und die Kultur kennenlernen. »Der Aufbau eines realitätsgerechten und menschengerechten Afrikanerbildes wird in unserem Denken viele neue Impulse liefern, die unser Menschsein und unser Zusammenleben kritisch befragen und befruchten können«[442]. Diesem Ziel widmete sich das Kinderbuch, das auf »viel Gegenliebe«[443] stieß. Gleichzeitig sollten die Geschichten von Gimka und Golka auch einen Beitrag zur religiösen Bildung der Kinder ermöglichen, indem sie Andersartigkeit als von Gott gewollt einführte, der ohne Angst zu begegnen sei und außerdem schon früh einer »innerkirchliche[n] Überheblichkeit der anglo-europäischen Christen gegenüber den Kirchen der südlichen Welthälfte«[444] vorbeugen sollte.

---

437 EBD.
438 E. FROMM, Haben oder Sein, S. 19.
439 F. RAUH, Tierkadaver im Wüstensand, S. 170.
440 Vgl. J. BERNHAUSER / K.-H. STOCKHEIM / R. STROTHJOHANN, Gimka und Golka.
441 BILDUNGSREFERAT MISEREOR (Hrsg.), Kinder erleben die Dritte Welt, S. 5, in: MAA, Sammlung Misereor-Materialien.
442 EBD.
443 Erwin Mock an Schulz, Peter Hammer Verlag, Wuppertal, 3.3.1977, in: MAA, BP 1997/11, 1999/4 Lehrerarbeitskreis 1972–1980.
444 BILDUNGSREFERAT MISEREOR (Hrsg.), Kinder erleben die Dritte Welt, S. 9, in: MAA, Sammlung Misereor-Materialien.

> Auch wenn einer sich ›nur‹ auf die vielfältigen und ›exotischen‹ Formen des Alltagslebens afrikanischer Dorfmenschen einläßt, so ist auch das nicht ohne religiöse Relevanz. Hat man sich auch nur vorübergehend mit einem anderen identifiziert, ist ›in seinen Schuhen‹ gegangen, hat mit seinen Augen gesehen, hat seine Nahrung geschmeckt ... so ist eine Art Bruderschaft angebahnt. Das liegt ganz auf der Linie Jesu.[445]

Die drei Publikationen des Lehrerarbeitskreises und überhaupt die Tatsache seiner Einrichtung durch Erwin Mock verdeutlichen zum einen einen weiteren Schritt der Etablierung, die nun professionalisiert mit eigenen Etats und durch ein übergroßes Engagement vieler Beteiligter forciert wurde.

Das war notwendig: »In den Religionsbüchern beider Konfessionen aus dem gleichen Zeitraum [1957–1969, der Verf.] wurde vielfach das Bild einer heilen Welt gezeichnet, in der Gott alle ökonomischen Bedingungen schaffe, verändere und erhalte, in der also Reichtum und Armut gottgegeben seien«[446]. Waren »[n]achkoloniale Abhängigkeit, wirtschaftliche Chancenlosigkeit und Kapitalarmut« in den 1960er Jahren noch auf Hunger und Elend reduziert worden und die Bevölkerung der »Dritten Welt« als »arme Heiden« dargestellt worden, die unerlöst der Bekehrung und der Taufe durch christliche Missionare harrten, wiesen seit Mitte der 1970er Jahre alle Richtlinienwerke und Schulbücher den »Problembereich als Lernbereich« auf, wobei Erhard Meueler anmerkt, dass die Schulbuchautoren sich davor hüteten, »die Not der vielen mit dem materiellen Glück der weniger reichen Gesellschaft in einen direkten Kausalzusammenhang zu bringen«[447]. Hier waren die Autoren im Lehrerarbeitskreis Misereors durchaus progressiver vorgegangen. Manfred Kemme zeigt in seiner Arbeit zum Afrikabild in deutschen Religionsbüchern, für die er katholische Religionsbücher seit Beginn der 1960er Jahre analysierte, dass der Problembereich zwar thematisiert, jedoch »ziemlich plakativ dargestellt«[448] wurde, ohne dabei Erklärungen und das komplexe Geflecht von Ursachen und Wirkungen aufzuzeigen. »Einfach helfen, scheint oft die Devise zu sein«[449]. Informationen seien zu oberflächlich aufbereitet, das gezeichnete Bild eher unpolitisch und die Afrikaner als Objekte der Entwicklung gezeichnet[450].

Zum anderen zeigen die drei angeführten Publikationen, dass die gesellschaftlichen entwicklungspolitischen Debatten der 1970er Jahre diskursiv eng verwoben waren mit denen des Katholizismus. Sie fanden unmittelbaren Widerhall in den katholischen, mit der »Dritten Welt« befassten Einrichtungen und Gruppierungen, befruchteten sich gegenseitig und griffen die Themenschwerpunkte rasch in ihren Etablierungsbemühungen auf. Sie zeigten sich aber auch in weiteren, vielfältigen Publikationen,

---

445 EBD.
446 E. MEUELER, Entwicklungsbezogene Bildungsarbeit, S. 29.
447 EBD.
448 M. KEMME, Das Afrikabild in deutschen Religionsbüchern, S. 65.
449 EBD.
450 Vgl. EBD., S. 194–202.

Arbeitsheften, Infobroschüren und didaktischen Materialien der Hilfswerke und des BDKJ[451], in denen die entwicklungsbezogene Bildung ihren Höhepunkt erreichte. Scheunpflug spricht von den Themenbereichen ›Welthandel und Gerechtigkeit‹ als Kristallisationspunkten dieser Zeit. »Es werden viele Materialien produziert, die große Verbreitung finden. Zahlreiche Kampagnen werden durchgeführt«[452], die entwicklungstheoretisch die strukturellen Abhängigkeiten auf dem Weltmarkt reflektierten. Daher wurden vor allem Veränderungen in der bundesrepublikanischen Gesellschaft verlangt, »die nicht mehr nur die eigene Entwicklungshilfe betreffen, sondern eine Veränderung des bundesdeutschen Wohlstands- und Fortschrittsdenkens implizieren«[453].

Neben diesen inhaltlichen und organisatorischen Neukonfigurationen belegt der Lehrerarbeitskreis auch eine mit dem Zweiten Vatikanischen Konzil und seiner Rezeption eingeläutete Wende in der Religionspädagogik[454]. Auch wenn Simon konstatiert, dass eine »grundlegende [...] Gesamtdarstellung«[455] der Geschichte der deutschen Religionspädagogik fehlt, so belegen die Publikationen des Lehrerarbeitskreises mindestens den von ihm skizzierten Umschwung von materialkerygmatischen hin zu stärker erfahrungsorientierten Ansätzen innerhalb der Religionspädagogik[456]. Prominent, aber umstritten, vertrat diese Neuorientierung Hubertus Halbfas[457] in seiner »Fundamentalkatechetik«[458]. Darin hatte er die bisherige Unterweisung im Katechismus und damit die Fokussierung des Religionsunterrichts auf die Glaubens- und Verkündigungsdimension kritisiert. Norbert Mette resümierte diese Wende als für die katholische Religionspädagogik wichtigen Schritt,

> weil mit ihr über das engere Verständnis des ›hermeneutischen Religionsunterrichts‹ hinaus eine hermeneutische Grundlegung der Religionsdidaktik erfolgte, die für den gesamten Bereich der Religionspädagogik wegweisend wurde. Was Halbfas bereits früh

---

451 So gab Misereor in Zusammenarbeit mit Brot für die Welt im Jugenddienst-Verlag ein vierbändiges Werk »Aktion Entwicklungshilfe« heraus, das zum einen Informationen und Texte für die Schule und Aktionsgruppen aufbereitete, zum anderen konkrete Aktionsvorschläge zur Verfügung stellte, die der Bewusstseinsänderung dienen sollten, so etwa die Aktionen ›Dritte Welt Handel‹, ›Kritischer Konsum‹ und ›Selbstbesteuerung‹. Vgl. die schon in der Einleitung zitierten Titel von Lefringhausen, Baumgartner und Falkenstörfer.

452 A. Scheunpflug, Bilanz von fünfzig Jahren, S. 13.

453 Ebd.

454 Vgl. Anmerkungen bei M. Müller, Das Deutsche Institut für wissenschaftliche Pädagogik, S. 451–516; W. Simon, Katholische Religionspädagogik, S. 61–82.

455 W. Simon, Katholische Religionspädagogik, S. 65.

456 Vgl. ebd., S. 61–63.

457 Hubertus Halbfas (* 1932). Studium der Philosophie und Katholischen Theologie in Paderborn und München. 1957 Priesterweihe. Ab 1960 Dozent an der Katholischen Hochschule Paderborn. 1964 Promotion. 1967–1987 Professor für Katholische Theologie und Religionspädagogik an der Pädagogischen Hochschule Reutlingen. Vgl. H. Halbfas, So bleib doch ja nicht stehn.

458 H. Halbfas, Fundamentalkatechetik.

wahrnahm, wurde in der Folgezeit immer manifester: das Scheitern der kirchlichen Verkündigungssprache. Ein neuer Ansatz musste gesucht werden, sollte es weiterhin möglich sein, Religion als integralen Bestandteil über den kirchlichen Raum hinaus in schulischen und anderen Bildungsprozessen zu verankern und ihre Bedeutung heutigen Zeitgenossen zu erschließen.[459]

Diese Wende drückte sich in der Gründung des Lehrerarbeitskreises in besonders augenscheinlicher Weise aus[460]. Bis zum Ende der 1960er Jahre waren Unterrichtsmaterialien zu den Fastenaktionen Misereors vor allem in den Blättern »Priester und Mission« und »Schule und Mission« des Päpstlichen Werkes der Hl. Kindheit verbreitet worden[461]. Neben der thematischen Zuordnung zum Gegenstand der Mission ist der Aufbau dieser Materialien interessant, weil sie einem Duktus der Glaubensunterweisung folgten, also stärker instruktionstheoretisch argumentierten und die Schülerinnen und Schülern neben der Vermittlung jesuanischer Geschichten von der Brotvermehrung oder der Nächstenliebe zum Handeln im Modus der Spendensammlung aufforderten. Der Lehrerarbeitskreis, der nun weniger die Priester in der Schule als vielmehr die Religionslehrerinnen und Religionslehrer in den Blick nahm, entwickelte stattdessen Materialien, die, von der Lebenswelt der Schülerinnen und Schüler ausgehend, politische und soziale Problemkonstellationen aufgriffen und von dorther theologische Fragestellungen behandelten, wie etwa die beiden Hefte zum Thema »Hunger tut weh« zeigten. Nicht nur organisatorische und inhaltliche Neukonfigurationen zeichneten diese Phase also aus. Auch die didaktischen Grundoptionen wurden neu geordnet.

d) Das »Dialogprogramm« als politischer Versuch der Neukonfiguration

> Die bisherigen Bemühungen der Träger der kirchlichen Bildungs- und Öffentlichkeitsarbeit zur Weckung, Stärkung und Verwirklichung einer weltweiten Solidarität erreichen weithin nur den Kreis der bereits Motivierten und Engagierten.[462]

In der Gemeinsamen Konferenz Kirche und Entwicklung hatten die Träger der kirchlichen Entwicklungsarbeit ein 1977 beginnendes Dialogprogramm mit allen

---

459   N. METTE, Durchbruch von der Kerygmatik zur Hermeneutik, S. 140.

460   Albert Biesinger hat wiederholt darauf hingewiesen, dass sich Ansätze dieser Wende einer erfahrungsbasierten und damit eher lebensbedeutsamen Katechetik bereits beim Tübinger Moral- und Pastoraltheologen Johann Baptist Hirscher (1788–1865) finden lassen und die religionspädagogischen Diskurse von hier aus zu bedenken wären. Vgl. etwa A. BIESINGER, Gotteskommunikation, S. 50–61.

461   Vgl. dazu: Kapitel I.3.c.; vgl. etwa G. SCHÜCKLER, Erwägung zum Fastenwerk, S. 11–19.

462   Harry NEYER, Zusammenfassung des Vorschlags zur Durchführung des Schwerpunktprogramms, 7.10.1975, 1, in: ZDK-ARCHIV 5617, Schachtel 5.

gesellschaftlichen Gruppen und einen medienwirksamen abschließenden Kongress beschlossen, die beide einen auf der Mesoebene zu verortenden Versuch darstellten, politisch an der Bewältigung der Bedrohungslage und der Neukonfiguration der Ordnung zu arbeiten.

Der schon skizzierten Kritik freilich begegneten die Veranstalter damit zwar weder in der Wahl der Formate noch in der Durchführung. Wohl aber lässt sich der Ansatz verstehen als Versuch, politische und wirtschaftliche Entscheidungsträger davon zu überzeugen, nicht nur im karitativen Sinne durch Spenden Aufbauhilfen zu ermöglichen, sondern auch durch Strukturveränderungen, Unternehmensanpassungen und politische Maßnahmen den internationalen Handel gerechter im Sinne der »Entwicklungsländer« zu gestalten.

Die Ausgangssituation stellte Harry Neyer nach dem Beschluss des Zentralkomitees und des Deutschen Evangelischen Kirchentags (DEKT) zur Durchführung des Dialogs schonungslos dar. Vor allem die ohnehin Interessierten und Engagierten erreichten die Angebote zur Etablierung des Problemfeldes. »Die Entwicklungsproblematik hat sich jedoch trotz aller Hilfsmaßnahmen verschärft und verlangt gerade in einer Phase wirtschaftlicher Rezession ein weitergehendes Engagement der Christen«[463]. Neyer und die Verantwortlichen im Zentralkomitee sahen die schwindende Bereitschaft der Deutschen, angesichts wirtschaftlicher Schwierigkeiten und steigender Arbeitslosigkeit das ›0,7%-Ziel‹, also die Aufstockung des Etats des Bundesministeriums für wirtschaftliche Zusammenarbeit auf 0,7 Prozent des Bruttoinlandsprodukts, weiter voranzutreiben. Die Christen aber hätten die Aufgabe, den Gedanken der weltweiten Solidarität zu verbreiten.

So entstand in einer ausführlichen Konsultationsphase der Vorschlag zur Durchführung eines Schwerpunktprogramms und eines Kongresses, »[u]m eine größere Öffentlichkeit auf diese Problematik anzusprechen und das vorhandene Potential an Trägern für eine entwicklungsbezogene und handlungsorientierte Bildungs- und Öffentlichkeitsarbeit auszuschöpfen«[464]. In ökumenischer Trägerschaft von KAEF und ZdK, DEKT und der Arbeitsgemeinschaft kirchlicher Entwicklungsdienste wurden die Dialoge mit verschiedenen gesellschaftlich relevanten Gruppierungen in einer eigenen Fachstelle vorbereitet, wobei ein »indirektes Vorgehen über die Multiplikatoren und Entscheidungsträger«[465] vorgesehen war. »Dabei sollen vor allem die ethischen Forderungen einer Solidarität mit den Menschen und Völkern der Dritten Welt den berechtigten Interessen der jeweiligen Gruppierungen gegenübergestellt und Möglichkeiten eines Ausgleichs der Interessen erörtert werden«[466]. Damit

---

463 Ebd.
464 Ebd.
465 Ebd.
466 Ebd., S. 2.

anerkannten die Entwicklungsakteure, dass auch die wirtschaftlichen und gesellschaftlichen deutschen Gruppierungen Interessen auf dem Gebiet der Entwicklungsarbeit hatten und eine wirkliche Veränderung bundesrepublikanischer Praxis an
diesen unterschiedlichen Interessenslagen ansetzen musste. Die christlichen Laienverbände als Träger dieses Dialogprogrammes wollten ausgehend vom Verständnis des christlichen Heilsauftrages, der allen Menschen weltweit gelte, mit sozialen,
politischen und kirchlichen Gruppen über zwei Jahre über eben diese Interessen der
Gruppierungen und Ausgleichsmöglichkeiten diskutieren und diese Gespräche im
Kongress münden lassen, der »die Wahrnehmung der christlichen Verantwortung für
eine weltweite Solidarität thematisieren und manifestieren«[467] sollte.

Ziel der Dialoge waren die »Identifikation mit der Verpflichtung zu weltweiter Solidarität [...], Konsequenzen und Möglichkeiten zur Realisierung dieser Verpflichtung
zu diskutieren und eine Weiterführung dieser Erörterungen«[468] anzustoßen. Man wäre
sich über die Notwendigkeit einer Neuordnung der Weltwirtschaft einig, »[s]trittig ist
allerdings die grundsätzliche Frage nach den Ordnungsprinzipien«[469]. Die Kirchen, so
die Ausgangsüberlegungen, wären sich bewusst, »daß die bisher geleistete Entwicklungshilfe auf Dauer nicht erfolgreich sein kann, wenn die Entwicklungsländer nicht
partnerschaftlich in das wirtschaftliche Weltgeschehen integriert werden«[470]. Gleichzeitig zeichnete sich die deutsche Entwicklungspolitik dadurch aus, dass sie besonders
schwerfällig mit dem Problemfeld umgehe. Innenpolitische Überlegungen prägten die
Politik, obwohl »unsere eigenen sozialen Probleme eng mit internationalen Entwicklungen«[471] verbunden seien. Eine Ursache für die Schwerfälligkeit liege »sicherlich
in den Ängsten um die eigene kurzfristige Sicherung unseres Wohlergehens«[472]. Der
Blick »für die langfristigen Chancen eines Überlebens erscheint bei vielen verbaut zu
sein«[473]. Es zeitigte aber negative Folgen, wenn sich der Interessenkonflikt zwischen
Verbands- und Entwicklungsvertreter fortsetzte. »Unsere Zukunft dürfen wir [...]
nicht dem Zufall, dem Machtdruck und der Uneinsichtigkeit überlassen«[474], urteilte
der Ökumenische Arbeitskreis.

Auch hier waren zwei Bedrohungslagen zu erkennen, die eine Neukonfiguration er-
forderten. Erstens war auf einer grundsätzlichen Ebene das Überleben der Menschheit
insgesamt durch die angespannte Lage bedroht und musste neu gesichert werden. Damit verbunden bedrohte zweitens die konkrete Ausgestaltung von Entwicklungsarbeit

---

467 EBD., S. 4.
468 EBD., S. 2.
469 Ökumenischer Arbeitskreis Kirche und Entwicklung e. V., Informationsbrief Nr. 1/1977, 2, in: ZdK-
     ARCHIV 7608, Handakte Dr. Paul Becher.
470 EBD.
471 EBD., S. 3.
472 EBD.
473 EBD.
474 EBD.

einzelne Gruppeninteressen, sodass die Frage nach der Ordnung von Wirtschaft und Gesellschaft gestellt war.

Trotz der in den kirchlichen Dokumenten formulierten, nahezu dramatischen Situation wurde das Dialogprogramm zunächst deutlich nüchterner angegangen, als die Semantik dies vermuten ließ. Daher sah sich im März 1976 der Generalsekretär des ZdK, Dr. Friedrich Kronenberg, gezwungen, einen Appell an die Träger zu richten.

> Aus dem Ergebnis und der Beteiligung an den bisherigen zwei Sitzungen der Kommission habe ich den Eindruck gewonnen, daß zwar alle Beteiligten das Schwerpunktprogramm und den Kongreß als eine nützliche Sache ansehen, aber nicht in der Lage sind, sie zu ihrer eigenen Sache zu machen.[475]

Wenn der Prozess nicht mit größerer Priorität vorangetrieben werde, müssten die Planungen zu den Akten gelegt werden. Kronenbergs Aufruf zeigte Wirkung. Im Juni 1976 wurde die Geschäftsführung des Programms eingerichtet und die Kommission zum ›Ökumenischen Arbeitskreis Kirche und Entwicklung‹ umbenannt. Mit dem Deutschen Gewerkschaftsbund, den Unternehmern, den politischen Parteien und dem deutschen Bauernverband vereinbarte die Kommission erste Gesprächstermine, bei denen zunächst die Vorurteile und unterschiedlichen Sichtweisen der Gesprächspartner deutlich wurden. Es sollte geradezu ein diplomatisches Kunststück werden, zwischen den unterschiedlichen Interessenlagen zu vermitteln.

Die Gewerkschaften etwa beklagten die Einmischung der Kirche in Streikangelegenheiten und energiepolitische Interessen, vor allem aber übersehe sie »die Not der Arbeitslosen im eigenen Land, wenn sie vorbehaltlos der Auslagerung der Industrie in Entwicklungsländer und der Öffnung der Märkte für Überseeimporte das Wort reden«[476]. Auch die Landwirte gingen skeptisch in die Gespräche, sie fühlten sich ohnehin als »Prügelknaben der Nation«[477]. Daher verfolgten die Kirchen die Strategie, den Wandel der deutschen Landwirtschaft anzuerkennen und insbesondere den positiven »Beitrag der ländlichen Bevölkerung, besonders in den personellen Entwicklungsdiensten«[478], herauszuheben; die AGEH konnte vor allem landwirtschaftliches Personal für die Dienste in Übersee rekrutieren.

> Wir sollten den Versuch wagen, durch eine Darstellung der kirchlichen Entwicklungsbemühungen für die außerhalb des Marktes in der Subsistenzwirtschaft lebende Masse der

---

475 Friedrich Kronenberg an die Mitglieder des Trägerkreises des KAEF, 24.3.1976, 1, in: ZDK-ARCHIV 5617, Schachtel 5.

476 Zum Gespräch zwischen Kirche und Gewerkschaften am 12.1.1977. Anlage 1 zum Protokoll der Sitzung vom 23.11.1976, 1, in: ZDK-ARCHIV 5617, Schachtel 5.

477 Ökumenischer Arbeitskreis Kirche und Entwicklung e. V., Landwirte und Entwicklungspolitik. Vertrauliche Vorüberlegungen und Materialien, März 1977, o. S., in: ZDK-ARCHIV 5617, Schachtel 5.

478 EBD.

Bevölkerung in Entwicklungsländern eine Solidaritätsentwicklung zwischen Landwirten hier und Bauern dort anzustoßen.[479]

Die beiden Beispiele zeigen, in welcher Spannung die Gespräche standen und welches Geschick erforderlich war, um Ergebnisse zu erzielen. Rückblickend formulierten die Verantwortlichen denn auch, dass dieses vorsichtige Vorgehen richtig gewesen sei.

> Wenn die Kirchen statt eines Dialogprogramms eine Diskussion aggressiver Forderungen durchgeführt hätten, wie manche Gruppen es gerne gesehen hätten, dann wären zwar Defensivargumente ausgetauscht worden, es wäre aber angesichts der ungelösten Zukunftsaufgaben nicht zu einer Betroffenheit zwischen denen gekommen, die vor globale Aufgaben gestellt sind, zu deren Lösungen geschichtliche Erfahrungen nicht oder nur sehr bedingt heranzuziehen sind.[480]

Vielmehr sei es darum gegangen, ein »gemeinsames Lernen im Hinblick auf die internationale soziale Frage zu ermöglichen. Für ein solches gemeinsames Lernen galt von Anfang an als Voraussetzung, daß die Partner sich gegenseitig ernst nehmen«[481].

Zentrales Konzept wurde in diesem Dialogprogramm folglich der Partnerschaftsgedanke – auf zwei Ebenen. Einerseits sollten die »Entwicklungsländer« nicht mehr als Nehmer- und die Industrieländer als Geberländer auftreten und bezeichnet werden, sondern der Gedanke der Partnerschaft im Zusammenleben der Völker etabliert werden. Damit hatte die Würzburger Synode bereits erste Erfahrungen gemacht, als sie ihre Textentwürfe von den Partnerländern kommentieren ließ[482]. Insbesondere vor dem Hintergrund der Umwelt- und Rohstoffprobleme wurde den Engagierten immer stärker bewusst, wie sehr die weltweite Interdependenz vorangeschritten war und wie wenig sich Probleme regional oder national lösen ließen. Andererseits sollte die Kommunikation im bundesrepublikanischen Raum auf einer partnerschaftlichen Ebene stattfinden und nicht die eine Seite durch Aktionen und Äußerungen die Arbeit der anderen Seite unterminieren und abwerten.

> Vorherrschend war die Zustimmung dazu, nach Jahren kontroverser Auseinandersetzungen über Entwicklungspolitik den Versuch zu machen, sich wieder auf das zu besinnen, was gemeinsam zu tun möglich ist, weil überspitzte und in anklägerischer Absicht vorgetragene Forderungen mehr Defensivenergien gegen die Entwicklungspolitik geschaffen haben als Offenheit für die tatsächlich vorhandenen Probleme.[483]

---

479 EBD.
480 H.-G. BINDER / P. BOCKLET (Hrsg.), »Entwicklung als internationale soziale Frage«, S. 9.
481 EBD.
482 Vgl. Kapitel II.3.f; U. KOCH / H. T. RISSE / H. ZWIEFELHOFER (Hrsg.), Die Dritte Welt antwortet der Synode.
483 H.-G. BINDER / P. BOCKLET (Hrsg.), »Entwicklung als internationale soziale Frage«, S. 11.

In den Gesprächen stellten die Kirchen etwa fest, dass ihre Entwicklungsarbeit »oft als karitativ im Sinne der aktuellen Nothilfe mißverstanden«[484] wurde. Zwar sei dies auch ein Beitrag der Kirchen, deren »Entwicklungshilfe« bekämpfe jedoch auch die Ursachen von Unterentwicklung. Sie könne sich »deshalb nicht auf einen politikfreien Raum zurückziehen«, sondern sich vielmehr »auf die konkreten Ursachen der Unterentwicklung einlassen und sich mit politischen, wirtschaftlichen, sozialen und kulturellen Verhältnissen auseinandersetzen«[485]. Damit aber anerkannten die Kirchen offiziell, sich mit der Entwicklungsarbeit auf politischem Feld zu bewegen, was sowohl innerkirchlich als auch im Diskurs mit gesellschaftlichen Gruppen kritisiert wurde. Insgesamt aber zogen die Gesprächspartner eine durchweg positive Bilanz der Gesprächsreihen. Vor allem die Vertraulichkeit, durch die ein offener Austausch möglich war, wurde von allen Seiten hervorgehoben. So stieß sich die CDU-Delegation am Memorandum der Kirchen zu UNCTAD V, das »inhaltlich und spezialisiert in einer Weise« verfasst worden sei, die »für die kirchliche Autorität nicht beansprucht werden kann«, und das in seiner Forderung nach einem integrierten Rohstoffprogramm als »Parteinahme in einer aktuellen parlamentarischen und politischen Auseinandersetzung gesehen werden«[486] konnte. Darüber hinaus musste die CDU-Delegation konstatieren, dass die »kirchlichen Kreise, die sich dem Anliegen von Entwicklung und Frieden in besonderer Weise zuwenden«, zu »in der Regel [...] theoretischen und engagiert karitativen Motivationen« neigten und daher »eher in einen politischen Konflikt mit den Unionsparteien«[487] gerieten als die Mehrheit der Gläubigen: »Entwicklungshilfe« bedrohte also letztlich die Machtbasis der CDU innerhalb des Katholizismus.

Das kritische Thema mit allen politischen Parteien war die Frage der »Entwicklungshilfe im Umfeld von Widerstandsbewegungen und totalitären Regimen«[488]. Die CDU hatte hier eine deutlich negativere Ansicht als die Kirchen, die SPD eine positivere; allerdings waren sich die Kirchen in der Unterstützung gewaltbereiter Gruppierungen oder Revolutionen selbst nicht einig. Für die Gespräche mit den Parteien lässt sich zusammenfassen, dass verstanden wurde, »daß die Kirchen, auch wenn sie keine politischen Bewegungen sind, durch ihr Reden und Handeln trotzdem politisch relevant werden«[489]. Damit zeigt sich auch an diesem Beispiel die bereits angedeutete Auseinandersetzung um die Frage nach der Rolle und Gestalt der Kirche in der Gesellschaft. Gleichwohl gelang es, eine konstruktive und wohlwollende Gesprächsatmosphäre zu schaffen, die trotz bleibender Differenzen den Kongress im Januar 1979 vorzubereiten in der Lage war.

484 EBD., S. 20.
485 EBD.
486 EBD., S. 30.
487 EBD., S. 32.
488 EBD., S. 35.
489 EBD., S. 38.

Die Ergebnisse weiter zu etablieren und die begonnenen Gesprächsfäden zu bündeln, war Aufgabe des entwicklungspolitischen Kongresses im Januar 1979 in Bonn-Bad Godesberg, der »als eine kleine innenpolitische Sensation gewertet«[490] wurde. »Denn erstmals in der Geschichte der Bundesrepublik gab es an einem Tisch ein so ernsthaftes und sachliches Ringen unterschiedlicher Gruppen um das Sachproblem Entwicklungspolitik«[491]. Die besondere Bedeutung des Kongresses zeigte auch die kurzfristige Teilnahme des Bundespräsidenten Walter Scheel[492], der 1961 als erster Minister des BMZ die Entwicklungspolitik auf der politischen Agenda zu etablieren hatte.

Scheel zeichnete in seinem Eröffnungsgrußwort ein negatives Bild des entwicklungspolitischen Bewusstseinsstands der Deutschen, der »unsere ungenügenden Entwicklungsleistungen« nicht »sehr beunruhigen oder unser Gewissen berühren«[493] würde. Spürbare Opfer würden nicht erbracht. Er aber sei als Bundespräsident zum Kongress gekommen, um die Bürger zu überzeugen, dass die »erforderlichen Mittel« aufgebracht und die »Umstellungen in der Wirtschaft«[494] vorgenommen werden müssten. »Wir hängen vom Frieden ab. [...] Das Geschick unseres wirtschaftlich starken, aber sehr verletzlichen Industriestaates ist mit der Wahrung des Weltfriedens auf Gedeih und Verderb verbunden«[495]. Darüber hinaus gehe es jedoch »nicht nur um die Sicherung des eigenen Hauses«, sondern auch um »Menschlichkeit und Gerechtigkeit«[496]. Nach Meinung der Pressebeobachter versäumte er es jedoch, die relevanten Themen anzusprechen, auch wenn er die entwicklungspolitische Interessenlage der Bundesrepublik kritisierte. »Ansonsten aber blieb sie [die Rede] völlig auf dem Diskussionsstand der sechziger Jahre«[497], weder die ›Grüne Revolution‹, noch die einseitigen Abhängigkeiten der ›Entwicklungsländer‹, noch die Kritik an der Arbeitsteilung thematisierte Scheel.

Widerspruch folgte umgehend durch das Referat von Roy G. N. Neehall (Trinidad), Generalsekretär der Karibischen Bischofskonferenz, mit einer Begründung für die

---

490   Jürgen HOEREN, Gegen die Lawine der Armut, in: RHEINISCHER MERKUR, 2.2.1979, o. S., in: ZDK-ARCHIV 5617, Schachtel 5.

491   EBD.

492   WALTER SCHEEL (1919–2016). Banklehre. 1946 Eintritt in die FDP. Ab 1953 selbstständiger Wirtschaftsberater, ab 1958 Unternehmer. 1953–1974 MdB. 1956–1974 Mitglied des Bundesvorstandes der FDP. 1961–1966 Bundesminister für wirtschaftliche Zusammenarbeit. 1968–1974 Bundesvorsitzender der FDP. 1969–1974 Bundesaußenminister. 1974–1979 Bundespräsident. Vgl. sein Eintrag auf den Seiten des Bundespräsidialamtes, URL: http://www.bundespraesident.de/DE/Die-Bundespraesidenten/Walter-Scheel/walter-scheel-node.html (Stand: 1.5.2018).

493   W. SCHEEL, Entwicklungspolitik, S. 26.

494   EBD.

495   EBD., S. 27.

496   EBD.

497   Ansgar SKRIVER, Lauter Anwälte der Armen, in: DEUTSCHES ALLGEMEINES SONNTAGSBLATT, 4.2.1979, o. S., in: ZDK-ARCHIV 5617, Schachtel 5.

>Notwendigkeit einer neuen Weltwirtschaftsordnung< wegen Ungleichheit, Ungerechtig-
keit, Abhängigkeit.[498]

Neehall war es auch, der das theologische Problem der Entwicklungsfrage ins Bewusstsein hob.

> Wir sagen, der Mensch wurde geschaffen als Ebenbild Gottes. Ich weigere mich, mir einen
> Gott vorzustellen, der elend, arm, unwissend, abergläubisch, furchtsam, unterdrückt und
> erbärmlich ist, was die Mehrzahl derer sind, die er als sein Ebenbild geschaffen hat.[499]

Das verlange aber, dass mehr getan werden müsse, »als Denkschriften und Forderungen [zu] formulieren«[500], wie Karl Osner ausführte. »Entwicklungshilfe kann nur gelingen, wenn alle Kräfte des guten Willens bei konkreten Projekten kooperieren und
es nicht bei Lippenbekenntnissen belassen«[501]. Das sah auch der Kommentator des
»Rheinischen Merkurs« ähnlich. »Die Nagelprobe steht noch bevor«[502], urteilte Jürgen Hoeren in seinem Tagungsbericht. Bald würde der Punkt erreicht, »wo das Wort
in die Tat umschlagen muß«[503]. Dennoch könnten die Veranstalter des Kongresses
mit der Bilanz zufrieden sein. Den Beteiligten sei nun mehr denn je bewusst, »daß
Entwicklungspolitik nur Zukunft hat, wenn sie auf dem breiten Fundament aller gesellschaftlichen Gruppen ruht«; die Kirchen seien in ihrer Rolle als Partner der Entwicklungspolitik ernst genommen und anerkannt worden, ein neues Vertrauensklima
habe sich entwickelt und die Ökumene einen bedeutenden Schub bekommen, anders
als dies noch beim Augsburger Pfingsttreffen gewesen war, als es noch um »kleinka-
rierte innerkirchliche Diskussionen um die Namensgebung der kirchlichen Werke Misereor und Adveniat, um ihre Finanzmittel und Finanzkontrolle«[504] ging. Nicht mehr
Form-, sondern Sachfragen hätten die Diskussionen geprägt. »Im Vordergrund steht
die übergreifende Frage: Wie kann die Lawine der Armut, die 800 Millionen Menschen
erfaßt hat, aufgefangen werden?«[505] Deutlich sei durch die ausführlichen Diskussionen auch geworden, »daß zwischen Gewerkschaften und Unternehmern in Fragen
der Entwicklungspolitik keine unüberwindlichen Gräben klaffen«[506]. Im Gegenteil
wurden die Auftritte des DGB-Vorsitzenden Oskar Vetter[507] und des Präsidenten des

---

498 EBD.

499 R. G. N. NEEHALL, Entwicklung als internationale soziale Frage, S. 43.

500 Jürgen HOEREN, Gegen die Lawine der Armut, in: RHEINISCHER MERKUR, 2.2.1979, o. S., in: ZDK-
ARCHIV 5617, Schachtel 5.

501 EBD.

502 EBD.

503 EBD.

504 EBD.

505 EBD.

506 EBD.

507 HEINZ OSKAR VETTER (1919–1990). 1939–1946 Kriegsdienst und Gefangenschaft. Nach Kriegsende
Eintritt in die Gewerkschaft, 1952 Sekretär der Industriegewerkschaft Bergbau und Energie und

Deutschen Industrie- und Handelskammertages Otto Wolff von Amerongen[508] äußerst positiv bewertet, mit denen »die Demarkationslinien der Entwicklungspolitik
eine neue Qualität erreicht«[509] hätten. »Jeder vertrat seine Position, aber man merkte, daß der Standpunkt des Nachbarn mitbedacht war«[510]. So sei deutlich geworden,
dass durch den Kongress die »Kooperationsbereitschaft auf den Führungsebenen der
Parteien, Unternehmer und Gewerkschaften auf dem Felde der Entwicklungshilfe«[511]
gewachsen sei.

Nur die Parteien seien »beim Deklamieren geblieben«[512], ihre Stellungnahmen
enttäuschten. Die durchweg hochrangigen Parteivertreter hätten alle an ihren Manu-
skripten geklebt. Man habe gemerkt, »daß es ihnen schwer fiel, Neues zur Entwicklungspolitik zu sagen«[513]. Stattdessen brach nach den mühsamen diplomatischen
Gesprächen im Rahmen des Dialogprogramms auf dem Kongress ein »Parteienstreit
über Entwicklungshilfe«, genauer über die Frage der Unterstützung von Befreiungsbewegungen aus. Egon Bahr hatte in seiner Rede für eine »echte Überraschung
gesorgt«[514]. Die SPD, so Bahr,

> ist für die Unterstützung von Befreiungsbewegungen, die offensichtlich von der Bevölke-
> rung getragen werden oder die als Sprecher der Betroffenen von den Vereinten Nationen
> anerkannt sind. Sie verdienen nicht nur humanitäre Hilfe, sondern auch politische und
> wirtschaftliche, wobei die Ausbildung außerhalb der Kampfgebiete oft wesentlich für
> spätere Aufgaben ist. Dabei müssen wir uns bewußt sein, daß auch bei klarer Abgrenzung
> der Verweigerung von Waffen und Munition jede andere Ware oder jede finanzielle Hilfe
> den bewaffneten Kampf erleichtert. Aber das ist der Sinn der Unterstützung in einem
> Kampf um die Durchsetzung der verweigerten Menschenrechte für die Mehrheit.[515]

SPD-Beitritt, 1969–1982 Vorsitzender des Deutschen Gewerkschaftsbundes. Ab 1970 Präsident
des Europäischen Bundes Freier Gewerkschaften, 1974–1979 Präsident des Europäischen
Gewerkschaftsbundes in Brüssel. Vgl. Friedrich-Ebert-Stiftung, URL: https://www.fes.de/archiv/
adsd_neu/inhalt/nachlass/nachlass_v/vetter-he.htm (Stand: 1.5.2018).

508 OTTO WOLFF VON AMERONGEN (1918–2007). 1940 Übernahme des Familienunternehmens.
Ab 1956 Vorsitzender des Ostausschusses der Deutschen Wirtschaft, 1969–1988 Präsident des
Deutschen Industrie- und Handelstages. Vgl. Brigitte KOCH / Werner STURBECK, Unternehmer-
Diplomat und Wegbereiter des Osthandels, in: FAZ, 9.3.2007, URL: http://www.faz.net/aktuell/
wirtschaft/otto-wolff-von-amerongen-ist-tot-unternehmer-diplomat-und-wegbereiter-des-osthan-
dels-1411193.html (Stand: 1.5.2018).

509 Jürgen HOEREN, Gegen die Lawine der Armut, in: RHEINISCHER MERKUR, 2.2.1979, o. S., in: ZdK-
ARCHIV 5617, Schachtel 5.

510 EBD.

511 EBD.

512 EBD.

513 EBD.

514 N. N., Bahr will Befreiungsbewegungen im Süden helfen, im Osten nicht, in: DIE WELT, 29.1.1979,
o. S., in: ZdK-ARCHIV 5617, Schachtel 5.

515 EBD.

später zweiter Hauptgeschäftsführer Misereors und Trierer Weihbischof, erlebte Krieg und Nachkriegszeit als Bauernkind bei Bad Kreuznach. Trotz der Aufnahme von ausgebombten Bad Kreuznachern und einer immer größer werdenden Anzahl von hungrigen Menschen um den Tisch erlebte er als Landkind keinen Hunger, aber Enge und bescheidene Verhältnisse. Die beengten Verhältnisse erlebte Gerd Reinelt als Flüchtlingskind aus Schlesien gewissermaßen von der anderen Seite[36]. Für ihn waren die Nachkriegsjahre vor allem mit Enge verbunden, der er zu entfliehen suchte.

> Also an Hunger kann ich mich so auch nicht direkt erinnern. Wohl an das sehr beengte Leben. Denn wir kamen hier an und wurden dann zwangseingewiesen bei anderen Leuten, die dann ein oder zwei Zimmer abgeben mussten. Dieses beengte Wohnen hat vielleicht schon einen Ausschlag gegeben. Denn es ist ja nicht normal, dass man mit 19 noch im Schlafzimmer der Mutter schläft.[37]

Ein zweiter Deutungsrahmen lässt sich ebenfalls bei allen interviewten Zeitzeugen erkennen: die kirchliche Jugendarbeit. Die Zeitzeugen sind nach dem Krieg alle in katholischen Verbänden sozialisiert worden, die sich insbesondere durch ihre internationalen Kontakte auszeichneten. Bereits frühe Wallfahrten, etwa nach Rom, das Entdecken der Schweiz und Italiens sowie die Tatsache, »dort nicht schief angesehen«[38] zu werden, waren für Kronenberg prägende Erlebnisse[39]. Die Jugendarbeit prägte auch Harry Neyer in deutlichem Maße, insbesondere seine Mitgliedschaft bei den Pfadfindern, wie das Eingangszitat zeigt. Zwar ging es bei diesen Treffen nicht um Hunger oder dessen Bewältigung, wohl aber ermöglichten die internationalen Kontakte die Begegnung mit Jugendlichen anderer Erdteile. Für den jungen Friedrich Kronenberg bot die Vergangenheit mit Krieg und Nationalsozialismus eine Chance, in den Verbänden vielfältige Aufgabenbereiche wahrzunehmen und dort hineinzuwachsen.

> Und so haben wir in der Jugendarbeit schon angefangen, ›Dritte Welt‹-Arbeit jedenfalls in Ansätzen zu machen, Solidarität. Es gab eine Welt-Pfadfinder-Bewegung. Die Welt war sofort als Aufgabe im Blick, das war auch nicht konfessionell verengt. Ich war später dann mal auch sogar Vorsitzender des Ringes Deutscher Pfadfinder-Bünde, beim Deutschen Bundesjugendring als stellvertretender Vorsitzender und überall spielten die Werte wie Freiheit, Friede, Gerechtigkeit, Solidarität und vor allem die Dimension der ganzen Welt, ganz wichtig, eine Rolle. Wir hatten ja bei allem, was unsere Kindheit und Jugend-Freizeit so schwer gemacht hat, das Glück, dass wir, im Unterschied zu der Zeit nach dem Ersten Weltkrieg, wirklich Chancen für einen Frieden hatten.[40]

---

36 GERD REINELT (* 1939). 1954 Volksschulabschluss, Tischlerlehre. 1957 Tischlergeselle, bis 1960 Gesellenjahre. 1961–1962 Bundeswehrdienst. 1962–1972 zunächst Entwicklungshelfer der AGEH in Lesotho, dann Tischler an der Universität von Lesotho. Ab 1972 Tischler in Georgsmarienhütte. Diese Angaben beruhen auf Selbstauskunft.

37 REINELT, S. 8.

38 KRONENBERG, S. 2.

39 Vgl. EBD., S. 2.

40 EBD., S. 1 f.

Auch für den erst 1952 geborenen Michael Vesper wurde vor allem die kirchliche Jugendarbeit zu einem Betätigungsfeld, in dem er sowohl geprägt als auch politisiert wurde.

> Ich bin Jahrgang 52, ich war also zu der Zeit 1960 achtjähriger Messdiener und in der Katholischen Studierenden Jugend. Da war natürlich das nickende Negerlein in den Kirchen, wo man was reinschmiss und das dann nickte. Darüber haben wir uns damals, jedenfalls noch nicht in den 60ern, aber ab den 70ern, also als ich dann Abitur gemacht hatte und studiert habe, lustig gemacht, weil wir gesagt haben, das ist Augenwischerei. Man muss die <u>Strukturen</u> verändern. In die Zeit fiel dann auch Biafra, was uns natürlich alle sehr stark angefasst hat und auch ein Motor war für das ›Dritte Welt‹-Engagement, in das ich mich dann da auch hineinbegeben habe in der Zeit.[41]

Zwei Deutungsrahmen also, die Kriegs- und Nachkriegserfahrungen mit Hunger, Vertreibungen und wirtschaftlicher Not sowie das nach dem Zweiten Weltkrieg wiederbelebte katholische Verbandswesen, insbesondere der Bund Neudeutschland, die Pfadfinderbewegung St. Georg und die Kolpingbewegung trugen entschieden dazu bei, dass in den 1950er Jahren Hunger und Not in anderen Erdteilen überhaupt im deutschen Katholizismus wahrgenommen werden konnten. So decken sich die Erinnerungen mit der Gründungsrede Kardinal Frings' für das Hilfswerk Misereor[42]. Frings hatte genau auf diese Deutungsrahmen hingewiesen, die die Deutschen vor die besondere Verpflichtung stellen würden zu helfen. Die Deutungsrahmen spiegeln sich auch in den Wahrnehmungen des jungen George Arickal wider, der in den 1950er Jahren als junger indischer Theologiestudent nach Eichstätt in die bayerische Provinz kam.

> Ja, ich habe immer <u>gespürt</u>, dass die Generation unmittelbar nach dem Zweiten Weltkrieg in Deutschland eine sehr starke Neigung hatte, [sich] für Hungernde in der Welt einzusetzen, weil einige von denen schon aus der Erfahrung wussten, was Hunger bedeutet. Ich habe selber Kolleginnen und Kollegen in der Uni gehabt, die unmittelbar nach dem Zweiten Weltkrieg sogar für Kartoffeln beim Bauern gebettelt haben. Und die haben gespürt, was Hunger ist. Das ist heutzutage nicht erfahrbar, weil wir eine Generation haben, die mehr den Überfluss kennt. Das ist das eine. Damit war auch die Fragestellung: Entwicklungshilfe im Sinne der Verteilung der Nahrung schon damals verständlicher. Und das zweite ist: die Einstellung der Menschen gegenüber <u>Nächstenliebe</u>, Solidarität, nicht im politischen Sinn. Aber <u>helfen</u>, den Menschen in der Not helfen – die Bereitschaft war damals zu spüren, insbesondere bei älteren Leuten.[43]

Innerhalb dieser Deutungsrahmen konnten dann Experten die Problemlagen der Welt vermitteln. Hierbei spielten, auch darauf wies Frings in seiner Rede hin, insbesondere die katholischen Missionare eine große Rolle, die auf ihren Heimaturlauben mit

---

41 VESPER, S. 1.
42 Vgl. dazu Kapitel I.3.
43 ARICKAL, S. 1.

Diavorträgen durch die Kirchengemeinden zogen und ›die Welt‹ in Wort und Bild ins Bewusstsein der Deutschen brachten, und damit auf die politische Agenda setzten[44].

> In der Nachkriegszeit ist der <u>Blick</u> von uns jungen Deutschen dann doch sehr nach außen gegangen. Wir waren hier zunächst abgeschottet, und nun kamen im kirchlichen Bereich viele Missionare wieder zurück, im politischen Bereich natürlich die entsprechenden Personen, die politisch handelnd waren. Adenauer spielt da eine große Rolle. Wir waren sehr nach Europa hin orientiert. Wir da unten in der französischen Zone [...] hatten mit Fremdenlegionären zu tun, mit Algeriern. Und da weitete sich der Blick dann. Aber für mich prägend waren dann doch sehr stark die Missionare, die kamen, und die Informationen in der Schule und in der Zeitung darüber, dass es in der Welt außerhalb Europas doch auch große Katastrophen gibt: dass viele Menschen am Rande des Existenzminimums leben. Und das erzählten uns auch die Missionare. Und sie sagten uns auch gleich, dass ihre Arbeit die <u>Verkündigung</u> des Evangeliums sei: Aber wir machen das ganzheitlich. Wir sorgen uns, wie es sich für eine richtige Pfarrei gehört, auch um die materiellen Nöte der Leute. Vor allen Dingen schauen wir, dass ein Gesundheitsdienst da ist, wir sorgen für Kindergärten. Wir helfen den Bauern auch, dass sie sich ernähren können. Das war schon alles sehr spannend, wir sind da eine Minderheit, wir sind oft unter Nicht-Christen. Wir haben weite Wege zurückzulegen, wir müssen, da die Straßen auch nicht so gut sind, mit Motorrädern oder überwiegend sogar auf dem Rücken von Mauleseln [vorwärtskommen]. Alles Dinge, die natürlich so einen Jungen wie mich faszinierten.[45]

Den jungen Gerd Reinelt faszinierten die Berichte der Weißen Väter, die er als willkommene Abwechslung eines an Bildern armen Alltags erlebte:

> Das war zu einer Zeit, da gab es noch kein Fernsehen. Und das war eigentlich ein Highlight, wenn die kamen. Das wurde organisiert von dem Arbeiterverein unter Kolping. Und das war dann auch ein Saal in einer Gaststätte, der war dann auch immer brechend voll. Da gingen die Leute hin. Und die hatten zum Teil richtige Filme oder halt auch nur Dia-Shows. Und erzählten halt dazu. Hier in dieser Gegend waren es hauptsächlich Weiße Väter, weil die ein Haus in Ibbenbüren oder Hörstel haben. Und die waren hauptsächlich in Tansania tätig und berichteten dann von ihrer Tätigkeit. Zeigten schöne Bilder, mit viel Sonne, blauem Himmel.[46]

Die Missionare weckten mit ihren Diavorträgen zunächst einmal das Interesse an der Welt, vor allem bei den jungen Zuhörern, aber auch die Abenteuerlust. Diese vermittelnde Rolle war unbedingt notwendig, um das Problemfeld überhaupt etablieren zu können. George Arickal schilderte den Besuch bei einem Studienfreund in einem bayerischen Dorf in seinen autobiografischen Aufzeichnungen als einen Einbruch der Welt in dieses Dorf. »Zunächst wurde ich [...] von einer wunderbaren Familie aufgenommen. Das gesamte Dorf wusste, dass ein Inder dort seine Ferien verbringen

---

44 Vgl. dazu Kapitel I.2.b und I.3.
45 Baumgartner, S. 1.
46 Reinelt, S. 6.

würde. Damals kam es selten vor, dass ein Mensch mit dunkler Hautfarbe längere Zeit im Dorf verbrachte«[47]. In dem Dorf erlebte Arickal die durch den wachsenden Wohlstand bedingten rasanten technischen Entwicklungen.

> Früher haben die Leute weniger Fernsehen gehabt. Als ich nach Deutschland kam und mit einem Kollegen in seinem Dorf in Oberhaunstadt bei Ingolstadt Urlaub machte, waren in <u>dem</u> Dorf höchstens zwei Fernseher und drei, vier Autos, obwohl das in der Nähe von Ingolstadt war. Nach zwei Jahren war ich in dem gleichen Dorf. Die Entwicklung war so rasant, dass <u>viele</u> Familien Fernseher hatten, viele Familien ein Auto hatten, die hatten kein Plumpsklo [mehr], sondern tatsächlich Dusche und alles.[48]

Gleichwohl war dieses neue Interesse noch sehr kolonialistisch geprägt und von einer Welle des Mitleids getragen.

> Die Menschen da in Missionsländern sind arme Wesen. Die Menschen haben die Würde der Menschen schon akzeptiert, aber nicht die Gleichberechtigung, also nicht auf Augenhöhe. Ich kritisiere das nicht, aber das war damals so, weil Deutschland ziemlich früh Kolonien verloren hatte – im Ersten Weltkrieg. Und Deutschland hatte wenige Beziehungen zur Lebenssituation in den sogenannten Entwicklungsländern. Und man hat <u>mehr</u> Informationen über die <u>Mission</u>sarbeit und weniger über die politischen Zusammenhänge [bekommen]. Zum Beispiel erinnere ich mich noch, dass damals, wenn man in einer Kirche das Geld eingeworfen hat, ein Negerlein nickte. Das war damals für die Menschen selbstverständlich.[49]

Trotz oder gerade wegen dieses eher kolonialistischen und bisweilen auch patriarchalischen Habitus der deutschen Bevölkerung wirkten die Bilder der Missionare und ihre Erzählungen aus den Missionen auf viele junge Menschen so anziehend, dass sie ihre Ausbildungs- und Berufswahl in den Dienst dieser Arbeit stellen wollten.

> Wir hatten einen Vikar, einen Steyler Pater. Er war nie in der Mission, sondern war in den Schulen, im Internat tätig. Er war dann in dieser Zeit Vikar in einer großen Gemeinde. Er hat mich so ein bisschen darauf gebracht, Pater zu werden. [...] Und ich denke mal, dass der mitgeholfen hat, dass unser Pfarrer dieses Internat der Steylern für mich gefunden hat.[50]

Siegfried Baumgartner[51] zog es in die Schule der Steyler Missionare. Dort verfestigte sich der Wunsch, »mein Leben sozusagen in dieses Ziel hineinzugeben«[52].

---

47 Vgl. G. ARICKAL, Meine Heimat ist grenzenlos, S. 32.
48 ARICKAL, S. 6.
49 EBD., S. 1.
50 BAUMGARTNER, S. 5.
51 SIEGFRIED BAUMGARTNER (* 1935). Studium der Katholischen Theologie. Ab 1970 Referent für Öffentlichkeitsarbeit bei Misereor. Diese Angaben beruhen auf Selbstauskunft.
52 BAUMGARTNER, S. 1.

> In der Zeit meiner Entschlussentwicklung, zu den Steylern zu gehen, wollte ich in der weiten Welt etwas unternehmen. Da war sicher ein Stück Abenteuer mit dabei. Das ist ganz offensichtlich, aber auch die Neugierde, andere Völker kennenzulernen. Die Problematik der Hungersnöte, der Dürren, das ist dann erst in meiner Gymnasialzeit entstanden, im Studium war es schon weiter. Aber Pater Leppich und seine Aktionen waren mir bekannt und die Berichte von Pax Christi, die waren mir in der Zeit des <u>Studiums</u> vor allen Dingen dann in Freiburg und München <u>sehr</u> geläufig. Pater Leppich kannte man aus dem Konradsblatt.[53]

Die einzige Möglichkeit, das Interesse an der weiten Welt auch beruflich zu verfolgen, war für die damalige Zeit der Eintritt in einen Missionsorden, um über die Gemeinschaft als Missionar tätig zu werden. Doch nicht alle von Afrika beeindruckten jungen Männer konnten sich diesen Schritt, Ordensbruder oder -pater zu werden, vorstellen. Gerd Reinelt bewegten diese Fragen sehr, nachdem ihn die Erzählungen der Missionare begeistert hatten. »Und da war irgendwo der Gedanke geboren und seitdem war ich damit schwanger, ich wusste bloß nicht wie. Also damals wäre es ja die einzige Möglichkeit gewesen, Ordensbruder zu werden und dann in die Mission zu gehen. Aber das wollte ich nicht«[54]. Damit aber waren ihm zunächst die Erkundungen der Welt verwehrt und Reinelt absolvierte seinen Bundeswehrdienst.

Blickt man nun auf die Erinnerungen der Zeitzeugen, lassen sich gewisse Grundkonstanten ausmachen. Zunächst einmal spielen die Kriegs- und Nachkriegserfahrungen eine bedeutende Rolle. Hunger, wirtschaftliche Not und die Notwendigkeit der Integration tausender Flüchtlinge, die damit und mit den Zerstörungen des Krieges verbundene Enge erzeugten bei den befragten Zeitzeugen konkrete Vorstellungen von Hunger und Armut. Die internationale Stellung der Bundesrepublik und die Wahrnehmungen von den ›bösen Deutschen‹ ließen bei den Jugendlichen das Gefühl entstehen, einerseits eine besondere Verantwortung zu tragen, andererseits dieses Bild verändern zu wollen. Aus der Schulderfahrung und dem moralischen Zusammenbruch Deutschlands erwuchs etwa bei Kronenberg das Bewusstsein, Weltfrieden schaffen zu müssen. Die Bekämpfung des Hungers war darin ein Bestandteil zur Sicherung dieses Friedens.

> Also, ich will damit sagen, das internationale oder das weltweite Engagement für Entwicklung, gegen Hunger und so weiter, war nicht irgendeine <u>Marotte,</u> die da plötzlich [aufkam], sondern das war eingebettet in einen großen Zusammenhang. Es wäre uns nicht in den Sinn gekommen, so etwas aussparen zu können. Denn der Weltkrieg ist das Eine, aber die Aufgabe, Weltfrieden zu schaffen, die nächste, und dann hat man <u>entdeckt</u>, welche Probleme es da weltweit gibt.[55]

---

53 EBD., S. 5 f.
54 REINELT, S. 1.
55 KRONENBERG, S. 2.

Hinzu kam die gesellschaftliche Integrationskraft der Kirchen in den frühen 1950er Jahren[56]. Die Zeitzeugen wurden hier sozialisiert: Die Kontakte der kirchlichen Jugendverbände in andere Länder, die Möglichkeit der Wallfahrten ins Ausland, all dies eröffnete den Jugendlichen einen weiteren Horizont und die Möglichkeit, die empfundene Enge zu verlassen[57]. Zugleich weckten die langsam durchsickernden Bilder aus der Mission durchaus auch die Abenteuerlust. Darin zeigt sich wiederum, wie wichtig die Rolle der vermittelnden Instanzen in der Etablierung des aufkommenden Politikfeldes war. Ob dies nun die Dias der Missionare, die internationalen Fahrten der Pfadfinder, Personen wie Pater Leppich oder andere Priester in den Schulen und Konvikten waren – durch die Vermittlung erst konnten Interesse und Aufbruchsstimmung, aber auch Mitleid und Solidarität erzeugt werden. Den jungen Gerd Reinelt packte die Lust am Abenteuer, er wollte gehen und helfen.

Zugleich aber zeigen diese in den 1950er Jahren erlebten gesellschaftlichen und kirchlichen Zustände auch, dass es weniger Hungerkatastrophen waren, die emotional zum Handeln drängten. Nicht der Hunger verschiedener Völker trieb die Akteure zum Handeln, sondern die Entgrenzungserfahrung. Es war eher ein langsamer Perspektivwechsel, der den Blick auf weltweite soziale Notlagen ermöglichte. Das Zweite Vatikanische Konzil spielte in den 1960er Jahren bei der Wahrnehmung von Hunger und Elend eine katalysierende Rolle. In den Erinnerungen Eberhard Mühlbachers, Sekretär Bischof Leiprechts und späterer Generalvikar der Diözese Rottenburg-Stuttgart, war das Konzil ein »pfingstliches Ereignis«, führte es doch dazu, dass die »Sorge für Anliegen der Mission und der Entwicklungsförderung in aller Welt«[58] Grundaufgabe der Kirche wurde. »Die Erfahrung der Weltkirche war für Bischof Leiprecht ein großartiges Erlebnis. […] Und die Erfahrung Weltkirche hat er bald nach dem Konzil erweitert«[59] durch zahlreiche Reisen zu Bischöfen aus aller Welt, die er auf dem Konzil kennengelernt hatte. Auch für Siegfried Baumgartner eröffneten das Konzil und seine Texte die Perspektive auf die Welt und ihre Probleme.

> Wir hatten die gute Basis der Enzyklika Rerum novarum, wir wussten, dass der Vatikan, der damals ja noch eine größere Rolle spielte im gesellschaftlichen Leben, dass die Päpste, vor allem dann nachher auch Johannes XXIII., einen richtigen Blick und Fokus auf die Welt hatten und dachten, sie müssten die kirchliche Soziallehre, die ihnen ja sehr wichtig war, von Rerum novarum her fortsetzen. Hinzu kam unsere starke Prägung durch das Konzil, in dem ja die Frage von Kirche und Welt – Welt nicht nur spirituell und irdisch –, sondern eben weltweit eine große Rolle spielte. Es ist mir mal heute nochmal aufgefallen, als ich die Enzyklika Mater et Magistra fand. Ich habe da später gar nichts gemacht. Sie

---

56   Vgl. dazu Kapitel I.2.
57   Vgl. dazu Ergebnisse Christian Schmidtmanns, der bei seinen Zeitzeugen ebenfalls diese Prägungen durch Gemeinde- und Jugendarbeit ausmachen konnte. Vgl. C. SCHMIDTMANN, Katholische Studierende, S. 424–434.
58   E. MÜHLBACHER, Immer nur Vikar, S. 98.
59   EBD.

sehen da Striche auf der Seite, die man sich so gemacht hat, wenn man las. Sehr zentral für uns war dann Gaudium et Spes. Diesen Einleitungssatz, den habe ich eigentlich immer wieder zitiert. ›Freude und Hoffnung, Trauer und Angst der Menschen, besonders der Armen und Bedrängten, sind auch die Freude und Hoffnung, Trauer und Angst der Jünger Christi.‹ Das kann man als Lebensmotto verstehen. Von daher kam mein Engagement für diese Fragen, aber eben auch früh die Überlegung: Woher kommt das eigentlich? Woher kommt diese große Not in der Welt? Muss man nicht, wenn man dieser Not begegnen will, auch die Ursachen dieser Not in den Blick nehmen? Es gab ja in der Kirche immer das Almosengeben. Liebe den Nächsten wie dich selbst. Selbstverständlich, das gehört zum Grundverständnis des Christen, aber soweit ich das sehen kann, ist nie besonders über die <u>Ursachen</u> dieser ungleichen Lebensbedingungen nachgedacht worden. Es fällt mir jedenfalls nicht auf Anhieb ein. Ich habe da keine ausgesprochenen historischen Recherchen betrieben. Nun ging es aber um die Tat, politisch offen und orientiert, wie wir in der Zeit einfach waren nach dem Krieg. Noch stärker wurde in den 6oer-Jahren klar, dass den Menschen nicht nur geholfen werden kann, indem man ihnen Reissäcke irgendwo hinstellt oder auch Medikamente in die Hände drückt, sondern dass man sie sozusagen lehren muss oder ihnen die Möglichkeit geben muss, ihr eigenes wirtschaftliches Leben voranzubringen.[60]

Der Boden war also für die Rede Frings' im August 1958 bereitet, die zur Gründung eines bischöflichen Hilfswerkes aufrief. Die Wirkung des ersten Hirtenbriefes in der Passionszeit 1959 beeindruckte Friedrich Kronenberg sehr, gerade auch, weil er sich von den bisherigen bischöflichen Briefen unterschied.

Ich war in Gelsenkirchen, das ist meine Heimatstadt, sonntags morgens im Gottesdienst und hörte diesen Hirtenbrief. Das werde ich nie vergessen. Ich war ja völlig unvorbereitet darauf. Und das hab ich nicht nur gehört als jemand, der in der Jugendarbeit aktiv war, das spielt natürlich auch eine Rolle. Sondern mich hat da vor allen Dingen fasziniert – ich müsste den erstmal wieder nachlesen, ich weiß gar nicht mehr, ob das alles zutrifft – aber meine Erinnerung ist, dass er mich vor allen Dingen fasziniert hat wegen der <u>Sach</u>kunde in den ökonomischen Zusammenhängen. Natürlich, dass Solidarität Aufgabe des Christen ist. Das ist alles richtig, aber dass das nicht nur einfach ein frommes Wort war, sondern realitätsbezogen, und zwar sehr <u>sachkundig</u>. Das hat mich damals sehr beeindruckt. Vielleicht war das auch mit ein Grund, warum ich mich nachher immer wieder für diese Fragen interessiert habe.[61]

Für Kronenberg war der Hirtenbrief einer der ausschlaggebenden Punkte, sich mit dem Thema Entwicklung zu beschäftigen und in der Kirche einzubringen. »Also die Bischofskonferenz hat mit diesem Aufruf bei mir persönlich, als noch-Student eine Autorität erlangt«[62]. Mit der ersten Fastenaktion begann das umfangreiche Bewältigungshandeln des Katholizismus, das im zweiten Teilkapitel nun aus Sicht der Zeitzeugen zu beleuchten sein wird. In diesem Bewältigungshandeln wird sich deutlich

---

60 Baumgartner, S. 2.
61 Kronenberg, S. 7 f.
62 Ebd., S. 2.

der Pragmatismus dieser Generation zeigen, der sich auf ihre spezifische Prägung durch die Erfahrungen des Krieges als Generation der zwischen 1933 und 1945 Geborenen zurückführen lässt. Florian Bock hat dafür jüngst im Anschluss an die Arbeiten von Heinz Bude zur Flakhelfergeneration den Begriff der ›1945er-Generation‹ verwendet, die ihre Kindheit und Jugend in der Zeit des Nationalsozialismus verbrachte und den Zusammenbruch ihrer Ideale im Sommer 1945 zu bewältigen hatte, und von daher nach ihrem kriegsfolgebedingten zügigen Eintritt in einflussreiche Positionen weniger ideologisch als vielmehr pragmatisch handelte[63].

b) »Also, wir waren so quasi die Kapitalisten.« Soziales und theologisches
   Bewältigungshandeln

Die Wahrnehmung von Hunger und Elend in der Welt, der Blick über den eigenen, deutschen bzw. westeuropäischen Tellerrand hinaus führten in verschiedenen Kontexten des sozialen und theologischen Bewältigungshandelns zu einem von vielen der befragten Zeitzeugen verspürten Gefühl, mit der Arbeit im Kontext der Bekämpfung von Hunger zwischen allen Stühlen zu sitzen.

Für Gerd Reinelt eröffneten die Vorträge und Berichte der Missionare ganz neue Perspektiven auf die Welt. Die Erfahrung des Bundeswehrdienstes als sinnlose Zeit wollte er nun beantworten mit einem Abenteuer in der weiten Welt. Andererseits musste er damit die engen familiären Bindungen aufgeben, ausziehen, seine Mutter alleine lassen.

> Ich denke mal, das war beides. Die wollten alle was Gutes tun, sage ich mal. Aber das andere gehört auch dazu. Sonst tust du so was nicht. Denn schon alleine zu der Zeit: Du hattest ja kaum Informationen, du wusstest ja gar nicht, was auf dich zukommt. Heute guckst du ins Internet, da kriegst du alle Informationen, die du brauchst. Und so ganz leicht ist mir das auch nicht gefallen, denn meine Mutter war absolut dagegen. Die wollte das gar nicht. Jetzt kann ich das verstehen. Ich war der Einzige, der noch zuhause war. Meine Schwester war schon weg, mein Bruder war weg. Und jetzt wollte ich auch noch weg.[64]

Er entschied sich gegen die Familie und das Gefühl der Enge und für das Abenteuer. Mit dem zweiten Jahrgang der neu geschaffenen AGEH wanderte er nach Südafrika aus. Seine Erinnerungen zeigen exemplarisch die Erfahrungen hunderter AGEH-»Entwicklungshelfer«, die Neugierde und die Abenteuerlust der jungen Generation. Daher sollen sie in aller Ausführlichkeit einmal dargestellt werden.

---

63 Vgl. F. Bock, Der Fall »Publik«, S. 196; H. Bude, Deutsche Karrieren. Vgl. auch M. Herwig, Die Flakhelfer.
64 Reinelt, S. 7.

Der Ursprungsgedanke, der kam mir, glaube ich, so zu der Zeit als ich Kind war, [...] dann irgendwann fing dieser Kolping-Verein damit an, die suchten Handwerker und schickten die dann auf Zeit in gewisse Projekte. Und aus diesem Kolpings-Unternehmen wurde dann die AGEH, die Arbeitsgemeinschaft für Entwicklungshilfe. Und, als ich dann beim Bund war und das als ein völlig sinnloses Jahr empfunden hatte, habe ich gedacht: Jetzt ist es Zeit, dass du vielleicht den Gedanken verwirklichst. Und ich hatte dann schon gehört, dass diese Arbeitsgemeinschaft gegründet worden war, und hatte mich da beworben. Und wurde dann auch eingeladen zum Vorstellungsgespräch. Und bei diesem Auswahl-Wochenende kriegte ich dann auch die Zusage, dass ich kommen konnte. Und dann fing das ja an mit einem neunmonatigen Vorbereitungskurs in Köln, was schon eine Art Härtetest war. Denn wir mussten tagsüber arbeiten, die ersten drei Monate auf dem Bau, dann abends Unterricht in verschiedenen Fächer, zum Beispiel Soziologie und Völkerkunde und auch ein bisschen Theologie und Philosophie. Das wurde halt alles nur gestreift. Und auch zweimal ein ziemliches Trainings-Programm in der Turnhalle und im Schwimmbad. Das machten die ja bewusst so, um herauszufinden, wer belastbar ist. Ja und nach diesen neun Monaten oder in diesen neun Monaten, da wurden dann auch die Projekte vorgestellt. Man konnte ja ein Wahlland äußern, aber es war gar keine Garantie, dass man da auch hinkam. Das richtete sich nach den Projekten und nach dem Bedarf von den Leuten. Und da hieß es erst, ich sollte nach Südamerika. Und dann war ich eigentlich erst enttäuscht, denn da wollte ich gar nicht hin. Obwohl ich weder von Afrika noch von Südamerika eine große Vorstellung hatte. Aber das zerschlug sich dann. Ich hatte also angefangen, Spanisch zu lernen, für zwei Monate vielleicht. Und dann mit einem Mal hieß es, nein, das Projekt ist gestrichen. Du bist jetzt vorgesehen für eines in Lesotho, da soll ein Krankenhaus gebaut werden. Da werden drei Leute gebraucht, ein Maurer, ein Installateur und ein Tischler. Und da ist es dann auch dabei geblieben. Also ich fing dann an, Englisch zu lernen auch. Dann ging es noch zum Abschluss des Vorbereitungskurses, ging es dann noch für, ich glaube, zwei Wochen nach Frankreich, auf eine Farm, wo Lepröse arbeiteten, ehemalige Lepröse, Franzosen, die auch zum Teil verstümmelt waren, aber auch geheilt. Und mit denen mussten wir halt da so auf dem Feld und im Steinbruch und was immer anfiel, arbeiten und auch frühstücken und essen. Und nach Frankreich ging es dann noch für zwei, für sechs Wochen, glaube ich, Intensivkurs nach England, nach London, zum Sprachenlernen. Aber das war auch so eine Schule, wo die Lehrer mal kamen und nicht kamen, wo wir viel freie Zeit hatten. Ich bin dann viel ins Kino gegangen oder ins Britische Museum, weil das war im Winter, es war kalt. Und das Zimmer, was ich da hatte, war auch nicht zu beheizen. Die gaben mir da so einen kleinen Elektro-Kocher mit zwei Spiralen, aber das machte die Bude nicht warm. *I: >gleichzeitig mit B< doch nicht warm, ja.>lacht kurz<*

B: Ja und dann im Juni 62 war dann der Ausreisetermin. Der eine Kollege, der Maurer, der war schon vor Ort, der war schon in Lesotho, der hatte da vorher noch ein kleineres Haus für die Ärztin zu bauen. Und der Karl, der Installateur, und ich wir reisten dann im Juni aus. Und zwar mit so Missionsflieger. Da gab es damals diese Missions-Airline Raptim. Und dieser Trip nach Südafrika, der hat uns sage und schreibe fünf Tage gedauert. Das ging von Amsterdam nach Rom, da hatten wir eine Übernachtung. Die zweite Übernachtung war in Entebbe, in Uganda, die dritte in Salisbury in Rhodesien, dann ging es nach Johannesburg und von Johannesburg nach Blondefontaine. Und in Blondefontaine wurden wir dann abgeholt, von Roma aus, da musstest du mit dem Auto abgeholt werden. Da gab es keinen Bus und keine Bahn. Aber als wir da ankamen, da war keiner. Und wir wussten jetzt auch nicht, was tun. Und dann hatten wir wohl der Flughafenbehörde gesagt, wo wir hinwollten, und die haben dann irgendwie eine Verbindung nach Roma gekriegt und haben gesagt: Hier stehen zwei, die wollen abgeholt werden und nach Blon-defontaine, das waren ungefähr, weiß nicht, 120 km vielleicht. Nach ein paar Stunden kam dann auch einer, es war dann halt mitten in der Nacht. Und somit habe ich die ers-ten Eindrücke von Lesotho eigentlich nachts gekriegt. Ich sah wohl, dass es bergig war, aber sonst war ja keine Beleuchtung. Der Mond hatte ein bisschen geschienen. Aber der nächste Tag, das Erwachen, das war fantastisch. Das war so ein strahlender Tag. Die Win-tertage in Lesotho sind fantastisch. Strahlend blauer Himmel, zwar kalt, frisch, aber herr-lich. Überhaupt das Wetter in Lesotho war fantastisch, also da konnte ich mich sehr schnell dran gewöhnen.

Ja, und wie gesagt, unser Auftrag war halt, da ein Krankenhaus zu bauen. Der Projekt-leiter, die Chefärztin von dem Krankenhaus, das war eine Österreicherin, die hatte das wohl mit Misereor abgesprochen, dass das ein Krankenhaus für 200 Betten werden sollte, was dem Bedarf da wohl so entsprach. Denn das nächste Krankenhaus war 60 Kilometer entfernt. Aber wie das halt in Afrika ist, alles Material musste aus der südafrikanischen Republik über die Grenze geschafft werden, und das funktionierte nicht so glatt wie hier. Nicht hier anrufen, und morgen wird es geliefert, aber somit mussten wir auf die erste Ladung Steine einen ganzen Monat warten. Und der Projektleiter, war ein Oblaten-Pater aus Kanada, hatte uns dann den Vorschlag gemacht: Also wenn ihr wollt, könnt ihr euren Jahresurlaub für dieses Jahr im Voraus nehmen, bis Material da ist. Das haben wir dann auch gemacht. Und dann bot es sich an, wir waren ja an der Uni in Roma, die hatten eine kleine Uni mit 200 Studenten und die lecture und die Professoren wurden alle von den reichen Ländern ausgeliehen, sage ich mal, für zwei, drei Jahre. Und eine von denen, eine Französin, eine Botanikerin, die wollte eine Studie in Rhodesien machen. So hieß es damals noch, heute ist es *I: >gleichzeitig mit B<* Ja, genau. B: >gleichzeitig mit I< Sim-babwe. *I:* Ja. B: Und da sie nicht fahren konnte oder nicht fahren wollte, fragte sie uns, weil sie gehört hatte, dass wir Zeit hatten, ob wir sie nicht fahren wollten, sie würde das Auto beschaffen und wir, zwei Mann, würden sie dann chauffieren. Sie stieg in Hotels ab und wir hatten unser Zelt dabei. [...] Ja und auf diese Weise kam ich gleich in den ersten vier Wochen bis nach Sambia. Bis zum Kariba-Staudamm sind wir gefahren. Und am Wege haben wir natürlich auch alles mitgenommen, was zum Sehen war. Das waren einmal die Victoria-Fälle, das waren in Rhodesien die Matopos-Berge, das ist da, wo der Livingstone[65] sein Grab hat. Dann waren da zwei oder drei Tierschutzgebiete, der Hwange-Nationalpark. Und wir haben auch sehr viel Tiere gesehen, auch ganze Elefantenherden, die uns da den Weg abgesperrt hatten, wo wir mit einem Mal nicht weiterkonnten, weil die da passierten. Und vielleicht auch einmal ein bisschen zu nah rangekommen waren, denn die machten Bewegungen auf uns zu und dann mussten wir schnell sehen, dass wir zurückkamen.

Na gut, und als wir dann wiederkamen, dann ging es auch gleich los. Dann waren in-zwischen auch die die ersten Steine angekommen, wurden die Fundamente gelegt und meine erste Aufgabe war es dann, erstmal die Möbel für das Ärztehaus zu machen, was inzwischen stand. Dazu hatte ich eine kleine Werkstatt, so eine Bretter-Bude, die halt auch für die Baumaterialien gedacht war. Aber da noch nicht viel drin war, konnte ich sie gleich mal als Werkstatt benützen. Und die nächste Arbeit war dann, die ganzen Einscha-lungskästen für die Fenster zu machen. Denn es wurden ja in Südafrika nur Blechfenster oder Eisenfenster verwandt, wegen der Termiten, und die mussten alle einbetoniert wer-den oben. Und die nächste Arbeit war für mich, den ganzen Dachstuhl zu machen,

---

65 DAVID LIVINGSTONE (1813–1893). Schottischer Missionar und Afrikaforscher. Vgl. R. LAHME, Art. Livingstone, David, Sp. 144–148.

nachdem die Wände standen. Und das waren dann alles solche >entfernt sich vom Ge-
sprächsort< genagelten Dachbinder, na, die man da machte. >kommt zum Gesprächsort
zurück< Ich glaube, hier ist irgendwo ein Bild dabei. Hier. Davon haben wir mehrere
hundert machen müssen. Das war ein ebenerdiges Gebäude mit vier großen Flügeln und
für das Personal hinterher, für die Schwestern und die Pfleger war es eine ganz schöne
Laufstrecke, was die da zu bewältigen hatten. Ja und das Gebäude hat uns, sage und
schreibe, ich glaube, fast drei Jahre gedauert, dass wir es erstellen und einrichten konnten. Wir hatten jeden Tag so an die, in der Anfangsphase, so an die 50 Leute, die da kamen
und Arbeit wollten, aber die man natürlich nicht alle gebrauchen konnte. Das war dann
immer schon ein bisschen schwierig, die Leute dann wieder wegzuschicken und zu
sagen, wir haben keine Arbeit für euch. Obwohl die ja auch wirklich nicht viel kriegten.
Damals pro Tag kriegten die zwei Schillinge, das war eine <u>Mark</u>. Für einen ganzen Tag
Arbeit. Das hatten wir auch dem Pater gesagt, ob man da nicht das erhöhen könnte. Es
sind ja schließlich Spendengelder, aber das wollte er nicht, weil er sagte, das war landes-
üblich so, das würde bloß dann eben zu Neid anstiften, zu Unfrieden. Also sind wir auch
dabei geblieben bei den zwei Schilling pro Tag. Und so im Laufe der Zeit kristallisierte es
sich halt auch raus, wer da geschickter ist und ungeschickter. Und aus denen Leuten
habe ich mir dann auch so ein Team von fünf Schreinern rausgesucht, und zwei, drei
davon, die hatte ich dann auch die ganzen Jahre, auch hinterher noch als ich die Anstellung an der Uni hatte.[66]

Reinelt fand in diesem Dienst eine derart erfüllende Aufgabe, sodass er nach Ablauf
seiner dreijährigen Tätigkeit für die AGEH eine Festanstellung an der Universität von
Lesotho zusagte.

Und der Gedanke reizte mich, da habe ich nicht ganz lange überlegt und habe gesagt,
das würde ich wohl gerne machen. Und das war wirklich eine Zeit – so viel Freiheit habe
ich nie wieder genossen. Denn ich konnte mir a) die Werkstatt so einrichten, wie ich
sie haben wollte, hatte ein gewisses Budget zur Verfügung. Aber trotz alledem fuhr ich
nach Durban und suchte mir die Maschinen aus. Und ich konnte mir die Leute aussu-
chen und konnte dann auch für die Möbel die Entwürfe selber machen, so wie ich sie
mir vorstellte und wie sie gebraucht wurden. Und die hatten zu der Zeit ein ziemliches
Erweiterungsprogramm. Die kriegten so viel Geld aus den europäischen und amerikanischen Ländern, dass die jede Menge Häuser da bauten und auch die Studentenzahl, 62
wie gesagt, als ich hinkam, waren es 200, als ich ging, waren es 2.000. Zum Beispiel die
Diamanten-Unternehmen da von Südafrika hatten sehr viel Geld reingepumpt. Oppen-
heimer und ich weiß nicht, wie sie alle hießen und die Uni war ja anfangs ein Gemein-
schaftsunternehmen von Lesotho, Botswana und Swasiland. Aber als ich ging, hatten alle
drei Länder ihre eigene Uni. Und als das Krankenhaus dann fertig war, das heißt vorher
schon, kamen die zwei Krankenschwestern da hin auch zum Anlernen von Einheimischen. Und eine davon ist halt dann meine spätere Frau geworden.[67]

So führte das entwicklungspolitische Engagement Reinelts, ausgelöst durch die nach-
kriegsbedingte Enge und die Langeweile in der Bundeswehrausbildung, nicht nur zur

---

66 REINELT, S. 1–4.
67 EBD., S. 4.

Entdeckung der Welt, sondern brachten dem Tischler auch private Glücksmomente. Er heiratete eine deutsche Krankenschwester des von ihm erbauten Krankenhauses und sie bekamen in Lesotho zwei Kinder.

> Wir haben 67 geheiratet. Also nachdem Charlottes Vertrag zu Ende war. Moment, wir kamen 62, sie kam 64. Ja, und 67 war ihr Vertrag zu Ende. Dann sind wir nach Hause, das war mit dem Schiff. Wir hatten quasi unsere Hochzeitsreise voraus gemacht *I: Okay, schön, ja.* B: und hatten dann in Tettnang geheiratet. *I: Und dann wieder runter?* B: Und dann wieder runter. Sie hat dann weiter im Krankenhaus gearbeitet. *I: In dem Krankenhaus auch, okay.* B: >gleichzeitig mit I< In dem Krankenhaus. Bis unser erstes Kind geboren wurde. Zwei unserer Kinder sind da geboren, die beiden Jungs. Und dann 71 wurde ihr Vater so schwer krank, auch Krebs, Magenkrebs. Er starb dann auch, aber bevor er starb, ist sie nach Hause gereist, weil die Mutter war völlig überfordert mit der Situation und das war dann quasi auch so für uns das Abbruchsignal. [...] Einmal wegen der Familie, aber auch aufgrund der Unsicherheit in Südafrika. *I: Okay.* B: Die hatten ja diese Rassenpolitik da, *I: Ja.* B: die Apartheid. Und es hatte ja immer wieder mal Unruhen gegeben auch, die dann über die Grenze schwappten, obwohl eigentlich Lesotho damit nichts zu tun hatte. Das war ja britisches Protektorat. Aber man spürte das auch. Und Unruhen gab es auch in Maseru, also in der Hauptstadt.[68]

Die Rückkehr nach Deutschland gestaltete sich dann insofern schwierig, als sie einerseits wieder in den Arbeitsmarkt integriert werden und sich andererseits auch ein privates Leben neu aufbauen mussten. Nach den Jahren in Lesotho entschied sich Gerd Reinelt nun also für die Familie, der gegenüber er zehn Jahre zuvor die Erfahrung in der Welt vorgezogen hatte.

Auch für die jüngere Generation entwickelte sich die Wahrnehmung von Hunger und Not zu einem entscheidenden Thema. Michael Vesper erlebte als erste bewusste Konfrontation mit dem Problemfeld Hunger die Biafra-Katastrophe Ende der 1960er Jahre[69].

> Aber ich vermute mal, so in meiner noch weniger politischen Zeit, also in den 60er-Jahren, als ich noch zur Schule ging, da habe ich das eher so mit dem Impetus des Mitleids empfunden. Und das war auch so ein stehender Spruch meiner Mutter, die sagt: Das schmeißt man nicht weg, das Essen, woanders hungern sie. Und das hat sich dann aber in der politischeren Zeit dann in den 70er-Jahren geändert, ich bin ja sozusagen ein bisschen zu jung für die 68er, da war ich 16. Aber die Ausläufer habe ich miterlebt. Ich habe 70 angefangen zu studieren in Köln an der Uni, erst Mathematik und Physik, aber dann sehr schnell auch Soziologie. Und da habe ich dann auch erlebt wie Vorlesungen gesprengt wurden. Was Sie sich alles gar nicht mehr vorstellen können, in Ihrem jugendlichen Alter. Und da ging das ja dann auch richtig zur Sache. Und dann wurde das alles, wie gesagt, sehr politisiert. Und das war eben das, woran ich mich sehr genau erinnere, dass dann in Bielefeld – ausgerechnet in Bielefeld, der Stadt, die's angeblich gar nicht gibt – [an der] Reform-Uni damals erst ein paar Jahre jung, dass es da nicht diese bornierte

---

68   EBD., S. 9.
69   Vgl. dazu Kapitel II.5.

Abgrenzeritis gab zwischen den unterschiedlichen Gruppen. Sondern da war man sich auch als Mitglied einer christlichen Jugendgruppe nicht zu fein, mit SDAJ, also DKPlern, aber auch Maoisten und den damals aus der Studentenbewegung sich entwickelnden K B, KPD, KBW, KPD(AO)[70] und so weiter gemeinsame Aktionen zu machen. Da wurde dann natürlich über jedes Wort gerungen. Ich meine, ich war ja auch Mitglied dieser Katholischen Studierenden Jugend, meine ganz persönliche K-Gruppe, und da haben wir das dann auch eingebracht. Und da habe ich dann in der Zeit auch im Grunde mit der Politik meines Elternhauses gebrochen. Mein Vater war ja lange CDU-Ratsherr in Düsseldorf und ich wäre da, also stante pede in der Jungen Union gelandet.[71]

Eindeutig sei er durch die Bearbeitung dieses Themenkomplexes in der Jugendarbeit der katholischen Kirche politisiert worden.

Wobei ich nie so eine Hungerkampagne mitgemacht habe, sondern es ging da immer um politische Kampagnen. [...] Und politisiert worden bin ich dann, mehr oder weniger, im Zuge meiner Arbeit im Entwicklungspolitischen Arbeitskreis von aej und BDKJ, also dieser Arbeitsgemeinschaft der Evangelischen Jugend und des Bundes der Deutschen Katholischen Jugend, wo ich dann zeitweise auch Vorsitzender war. Das war ein Arbeitskreis auf Bundesebene, wo wir damals mitgearbeitet haben, das war damals denkbar und möglich, in einer Koalition mit SDAJ, K-Gruppen[72], allem was da kreuchte und fleuchte. Beim Kongress ›Freiheit für Angola, Guinea-Bissau und Mocambique‹, also die drei portugiesischen Kolonien in Afrika. Das war, ich glaube, ein Kongress im Jahre 1973. Das war sozusagen bei mir, glaube ich, der Anstoß, mich noch stärker mit dem Thema Afrika und südliches Afrika auch zu beschäftigen. Und dann haben wir eine Antwort gesucht als christliche Jugendverbände auf diese Aktivität. Und haben uns dann überlegt, wir machen eine Namibia-Woche. Und diese Namibia-Woche fand dann im April 1975 statt[73]. Da habe ich dann die Materialien geschrieben. [...] Ja, das Schönste, an das ich mich erinnere, war, dass ich die Apartheid sozusagen, da war ich 23, umschrieben habe mit blond und braunhaarig und so weiter. Also so ein Gleichnis. Da erinnere ich mich noch wie heute daran. Und das hat dann dazu geführt, dass ich mich auch stärker dort eingebracht habe. Ich war dann so in dieser Zeit auch zum ersten Mal in Namibia, was damals als nicht-schick galt unter Linken, weil es immer hieß, wer schweigt, tut mit. Und wer dort hinfährt, stärkt das System.[74]

---

70 Im kommunistischen Spektrum zu verortende Studentengruppen: Deutsche Kommunistische Partei, Kommunistischer Bund, Kommunistische Partei Deutschland, Kommunistischer Bund Westdeutschland, KPD Aufbauorganisation.

71 Vesper, S. 2 f.

72 Sozialistische Deutsche Arbeiterjugend und die so genannten K-Gruppen, eine »Sammelbezeichnung für eine Vielzahl politischer Gruppen (Kommunistischer Bund Westdeutschlands KBW, Kommunistische Partei Deutschlands / Marxisten-Leninisten KPD / ML, Marxistisch-Leninistische Partei Deutschlands MLPD etc.), die sich seit Ende der 1960er-Jahre am chinesischen Marxismus-Leninismus (Maoismus) orientierten und zum Ziel hatten, die bürgerliche Gesellschaft in D und anderen europäischen Ländern (auch mit Waffengewalt) zu beseitigen. Seit den 1980er-Jahren, auch aufgrund der Öffnung Chinas, durch Auflösungsprozesse gekennzeichnet.« (K. Schubert / M. Klein, Das Politiklexikon, S. 159).

73 Vgl. dazu Kapitel III. 4.

74 Vesper, S. 1 f.

Die Hinwendung gerade zu diesen Themen kann sich Vesper im Rückblick selbst nur schwer erklären. Vor allem aber die Prägung durch einen geistlichen Leiter im Jugendverband, »der sehr international orientiert war, der mich auch nach Kroatien mitgenommen hat«[75], wirkte motivierend.

> Das hängt ja auch oft an Zufällen oder, um es etwas vornehmer zu sagen, an Menschen, die man trifft. Und die einen beeinflussen. Meine Eltern waren sehr liberal, aber denen war das suspekt, dass ich da auf diese Art und Weise dann auch immer, immer weiter nach links gerückt bin in ihren Augen. Obwohl ich das nicht im Widerspruch stehend fand zu meiner katholischen Milieu-Geschichte. [...] [A]lso wenn Sie mich damals gefragt hätten, wo stehst du? Dann hätte ich auch gesagt: Links. Also links und Katholizismus war für uns kein Widerspruch. Deswegen glaube ich schon, dass das Teil der linken Gesellschaftstheorie und dieses linken Herangehens an Politik war, sich um Menschen in der ›Dritten Welt‹ zu kümmern. Da hatte ich den Eindruck, das interessierte unsere Mitbrüder im Glauben, die eher auf der konservativen Seite standen, unter der Überschrift des nickenden Negerleins. Das war ja immer unser Vorwurf: Ihr kauft euch frei. Das ist ein Ablasshandel für das eigene Gewissen. Und in die politischen Fragen der Entwicklungspolitik zu gehen, also in das Verhältnis reiche Länder – arme Länder, koloniale Strukturen, Ausbeutung der Rohstoffe und all dieses, das war nicht das Thema der Konservativen, egal ob katholisch oder evangelisch oder sonst irgendwas.[76]

Neben den persönlichen Eindrücken und Prägungen, die die durch die AGEH ausgesandten Entwicklungshelfer gewinnen konnten, prägten die anderen befragten Zeitzeugen vor allem die sozialen Bewältigungsanstrengungen innerhalb des deutschen Katholizismus, die nun als zweiter Kontext im Fokus dieses Teilkapitels stehen sollen.

Neben den persönlichen Erfahrungen gewannen die Akteure auch beruflich den Eindruck, zwischen den Stühlen zu sitzen.

> Welche Kämpfe da waren. Wir waren so quasi die Kapitalisten gewesen, die nur Geldsäcke hatten, wir saßen auf dem Geld. Und dann gab es BDKJ und aej. Ja, das waren auch Funktionäre. Und die Halbwilden waren die ganzen Aktionsgruppen, die sich ja auch organisiert hatten. Und die ›Dritte Welt‹-Läden: Da waren wilde Typen dabei! Also linker ging es nicht mehr! [...]Bei den Bischöfen waren wir total links und bei den wirklich Linken waren wir rechts, weil wir eine Institution waren. Da war Geld da, da war Autorität da. Wir mussten auch den Chef fragen. Da waren wir in der Kiste mit Etikett darauf.[77]

Erwin Mock hatte 1968 als Referent für die Bildungsarbeit bei Misereor angefangen. Nicht die Begeisterung für die Entwicklungszusammenarbeit, nicht der Wunsch, Bildungsarbeit zu betreiben, hatten ihn in diese Funktion geführt, es war vielmehr eine aus der Not geborene Entscheidung. Mock war zuvor Priester der Diözese Rottenburg-Stuttgart gewesen und als Pfarrer einer Gemeinde in Ulm tätig gewesen. Dort

---

75 EBD., S. 5.
76 EBD., S. 5, 11.
77 MOCK, S. 21 f.

hatte er seine spätere Frau kennengelernt, sich laisieren lassen und brauchte nun eine neue Arbeitsstelle. Über seine Kontakte im Bund Neudeutschland erfuhr der Hauptgeschäftsführer Misereors, Gottfried Dossing, von dieser Situation und stellte den jungen Theologen kurzerhand ein. Mock blieb Misereor als Leiter der Bildungsabteilung bis zur Rente in den 1990er Jahren erhalten und prägte das Werk durch viele neuartige religionspädagogische Ansätze, verantwortete eine Fülle von Publikationen und gründete die Hungertuchaktion und den Lehrerarbeitskreis. Die Arbeit bei Misereor bewegte sich für Mock und auch für Siegfried Baumgartner, der den Werbebereich des Hilfswerkes ab 1970 zu verantworten hatte, spätestens ab Mitte der 1970er Jahre immer wieder zwischen den unterschiedlichen Interessenlagen und Erwartungen der verschiedenen Akteure. Bei den einen als Vertreter des Establishments verschrien, bei den anderen als Linke verachtet, hatten sie die Aufgabe, Bewusstseinsbildung und Spendenwerbung zu betreiben.

> Die ersten zehn Jahre Misereors waren eigentlich fast ausschließlich dafür da, gegen Hunger und Krankheit in der Welt [zu kämpfen]. Man hörte von den Menschen, die wenig zu essen haben, man sah auch schonmal die Ergebnisse einer Hungersnot, also Kinder mit den Hungerbäuchen, die dann auch bedenkenlos in der Werbung genutzt worden sind. Die Plakate der ersten Jahre zeigen dies: ›Gebt ihr ihnen zu essen‹[78]. Das war aber in der ganzen Geschichte des deutschen Katholizismus trotzdem ein wichtiger positiver, qualitativer Schritt insofern, als dass es eben nicht nur geheißen hat: ›Ihr müsst ihnen was zu essen geben.‹ Vielmehr wurde das berühmte Beispiel mit dem Fischer bemüht: ›Wenn einer Hunger hat, dann gib ihm einen Fisch.‹ Misereor meinte dann, nicht nur einen Fisch geben zu wollen, so wie die Caritas das tun würde, sondern den Fischer das Fischen zu lehren. Später kam dann der dritte Schritt, bei dem ganz klar wurde: Er kann gar nicht fischen, wenn man ihn nicht fischen lässt, wenn die politischen Strukturen und Konzeptionen gegen ihn stehen, gegen ihn als Individuum. Das heißt also in der dritten Stufe muss es dann sogar heißen: ›Sorge dafür, dass er überhaupt fischen darf.‹ [Es heißt also:] ›Lass ihn fischen, dann wird er morgen nicht mehr hungrig sein‹, ›Lehre ihn Fischen‹ und die dritte Stufe ist: ›Sorge dafür, dass er überhaupt das Recht hat zu fischen‹, was dann später auch in der internationalen Presse ein bekanntes Phänomen bis heute geworden ist. Wenn also die Fischer im Senegal, in Afrika, mit ihren Booten früher problemlos ihre Familien ernähren konnten, können sie es heute nicht mehr, weil die Japaner mit ihren riesigen Trawlern kommen und ihnen vor der Nase die ganzen Fischbestände abfischen, sodass die kleinen Fischer mit ihren Booten, auch wenn sie von Misereor einen Außenbordmotor haben würden und zu Genossenschaften zusammengefasst sind, nicht mehr als Einzelne in der Lage wären, ihren Fisch zu verkaufen oder zu essen, um satt zu werden. Deshalb ist die politische Arbeit wichtig, damit die Fischer überhaupt noch Fisch vorfinden. Das war damals 1958 denk ich schon von Prälat Dossing [angedacht]. Das wurde ja damals in dem Leitwort ›Hilfe zu Selbsthilfe‹ sehr stark auf den Punkt gebracht: ›Du musst selber für dich sorgen.‹ Dennoch war es natürlich ein Hilfswerk. Es war das Geld der deutschen Katholiken, das dafür genutzt worden ist, damit die Menschen ihr Schicksal in die Hand nehmen können.[79]

---

78 Das erste Motto der Fastenaktion Misereors 1959. Vgl. dazu Kapitel I.3 sowie III.4.
79 MOCK, S. 1 f.

Über den BDKJ hatte Siegfried Baumgartner erste Kontakte zu Misereor aufgebaut, für ihn war die neue Anstellung bei dem Hilfswerk »die genuine Fortsetzung meines Berufswunsches Missionar«[80]. Er sah bei Misereor »ein Umfeld, da glaubte ich, da passe ich genau rein«[81]. Allerdings hatte er auch Vorbehalte:

> Ich merkte schon beim BDKJ, dass es bei Misereor Leute gab, die zwar noch Plakate mit ›Füllt die leeren Löffel der Welt!‹[82] und all diese Dinge machten, aber dass es auch Leute gab, die schon an anderen Baustellen arbeiteten.[83]

Mit Erwin Mock zusammen entwickelten beide dann die Stoßrichtung einer stärker bildungs- statt almosenorientierten Öffentlichkeitsarbeit.

> Bei Misereor habe ich die Aufgabe bekommen, die Spendenwerbung [zu betreuen], wobei das bei Misereor quasi nur im Untertitel so genannt wurde. Das war die Öffentlichkeitsarbeit, die vor allen Dingen die Fastenaktion im Blick hatte, das Werk ›Fastenaktion‹ vorbereitete und insgesamt eben, damals kam auch der Begriff auf, die Öffentlichkeitsarbeit von Misereor voranzubringen hatte. Es war auch damals schon so – und das ist das große Verdienst von Erwin Mock –, dass es eben nicht nur über Mitleid, auch nicht nur über Almosengeben ging, sondern dass es eine Frage des Bewusstseins war, der Pastoral und des Bewusstseins, also des Grundverständnisses des christlichen Lebens: Wie verhalte ich mich persönlich in meinem Leben zur Welt um mich herum? [...] Nun hätte man denken können, der Spendenwerber und der Bildungsmensch, die haben große Schwierigkeiten miteinander, weil da Methoden und Botschaften verschieden sind. Und wir hatten ein wenig Kompetenzgerangel. Aber wir haben nie nur einen halben Satz Streit bekommen über die Festlegung der Inhalte. Und das war mein ganz klares Ziel, dass die Spendenwerbung immer im Rahmen des aufgeklärten Bewusstseins gehen muss. Es braucht einen pastoralen, gesellschaftspolitischen Hintergrund für das Einwerben der Spenden. Das Fastenopfer ist kein Almosen, sondern ein Stück teilen mit Menschen, die in Not sind, ein materielles Geben und ein politischer Einsatz dafür, dass sich die Bedingungen verändern.[84]

Diese Arbeit innerhalb des Katholizismus, aber auch mit Kooperationspartnern über die konfessionellen Grenzen hinaus, fand eine große Öffentlichkeit, wie Mock erinnert:

> Aber ich muss sagen, dass die Leute damals, vielleicht viel stärker als heute, unendlich offen für die Fragen waren. Das war eine Zeit, die, gerade Ende der 1960er, Anfang der 1970er Jahre, sehr politisiert und vom Ost-West-Konflikt geprägt war. Die Leute waren für die Probleme des Südens, für die Katastrophen sehr empfänglich und wenn dann etwas geschah, auch sehr betroffen. Da ist unendlich viel Geld geflossen. Die Leute haben

80 BAUMGARTNER, S. 8.
81 EBD., S. 9.
82 Motto der Fastenaktion Misereors 1970. Vgl. dazu Kapitel. III.3.b.
83 BAUMGARTNER, S. 8.
84 EBD., S. 3 f.

Bahr bezog sich in seinen Äußerungen auf die gemeinsam mit den Kirchen erarbeitete Erklärung im Rahmen des Dialogprogrammes. Hier stellten die Gesprächspartner fest, dass sie »auch aufgrund gemeinsamer Erfahrungen im Dritten Reich« anerkannten, »daß es Situationen gibt, in denen das Recht auf Widerstand gegen andauerndes, offenkundiges, systematisches und schwerwiegendes Unrecht als letztes Mittel möglich sein muß«, zumal auch »das Grundgesetz ein Widerstandsrecht kennt«[516]. Diese Äußerungen führten bei den anderen anwesenden Parteienvertretern zu scharfen Entgegnungen. Auch die Entwicklungspolitik müsse »deutsche Wertvorstellungen und Interessen berücksichtigen«[517] und daher eine Unterstützung ausschließen. »Wir wollen keine Komplizen des Unrechts sein, und Terror gegenüber Unschuldigen ist Unrecht«[518]. Laut Helmut Kohl verdienten diese Bewegungen zwar Sympathie und Verständnis, könnten jedoch auf keinerlei Unterstützung hoffen, »weil die Bundesrepublik seit ihrem Bestehen den Verzicht auf die gewaltsame Durchsetzung politischer Ziele zum Grundprinzip ihrer Außenpolitik erhoben habe«[519]. Der Streit eskalierte dann, als Jürgen Gerhard Todenhöfer, »der für nur knapp eine Stunde als Gast am Kongreß teilnahm«[520], im Pressedienst der CDU-Bundestagsfraktion der SPD vorwarf, sich für Gewalt und Terror ausgesprochen zu haben. »Die Partei habe damit den Grundsatz des Gewaltverzichts aufgegeben«[521]. Darauf wiederum antwortete der SPD-Vorstandssprecher, »es sei bezeichnend, daß dieser [Todenhöfer, der Verf.] weder in der Haushaltsdebatte des Bundestages noch auf dem Kongreß der Kirchen als Sprecher der CDU habe auftreten dürfen; der Fraktions- und Parteivorsitzende Kohl habe offensichtlich gewußt warum«[522]. Von »Sabotage an dem beginnenden vernünftigen, überfälligen Dialog zwischen gesellschaftlichen Gruppen und den Parteien«[523] wurde gesprochen und Friedrich Kronenberg sah sich als Generalsekretär des Zentralkomitees veranlasst, Todenhöfer scharf zu kritisieren; er habe sich damit »ins Abseits gestellt«[524]. Hildegard Hamm-Brücher hielt dann abschließend ernüchtert fest, dass

---

516 Erklärung Kirche / SPD, in: H.-G. BINDER / P. BOCKLET (Hrsg.), »Entwicklung als internationale soziale Frage«, S. 70–72, 71.

517 N. N., Neue Kontroverse über Befreiungsbewegungen, in: FAZ, 27.1.1979, o. S., in: ZDK-ARCHIV 5617, Schachtel 5.

518 EBD.

519 Rolf Dietrich SCHWARTZ, Parteien zerstritten über Hilfe für Befreiungsbewegungen, in: FR, 26.1.1979, o. S., in: ZDK-ARCHIV 5617, Schachtel 5.

520 J. H., Entwicklungspolitik braucht Gemeinsamkeit, in: Konradsblatt, 4.2.1979, o. S., in: ZDK-ARCHIV 5617, Schachtel 5.

521 N. N., Parteienstreit über Entwicklungshilfe, in: SZ, 29.1.1979, o. S., in: ZDK-ARCHIV 5617, Schachtel 5.

522 EBD.

523 N. N., Bahr will Befreiungsbewegungen im Süden helfen, im Osten nicht, in: DIE WELT, 29.1.1979, o. S., in: ZDK-ARCHIV 5617, Schachtel 5.

524 N. N., Parteienstreit über Entwicklungshilfe, in: SZ, 29.1.1979, o. S., in: ZDK-ARCHIV 5617, Schachtel 5.

die »Parteien offenbar nicht darauf verzichten wollen, Entwicklungspolitik ›zu einem Dauerbrenner der innenpolitischen Auseinandersetzung hochzustilisieren‹«[525].

Trotz des immensen publizistischen Erfolgs, etwa einer achtseitigen Sonderbeilage im »Rheinischen Merkur«[526], trotz der Mitwirkung zahlreicher gesellschaftlicher Akteure und trotz der positiven Erfahrungen, mischte sich auch deutliche Kritik unter die vielen positiven Stimmen. Zum einen fragten Teilnehmer und Berichterstatter, wo denn ob solch großer Übereinstimmung eigentlich noch das Problem bestünde, woran es noch fehle. »Zunächst fehlt es einmal am Interesse, beim sogenannten kleinen Mann auf der Straße ebenso wie in den Parteien und Verbänden«[527], urteilte »Die Zeit«. Außerdem zeigte die Berichterstattung, »daß dieser Kongreß immer noch unter Kirche, Caritas und Hilfe eingeordnet wird, nicht unter Politik« – und damit die ausgelösten Gespräche, etwa zwischen Gewerkschaften und SPD, die »bisher noch nicht zustande gebracht«[528] worden waren, nicht entsprechend reflektiert worden seien. Zum anderen aber gab es auch an den Inhalten deutliche Kritik – und auch hier lässt sich wieder erkennen, dass insbesondere die Vertreter der kirchlichen Jugend weitergehende Vorstellungen von Dialog und künftiger Entwicklungspolitik hatten.

Im Mai 1979 wandte sich der EPA an die Träger des Dialogprogramms und des Kongresses. Der EPA befürwortete die Initiative zum Programm und begrüßte die geplante Weiterarbeit. Kritisch wurde jedoch angemerkt, »daß sowohl die Analyse als auch die Zielbeschreibungen den wirklichen Standort der Kirchen eher verschleiert als markiert«[529]. Konkret bezog sich die Kritik auf die vom Trägerkreis herausgegebene »Problemskizze und [den] Themenrahmen für einen Dialog der Kirchen mit gesellschaftlichen Gruppen und Parteien«[530]. So verurteile die Problemskizze »[ü]bersteigerten Nationalismus in den Entwicklungsländern«[531] scharf, während das eigene schuldhafte Verhalten »relativiert« werde »durch den Hinweis auf konjunkturelle und strukturelle Schwierigkeiten im eigenen Binnenbereich«[532]. Den Ländern

---

525   N. N., Die Parteien ohne konkrete Pläne, in: FAZ, 27.1.1979, o. S., in: ZDK-ARCHIV 5617, Schachtel 5.

526   Vgl. Rheinischer Merkur, Beilage zum Entwicklungspolitischen Kongress in Bonn, 26.1.1979, in: ZdK-Archiv 5617, Schachtel 5.

527   Gabriele VENZKY, Opfer ja, Verzicht nein, in: DIE ZEIT, Nr. 6, 2.2.1979, URL: http://www.zeit .de/1979/06/opfer-ja-verzicht-nein (Stand: 1.5.2018).

528   Ansgar SKRIVER, Lauter Anwälte der Armen, in: DEUTSCHES ALLGEMEINES SONNTAGSBLATT, 4.2.1979, o. S., in: ZDK-ARCHIV 5617, Schachtel 5.

529   Anlage zur Erklärung der Vorstände von AEJ und BDKJ zum Dialogprogramm und Entwicklungspolitischen Kongreß der Kirchen, Entwicklung als Internationale Soziale Frage, 22.5.1979, 1, in: ACDP. Nachlass Heinrich Köppler, 1-258-041/2.

530   Vgl. hier und im Folgenden: Ökumenischer Arbeitskreis Kirche und Entwicklung e. V. (Hrsg.), Problemskizze und Themenrahmen für einen Dialog der Kirchen mit gesellschaftlichen Gruppen und Parteien, in: ZDK-ARCHIV 7607.

531   EBD., S. 9.

532   Anlage zur Erklärung der Vorstände von AEJ und BDKJ zum Dialogprogramm und Entwicklungspolitischen Kongreß der Kirchen, Entwicklung als Internationale Soziale Frage, 22.5.1979, 1, in: ACDP. Nachlass Heinrich Köppler, 1-258-041/2.

der »Dritten Welt« werfe man die »Verletzung von Menschenrechten und die Anwendung von bewaffneter Gewalt«[533] vor, womit der EPA »die Grauzone von Ironie und Zynismus«[534] erreicht sah, denn es werde

> völlig außer acht gelassen, daß Vorformen struktureller Gewalt sich in ihrem Bedingungscharakter sowohl in der 1. wie in der 3. Welt auswirken. [...] Ebenso wird hier wie in der lapidaren Feststellung von 1.8 verschwiegen, daß Anwendung und Ausweitung bewaffneter Gewalt zur Erreichung politischer Ziele nur möglich wird, auf dem Hintergrund gezielter Exporte von Waffen und Rüstungsgütern.[535]

Aus den nach Meinung des EPA unzureichenden Analysen und Perspektiven des Kongresses folgerten die Mitglieder mangelnde Präzision und Klarheit in den Vorstellungen der Akteure.

> Wenn Kirchen den Anspruch erheben, ›Mund der Stummen‹ zu sein, wenn sie sich wirklich solidarisieren wollten mit den Marginalisierten der Schöpfung Gottes, dann müßte sich das auch in der Eindeutigkeit der Aussagen, der Präzision der Sprache und der Konkretion der Zielbestimmung niederschlagen.[536]

Der Kritik des EPA schlossen sich die Vorstände von aej und BDKJ an. So müsse auch im innerkirchlichen Bereich

> verstärkt an einer Profilierung der eigenen Positionen gearbeitet werden. Der Wille zum Dialog darf nicht mißverstanden werden als Bereitschaft, strittige Probleme auszuklammern, auch nicht da, wo es um grundsätzliche Differenzen geht, wie etwa im Bereich der ordnungspolitischen Fragen.[537]

Auch die Vorstände kritisierten die missverständlichen Passagen in der vorbereitenden Broschüre zum Kongress. Es sei »wichtig zu unterstreichen, daß ein entwicklungspolitisches Konzept nicht nur Veränderung in Entwicklungsländern fordern darf, bzw. allein auf Mißstände in Entwicklungsländern hinweisen darf«[538]. Stattdessen sei eine sehr sorgfältige Wortwahl gerade bei diesem Themenkomplex wichtig, da es auch

---

533 Ökumenischer Arbeitskreis Kirche und Entwicklung e. V. (Hrsg.), Problemskizze und Themenrahmen für einen Dialog der Kirchen mit gesellschaftlichen Gruppen und Parteien, 9, in: ZDK-ARCHIV 7607.

534 Anlage zur Erklärung der Vorstände von AEJ und BDKJ zum Dialogprogramm und Entwicklungspolitischen Kongreß der Kirchen, Entwicklung als Internationale Soziale Frage, 22.5.1979, S. 2, in: ACDP. Nachlass Heinrich Köppler, 1-258-041/2.

535 EBD.

536 EBD., S. 3.

537 Vorstände der AEJ und BDKJ an die Träger des Dialogprogramms und des Kongresses, 22.5.1979, S. 2, in: ACDP. Nachlass Heinrich Köppler, 1-258-041/2.

538 EBD., S. 2 f.

um die Bekämpfung der »Mißstände bei uns«[539] gehe. Außerdem müssten in einer Weiterführung des Dialogs die »Partner in Übersee«[540] viel stärker integriert werden. »Es ist z. T. auch in der Presseberichterstattung zu Recht angemerkt worden, daß die Kirchen die Chancen, die ihnen durch die bestehenden Partnerbeziehungen gegeben sind, nicht hinreichend ausgeschöpft haben«[541]. Zugleich müssten auch die Vertreter der Jugend in den Dialog mit einbezogen werden.

Der Brief und die Erklärung des EPA machen am Ende dieses dritten Kapitels noch einmal die konfligierende Situation deutlich, die sich für die Beteiligten aus der Herausforderung des weltweiten Hungers ergab. Zwar galt zum Ende der 1970er Jahre die Entwicklungsproblematik als »soziale Frage unseres Jahrhunderts«[542] endgültig etabliert. Insbesondere das durch das Dialogprogramm und den Kongress in den Vordergrund gebrachte Wort von der »Internationalen Sozialen Frage«[543] als der zentralen sozialen Frage des 20. Jahrhunderts fasste zusammen, vor welche Herausforderung sich die entwicklungspolitisch aktive Szene im Katholizismus gestellt sah.

5. Ein Fazit in Thesen

Im vorangegangenen Kapitel ließ sich zeigen, dass sich zwischen 1972 und 1979 ökonomische, ökologische und theologische Krisenwahrnehmungen zu einer umfassenden, nunmehr den direkten bundesrepublikanischen Raum betreffenden Ordnungsbedrohung verdichteten, die die Handlungsoptionen unsicher werden ließ, Verhaltenserwartungen und Routinen in Frage stellte und semantisch in einer stark affektiven Sprache als Bedrohungskommunikation etabliert werden konnte. Wiederum sind daraus drei Thesen zu formulieren.

Die sich bereits in den vorhergehenden Kapiteln andeutenden Konflikte zwischen den Pragmatisten und den Utopisten über die Bewältigungsstrategien der Entwicklungsfragen und ihrer zugrundeliegenden Ursachen wurden in den 1970er Jahren offensichtlich. Mit einer Projektion kirchenpolitischer Reformhoffnungen auf Lateinamerika war es nicht mehr getan. Stattdessen wurden Umwälzungen, weniger innerkirchlich als vielmehr politisch, verlangt. Mit zunehmender Vehemenz forderten (insbesondere die hauptamtlichen) Vertreter der entwicklungspolitisch engagierten Jugend etwa über den Entwicklungspolitischen Arbeitskreis im Sinne einer »Konfliktgeschichte«[544] des Katholizismus Strukturveränderungen der bundesrepublikanischen

---

539 Ebd., S. 3.
540 Ebd.
541 Ebd.
542 GKKE, Erklärung der Kirchen, S. 69.
543 H. Sing, Hilfe für die Armen, S. 13–20.
544 C. Schmidtmann, Vom »Milieu« zur Kommunikation, S. 281.

und insgesamt der westlichen Industriegesellschaft, die durch Handelsbeschränkungen und den eigenen Konsum zu den weltweiten Ungleichheiten beitragen würde. Für diesen Teil der jungen Generation war also der Lebensstil der deutschen Bevölkerung Ursache und zentraler Kritikpunkt der kirchlichen Entwicklungsarbeit. Aus diesem Grund forderten Vertreter wie George Arickal oder Michael Vesper statt der pragmatischen, professionalisiert-bürokratischen »Entwicklungshilfe«, die zwar in den 1970er Jahren durchaus auch politische Züge trug[545], eine werteorientierte, geradezu ›ideologische‹ Entwicklungspartnerschaft, in der sich der Einzelne im Sinne einer »Lebensverantwortung«[546] persönlich betreffen ließ und die in der persönlichen Alltagspraxis wirkmächtig werden sollte.

Der Befund steht interessanterweise im Gegensatz zu der unter anderem von Henkelmann gestützten These, wonach die innnderdeutsche Caritasarbeit im gleichen Zeitraum eine Transformation von einer Werteorientierung zu einer Professionalisierung erfahren habe[547]. Die Bochumer Forschergruppe versteht darunter einen durch die gesellschaftlichen Rahmenbedingungen offensichtlich gewordenen Professionalitätsmangel in den 1960er Jahren, dem Caritas und Diakonie in der Folge durch eine Fülle von Neuorientierungen und Selbstmodernisierungen, etwa durch Ansätze zur Akademisierung sozialer Berufe, abzuhelfen suchten, wobei sie, wie der Titel des resümierenden Aufsatzes der Gruppe aufzeigt, einen Teil ihrer konfessionellen Identität und ihrer im besten Sinne missionarischen Ausrichtung verloren[548]. Zwar forderten die Akteure im Entwicklungsbereich mitnichten eine konfessionelle Ausrichtung der Arbeit ein, eher im Gegenteil. Aber sie forderten vehement eine Abkehr von bürokratisch-professionalisierten Strukturen und eine biblisch begründete Ausrichtung der Arbeit an der Seite der Armen.

Auf der Ebene der sozialen Bewältigung zielte die ›Aktion Dritte Welt-Handel‹ oder die in der Einleitung dieser Arbeit beschriebene Aktion ›Jute statt Plastik‹ in diese Richtung, die die Lebenssituationen von Frauen in Bangladesch und deren Verbesserung mit dem Konsum- und Wegwerfverhalten der westdeutschen Adressaten verknüpfte. Auf der Ebene der theologischen Bewältigung führte die Verehrung und Identifikation mit Persönlichkeiten wie Dom Hélder Câmara zu neuen theologischen Begriffsdefinitionen und Konzepten. Die Befreiungstheologie wurde in zahlreichen Zirkeln beispielsweise Arbeitskreisen der (Hochschul-)Gemeinden diskutiert und stellte von daher weniger »an elaborate academic endeavour«[549] dar als vielmehr ein

545 Vgl. C. Dols / B. Ziemann, Progressive Participation, S. 481.
546 L. Schwarz, Anders leben, damit andere überleben, S. 529.
547 Vgl. A. Henkelmann, Caritas im Abseits?, S. 155–179; A. Henkelmann u. a., Success with a loss of identity, S. 10–30.
548 Vgl. A. Henkelmann u. a., Success with a loss of identity, S. 28–30.
549 C. Dols / B. Ziemann, Progressive Participation, S. 483.

sowohl theologisches wie politisches Konzept zur Zukunftsgestaltung von Kirche mit geradezu praktischen Handlungsanweisungen für den eigenen Lebensstil. Diese Neuansätze brachten die Hungertücher der Fastenaktionen Misereors ins Bild, ebenso die immer größer werdende Szene des neuen geistlichen Liedgutes in Form von Beat-, Rock- und Popmessen[550]. Diese Musikstücke, Lieder und Texte von Protagonisten wie Peter Janssens, Wilhelm Willms und Ludger Edelkötter zeichneten sich, so Bubmann, nicht durch moralische Belehrungen aus, »sondern wollen feststellen, aussagen, darstellen, anfragen, ausdrücken und anklagen, Fragen an Gott und die Welt«[551]. Natürlich verschärften diese musikalischen Neuaufbrüche den Generationenkonflikt eher, als dass sie ihn einzudämmen in der Lage waren. Und schließlich fungierte auf performativer Ebene die »Eventisierung« der jugendlichen Angebote als eine »Realisierung christlicher ›Selbstverwirklichung‹ außerhalb der Amtskirche«[552] oder an deren Rande, mit den beschriebenen Versuchen der Reintegration.

Die Neuansätze und -aufbrüche in der jungen Generation wurden zweitens begleitet, gestützt und dynamisiert durch eine Reihe jüngerer, nachkonziliar berufener Professoren und Theologen wie Leo Schwarz, Karl Lehmann und Norbert Greinacher oder vor allem Johann Baptist Metz, die durch ihre zeit- und gesellschaftssensible Theologie mit weltkirchlicher Perspektive große Zustimmung erfuhren. Sie halfen damit wesentlich der Rezeption der befreiungstheologischen Ansätze im bundesrepublikanischen Raum und führten zum Wunsch einer moralisch redlichen Praxis in der Welt: »Christsein und politisches Engagement waren hier untrennbar miteinander verbunden und sollten als Initiative von unten systemverändernd wirken«[553]. Diese neue Theologengeneration zeichnete sich dadurch aus, anders zu schreiben, anders zu performen, kurz einen avantgardistischen Habitus zu entwickeln[554]. Vor allem Johann Baptist Metz entwickelte einen Schreibstil, der massenwirksam emotional betroffen machte, der neu codierte Semantiken nutzte, aber selten dogmatische Tiefenbohrungen vornahm[555]. Freilich war dies ein prägendes Konstitutivum der Zeit, die Bezugspunkte eher in den Sozialwissenschaften und den politischen Diskursen zu suchen als in der Philosophie und der Dogmatik[556].

---

550   Vgl. dazu erste Forschungsansätze bei P. Bubmann, Wandlungen in der kirchlichen Musik, S. 303–324; P. Bubmann, Das »Neue Geistliche Lied«, S. 460–468; P. Bubmann, Populäre Kirchenmusik, S. 292–343.

551   P. Bubmann, Das »Neue Geistliche Lied«, S. 466.

552   T. Mittmann, »Christliche Identität« in der Anstaltskirche, S. 165.

553   F. Bock, Der Fall »Publik«, S. 376.

554   Vgl. T. Grossbölting, Der verlorene Himmel, S. 168–175; Kapitel IV.

555   Vgl. J. B. Metz, Theologie der Welt; Synodenbeschluss »Unsere Hoffnung«, in: J. Homeyer u. a. (Hrsg.), Gemeinsame Synode der Bistümer, S. 84–111. Vgl. dazu W. Damberg, Die »Lehrmeisterin des Lebens«, S. 97–100; J. H. Tück, Christologie und Theodizee, S. 20–22.

556   Vgl. B. Ziemann, Katholische Kirche und Sozialwissenschaften.

Das führte, wie Pascal Eitler eingehend analysiert hat, einerseits zu christlich-marxistischen Dialogen, Initiativen wie den ›Christen für den Sozialismus‹[557] oder einer personellen Überlappung von im Binnenraum des Katholizismus Engagierten wie Michael Vesper und kommunistischen Gruppierungen[558]. Andererseits führten die Diskurse über neuere theologische Konzepte zur Neukonfiguration theologischer Begrifflichkeiten. Solidarität entwickelte sich in den 1970er Jahren zur zentralen Kategorie in der Begründung christlich-kirchlicher Praxis, eine Entwicklung die sich vor allem der Metz'schen politischen Theologie verdankte[559]. Neben der Solidarität bildeten die Begriffe Gerechtigkeit und Verantwortung Schlüsselbegriffe der theologischen wie der glaubenspraktischen Diskurse[560], die aber selten spezifisch definiert wurden. Gleichwohl setzte sich parallel zum innerdeutschen Caritasdiskurs die Verschiebung des Koordinatensystems vom Leitbegriff der Barmherzigkeit zum Leitbegriff der Gerechtigkeit weiter fort[561].

Die offensichtlichste Entwicklung zeigte sich drittens in der Bedrohungskonstellation. Nicht mehr der Hunger in weiten Teilen der Welt stellte eine Bedrohung für die Katholiken und die deutsche Gesellschaft insgesamt dar, vielmehr war ob des Unvermögens der Lösung dieser Problemlagen das Weltbild einer eurozentrischen Wirtschafts-, Werte-, Politik- und Religionsgemeinschaft erschüttert. In den Kritikpunkten um den Lebensstil der Deutschen stand ebenso die Wirtschaftsform zur Disposition wie im Konzept der Neuen Weltwirtschaftsordnung. Damit stellten die Aktiven in gewisser Weise eine Avantgarde dar, die aufgrund des Konsums als »Schicksafrage der Menschheit« die Erosion der Konsumgesellschaft einläuteten[562].

Gleichwohl rangen Kritiker und Beharrende weiterhin miteinander, was sich insbesondere in den Publikationen niederschlug: Während auf der textsemantischen Ebene die einfachen Kausalketten von Dürre-Mangel-Tod zugunsten einer komplexeren Ursachen- und Bewältigungsdarstellung aufgegeben, mithin neokoloniale Wirtschaftsstrukturen oder ein ungerechtes Welthandelssystem in die Ursachenbegründungen aufgenommen wurden, blieb auf der bildsemantischen Ebene das lange etablierte Bildnarrativ ob seiner emotionalen Anschlussfähigkeit als Deutungsschema bestehen[563].

Dabei kann konstatiert werden, dass sich die Diskurse um das Bewältigungshandeln zwischen den Polen einer ›bedrohten Wohlstandsordnung‹ einerseits und einem

---

557 Vgl. K. SCHMIDT / D. SÖLLE (Hrsg.), Christen für den Sozialismus.
558 Vgl. Kapitel IV.
559 Vgl. für einen ersten Zugriff J. DRUMM, Art. Solidarität, Sp. 708 f.
560 Vgl. dazu: Materialsammlungen zu den Fastenaktionen Misereors in den 1970er Jahren, in: MAA, Sammlung Misereor-Materialien 1972–1979.
561 Vgl. A. HENKELMANN, Caritas im Abseits?, S. 155–179.
562 Vgl. W. KÖNIG, Die siebziger Jahre als konsumgeschichtliche Wende, S. 95.
563 Vgl. F. RAUH, Tierkadaver im Wüstensand, S. 175 f.

›bedrohenden Lebensstil‹ andererseits bewegten und je nach politischen Überzeugungen und Zugehörigkeit zu einer der Generationen als Ursache und implizit auch zugleich als Lösungsstrategie zielorientiert eingesetzt wurden. Insgesamt zeigt sich damit eine deutliche Diskursverlagerung. Es ging in den 1970er Jahren nicht mehr länger um die Hungerbewältigung in betroffenen Erdteilen, sondern darum, das eigene »Überleben [zu] sichern«[564] und die »eine Zukunft«[565] nicht zu verspielen.

---

564   W. Brandt, Das Überleben sichern.
565   J. Tinbergen, Wir haben nur eine Zukunft.

IV. »Wir haben sehr viele Herausforderungen gelöst, aber noch viel mehr Herausforderungen warten auf uns.« Hunger als Bedrohung in autobiografischen Quellen

Im letzten Kapitel sollen nun entlang der die Arbeit leitenden Fragen Zeitzeugen zu Wort und ins Gespräch kommen. Damit versteht sich die Arbeit als Beitrag zu einer Mentalitätsgeschichte des deutschen Katholizismus, auch wenn kaum die gesamte entwicklungspolitische katholische Szene in den Blick genommen werden konnte. Über diesen Zugang lassen sich Erkenntnisse über die innere Struktur, die Sozialisationen und Werthaltungen, die Motivationen und Deutungen der entsprechenden Akteure gewinnen, die aus vielen Archivmaterialien kaum oder überhaupt nicht entnommen werden können. »Erst durch einen biographischen Zugriff läßt sich die Produktion von Identität im Rahmen der sozialisatorischen Interaktion zwischen Individuum und gesellschaftlichen Rahmenbedingungen erschließen«[1].

Diesem Anliegen fühlt sich dieses Kapitel verpflichtet. Damit steht es in gewisser Weise ›quer‹ zu den drei vorhergehenden. Methodisch ergibt sich schon durch die Interviews, aus denen das Quellenmaterial selbst generiert wird, ein anderer Zugang. Aber auch inhaltlich verändert sich die Fragestellung. Es geht weniger um Beschreibung, Kontextualisierung und Analyse von Ereignissen und Zusammenhängen als vielmehr darum, wie das Handeln zentraler Akteure der Entwicklungsarbeit heute von ihnen selbst gedacht und reflektiert wird. Als Lesehilfe soll dazu der von Pierre Bourdieu entwickelte Begriff des Habitus dienen, den er als »System verinnerlichter Muster, die es erlauben, alle typischen Gedanken, Wahrnehmungen und Handlungen einer Kultur zu erzeugen«[2] beschreibt. Demzufolge ist der Habitus »ein Stück verinnerlichter Gesellschaft, deren Strukturen durch die Sozialisation einverleibt werden«[3]. Allerdings ist er kein Selbstzweck, denn handlungsleitend ist der Habitus immer im Kontext spezifischer Felder, deren innere Logik für den Wert dreier grundlegender Kapitalformen – ökonomisches, kulturelles und soziales Kapital – entscheidend ist. Diese können in

---

1   C. Schmidtmann, Katholische Studierende, S. 410.
2   Zitiert nach I. Gilcher-Holtey, Gegen Strukturalismus, Pansymbolismus und Pansemiologie, S. 180. Erste Zugänge zur in der Geschichtswissenschaft vielfach genutzten Theorie: P. Bourdieu / S. Egger, Das religiöse Feld; T. Grossbölting, Der verlorene Himmel; T. Meyer, Pierre Bourdieu, S. 294–303; S. Reichardt, Bourdieu für Historiker?, S. 71–93; A. Reitz-Dinse, Symbolisches Kapital, S. 123–140. Für gewinnbringende Anregungen danke ich an dieser Stelle im Besonderen Thomas Altmeppen.
3   S. Reichardt, Bourdieu für Historiker?, S. 73.

© Verlag Ferdinand Schöningh, 2019 | DOI:10.30965/9783657792474_006

eine vierte Kapitalform transferiert werden: in das sogenannte symbolische Kapital, das auf Akten der Anerkennung beruht und sozialen Akteuren ihre Macht im Feld verleiht. Deshalb wird symbolisches Kapital auch definiert »als wahrgenommene und als legitim anerkannte Form der drei vorgenannten Kapitalien (gemeinhin als Prestige, Renommee, usw. bezeichnet)«[4]. Thomas Meyer skizziert das sich daraus ableitende Gefüge von Habitus, Feld und Kapital folgendermaßen:

> Der Mensch bewegt sich ständig in ›Feldern‹, in denen er sich bewähren muss, kämpft, sich etabliert, soziale Grenzen nach unten oder oben überschreitet. Alle ›Felder‹ zusammen machen den sozialen Raum aus, in denen das Individuum sich bewegt. Je nach zur Verfügung stehendem ›Kapital‹ und je nach ausgerichtetem ›Habitus‹ stehen Menschen Felder zur Verfügung oder es ist ihnen der Zugang dazu verwehrt, erschwert oder erleichtert.[5]

Für den hier vorliegenden Kontext bedeutet dies nun, aus dem erhobenen Quellenmaterial der Zeitzeugen handlungsleitende Prägungen entwicklungspolitischer Akteure herauszuarbeiten, die die Geschichte der Personen und ihrer Sozialisation abbilden. Der Habitus-Begriff stellt dabei ein Instrumentarium zur Verfügung, das im Sinne Sven Reichardts im Rahmen der Alltagsgeschichte die Lebensstile theoretisch zu verorten und kausalen Erklärungen zugänglich zu machen hilft[6].

1. »oral history« als Methode der Kirchengeschichte?

Über biografische Zugänge neue, andersartige Erkenntnisse zu gewinnen, hat in den letzten Jahren in der deutschsprachigen Katholizismusforschung einigen Auftrieb bekommen. Pionierarbeit leistete hierzu Christian Schmidtmann, der im vierten Kapitel seiner Dissertation über katholische Studierende durch lebensweltliche Interviews und autobiografische Schriften in die inneren Strukturen und Identitäten junger katholischer Akademiker vom Ende des Zweiten Weltkrieges bis in die 1970er Jahre Einsicht nahm[7]. Thomas Großbölting hat in seiner Arbeit »Zwischen Kontestation und Beharrung« ebenfalls mit dieser Methode gearbeitet[8]. Kürzlich hat ein Forschungsprojekt zu Nationalsynoden nach dem Zweiten Vatikanischen Konzil unter Leitung von Joachim Schmiedl seine Arbeit aufgenommen, das Erinnerungen der Beteiligten in Form von narrativen Interviews als integralen Bestandteil der Forschungen betrachtet[9]. In der hier vorliegenden Arbeit geht es hingegen nicht um ein konkretes

---

4 P. BOURDIEU, ›Sozialer Raum‹ und ›Klassen‹, S. 11.
5 T. MEYER, Pierre Bourdieu, S. 297.
6 Vgl. S. REICHARDT, Bourdieu für Historiker?, S. 85.
7 Vgl. C. SCHMIDTMANN, Katholische Studierende, S. 410–493.
8 Vgl. T. GROSSBÖLTING, Zwischen Kontestation und Beharrung, S. 157–189.
9 Vgl. J. SCHMIEDL (Hrsg.), Nationalsynoden.

Ereignis, wie das Johann Ev. Hafner für die Würzburger Synode beschrieben hat. Es geht auch nicht um eine soziologisch eingrenzbare Gruppe, wie bei Schmidtmanns katholischen Studierenden. Hier geht es vielmehr um einen Blick auf die schon benannte innere Struktur und die Identitäten der Akteure, die sich im Untersuchungszeitraum und weit darüber hinaus, teilweise bis heute, auf ganz unterschiedlichen Ebenen mit der Bewältigung von Hunger beschäftigten, sich beschäftigen ließen und lassen. Deren Erinnerungen und erinnernde Perspektiven sollen als Ergänzung dienen und damit einen weiteren, tieferen Zusammenhang aufleuchten lassen, als dies Protokolle, Vorträge und Artikel zu bieten in der Lage sind.

Methodisch bietet sich dazu die »oral history« an, die mit Schmidtmann Einzug in die Katholizismusforschung genommen hat, und seit den 1980er Jahren in der deutschsprachigen Geschichtswissenschaft immer wieder eingesetzt und reflektiert worden ist[10]. Als Methode verfolgt sie das Ziel, die Lebensgeschichten von Zeitzeugen in den Mittelpunkt zu rücken; ursprünglich ein demokratisches, antibürgerliches Ansinnen. In den 1970er und 1980er Jahren kam die »oral history« in Deutschland auf und etablierte sich langsam. Dabei sollten vor allem die Milieus ihre Lebenswelten und Sichtweisen darstellen können, die bisher nicht im Fokus der Geschichtsschreibung standen. »Spezifischer Hintergrund war hier das Interesse an der Aufarbeitung der nationalsozialistischen Diktatur und deren Auswirkungen auf die Nachkriegszeit und die frühe Bundesrepublik«[11]. Das Forschungsprojekt ›Lebensgeschichte und Sozialkultur im Ruhrgebiet zwischen 1930 und 1960‹, geleitet von Lutz Niethammer und Detlev Peukert kann als erstes großes »oral history«-Projekt im deutschsprachigen Raum bezeichnet werden[12]. »Ziel war, die Kontinuitäten von der Weimarer Republik bis in die Nachkriegszeit aus Sicht der Ruhrgebietsbevölkerung zu untersuchen und zu erklären, wie sich die Unterstützung für die Sozialdemokratie in den 1950er Jahren so weitgehend und dauerhaft etablieren konnte«[13]. Auch die DDR rückte ins Interesse der Forscher. Unter dem Titel »Die volkseigene Erfahrung« publizierten 1991 Niethammer, Alexander von Plato und Dorothee Wierling Interviews mit DDR-Bürgern aus dem Jahr 1987[14]. »Sie gestatteten tiefe Einblicke in die letzten Jahre der DDR, in die Biographien von Führungskräften und Arbeitern, in Mechanismen des sozialen Auf- und Abstiegs sowie die überraschend diversen Ausprägungen von Mitgliedschaft in der herrschenden SED«[15]. Dazu wurden Erinnerungsinterviews nach bestimmten

---

10 Erste Zugänge zur »oral history«: L. ABRAMS, Oral History Theory; K. ANDRESEN / L. APEL / K. HEINSOHN (Hrsg.), Es gilt das gesprochene Wort; J. OBERTREIS (Hrsg.), Oral History; D. WIERLING, Oral History, S. 81–151.
11 J. OBERTREIS, Oral History. Geschichte und Konzeptionen, S. 9.
12 Vgl. L. NIETHAMMER (Hrsg.), Die Jahre; L. NIETHAMMER (Hrsg.), Nachkriegserfahrungen im Ruhrgebiet; L. NIETHAMMER / A. v. PLATO (Hrsg.), »Wir kriegen jetzt andere Zeiten.«
13 J. OBERTREIS, Oral History. Geschichte und Konzeptionen, S. 10.
14 L. NIETHAMMER / A. v. PLATO / D. WIERLING (Hrsg.), Die volkseigene Erfahrung.
15 J. OBERTREIS, Oral History. Geschichte und Konzeptionen, S. 10.

methodischen Schritten geführt und anschließend ausgewertet. »Im Gespräch mit
Zeitzeugen stellen die Forschenden die Quellen zur Auswertung selbst her und kön-
nen somit deren Form und Inhalt beeinflussen«[16]. Es geht dabei nicht mehr, wie noch
anfangs beansprucht, um die Abbildung nicht anders rekonstruierbaren, faktischen
Wissens. »Oral history« ist, so Schmidtmann, in erster Linie »Weitergabe erinnerter
Geschichte und trägt damit sowohl retrospektiven als auch subjektiven Charakter.
Über autobiographische Erzählungen läßt sich also kein unmittelbarer Zugang zur
sozialen Wirklichkeit herstellen«[17]. Daraus ergibt sich, dass der Erzähler im Interview
oder in der Autobiografie nicht das beschreibt, was er erlebt hat, sondern er »ent-
wirft etwas Neues, in das z. B. gegenwärtige Größen, wie etwa die zum Zeitpunkt
des Gesprächs oder der Niederschrift aktuelle Lebenssituation, der Diskurskontext,
der greifbare oder fiktive Adressat, aber auch sprachliche Diskurs- oder Genreregeln
eingehen«[18].

Das setzt in der Durchführung der Interviews eine offene Grundhaltung des Interviewers voraus.

> Die erste und oberste Regel bei der Interviewführung ist, den Interviewpartnern den
> Raum zu lassen, ihre aus Erlebnissen, Handlungen, Erfahrungen und Theorien konstitu-
> ierte Lebensgeschichte im Vorgang des Erzählens selbst strukturieren zu können, sowohl
> in ihren thematischen und zeitlichen Verknüpfungen als auch in der Wahl der jeweiligen
> Darstellungsformen.[19]

Das Prinzip der Offenheit, so Roswitha Breckner, setze eine größtmögliche Zurückhaltung des Interviewers voraus. Zuhören und Verstehenwollen sei die angemessene
Haltung. An dieser Grundregel orientieren sich Aufbau des Interviews und Gesprächs-
führung. Die »erzählende Darstellung vergangener Ereignisse zu fördern, zu detaillie-
ren und zu vertiefen«[20], ist Anliegen der »oral history«.

Diese offene Herangehensweise und die Tatsache der eigenen Produktion der
Quellen durch die Interviews haben zu andauernden kritischen Diskussionen um die
Methode geführt, »in der es vor allem um die ›Subjektivität‹ der Quellen, die Verläss-
lichkeit des menschlichen Erinnerungsvermögens sowie die Konstruktion von Lebensgeschichten und Geschichtsbildern geht«[21]. Darauf ist jüngst Hafner unter den Schlag-
worten Banalität, Repräsentativität und Objektivität eingegangen[22]. Insbesondere die
Debatte um die Objektivität ist zwar ernst zu nehmen und im Vorgang der Verarbeitung immer wieder zu reflektieren. »Daß im Rahmen einer multiperspektivischen

---

16   EBD., S. 7.
17   C. SCHMIDTMANN, Katholische Studierende, S. 416.
18   EBD.
19   R. BRECKNER, Von den Zeitzeugen zu den Biographen, S. 136.
20   EBD.
21   J. OBERTREIS, Oral History. Geschichte und Konzeptionen, S. 7.
22   Vgl. J. Ev. HAFNER, Bedeutung von Zeitzeugen, S. 261–265.

Geschichtsschreibung der Wert der mündlichen Quellen gerade in ihrer Subjektivität liegen konnte, wurde [...] nicht akzeptiert«[23]. Mit Dorothee Wierling lässt sich abschließend festhalten, dass »mündliche und schriftliche Quellen sehr verschiedene Textsorten [sind], deren Beitrag zu unserem Verständnis von Vergangenheit entsprechend unterschieden werden kann«[24].

Für die hier vorliegende Untersuchung wurden drei autobiografische Texte und neun lebensgeschichtliche Interviews ausgewertet. Einer der Zeitzeugen ist kurz vor dem Interviewtermin verstorben. Die Gesprächspartner für die Interviews und die Autoren der Texte wurden auf unterschiedliche Weise gewonnen. Ein Teil der Interviewpartner ergab sich durch persönliche Kontakte, der Großteil wurde über die Quellenrecherche erhoben und schriftlich mit dem Anliegen vertraut gemacht. Dabei war Ziel der Anfragen, eine größtmögliche Breite innerhalb der entwicklungspolitisch Engagierten abbilden zu können, also alle beteiligten Institutionen, disparaten Hintergründe und Altersgruppen zu umfassen, um das Prinzip des maximalen Vergleichs zu ermöglichen. Insbesondere für die 1950er und 1960er Jahre ergeben sich natürliche Grenzen. Ein Interviewpartner ist nichtdeutscher Herkunft und hat das beginnende »Dritte Welt«-Engagement gewissermaßen zugleich als Betroffener erlebt.

Trotz vieler Bemühungen konnten zwei Aspekte nur schwer abgebildet werden. Es fehlt an Zeitzeugen der konkreten Basis in den Kirchengemeinden oder Jugendgruppen; außer einem Interviewpartner repräsentierten letztlich alle Institutionen oder Interessengruppen. Das liegt vor allem an der spezifischen Arbeit im Entwicklungsbereich, der vorwiegend von Ehrenamtlichen betrieben wurde, die aufgrund mangelnden historischen Bewusstseins ihre Unterlagen kaum einem Archiv zur Verfügung stellten und damit auch heute kaum mehr auffindbar sind. Zweitens fehlt der Blick von Frauen auf das Thema völlig. Anfragen an Zeitzeuginnen, derer es ohnehin nur wenige zu geben scheint, blieben erfolglos[25]. Vermutlich hängt dies mit dem ersten Problem zusammen. Sicher waren Frauen auch vor Ort in den Gemeinden sehr aktiv, aufgrund fehlenden Materials aber sind diese Zeitzeuginnen kaum ausfindig zu machen. In den Institutionen waren dagegen im Untersuchungszeitraum keine Frauen in verantwortlichen Positionen tätig. Daher sollen im Folgenden keine Schlüsse vom Individuellen in das Allgemeine gezogen werden. Trotzdem ist anzunehmen, dass die Interviewpartner und Autoren durchaus eine gewisse Breite des Katholizismus abzudecken in der Lage sind.

Die Interviews kamen nach intensiven Vorgesprächen und Abstimmungen zumeist in den Privaträumen der Gesprächspartner zustande und dauerten zwischen einer und vier Stunden. Bei einem Gespräch war die Ehefrau anwesend, die aber in

---

23   D. WIERLING, Oral History, S. 88.
24   EBD., S. 82.
25   Zu erwähnen ist hier die Person Dr. Maria Alberta Lücker, die im ZdK das ›Außenamt‹ verantwortete. Sie ist eine der wenigen aktiven Frauen, die sich in den Quellen wiederfinden. Vgl. Kapitel I.1.a.

der Interaktion keine Rolle spielte. Die Aufnahmen erfolgten mit einem digitalen Auf-
nahmegerät. Alle Gespräche fanden in einer entspannten und freundlichen Atmosphäre statt und wurden von den Befragten mit großer Offenheit geführt, was, wie
Schmidtmann bereits erwähnt, die analytische Distanz erschwert[26]. Alle Interviews
wurden entsprechend der von Dorothee Wierling dargestellten Form eines narrativen
Interviews angelegt. Zunächst wurde jedes Interview eröffnet mit einer offenen Er-
zählaufforderung, die den Befragten Gelegenheit zur eigenständigen Entfaltung und
Strukturierung ihrer Antworten ermöglichte. Gelegentliche erzählauffordernde Bemerkungen sind in diesem ersten Schritt die einzigen Äußerungen des Interviewers.
»Erwartet wird dann, daß die Interviewpartner selbst den Zusammenhang zwischen
ihrer Lebensgeschichte und dem genannten Gegenstand – sei es explizit oder implizit –
herstellen und so mit ihrer Darstellung auf die offen gestellte ›Frage‹ des Projektes
›antworten‹«[27]. Erst wenn die Befragten ihrer Eingangserzählung nichts mehr hinzuzufügen hatten, folgten im zweiten Schritt entlang der von den Befragten entwickelten
›Chronologie‹ des Gesprächs Fragen, die eine weiterführende Darstellung einzelner
angesprochener Themenfelder intendierten, aber nicht konkret nach Namen, Zahlen oder Abläufen fragten, sondern eher um weiteres Erzählen baten. Erst im dritten
Schritt folgten dann konkrete Nachfragen bei Unklarheiten oder Lücken.

   Die drei autobiografischen Texte sind alle an verschiedenen Stellen publiziert worden[28]. Die Interviews sind vollständig transkribiert worden und zur besseren Nach-
vollziehbarkeit und möglichen weiteren Forschungen dem Archiv des katholischen
Hilfswerkes Misereor übergeben worden[29]. Für die weitere Verarbeitung der Interviews ist ausdrücklich zu betonen, dass die folgende Darstellung natürlicherweise
eine Selektion voraussetzt. Der Verfasser »zitiert aus den Texten die Stellen, die seine
deutenden Überlegungen stützen, bzw. diejenigen, aus denen sich seine Deutungs-
linien ergeben haben«[30]. Wierling hat dies deutlich formuliert:

---

26   Vgl. C. SCHMIDTMANN, Katholische Studierende, S. 414.

27   R. BRECKNER, Von den Zeitzeugen zu den Biographen, S. 137.

28   G. ARICKAL, Meine Heimat ist grenzenlos; U. KOCH, Meine Jahre bei Misereor; E. MÜHLBACHER,
     Immer nur Vikar.

29   An dieser Stelle danke ich Eva Kuhn für die umfangreichen Transkriptionen der Interviews. Zur bes-
     seren Nachvollziehbarkeit sei hier auf folgende Abkürzungen und Zeichen verwiesen: Besonders
     betonte Wörter sind unterstrichen.
     BESONDERS LAUT GESPROCHENE WÖRTER SIND IN GROSSBUCHSTABEN GESCHRIEBEN.
     Da in dieser Arbeit keine linguistische Analyse der Interviews geleistet wird, wurde redaktionell in
     die hier zitierten Transkripte eingegriffen. Ziel dieser Eingriffe war es ausschließlich, die Lesbarkeit
     zu erhöhen. Die gedruckten Zitate von Leo Schwarz sind von ihm selbst deutlich überarbeitet
     worden und entsprechen daher nur dem Sinn nach dem mündlichen Interview. Die vollständigen
     Aufnahmen aller Interviews liegen im Archiv des Hilfswerkes Misereor.

30   D. WIERLING, Oral History, S. 146.

Im wissenschaftlichen Text spricht nicht mehr der Interviewte, sondern der Historiker, der allerdings dem Interviewten immer wieder und ausführlich das Wort, sein Wort erteilt. Der wissenschaftliche Vorteil dieser Vorgehensweise gegenüber der Edition ist aber, daß der Leser sich der Autorschaft des Textes bewußt ist, daß er eine vollständige Explikation des Vorgehens erwarten kann und daß er damit und durch die ausführlichen und wortgetreuen Zitate, die bei Oral Historians üblich sind, schon beim Lesen in die Lage versetzt wird, den Deutungen des Autors nicht nur die Stimme des Interviewten entgegenzusetzen, sondern auch seine eigenen, alternativen Einfälle.[31]

Dies bedeutet für das Verständnis der folgenden Ausführungen, dass am Ende der Interpretationen keine Gewissheiten und Beweise stehen können, sondern Plausibilitäten und Vorschläge, die das beleuchtete Bild der vorangegangenen Kapitel weiter erhellen und durch persönlichere biografische Details ergänzen mögen.

2. »Ja, Horizonterweiterung, so kann man's nennen, ja«. Katholische Akteure der Entwicklungsarbeit

a) »Wann hab' ich zum ersten Mal von Hunger in der Welt gehört«? Wahrnehmung von Hungerkatastrophen

Ja, ich habe mich in den Vorüberlegungen gefragt, wann habe ich zum ersten Mal von Hunger in der Welt gehört. Während meines Studiums war ich ehrenamtlich tätig als Redakteur der Pfadfinder-Zeitschrift ›Die große Fahrt‹. Und wir hatten natürlich internationale Kontakte, 1957 dieses Welt-Jamboree der Pfadfinder zum 50-jährigen Bestehen. Da haben wir natürlich Pfadfinder aus aller Welt kennengelernt.[32]

Auf die Frage, wie im deutschen Katholizismus Hunger in anderen Erdteilen wahr- und aufgenommen wurde, geben die Interviews zwei Deutungsrahmen vor, die zunächst zu explizieren sind.

Sie können an meinem Lebensalter feststellen, dass ich den Krieg noch erlebt habe, allerdings als Kind. Ich war 1945 zwölf Jahre alt. Aber ich habe so den Krieg schon erlebt, mit den Bomben im Ruhrgebiet und später in Bayern nach der Evakuierung; als Fahrschüler die Fliegerangriffe und so weiter. Ich habe auch noch 1945 den Zug der Häftlinge von Dachau nach Süden erlebt. Und ich stamme aus einem Elternhaus, in dem ganz klar immer Gegnerschaft zum Nationalsozialismus vorherrschte, sodass ich in die Probleme nicht erst später, sondern als Kind hineingewachsen bin; mit der Maßgabe, dass man darüber draußen schweigt und so weiter, nicht wahr. Das haben nicht alle so gehabt, aber ich kenne viele, die eine solche Herkunft haben, und für die war es nach 1945 völlig

---

31 EBD.

32 NEYER, S. 1. Die Zitation der Interviewtranskripte folgt der im Misereor-Archiv in Aachen hinterlegten gedruckten sowie der digitalen Fassung.

klar, dass das auch ein Auftrag war, [...] in der Pfadfinderschaft St. Georg, die ich mit
aufgebaut habe. Die Leute, die älter waren, als wir damals, von denen wir gelernt haben,
was Jugendarbeit ist. Die kamen aus dem Krieg zurück. Die waren vorher schon Pfadfinder oder in der Katholischen Jugend und kamen jetzt mit ihren Erfahrungen. Also
das war ständig ein Thema: Demokratie, Freiheit, Rechtsstaat, Gerechtigkeit, Solidarität.
Ich würde sagen, dieser Hintergrund ist für alles maßgeblich gewesen, auch nachher für
die Entwicklungszusammenarbeit oder für die Solidarität mit der sogenannten Dritten
Welt. Ich stamme aus einem Ort aus dem Ruhrgebiet, die Soziale Frage lag damit nahe.
Deshalb habe ich Volkswirtschaft studiert.[33]

Den ersten Deutungsrahmen bilden also Erfahrungen des Zweiten Weltkriegs und der
unmittelbaren Nachkriegszeit. Deutlich lässt der 1933 geborene CDU-Politiker und
spätere Generalsekretär des Zentralkomitees der deutschen Katholiken, Dr. Friedrich
Kronenberg, erkennen, wie sehr ihn die Kriegserfahrungen unmittelbar und mittelbar
über spätere Begegnungen mit Kriegsteilnehmern in seinem Weltbild geprägt hatten.

Die internationale Solidarität, auch mit uns Deutschen, haben wir ja in einer Weise erfahren, die mich immer heute noch wieder wundern lässt; vor allen Dingen, wenn man
das mit der Zeit nach dem Ersten Weltkrieg vergleicht. Und von daher war zunächst einmal das Suchen nach internationaler Anerkennung völlig klar. Wir waren natürlich die
bösen Deutschen.[34]

Diese Zuschreibungen aber wollten viele Jugendliche überwinden, erinnert sich
Kronenberg:

Bei mir persönlich, aber auch bei vielen meiner Freunde, war das so, dass wir uns sehr
isoliert fühlten als Deutschland, auch schuldbewusst. Nicht im Sinne einer Kollektivschuld. Kollektivscham war damals die Formel. Aber man war schon irgendwo in Rollen
eingezwängt. Und wir wollten einfach darüber hinaus. [...] Die erste Romwallfahrt war
ein Erlebnis. Wir [waren] außerhalb Deutschlands, wir haben eine Rolle gespielt. Dann
die ganzen Begegnungen, ob das mit Engländern war, Belgiern, Holländern, Franzosen,
den ›Scouts de France‹ und so weiter. Oder später auch [der] Bundesjugendring, das war
auch noch auf einer anderen Ebene. Es war zunächst das Bedürfnis, die engen Grenzen
zu sprengen, also sozusagen Anerkennung auch Draußen zu finden. Aber dann lernte
man das Draußen kennen. Dieses Kennenlernen umfasst dann auch das Kennenlernen
der Probleme. Es war nicht so, dass wir gefragt haben, wo gibt es irgendwo Probleme,
sondern wir wollten einfach die eigenen Grenzen sprengen, darüber hinausgreifen und
wurden dann mit einer Realität konfrontiert, in der es kolossale neue Aufgaben gab.[35]

Zu dieser eher weltpolitischen Gefühlslage eines Deutschlands, das aufgrund des
Weltkrieges und der Besatzung außenpolitisch isoliert war, gesellte sich zwar bei kei-
nem der Interviewpartner erlebter Hunger, wohl aber materielle Armut. Leo Schwarz,

---

33 Kronenberg, S. 1.
34 Ebd., S. 2.
35 Ebd., S. 6.

richtig viel gespendet. Und das geht meines Erachtens nur, wenn man sich hat betreffen lassen. [...] Wir haben damals eigentlich unheimlich viel Zuspruch bekommen.[85]

Die Bewusstseinsbildung wurde weitergetrieben, neue Themen rückten stärker in den Vordergrund.

Und dann gab es den zweiten Schritt, das haben Sie ja sicher in der Literatur verfolgt: der Schritt zu ›Mehr Gerechtigkeit in der Welt‹[86]. Ich bin damals vier Jahre bei Misereor gewesen. Ich bin mit Erwin Mock zusammen nach Freiburg gefahren, wo wir Professor Deissler[87] getroffen haben und in Tübingen Walter Kasper, der Professor war, und dann haben wir über das Alte Testament gesprochen. [...] Beide haben gesagt, wir seien auf dem richtigen Weg, wenn wir auf das Alte Testament gehen, da die Frage der Gerechtigkeit, dieses Jubeljahr, nach allen sieben Jahren wieder Gleichheit herzustellen, grundlegend sei. Das war das Signal des Neubeginns: Misereor – mehr Gerechtigkeit in der Welt.[88]

Mock beschreibt diese Jahre als »eine erfüllte Zeit, weil wir unglaublich viel positive Resonanz erfahren haben. Das muss ich einfach sagen«[89]. Sie hätten »unendlich viel zu tun« gehabt, sich »kaputtgearbeitet manchmal, aber wir hatten Resonanz gehabt«[90], auch von Hauptgeschäftsführer Dossing.

Unsere Leitworte wurden alle von der <u>Kommission</u> <u>genehmigt</u>. Das ist richtiggehend offiziell durchgegangen. In einigen Jahren mit Schwierigkeiten, aber mit der Zeit ging es alles sehr glatt. Später wurde es schwieriger. Aber das war dann in der Zeit nach ihm, als es um Südafrika ging. Jetzt musste man auch der bischöflichen Kommission klar machen, dass das Werk sich wandeln musste. Wobei Prälat Dossing, der Hauptgeschäftsführer, das mitgetragen hat. Er wusste, das geht jetzt nicht nur um Almosengeben, sondern das geht um mehr. Er war nicht derjenige, der entwicklungspolitische Konzepte formuliert hätte [...], aber er wusste, hier müssen Leute hin, die das machen. [...] Und er hat uns arbeiten lassen. Er hat uns gelegentlich mit grüner Tinte Texte schon mal etwas umformuliert, aber im Grundsatz hat er uns arbeiten lassen. Das war das Große dabei.[91]

Mock und Baumgartner erarbeiteten in Kooperation mit weiteren katholischen Akteuren eine Vielzahl von Aktionen und Publikationen zur besseren Bewusstseinsbildung und Spendenwerbung. Eine Aufgabe bestand nach Mocks Auffassung darin, Koalitionspartner zu suchen.

---

85 Mock, S. 14.
86 Motto der Fastenaktion Misereors 1973. Vgl. dazu Kapitel III.3.b.
87 Alfons Deissler (1914–2005). Studium der Philosophie und Theologie in Freiburg. 1938 Promotion. 1939 Priesterweihe. 1951 Habilitation. 1951–1982 Professor für Alttestamentliche Theologie und Exegese an der Universität Freiburg. Vgl. R. Mosis, Art. Alfons Deissler, Sp. 55.
88 Baumgartner, S. 3.
89 Mock, S. 14.
90 Ebd.
91 Baumgartner, S. 8.

Ich wusste, bei Misereor als Einzelkämpfer kriegst du gar nichts hin. Das ist unmöglich. Das war damals kirchlich gesehen eine Zeit des Aufbruchs: Da ist der Katholikentag 68, der in der Wahrnehmung ganz, ganz wichtig war. Dann die ganze Zeit des Hinterfragens der alten Werte, der Öffnung auch, dass eben nicht nur das deutsche Schicksal wichtig ist, sondern dass die Welt ja ganz andere Probleme hat. Die Ost-West-Thematik, die ganz dominant war, und der Kampf gegen den Kommunismus, was übrigens auch im Falle Südafrikas eines der Hautargumente von Strauß[92] war: Wir müssen dieses System halten, egal was die machen. Sie kämpfen gegen den Kommunismus und das hat oberste Priorität. Also das war damals der Gesellschaft ganz zentral im Bewusstsein. Man suchte dann Bündnisgenossen. Meine erste Arbeitshilfe war mit dem BDKJ, ein rotes Heft mit dem großen E darauf[93]. E wie Entwicklungshilfe. Das haben wir zusammen mit dem BDKJ herausgebracht. Die KLJB, die katholische Landjugendbewegung, hat sich dann daran gehängt, wofür wir dankbar waren. [...] Das war das erste Produkt und die erste Kooperationsform mit dem BDKJ. Wir hatten dann auch relativ früh zusammen mit der aej, mit der Arbeitsgemeinschaft evangelischer Jugend [gearbeitet] und haben damals einen Entwicklungspolitischen Arbeitskreis[94] gegründet. Ich war dort natürlich dabei, weil ich der Einzige im Haus Misereor war, der das konnte. Es war ja sonst niemand da. Es gab den Pressemann und es gab den, der mit mir zusammen dann für die Kollekte zuständig war, für die Spenden. Ich war der, der im Kontakt mit den Leuten für die Mobilisierung der Menschen zuständig war. Das ging nur dadurch, dass man die Kräfte, die da sind, sucht, motiviert, animiert.[95]

Für die Gründung dieses Entwicklungspolitischen Arbeitskreises hatte sich auf der Seite des BDKJ auch Harry Neyer eingesetzt, der inzwischen stellvertretender Bundesvorsitzender des Dachverbandes geworden war. Auch für ihn spielte das Bewusstsein, eine veränderte Entwicklungsarbeit betreiben zu müssen, eine große Rolle: »Mit Geld geben und Leute hinschicken allein ist es nicht getan«[96]. Auch für ihn waren die gesellschaftlichen Transformationen um 1968 eine Triebfeder dafür, Entwicklungsarbeit stärker politisch betreiben zu müssen.

Da kam es dann zur Gründung des entwicklungspolitischen Arbeitskreises, des EPA. Ich nehme an, darüber haben Sie beim BDKJ Unterlagen bekommen. Ich habe mich sehr um die Gründung bemüht, war bei der Mitgliederversammlung der aej 69 dabei, als die beschlossen, einen Ausschuss dafür einzusetzen und den doch zusammen mit dem BDKJ zu machen. Und für uns kam diese Nachricht, ich will nicht sagen unvorbereitet, aber wir waren auch gerade in dem Begriff zu überlegen, was müssen wir da tun.

92 FRANZ JOSEF STRAUSS (1915–1988). Studium der Altphilologie und Geschichte in München. Nach dem Zweiten Weltkrieg zunächst Landrat in Schongau, dann parteipolitische Karriere in der CSU. 1949–1978 MdB, zunächst im Fraktionsvorstand. Ab 1953 Bundesminister in verschiedenen Ressorts, darunter 1956–1962 Bundesverteidigungsminister, 1966–1969 Bundesfinanzminister. Ab 1961 Vorsitzender der CSU. Ab 1978 Ministerpräsident des Freistaats Bayern. Vgl. M. STICKLER, Art. Franz Josef Strauß, Sp. 1316–1334.
93 S. BAUMGARTNER (Hrsg.), E wie Entwicklungshilfe.
94 Vgl. dazu Kapitel II.4.
95 MOCK, S. 11 f.
96 NEYER, S. 3.

Ich hatte in dem BDKJ-Hauptversammlungsausschuss den Vorsitz in einem Ausschuss ›Friedensdienste‹, wir hatten ja richtige Dienste von Frieden. Als ich den übernommen hatte, hieß der ›Ausschuss für Fragen der Landesverteidigung‹. Als ich ausschied aus dieser Funktion war das der Ausschuss für Friedensdienste. Das heißt, da hat sich der Blick geweitet der Notwendigkeiten, was eine Verbandsführung tun muss und in ihren Verband reingeben muss. Und von daher habe ich also, ich war schon begeistert, diese Anregung der aej mit aufgenommen und habe gesagt, da müssen wir mitmachen. Wir haben dann Leute zusammengesucht, weil die Hauptversammlung erst im Herbst – ich muss immer mit den Jahreszahlen überlegen – 70 wieder tagte. Die konnte das also gar nicht beschließen. Das hat die Bundesführung oder Bundesleitung beschlossen, der Bundesvorstand. Und die ersten Mitglieder waren also nicht gewählt, sondern berufen. Und dann haben wir überlegt: Was machen wir denn mit diesem gemeinsamen Ausschuss? Und da haben wir gesagt: Für Jugendverbände ist die erste Aufgabe die Information und Bewusstseinsbildung. Wir müssen diese Entwicklungsfrage, und zwar mit der Frage nach den Ursachen und wie beseitigt man die Ursachen oder vermindert sie zumindest, in die Verbände, in die Gruppen reinbringen.[97]

Um das Anliegen, entwicklungspolitisches Interesse in den Basisgruppen der Gemeinden verstärkt zu wecken, forcierte Neyer die Einrichtung eines eigenen Entwicklungsreferats im Jugendhaus Düsseldorf, das mit dem jungen indischen Theologen George Arickal besetzt wurde. Arickal war zum Studium der Theologie als junger Priesteramtskandidat nach Eichstätt geschickt worden. Immer stärker jedoch wurde ihm das Zölibat zu einer unüberwindbaren Hürde, gleichzeitig interessierte er sich verstärkt für friedenspolitische Fragen, auf die er in Eichstätt in einer ›Pax-Christi‹ -Gruppe aufmerksam wurde. »Ich wollte ein bisschen mehr politisch [...] und mehr [...] Völkerverständigung machen«[98]. So schrieb er sich um, wechselte nach Freiburg und studierte dort Volkswirtschaft am gerade gegründeten Institut für Entwicklungspolitik, legte hier sein Diplom ab und wurde von seinem Professor, Theodor Dams[99], der in der Wissenschaftlichen Kommission des KAEF saß, gefragt, ob er über ›Food for Work‹-Programme in Bihar, Indien, promovieren und Feldforschung betreiben wolle. Nach Abschluss dieser Promotion ergab sich nun die Stelle im Jugendhaus Düsseldorf.

Das heißt, ich hatte schon vom Studium an irgendwie in diese Richtung Entwicklungspolitik, Internationale Arbeit, Solidaritätsarbeit geträumt. Das Referat war neu und so konnte ich auch von mir aus bestimmte Akzente setzen und auch bestimmte Punkte spezialisieren, wo auch das Anliegen der Entwicklungspolitik und auch meine eigenen

---

97 EBD.
98 ARICKAL, S. 12.
99 THEODOR DAMS (1922–2013). 1959–1965 Leiter der Abteilung für Koordinierung der Agrar-Strukturpolitik bei der EWG-Kommission in Brüssel. 1965–1990 Professor für Wirtschaftspolitik und Direktor des Instituts für Entwicklungspolitik der Universität Freiburg. 1966–1975 Mitglied der Bildungskommission des Deutschen Bildungsrats, außerdem langjähriges Mitglied der Wissenschaftlichen Beiräte des Bundeslandwirtschaftsministeriums und des Bundesministeriums für Wirtschaftliche Zusammenarbeit. Vgl. KÜRSCHNERS DEUTSCHER GELEHRTENKALENDER 2011 (Bd. I), S. 655.

Interesse irgendwie verbunden waren. Dazu gehörten eben diese Aktion ›Dritte Welt‹-Handel, die Weltwirtschaftsordnung, die Menschenrechte und so weiter. Ein wenig von dem Studium konnte ich dort einbringen. Zum Glück hat der Entwicklungspolitische Arbeitskreis das mitgetragen. So war eben mein Anliegen Hobby und Beruf in einem.[100]

Der Aufbau des neuen Referats ermöglichte Arickal, eigene Themenfelder und Schwerpunkte zu setzen. Dabei machte er schnell die Erfahrung, dass sich die Etablierung des Problemfeldes als ein durchaus schwieriger, von wenigen Gruppierungen getragener Prozess darstellte.

Man kann nicht sagen: die deutsche Bevölkerung, sondern das ist ein Teil von Aktionsgruppen. Es gibt ja bestimmte Bewegungen. Da machen einige mit. Also zum Beispiel gibt es Partnerschaften von Gemeinden zu Gemeinden, die mehr auf Mission gründen. Es gibt dann bestimmte Schulen, die Partnerschaften aufgenommen haben. Es gibt bestimmte Mitgliedsverbände, etwa die PSG [Pfadfinderschaft St. Georg, der Verf.]. ›Flinke Hände, flinke Füße‹ und so, die initiieren das. Und diese Jugend geht eben zu ihren Familien. Also das, oder die Sternsinger, die bringen nicht eine fertige Botschaft. Das sind so Blitzlichter. Und die Leute verstehen: Okay, da ist auch noch was anderes. Dann kommen Gastarbeiter und so verschiedene Bewegungen. Also die deutsche Bevölkerung lernt indirekt, auch manchmal unbewusst. Und zunächst einmal ist die Schiene gewesen: Solidarität aufgrund moralischer Vorstellung, ethischer Verpflichtung, christlicher Orientierung. Die Aspekte, dass Entwicklung auch Frieden bedeutet, das wurde vom Papst in der Enzyklika definiert: Das andere Wort für Frieden ist Entwicklung[101]. Das hat man auch in der Kirche debattiert. Nicht alle waren dieser Meinung. Aber immerhin hat der Papst mit dieser Lehre schon die Diskussion vorgebracht. Und sehr oft ist dieses schleichend in die Bildung des Gewissens von Menschen eingegangen. Nicht so ganz bewusst. Und dann besuchen viele Menschen auch jetzt andere Länder und viele Menschen aus diesen Ländern kommen hierher.[102]

Die junge Generation sah Arickal in einer tragenden Funktion bei der Etablierung, eine Rolle jedoch, die durchaus konfliktreich war, wie noch zu zeigen sein wird[103]. Schulpatenschaften und Mitgliedsverbände des BDKJ aber waren es, die nach Arickals Einschätzung »schleichend« das Thema etablierten. Vor allem von den Jugendverbänden ging auch eine der prägendsten und nachhaltigsten Aktionen aus, die Arickal und einige der anderen Zeitzeugen erinnern, die ›Aktion Dritte Welt-Handel‹[104].

Die ›Aktion Dritte Welt-Handel‹, die ja von Holland her kam, ist von der evangelischen Jugend aufgegriffen worden, und dann sofort mit dem EPA und BDKJ zusammen, es gründeten sich aber überall örtliche Aktionsgruppen. Das reichte von Jugendgruppen bis zu Frauen-Strick-Gruppen, die da tätig wurden, 1960/61 [1970, der Verf.]. Und wir haben

---

100 ARICKAL, S. 14 f.
101 Vgl. Kapitel II.3.
102 ARICKAL, S. 7.
103 Vgl. auch Kapitel II.
104 Vgl. dazu Kapitel II.4.b.

dann 61 [1971, der Verf.] die Organisation sozusagen darüber gestülpt, kann man fast sagen, um da auch zuzuarbeiten, um vor allem den Import der Waren sicherzustellen.[105]

Die Aktion wurde vor allem von den Gruppen in den Pfarrgemeinden getragen, initiiert und personell betreut, und sollte in Arickals Erinnerung vor allem weiteren Gesprächen und besserer Bildung eines entwicklungspolitischen Bewusstseins dienen.

> Da hatten wir zum Beispiel einmal eine Kaffee-Aktion, wo Jugendliche Kaffee verkauft haben. Und zwar [für] 77 Pfennig oder so. Dann hat man gesagt: Ja, [da kann man] eine Mark geben. Aber dann haben die gesagt: Nein, ich will das zurückgeben. Also nur 77. Ja, warum? Ja, der Rest ist doch eine Spende, die könnt ihr doch gut nutzen. – Nein, wir brauchen keine Spende. Nur einen gerechten Preis. [...] Dann haben die gefragt: Ja, wieso? Was ist ein gerechter Preis? Dann haben die Jugendlichen angefangen zu erzählen, was da passiert, [mit dem] Kaffee dort in Guatemala und so. Das war nur ein Ausgangspunkt, um bestimmte Dinge zu erzählen. 77 stand natürlich für die Gruppe 77 der Entwicklungsländer. Aber da hat man dann ein wenig erzählt und erklärt. Und man musste auch lange anstehen. Es gab nur eine Kaffeemaschine. Dann hat man gefragt: Warum könnt ihr nicht mehrere Maschinen anschaffen? Dann hat man gesagt: Viele Menschen in der Welt warten noch länger. Das war aber nicht alles irgendwie initiiert von der Bundesebene, sondern manche Gruppen bringen solche Ideen mit. Wir geben nur den Rahmen.[106]

Allerdings erlebten die Verantwortlichen auch hier wieder Auseinandersetzungen über die Ausrichtung der Aktion, denn nicht alle wollten mit der Aktion lediglich einen Anlass für Gespräche schaffen.

> Und von Anfang an gab es einen Disput, der bis heute im fairen Handel noch drin ist: Ist die Hauptaufgabe die Bewusstseinsbildung oder ist es der Verkauf und die Förderung von lokalen Gruppierungen und Zusammenschlüssen; Produktionsgenossenschaften wie beim Kaffee oder so. Ich weiß, wir hatten ein Plakat bei der Aktion ›Dritte Welt‹-Handel, wo selbst im Plakat mit einem viel zu langen Text – ob den Leute überhaupt gelesen haben, weiß ich nicht – dargelegt wurde, wir seien keine Hilfsorganisation, sondern [...] wir wollten bewusst machen, und dass man dann ja [einen] Schwerpunkt auf Fairer Handel, den Ungerechtigkeiten, den ungerechten Strukturen im Welthandel [gelegt hat]. Das war ja der Hintergrund auch für die UNCTAD-Kampagnen. Und der andere Strang, ich erwähnte ihn ja schon, war eben [der, der] immer viel stärker auf Hilfeleistung, auf Verkauf rausging, auf Erweiterung des Angebotes. Dann haben zu Beginn, ich habe gerade einen Artikel geschrieben ›vom Bastkorb zum Guatemala-Kaffee‹ oder so ähnlich, zu Beginn war das nur Kunstgewerbe, was wir von Holland vor allem aus der S. O. S. bekamen. Dann haben wir gesagt, wir brauchen ›politische Ware‹, so haben wir das genannt. Da haben wir zusammen mit Misereor, Herr Mock bei Misereor, das mit dem Kaffee geregelt und haben – war das jetzt 72 oder 73? Das weiß ich nicht genau, kann man aber recherchieren – den ersten Guatemala-Kaffee verkauft, aus der Produktionsgenossenschaft Guagua. Ich weiß das noch so genau, weil ich mit Herrn Mock zusammen den ersten Prospekt gemacht habe, den wir dann unter das Volk bringen konnten. Da

---

105   NEYER, S. 4.
106   ARICKAL, S. 4.

konnte man am Kaffee sehr genau aufzeigen: Für so und so viel Sack Kaffee bekam man dann und dann einen Traktor. Obwohl die Bauern ja kaum mit Traktoren arbeiten [...]. Jetzt, nach zehn Jahren, muss man dafür diese Anzahl, also wesentlich mehr zahlen. Also diese ungerechten Austauschbedingungen. Die ›Dritte Welt‹ liefert Rohstoffe, wir bearbeiten sie zu Produkten und die verkaufen wir teurer wieder zurück, diesen Kreislauf. Und dagegen hat sich ja, da haben sich die UNCTAD-Kampagnen und auch die Aktion ›Dritte Welt‹-Handel gerichtet.[107]

Der zugrundeliegende Konflikt in dieser Frage nach der Ausrichtung der Aktion war einer, der die gesamte Entwicklungsarbeit der Kirche von Beginn an begleitete, in der ›Aktion Dritte Welt-Handel‹ aber offen zutage trat, weil hier deutlich links stehende Jugendgruppen und die »Dritte Welt«-Läden mit am Tisch saßen und die bisherige karitative Arbeit noch schärfer infrage stellten, als dies die kirchlichen Akteure vermochten.

[E]s gab natürlich bei den Kirchen Vorbehalte gegen manche sehr extreme entwicklungspolitische Gruppen. Die sind im BuKo, im Bundeskongress entwicklungspolitischer Gruppen zusammengeschlossen. Da bestanden große Berührungsängste. Wir haben eigentlich versucht, die abzubauen. Es gab in Freiburg dieses IZ3W, Informationszentrum ›Dritte Welt‹, die eine Zeitschrift auch herausbrachten. Die haben die Kirchen oft kritisiert.[108]

Vor allem aber die Bischöfe seien als Bremser aufgetreten.

Die Kritik, die Probleme, die Bremsen, die kamen zum Teil von den deutschen Bischöfen. Da gab es welche, die uns am liebsten den Hahn zugedreht hätten. Leute wie Herr Dyba[109] aus Fulda, der in Brasilien, wo Misereor ganz stark die ›Pastoral da terra‹ finanziert hat und finanziert, die politische Arbeit beenden wollte. Misereor wollte den Menschen nicht in ihrer bitteren Armut helfen, sondern sie dabei unterstützen, sich zu organisieren. Die konnten gar nicht mehr fischen, weil die Zuckerindustrie denen die gesamte Melasse und den Dreck ihrer Zuckerfabrik in die Lagunen reingeschüttet hat. Die Fische starben. Die Bischofskonferenz hatte einen deutschstämmigen Franziskanerpater für die Fischerpastoral abgestellt. Der ging nach Brasilia zur Regierung und hat dafür gesorgt, dass die Menschen ihre Rechte bekamen. Bischof Dyba aber hat nur die caritative Arbeit akzeptiert. Da gab es bittere Kämpfe in den Sitzungen und in der Öffentlichkeit. Ich war einmal in der Diözese Essen unter Bischof Hengsbach. Ich habe natürlich auch gesagt, was ich für richtig halte, und die Leute waren sehr angetan. Es kamen natürlich nur die aufgeschlossenen Zuhörer, das darf man nicht vergessen. Die, die anderer Meinung waren, sind gar nicht gekommen, insofern darf man sich da auch nichts vormachen.

---

107 NEYER, S. 4 f.
108 EBD., S. 13.
109 JOHANNES DYBA (1929–2000). Studium der Theologie und Rechtswissenschaft. 1959 Priesterweihe. 1960–1983 an verschiedenen Stellen im diplomatischen Dienst des Heiligen Stuhls, darunter 1977–1979 Vizesekretär der Kommission ›Justitia et Pax‹. 1979 Bischofsweihe. 1983 Ernennung zum Bischof von Fulda. 1983–1989 Mitglied der Kommission Weltkirche der Deutschen Bischofskonferenz. Vgl. L. SCHICK, Art. Johannes Dyba, Sp. 65.

Aber der Pater der Gemeinde hat mir dann erzählt, mein Vortrag habe solche Wellen geschlagen, dass der Bischof gesagt hat: ›Der Mock kommt nicht mehr in meine Diözese.‹ Das gab es auch, dass Bischöfe die Arbeit von Misereor in den Gremien und auch vor Ort blockiert haben. Das war bitter und hart, weil sie zum Teil an wichtigen Stellen waren, aber da saß ich ja nicht. Ich war nicht der Geschäftsführer. Dass ich nicht mehr nach Essen durfte, habe ich nicht erfahren, und außerdem hat mich das auch nicht gestört. Wenn ich irgendwo eingeladen war, bin ich hingegangen. Das waren die Bischöfe.[110]

Aber auch die ökumenische Arbeit stieß auf Kritik und Widerstände.

Da gingen, ich glaube, ich sagte es schon, die Evangelen immer ein bisschen weiter noch als wir. Man hatte es bei uns so traditionell: Die Bischofskonferenz mischt sich nicht in Politik ein und weiß ich was. Wieso sagt die etwas zu UNCTAD? Das war natürlich ein Konflikt, wurde ihr vorgeworfen. Da macht ihr eine Grenzüberschreitung. Bleibt bei eurem Zeug. Deshalb war es eigentlich gut, dass die GKKE solche Dinge gemacht hat. Eine nicht unbedingt kirchen-offizielle Gruppierung, aber eine mit Finanzierung und Wohlwollen der Kirchen laufende.[111]

Dieses Moment hoben verschiedene Zeitzeugen hervor. Zwar hätten die kirchlichen Amtsträger Kritik und bisweilen auch Druck ausgeübt, immer aber die Arbeit der Verbände und Institutionen finanziert.

Für manche ist Entwicklungspolitik oder diese Fragestellungen eine Störung. Eine Störung, die man im alltäglichen Leben hat. Weil man sagt ja nicht, bitte gib mal den Hungernden Essen. Manchmal sagt man, weißt du, dass die hungern, weil wir Überfluss hatten? Wie unser Überfluss gekommen ist? Und dann bekommt man das Gefühl: Okay, ich soll nicht nur geben, sondern auch noch ein schlechtes Gewissen haben. Ja? In dem Sinne ist es doch eine Fragestellung meiner Eltern, meiner Vorfahren. Ihr habt doch diese Struktur eigentlich gebildet, die Struktur der Ausbeutung und so weiter. Also, ich meine, ich würde hoffentlich irgendwas sagen, aber manche Jugendlichen sind nicht so diplomatisch und die stellen diese Fragen auch zuhause. Und das ist dann störend, solche Konflikte. Aber ich bewundere die Hierarchie in einem Sinne: Trotz allem haben die das alles mitfinanziert.[112]

Nicht nur zwischen stürmischen Jugendlichen und den etablierteren Katholiken, auch zwischen den Werken kam es immer wieder zu Kontroversen und Konkurrenz.

Es gab ja immer Projekte, die in die Zielsetzung unterschiedlicher Hilfswerke fielen. Da gab es immer eine Grauzone. Wer war mehr verantwortlich, wer sollte die Federführung übernehmen. Die Rivalität unter den Hilfswerken war groß.[113]

---

110 MOCK, S. 14.
111 NEYER, S. 14.
112 ARICKAL, S. 9.
113 SCHWARZ.

Auch die Spendensammlungen, ihre jeweiligen Sammeltermine und die Verteilung etwa von Sonderkollekten bei akuten Katastrophen führten immer wieder zu Kompetenzgerangel. Auch die Hilfsmaßnahmen nicht immer deutlich abgrenzbar. Wo also begann der Bereich Misereors, also die langfristige Hilfe, wo endete die Katastrophenhilfe, die der Caritas unterstand?

> Vereinigt waren die Hilfswerken unter dem Dach der deutschen Kommission Justitia et Pax. Lange Zeit hatte ich dort den Vorsitz inne. Wichtiger Partner der Kommission war das Zentralkomitee der deutschen Katholiken. Mitglieder des Zentralkomitees hatten auch ein gewisses Mitspracherecht bei den Hilfswerken. Der Generalsekretär Doktor Kronenberg achtete auf eine Führungsrolle des Zentralkomitees. Vor allem wenn es um Gespräche mit der Bundesregierung ging, dort vor allem mit dem Ministerium für wirtschaftliche Zusammenarbeit, wollte das Zentralkomitee mit einbezogen sein. Gegenüber der Bischofskonferenz war die deutsche Kommission Justitia et Pax autonom, eine Einflussnahme wurde abgelehnt, weil wir sowohl bei den Hilfswerken als auch bei der Kommission vom Selbstverständnis her gut aufgestellt waren. Seit der Gründung der Hilfswerke war genug Erfahrung gesammelt worden, wenn es um Armutsbekämpfung und eine positive Entwicklungszusammenarbeit ging.[114]

Die Aufteilung und die starre Struktur der Hilfswerke erzeugten bei Schwarz immer wieder jedoch auch Wut, weil sie den Anforderungen zügiger und unproblematischer Hilfe nicht gerecht wurden.

> Der Staat legte Wert darauf, über das BMZ mit den Hilfswerken, besonders mit Misereor, zusammenzuarbeiten. Anvertrautes Geld verlangte gute Verwaltung. Wir wurden jährlich vom Bundesrechnungshof überprüft. Manchmal war es gar nicht leicht, alle Belege zusammenzubringen, weil in den Partnerländern die Infrastruktur fehlte. Die Deutsche Bischofskonferenz achtete von Anfang an mittels seiner Bischofskommission auf eine solide legale Struktur des Hilfswerkes Misereor. Verein und Beirat waren mit kompetenten Leuten besetzt, die Organisation und Geschäftsbetrieb gründlich überwachten. Das Vertrauen der Spender konnte so erhalten bleiben. Dazu eine Geschichte. An einem Samstagmorgen saß ich im Büro, um die Unterschriftsmappen abzuarbeiten. Samstags- und Sonntagsarbeit waren nicht zu vermeiden. Ich wollte dann auch nicht gestört werden. Und da klingelt das Telefon und die Pfortensekretärin erbittet meine Präsenz in der Empfangshalle. Ich habe keine Zeit, war meine Antwort. Nach einer Weile rief sie wieder an: Ich glaube, Sie müssen jetzt kommen. Noch einmal verweigerte ich, hatte dann ein schlechtes Gewissen und eilte mürrisch in die Empfangshalle. Das war eine eindrucksvolle Halle: an den Wänden die Bilder der Armut. Unten stand einer mit Krücken. Er sagte: Ich weiß, Sie haben keine Zeit. Ich werde Sie auch nicht aufhalten. Hier meine Geschichte: Ich bin am ersten Tag des Zweiten Weltkrieges schwer verwundet worden. Keine Nacht kann ich schlafen. Die Nervenschmerzen sind so groß. Wenn ich nicht schlafen kann, denke ich an das Elend der Welt. Ich will helfen. Ich habe ein bisschen gespart. Er griff in seine Jacke und überreichte mir ein kleines Büchlein. Bescheinigung brauche

---

114 EBD.

ich nicht. Hier! Nehmen Sie es. 35.000 DM standen im Sparbuch. Ich habe mich selten so geschämt, wie in diesem Augenblick. Aber er war schon verschwunden. Über die Bank habe ich seine Adresse gefunden und ihn öfters besucht.[115]

An der Person Leo Schwarz zeigt sich, wie der Pragmatismus der ersten ›Entwickler-Generation‹ langsam an Grenzen stieß. Nicht nur wurde er den Anforderungen von zügiger und unkomplizierter Hilfe immer weniger gerecht, Schwarz erlebte auch, dass er geradezu tötete.

Auch das Verhalten mancher der sogenannten Funktionäre bei Misereor regte mich auf. Es gab der Fallbeispiele, die mich fassungslos machten. Eine Ordensgemeinschaft schickt einen Projektantrag für ein neues Auto. Der Orden leistete einen großen pastoralen Dienst. Der zuständige Referent schickte den Antrag zurück, weil die Unterschrift des Bischofs fehlte. Dann wurde der Antrag erneut eingereicht mit der Unterschrift des Bischofs. Er wurde zurückgeschickt, weil nicht klar war, wie viel Geld der Orden für das alte, im Gebrauch befindliche Auto einnehmen würden. Diese Summe sollte später von der zu bewilligenden Summe abgezogen werden. Wieder ging der Antrag zurück. Und dann diese Postwege. Und dann landete ein Brief auf meinem Schreibtisch, der sagte: Wir verzichten auf das neue Auto, unsere Oberin ist mit unserem alten Auto tödlich verunglückt. Ich habe mir erlaubt eine Hausversammlung einzuberufen und habe dann ohne weiteren Kommentar diese Projektgeschichte vorgetragen. Viele im Hause waren wütend, besonders die Mitarbeitervertretung. Sie haben von mir verlangt, eine neue Hausversammlung einzuberufen und mich vor der Belegschaft zu entschuldigen. Ich habe mich entschuldigt, obwohl es mir sehr schwer gefallen ist. Aber ich glaube, das Haus hat verstanden, um was es bei unserer Arbeit geht.[116]

Zwei Aspekte lassen sich an dieser Stelle aus den Erinnerungen herausarbeiten: ein Konflikt über die Kirche und ein Konflik der Generationen. Zunächst lassen sich konfligierende Konzepte darüber nachzeichnen, was und wie Kirche zu sein habe, Konflikte also um das Bild und den Auftrag von Kirche[117]. Besonders prägend waren in dieser Frage für Norbert Arntz die Bischöfe und Unterzeichner des Katakombenpaktes[118].

---

115 SCHWARZ.

116 EBD.

117 Vgl. dazu Diskussionen im Freckenhorster Kreis: T. GROSSBÖLTING, Wie ist Christsein heute möglich?, S. 172–187.

118 NORBERT ARNTZ (* 1943). Studium der Katholischen Theologie und Sozialwissenschaften in Münster, München und Mainz sowie am Instituto Bartolomé de Las Casas in Lima / Perú und am Departamento Ecuménico de Investigaciones in San José / Costa Rica. 1970 Priesterweihe. 1983–1990 »weltkirchliche Lehrzeit« in Peru. 1990–1998 Bildungsabteilung des Bischöflichen Hilfswerkes Misereor. 2001–2009 Missionszentrale der Franziskaner, Bonn. 2008–2012 Pastoralteam der Pfarrei Heilige Dreifaltigkeit Kleve und Begleiter für Eine-Welt-Solidaritätsgruppen am Niederrhein. Beobachter der Generalversammlungen des lateinamerikanischen Episkopats in Santo Domingo 1992 und Aparecida 2007. Diese Angaben beruhen auf Selbstauskunft.

Die kommen in den Freckenhorster Kreis und präsentieren uns natürlich ein völlig anderes Bischofsbild. Und nicht nur ein anderes Bischofsbild, sondern sie vermitteln ein völlig anderes Kirchenbild. [...] Das Verständnis von der Kirche der Armen und Kirche des Volkes. Ich kann mich genau daran erinnern, wie wir damals mit Adolf Exeler[119] im Freckenhorster Kreis über die Theologie des Volkes [sprachen], was das bedeutete für Lateinamerika. Was ›pueblo‹ im Spanischen bedeutet, dass das nicht einfach so ein nationalistischer Begriff von Volk ist, sondern, dass es ὄχλος ist, die plebs, die Plebeier. Das unterdrückte, geharnischte, das geschlagene, kleingemachte Volk. Das war natürlich eine unglaubliche Schule, auch weltkirchliche Schule schon über das Studium hinaus. Die Universität hatte damals sicher durch Johann Baptist Metz und durch all das, was in Münster passierte, schon auch eine wichtige Anstoßrolle.[120]

Bei Arntz führten diese Begegnungen zu einem Erwachen und zu einem starken Interesse, Kirche in anderer Weise zu denken und zu gestalten.

Ich kann immer nur dankbar staunend von einem gegenseitigen Erwachen erzählen, nicht nur ein persönliches, sondern immer auch ein mystisch-politisches. In den 70er-Jahren in der Kirchengemeinde haben wir das konkrete Engagement für die Errichtung eines offenen Jugendzentrums miteinander verbunden, gegen den gesamten Willen eines bürgerlichen, von der CDU bestimmten und gegen jegliche Linkstendenzen immunen Stadtlebens. Das war so eine westfälische Kleinstadt, in der die ›Poahl‹-Bürger[121] das Sagen hatten. Und dann haben wir da eine Demonstration gemacht, als der Franco[122] in den letzten Zuckungen seines Regimes Basken ermorden ließ. Man muss sich vorstellen: Wir in Waltrop am Rande des Ruhrgebiets in einer kleinen westfälischen [Stadt] machen eine Demonstration mit 500 Leuten in einer 30.000 einwohnerstarken Stadt. Und gleichzeitig ist das die Eine-Welt-Gruppe. Das heißt, damals war bereits das bei uns im Spiel, was wir später die ›glokale Orientierung‹ nannten. Je länger ich im Dienst war, desto mehr stellte sich heraus, dass ich dieses Engagement der Solidarität mit den Menschen in der ›Dritten Welt‹ nur dann weitertragen kann, wenn ich auch eigene Erfahrungen mache. Ich hatte mit Erwin Mock früh Kontakte gehabt, ich bin häufig nach Aachen gefahren und habe häufig auch an Tagungen von Misereor teilgenommen. Ich habe den auch zu uns in die Pastoralkonferenz geholt, um auf diese Weise diesen bürgerlichen Katholizismus anzuregen mit den Impulsen, die aus der Misereor-Arbeit aus der sogenannten ›Dritten Welt‹ kamen.[123]

---

119   ADOLF EXELER (1926–1983). Studium der Theologie in Münster und München. 1951 Priesterweihe. 1957 Promotion. 1963 Habilitation. 1965–1969 Professor für Pädagogik und Katechetik an der Universität Freiburg. 1969–1983 Professor für Pastoraltheologie und Religionspädagogik an der Universität Münster. Vgl. G. BITTER, Art. Adolf Exeler, Sp. 1103 f.

120   ARNTZ, S. 4.

121   Pohlbürger, auch Poahlbürger, westfälisch für Pfahlbürger. Der aus dem mittelalterlichen Rechtssystem stammende Begriff des Pfahlbürgers meint in Westfalen alteingesessene Urwestfalen. Diesen Hinweis verdanke ich Herrn Prof. Dr. Andreas Holzem.

122   FRANCISCO FRANCO (1892–1975). Spanischer General und Politiker. 1939–1975 Staatschef Spaniens. Vgl. etwa: C. C. SEIDEL, Franco.

123   ARNTZ, S. 4.

Die Unterzeichner des Katakombenpaktes waren dabei für ihn gewissermaßen Lichtgestalten, die unter Inkaufnahme persönlicher Nachteile für ein Kirchenbild eintraten, das die Option für die Armen radikal auch im eigenen Habitus ernst nahm.

> Darum sind ja auch alle diejenigen, die den Katakombenpakt unterzeichnet haben, marginalisiert worden. Julius Angerhausen ist von Hengsbach regelrecht drangsaliert worden. Der hat noch fungiert als Sekretär für die kleinen Bischöfe und hatte die Korrespondenz zwischen ihnen organisiert nach dem Katakombenpakt, er hat sich um die Ausländerseelsorge im Ruhrgebiet gekümmert, aber er durfte nicht aktiv werden. Darum ist der nicht kirchenpolitisch aktiv geworden. Man muss natürlich auch verstehen, diese Bischöfe des Katakombenpaktes hatten deshalb im <u>Konzil</u> keine Resonanz, weil diese französisch-deutsch-belgische-US-amerikanische Front die weit überwiegende Mehrheit aller Aktiven auf dem Konzil darstellte. Und diese natürlich in ihrem <u>Aufholungs</u>bedürfnis oder <u>Nach</u>holungsbedürfnis der Französischen Revolution und der Aufklärung, der Anerkennung der Menschenrechte, der Gewissensfreiheit und so weiter sagten, wir müssen jetzt endlich gesprächsfähig mit dieser bürgerlichen Gesellschaft werden. Damit übersahen sie die Opfer der bürgerlichen Gesellschaft, die aber repräsentiert waren von Hélder Câmara. Wenn ich Hélder Câmara sage, meine ich die personale Vertretung aller. Und deshalb muss man von Hélder Câmara reden, weil er mit seinen 290 Konzilsbriefen, in denen er das alles fein aufschreibt, sozusagen der <u>Notar</u> ist. Ebenso Congar mit seinem Buch ›Für eine dienende und arme Kirche‹[124] Das sind die Vorträge, die er vor dieser Gruppe ›Kirche der Armen‹ gehalten hat, wo er die <u>Macht</u>symbole der konstantinischen Kirche in ihrer Herkunft erklärt und sie damit sozusagen zu handhabbaren Größen machte und desakralisierte. Darum geht es ja! Was die für eine Schule nötig hatten, um sich aus ihren <u>Mitren</u> zu befreien. Wenn die da im ersten Abschnitt schreiben: Wir verpflichten uns, so zu leben, wie die Menschen um uns herum üblicherweise leben – dann würden wir heute sagen: Was ist das denn für eine Banalität? Aber man muss sich ja vorstellen, ein Hélder Câmara, der Weihbischof in Rio de Janeiro ist, <u>Erzbischof</u> in Recife wird, und da in den erzbischöflichen Palast ziehen soll, weigert sich, da rein zu ziehen, und zieht stattdessen in die Sakristei einer Favela-Kirche. Was das für eine persönliche und gesellschaftliche Revolution bedeutet.[125]

Dieses Erlebnis der ›Desakralisierung‹ von Kirche blieb für Arntz ein bestimmendes Moment seiner priesterlichen Arbeit und darüber hinaus. Gleichwohl stellte dieses Modell von Kirche, für das die Unterzeichner des Katakombenpaktes eintraten, die konkrete geschichtliche Ausprägung der Kirche derart in Frage, dass es große Spannung erzeugte.

In der Fortführung dieses Habitus stand in deutlich gemäßigterer Weise Leo Schwarz' Forderung nach einem alternativen Lebensstil, den er auf dem Freiburger Katholikentag gefordert hatte.

---

124 Y. CONGAR, Für eine dienende und arme Kirche.
125 ARNTZ, S. 6 f.

Als wir bei Misereor die neuen Leitworte ›einfacher leben, damit andere überleben‹ einführten, gab es heftige Reaktionen der Wirtschaftsexperten. Konsum ist notwendig, damit Sozialleistungen erbracht werden können, hieß es. Konsumverzicht ist schädlich für die Gesellschaft. Ich bin oft genug in die Pfarreien gegangen und habe dort gepredigt. Oft genug habe ich gemerkt, wie hilflos die Menschen sind, wenn sie ihre Rolle in der Weltgesellschaft überdenken. ›Jetzt sagen Sie uns doch, wie wir helfen können‹, wurde ich gefragt. Ich habe dann immer vier Stichworte gegeben:

Einsichten: Man muss die Realität der Welt kennen, wenn es um Verteilungsgerechtigkeit geht. Die bestehenden Unrechtsstrukturen müssen uns belasten.

Einüben: Man darf nicht nur von Solidarität reden. Man muss sie einüben. Die Armen der Welt schleppen ihre Sachen auf dem Kopf, in den Händen, auf dem Rücken. Es wird Zeit, dass man noch einmal einen Koffer trägt, ruhig in einer Menschenschlange steht. An einem Tag nur Reis isst, einmal auf dem Boden schläft. Man muss ein Gefühl für die Situation der Armen entwickeln.

Einsetzen: Wer auch immer die Gelegenheit hat, soll einmal eine gewisse Zeit mit den Armen verbringen, um deren Würde kennen zu lernen. Die Armen sind nicht die faulen, die nur wollen. Wer ihnen eine Chance gibt, wird bald feststellen, welche Fähigkeiten sie besitzen.

Eine neue Gütergemeinschaft: Ich habe immer nach neuen Modellen der Weltempfindlichkeit gesucht. In der Nähe von Aachen bin ich auf eine Gütergemeinschaft gestoßen, in der etwa 20 Familien zusammenlebten. Sie hatten ein großes Gut gepachtet. Jeder hat seinen Beruf ausgeübt, aber das Einkommen wurde zusammengetragen und solidarisch weltweit eingesetzt. Die Gespräche mit dieser neuen Gütergemeinschaft waren überaus hilfreich für mich.[126]

Für diese Lebensstilveränderung waren besonders, wie im vorhergehenden Kapitel aufgezeigt, die Jugendlichen empfänglich.

Daraus ergibt sich der zweite Aspekt, der aus den Erinnerungen der Zeitzeugen zu gewinnen ist. Das Bewältigungshandeln verdichtete sich, zumindest auf einer semantischen Ebene, zu einem Generationenkonflikt zwischen den pragmatischen Verwaltern innerhalb der gewohnten amtskirchlichen Strukturen einerseits und den ›neuen Ideologen‹ andererseits, die weder karitativ helfen noch in einer Weiterentwicklung der Bewältigungsstrategien des Sozialkatholizismus des 19. Jahrhunderts verharren wollten, sondern im Sinne eines dritten Weges immer mehr die Rolle der Kirche selbst infrage stellten[127]. Für Arickal waren es insbesondere die Jugendlichen, die ein Gespür für anstehende Veränderungen entwickelten, als ›Seismografen‹ dienten.

Also Jugendliche haben nach meiner Meinung ein Gespür, bestimmte Bewegungen in der Gesellschaft zu spüren; Ungerechtigkeit oder Leid von Menschen. Jugendliche reagieren nicht so diplomatisch, sondern die spüren was und reagieren. Seismographisch bedeutet ja ›spüren‹. Da ich habe das Gefühl, dass Jugendliche viel früher Probleme formulieren, nicht so diplomatisch, nicht so perfekt, aber irgendwie dieses Gespür [haben]: Da geschieht was Ungerechtes. Da ist irgendetwas Problematisches. Aber ohne

---

126 Schwarz.
127 Vgl. dazu Kapitel II.6 und III. 5.

zu erklären, warum. Das können vielleicht andere. Aber die <u>melden</u> sich. So ähnlich wie man zum Beispiel sagt, dass bei einem Tsunami die Katzen oder so bestimmte Tiere spüren, dass diese Katastrophe kommt. Und wahrscheinlich sind die Jugendlichen weniger mit so vielen Problemen verhaftet oder nicht so abwesend, sondern die können schneller bestimmte Entwicklungen entdecken. Und ohne nachher zu sagen: ›Hoppla, wir haben doch Recht gehabt!‹ Viele Themen, die jetzt so selbstverständlich sind, wurden von Jugendorganisationen, von Jugendlichen, unter anderem auch von Verbänden aufgegriffen. Die Grenzen des Wachstums, das war der gewichtigste Club of Rome mit älteren Leuten. Aber dass wir hier die Gefahr von Atomenergie, und dass wir nur begrenzte Ressourcen haben, das haben die Jugendverbände früher schon in dem Sinne formuliert. In der Friedensarbeit, dass die Rüstungspolitik in dem Sinn langfristig gefährlich sein kann, und viele Ressourcen wegschluckt und die Rüstungsexporte in Krisengebiete, das haben aej und BDKJ früher angefangen. Jetzt haben viele da Verständnis dafür. Diese Anti-Kolonialismus[-Kampagnen] haben <u>eindeutig</u> Jugendorganisationen früher angefangen als etwa so anerkannte Organisationen wie das Zentralkomitee der deutschen Katholiken oder der Evangelische Kirchentag oder so. Die Initiative vom BDKJ im Jahre 58, diese Fastenaktion, dieses Einbringen des Anliegens in das Zentralkomitee und vom Zentralkomitee zur Bischofskonferenz, zu Kardinal Frings. Das ist ja kein Zufall. Weil die nicht nur spüren, sondern weil die auch frei sind. Die haben nicht so viel zu verlieren. Die Jugend ist ein bisschen freier, das Gespür zum Ausdruck zu bringen. Ich sehe heute die Gesichter von den Leuten, die damals auf Mandela geschimpft haben. Und heute verehren die ihn so. Allerdings haben auch andere mitgespielt. Das ist ganz klar. Hélder Câmara oder lateinamerikanische Bischöfe aus El Salvador oder Mutter Teresa. Also die Jugend bekommt so was nicht von sich aus. Es gibt so bestimmte Leitbilder, und von denen werden die Personen motiviert. Dann haben die eine Orientierung und dann agieren die.[128]

Die Jugendlichen seien damit, so Arickal, »in gewissem Sinne ein Stachel im Fleische der Gesellschaft«[129], könnten Themen besetzen und gelegentlich auch undiplomatisch etablieren. Dieses Agieren, das »Stachel-Sein«, führte aber schnell zu Konflikten innerhalb des Katholizismus und den insbesondere an die Jugendlichen gerichteten Erwartungen ebenso wie außerhalb des katholischen Wirkungsfeldes. Außerhalb mussten sie immer wieder feststellen, als Vertreter der Kirche wahrgenommen zu werden und damit als tendenziell rechts, während sie innerhalb des Katholizismus dem linken politischen Spektrum zugerechnet wurden. Daran aber entzündeten sich bei konkreten politischen Fragestellungen immer wieder handfeste Konflikte.

Also ein Beispiel ist: Wir hatten die Namibia-Woche initiiert. [...] Ja, und dann hat die BDKJ-Leitung mir gesagt, wir gehen einmal den Bischof Hengsbach besuchen. Der hat so manche Fragen dazu. [...] Und dann hat er die Frage gestellt: Wohin führt ihr die Jugend? Anscheinend hatte er Informationen vom Bischof in Windhoek [Namibia, der Verf.], dass die SWAPO[130] vielleicht mit Russen und mit dem Kommunismus und so

---

128 ARICKAL, S. 17.
129 EBD., S. 8.
130 Die ›SWAPO Party of Namibia‹ (SWAPO9; früher ›South-West Africa People's Organisation‹ ist eine politische Partei in Namibia und bildet seit der Unabhängigkeit 1990 die Regierungen des Landes. Davor war die SWAPO eine marxistisch orientierte Befreiungsbewegung, die auch gegen

weiter liiert <u>wäre</u>. Und seid ihr wirklich sicher, dass durch eine Machtübernahme durch die SWAPO tatsächlich dort Frieden gestiftet wird – oder Gemetzel? Mehr oder weniger ein Hinweis, dass man sehr vorsichtig sein soll. Was ich damals auch nachvollziehen konnte. Aber ich habe trotzdem gesagt, das kann kein Grund sein, diese ewige Apartheid und den Kolonialismus zu dulden.[131]

Die Namibia-Woche war ein Beispiel, in dem sich auch zeigte, welche Interessen Misereor verfolgte und wie diese gegen die Überzeugungen der Jugendlichen liefen.

Damals hatten mehrere Bischöfe, auch der Jugendbischof Tenhumberg, obwohl er uns immer als Jugendbischof ermuntert hat, so Aktionen und so weiter zu machen, diese <u>Skepsis</u>. Und das bischöfliche Hilfswerk Misereor war kritisch. Misereor war, nach meiner Meinung, in diesem Punkt noch nicht so weit. Misereor hatte ja auch mehr Zugzwänge. Die können ja nicht wie ein Jugendverband so nach außen auftreten, sondern die müssen gucken, wie die Spender in der katholischen Kirche irgendwie auch nachvollziehen, was Misereor macht. Und darum war zum Beispiel Misereor damals, soweit ich erinnere, nicht bereit, zum Beispiel diese Aktion zu unterstützen. Der Unterschied damals in der Jugendarbeit [war die] Finanzierung von Aktionen: Für die evangelische Kirche gab es eine Organisation: ABP[132], ich weiß nicht mehr, was die full -Form ist. Aktionen wurden von ABP finanziert, durch die Kirche. Eine Parallel-ABP gab es nicht, sondern das Geld war bei Misereor. Misereor hatte eigentlich den gesamten Topf. Und wir wollten eben von denen etwas haben, haben aber nichts bekommen. Und dann hat man eben diskutiert: Ja, warum geben die nichts? Weil die sagen, was ihr da macht, eure Position können wir nicht mittragen. Damals. Aber ich glaube, in den 8oer Jahren hat Misereor selber eine Südafrika-Kampagne durchgeführt. Eine Fastenaktion fand unter dem Titel ›Südafrika‹ und Anti-Apartheidpolitik und so etwas statt. Auch damals hatte Misereor Probleme mit Bischöfen gehabt.[133]

George Arickal als Vertreter des BDKJ im KAEF sah sich in den katholischen Gremien immer wieder als Sprachrohr der Jugend, stellte Fragen, die »gefragt werden sollten«, neben dem Streitfall Namibia auch in den Debatten um eine neue Struktur der Weltwirtschaft.

Und dann kommt eben die Diskussion, UNCTAD, Welthandel und manche Vertreter von der CDU, die auch im Zentralkomitee sitzen, sagten, man soll eben eine freie Marktwirtschaft, und nicht eine regulierende [anstreben]. Wir wollen auch nicht regulieren, aber wir wissen, dass diese freie Marktwirtschaft, <u>wie sie</u> so existiert, ausbeutend ist. Dieses kapitalistische System muss <u>neu</u> geordnet werden. Aber das bedeutet nicht, Zentralplanwirtschaft oder so etwas einzuführen. Aber in bestimmten Dingen soll sich auch

---

die Besatzungsmacht Südafrika kämpfte. Vgl. Franz Ansprenger, Die SWAPO. Profil einer afrikanischen Befreiungsbewegung, Mainz 1984.

131   Arickal, S. 7 f.
132   ABP ist seit 1977 der Ausschuss für entwicklungsbezogene Bildung und Publizistik des Kirchlichen Entwicklungsdienstes der evangelischen Kirche. Vgl. URL: http://www.brot-fuer-die-welt.de/presse/pressemeldung.html?tx_aspresse_pi1[page]=83&tx_aspresse_pi1[item]=1556 (Stand: 3.10.2015).
133   Arickal, S. 9.

> die Kirche dessen bewusst sein, beim Waffenexport, bei Diskussionen im Dialog mit den Politikern. Die Kirche hat ja große Macht im Politik-Dialog, auf die Minister und die Bundesregierung. Manche haben schon auch[auf das] katholische Büro, auf Misereor, auf die Bischöfe und so weiter gehört. Die Rolle der Kirche ist, nach meiner Meinung, in Deutschland, die Verflochtenheit der <u>Kirchenleute</u> in politischen Parteien und so weiter ist sehr, sehr stark. Und da haben wir gesagt, ihr sollt eben bei eurer Positionsbeschreibung solche Dinge auch <u>mit</u>vertreten. Wir waren auch Partner im Dialog-Programm. Kennen Sie das? Das, wo sehr viele Arbeitskreise mit Gewerkschaften Gespräche geführt haben, mit politischen Parteien und so. Ich war Mitglied in der Gesprächsgruppe mit dem DGB. Und da haben wir immer ein wenig divergierende [Ansichten gehabt]. Zum Beispiel war der <u>Begriff</u> ›Weltwirtschaftsordnung‹, ›neue Weltwirtschaftsordnung‹ für manche Leute etwas zu revolutionär. Heutzutage würde man das nicht sagen.[134]

Dieses Thema brannte den Jugendvertretern vor allem deshalb unter den Nägeln, weil sie mit der ›Aktion Dritte Welt-Handel‹ intensive Handelserfahrungen gemacht hatten und machten. Diese Erfahrungen aber führten zu einer Infragestellung der existierenden Marktwirtschaft.

> Und dann denken plötzlich einige auch bei Misereor: Man darf nicht <u>so</u> weit kritisieren, weil wir nicht den Ast abschneiden sollen, worauf wir sitzen. Und das Gefährliche war damals für die Engagierten in diesen Aktionen oder auch bei den Jugendverbänden, dass bei <u>jeder</u> kritischen Aktion manche, eher wichtige Leute in beiden Kirchen immer argumentiert haben: Diese Position wird vom Ostblock finanziert. Das ist der Geist des ›Kapital‹ von Marx. Dieser Osten ist Agenda, besonders wenn es um Kolonialisierung, Entkolonialisierung oder Weltwirtschaftsordnung und so weiter geht. Und mit dieser Argumentation hat man ein großes Problem. Ich habe einmal einen Kommentar geschrieben, das ist nicht aus dem ›Kapital‹ von Marx, sondern die Botschaft Jesu Christi – nichts mehr und nichts weniger. Es gab eine Instrumentalisierung der Ideologie. Und zu sagen, dass alle diese Leute, die solche Aktionen machen, links, vom Osten beeinflusst sind, war ein Argument, das lange lebte. Auch die katholische Nachrichtenagentur hat manchmal solche Dinge behauptet.[135]

Arickal erinnert die Konsequenzen sogar so weit, dass Untersuchungen über die Träger dieser Aktionen angestellt wurden.

> Die haben regelrecht Leute beauftragt, zu untersuchen, wer da hinter dieser Kampagne steht. Einmal hat ein Leiter, ein Bundespräses mir gesagt: Es gibt da Akten auch über mich. Aber, ich habe gesagt: Warum ist das so wichtig?[136]

Dabei verstanden sich die Vertreter der Jugend nicht als Gegner der Hilfswerke, auch wenn sie, wie Vesper, deutliche Kritik an deren Arbeitsweise äußerten und auch publizierten.

---

134 EBD., S. 8.
135 EBD., S. 10.
136 EBD., S. 9 f.

Das war ja auch ein Stück Abnabelung würde ich sagen, und auch der Versuch, manche Dinge auf den Punkt zu bringen, die ich mir gefühlsmäßig in den Jahren erarbeitet oder auch in gewisser Weise erfühlt habe. Und ja, dann haben wir das auch veröffentlicht und das hat natürlich Stunk gegeben. Das ist klar. Aber da ich schon damals keiner war, der jetzt Leuten eine in die Fresse gehauen hat, sondern [es] dann auch [einen] verbindlichen Ton gab bei Diskussionen, hat das meiner Reputation nicht geschadet in der Hinsicht. Ich hab es jetzt natürlich lange nicht mehr angeguckt, aber ich vermute, dass ich all das, was ich damals geschrieben habe, auch heute noch schreiben würde. [...]

Meine Dissertation habe ich dann über die Homelands in Namibia geschrieben. Da gab es Zoff, ganz klar. Also ich meine, man muss auch sagen, ich habe Misereor nicht abgelehnt oder Adveniat. Sondern ich habe gesagt, ihr müsst politischer werden, ihr müsst die Dinge auf den Punkt bringen. Einfach nur Geld geben reicht nicht, man muss auch Strukturen verändern. Hilfe zur Selbsthilfe.[137]

Zentral war in dieser Debatte um die Kritik an den Hilfswerken die eigene Veränderung der Gesellschaft, die nicht von allen in dieser Deutlichkeit geteilt wurde.

Also Hilfe durch Selbsthilfe unterschreiben alle. Die Selbstentfaltungskräfte der Menschen und der Glaube, dass selbst die Ärmsten der Armen Selbsthilfekräfte haben. Eigene Aspirationen haben. Eigene Visionen haben. Und die soll man verstehen, nachvollziehen und diesen Menschen begleiten auf <u>ihrem</u> Weg. Als Hilfe zu Selbsthilfe. Da haben wir keine Unterschiede. Aber dieser Aspekt der Änderungen in dieser Gesellschaft als Voraussetzung zur konsistenten, langfristigen Entwicklungszusammenarbeit, diese <u>eigene</u> Änderung dazu, ist schwer. In der Bildungsarbeit hatten wir diesen Anspruch und das haben wir nicht erfunden. In den 60er Jahren war zum Beispiel Dom Hélder Câmara ein sehr akzeptierter Bischof für die Jugend gewesen, insbesondere für Leute, die in diese Richtung denken. Der sagt selber: Bitte spendet, aber ihr sollt einen guten Teil der Spendengelder, die ihr empfangt, für Bildungsarbeit einsetzen, für Veränderungen des Gewissens und so weiter. Es gab zum Beispiel bestimmte Länder damals in Europa, die zwei Spendentöpfe als Alternative hatten: Jene, die Bildungsarbeit mitfördern wollen, sollen hier spenden, und für Projekte hier. Solche Dinge haben wir manchmal diskutiert. Aber das würde doch Misereor nie machen. Jetzt, ja. Aber damals bestimmt nicht. Wir haben nicht Misereor als konservative Organisation oder so kritisiert, sondern eben bestimmte Prozeduren, die bestimmte Auswahl der Themen und bestimmte Botschaften, die man mitteilt. Wir wollten, nach dem damaligen Denken, etwas offensiver, etwas parteiischer [sein], und auch die eigene Gesellschaft kritisieren, und auch die eigene Kirche kritisieren. Nicht um die schlecht zu machen, sondern einfach zu sagen: Da ist mehr zu machen als Geld zu verteilen. Aber wir waren auf der Seite von Misereor. Das ist ganz klar, weil unter den Hilfswerken weltweit, und auch in Europa, hatte Misereor schon Konzepte gehabt.[138]

Die Kritik der Jugend aber konnte den Hilfswerken auch insofern nutzen, als dass sie im Spiel der Kräfte und Interessen von dieser Seite Impulse erhielten, die die Hilfswerke selbst nie in der Weise hätten formulieren können.

---

137   Vesper, S. 8.
138   Arickal, S. 10 f.

Die können aber aus bestimmten anderen Rahmenbedingungen nicht so frei sprechen wie wir, weil wir sowieso verdorben waren. Und manche haben das auch von uns erwartet. Selbst Leute in der Kirche, die das nicht so offen sagen durften, waren froh, dass wir das formuliert haben.[139]

Auch auf der Ebene des theologischen Bewältigungshandelns zeichnen sich die Erinnerungen der Zeitzeugen durch einen deutlichen Pragmatismus aus. Für Erwin Mock hatte sich eine Auseinandersetzung mit dem Thema Entwicklung im Studium Mitte der 1960er Jahre noch überhaupt nicht ergeben und sich erst bei Misereor ausgeprägt.

In meinem Studium als Theologe habe ich über diese Dinge gar nichts gehört. Ich bin fast versucht zu sagen: Null. Das war kein Thema. Mir hat mal Walter Kasper gesagt, als ich schon lang bei Misereor war und wir mal mit Rottenburg zu tun hatten[...]: ›Weißt du, ich merke erst jetzt so langsam als Bischof, dass wir Theologie eigentlich immer nur deduktiv, aber nie von den Menschen aus gemacht haben. Wir waren nur dogmatisch deduktiv. Wir haben uns ein Gedankengebäude ausgedacht und das dann auf die Menschenseele gestülpt, und nie umgekehrt von den Menschen her gedacht‹. Das werde ich nie vergessen. Das war unser Werdegang. Ich bin eigentlich erst durch die Arbeit bei Misereor auf die andere Richtung gekommen; vorher nicht. Als Profi darf man die Katastrophen und das Leid aber auch nicht zu sehr an sich heranlassen. Als wir den Kaffee-Film gemacht haben, waren wir auch in den Slums von Guatemala-City. Wir sind in Nairobi im Mathare Valley gewesen. Wenn du da die Probleme direkt an dich ranlässt, schaffst du das nicht, das geht nicht. Man muss sich auch ein bisschen schützen, ohne dass man die Dynamik und die Glut der Betroffenheit verliert. Das ist manchmal eine Kunst.[140]

Diese professionelle Distanz pflegte auch Mocks Kollege Baumgartner in seinem Wirkungsfeld. Erst mit zunehmendem Alter begann ein Nachdenken über Fragen der Theodizee und der Gerechtigkeit.

Ich muss gestehen, dass ich im Studium [in den 1960er Jahren] halbwegs unbeschadet herübergekommen bin. Eigentlich in der ganzen Zeit bis weit zum Ende des Berufslebens hin war ich bei diesen Fragen stabil ar. Also wir sind als BDKJ- und Misereor-Leute <u>aktive</u> Katholiken gewesen. Die meisten sind, so wie ich auch, in Pfarrgemeinderäten und in den Gremien gewesen. Aber so richtig fundamental nachgedacht habe ich jedenfalls nicht. [...] Das <u>Hinterfragen</u> dieser Dinge setzte bei mir eigentlich eher mit zunehmendem Alter ein. [...] Ratzinger ist ja mal gefragt worden, was er denn dazu sagen würde, als er in Auschwitz war. Ob er denn noch an einen gnädigen und gerechten Gott glauben kann. Und er hat dann geantwortet, dass die Juden, die da in den Gasöfen standen, noch ihre Psalmen gesungen haben Eine letztlich hilflose Antwort, aber es ist die einzig <u>wahre</u>, die wir sagen können. Es ist ein Glauben wider viele Anfechtungen, die da sind. Aber das gehört nicht in die Zeit. Damals fühlte ich mich durch die kirchliche Entwicklung, die gesamte kirchliche Entwicklung, einschließlich der ganzen pastoralen Dinge, der

---

139 EBD., S. 11.
140 MOCK, S. 8 f.

Zuwendung der Kirche zur Welt so eingebunden, dass ich nicht angefochten worden bin in meinem Glauben. Ich vermute, es ging den meisten meiner Kollegen auch so.[141]

Den Aspekt der Gerechtigkeit brachte jedoch nur Baumgartner in den Interviews ein. Er ist also explizit nur bei einem Zeitzeugen belegt. Einen pragmatischen Umgang mit dem eigenen Glauben und den durch die Entwicklungsarbeit aufkommenden Zweifeln und Anfechtungen pflegte auch George Arickal. Für ihn ergab sich sein Einsatz für.

Hungernde, für Leidende, für Marginalisierte, Unterdrückte [...] aus der Botschaft Jesu. Ich bin Katholik, nicht weil ich es bewusst entschieden habe, sondern weil meine Eltern Katholiken waren. In dieser Sozialisation hatte ich eigentlich nie einen Punkt gefunden, um zu sagen, ich will kein [Katholik sein]. Sondern ich bin kritischer, aber ich habe da immer mitgemacht, mit mehr oder weniger Intensität an Glauben. Ich hatte auch in meinem Leben, nachdem ich das Seminar verlassen hatte, eine Übergangzeit von etwa zwei, drei Jahre, wo ich ziemlich große Konflikte hatte mit dem Glauben. Stimmt das und ist das so? Es gab schon Konflikte, innerlich. Aber trotzdem war ich in den Aktionen immer dabei. Also bei Pax Christi und so. Pax Christi ist ja auch eine kritische Bewegung, die aber auch den Glauben schon sehr wichtig nehmen, aber auch für kritische Gläubige [offen ist]. Nachher kam dann eine gewisse Beruhigung in dem Sinne, irgendwie im gleichen Schiff mitzufahren. Das heißt, [...] mit zunehmendem Alter ist die Neigung sich in diese Wertvorstellung noch mehr zu vertiefen, mehr spürbar, auch bei meiner Frau. Das ist, glaube ich, etwas Normales. Aber die Fundierung des Engagements ist verwurzelt im Glauben, nicht unbedingt in der Kirche, aber in Jesus. Ich glaube, das hat immer schon Bestand gehabt. Es ist nicht immer so fundiert begründet, aber das hat immer getragen. Und das ist auch der Grund, zum Beispiel für so ein gewisses Gespür für den Kampf für Gerechtigkeit, einfach nicht zuzuschauen, sondern auch einzugreifen. Oder auch zum Beispiel: Teilnahme. Wir, meine Frau und ich, haben auch eine kleine Stiftung in Indien, zur Unterstützung von jungen Mädchen in der Krankenpflege. Dort muss man im Krankenpflegebereich Geld zahlen. Da haben wir gedacht: Okay, wir werden dann einen Teil abzweigen und diese Arbeit unterstützen. Das ist nicht alles mit dem Glauben explizit zu erklären, aber indirekt gibt es irgendwie einen Funken in der Asche, die da irgendwie brennt. Nicht so feuerartig, aber es brennt.[142]

Keiner der befragten Zeitzeugen gab an, durch die Erfahrungen und die Arbeit im Problemfeld Hunger in seinem Glauben ernsthaft erschüttert worden zu sein. Pragmatisch bis unreflektiert und nur als Randthema befassten sich die Akteure mit ihren eigenen Glaubensüberzeugungen. Das lässt vor allem das Bild von anpackenden, Ärmel hochkrempelnden Männern entstehen, die in ihrem Arbeitsfeld maximalen Einsatz zeigten, eine persönliche Beschäftigung jedoch aus Gründen des Selbstschutzes, der Professionalität und der Arbeitsbelastung ausließen. Der Pragmatismus, der diese Akteure durch ihre unideologische Prägung als ›1945er-Generation‹ auszeichnete, half

141	BAUMGARTNER, S. 14. Dies unterstützend vgl. auch NEYER, S. 18.
142	ARICKAL, S. 15 f.

ihnen offenkundig, theologische Fragen wie die nach der Gerechtigkeit Gottes (Theodizee) gar nicht erst zu stellen.

Implizit zeigen die Erinnerungen auf einer semantischen Ebene jedoch deutlich, wie sehr die Arbeit und die Erfahrungen theologische Ordnungsvorstellungen veränderten, ja aufbrachen. George Arickal deutet zwei Aspekte an. Zunächst zeigt seine obige Äußerung, wie Metaphern aus Neuen Geistlichen Liedern Einzug hielten in die Alltagssprache. Seinen Glauben beschreibt er als Funken, der unter der Asche, dem alltäglichen Geschäft, als kleine Flamme weiterbrannte, eine deutliche Anlehnung an das im BDKJ geprägte Lied »Kleines Senfkorn Hoffnung«[143], das in der zweiten Strophe vom »kleinen Funken Hoffnung« spricht.

Zweitens deutet Arickal einen Bruch an, der sich in dieser Zeit auch durch die entwicklungspolitischen Arbeiten ergab: die Trennung von Glaube und Kirche. Hier entstand ein neues Paradigma kirchlichen Verständnisses, das auch Gerd Reinelt deutlich macht.

> Also bis dato, würde ich sagen, hatte ich Glauben und Kirche immer gleichgesetzt. Und als ich dann so nah an dem Klerus und an den Ordensschwestern war, habe ich gesehen: Das sind die gleichen Menschen wie alle anderen auch. Ja, und da habe ich dann selber wohl angefangen nachzudenken. Ich hatte irgendwann auch eine richtige Wut auf diese Kirche, weil die uns eigentlich ein schreckliches Gottesbild vermittelt hatte. Ein Gott, den man immer fürchten musste, der einen dauernd beobachtete. Und wo man ständig was musste, und als ich dann wieder zurückkam, haben wir uns ja dann auch bald einem Bibelkreis angeschlossen und ich finde, das hat uns auch sehr geholfen, dass man sich dann im kleineren Kreis mit den Texten der Bibel auseinandergesetzt hat und nicht nur Predigten gehört hat. Ich glaube, die Predigten, das war das Schlimmste. Es gab ja damals diese, ich weiß nicht, alle fünf Jahre oder alle vier Jahre gab es diese Missionen. Und diese Geistlichen, die verkündeten ja das Schlimmste von ihrer Kanzel da. Die drohten mit Hölle und Fegfeuer und was weiß ich alles. Und irgendwann dachte ich, das kann es doch nicht sein. Und meinen Seelenfrieden habe ich erst gefunden, nachdem ich <u>Glauben</u> und Kirche getrennt habe. Kirche oder die Institution Kirche ist das eine, Glauben ist was anderes. Das gehört für mich nicht mehr zusammen. [...] Nein, ich glaube heute wirklich an einen barmherzigen Gott, der wirklich nur Liebe ist. Und bei dem es auch keine Hölle gibt. Für mich gibt es keine Hölle mehr. Die Hölle, die machen wir uns selber.[144]

Glauben und die Institution Kirche gehörten nicht, wie noch im 19. Jahrhundert und in der ersten Hälfte des 20. Jahrhunderts zusammen. Glaube individualisierte sich und löste sich ab von der kirchlichen Sozialform:[145] Das Motto war die »Me-Decade«, in der sich Milieus auflösten und Lebensstile pluraler wurden. Damit aber veränderte sich unweigerlich auch, wie bereits beschrieben, das Kirchenbild vieler Zeitgenossen,

---

143 Text Ludger Edelkötter, Musik Alois Albrecht.
144 Reinelt, S. 5 f.
145 Darauf weist auch die EMNID-Umfrage von 1968 hin, die in Kapitel II.2.a analysiert wurde. Dazu T. GROSSBÖLTING, Der verlorene Himmel, S. 97–110; F. W. GRAF / K. GROSSE KRACHT, Einleitung, S. 1–41, besonders S. 14 f.

das Thomas Großbölting als Umcodierung bezeichnet hat: »Glauben sollte in der Praxis wirksam werden und gesellschaftlich Relevanz zeigen«[146], religiöse, liturgische Rituale und Praktiken lösten sich dagegen langsam auf. Außerdem zeigt sich hier in einer längerfristigen Perspektive ein fundamentaler Bruch. Im Vergleich zur Arbeit von Christina Riese, die herausarbeitete, dass das christliche Bewältigungshandeln der Vinzenzvereine vor allem der eigenen Seelenrettung diente, spielen diese Aspekte in der zweiten Hälfte des 20. Jahrhunderts keine Rolle mehr[147]. Nunmehr stand nicht der christliche Arme und das Heil im Mittelpunkt der Motivation, sondern die Berechtigung des Armen, als Armer, christlich oder nicht, Hilfe zu erhalten.

Damit aber deuten sich hier bereits erkennbare Habitus der entwicklungspolitischen Akteure an, die sich im Folgenden auf den Begriff ›neue Ideologen‹ bringen lassen.

Zwischen allen Stühlen – auf mindestens drei Ebenen bringt dieses Schlagwort ein Empfinden der befragten Zeitzeugen ins Wort. Eine erste Ebene betrifft das Feld der eigenen persönlichen Entscheidungen. Begeistert und fasziniert von den Bildberichten aus der so fern scheinenden Welt musste zwischen den familiären Erwartungen und Interessen und dem Wunsch, die Welt zu entdecken, abgewogen werden. Auf einer zweiten Ebene erlebten die in ihrem Berufsleben für Entwicklungsfragen Verantwortlichen die politisch komplexe und konfliktreiche Dynamik des Themas. Ausgelöst durch die Wahrnehmung von Hunger konkurrierten sowohl politische Konzepte und Ziele innerhalb und zwischen unterschiedlichen Generationen als auch theologische Ordnungsvorstellungen zur Kirche. Im Anschluss an die in Kapitel II und III skizzierten Befunde lässt sich von einem Generationenkonflikt sprechen: zwischen einer pragmatischen Generation von Managern, die sich aufgrund ihrer Kriegs- und Nachkriegsbiografie nahezu ideologiefrei und mit geradezu buchhalterischer Akribie an die Bewältigung des Problemfeldes machten und einer deutlich ideologischeren, der um 1968 sozialisierten Generation, insbesondere Jugendliche, die mindestens auf einer semantischen Ebene mit revolutionärem Pathos Rolle und Arbeitsweise der Kirche in diesem Problemfeld zunehmend als inakzeptabel empfand und zu verändern suchten. Auf einer dritten Ebene schließlich lösten die Erfahrungen und Wahrnehmungen theologische Revisionen im eigenen Glaubensbereich aus. Diese drei Ebenen, oftmals verschränkt und ineinander verwoben, führten, das zeigt der folgende letzte Abschnitt, zu einer deutlichen Prägung der persönlichen Biografien durch die Arbeit im und mit dem Problemfeld Hunger.

---

146   T. Großbölting, Der verlorene Himmel, S. 109.
147   Vgl. C. Riese, Hunger, Armut, Soziale Frage?

c) »Für mich selbst war es mit Sicherheit eine Entwicklungsarbeit«. Habitus
   entwicklungspolitischer Akteure im deutschen Katholizismus

> Ich war ein freierer Mensch geworden. Selbstbewusster. Ich war früher eher schüchtern,
> habe nie eigene Wünsche oder eigene Forderungen gestellt oder überhaupt, habe mich
> gefügt [in das,] was war. Was angeordnet war, wurde gemacht. Aber da doch schon mehr
> auf sich allein gestellt, das hat schon irgendwie geprägt, würde ich sagen. Denn ich muss-
> te ja auch vieles noch dazulernen. Ich hatte noch nie gezimmert vorher. Das musste ich
> mir alles aus Büchern erstmal [aneignen], aber es hat geklappt. Der Dachstuhl war noch
> drauf, als wir hinkamen.[148]

Abschließend ist nun noch ein Blick auf die Prägungen der im entwicklungspolitischen Bereich wirkenden Zeitzeugen zu werfen. Die Interviews ergaben eine deutlich zu kennzeichnende Prägung der Biografien durch die Beschäftigung mit dem
Problembereich, die den Schluss zulässt, in Anschluss an die Bourdieusche Theorie
von einem bestimmten entwicklungspolitischen Habitus zu sprechen. Drei Aspekte
mögen das verdeutlichen.

Ein erster Aspekt ergibt sich aus den Beobachtungen der Intervieworte. Die meisten Interviews mit den Zeitzeugen fanden in ihren eigenen Wohnräumen statt. Hier
ließen sich bei der Mehrheit der Akteure deutliche Spuren ihrer Arbeit schon in der
Wohnungseinrichtung feststellen. Afrikanische Masken, Stoffbezüge und Bilder sind
Beispiele, wie sehr die Arbeit der Zeitzeugen auch in ihre persönliche Wohnwelt ein-
gedrungen ist. Eine Lebensstilstudie analog etwa zu den Sinus-Milieustudien könnte
hier sicher aufschlussreich sein, ist im Rahmen dieser Arbeit aber nicht zu leisten gewesen. Wesentliche Konturen einer solchen Studie könnten die konkrete Lebenswelt
ehemals aktiver Akteure und der Vergleich dieser sein.

Mit diesem ersten Aspekt hängt auch der zweite zusammen, der sich aus den Interviews herausarbeiten lässt.

> Wir versuchen mit Wenigem auszukommen. Wenn meine Frau einkaufen geht, guckt sie
> sehr auf die Preise. Ich tu das – bei den wenigen Dingen, die ich einkaufe – auch. Was uns
> nicht davon abhält, fairen Kaffee zu trinken. Wir haben auch ansonsten einen sehr ein-
> fachen Lebensstil, bemühen uns ressourcenschonend <u>auch</u> Wasser zu sparen, das kostet
> ja auch was. Und wir unterstützen natürlich eine ganze Reihe von Entwicklungseinrich-
> tungen und -bemühungen. Es geht nicht so weit jetzt, diese Formen, die es bei ›unver-
> ständlich‹ Gruppierungen gibt, in allem und jedem zu kopieren. Ich bin Gründungsmit-
> glied oder Gründungsunterzeicher der ökumenischen Initiative ›Eine Welt‹. [...] Es trifft
> sich natürlich auch mit den Pfadfindern und dem ursprünglichen Gesetz. Hier gibt es
> eines, das heißt: Der Pfadfinder lebt einfach und sparsam. Ganz primitiv, soll ja Kindern
> bewusst gemacht werden.[149]

---

148 REINELT, S. 8.
149 NEYER, S. 13.

Günstig, fair gehandelt und in Maßen einzukaufen, ist für den überwiegenden Teil der Zeitzeugen eine bleibende Haltung, die sich aus ihrer Arbeit ergibt. Vesper erinnert sich auch an Handlungspraktiken, die Ressourcen schonen und so einen Beitrag zur Entwicklung leisten sollten.

> Wir waren damals in dieser Phase, als man einen Ziegelstein in den Behälter der Klo-spülung reinlegte, damit nicht so viel Wasser rausfließt. Damals gab es ja noch nicht die wassersparenden Dinger von heute. Das war nicht so unser Thema. Das würde ich heute auch anders sehen, aber das haben wir damals ein bisschen so unter der Überschrift [gesehen]: Damit versucht man, uns ein Schuldgefühl einzuimpfen und in Wirklichkeit sind es die Mechanismen der Unterdrückung und Ausbeutung. Da finde ich heute vieles Quatsch, was wir damals dann so gedacht haben. Ich glaube, dass man wirklich bei sich selber anfangen muss. Aber das war damals noch nicht so intus. Das ist bei mir sicher erst durch die Grünen kommen.[150]

Einen einfachen Lebensstil versuchen bis heute alle der Befragten in ihrem Alltag zu leben. Für Leo Schwarz sind das Leben und die Arbeit mit den Armen in Bolivien zu einer Lebensaufgabe geworden. Auch er, der auf dem Freiburger Katholikentag 1978 das alternative Leben prominent auf die katholische Agenda hob, versucht bei seinen Besuchen in der Bundesrepublik, wo er für den Trierer Bischof noch immer Firmrei-sen unternimmt, den einfachen Lebensstil zu pflegen.

> Ich habe das schlechte Gewissen, wenn ich einkaufe und dann in die bolivianische Wäh-rung umrechne. Untereinander haben wir schon das Teilen gelernt. Weihbischof Jörg stellt mir sein Auto zu Verfügung. Ich selbst versuche einfacher zu leben.[151]

Ein dritter Aspekt, vermutlich der prägendste, wurde ausgelöst durch die konkreten Begegnungen mit den Menschen und mit der Frömmigkeit, etwa in Bolivien, mit denen Leo Schwarz lebte und lebt.

> Ich hatte ja das Glück jahrelang mit den Armen zu leben. Gebt ihnen eine Chance und sie wirken Wunder. Manchmal habe ich gemerkt, dass die Reichen ärmer sein können als die Armen. In vielfacher Form sind uns die Armen überlegen. Wenn ich zum Beispiel an deren Volksfrömmigkeit denke. Sie haben Begabungen, die wir längst verloren haben. Es sind nicht die Menschen mit dem kleinen Kopf und dem großen Magen. Sie besitzen ein Herz füreinander und teilen ist bei ihnen selbstverständlich.[152]

Gleichzeitig führten die Begegnungen auch zu einem Lernen über die eigene europäi-sche Geschichte und ihrer Verstrickungen. Gepaart mit der großen Herzlichkeit und Gastfreundschaft, die Erwin Mock in den Partnerländern Misereors immer wieder

---

150   Vesper, S. 9.
151   Schwarz.
152   Schwarz.

zuteil geworden war, führte dies bei ihm zu beklemmenden Emotionen, die handlungsleitend wurden.

> Wenn man mal auf der Fährte ist, wo man merkt, wie schrecklich die moderne euro-
> päisch orientierte Walze, die über die Menschen gekommen ist, gewirkt hat, erschrickt
> man. Das gleiche erfährt man auch in Lateinamerika bei den Indígenas: Es waren rei-
> che Kulturen gewesen, die zwar antik waren, aber wir waren damals im Mittelalter auch
> antik, wenn man so will. Die Modernität kam bei uns über die Aufklärung. In den 1960er
> und 1970er Jahren kam dann das Schlagwort auf, dass wir sie klein halten. Das haben
> auch lateinamerikanische Bischöfe gesagt, etwa Kardinal Lorscheider[153]. Er hat gesagt,
> ihr dürft nicht von den Armen reden, ihr müsst von den arm Gemachten reden, von den
> Ausgebeuteten. Das trifft das Problem. Ich glaube, dass dies in der eigenen Arbeit ganz
> wichtig war, diese Zusammenhänge zu verstehen. Dann weiß man das einzuordnen,
> dann bewegt es einen. Dann prägt das einen schon sehr stark. Ich habe die Gäste, die ich
> über Misereor, über die Arbeit, über Hungertücher und über alles Mögliche, kennen ge-
> lernt habe, gerne zu uns nach Hause eingeladen. Und zwar deswegen, weil ich dort total
> selbstverständlich zu Gast war. Die konnte ich hier nie im Hotel unterbringen, das hätte
> ich nicht fertig gebracht. Dann waren sie bei uns zu Gast und das hat dann auch meine
> Frau geprägt.[154]

Die Erfahrungen mit Menschen aus der Welt oder eigene Erfahrungen in anderen Ländern wirkten horizonterweiternd, gleichzeitig ernüchternd, weil mit einer schnellen
Hilfe in wenigen Jahren gerechnet worden war, deren Folgen dann aber nicht wie ge-
wünscht eintraten.

> Ja, Horizonterweiterung, so kann man es nennen. Und auch die Feststellung, dass Helfen
> gar nicht so einfach ist, wirksam helfen. Wieso? Weil die Leute das eigentlich selber tun
> müssen, sich zu helfen. Und das ist eigentlich die einzig vernünftige Entwicklungshil-
> fe. Was wir da so über Jahrzehnte an Entwicklungsgeldern reingepumpt haben, ist alles
> versandet, zum Großteil. Auch das Agrar-Projekt von Misereor, was da finanziert wurde
> über Jahre, da war nichts mehr von übrig, als wir es 2000 gesehen haben. Die ganzen
> Deiche, das war alles versandet, da wurde nichts mehr bewässert, weil das technische
> Anlagen gebraucht hätte, Pumpen, die auch jemand bedienen muss und warten muss.
> Das ist eigentlich Unsinn, rausgeschmissenes Geld.[155]

---

153 ALOÍSIO LEO ARLINDO KARDINAL LORSCHEIDER OFM (1924–2007). Studium der Philosophie
und Katholischen Theologie in Divinópolis, Brasilien. 1946 Profess im Franziskanerorden,
1948 Priesterweihe. 1952 Promotion in Rom. 1958–1962 Dozent an der Päpstlichen Universität
Antonianum. 1962 Bischofsweihe, 1973 Ernennung zum Bischof von Fortaleza. Konzilsteilnehmer
und Unterzeichner des Katakombenpaktes. Teilnehmer der lateinamerikanischen Bischofs-
generalversammlungen von Medellín und Puebla. 1971–1979 Leitung der brasilianischen Bischofskonferenz. 1973–1979 Präsident der Lateinamerikanischen Bischofskonferenz CELAM. 1995
Ernennung zum Erzbischof von Aparecida. Vgl. C. CARL, Art. Aloisio Lorscheider, S. 177 f.

154 MOCK, S. 12 f.

155 REINELT, S. 10.

Diese Erkenntnis des Scheiterns auch seiner eigenen Entwicklungsbemühungen lässt Gerd Reinelt ernüchtert zurück. Großprojekte, wie sie zu seiner Zeit als Entwicklungshelfer vorwiegend propagiert worden waren, sieht er heute als gescheitert an. Hinzu tritt eine weitere Ernüchterung über das Wenige, das sich in den internationalen Handels- und Wirtschaftsbeziehungen verändert habe. So stellt auch Harry Neyer resümierend fest, dass der Themenkomplex in den 1960er Jahren »noch kein brennendes Problem« gewesen sei.

> Des war eins unter vielen anderen. Da spielten Ehe und Familie und Berufsgründung und weiß ich was, politische Wahlen, Bundestagswahlen, eine viel größere Rolle als Entwicklungspolitik und sprich Wahrnehmung von Hunger und wie kann man erfolgreich da was gegen tun.[156]

George Arickal, der nach einer Zeit in Indien nun wieder in Deutschland lebt, um seinen Enkelkindern näher zu sein, schließt einen Bogen zwischen dem Erarbeiteten und dem zukünftig noch Anstehenden, der das Spannungsfeld zeigt, in dem sich die befragten Zeitzeugen bis heute befinden und in dem sie sich noch immer wieder engagieren.

> Wir haben sehr viele Herausforderungen gelöst, aber noch viel mehr Herausforderungen warten auf uns. Wir können nicht damit rechnen, dass alle Probleme gelöst werden. Aber wir können durch bessere Zusammenarbeit, durch bessere Verteilungsstrukturen nicht einfach in dem Sinne Überfluss verteilen – das ist nicht genug – sondern wir müssen auch im Bereich der Produktion, im Bereich der Verteilung und im Bereich des Konsums und so weiter andere Wege finden. Trotzdem werden wir nicht alles schaffen, aber: Wir können schon eine Situation schaffen, wo kein Kind hungrig ins Bett gehen muss. So weit haben wir die Möglichkeit. Aber Tatsache ist, dass viele hungrig ins Bett gehen. Der Hunger ist noch nicht gestillt, aber er ist stillbar. Und wenn wir das nicht schaffen, dann, meines Erachtens, sollte das unser Gewissen beunruhigen, und das ist eine Bedrohung. Somit ist unsere Ruhe hier bedroht. Das Thema ist immer noch aktuell.[157]

3. Ein Fazit in Thesen

Wenn nun abschließend noch einmal auf den Habitus der Zeitzeugen zu blicken ist und dieser sich darauf ausrichtet,

---

156 Neyer, S. 2.
157 Arickal, S. 19.

unbewusste Wahrnehmungsschemata und Handlungsorientierungen zu analysieren, die durch Sozialisationsprozesse erworben und durch Berufskarrieren gefestigt, von Individuen oder Gruppen situativ adaptiert werden können (und es in der Regel auch werden), nicht aber zwangsweise übernommen werden müssen,[158]

dann lässt sich erstens aus den voranstehenden Analysen der Erinnerungen der Zeitzeugen deutlich die Entstehung und Festigung handlungsleitender Praktiken nachweisen. Gleichwohl muss einschränkend gesagt werden, dass dies an dieser Stelle nur verkürzt geschehen ist und möglich war. Der Untersuchung des Habitus gesellschaftlicher Gruppen müsste eine Feldanalyse vorausgehen, die hier kaum zu leisten war. Gleichwohl zeigen die herausgearbeiteten Befunde aber ein Forschungsdesiderat auf, dem etwa mit dem Theoriegebäude Bourdieus im Sinne einer Feld- und Habitusanalyse katholischer (entwicklungspolitisch) engagierter Akteure in den 1970er und 1980er Jahren, vielleicht unter Einbeziehung der schon angesprochenen Sinus-Milieustudie, begegnet werden könnte. Konstatieren aber lassen sich deutliche Prägungen und Sozialisationen im Sinne eines Habitus, die in langen Berufsjahren im kirchlichen entwicklungspolitischen Bereich verfestigt wurden und insbesondere, wie im Kapitel IV.2.c. gezeigt, bis heute handlungsleitend sind.

Dabei zeichnen sich vier Stufen der Erfahrung ab, die das Folgende strukturieren. Zu den Kriegs- und den unmittelbaren Erfahrungen des Neubeginns nach dem Zweiten Weltkrieg trat in den 1950er Jahren eine Entgrenzungserfahrung der katholischen Akteure. Durch die internationalen Kontakte der Jugendverbände konnten sie gewissermaßen eine ihnen zunächst verschlossene Welt entdecken. Die dort zu beobachtenden Phänomene führten zu einem ausgeprägten Bewältigungshandeln dieser durch die beiden benannten Erfahrungen sozialisierten Akteure, wobei es sich durch eine pragmatische und unideologische Herangehensweise auszeichnete und im Laufe der Jahre einen Professionalisierungsschub erfuhr. Genau diese Arbeitsweise führte aber auf einer vierten Stufe zu einem Konflikt mit der jüngeren, um ›1968‹ sozialisierten Generation, die genau diese pragmatische Haltung anfragte und, zumindest semantisch, deutlich ideologischer ein anderes Bewältigungshandeln einforderte.

Zweitens stützen die Erinnerungen der Zeitzeugen die in den vorangegangenen drei Kapiteln explizierten Thesen. Das Bewältigungshandeln im deutschen Katholizismus führte nach der Phase der Wahrnehmung zunächst zu konfligierenden Konzepten über den politischen Auftrag der Kirche, schließlich aber zu einem Konflikt zwischen zwei Generationen, der sich in der um ›1968‹ sozialisierten Generation auf der sozialen Ebene in neuartigen Protestformen und Lebensstilrevolten, auf der theologischen Ebene vor allem in sozialethisch anders gefüllten Kategorien ausdrückte – mindestens

---

158   I. GILCHER-HOLTEY, Gegen Strukturalismus, Pansymbolismus und Pansemiologie, S. 180 f.

semantisch im Gegensatz zu den älteren, bisweilen noch im vorkonziliaren (Milieu-) Katholizismus sozialisierten Etablierten. Theologisch führte dies zu fundamentalen Veränderungen der motivierenden Ordnungsmuster. Nicht mehr die Pflicht etwa der Weltgerichtsrede aus Mt 25, nicht mehr die Idee einer Hilfe zur Seelenrettung war die zentrale Idee. Vielmehr führte die »radikale Individualisierung des Glaubens«[159] zu einer Ausweitung des katholischen Hilfsanspruchs auf alle Menschen, ganz im Sinne der UN-Rede Pauls VI., nach der die Kirche als »Expertin der Humanität«[160] zu verstehen sei.

159   F. W. GRAF / K. GROSSE KRACHT, Einleitung, S. 14 f.
160   Vgl. dazu Kapitel II.3.a.

V. Der Ort der Hungerbewältigung in der Geschichte des bundesrepublikanischen Katholizismus

Am Beginn der vorliegenden Studie stand als übergeordnete Leitfrage die von Kösters u. a. formulierte Überlegung, ob die Entwicklungs- und Katastrophenhilfe eine ähnlich konstitutive Rolle bei der Neubildung des deutschen Selbstverständnisses nach 1945 gespielt habe wie das Wirtschaftswunder[1]. Freilich kann diese Frage hier nicht für die Gesamtheit der Entwicklungsarbeit innerhalb der deutschen Politik und Gesellschaft beantwortet werden. Aber: Inwieweit die Bedrohung des deutschen Katholizismus durch Hungerkrisen und -katastrophen in der »Dritten Welt« eine konstitutive Rolle bei der Formierung des deutschen Katholizismus in den 1960er und 1970er Jahren spielte, mithin also, welchen Ort Hungerbewältigung bzw. allgemeiner die Entwicklungsarbeit im deutschen Katholizismus einnehmen und besetzen konnte, darüber lassen sich abschließend Aussagen treffen.

Aus mindestens zwei Gründen, die in den Untersuchungszeitraum zurückweisen, ist diese Frage auch aktuell relevant, denn sowohl auf der Text- als auch auf der Bildebene lassen sich bis heute anhaltende Diskursnarrative erkennen. Zunächst rekurrieren die heutigen Katastrophenszenarien auf die ikonografischen Darstellungen der Hungerkatastrophen der 1950er bis 1970er Jahre. Die Abbildung des jungen Aylan Kurdi, einem syrischen Flüchtlingskind, das tot am Strand von Bodrum aufgefunden wurde und Anfang September 2015 in großen internationalen Zeitungen und im Internet rasch verbreitet wurde, löste neben größter Betroffenheit auch eine Debatte über die moralische Rechtfertigung derartiger Bilder in den Medien aus. Dazu befragte der »Spiegel« den ehemaligen »Stern«-Journalisten Wolfgang Behnken, der für die in Kapitel II.5 dargestellte »Stern«-Bildreportage zu Biafra verantwortlich zeichnete und die Diskussionen über die Frage nach der Legitimität solcher Verwendung »scheinheilig« und »schockierend« fand, weil es solche »große[n] Bilder«[2] seien, die Bewusstsein veränderten. Auch im 21. Jahrhundert scheint, so zeigt die Debatte, noch immer ein Abwägen stattzufinden zwischen emotionaler Betroffenheit, um im Sinne eines Agenda-Settings Problemfelder zu etablieren, und der moralisch gerechtfertigten und inhaltlich komplexen Darstellung von ebendiesen Problemfeldern. Die Flüchtlingsbewegungen nach Europa scheinen also auch 2015 nach ähnlichen

---

1 Vgl. Einleitung; C. Kösters / A. Liedhegener / W. Tischner, Religion, Politik und Demokratie, S. 382.

2 Ulrich Fichtner / Matthias Geyer, »Die Welt ist wie sie ist«. Der langjährige Fotochef und Artdirector des »Stern«, Wolfgang Behnken, über die Frage, welche Bilder Journalisten drucken dürfen und welche nicht, in: Der Spiegel, Nr. 38, 12.9.2015, S. 52–55, 54.

© Verlag Ferdinand Schöningh, 2019 | DOI:10.30965/9783657792474_007

Wahrnehmungs- und Etablierungsmustern zu funktionieren wie die Hungerkatastrophen in der zweiten Hälfte des 20. Jahrhunderts.

Aber auch auf der Textebene halten sich Narrative. Als »Die Zeit« im Oktober 2013
das Problem der Welternährung in einem Dossier verhandelte, nutzte sie Bezüge zu
den Hungerkatastrophen der 1960er und 1970er Jahre als bekannte Erklärungsmuster.
So hieß es dort:

> Alle sechs Sekunden stirbt auf der Welt ein Kind an den Folgen von Unterernährung, er-
> rechnete die FAO. Jedes Jahr trifft es rund neun Millionen Menschen, 25.000 jeden Tag.
> Ihr Leiden produziert keine Bilder fürs Fernsehen. Es ist eine neue, alltägliche Not inmit-
> ten des Überflusses. Die vorhandene Nahrung, sagen Wissenschaftler, reichte problemlos
> aus, um die doppelte Weltbevölkerung zu versorgen.
> Als Ende der sechziger Jahre die Kinder in der nigerianischen Provinz Biafra verende-
> ten, hatte zuvor ein Bürgerkrieg das Land verheert. Als in den achtziger Jahren die
> Äthiopier verhungerten, war dies die Folge einer Jahrhundertdürre. Menschen aus aller
> Welt nahmen Anteil und spendeten. Der Hunger von heute vermehrt sich still, er wächst
> mit den Getreidepreisen.[3]

Angesichts der Auswirkungen der Finanz- und Wirtschaftskrise seit 2008 und
ihrer Folgen für die Welternährung sahen andere in den Brotpreisunruhen und der
Tortilla-Krise in Mexiko eine »dramatische neue politische Dimension«[4], wieder
andere befürchteten die Gefahr von Kriegen. Die Weltbank warnte vor einem stillen Tsunami, die »New York Times« sprach von Nahrung als einer neuen Gefahr für
den Weltfrieden[5]. Signifikant ist die Semantik dieser ›Krisenliteratur‹. Das dieser
›Welternährungskrise‹ innewohnende Bedrohungspotential wurde durch die Termini
»Massenvernichtung« (Ziegler), »Schande« (Möllenberg) und »Krieg« (Südhoff) in
geradezu apokalyptischer Weise ins Bewusstsein gerufen[6]. Die Hungerkatastrophen
bzw. die Welternährungslage der 2000er und 2010er Jahre wurden auf einen ersten
Blick also mit analogen semantischen Begriffen zu etablieren und zu bewältigen versucht wie 50 Jahre zuvor: Die im Untersuchungszeitraum entwickelte Diskursmacht
scheint also hartnäckig zu sein. Allerdings zeigten die bisherigen Ausführungen bereits deutliche Veränderungsprozesse im Untersuchungszeitraum, die resümierend
entlang der die Arbeit strukturierenden Leitfragen noch einmal in den Blick zu nehmen sind.

Die erste Frageebene der Arbeit betraf die Wahrnehmung von Hungerkatastrophen
als Bedrohung, wobei das Objekt der Bedrohung durchaus unterschiedlich definiert

---

3   Anita BLASBERG / Marian BLASBERG, Warum muss Joy hungern?, in: DIE ZEIT, Nr. 42, 21.10.2013,
    URL: http://www.zeit.de/2013/42/hunger-unterernaehrung-dossier (Stand: 1.5.2018).
4   R. SÜDHOFF, Die Welternährungskrise, S. 46.
5   EBD., S. 54.
6   Vgl. EBD.; J. ZIEGLER, Wir lassen sie verhungern; M. BERSTRESER / F.-J. MÖLLENBERG / G. POHL
    (Hrsg.), Globale Hungerkrise.

wurde. Zunächst lässt sich festhalten, dass die persönlichen Erfahrungen des Krieges und der Nachkriegszeit, also etwa der eigene Hunger, die Dankbarkeit, der drohende Kommunismus und die Schuldgefühle, ein, vielleicht das zentrale Deutungsparadigma für die Wahrnehmung von weltweiten Hungerkatastrophen darstellten. Ein zweites Deutungsparadigma bot in dieser »take off«-Phase für den katholischen Bereich das Motiv des barmherzigen Samariters und die biblische Pflicht zur Nächstenliebe. Vor diesen Deutungshintergründen nun fand die Wahrnehmung im Untersuchungszeitraum in wellenähnlichen Bewegungen statt, mit den jeweiligen Höhepunkten bei akut auftretenden Katastrophen, die sich in einer sich verdichtenden Kommunikation äußerten. Dazu stellte sich das Gefühl sich verknappender Zeit ein, das Handlungsdruck erzeugte und bisherige Strategien und Orientierungsmuster zur Bewältigung unsicher machte. Die Akteure reagierten darauf mit Versuchen der Implementation bekannter, vorwiegend spendenorientierter, aber auch neuartiger Bewältigungsstrategien[7]. Die Bedrohungsszenarien und damit auch die Objekte der Bedrohung, die Ordnungen, unterlagen analog zu diesen Wellenbewegungen Veränderungsprozessen, die sich als Veränderung vom Eigenen zum Fremden und zurück zum Eigenen beschreiben lassen: Zunächst galt die eigene westliche Ordnung durch die Gefahr einer kommunistischen Ausweitung bedroht. Der Hunger selbst aber war eine Bedrohung fremder, unbekannter, außereuropäischer Völker, denen mit einem Überlegenheitsgefühl begegnet wurde. Die aufzeigten Prozesse zu Beginn der 1970er Jahre ließen dann die Gefahr eines ökonomischen und ökologischen Kollaps, mithin also eine Bedrohung der Wirtschaftsordnung aufscheinen.

Auch auf der zweiten Frageebene, auf der Ebene des theologischen und sozialen Bewältigungshandelns ließen die Ausführungen fundamentale Veränderungen erkennen. Das soziale Bewältigungshandeln wurde von einer immensen Professionalisierung geprägt. Anfangs ließen sich die Akteure von den Notlagen der hungernden Menschen ansprechen und organisierten zügige Hilfe. Mit den 1960er Jahren wurde, analog zur innerdeutschen Caritasarbeit[8], die Professionalisierung deutlich vorangetrieben, die sich besonders am bischöflichen Hilfswerk Misereor erkennen lässt, das zunächst von Prälat Gottfried Dossing geleitet und als einmalige Fastenaktion geplant worden war. Der große Erfolg der Aktion führte zu einer zeitlich befristeten Verlängerung und einer personellen Aufstockung der Geschäftsstelle. Mit Beschluss der dauerhaften Einrichtung des Werkes wurde die Personaldecke weiter erhöht, die Organisation professionalisiert und strategische Optionen entwickelt, etwa der Slogan ›Hilfe zur Selbsthilfe‹ oder die Schaffung einer eigenen Bildungsabteilung Ende der 1960er Jahre. In den 1970er Jahren erhoben sich dann bereits erste Stimmen, die die professionalisierte und dadurch bisweilen bürokratische Hilfe teilweise lautstark kritisierten[9].

---

7   Vgl. Kapitel I.4.a.
8   Vgl. A. HENKELMANN, Caritas im Abseits?, S. 155–179.
9   Vgl. Kapitel III.3.b. und IV.2.b.

Auf der Ebene des theologischen Bewältigungshandelns ließen sich analog zu den beschriebenen Befunden insbesondere Verschiebungen bzw. Neuformulierungen der theologischen Begriffe feststellen. Am deutlichsten zu erkennen ist dies auf der Handlungsebene am Wandel des Begriffs der Nächstenliebe zum Begriff der Gerechtigkeit[10]. Beschrieben die deutschen Bischöfe in ihrem Hirtenwort zur ersten Fastenaktion 1959 noch die »Verpflichtung der christlichen Liebe«[11], die zu großzügigen Opfern dränge, forderte Günter Linnenbrink auf dem Katholikentag in Mönchengladbach 1974 die »universale Solidarität«[12], sich also weltweit an die Seite der Armen, Hungernden, Verfolgten und Diskriminierten zu stellen und für Gerechtigkeit und Versöhnung einzusetzen. Damit einher ging eine Abkehr von Begriffen wie Almosen oder Opfer hin zu einer Reflexion über ethisches Wirtschaften. Die Universalisierung christlicher Solidarität aber führte zu einer häufig generationellen Konfliktlinie, die sich entlang der Frage nach der politischen Bedeutung dieser Universalisierung auftat. Grundsätzlich ist anzumerken, dass diese begrifflichen Weichenstellungen insofern eher oberflächlich stattfanden, als dass sie begrifflich nicht gefüllt, sondern aus einem Alltagsverständnis heraus gebildet wurden: D. h., dass sich zwar die angedeuteten Veränderungen im Gottesbild niederschlugen – so etwa die »Gott ist tot«-Theologie[13] –, einen breiten innerkatholischen Diskurs etwa über die Theodizeefrage lassen die Quellen jedoch kaum erkennen. Die öffentlichen Argumentationsmuster aber veränderten diese begrifflichen Verschiebungen fundamental.

Auch die Motive des sozialen und theologischen Bewältigungshandelns veränderten sich: Zunächst standen, wie erwähnt, der barmherzige Samariter oder das Weltgericht als motivierende Paradigma im Vordergrund, aufgrund derer dann karitative Hilfe geleistet wurde. Oftmals geschah dies, wie im Falle Biafra gezeigt werden konnte, aus einer mitleidenden, missionarischen und immer wieder auch eurozentrischen Haltung heraus. In den 1970er Jahren liefen diese Motive dann in einer Mehrheit des Katholizismus weiter; eine Minderheit jedoch, Mitglieder der Jugendverbände, Studierende und intellektuelle Eliten, lehnte die Motive immer stärker ab und plädierte semantisch wie performativ provokant für ein deutlich politisches und persönliches Bewältigungshandeln bereits im eigenen Nahbereich.

Auch die dritte Fragebene des »re-ordering« war mindestens zwei grundsätzlichen Veränderungsprozessen unterworfen. Zum einen gestalteten neue Akteure die Neukonfigurationen der als bedroht wahrgenommenen Ordnung(en) in einem ständigen Ringen mit den etablierten Beharrungskräften. Die um ›1968‹ sozialisierte, katholische Generation gestaltete das »re-ordering« des Problemfeldes Hunger häufig dezidiert

10   Vgl. ebenso für den deutschen Caritasbereich: A. HENKELMANN, Caritas im Abseits?, S. 155–179.

11   Bischofswort zur Fastenaktion, Gegen Hunger und Krankheit in der Welt, S. 3, in: MAA, Sammlung Misereor-Materialien, Fastenaktion 1959.

12   G. LINNENBRINK, Dritte Welt – Unsere Welt, S. 811.

13   Vgl. P. EITLER, »Gott ist tot – Gott ist rot«.

gegen die als Beharrer oder als Pragmatisten wahrgenommenen Bischöfe und Akteure der Institutionen. Dabei zeigten sie gleichzeitig eine große Anschlussfähigkeit an linke Milieus, Friedens- und Umweltbewegungen.

Schließlich – und das ließ gewissermaßen das »re-ordering« als vielschichtig erscheinen – unterlag das Problemfeld selbst fundamentalen Wandlungsprozessen, die in der Einleitung als komplexe Doppelstruktur beschrieben wurden. Mit der Enzyklika »Populorum progressio«, die sich mindestens für die lehramtliche Ebene als »point of no return« erweisen sollte, war es eben nicht mehr der Hunger fremder Völker, der als Problem wahrgenommen wurde, sondern der Hunger wurde zu einem Symptom einer ungerechten Wirtschaftsordnung, die aufgrund der endlichen Ressourcen auf einen ökonomischen wie ökologischen Kollaps zulaufen würde und damit eine »Bedrohung ›unseres‹ Systems«[14] darstellte.

Die drei Frageebenen der vorliegenden Arbeit ermöglichten also, die fundamentalen Veränderungen nachzuzeichnen, die die Wahrnehmung und die Bewältigung der weltweiten Hungerkatastrophen innerhalb des deutschen Katholizismus auszulösen in der Lage waren. Hunger konnte – auch außerhalb des eigenen Erfahrungsraumes – als eine Bedrohung etabliert werden, dem die Katholikinnen und Katholiken in der Bundesrepublik mit einem umfangreichen Bewältigungshandeln zu begegnen und damit im Sinne christlicher Sozialverantwortung Welt und Gesellschaft zu gestalten suchten. Dabei zeigte sich mithilfe des methodischen Ansatzes des »Policy-Cycle«, dass sich der Diskurs als Prozess darstellte, dem nach erfolgreicher Problemdefinition, Politikformulierung und -implementierung angesichts der sich verändernden, stärker transnational ausgerichteten Wahrnehmungsmuster eine Neuformulierung des Problemes und seiner Bewältigungsstrategien folgte.

Wie nun lässt sich der Ort der Hungerbewältigung im Katholizismus beschreiben? Zunächst zeigten die Untersuchungen, dass das Problemfeld zu keiner Zeit das ausschließlich dominierende im deutschen Katholizismus war. Innerkirchliche Themen wie die Auseinandersetzungen um die Enzyklika »Humanae vitae«, Zölibats- und Weihefragen bestimmten die deutsche katholische Agenda sehr viel stärker als die Hungerproblematik. Lediglich in den Wahrnehmungsspitzen bei akuten Katastrophen kam es zu kurzzeitigen Kommunikationsverdichtungen. Gleichzeitig ließ sich großes Engagement in bestimmten, häufig intellektuellen Gruppen feststellen. Der deutsche Katholizismus zeichnete sich darüber hinaus durch eine großzügige Spendenfreundlichkeit aus, die jedoch vor allem auf humanitär-karitativen Motiven beruhte und die politischen Zusammenhänge kaum erkannte bzw. die Konsequenzen ablehnte. Dennoch entwickelte sich diese Problematik als Aufgabe, die ein hohes, bei den befragten Zeitzeugen bisweilen bis heute andauerndes Identifikationspotential ausbilden konnte und zu fundamentalen Transformationen im Katholizismus führte. Es scheint, als habe die Hungerbewältigung und mit ihr die »Entwicklungshilfe« also

---

14 M. Vesper, Misereor und die Dritte Welt, S. 176.

zwar eine nicht eben kleine Rolle bei der Formierung des deutschen Katholizismus nach 1945 gespielt. Sicher prägten die großen, um 1960 herum gegründeten Hilfswerke das katholische Selbstverständnis, wurden sie doch auch immer wieder von internationaler Seite positiv hervorgehoben. Gleichwohl zeigten die Ausführungen aber, dass das Problemfeld eher ohnehin anstehende Transformationsprozesse beeinflusste und verstärkte als dass es die zentrale Rolle im Neubildungsprozess spielte. Unbedingt erwähnenswert ist, dass der Bereich tatsächlich ein Betätigungsfeld werden sollte, der dem deutschen Katholizismus eine internationale sozial-politische Dimension hinzufügte und so sowohl thematisch als auch liturgisch oder sozial integrierend auf viele kirchenkritische und -ferne Gruppen wirkte.

In den Zusammenhang des zeitgenössischen Katholizismus und der Katholizismusforschung lassen sich diese Befunde damit gut einordnen. Erstens sind die Bewältigung der Hungerproblematik und die sich hieraus entwickelnden Folgeprobleme als ein Bestandteil der Neukonfiguration des Katholizismus im Rezeptionsprozess des Zweiten Vatikanischen Konzils zu verstehen. Wilhelm Damberg hat verschiedentlich konstatiert, dass der deutsche Katholizismus nach 1945 nicht mehr als eine geschlossene Gesellschaft beschrieben werden kann. Vielmehr verschmelze er »mit anderen Teilkulturen in einem allgemeinen politischen, wirtschaftlichen und kulturellen Zivilisationsprozeß«[15]. Dieser Befund zeigt sich in den vorangehenden Kapiteln in deutlicher Weise, denn nicht allein der Katholizismus begann Hunger und weltweite Ungerechtigkeiten wahrzunehmen. Vielmehr geschah dies innerhalb des Katholizismus ungleichzeitig und in unterschiedlicher Ausprägung und darüber hinaus in analoger Weise in verschiedenen gesellschaftlichen und politischen Akteursgruppen. Der gesamte Bereich der »Entwicklungshilfe« wurde dadurch zu einem Feld, das von katholischen und evangelischen, von politischen und gesellschaftlichen Gruppen gleichermaßen besetzt und bearbeitet wurde und sich von daher für die Kirchen als Feld mit großer Integrationskraft in den gesellschaftlichen Bereich hinein entwickelte. Vielfache Kooperationen zeigten dies deutlich: die kirchlichen Zentralstellen für »Entwicklungshilfe«, die Mitarbeit in politischen Gremien und Ausschüssen, der Zusammenschluss jugendverbandlicher Initiativen und Aktionen. In Zeiten erster krisenhafter Symptome der 1960er Jahre konnte die Kirche in diesem Feld Handlungsfähigkeit demonstrieren, die spätestens mit dem Konzil notwendige Öffnung zur Welt vollziehen und neue Glaubwürdigkeit gewinnen. Kirche begriff sich in der Selbstbeschreibung damit wie im Konzil grundgelegt als das »Sakrament für die Einheit der Weltgesellschaft«[16] und vertrat den Anspruch, ›Expertin der Humanität‹[17] zu sein.

---

15   W. DAMBERG, Konzil und politischer Wandel, S. 254.
16   W. DAMBERG / T. JÄHNICHEN (Hrsg.), Einleitung, S. 23.
17   Vgl. Papst Paul VI. vor den Vereinten Nationen; vgl. Kapitel II.3.a.

Zweitens initiierte, verstärkte und kanalisierte die Wahrnehmung und Bewältigung die Pluralisierung, Demokratisierung und Politisierung des Katholizismus[18]. Sie zeigte sich aber auch im Verhältnis zur Politik, etwa in den lockerer werdenden Bindungen des Kirchenvolks zur »politische[n] Orthopraxie«[19], also dem loyalen Wahlverhalten gegenüber den Unionsparteien und dem gleichzeitig größer werdenden Interesse an Willy Brandt und der SPD[20]. Die Politisierung zeigte sich etwa theologisch im Trend, »den Glauben in ein neuartiges gesellschaftliches Engagement zu überführen«[21], wie dies etwa Johann Baptist Metz propagierte. Damberg und Jähnichen weisen dabei auf eine wichtige Unterscheidung hin: Mit der Rede einer Politisierung ab Mitte bzw. Ende der 1960er Jahre innerhalb des Katholizismus ist gleichwohl nicht ausgesagt, dass es zuvor kein politisches Engagement gegeben habe. Vielmehr, und das deckt sich mit den hier erhobenen Befunden, wurde »das politische Koordinatensystemen kirchlicher Akteure im Geist der 1960er Jahre nach den Mustern bislang bekämpfter ›linker‹ Gesellschaftspolitik« ausgerichtet und dies als »vom Glauben gefordert«[22] vertreten. Politisierung drückte sich aus in alternativen liturgischen Feiern, die häufig ohne Kleriker gefeiert wurden, oder in neuartigen, von den Studentenbewegungen übernommenen Protest- und Aktionsformen. Von einem monolithischen katholischen Block also ließ sich bereits Ende der 1960er Jahre nicht mehr sprechen. Eine Demokratisierung des Katholizismus schließlich lässt sich in den vielfältigen Kongressen, Tagungen und Foren erkennen, die das Problemfeld im Diskurs mit vorwiegend Laien und häufig unter Experten der Thematik verhandelten. Die Katholikentage in Essen und Freiburg stellen ebenso ein beredtes Zeugnis dieser Demokratisierung dar wie die Würzburger Synode oder der Entwicklungspolitische Kongress 1979. Gleichwohl muss angefügt werden, dass sowohl die Politisierung als auch die Pluralisierung und die Demokratisierung des Katholizismus im Bereich der Hungerbewältigung bzw. der Entwicklungsarbeit vor allem deshalb von den Kirchenführungen toleriert oder gefördert wurden, weil die »Initiativen ›ad extra‹ gerichtet blieben, also kircheninterne Leitungs-Strukturen nicht tangierten oder bestimmte Themen im Kontext von Sexualität und Familie aussparten«[23]. Sobald es, wie im Falle Michael Vespers u. a. zu grundlegender Kritik an den Kirchen kam, wurde die amtskirchliche Reaktion jedoch schärfer[24].

18 Vgl. der Ansatz des Weltnotwerkes und die Rezeption der Enzyklika »Populorum progressio«, Kapitel II.1 und II.3.
19 W. DAMBERG / T. JÄHNICHEN (Hrsg.), Einleitung, S. 23.
20 F. BOCK, Der Fall »Publik«, S. 242–259; J. SCHMIEDL (Hrsg.), Heinrich Tenhumberg, S. 18 f.
21 W. DAMBERG / T. JÄHNICHEN (Hrsg.), Einleitung, S. 23.
22 EBD., S. 23 f.
23 EBD., S. 25.
24 Vgl. die Erinnerungen der Zeitzeugen in Kapitel IV.II.b.

Drittens schließlich stützen die Ergebnisse der Studie den von Damberg u. a. konstatierten Aufstieg der intermediären Instanzen innerhalb der Kirche[25]. Ihren Untersuchungen zufolge wurden und werden die europäischen Großkirchen nach 1945 als »Folge von Delokalisierungs- und Neulokalisierungsprozessen« von immer mehr intermediären Organisationsebenen gesteuert, die selbst als Akteure, etwa in den Medien, bei Großveranstaltungen und Bildungsangeboten in Erscheinung treten und damit eine Neugestaltung von Kirche auslösen[26]. Dieser Befund ist im vorliegenden Falle deutlich zu erkennen. Angesichts eines komplexen, nicht regional bewältigbaren Problemfeldes brauchte es gewissermaßen über die Pfarrgemeinden hinausgehende Organisationen mit »überlokalem Aktionsradius«[27] zur besseren Koordinierung etwa der Hilfsmaßnahmen. Gleichzeitig konnten diese Organisationen schneller auf ein plurales Publikum reagieren, indem sie ihre Bildungs- und Öffentlichkeitsarbeit und die Aktionsformen darauf anpassten und so eine trotz mancher Krisen beeindruckende gesellschaftliche integrative Macht ausbilden konnten. Entgegen der von Damberg u. a. geäußerten Befürchtung einer mangelnden Durchdringung der verschiedenen Ebenen ließ sich genau diese am beschriebenen Beispiel explizieren: Die Bedrohung durch weltweite Hungerkatastrophen und ihre Bewältigung wurde für den deutschen Katholizismus auf allen Ebenen, von den Pfarrgemeinden, den ›grauen Gruppen‹ bis zur Ebene der Bischofskonferenz und darüber hinaus bis in die lehramtliche Verkündigung des Papstes zu einem Problemfeld, das eine dynamische Verflechtung und gegenseitige Motivierung der Ebenen notwendig und möglich machte. Beispielhaft sei hier der KAEF genannt, der als intermediäre Instanz alle Akteure an einem Tisch versammelte und durch Publikationen und Bildungsveranstaltungen sowohl auf die untergeordnete wie auf die politischen und amtskirchlichen Ebenen zu wirken suchte.

Die drei Befunde schließen damit an bereits vorliegende Publikationen zur Katholizismusgeschichte an. Erst jüngst hat Florian Bock für die katholische Publizistik nachgewiesen, dass sich ein »Katholischer Grundkonsens im Sinne eines alle Lager einenden Kirchen- und Gesellschaftsentwurfs«[28] als nicht mehr darstellbar erwies, der Katholizismus also nach dem Zweiten Vatikanischen Konzil zunehmend pluraler wurde. In ähnliche Richtungen weisen die Arbeiten von Christian Schmidtmann zu katholischen Studierenden, von Daniel Gerster zu Friedensdialogen im Kalten Krieg, von Markus Müller zur katholischen Religionspädagogik und von Kirsten Gläsel, die die Transformationsprozesse von weiblichen Ordensgemeinschaften exemplarisch aufgearbeitet hat, sowie die übergreifende Darstellung der deutschen Religionsgeschichte

---

25   W. Damberg / S. Hellemans (Hrsg.), Neugestaltung der europäischen Großkirchen, S. 215–248.
26   Vgl. ebd., S. 226.
27   Ebd., S. 246.
28   F. Bock, Der Fall »Publik«, S. 501.

nach 1945 von Thomas Großbölting[29]. Alle Arbeiten kommen übereinstimmend zu dem Ergebnis, dass sich letztlich nicht mehr von einem Katholizismus, auch nicht von zwei Katholizismen sprechen lässt. Vielmehr stellt sich deutscher Katholizismus spätestens seit dem Zweiten Vatikanischen Konzil als sehr viel heterogener dar als allgemein angenommen wurde und wird. Diese Heterogenität ermöglichte es jedoch erst, nicht von den apokalyptischen Semantiken der Bedrohung überwältigt zu werden, sondern sich vielmehr von den Utopisten an das »prophetische Amt«[30] erinnern zu lassen und von diesem her Bewältigungstrategien zu entwickeln.

---

29 Vgl. D. Gerster, Friedensdialoge im Kalten Krieg; K. Gläsel, Zwischen Seelenheil und Menschenwürde; T. Grossbölting, Der verlorene Himmel; M. Müller, Das Deutsche Institut für wissenschaftliche Pädagogik; C. Schmidtmann, Katholische Studierende.

30 BDKJ / Misereor (Hrsg.), Jugendaktion 1978, Arbeitsmappe. Teil 2, o. S., in: DstkJA Hardehausen, 2.2631 Sammlung Misereor / BDKJ-Jugendaktion und Misereor-Fastenaktion.

Quellen- und Literaturverzeichnis

I. Ungedruckte Quellen

Misereor Archiv Aachen (MAA)
a) Sammlungen
Publizierte Materialien Misereor 1959–1979
Publizierte Materialien Friedensmarsch 1970
Pressesammlung Populorum Progressio 1967
b) Akten/Interne Unterlagen
Bestände
- Inlandsarbeit MHG 1-65
c) Bestände Zwischenarchiv
- BP 1997/11, 1999/4 Lehrerarbeitskreis 1972–1980

Parlamentsarchiv des Deutschen Bundestags, Berlin (PA DBT)
Präsidialbüro PB
5000 18/76,12, Schriftverkehr des Bundestagspräsidenten Gerstenmaier zu Biafra
5000 18/76, 13, Schriftverkehr des Bundestagspräsidenten Gestenmaier zu Biafra

Archiv des Cusanuswerkes, Bonn (ACW)
Ferienakademien 1962–1980

Archiv der Kommission für Zeitgeschichte, Bonn
Personenarchiv der Katholischen Nachrichtenagentur (KNA)
KNA Aktueller Dienst 1962–1979
KNA Dokumentationen1968–1970
KNA Katholische Korrespondenz 1967–1971

Archiv des Zentralkomitees der Deutschen Katholiken, Bonn (ZdK-Archiv)
5619, Schachtel 1, Protokolle der Sektion Entwicklung
5617, Schachtel 5, Kongress des Zentralkomitees über Entwicklungshilfe und -politik
7511, Schachtel 5, Ökumenisches Pfingsttreffen 1971
7600, Schachtel 1, Kongress Entwicklungshilfe 1970
7607, Entwicklungspolitischer Kongress
7608, Handakte Dr. Paul Becher

Archiv des Jugendhauses Düsseldorf (ABDKJ)
A 526, Hauptversammlungen des BDKJ

ARCHIV DES DEUTSCHEN CARITASVERBANDES, FREIBURG (ADCV)
a) Referat Not- und Katastrophenhilfe
AA 187 I+360 In, Fasz. 01, Katastrophenhilfe Indien, 1961–1968
AA 187.1 sahe-01, Fasz. 01, Schriftwechsel Deutschland
AA 187.1 sahe-02, Fasz. 02, Allgemeine Berichte und Presse
AA 187.1/6.025, Fasz. 21
b) Auslandsabteilung
AA 187.1/6 biaf-02, Fasz. 01, 1968-1970
AA 187.1/6 biaf-03, Fasz. 01, Spendenauflistung, Spendenbriefe
AA 187.1/6 biaf-04, Fasz. 01
AA 187.1/6 biaf-11, Fasz. 01
AA 187.1/6 biaf-11, Fasz. 02, Berichte aus Sao Tomé und Biafra
AA 187.1/6 biaf-11, Fasz. 07, Pressesammlung Nigeria/Biafra, November 1968–Dezember 1969
AA 187.1/6 biaf-12, Fasz. 01
AA 187.1/6 sahe-02, Fasz. 01
c) Nachlass Albert Stehlin
AS 084 N 26, Fasz. 12

DOKUMENTATIONSSTELLE FÜR KIRCHLICHE JUGENDARBEIT HARDEHAUSEN (DstkJA)
2.2631, Sammlung Misereor/BDKJ-Jugendaktion und Misereor-Fastenaktion

ARCHIV DER KATHOLISCHEN ARBEITNEHMERBEWEGUNG, KÖLN (AKAB)
Ordnerbestände zum Weltnotwerk
46, Gründung, Satzungen 1957–1967
47, Korrespondenz 1969–1989
50, Korrespondenz 1971–1973
53, Werkmappen, 20 Jahre Weltnotwerk, Hilfe zu Selbsthilfe 1975

HISTORISCHES ARCHIV DES ERZBISTUMS KÖLN (HAEK)
a) Generalia
Generalia II, 23.3a, bis 31.12.1959, Halb-Bd. 1.
Generalia II, 23.3a, bis 31.12.1959, Halb-Bd. 2.
CR II 2.19,20, Bischofskonferenzen, 01.12.1957–31.08.1958
b) Katholisches Büro Bonn Zugang 964
Noch weitgehend unbearbeitete Unterlagen zum Komplex Nigeria – Biafra mit folgender laufender Nummer 251

BISTUMSARCHIV MÜNSTER (BAM)
a) Bischöfliches Sekretariat
A-0-397
A-0-473
A-0-476

b) Bischöfliches Generalvikariat (GV NA, Büro GV)
Büro des Generalvikars
A-101-548
A-101-591
c) Abteilung Jugendeelsorge
A 220-114
d) Personalpfarreien (KSG)
A 117
A 131
A 355

Archiv für Christlich-Demokratische Politik, Sankt Augustin (ACDP)
a) Bundespartei
07-001-2102, Außenpolitische Kommission (2) – Unterkommission Entwicklungspolitik. Protokolle/Material/Dokumente 20.09.73-13.05.75
07-001-2103, Außenpolitische und Entwicklungspolitische Kommission (3) – Unterkommission Entwicklungspolitik. Protokolle/Material, 20.09.73-08.03.76
07-001-2106, Entwicklungspolitischer Kongreß (3) 14.01.74-05.09.75
07-001-2107, Entwicklungspolitische Kommission (4) – Dokumente und Materialien 10.02.76-14.06.76 - Entwicklungspolitische Leitlinien
b) Bundestagsfraktion
08-001-42/1, Protokolle der Sitzungen der Arbeitskreise, Kurzprotokolle 1971
c) Pressearchiv des ACDP
d) Nachlass Heinrich Köppler
1-258-041/2

Archiv der Katholischen Hochschulgemeinde Tübingen (AKHGT)
Ordnerbestände
31, Semesterberichte 1969–1979

Archiv der KLJB Diözese Rottenburg-Stuttgart, Wernau
Dritte Welt, 2.263, Aktion »Jute statt Plastik«

Privatarchiv Harry Neyer

II. Zeitzeugengespräche

Dr. George Arickal, Köln, Montag, 10. Februar 2014.
Norbert Arntz, Kleve, Donnerstag, 13. März 2014.
Siegfried Baumgartner, Düsseldorf, Mittwoch, 26. März 2014.
Dr. Friedrich Kronenberg, Bonn, Mittwoch, 12. Februar 2014.

Dr. Erwin Mock, Aachen, Montag, 26. November 2013.

Harry Neyer (†), Meckenheim, Freitag, 14. Februar 2014.

Gerd Reinelt, Georgsmarienhütte, Montag, 22. Dezember 2014.

Weihbischof em. Leo Schwarz, Trier, Dienstag, 27. Mai 2014.

Dr. Michael Vesper, Frankfurt a. M., Donnerstag, 27. März 2014.

III. Gedruckte Quellen und Literatur

Zeitschriften, aus denen einzelne verstreute Artikel entnommen wurden, sind nicht aufgeführt. Sie werden vollständig in den Anmerkungen der Darstellung nachgewiesen. Gleiches gilt für Internet-Adressen. Alle Internet-Angaben wurden das letzte Mal am 1. Mai 2018 überprüft.

ABEL, Wilhelm, Massenarmut und Hungerkrisen im vorindustriellen Europa. Versuch einer Synopsis, Göttingen 1972.

ABRAMS, Lynn, Oral History Theory, New York 2010.

AGUILAR, Mario I., 1968. A historiography of a New Reformation in Latin America, in: SZRKG 104 (2010), S. 201–211.

ALBERIGO, Giuseppe, Art. Giacomo Lercaro, in: LThK, Bd. 6, 3. Aufl,. Freiburg i. Br. 2006, Sp. 845.

ALBERIGO, Giuseppe, Art. Johannes XXIII., in: LThK, Bd. 5, 3. Aufl., Freiburg i. Br. 1996, Sp. 952–955.

ALBERIGO, Giuseppe, »Die Kirche der Armen«. Von Johannes XXIII. zum Zweiten Vatikanischen Konzil, in: Mariano DEGLADO / Odilo NOTI / Hermann-Josef VENETZ (Hrsg.), Blutende Hoffnung. Gustavo Gutiérrez zu Ehren, Luzern 2000, S. 67–88.

ALBERIGO, Giuseppe, Johannes XXIII. Leben und Wirken des Konzilspapstes, Mainz 2000.

ALBERIGO, Giuseppe / WITTSTADT, Klaus (Hrsg.) unter Mitarbeit von Günther WASSILOWSKY, Geschichte des Zweiten Vatikanischen Konzils, Bd. 1: Die katholische Kirche auf dem Weg in ein neues Zeitalter, Mainz 1997.

ALBERIGO, Giuseppe / WITTSTADT, Klaus (Hrsg.) unter Mitarbeit von Günther WASSILOWSKY, Geschichte des Zweiten Vatikanischen Konzils, Bd. 2: Das Konzil auf dem Weg zu sich selbst, Mainz 2000.

ALBERIGO, Giuseppe / WITTSTADT, Klaus (Hrsg.) unter Mitarbeit von Günther WASSILOWSKY, Geschichte des Zweiten Vatikanischen Konzils., Bd. 3: Das mündige Konzil, Mainz 2002.

ALBERIGO, Giuseppe / WITTSTADT, Klaus (Hrsg.) unter Mitarbeit von Günther WASSILOWSKY, Geschichte des Zweiten Vatikanischen Konzils, Bd. 4: Die Kirche als Gemeinschaft, Mainz 2006.

ALBERIGO, Giuseppe / WITTSTADT, Klaus (Hrsg.) unter Mitarbeit von Günther WASSILOWSKY, Geschichte des Zweiten Vatikanischen Konzils, Bd. 5: Ein Konzil des Übergangs, Mainz 2009.

ANDRESEN, Knud / APEL, Linde / HEINSOHN, Kirsten (Hrsg.), Es gilt das gesprochene Wort. Oral History und Zeitgeschichte heute (FS für Dorothee Wierling), Göttingen 2015.

ANGEL, Hans-Gerd, Christliche Weltverantwortung. Misereor: Agent kirchlicher Sozialverkündigung (Schriften des Instituts für Christliche Sozialwissenschaften der Westfälischen Wilhelms-Universität Münster 47), Münster – Hamburg – London 2002.

ANSPRENGER, Franz, Die SWAPO. Profil einer afrikanischen Befreiungsbewegung, Mainz 1984.

ARBEITSGEMEINSCHAFT KATHOLISCHER STUDENTEN- UND HOCHSCHULGEMEINDEN (Hrsg.), Misereor. Zum politischen Standort eines kirchlichen Hilfswerkes, Bad Godesberg 1980.

Arbeitskreis für kirchliche ZEITGESCHICHTE MÜNSTER, Katholiken zwischen Tradition und Moderne. Das katholische Milieu als Forschungsaufgabe, in: WESTFÄLISCHE FORSCHUNGEN 43 (1993), S. 588–654.

ARBEITSKREIS FÜR KIRCHLICHE ZEITGESCHICHTE MÜNSTER, Konfession und Cleavages im 19. Jahrhundert. Ein Erklärungsmodell zur regionalen Entstehung des katholischen Milieus in Deutschland, in: HISTORISCHES JAHRBUCH 120 (2000), S. 358–395.

ARETZ, Jürgen, Katholische Arbeiterbewegung und christliche Gewerkschaften. Zur Geschichte der christlich-sozialen Bewegung, in: Anton RAUSCHER (Hrsg.), Der soziale und politische Katholizismus. Entwicklungslinien in Deutschland 1803–1963 (Geschichte und Staat 250/252, Bd. 2), Landsberg am Lech 1982, S. 159–214.

ARICKAL, George, Meine Heimat ist grenzenlos. Begegnungen und Erfahrungen in Indien, Deutschland und der ganzen Welt, Oberursel 2009.

ARNOLD, David, Famine. Social Crisis and Historical Change, Oxford – New York 1988.

ARNTZ, Nobert, »Für eine dienende und arme Kirche«. Der Katakombenpakt als subversives Vermächtnis des II. Vatikanums, in: Gottfried BITTER (Hrsg.), Religion und Bildung in Kirche und Gesellschaft (FS Norbert Mette, Studien zur Theologie und Praxis der Seelsorge 86), Würzburg 2011, S. 297–307.

BAADE, Fritz, Welternährungswirtschaft, Hamburg 1956.

BAADE, Fritz, Der Weltkampf gegen den Hunger, in: Otto KEUNE (Hrsg.), Agrarfragen für jedermann, Hildesheim 1964, S. 58–80.

BALTZ-OTTO, Ursula, Art. Dorothee Sölle, in: NDB, Bd. 24, Berlin 2010, S. 530–532.

BÄNZIGER, Peter-Paul, Von der Arbeits- zur Konsumgesellschaft? Kritik eines Leitmotivs der deutschsprachigen Zeitgeschichtsschreibung, in: ZEITHISTORISCHE FORSCHUNGEN / STUDIES IN CONTEMPORARY HISTORY, 12/1 (2015), URL: http://www.zeithistorische-forschungen.de/1-2015/id=5179 (Stand: 1.5.2018), Druckausgabe: S. 11–38.

BASS, Hans-Heinrich, Natürliche und sozioökomische Ursachen der Subsistenzkrise Mitte des 19. Jahrhunderts. Eine Diskussion am Beispiel Preußens, in: Bernd HERMANN (Hrsg.), Berichte aus dem umwelthistorischen Kolloquium der Universität Göttingen, Göttingen 2010, S. 141–156.

BATLOGG, Andreas R., Ein leidenschaftlicher Botschafter der Theologie Karl Rahners. Zum Tod von Herbert Vorgrimler, URL: http://stimmen-der-zeit.de/zeitschrift/ausgabe/zeitschrift/online_exklusiv/details_html?k_beitrag=4213952 (Stand: 1.5.2018).

BAUER, Christian, Ortswechsel der Theologie. Marie-Dominique Chenu im Kontext seiner Programmschrift »Une école de théologie: le Saulchoir« (Tübinger Perspektiven zur Pastoraltheologie und Religionspädagogik 42), Münster 2010.

BAUMGARTNER, Siegfried (Hrsg.), E wie Entwicklungshilfe, Düsseldorf 1970.

BECHER, Paul, Der Beitrag der katholischen Kirche in der Bundesrepublik Deutschland für Entwicklung und Frieden. Einleitung, in: J. HOMEYER u. a. (Hrsg.), Gemeinsame Synode der Bistümer, S. 459–469.

BEDOUELLE, Guy, Art. Henri de Riedmatten, URL: http://www.hls-dhs-dss.ch/textes/d/D9996.php (Stand: 1.5.2018).

BERG, Christian (Hrsg.), Brot für die Welt. Dokumente, Berichte, Rufe, Berlin – Stuttgart 1962.

BERNATZKY, Rudolf, Sahel-Zone. Hilfe durch Gemeinwesenarbeit, in: JAHRBUCH DES DEUTSCHEN CARITASVERBANDES 1974, Freiburg i. Br., S. 172–174.

BERNHAUSER, Johannes / STOCKHEIM, Karl-Heinz / STROTHJOHANN, Rita, Gimka und Golka. Bilder aus einem Dorf in Kamerun, Aachen 1978.

BERSTRESER, Michael / MÖLLENBERG, Franz-Josef / POHL, Gerd (Hrsg.), Globale Hungerkrise. Der Kampf um das Menschenrecht auf Nahrung, Hamburg 2009.

BERTSCH, Ludwig, Art. Gottfried Dossing, in: LThK, Bd. 11, 3. Aufl., Freiburg i. Br. 2001, Sp. 62 f.

BIESINGER, Albert, Gotteskommunikation. Mitteilung des Wortes – Vollziehung des Wortes (zu Johann Baptist Hirscher), in: DERS. (Hrsg.; unter Mitarbeit von Simone HILLER), Gotteskommunikation. Religionspädagogische Lehr- und Lernprozesse in Familie, Gemeinde und Schule, Ostfildern 2012, S. 50–61.

BILDUNGSREFERAT MISEREOR (Hrsg.), Eine Schule entdeckt die Dritte Welt (inform. Schriften zur Information VII/3), Aachen 1975.

BILDUNGSREFERAT MISEREOR (Hrsg.), Fünf Jahre danach. Materialien für die Schule Nr. 4 (Zusatzheft zu Materialien für die Schule Nr. 4 »Hunger tut weh«), Aachen 1978.

BILDUNGSREFERAT MISEREOR (Hrsg.), Hunger tut weh. Materialien für die Schule Nr. 4, Aachen 1975.

BILDUNGSREFERAT MISEREOR (Hrsg.), Kinder erleben die Dritte Welt. Materialien für Kindergarten und Grundschule Nr. 6, Aachen 1977.

BINDER, Heinz-Georg / BOCKLET, Paul (Hrsg.), »Entwicklung als internationale soziale Frage«. Bericht über das Dialogprogramm der Kirchen 1977–1979 (Entwicklung und Frieden. Dokumente, Berichte, Meinungen 10), Mainz 1980.

BISCHÖFLICHE KOMMISSION FÜR MISEREOR (Hrsg.), Misereor – Zeichen der Hoffnung. Beiträge zur kirchlichen Entwicklungsarbeit, München 1976.

BISMARCK, Klaus von, Unruhe in der Welt – Verantwortung aller Christen, in: ZdK (Hrsg.), Mitten in dieser Welt, S. 623–633.

BISMARCK, Klaus von / MAIER, Hans (Hrsg.), Entwicklung, Gerechtigkeit, Frieden. Entwicklungspolitischer Kongress 1979 (Entwicklung und Frieden. Dokumente, Berichte, Meinungen 7), München 1979.

BITTER, Gottfried, Art. Adolf Exeler, in: LThK, Bd. 3, 3. Aufl., Freiburg i. Br. 1995, Sp. 1103 f.

BLANCKENBURG, Peter von, Welternährung. Gegenwartsprobleme und Strategien für die Zukunft (Beck'sche schwarze Reihe 308), München 1986.

BLUM, Sonja / SCHUBERT, Klaus, Politikfeldanalyse, 2. Aufl., Wiesbaden 2011.

BOCK, Florian, Der Fall »Publik«. Katholische Presse in der Bundesrepublik Deutschland um 1968 (VKfZG, Reihe B: Forschungen, Bd. 128), Paderborn u. a. 2015.

BOCK, Florian, »Dem Vatikan gehört die Kirche, nicht das Bett.« Die Enzyklika Humanae Vitae (1968) Papst Pauls VI. im Spiegel der deutschen und italienischen Presse, in: Walter HÖMBERG / Thomas PITTROF (Hrsg.), Katholische Publizistik im 20. Jahrhundert. Positionen, Probleme, Profile (Catholica. Quellen und Studien zur Literatur- und Kulturgeschichte des modernen Katholizismus 3), Freiburg i. Br. 2014, S. 575–600.

BÖLL, Heinrich, Das Brot der frühen Jahre, 24. Aufl., München 2011.

BOOZ, Rüdiger M., Hallsteinzeit. Deutsche Außenpolitik 1955–1972, Bonn 1995.

BOROWSKY, Peter, Deutschland 1970–1976, Hannover 1980.

BORSOOK, Henry, Der Hungrige kann nicht warten. Das Welternährungsproblem, München – Zürich 1968.

BÖSCH, Frank, Die Adenauer-CDU. Gründung Aufstieg und Krise einer Erfolgspartei 1945–1969, Stuttgart – München 2001.

BÖSCH, Frank, Macht und Machtverlust. Die Geschichte der CDU, Stuttgart – München 2002.

BOURDIEU, Pierre / EGGER, Stephan, Das religiöse Feld. Texte zur Ökonomie des Heilsgeschehens (Edition discours 11), 2. Aufl., Konstanz 2008.

BOURDIEU, Pierre, ›Sozialer Raum‹ und ›Klassen‹, in: DERS., ›Sozialer Raum‹ und ›Klassen‹ & Leçon sur la leçon. Zwei Vorlesungen, Frankfurt a. M. 1985, S. 7–46.

BOYD ORR, John, The White Man's Dilemma, dt.: Werden nur die Reichen satt? Des weißen Mannes Schicksalsstunde, Knoxville 1954.

BRANDT, Willy, Entwicklungshilfe als weltweite Friedenspolitik, in: DEUTSCHE WELTHUNGERHILFE (Hrsg.), Strategie gegen den Hunger, S. 25–32.

BRANDT, Willy, Das Überleben sichern. Gemeinsame Interessen der Industrie- und Entwicklungsländer. Bericht der Nord-Süd-Kommission, Köln 1980.

BRECHER, August, Art. Johannes Pohlschneider, in: NDB, Bd. 20, Berlin 2001, S. 592 f.

BRECKNER, Roswitha, Von den Zeitzeugen zu den Biographen. Methoden der Erhebung und Auswertung lebensgeschichtlicher Interviews, in: J. OBERTREIS (Hrsg.), Oral History, S. 131–151.

BUBMANN, Peter, Das »Neue Geistliche Lied« als Ausdrucksmedium religiöser Milieus, in: ZEITHISTORISCHE FORSCHUNGEN / STUDIES IN CONTEMPORARY HISTORY, 7/3 (2010), URL: http://www.zeithistorische-forschungen.de/3-2010/id=4427 (Stand: 1.5.2018), Druckausgabe: S. 460–468.

BUBMANN, Peter, Populäre Kirchenmusik der Gegenwart, in: Wolfgang HOCHSTEIN / Christoph KRUMMACHER (Hrsg.), Geschichte der Kirchenmusik. Die zweite Hälfte des 20. Jahrhunderts und die Herausforderungen der Gegenwart (Enzyklopädie der Kirchenmusik, 1,4), Laaber 2014, S. 292–343.

BUBMANN, Peter, Wandlungen in der kirchlichen Musik in den 1960er und 1970er Jahren, in: S. HERMLE / C. LEPP / H. OELKE (Hrsg.), Umbrüche, S. 303–324.

BUCHSTAB, Günter, Art. Walter Leisler Kiep, URL: http://www.kas.de/wf/de/71.8541/ (Stand: 1.5.2018).

BUDE, Heinz, Deutsche Karrieren. Lebenskonstruktionen sozialer Aufsteiger aus der Flakhelfer-Generation (Edition Suhrkamp 1448), Frankfurt a. M. 1987.

CARL, Clemens, Art. Aloisio Lorscheider, in: M. QUISINSKY / P. WALTER (Hrsg.), Personenlexikon, S. 177 f.

CARL, Clemens, Art. Hélder Pessôa Câmara, in: M. QUISINSKY / P. WALTER (Hrsg.), Personenlexikon, S. 67–70.

CASTRO, Josué de, Geopolitik des Hungers, Frankfurt a. M. 1973.

CASTRO, Josué de, Géopolitique de la faim, Paris 1951.

CASTRO, Josué de, Weltgeissel Hunger, Göttingen – Berlin – Frankfurt a. M. 1959.

CHANG, Jung / HALLIDAY, Jon, Mao. Das Leben eines Mannes, das Schicksal eines Volkes, München 2005.

CHENU, Marie-Dominique, »Kirche der Armen« auf dem Zweiten Vatikanischen Konzil, in: CONCILIUM 13 (1977), S. 232–235.

COBB, Roger W. / ELDER, Charles D., Participation in American Politics. The Dynamics of Agenda Building, Boston 1972.

COLLET, Dominik / LASSEN, Thore / SCHANBACHER, Ansgar (Hrsg.), Handeln in Hungerkrisen. Neue Perspektiven auf soziale und klimatische Vulnerabilität, Göttingen 2012.

COMMONER, Barry, Wachstumswahn und Umweltkrise, München 1971.

CONGAR, Yves, Für eine dienende und arme Kirche, Mainz 1965.

CONZE, Eckart, Die Suche nach Sicherheit. Eine Geschichte der Bundesrepublik Deutschland von 1949 bis in die Gegenwart, München 2009.

CONZEMIUS, Victor, Art. Ernst Schnydrig, URL: http://www.hls-dhs-dss.ch/textes/d/D49507.php (Stand: 1.5.2018).

CORNEHL, Peter, Dorothee Sölle, das »Politische Nachtgebet« und die Folgen, in: S. HERMLE / C. LEPP / H. OELKE (Hrsg.), Umbrüche, S. 266–284.

D'SOUZA, Averthanus, Entwicklungshilfe als Bereitschaft zum Teilen, in: JAHRBUCH DES DEUTSCHEN CARITASVERBANDES 1975/76, Freiburg i. Br., S. 184–186.

DABRINGHAUS, Sabine, Geschichte Chinas im 20. Jahrhundert, München 2009.

DAMBERG, Wilhelm, Abschied vom Milieu? Katholizismus im Bistum Münster und in den Niederlanden 1945–1980 (VKfZG, Reihe B: Forschungen, Bd. 79), Paderborn u. a. 1997.

DAMBERG, Wilhelm, Konzil und politischer Wandel, in: ORIENTIERUNG 61 (1997), S. 253–258.

DAMBERG, Wilhelm, Die »Lehrmeisterin des Lebens« – Kirchengeschichte und Innovation im Kontext des Zweiten Vatikanischen Konzils, in: DERS. / Matthias SELLMANN (Hrsg.), Die

Theologie und »das Neue«. Perspektiven zum kreativen Zusammenhang von Innovation und Tradition, Freiburg i. Br. 2015, S. 81–110.

DAMBERG, Wilhelm, Milieu und Konzil. Zum Paradigmenwechsel konfessionellen Bewusstseins im Katholizismus der frühen Bundesrepublik Deutschland, in: Olaf BLASCHKE (Hrsg.), Konfessionen im Konflikt. Deutschland zwischen 1800 und 1970. Ein zweites konfessionelles Zeitalter, Göttingen 2002, S. 335–350.

DAMBERG, Wilhelm, »Radikal katholische Laien an die Front!« Beobachtungen zur Idee und Wirkungsgeschichte der Katholischen Aktion, in: Joachim KÖHLER / Damian VAN MELIS (Hrsg.), Siegerin in Trümmern. Die Rolle der katholischen Kirche in der deutschen Nachkriegsgesellschaft (Konfession und Gesellschaft 15), Stuttgart 1998, S. 142–160.

DAMBERG, Wilhelm / JÄHNICHEN, Traugott, Einleitung, in: DIES. (Hrsg.), Neue Soziale Bewegungen, S. 9-30.

DAMBERG, Wilhelm (Hrsg.), Soziale Strukturen und Semantiken des Religiösen im Wandel. Transformationen in der Bundesrepublik Deutschland 1949–1989, Essen 2011.

DAMBERG, Wilhelm / HELLEMANS, Staf (Hrsg.), Die Neugestaltung der europäischen Großkirchen und der Aufstieg der intermediären Instanzen seit 1945/1960, in: DIES., Die neue Mitte der Kirche. Der Aufstieg der intermediären Instanzen in den europäischen Großkirchen seit 1945 (Konfession und Gesellschaft 42), Stuttgart 2010, S. 215–248.

DAMBERG, Wilhelm / HUMMEL, Karl-Josef (Hrsg.), Katholizismus in Deutschland. Zeitgeschichte und Gegenwart (VKfZG, Reihe B: Forschungen, Bd. 130), Paderborn u. a. 2015.

DAMBERG, Wilhelm / JÄHNICHEN, Traugott (Hrsg.), Neue Soziale Bewegungen als Herausforderung sozialkirchlichen Handelns (Konfession und Gesellschaft 51), Stuttgart 2015.

DAMBERG, Wilhelm / LIEDHEGENER, Antonius (Hrsg.), Katholiken in den USA und Deutschland. Kirche, Gesellschaft und Politik, Münster 2006.

DANCKWORTT, Dieter, Zur Psychologie der deutschen Entwicklungshilfe. Eine Analyse von Meinungen, Motiven und Gefühlen um die deutsche Entwicklungshilfe, Baden-Baden 1962.

DATTA, Asit, Welthandel und Welthunger, 3. Aufl., München 1985.

DECKERS, Daniel, Der Kardinal. Karl Lehmann. Eine Biographie, München 2004.

DEUTSCHE BISCHOFSKONFERENZ (Hrsg.), Königsteiner Erklärung der Deutschen Bischofskonferenz, in: DIES., Dokumente der Deutschen Bischofskonferenz, Bd. 1, 1965–1968), Köln 1998, S. 465–471.

DEUTSCHE BISCHOFSKONFERENZ (Hrsg.), Der priesterliche Dienst – Gerechtigkeit in der Welt. Römische Bischofssynode 1971, Trier 1972.

DEUTSCHE PRESSE-AGENTUR GmbH, DPA-Hintergrund. Archiv und Informationsmaterial. Dpa-Archiv/HG 1862, 19.09.1968, Hamburg 1968.

DEUTSCHE WELTHUNGERHILFE (Hrsg.), Strategie gegen den Hunger. Das Weltproblem Nr. 1 in Berichten bedeutender Fachleute (Kelter-Taschenbuch 1000), Hamburg 1969.

DIKÖTTER, Frank, Maos Großer Hunger. Massenmord und Menschenexperiment in China, Stuttgart 2014.

DINKEL, Jürgen, Die Bewegung bündnisfreier Staaten. Genese, Organisation und Politik (1927–1992), (Studien zur internationalen Geschichte 37), Berlin 2015.

DINKEL, Jürgen, »Dritte Welt« – Geschichte und Semantiken, Version 1.0, in: DOCUPEDIA –
ZEITGESCHICHTE, URL: http://docupedia.de/zg/Dritte_Welt (Stand: 1.5.2018).

DISKUSSIONSKREIS ENTWICKLUNGSHILFE DER CDU/CSU-FRAKTION DES DEUTSCHEN
BUNDESTAGS (Hrsg.), Die Entwicklungsländer und unsere Hilfe. Zur Entwicklungspolitik
der CDU/CSU, 2. Aufl., Bonn 1961.

DOERING-MANTEUFFEL, Anselm, Westernisierung. Politisch-ideeller und gesellschaftlicher
Wandel in der Bundesrepublik bis zum Ende der 60er Jahre, in: A. SCHILDT (Hrsg.), Dynamische Zeiten, S. 311–341.

DOLS, Chris / ZIEMANN, Benjamin, Progressive Participation and Transnational Activism in
the Catholic Church after Vatican II. The Dutch and West German Examples, in: JCH 50/3
(2015), S. 465–485.

DÖPFNER, Julius, Ethische Grundsätze einer Wirtschaftsführung aus der Sicht der Katholischen Kirche. Vortrag vor dem Bundesverband der deutschen Industrie am 11.3.1975 (Der
Vorsitzende der Deutschen Bischofskonferenz 2), Bonn 1975.

DREESMANN, Bernd, Bazare zur Bewußtseinsbildung? Neue »Aktion 3. Welt-Handel« geplant,
in: E+Z 10 (1970), S. 10 f.

DREESMANN, Bernd, Strategie gegen den Hunger, in: DEUTSCHE WELTHUNGERHILFE
(Hrsg.), Strategie gegen den Hunger, S. 9–16.

DRUMM, Joachim, Art. Solidarität. Systematisch-theologisch, in: LThK, Bd. 9, 3. Aufl., Freiburg
i. Br. 2000, Sp. 708 f.

DYBOWSKI, Rita, Engagierte für die »Dritte Welt«. Belächelte Utopisten?, in: ZdK (Hrsg.), Für
das Leben der Welt, S. 392–398.

DYE, Thomas, Policy analysis. What governments do, why they do it, and what difference it
makes, Tuscaloosa 1976.

EBERTZ, Michael N., »Tote Menschen haben keine Probleme«? – oder: Der Zwang zum Vergessen und Erinnern. Die Beschneidung des eschatologischen Codes im 20. Jahrhundert, in:
Andreas HOLZEM (Hrsg.), Normieren, Tradieren, Inszenieren. Das Christentum als Buch-
religion, Darmstadt 2004, S. 279–300.

EHRLICH, Paul, Die Bevölkerungsbombe, München 1971.

EIGENMANN, Urs, Politische Praxis des Glaubens. Dom Hélder Câmaras Weg zum Anwalt der
Armen und seine Reden an die Reichen, Freiburg i. Üe. u. a. 1984.

EITLER, Pascal, »Gott ist tot – Gott ist rot«. Max Horkheimer und die Politisierung der Religion
um 1968 (Historische Politikforschung 17), Frankfurt a. M. – New York 2009.

EITLER, Pascal, »Umbruch« und »Umkehr«. Der christlich-marxistische Dialog um »1968«, in:
B. HEY / V. WITTMÜTZ (Hrsg.), 1968 und die Kirchen, S. 249–268.

ELSNER, Franz-Maria, Essen war anders. Rückblick auf den 82. Deutschen Katholikentag aus
der Essener Perspektive, in: ZdK (Hrsg.), Mitten in dieser Welt, S. 15–89.

ENGELMEIER, Paul, Westfälische Hungertücher. Vom 14. bis 19. Jahrhundert, Münster 1961.

ERB, Alfons, Weltelend vor christlichem Gewissen (Lebendige Kirche), Freiburg i. Br. 1959.

ERNESTI, Jörg, Paul VI. Der vergessene Papst, Freiburg i. Br. 2012.

FABER, Richard, Die Phantasie an die Macht? 1968 – Versuch einer Bilanz (EVA-Taschenbücher 262), Reinbek bei Hamburg 2008.

FAERBER-HUSEMANN, Renate, Der Querdenker. Erhard Eppler. Eine Biographie, Bonn 2010.

FECHNER, Fabian u. a., »We are gambling with our survival«. Bedrohungskommunikation als Indikator für bedrohte Ordnungen, in: E. FRIE / M. MEIER (Hrsg.), Aufruhr – Katastrophe – Konkurrenz – Zerfall, S. 141–173.

FIGURA, Michael, Art. Henri de Lubac, in: LThK, Bd. 6, 3. Aufl., Freiburg i. Br. 1997, Sp. 1074 f.

FORNET-PONSE, Thomas, Für eine arme Kirche, in: STIMMEN DER ZEIT 137 (2012), S. 651–661.

FORSYTH, Frederick, Biafra-Story. Bericht über eine afrikanische Tragödie, München 1976.

FREI, Norbert, 1968. Jugendrevolte und globaler Protest (dtv-Tachenbücher 24653), München 2008.

FREYTAG, Nils, »Eine Bombe im Taschenbuchformat«? Die »Grenzen des Wachstums« und die öffentliche Resonanz, in: ZEITHISTORISCHE FORSCHUNGEN / STUDIES IN CONTEMPORARY HISTORY, 3/3 (2006), URL: http://www.zeithistorische-forschungen.de/3-2006/id=4478 (Stand: 1.5.2018), Druckausgabe: S. 465–469.

FRIE, Ewald / MEIER, Mischa, Bedrohte Ordnungen. Gesellschaften unter Stress im Vergleich, in: DIES. (Hrsg.), Aufruhr – Katastrophe – Konkurrenz – Zerfall, S. 1–27.

FRIE, Ewald / MEIER, Mischa (Hrsg.), Aufruhr – Katastrophe – Konkurrenz – Zerfall. Bedrohte Ordnungen als Thema der Kulturwissenschaften (Bedrohte Ordnungen 1), Tübingen 2014.

FRIEDEMANN, Peter / KLESSMANN, Christoph, Streiks und Hungermärsche im Ruhrgebiet 1946–1948, Frankfurt a. M. – New York 1977.

FRINGS, Josef Kardinal, Abenteuer im Heiligen Geist. Rede vor der Vollversammlung der deutschen Bischöfe in Fulda, 15.-21. August 1958, in: BISCHÖFLICHE KOMMISSION FÜR MISEREOR (Hrsg.), Misereor – Zeichen der Hoffnung, S. 13–34.

FRINGS, Josef Kardinal, Für die Menschen bestellt. Erinnerungen des Alterzbischofs von Köln, Köln 1973.

FROMM, Erich, Haben oder Sein. Die seelische Grundlage einer neuen Gesellschaft, Stuttgart 1976.

FUHRMANN, Horst, Die Päpste. Von Petrus zu Benedikt XVI. (Beck'sche Reihe 1590), 4. Aufl., München 2012.

GABRIEL, Karl, Christentum zwischen Tradition und Postmoderne (Quaestiones disputatae 141), Freiburg i. Br. 1992.

GABRIEL, Karl, Zwischen Aufbruch und Absturz in die Moderne. Die katholische Kirche in den 60er Jahren, in: A. SCHILDT (Hrsg.), Dynamische Zeiten, S. 528–543.

GAILUS, Manfred / VOLKMANN, Heinrich (Hrsg.), Der Kampf um das tägliche Brot. Nahrungsmangel, Versorgungspolitik und Protest 1770–1990 (Schriften des Zentralinstituts für Sozialwissenschaftliche Forschung der Freien Universität Berlin 74), Opladen 1994.

GALLI, Mario von / MOOSBRUGGER, Bernhard, Das Konzil und seine Folgen, Luzern 1966.

GASSERT, Philipp (Hrsg.), 1968 – Memories and legacies of a global revolt, Washington D.C. 2009.

GELMI, Josef, Art. Pius XII., in: LThK, Bd. 8, 3. Aufl., Freiburg i. Br. 1999, Sp. 337 f.

GEMEINSAME KONFERENZ KIRCHE UND ENTWICKLUNG, Erklärung der Kirchen in der Bundesrepublik Deutschland zur 3. Konferenz der Vereinten Nationen für Handel und Entwicklung (UNCTAD III), in: Franz NUSCHELER / Hans ZWIEFELHOFER (Hrsg.), Handel statt Hilfe? Die Dritte Konferenz der Vereinten Nationen für Handel und Entwicklung in Santiago de Chile (UNCTAD III), (Kirche und Dritte Welt 8), Mannheim – Ludwigshafen 1972, S. 69–75.

GERSTER, Daniel, Friedensdialoge im Kalten Krieg. Eine Geschichte der Katholiken in der Bundesrepublik 1957–1983 (Campus historische Studien 65), Frankfurt a. M. – New York 2012.

GEYER, Martin H., Politische Sprachkritik und Krisendiskurse in den 1970er Jahren, in: Thomas MERGEL (Hrsg.), Krisen verstehen. Historische und kulturwissenschaftliche Annäherungen (Eigene und fremde Welten 21), Frankfurt a. M. – New York 2012, S. 257–274.

GIESEKING, Erik, Justitia et Pax 1967–2007. 40 Jahre Einsatz für Gerechtigkeit und Frieden. Eine Dokumentation, Paderborn u. a. 2007.

GILCHER-HOLTEY, Ingrid, Die 68er Bewegung: Deutschland – Westeuropa – USA (Beck'sche Reihe 2183), München 2001.

GILCHER-HOLTEY, Ingrid, Gegen Strukturalismus, Pansymbolismus und Pansemiologie. Pierre Bourdieu und die Geschichtswissenschaft, in: Catherine COLLIOT-THÉLÈNE / Étienne FRANCOIS / Gunter GEBAUER (Hrsg.), Pierre Bourdieu. Deutsch-Französische Perspektiven (Suhrkamp-Taschenbuch Wissenschaft 1752), Frankfurt a. M. 2005, S. 179–194.

GILCHER-HOLTEY, Ingrid (Hrsg.), 1968 – Vom Ereignis zum Gegenstand der Geschichtswissenschaft (Geschichte und Gesellschaft. Sonderheft 17), Göttingen 1998.

GILCHER-HOLTEY, Ingrid (Hrsg.), 1968 – Vom Ereignis zum Mythos (Edition Suhrkamp 2534), Frankfurt a. M. 2008.

GLÄSEL, Kirsten, Zwischen Seelenheil und Menschenwürde. Wandlungsprozesse weiblicher katholischer Ordensgemeinschaften in Deutschland. Die Schwestern vom Guten Hirten (1945–1985), Münster 2013.

GRAF, Friedrich Wilhelm / GROSSE KRACHT, Klaus, Einleitung: Religion und Gesellschaft im Europa des 20. Jahrhunderts, in: DIES. (Hrsg.), Religion und Gesellschaft. Europa im 20. Jahrhundert (Industrielle Welt 73), Köln 2007, S. 1–41.

GREBING, Helga, Art. Kurt Ernst Karl Schumacher, in: NDB, Bd. 23, Berlin 2007, S. 740 f.

GREINACHER, Norbert, Von der Wirklichkeit zur Utopie. Der Weg eines Theologen (Erfahrung und Theologie 37), Frankfurt a. M. 2010.

GRIES, Rainer, Die Rationen-Gesellschaft. Versorgungskampf und Vergleichsmentalität. Leipzig, München und Köln nach dem Kriege, Münster 1991.

GROSSBÖLTING, Thomas, Der verlorene Himmel. Glaube in Deutschland seit 1945, Göttingen 2013.

GROSSBÖLTING, Thomas, Vom »akademischen Bieresel« zum »theophilen Revoluzzer«? Konfliktebenen und Protestformen katholischer Studierender in der Studentenbewegung, in: Bernd HEY (Hrsg.), Kirche, Staat und Gesellschaft nach 1945. Konfessionelle Prägung und sozialer Wandel (Beiträge zur Westfälischen Kirchengeschichte 21), Bielefeld 2001, S. 213–225.

GROSSBÖLTING, Thomas, Wie ist Christsein heute möglich? Suchbewegungen des nachkonziliaren Katholizismus im Spiegel des Freckenhorster Kreises (Münsteraner theologische Abhandlungen 47), Altenberge 1997.

GROSSBÖLTING, Thomas, Zwischen Kontestation und Beharrung. Katholische Studierende und die Studentenbewegung, in: WESTFÄLISCHE FORSCHUNGEN 48 (1998), S. 157–189.

GROSSE KRACHT, Klaus, Die katholische Welle der »Stunde Null«. Katholische Aktion, missionarische Bewegung und Pastoralmacht in Deutschland, Italien und Frankreich 1945–1960, in: AfS 51 (2011), S. 163–186.

GROSSMANN, Thomas, Zwischen Kirche und Gesellschaft. Das Zentralkomitee der deutschen Katholiken 1945–1970 (VKfZG, Reihe B: Forschungen, Bd. 56), Mainz 1991.

GUTIERREZ, Gustavo, Theologie der Befreiung (Gesellschaft und Theologie. Abteilung Systematische Beiträge 11), München 1973.

HAFNER, Johann Ev., Die Bedeutung von Zeitzeugen beim Projekt 40 Jahre Würzburger Synode, in: J. SCHMIEDL (Hrsg.), Nationalsynoden, S. 258–270.

HAHN, Ulla, Spiel der Zeit, München 2014.

HALBFAS, Hubertus, Fundamentalkatechetik. Sprache und Erfahrung im Religionsunterricht (Topos-Taschenbücher 8), Düsseldorf 1968.

HALBFAS, Hubertus, So bleib doch ja nicht stehn. Mein Leben mit der Theologie, Ostfildern 2015.

HALSBAND, Elmar, Erinnerungsbericht 1968–1974, in: Udo SCHNIEDERS / Stefan KELLNER (Hrsg.), Kirche an der Hochschule 1921–1996 (FS 75 Jahre Katholische Studentengemeinde Göttingen), Göttingen 1996, S. 163–167.

HAMM-BRÜCHER, Hildegard, Der Demokratie eine zweite Dimension geben, in: JAHRESBAND THEODOR-HEUSS-PREIS 1975. Weltverantwortung und individuelle Lebenschancen, URL: http://www.theodor-heuss-stiftung.de/wp-content/uploads/Jahresband-1975.pdf (Stand: 1.5.2018).

HAMM-BRÜCHER, Hildegard, Freiheit ist mehr als ein Wort. Eine Lebensbilanz, Köln 1996.

HANK, Rainer, Der Geistliche und die Macht. Bernhard Hanssler, Frankfurt a. M. 1977.

HANNIG, Nicolai, Die Religion der Öffentlichkeit. Kirche, Religion und Medien in der Bundesrepublik 1945–1980 (Geschichte der Religion in der Neuzeit, Bd. 3), Göttingen 2010.

HARNEIT-SIEVERS, Axel, Nigeria: Der Sezessionskrieg um Biafra. Keine Sieger, keine Besiegten – Eine afrikanische Erfolgsgeschichte?, in: Rolf HOFMEIER / Volker MATTHIES (Hrsg.), Vergessene Kriege in Afrika, Göttingen 1992, S. 277–318.

HARPPRECHT, Klaus, Die Gräfin. Marion Dönhoff. Eine Biographie, Reinbek bei Hamburg 2008.

HÄUSSER, Alexander / MAUGG, Gordian, Hungerwinter. Deutschlands humanitäre Katastrophe 1946/47, Bonn 2010.

HEERTEN, Lasse, A wie Auschwitz, B wie Biafra. Der Bürgerkrieg in Nigeria (1967–1970) und die Universalisierung des Holocaust, in: ZEITHISTORISCHE FORSCHUNGEN / STUDIES IN

Contemporary History, 8/3 (2011), URL: http://www.zeithistorische-forschungen.de/3-2011/id=4516 (Stand: 1.5.2018), Druckausgabe: S. 394–413.

Hein, Bastian, Die Westdeutschen und die Dritte Welt. Entwicklungspolitik und Entwicklungsdienste zwischen Reform und Revolte 1959–1974 (Quellen und Darstellungen zur Zeitgeschichte 65), München 2005.

Hemmerle, Klaus, Hoffnung für uns – Misereor als Chance einer religiösen Erneuerung der katholischen Kirche in Deutschland, in: Bischöfliche Kommission für Misereor (Hrsg.), Misereor – Zeichen der Hoffnung, S. 57–70.

Henkelmann, Andreas, Caritasgeschichte zwischen katholischem Milieu und Wohlfahrtsstaat. Das Seraphische Liebeswerk 1889–1971 (VKfZG, Reihe B: Forschungen, Bd. 113), Paderborn u. a. 2008.

Henkelmann, Andreas, Caritas im Abseits? Die Würzburger Synode und die Suche nach einer Neuausrichtung der sozial-caritativen Arbeit, in: SZRKG 194 (2010), S. 155–179.

Henkelmann, Andreas u. a., Success with a loss of identity. Transformation processes of Diakonie and Caritas since the end of the 1960s, in: Diaconia 5 (2014), S. 10–30.

Hensel, Silke / Wolf, Hubert (Hrsg.), Die katholische Kirche und Gewalt. Europa und Lateinamerika im 20. Jahrhundert, Wien – Köln – Weimar 2013.

Hermle, Siegfried / Lepp, Claudia / Oelke, Harry (Hrsg.), Umbrüche. Der deutsche Protestantismus und die sozialen Bewegungen in den 1960er und 1970er Jahren (AKiZ, Reihe B: Darstellungen, Bd. 47), Göttingen 2007.

Hertel, Peter, »Die Wacht am Rhein?« Der »Rheinische Merkur«, in: Michael Wolf Thomas (Hrsg.), Porträts der deutschen Presse. Politik und Profit, Berlin 1980, S. 237–256.

Herwig, Malte, Die Flakhelfer. Wie aus Hitlers jüngsten Parteimitgliedern Deutschlands führende Demokraten wurden, München 2013.

Hey, Bernd / Wittmütz, Volkmar (Hrsg.), 1968 und die Kirchen (Religion in der Geschichte 17), Bielefeld 2008.

Heyder, Regina, Art. Maria Alberta Lücker, in: M. Quisinsky / P. Walter (Hrsg.), Personenlexikon, S. 180 f.

Hilberath, Bernd-Jochen / Hünermann, Peter (Hrsg.), Herders Theologischer Kommentar zum Zweiten Vatikanischen Konzil, Bde. 1–5, Freiburg i Br. 2004–2005.

Hippel, Eike von, Grundfragen der Weltwirtschaftsordnung (Beck'sche schwarze Reihe 217), München 1980.

Hohensee, Jens, Der erste Ölpreisschock 1973/74: die politischen und gesellschaftlichen Auswirkungen der arabischen Erdölpolitik auf die Bundesrepublik Deutschland und Westeuropa (Historische Mitteilungen. Beiheft 17), Stuttgart 1996.

Höhler, Sabine, Die Wissenschaft von der »Überbevölkerung«. Paul Ehrlichs »Bevölkerungsbombe« als Fanal für die 1970er-Jahre, in: Zeithistorische Forschungen / Studies in Contemporary History, 3/3 (2006), URL: http://www.zeithistorische-forschungen.de/3-2006/id=4532 (Stand: 1.5.2018), Druckausgabe: S. 460–464.

Holenstein, Anne-Marie / Power, Jonathan, Hunger. Welternährung zwischen Hoffnung und Skandal, Frankfurt a. M. 1976.

HÖLLER, Simone, Das Päpstliche Werk der Glaubensverbreitung in Deutschland 1933–1945 (VKfZG, Reihe B: Forschungen, Bd. 114), Paderborn u. a. 2009.

HÖLTER, Günter, Hungersnot in Äthiopien, in: JAHRBUCH DES DEUTSCHEN CARITASVERBANDES 1974, Freiburg i. Br., S. 174–176.

HOMEYER, Josef u. a. (Hrsg.), Gemeinsame Synode der Bistümer in der Bundesrepublik Deutschland. Beschlüsse der Vollversammlung (Offizielle Gesamtausgabe I), Freiburg i. Br. 1976.

HOPING, Helmut, Die Kirche im Dialog mit der Welt und der sapientiale Charakter christlicher Lehre. Pragmatik und Programmatik des II. Vatikanums im Kontext der Globalisierung, in: Peter HÜNERMANN (Hrsg.), Das II. Vatikanum – christlicher Glaube im Horizont globaler Modernisierung. Einleitungsfragen (Programm und Wirkungsgeschichte des II. Vatikanums 1), Paderborn u. a. 1998, S. 83–99.

HOUÉE, Paul, Louis Joseph Lebret. Un éveilleur d'humanité, Paris 1997.

HÜBNER, Jürgen, Leben im Jahr 2000 – Zukunftschancen und Zukunftsaufgaben, in: ZdK (Hrsg.), Für das Leben der Welt, S. 507–521.

HÜNERMANN, Peter, Theologischer Kommentar zum Dekret über die Missionstätigkeit der Kirche Ad gentes, in: DERS. / B.-J. HILBERATH (Hrsg.), Herders Theologischer Kommentar, S. 219–336.

ILGEN, Volker, CARE-Paket & Co. Von der Liebesgabe zum Westpaket, Darmstadt 2008.

IMFELD, Al, Hungersnöte in den letzten 150 Jahren. Analytische Anmerkungen eines Augenzeugen, in: J. NUSSBAUMER (Hrsg.), Gewalt. Macht. Hunger, Teil I, S. 7–13.

INSTITUT FÜR WIRTSCHAFTSFORSCHUNG (Hrsg.), Dürren in Afrika. Faktoren-Analyse aus dem Sudan-Sahel, München 1974.

INSTITUT FÜR WIRTSCHAFTSFORSCHUNG (Hrsg.), Nach der Dürre. Die Zukunft des Sahel, München 1976.

JAEGER, Lorenz Kardinal, Predigt im Hochamt zum »Tag des brüderlichen Teilens« am 6.9.1968, in: ZdK (Hrsg.), Mitten in dieser Welt, S. 590–594.

JANN, Werner / WEGRICH, Kai, Phasenmodelle und Politikprozesse: Der Policy-Cycle, in: K. SCHUBERT / N. C. BANDELOW (Hrsg.), Lehrbuch der Politikfeldanalyse, S. 97–131.

JANSEN, Jan / OSTERHAMMEL, Jürgen, Dekolonisation. Das Ende der Imperien (Beck'sche Reihe 2785), München 2013.

JANSEN, Jan / OSTERHAMMEL, Jürgen, Kolonialismus. Geschichte, Formen, Folgen (Beck'sche Reihe 2002), München 2012.

JAUMANN, Anton, Atomzeitalter – Fortschritt oder Bedrohung, in: ZdK (Hrsg.), Ich will euch Zukunft und Hoffnung geben, S. 158–164.

JISHENG, Yang, Grabstein Múbei. Die große chinesische Hungerkatastrophe 1958–1960, Frankfurt a. M. 2012.

JOAS, Hans, Glaube als Option. Zukunftsmöglichkeiten des Christentums, Freiburg i. Br. 2013.

JOHANNES XXIII., Mater et Magistra. Über die jüngsten Entwicklungen des gesellschaftlichen Lebens und seine Gestaltung im Licht der christlichen Lehre. Mit einer Einführung in die

Soziallehre der Päpste von Leo XIII. bis zu Johannes XXIII. von Eberhard WELTY, Freiburg
i. Br. 1961.

JOHANNES XXIII., Pacem in terris. Über den Frieden unter allen Völkern in Wahrheit, Gerechtigkeit, Liebe und Freiheit, Recklinghausen 1963.

KALLER-DIETRICH, Martina, Ivan Illich (1926–2002). Sein Leben, sein Denken (Enzyklopädie
des Wiener Wissens. Porträts 1), Weitra 2008.

KALTER, Christoph, Die Entdeckung der Dritten Welt. Dekolonisierung und neue radikale
Linke in Frankreich (Globalgeschichte 9), Frankfurt a. M. – New York 2011.

KASPER, Walter, An dem Menschen vorbei. Referat im Forum 1, in: ZdK (Hrsg.), Für das Leben
der Welt, S. 128–140.

KEMME, Manfred, Das Afrikabild in deutschen Religionsbüchern. Eine Untersuchung katholischer Religionsbücher für die Sekundarstufe 1 (Theologie 59), Münster 2004.

KEMNITZER, Konstanze Evangelia, Der ferne Nächste. Zum Selbstverständnis der Aktion »Brot
für die Welt« (Diakonie 8), Stuttgart 2008.

KERBER, Walter, Art. Oswald von Nell-Breuning, in: LThK, Bd. 7, 3. Aufl., Freiburg i. Br. 1998,
Sp. 732 f.

KINGDON, John, Agendas, Alternatives and Public Policies, Boston 1984.

KIRCHNER, Margit, Hungermarsch – ein Scheinerfolg?, in: E+Z 10 (1970), S. 5–8.

KLEIN, Aloys, Art. Lorenz Jaeger, in: LThK, Bd. 5, 3. Aufl., Freiburg i. Br. 1996, Sp. 707.

KNOCH, Habbo (Hrsg.), Bürgersinn mit Weltgefühl. Politische Moral und solidarischer Protest
in den 1960er Jahren (Veröffentlichung des zeitgeschichtlichen Arbeitskreises Niedersachsen, Bd. 23), Göttingen 2007.

KOCH, Brigitte / STURBECK, Werner, Unternehmer-Diplomat und Wegbereiter des Osthandels, in: FAZ, 9.3.2007, URL: http://www.faz.net/aktuell/wirtschaft/otto-wolff-von-ameron-
gen-ist-tot-unternehmer-diplomat-und-wegbereiter-des-osthandels-1411193.html (Stand:
1.5.2018).

KOCH, Diether, Art. Gustav Walter Heinemann, in: BBKL, Bd. 17, Herzberg 2000, Sp. 620–631.

KOCH, Ulrich, Meine Jahre bei Misereor (1959–1995), Aachen 2003.

KOCH, Ulrich / RISSE, Hans Theo / ZWIEFELHOFER, Hans (Hrsg.), Die Dritte Welt antwortet
der Synode. Stellungnahme zur Synodenvorlage »Entwicklung und Frieden« von Partnern
der kirchlichen Entwicklungsarbeit in der Dritten Welt (Entwicklung und Frieden. Dokumente, Berichte, Meinungen 3), München – Mainz 1975.

KÖHLER, Oskar, Art. Leo XIII., in: LThK, Bd. 6, 3. Aufl., Freiburg i. Br. 1997, Sp. 828–830.

KÖNCZÖL, László, Art. Vinzenz-Konferenzen, in: LThK, Bd. 10, 3. Aufl., Freiburg i. Br. 2001,
Sp. 800 f.

KÖNIG, Wolfgang, Geschichte der Konsumgesellschaft, Stuttgart 2000.

KÖNIG, Wolfgang, Kleine Geschichte der Konsumgesellschaft. Konsum als Lebensform der
Moderne, Stuttgart 2008.

KÖNIG, Wolfgang, Die siebziger Jahre als konsumgeschichtliche Wende in der Bundesrepublik,
in: Konrad H. JARAUSCH (Hrsg.), Das Ende der Zuversicht? Die siebziger Jahre als Geschichte, Göttingen 2008, S. 84–99.

KORIEH, Chima J., The Nigeria-Biafra War, Amherst 2012.

KÖSS, Hartmut, »Kirche der Armen« ? Die entwicklungspolitische Verantwortung der katholischen Kirche in Deutschland (Ethik im Theologischen Diskurs 6), Münster 2003.

KÖSTERS, Christoph u. a., Was kommt nach dem katholischen Milieu? Forschungsbericht zur Geschichte des Katholizismus in Deutschland in der zweiten Hälfte des 20. Jahrhunderts, in: AfS 49 (2009), S. 485–526.

KÖSTERS, Christoph / LIEDHEGENER, Antonius / TISCHNER, Wolfgang, Religion, Politik und Demokratie. Deutscher Katholizismus und Bürgergesellschaft in der zweiten Hälfte des 20. Jahrhunderts, in: HISTORISCHES JAHRBUCH 127 (2007), S. 353–392.

KRAMER, Ferdinand, Art. Anton Jaumann, URL: http://www.kas.de/wf/de/71.8431/ (Stand: 1.5.2018).

KRAMER, Ferdinand, Thesen zur Katholizismusforschung, in: W. DAMBERG / K.-J. HUMMEL (Hrsg.), Katholizismus in Deutschland, S. 143–148.

KRAUSS, Heinrich, Über den Fortschritt der Völker. Die Entwicklungsenzyklika Papst Pauls VI. Populorum progressio. Mit einem Kommentar sowie einer Einführung von Heinrich KRAUSS, Freiburg i. Br. 1967.

KRINGS, Thomas, Sahelländer, Darmstadt 2006.

KUCHLER, Christian, Kirche und Kino. Katholische Filmarbeit in Bayern 1945–1965 (VKfZG, Reihe B: Forschungen, Bd. 106), Paderborn 2006.

KUHN, Konrad J., Entwicklungspolitische Solidarität. Die Dritte-Welt-Bewegung in der Schweiz zwischen Kritik und Politik (1975–1992), Zürich 2011.

KUHN, Konrad J., Fairer Handel und Kalter Krieg, Selbstwahrnehmung und Positionierung der Fair-Trade-Bewegung in der Schweiz 1993–1990, Bern 2005.

KUNST, Hermann / TENHUMBERG, Heinrich (Hrsg.), Soziale Gerechtigkeit und internationale Wirtschaftsordnung (Entwicklung und Frieden. Dokumente, Berichte, Meinungen 4), Mainz 1976.

KUNTER, Katharina, Erfüllte Hoffnungen und zerbrochene Träume. Evangelische Kirchen in Deutschland im Spannungsfeld von Demokratie und Sozialismus (1980–1993) (AKiZ, Reihe B: Darstellungen, Bd. 46), Göttingen 2006.

KUNTER, Katharina / SCHILLING, Annegreth (Hrsg.), Globalisierung der Kirchen. Der Ökumenische Rat der Kirchen und die Entdeckung der Dritten Welt in den 1960er und 1970er Jahren (AKiZ, Reihe B: Darstellungen, Bd. 58), Göttingen 2014.

KUPFER, Bernhard, Lexikon der Nobelpreisträger, Düsseldorf 2001.

KUPPER, Patrick, Die »1970er Diagnose«. Grundsätzliche Überlegungen zu einem Wendepunkt der Umweltgeschichte, in: AfS 43 (2003), S. 325–348.

KUPPER, Patrick, »Weltuntergangs-Vision aus dem Computer«. Zur Geschichte der Studie »Die Grenzen des Wachstums« von 1972, in: Frank UEKÖTTER / Jens HOHENSEE (Hrsg.), Wird Kassandra heiser? Die Geschichte falscher Ökoalarme (Historische Mitteilungen, Beihefte 57), Wiesbaden 2004, S. 98–111.

KÜRSCHNERS DEUTSCHER GELEHRTENKALENDER 1970, 11. Ausgabe, Berlin 1970.

KÜRSCHNERS DEUTSCHER GELEHRTEN-KALENDER 2001. Bio-bibliographisches Verzeichnis deutschsprachiger Wissenschaftler der Gegenwart, 18. Ausgabe, München 2001.

KÜRSCHNERS DEUTSCHER GELEHRTEN-KALENDER 2015. Bio-bibliographisches Verzeichnis deutschsprachiger Wissenschaftler der Gegenwart, 27. Ausgabe, Berlin u. a. 2015.

KÜSTERS, Hanns Jürgen, Art. Werner Hallstein, URL: http://www.kas.de/wf/de/71.8400/ (Stand: 1.5.2018).

KÜSTERS, Hanns Jürgen / HOSPES, Ulrike, Art. Helmut Kohl, URL: http://www.kas.de/wf/de/71.8565/ (Stand: 1.5.2018).

LAHME, Rainer, Art. Livingstone, David, in: BBKL, Bd. 5, Herzberg 1993, Sp. 144–148.

LANDWEHR, Achim, Historische Diskursanalyse (Historische Einführungen 4), 2. Aufl., Frankfurt a. M. – New York 2009.

LANGHORST, Peter, Kirche und Entwicklungsproblematik. Von der Hilfe zur Zusammenarbeit (Abhandlungen zur Sozialethik 37), Paderborn 1996.

LEFRINGHAUSEN, Klaus / BAUMGARTNER, Siegfried / FALKENSTÖRFER, Helmut (Hrsg.), Aktion Entwicklungshilfe 1. Thesen, Informationen, Analysen, Texte, Arbeitsfragen, Wuppertal-Barmen 1970.

LEFRINGHAUSEN, Klaus / BAUMGARTNER, Siegfried / FALKENSTÖRFER, Helmut (Hrsg.), Aktion Entwicklungshilfe 2. Pädagogik provokativ, Wuppertal-Barmen 1971.

LEFRINGHAUSEN, Klaus / BAUMGARTNER, Siegfried / FALKENSTÖRFER, Helmut (Hrsg.), Aktion Entwicklungshilfe 3. Über die Entwicklung der Unterentwicklung, Wuppertal-Barmen 1971.

LEFRINGHAUSEN, Klaus / BAUMGARTNER, Siegfried / FALKENSTÖRFER, Helmut (Hrsg.), Aktion Entwicklungshilfe 4. Aktionen zur Bewußtseinsänderung, Wuppertal-Barmen 1972.

LEFRINGHAUSEN, Klaus / MERZ, Friedhelm, Das zweite Entwicklungsjahrzehnt 1970–1980. Der Pearson-Report und seine Konsequenzen, Wuppertal 1970.

LEHMANN, Karl, Art. Karl Rahner, in: M. QUISINSKY / P. WALTER (Hrsg.), Personenlexikon, S. 224–227.

LEHMANN, Karl, Kreatürlichkeit des Menschen als Verantwortung für die Erde, in: P. SCHMITZ (Hrsg.), Macht euch die Erde untertan?, S. 65–88.

LEHMANN, Karl / REIFENBERG, Peter (Hrsg.), Zeuge des Wortes Gottes. Hermann Kardinal Volk, Mainz 2004.

LEPP, Claudia, Zwischen Konfrontation und Kooperation. Kirchen und soziale Bewegungen in der Bundesrepublik (1950–1983), in: ZEITHISTORISCHE FORSCHUNGEN / STUDIES IN CONTEMPORARY HISTORY, 7/3 (2010), URL: http://www.zeithistorische-forschungen.de/3–2010/id=4585 (Stand: 1.5.2018), Druckausgabe: S. 364–385.

LEPPICH, Johannes, Gott zwischen Götzen und Genossen, 3. Aufl., Düsseldorf 1959.

LIEDHEGENER, Antonius, Demokratie – Pluralismus – Zivilgesellschaft. Gesellschaftspolitischer Wandel und deutscher Katholizismus in den 1960er Jahren, in: W. DAMBERG /K.-J. HUMMEL (Hrsg.), Katholizismus in Deutschland, S. 49–66.

LIEDHEGENER, Antonius, Der deutsche Katholizismus und seine konstitutive Rolle im Demokratisierungsprozess Westdeutschlands nach 1945, in: Julia LEININGER (Hrsg.), Religiöse Akteure in Demokratisierungsprozessen. Konstruktiv, destruktiv und obstruktiv (Politik und Religion), Wiesbaden 2013, S. 47–82.

LIEDHEGENER, Antonius, Macht, Moral und Mehrheiten. Der politische Katholizismus in der Bundesrepublik Deutschland und den USA seit 1960 (Jenaer Beiträge zur Politikwissenschaft 11), Baden-Baden 2006.

LIENKAMP, Andreas, »Thema dieses Konzils ist die Kirche der Armen.« Giacomo Kardinal Lercaro, in: Georg STEINS / Thomas NAUERTH (Hrsg.), Gesichter des Konzils. Eine Ringvorlesung zum Vaticanum II (1962–1965), Osnabrück 2014, S. 108–138.

LINGELBACH, Gabriele, »… die Hungernden zu speisen«. Zur Entwicklung des Spendenverhaltens in Deutschland, in: APuZ (2010), Nr. 51/52, S. 29–34.

LINGELBACH, Gabriele, Spenden und Sammeln. Der westdeutsche Spendenmarkt bis in die 1980er Jahre (Moderne Zeit 18), Göttingen 2009.

LINGEN, Markus, Art. Bernhard Vogel, URL: http://www.kas.de/wf/de/71.9556/ (Stand: 1.5.2018).

LINNENBRINK, Günter, Dritte Welt – Unsere Welt, in: ZdK (Hrsg.), Für das Leben der Welt, S. 805–811.

LOETSCHER, Hugo, Sieben Handbreit Erde und ein Sarg. Zu Josué de Castros ›Geopolitik des Hungers‹, in: SCHWEIZER MONATSHEFTE 59 (1979), S. 777–785.

LÖHR, Wolfgang, Rechristianisierungsvorstellungen im deutschen Katholizismus 1945–1948, in: Jochen-Christoph KAISER / Anselm DOERING-MANTEUFFEL (Hrsg.), Christentum und politische Verantwortung. Kirchen im Nachkriegsdeutschland (Konfession und Gesellschaft 2), Stuttgart 1990, S. 25–41.

MADEY, Johannes, Art. Emmanuel-Célestin Suhard, in: BBKL, Bd. 11, Herzberg 1996, Sp. 239 f.

MAIER, Hans, Art. Katholizismus, in: LThK, Bd. 5, 3. Aufl., Freiburg i. Br. 1996, Sp. 1368–1370.

MARX, Stefan, Heinrich Köppler (1925–1980). Politik aus christlicher Verantwortung (Forschungen und Quellen zur Zeitgeschichte 51), Düsseldorf 2006.

MATTHIES, Volker, Neue Weltwirtschaftsordnung. Hintergründe – Positionen – Argumente (Analysen 27), Opladen 1980.

MATZKE, Otto, Der Hunger wartet nicht. Die Probleme der Welternährungskonferenz 1974, Bonn 1974.

MATZKE, Otto, Plündern die Reichen die Armen aus? Die entwicklungspolitische Bedeutung der Rohstoffe (Reihe Problem 1), Münster 1971.

MAULL, Hanns W., »Normalisierung« oder Auszehrung? Deutsche Außenpolitik im Wandel, in: APuZ (2004), Nr. 11, S. 17–23.

MCLEOD, Hugh, The Religious Crisis of the 1960s, Oxford 2007.

MEADOWS, Donella H. u. a., Die Grenzen des Wachstums. Bericht des Club of Rome zur Lage der Menschheit, Stuttgart 1972.

MEES, Günther, Laurenz Böggering. Staunen vor dem Geheimnis des Glaubens, in: DERS., Menschen mit Profil. Wegbereiter für die Gegenwart aus dem Bistum Münster, Kevelaer 1990, S. 17–23.

MEIER, Johannes, Justitia et Pax. Beispiele aus der Menschenrechts- und Friedensarbeit der Katholischen Kirche in Lateinamerika seit dem Zweiten Vatikanischen Konzil, in: Silke HENSEL / Hubert WOLF (Hrsg.), Die katholische Kirche und Gewalt. Europa und Lateinamerika im 20. Jahrhundert, Wien – Köln – Weimar 2013, S. 327–338.

MENDE, Silke, »Nicht rechts, nicht links, sondern vorn«. Eine Geschichte der Gründungsgrünen (Studien zur Ideengeschichte der Neuzeit 33), München 2011.

METTE, Norbert, Der Durchbruch von der Kerygmatik zur Hermeneutik in der katholischen Religionspädagogik und seine Reichweite. Eine Relektüre von Hubertus Halbfas' »Fundamentalkatechetik« (1968) fünfunddreißig Jahre später, in: RpB 51 (2003), S. 133–145.

METTE, Norbert, Gaudium et spes. Ein unerledigtes Vermächtnis, in: Peter HÜNERMANN (Hrsg.), Das Zweite Vatikanische Konzil und die Zeichen der Zeit heute, Freiburg i. Br. 2006, S. 429–438.

METZ, Johann Baptist, Im Aufbruch zu einer kulturell polyzentrischen Weltkirche, in: Franz-Xaver KAUFMANN / Johann Baptist METZ, Zukunftsfähigkeit. Suchbewegungen im Christentum, Freiburg i. Br. 1987, S. 93–165.

METZ, Johann Baptist, Glaube – Befähigung zur Zukunft?, in: ZdK (Hrsg.), Ich will euch Zukunft und Hoffnung geben, S. 417–428.

METZ, Johann Baptist, Theologie der Welt, Mainz 1968.

MEUELER, Erhard, Entwicklungsbezogene Bildungsarbeit: Blick zurück nach vorne, in: Annette SCHEUNPFLUG / Alfred K. TREML (Hrsg.), Entwicklungspolitische Bildung (Edition Differenz 3), Tübingen – Hamburg 1993, S. 23–37.

MEYER, Thomas, Pierre Bourdieu. Religion im Konkurrenzfeld gesellschaftlicher Sinnressourcen, in: Volker DREHSEN / Wilhelm GRÄB / Birgit WEYEL (Hrsg.), Kompendium Religionstheorie, Göttingen 2005, S. 294–303.

MIERZEJEWSKI, Alfred C., Ludwig Erhard. Der Wegbereiter der sozialen Marktwirtschaft, München 2005.

MITTMANN, Thomas, »Christliche Identität« in der Anstaltskirche. Die »Eventisierung« kirchlicher Formate in der Bundesrepublik der sechziger und siebziger Jahre, in: W. DAMBERG (Hrsg.), Soziale Strukturen, S. 155–169.

MITTMANN, Thomas, Kirchliche Akademien in der Bundesrepublik. Gesellschaftliche, politische und religiöse Selbstverortungen (Geschichte der Religion in der Neuzeit 4), Göttingen 2011.

MOCK, Erwin (Hrsg.), Hoffnung den Ausgegrenzten. Das Hungertuch von Sieger Köder, Ostfildern 1996.

MOELLER, Charles, Die Geschichte der Pastoralkonstitution, in: LThK (Ergänzungsbd. 3), 2. Aufl., Freiburg i. Br. 1968, Sp. 242–279.

MOEWS, Andrea-Isa, Eliten für Lateinamerika. Lateinamerikanische Studenten an der Katholischen Universität Löwen in den 1950er und 1960er Jahren (Lateinamerikanische Forschungen 29), Köln u. a. 2002.

MÖHRING-HESSE, Matthias, Art. Soziale Bewegungen, in: LThK, Bd. 9, 3. Aufl., Freiburg i. Br. 2000, Sp. 755 f.

MÖHRING-HESSE, Matthias, Art. Soziale Frage, in: LThK, Bd. 9, 3. Aufl., Freiburg i. Br. 2000, Sp. 756–758.

MOLTMANN, Jürgen, Weiter Raum. Eine Lebensgeschichte, Gütersloh 2006.

MORSEY, Rudolf, Heinrich Lübke. Eine politische Biographie, Paderborn 1996.

MOSIS, Rudolf, Art. Alfons Deissler, in: LThK, Bd. 11, 3. Aufl., Freiburg i. Br. 2001, Sp. 55.

MÜHLBACHER, Eberhard, Immer nur Vikar. Ein ungewöhnlicher Lebensweg, Ostfildern 2014.

MÜLLER, Alfons, Erlebnisse und Erinnerungen, Bergisch-Gladbach 1990.

MÜLLER, Angela, »Indien braucht Brot«, in: DIES. / F. RAUH (Hrsg.), Wahrnehmung und mediale Inszenierung, S. 134–153.

MÜLLER, Angela / RAUH, Felix (Hrsg.), Wahrnehmung und mediale Inszenierung von Hunger im 20. Jahrhundert (Itinera 37), Basel 2014.

MÜLLER, Emil-Peter, Antiamerikanismus in Deutschland. Zwischen Care-Paket und Cruise Missile (DIV-Sachbuchreihe 43), Köln 1986.

MÜLLER, Guido, Moral und Politik. Das Beispiel der Biographie Theodor Heuss', in: Hans-Christof KRAUS / Thomas NICKLAS, Geschichte der Politik. Neue und alte Wege (Historische Zeitschrift. Beiheft 44), Oldenburg 2007, S. 333–350.

MÜLLER, Markus, Das Deutsche Institut für wissenschaftliche Pädagogik 1922–1980. Von der katholischen Pädagogik zur Pädagogik von Katholiken (VKfZG, Reihe B: Forschungen, Bd. 126), Paderborn u. a. 2014.

MÜLLER, Oliver, Vom Almosen zum Spendenmarkt. Sozialethische Aspekte christlicher Spendenkultur, Freiburg i. Br. 2005.

MUSCHIOL, Gisela, Das Zweite Vatikanum als Beginn des weltkirchlichen Zeitalters? Eine theologische These auf dem Prüfstand, in: Claude OZANKOM (Hrsg.), Katholizität im Kommen. Katholische Identität und gegenwärtige Veränderungsprozesse, Regensburg 2011, S. 28–36.

N. N., Alfons Erb, in: Diözesanarchiv Berlin, URL: http://www.dioezesanarchiv-berlin.de/best%20V-212.html (Stand: 1.5.2018).

N. N., Art. Ernst Friedrich Schumacher, in: DBE, Bd. 9, 2. Aufl., München 2008, S. 293.

N. N., Art. Klaus von Bismarck, in: DBE, Bd. 1, 2. Aufl., München 2005, S. 683.

N. N., Entwicklung. Ein neuer Name für Frieden. 3. Forumgespräch, in: ZdK (Hrsg.), Mitten in dieser Welt, S. 563–574.

N. N., Mission – Heilsdienst an den Völkern. 4. Forumgespräch, in: ZdK (Hrsg.), Mitten in dieser Welt, S. 575–585.

N. N., Plädoyer für die Dritte Welt. Erklärung von fünfzehn katholischen Bischöfen, in: Trutz RENDTORFF / Heinz Eduard TÖDT, Theologie der Revolution. Analysen und Materialien (Edition Suhrkamp 258), 4. Aufl., Frankfurt a. M. 1970, S. 157–163.

NACKE, Stefan, Die Kirche der Weltgesellschaft. Das II. Vatikanische Konzil und die Globalisierung des Katholizismus, Wiesbaden 2010.

NEEHALL, Roy G. N., Entwicklung als internationale soziale Frage. Aus der Sicht von Kirchen in Entwicklungsländern, in: K. v. BISMARCK / H. MAIER (Hrsg.), Entwicklung, Gerechtigkeit, Frieden, S. 33–43.

NELL-BREUNING, Oswald von, »Populorum progressio«. Der Papst zur Entwicklungshilfe, in: DERS., Aktuelle Fragen der Gesellschaftspolitik, Köln 1970, S. 389–400.

NIETHAMMER, Lutz (Hrsg.), »Hinterher merkt man, daß es richtig war, daß es schiefgegangen ist.« Nachkriegserfahrungen im Ruhrgebiet (Lebensgeschichte und Sozialkultur im Ruhrgebiet 1930 bis 1960, 2), Berlin – Bonn 1983.

NIETHAMMER, Lutz (Hrsg.), Die Jahre weiß man nicht, wo man die heute hinsetzen soll. Faschismuserfahrungen im Ruhrgebiet. Lebensgeschichte und Sozialkultur im Ruhrgebiet 1930 bis 1960 (Lebensgeschichte und Sozialkultur im Ruhrgebiet 1930 bis 1960, 1), Bonn – Berlin 1983.

NIETHAMMER, Lutz / PLATO, Alexander von (Hrsg.), »Wir kriegen jetzt andere Zeiten.« Auf der Suche nach der Erfahrung des Volkes in nachfaschistischen Ländern (Lebensgeschichte und Sozialkultur im Ruhrgebiet 1930 bis 1960, 3), Berlin – Bonn 1985.

NIETHAMMER, Lutz / PLATO, Alexander von / WIERLING, Dorothee (Hrsg.), Die volkseigene Erfahrung. Eine Archäologie des Lebens in der Industrieprovinz der DDR. 30 biographische Eröffnungen, Berlin 1991.

NUSCHELER, Franz, Lern- und Arbeitsbuch Entwicklungspolitik, 5. Aufl., Bonn 2004.

NUSCHELER, Franz / NOHLEN, Dieter, Handbuch der Dritten Welt, Bd. 1–8, Bonn 1992–1994.

NUSCHELER, Franz / NOHLEN, Dieter, Was heißt Entwicklung?, in: DIES., Handbuch der Dritten Welt. Bd. 1: Grundprobleme, Theorien, Strategien, Bonn 1992, S. 55–75.

NUSCHELER, Franz u. a. (Hrsg.), Christliche Dritte-Welt-Gruppen. Praxis und Selbstverständnis (Forum Weltkirche 5), Mainz 1995.

NUSSBAUMER, Josef, Gewalt.Macht.Hunger. Teil I: Schwere Hungerkatastrophen seit 1845, Innsbruck 2003.

NUSSBAUMER, Josef, Hungernde, Unwetter und Kannibalen. Gewalt. Macht. Hunger. Teil II: Chroniken, Innsbruck u. a. 2004.

NÜTZENADEL, Alexander, Entstehung und Wandel des Welternährungssystems im 20. Jahrhundert, in: APuZ (2009), Nr. 6–7, S. 3–9.

NÜTZENADEL, Alexander, A World without Famine? Internationale Ernährungspolitik im Zeitalter der Weltkriege, in: DERS. / Maren MÖHRING (Hrsg.), Ernährung im Zeitalter der Globalisierung, Leipzig 2007, S. 12–27.

OBERTREIS, Julia, Oral History. Geschichte und Konzeptionen, in: DIES. (Hrsg.), Oral History, S. 7–28.

OBERTREIS, Julia (Hrsg.), Oral History (Basistexte Geschichte 8), Stuttgart 2012.

OLEJNICZAK, Claudia, Dritte-Welt-Bewegung, in: R. ROTH / D. RUCHT (Hrsg.), Die sozialen Bewegungen, S. 319–345.

OLTMANS, Willem L. (Hrsg.), »Die Grenzen des Wachstums«. Pro und contra. Interviews über die Zukunft, Reinbek bei Hamburg 1974.

OTTO, Karl A., Vom Ostermarsch zur APO. Geschichte der außerparlamentarischen Opposition in der Bundesrepublik 1960–1970, Frankfurt a. M. 1982.

PALLACH, Ulrich-Christian (Hrsg.), Hunger. Quellen zu einem Alltagsproblem in Europa und der Dritten Welt 17. bis 20. Jahrhundert, München 1986.

PANK, Werner, Der Hunger in der Welt. Solidarität oder Klassenkampf zwischen den Völkern (Herderbücherei 38), Freiburg i. Br. 1959.

PAUL VI., Enzyklika »Populorum progressio« über die Entwicklung der Völker. Eingeleitet von Oswald von NELL-BREUNING, Trier 1967.

PAUL VI., Humanae vitae. Über die Geburtenregelung, Recklinghausen 1968.

PAUL, Gerhard, Visual History, Version: 2.0, in: DOCUPEDIA-ZEITGESCHICHTE, 29.10.2012, URL: http://docupedia.de/zg/Visual_History_Version_2.0_Gerhard_Paul (Stand: 1.5.2018).

PEARSON, Lester B., Der Pearson-Bericht. Bestandsaufnahme der Kommission für Internationale Entwicklung, Wien 1969.

PESCH, Otto Hermann, Das Zweite Vatikanische Konzil. Vorgeschichte – Verlauf – Ergebnisse – Nachgeschichte (Topos Taschenbuch 393), 3. Aufl., Würzburg 2011.

PESTEL, Eduard / MESAROVIĆ, Mihailo, Menschheit am Wendepunkt, Stuttgart 1974.

PETERS, G. H., Art. Colin Grant Clark, in: OXFORD DICTIONARY OF NATIONAL BIOGRAFY, Bd. 11, Oxford 2004, S. 790 f.

PFISTER, Christian, Hunger. Ein interdisziplinäres Problemfeld, in: AfS 28 (1988), S. 383–390.

PIOCH, Ernst-Erwin, Latsch-in oder Bewußtseinsolympiade?, in: E+Z 19 (1970), S. 8–10.

POLITISCHE AKADEMIE EICHHOLZ / WISSENSCHAFTLICHES INSTITUT DER KONRAD-ADENAUER-STIFTUNG (Hrsg.), Material zur politischen Diskussion über die Sozialenzyklika Populorum progressio, Eichholz 1967.

POTTMEYER, Hermann J., Dialogstrukturen in der Kirche und die Communio-Theologie des Zweiten Vatikanums, in: Joachim WIEMEYER (Hrsg.), Dialogprozesse in der Katholischen Kirche. Begründungen – Voraussetzungen – Formen, Paderborn u. a. 2013, S. 133–147.

PRÄSIDIUM DES DEUTSCHEN EVANGELISCHEN KIRCHENTAGES / ZENTRALKOMITEE DER DEUTSCHEN KATHOLIKEN (Hrsg.), Ökumenisches Pfingsttreffen 1971. Dokumente, Paderborn 1971.

PRIL, Ward de, Art. Charles-Marie Himmer, in: M. QUISINSKY / P. WALTER (Hrsg.), Personenlexikon, S. 133.

PROFITTLICH, Sonja, Mehr Mündigkeit wagen. Gerhard Jahn (1927–1998). Justizreformer der sozial-liberalen Koalition (Politik- und Gesellschaftsgeschichte 85), Bonn 2010.

PROTZNER, Wolfgang, Vom Hungerwinter bis zum Beginn der ‚Freßwelle‘, in: DERS. (Hrsg.), Vom Hungerwinter zum kulinarischen Schlaraffenland. Aspekte einer Kulturgeschichte des Essens in der Bundesrepublik Deutschland (Beiträge zur Wirtschafts- und Sozialgeschichte 35), Wiesbaden 1987, S. 11–30.

QUISINSKY, Michael, Art. Georges Hakim, in: DERS. / P. WALTER (Hrsg.), Personenlexikon, S. 125.

Quisinsky, Michael, Art. Paul Gauthier, in: Ders. / P. Walter (Hrsg.), Personenlexikon, S. 115.

Quisinsky, Michael, Art. Yves Congar, in: Ders. / P. Walter (Hrsg.), Personenlexikon, S. 82 f.

Quisinsky, Michael / Walter, Peter (Hrsg.), Personenlexikon zum Zweiten Vatikanischen Konzil, Freiburg i. Br. 2012.

Radkau, Joachim, Theodor Heuss, München 2013.

Raffelt, Albert, Art. Jean Villot, in: M. Quisinsky / P. Walter (Hrsg.), Personenlexikon, S. 279.

Rahner, Karl, Schriften zur Theologie. Band XIV. In Sorge um die Kirche, Zürich – Einsiedeln – Köln 1980.

Rahner, Karl / Vorgrimler, Herbert (Hrsg.), Kleines Konzilskompendium. Sämtliche Texte des Zweiten Vatikanischen Konzils, 35. Aufl., Freiburg i. Br. 2008.

Randow, Olof von, Die Randows. Eine Familiengeschichte (Deutsches Familienarchiv 135/136), Neustadt a.d. Aisch 2001, S. 589 f.

Raschke, Markus, Fairer Handel. Engagement für eine gerechtere Weltwirtschaft, Ostfildern 2009.

Rauh, Felix, Tierkadaver im Wüstensand, in: A. Müller / Ders. (Hrsg.), Wahrnehmung und mediale Inszenierung, S. 155–176.

Rauscher, Anton, Art. Gustav Gundlach, in: LThK, Bd. 4, 3. Aufl,. Freiburg i. Br. 1995, Sp. 1102 f.

Reichardt, Sven, Bourdieu für Historiker? Ein kultursoziologisches Angebot an die Sozialgeschichte, in: Thomas Mergel / Thomas Welskopp (Hrsg.), Geschichte zwischen Kultur und Gesellschaft. Beiträge zur Theoriedebatte (Beck'sche Reihe 1211), München 2007, S. 71–93.

Reitz-Dinse, Annegret, Symbolisches Kapital und die Inszenierung von Anerkennung. Die soziologische Theorie Pierre Bourdieus als Impuls für die Zukunft der Kirche, in: Jürgen Heumann (Hrsg.), Stadt ohne Religion? Zur Veränderung von Religion. Interdisziplinäre Zugänge (Religion in der Öffentlichkeit 7), Frankfurt a. M. 2005, S. 123–140.

Riehl-Heyse, Herbert, Ach, du mein Vaterland. Gemischte Erinnerungen an 50 Jahre Bundesrepublik, München 1998.

Riese, Christina, Hunger, Armut, Soziale Frage. Sozialkatholische Ordnungsdiskurse im Deutschen Kaiserreich 1871–1918, Paderborn 2019.

Risse, Heinz Theo, Der Beitrag der katholischen Kirche in der Bundesrepublik Deutschland für Entwicklung und Frieden, in: Dieter Emeis / Burkard Sauermost (Hrsg.), Synode – Ende oder Anfang, Düsseldorf 1976, S. 239–278.

Ritter, Hans, Sahel. Land der Nomaden, Regensburg 1986.

Roth, Roland / Rucht, Dieter (Hrsg.), Die sozialen Bewegungen in Deutschland seit 1945. Ein Handbuch, Frankfurt a. M. – New York 2008.

Routhier, Gilles, Art. Maurice Roy, in: M. Quisinsky / P. Walter (Hrsg.), Personenlexikon, S. 232 f.

Ruff, Mark, The Wayward Flock. Catholic Youth in Postwar West Germany 1945–1965, Chapel Hill 2005.

Ruthenberg, Hans, Das Welternährungsproblem, Mannheim – Ludwigshafen 1970.

SABATIER, Paul, The Advocacy Coalition Framework. Revisions and Relevance for Europe, in: JEPP 5 (1998), Nr. 1, S. 98–130.

SAUSER, Ekkart, Art. Franz Hengsbach, in: BBKL, Bd.19, Nordhausen 2001, Sp. 652–654.

SAUSER, Ekkart, Art. Klaus Hemmerle, in: BBKL, Bd. 14, Herzberg 1998, Sp. 1084–1086.

SAUSER, Ekkart, Art. Mario von Galli, in: BBKL, Bd. 14, Herzberg 1998, Sp. 1019–1021.

SCHEEL, Walter, Entwicklungspolitik als Politik zur Sicherung des Friedens, in: K. v. BISMARCK / H. MAIER (Hrsg.), Entwicklung, Gerechtigkeit, Frieden, S. 25–32.

SCHEUNPFLUG, Annette, Bilanz von fünfzig Jahren entwicklungspolitischer Bildungsarbeit, in: Karl-Heinz FELDBAUM (Hrsg.), Neues Lernen für globale Solidarität. Entwicklungsbezogene Bildung in kirchlicher Kinder- und Jugendarbeit, Düsseldorf 2001, S. 10–21.

SCHEUNPFLUG, Annette, Entwicklungsbezogene Bildung in Schule und Jugendarbeit. Ein Beitrag zur Geschichte der Entwicklungspädagogik mit Jugendlichen in der Bundesrepublik Deutschland von 1950 bis 1990, [Mikrofische] 1994.

SCHEUNPFLUG, Annette, Die Geschichte der entwicklungsbezogenen Bildungsarbeit bei aej und BDKJ, Düsseldorf 1995.

SCHEWE, Martin, Art. Jaques Maritain, in: BBKL, Bd. 5, Herzberg 1993, Sp. 829–835.

SCHICK, Ludwig, Art. Johannes Dyba, in: LThK, Bd. 11, 3. Aufl., Freiburg i. Br. 2001, Sp. 65.

SCHILDT, Axel, Moderne Zeiten. Freizeit, Massenmedien und »Zeitgeist« in der Bundesrepublik der 50er Jahre (Hamburger Beiträge zur Sozial- und Zeitgeschichte 31), Hamburg 1995.

SCHILDT, Axel (Hrsg.), Dynamische Zeiten. Die 60er Jahre in den beiden deutschen Gesellschaften (Hamburger Beiträge zur Sozial- und Zeitgeschichte 37), Hamburg 2000.

SCHIRMER, Werner, Bedrohungskommunikation. Eine gesellschaftliche Studie zu Sicherheit und Unsicherheit, Wiesbaden 2008.

SCHMIDT, Jürgen M., Hungerbedrohung, Sündenstrafe und Magie im Zeitalter des zornig-gerechten Gottes (1570–1715) [in Vorbereitung].

SCHMIDT, Jürgen (Hrsg.), Rote Rüben auf dem Olivaer Platz. Quellen zur Ernährungskrise in der Nachkriegszeit Berlins 1945–1949, Berlin 2008.

SCHMIDT, Klaus / SÖLLE, Dorothee (Hrsg.), Christen für den Sozialismus. Analysen, Stuttgart u. a. 1975.

SCHMIDTCHEN, Gerhard, Zwischen Kirche und Gesellschaft. Forschungsbericht über die Umfragen zur Gemeinsamen Synode der Bistümer in der Bundesrepublik Deutschland, Freiburg 1972.

SCHMIDTMANN, Christian, Katholische Studierende 1945–1973. Ein Beitrag zur Kultur- und Sozialgeschichte der Bundesrepublik Deutschland (VKfZG, Reihe B: Forschungen, Bd. 102), Paderborn u. a. 2006.

SCHMIDTMANN, Christian, Vom »Milieu« zur Kommunikation. Katholische Kirche und Katholiken in den 1960er Jahren, in: B. HEY / V. WITTMÜTZ (Hrsg.), 1968 und die Kirchen, S. 269–281.

SCHMIED, Ernst, Die »Aktion Dritte Welt Handel« als Versuch der Bewußtseinsbildung. Ein Beitrag über Handlungsmodelle für das politische Lernen, Aachen 1977.

SCHMIEDER, Tilman, Vom Hungermarsch zur Namibia-Woche – Zentrale Aktionen der entwicklungspolitischen Bildungsarbeit, in: Bernd J. P. KÄHLER / Paul Gerhard SEIZ (Hrsg.), Entwicklungsbezogene Bildung und Publizistik. Erste Erfahrungen in einem neuen kirchlichen Arbeitsfeld (Texte zum kirchlichen Entwicklungsdienst 16), Frankfurt a. M. 1978, S. 105–112.

SCHMIEDL, Joachim, Dieses Ende ist eher ein Anfang. Die Rezeption des Zweiten Vatikanischen Konzils durch die deutschen Bischöfe (1959–1971), Paderborn 2014.

SCHMIEDL, Joachim (Hrsg.), Heinrich Tenhumberg. Als Weihbischof auf dem Konzil. Tagebuchnotizen 1962–1965, Münster 2015.

SCHMIEDL, Joachim (Hrsg.), Nationalsynoden nach dem Zweiten Vatikanischen Konzil. Rechtliche Grundlagen und öffentliche Meinung (Theologische Berichte 35), Freiburg i. Üe. 2013.

SCHMITZ, Philipp (Hrsg.), Macht euch die Erde untertan? Schöpfungsglaube und Umweltkrise, Würzburg 1981.

SCHNEIDER, Volker / JANNING, Frank, Politikfeldanalyse – Akteure, Diskurse und Netzwerke in der öffentlichen Politik (Grundwissen Politik 43), Wiesbaden 2006.

SCHNYDRIG, Ernst, Eine Revolution zu verschlafen, ist noch nie ein Zeichen von Vitalität und besonderer Intelligenz gewesen, in: DERS., Lebendige Kirche. Wir haben die Welt zur Last und sprechen von Nächstenliebe, Freiburg i. Br. 1966.

SCHÖLLGEN, Gregor, Willy BRANDT. Die Biographie, Berlin 2001.

SCHUBERT, Klaus / KLEIN, Martina, Das Politiklexikon (Schriftenreihe der bpb 497), 5. Aufl., Bonn 2011.

SCHUBERT, Klaus / BANDELOW, Niels C. (Hrsg.), Lehrbuch der Politikfeldanalyse, 3. Aufl., München 2014.

SCHÜCKLER, Georg, Erwägung zum Fastenwerk »Misereor super turbam«, in: PRIESTER UND MISSION 1 (1959), S. 11–19.

SCHUMACHER, Ernst Friedrich, Die Rückkehr zum menschlichen Maß. Alternativen für Wirtschaft und Technik, Reinbek bei Hamburg 1977.

SCHWARZ, Hans-Peter, Anmerkungen zu Adenauer, Stuttgart 2004.

SCHWARZ, Leo, Anders leben, damit andere überleben, in: ZdK (Hrsg.), Ich will euch Zukunft und Hoffnung geben, S. 516–532.

SEIDEL, Carlos Collado, Franco. General, Diktator, Mythos, Stuttgart 2015.

SEIDEL, Jürgen J., Art. Hermann Dietzfelbinger, in: BBKL, Bd. 24, Nordhausen 2005, Sp. 509–514.

SEIDEL, Uwe / ZILS, Diethard (Hrsg.), Aktion Politisches Nachtgebet, Düsseldorf 1971.

SEKRETARIAT DER GEMEINSAMEN SYNODE DER BISTÜMER IN DER BUNDESREPUBLIK DEUTSCHLAND, Synode. Amtliche Mitteilungen der Gemeinsamen Synode der Bistümer in der Bundesrepublik Deutschland, München 1970–1976.

SENFT, Josef, Entwicklungshilfe oder Entwicklungspolitik. Ein interessenpolitisches Spannungsfeld – dargestellt am kirchlichen Hilfswerk Misereor, Münster 1978.

SHAW, John D., World Food Security. A History Since 1945, Basingstoke – New York 2007.

SIEGFRIED, Detlef, Zwischen Aufarbeitung und Schlußstrich. Der Umgang mit der NS-Vergangenheit in den beiden deutschen Staaten 1958 bis 1969, in: A. SCHILDT (Hrsg.), Dynamische Zeiten, S. 77–113.

SIEPMANN, Franziskus, Der verblassende Gründungsmythos. Identitätsfindung, Innovation und Erstarrung im Bistum Essen von 1958–1970, Essen 2017.

SIEVERNICH, Michael, San Romero de América, in: STIMMEN DER ZEIT 140 (2015), S. 1.

SIEVERS, Rudolf (Hrsg.), 1968 – Eine Enzyklopädie (Edition Suhrkamp 2241), Frankfurt a. M. 2008.

SIMON, Werner, Katholische Religionspädagogik in Deutschland im 20. Jahrhundert. Schwerpunkte und Desiderate historisch-religionspädagogischer Forschung, in: RpB 57 (2006), S. 61–82.

SING, Horst, Hilfe für die Armen in der Dritten Welt? Der Beitrag der katholischen Kirche in der Bundesrepublik Deutschland zur Bewältigung der »Internationalen Sozialen Frage«, Eichstätt 1990.

SLOBODIAN, Quinn, Foreign Front. Third World Politics in Sixties West Germany, Durham – London 2012.

SÖLLE, Dorothee / STEFFENSKY, Fulbert (Hrsg.), Politisches Nachtgebet in Köln, Bd. 1, Mainz 1969.

SÖLLE, Dorothee / STEFFENSKY, Fulbert (Hrsg.), Politisches Nachtgebet in Köln. Texte – Analysen – Kritik, Bd. 2), Mainz, ohne Jahresangabe.

SPECHT, Georg, Dürrekatastrophe in Afrika, in: JAHRBUCH DES DEUTSCHEN CARITASVERBANDES 1974, Freiburg i. Br., S. 169–172.

SPRECKELMEIER, Klaus, Theologische Literatur zur Umweltkrise, in: P. SCHMITZ (Hrsg.), Macht euch die Erde untertan?, S. 213–223.

STEENPASS, Peter, Dankesworte anlässlich der Preisverleihung, in: JAHRESBAND THEODOR-HEUSS-PREIS 1975. Weltverantwortung und individuelle Lebenschancen, URL: http://www.theodor-heuss-stiftung.de/wp-content/uploads/Jahresband-1975.pdf (Stand: 1.5.2018).

STEGMANN, Franz-Josef / LANGHORST, Peter, Geschichte der sozialen Ideen im deutschen Katholizismus, in: Helga GREBING u. a. (Hrsg.), Geschichte der sozialen Ideen in Deutschland. Sozialismus – Katholische Soziallehre – Protestantische Sozialethik. Ein Handbuch (Veröffentlichungen des Instituts für Soziale Bewegungen, A 13), 2. Aufl., Wiesbaden 2005, S. 599–862.

STICKLER, Matthias, Art. Eugen Karl Albrecht Gerstenmaier, in: BBKL, Bd. 19, Herzberg 2001, Sp. 550–559.

STICKLER, Matthias, Art. Franz Josef Strauß, in: BBKL, Bd. 31, Nordhausen 2010, Sp. 1316–1334.

STOLLHOF, Johannes, »Ein Millionen-Volk wird ausgehungert.« Die Wahrnehmung der Hungerkatastrophe in Biafra zwischen 1967 und 1970 im deutschen Katholizismus, in: Andreas HOLZEM (Hrsg.), Wenn Hunger droht. Bewältigung und religiöse Deutung (1400–1980) (Bedrohte Ordnungen 6), Tübingen 2017, S. 295–316.

STUMMANN, Franz-Josef, Aktion Dritte Welt. Eine Fallstudie zur »entwicklungspolitischen Bewußtseinsbildung« der Jugend (Europäische Hochschulschriften XIX/2), Bern 1976.

SÜDHOFF, Ralf, Die Welternährungskrise. Ursachen, Auswirkungen und Lösungsansätze, in: ZFAS 2 (2009), S. 45–54.

TAYLOR, Gordon Rattray, Das Selbstmordprogramm. Zukunft oder Untergang der Menschheit, 3. Aufl., Augsburg 1971.

TEUSCH, Joseph, Zuerst: Eine Äußerung des Glaubens. Das Bischöfliche Hilfswerk ›Misereor‹, seine Anfänge und seine Initialwirkung in die Weltkirche, in: Norbert TRIPPEN / Wilhelm MOGGE (Hrsg.), Ortskirche im Dienst der Weltkirche, Köln 1976, S. 197–202.

TINBERGEN, Jan, Wir haben nur eine Zukunft. Der RIO-Bericht an den Club of Rome. Reform der internationalen Ordnung, Opladen 1977.

TINBERGEN, Jan u. a. (Hrsg.), Rio Report, Reshaping The International Order, New York 1976.

TOFFLER, Alvin, Der Zukunftsschock, Bern u. a. 1970.

TRAUTMANN, Markus, Mit Glaubensglut und Feuereifer. Werenfried van Straaten und Johannes Leppich. Zwei charismatische Gestalten im deutschen Nachkriegskatholizismus, Vallendar 2009.

TREFFLER, Guido, Art. Julius Angerhausen, in: M. QUISINSKY / P. WALTER (Hrsg.), Personenlexikon, S. 39.

TRIPP, Sebastian, Fromm und politisch. Christliche Anti-Apartheid-Gruppen und die Transformation des westdeutschen Protestantismus 1970–1990 (Geschichte der Religion in der Neuzeit, Bd. 6), Göttingen 2015.

TRIPP, Sebastian, Die Weltkirche vor Ort. Die Globalisierung der Kirchen und die Entstehung christlicher »Dritte-Welt« -Gruppen, in: W. DAMBERG (Hrsg.), Soziale Strukturen, S. 123–137.

TRIPPEN, Norbert, Josef Kardinal Frings (1887–1978). Sein Wirken für das Erzbistum Köln und für die Kirche in Deutschland (VkfZG, Reihe B: Forschungen, Bd. 94), Paderborn u. a. 2003.

TRIPPEN, Norbert, Josef Kardinal Frings (1887–1978). Sein Wirken für die Weltkirche und seine letzten Bischofsjahre (VKfZG, Reihe B: Forschungen, Bd. 104), Paderborn u. a. 2005.

TRIPPEN, Norbert, Joseph Teusch, in: Franz Josef HEYEN (Hrsg.), Rheinische Lebensbilder, Bd. 15, Köln 1995, S. 223 f.

TRITTEL, Günter J., Hunger und Politik. Die Ernährungskrise in der Bizone (1945–1949), (Historische Studien 3), Frankfurt a. M. – New York 1990.

TÜCK, Jan Heiner, Christologie und Theodizee bei Johann Baptist Metz. Ambivalenz der Neuzeit im Licht der Gottesfrage, 2. Aufl., Paderborn u. a. 2001.

ULRICHS, Karl Friedrich, Art. Ernst Käsemann, in: BBKL, Bd. 18, Herzberg 2001, Sp. 775–778.

URHOBO, Emmanuel, Relief Operations in the Nigerian Civil War, Knoxville 1978.

VAN DER WEE, Herman, Der gebremste Wohlstand. Wiederaufbau, Wachstum, Strukturwandel 1945–1980 (dtv-Wissenschaft 4126), München 1984.

VANISTENDAEL, August, Unruhe in der Welt – Verantwortung aller Christen. Einigkeit der Menschen, in: ZdK (Hrsg.), Mitten in dieser Welt, S. 633–640.

VEREINIGUNG DEUTSCHER WISSENSCHAFTLER (Hrsg.), Welternährungskrise oder: Ist eine Hungerkatastrophe unausweichlich? (Rororo 1147), Reinbek bei Hamburg 1968.

VERNON, James, Hunger. A Modern History, Cambridge – London 2007.

VESPER, Michael, Misereor und die Dritte Welt. Zur entwicklungspolitischen Ideologie der katholischen Kirche (Bielefelder Studien zur Entwicklungssoziologie 4), Saarbrücken 1978.

VOGES, Stefan, Hilfe in der Not: Nachkriegserfahrungen in der Begründung von Entwicklungshilfe, in: Andreas HOLZEM / Christoph HOLZAPFEL (Hrsg.), Zwischen Kriegs- und Diktaturerfahrung. Katholizismus und Protestantismus in der Nachkriegszeit (Konfession und Gesellschaft 34), Stuttgart 2005, S. 91–108.

VOGES, Stefan, Konzil, Demokratie und Dialog. Der lange Weg zur Würzburger Synode (1965–1971), (VKfZG, Reihe B: Forschungen, Bd. 132), Paderborn u. a. 2015.

VOGT, William, Die Erde rächt sich, Nürnberg 1950.

VOLK, Hermann, Der Ablauf einer Sitzung des Konzils, in: Anton KOCHS (Hrsg.), Das 21. Konzil, Essen 1966, S. 132–137.

WALLS, Andrew F., Art. Akanu (Francis) Ibiam, in: BIOGRAPHICAL DICTIONARY OF CHRISTIAN MISSIONS, New York 1998, S. 315.

WAMBACH, Kai, Art. Rainer Barzel, URL: http://www.kas.de/wf/de/71.8398/ (Stand: 1.5.2018).

WATZAL, Ludwig, Die Entwicklungspolitik der katholischen Kirche in der Bundesrepublik Deutschland (Entwicklung und Frieden. Wissenschaftliche Reihe 36), Mainz 1985.

WEBER, Wilhelm (Hrsg.), Angriff und Abwehr. Berichte, Kommentare, Dokumente zum Streit um Adveniat und die »Theologie der Befreiung« (Veröffentlichungen des Studienkreises Kirche und Befreiung), Aschaffenburg 1978.

WEIDENMANN, Hans-Ulrich, Entstehung der Aufgabe der Ernährungs- und Landwirtschaftsorganisation der Vereinten Nationen (FAO), Aarau 1951.

WEINGÄRTNER, Lioba / TRENTMANN, Claudia, Handbuch Welternährung (Schriftenreihe der bpb 1153), Bonn 2011.

WEITBRECHT, Dorothee, Aufbruch in die Dritte Welt. Der Internationalismus der Studentenbewegung von 1968 in der Bundesrepublik Deutschland, Göttingen 2012.

WELTY, Eberhard, Die Sozialenzyklika Papst Johannes' XXIII. Mater et Magistra. Über die jüngsten Entwicklungen des gesellschaftlichen Lebens und seine Gestaltung im Licht der christlichen Lehre, Freiburg i. Br. 1963.

WEMHEUER, Felix, Der Große Hunger. Hungersnöte unter Stalin und Mao, Berlin 2012.

WIERLING, Dorothee, Oral History, in: Michael MAURER (Hrsg.), Neue Themen und Methoden der Geschichtswissenschaft (Reclams Universal-Bibliothek 17033), Stuttgart 2003, S. 81–151.

WIETERS, Heike, Die Debatten über das »Welternährungsproblem« in der Bundesrepublik Deutschland, 1950–1975, in: D. COLLET / T. LASSEN / A. SCHANBACHER (Hrsg.), Handeln in Hungerkrisen, S. 215–241.

WILDT, Michael, Privater Konsum in Westdeutschland in den 50er Jahren, in: Axel SCHILDT / Arnold SYWOTTEK (Hrsg.), Modernisierung im Wiederaufbau. Die westdeutsche Gesellschaft der 50er Jahre (Reihe Politik- und Gesellschaftsgeschichte 33), Bonn 1998, S. 275–289.

WINDHOFF-HÉRITIER, Adrienne, Policy-Analyse. Eine Einführung (Campus-Studium 570), Frankfurt a. M. 1987.

WIRSING, Giselher, Die Menschenlawine. Der Bevölkerungszuwachs als weltpolitisches Problem, Stuttgart 1956.

WITTMANN, Walter, Konsum auf Kosten der Zukunft, in: ZdK (Hrsg.), Für das Leben der Welt, S. 616–622.

WITTSTADT, Klaus, Julius Kardinal Döpfner. 26. August 1913 bis 24. Juli 1976 (Würzburger Diözesangeschichtsblätter 58), Würzburg 1996.

WYRWA, Ulrich, Consumption, Konsum, Konsumgesellschaft. Ein Beitrag zur Begriffsgeschichte, in: Hannes SIEGRIST / Harmut KAELBLE / Jürgen KOCKA (Hrsg.), Europäische Konsumgeschichte. Zur Gesellschafts- und Kulturgeschichte des Konsums (18.–20. Jahrhundert), Frankfurt a. M. 1997, S. 747–762.

ZENTRALKOMITEE DER DEUTSCHEN KATHOLIKEN, Arbeitstagung Saarbrücken 1958, Paderborn 1958.

ZENTRALKOMITEE DER DEUTSCHEN KATHOLIKEN (Hrsg.), Für das Leben der Welt. 84. Deutscher Katholikentag vom 11.–15. September 1974 in Mönchengladbach, Paderborn 1974.

ZENTRALKOMITEE DER DEUTSCHEN KATHOLIKEN (Hrsg.), Ich will euch Zukunft und Hoffnung geben. 85. Deutscher Katholikentag vom 13.–17. September 1978 in Freiburg, Paderborn 1978.

ZENTRALKOMITEE DER DEUTSCHEN KATHOLIKEN (Hrsg.), Mitten in dieser Welt. 82. Deutscher Katholikentag vom 4.–8. September 1968 in Essen, Paderborn 1968.

ZIEGLER, Jean, Wir lassen sie verhungern. Die Massenvernichtung in der Dritten Welt, 2. Aufl., München 2012.

ZIEMANN, Benjamin, Katholische Kirche und Sozialwissenschaften 1945–1975 (Kritische Studien zur Geschichtswissenschaft 175), Göttingen 2007.

ZIEMANN, Benjamin, Opinion Polls and the Dynamics of the Public Sphere: The Catholic Church in the Federal Republic after 1968, in: GERMAN HISTORY 24 (2006), S. 562–586.

ZÜLCH, Tilman, Biafra. Todesurteil für ein Volk?, Berlin 1969.

ZWIEFELHOFER, Hans, Neue Weltwirtschaftsordnung und katholische Soziallehre. Probleme der Weltwirtschaft aus christlicher und sozialer Sicht (Entwicklung und Frieden. Dokumente, Berichte, Meinungen 9), Mainz 1980.

Summary

This study examines the post-war period in Germany beyond the end of the 'economic miracle,' encompassing the years 1958 to 1979. The hunger catastrophes of this period occurred in other regions of the world, yet through international contacts and the media, they forced their way into the consciousness of Catholic public opinion in the Federal Republic. Considering both sociological and theological approaches to dealing with such crises, the study attempts to answer three questions: how Catholics in the Federal Republic of Germany became aware of hunger and famines in the so-called Third World (1); which perceived threats led to this increased awareness (2); and how Catholics attempted to establish social and theological approaches for dealing with these crises (3). Methodologically, these questions are analyzed on the basis of the 'policy cycle,' a concept taken from political science, as well as a model of threat communication. Using these two tools, the 21 years covered in the study can be divided into three phases.

By the late 1950s, increasing prosperity, developments in the media, discourses about 'guilt,' and international networking led to a growing awareness among West Germans of hunger in countries of the 'Third World.' Against the background of their own wartime and post-war experiences, as well as social Catholicism, Catholics proved especially receptive to concerns about hunger in poorer countries and became pioneers in attempting to tackle the issue. The first institutional consolidation of such activism occurred in 1958–1959 with the establishment of the 'Bischöfliches Hilfswerk (Episcopal Relief Agency) Misereor.' The Second Vatican Council (1962–1965) broadened not only the view of the German Catholic Church but also that of the Church as a whole, which can be described as becoming a universal church.

If the first of the three phases consisted primarily of an emerging awareness of world hunger as a threat, the second, from 1967 to 1972, can be understood as a phase in which the threat scenario became established. Since Germans no longer felt a sense of personal existential threat, conveying the notion of 'hunger' as an issue in the context of West German society presented a serious challenge; drawing on theological interpretations of a just but threatened order of creation turned out to be the way ahead. Within a wider societal discourse, Catholics attempted, through countless campaigns and in their various institutions, particularly in schools, to educate and encourage people to change their lifestyle. In this context, the encyclical *Populorum progressio* by Pope Paul VI was of decisive importance; its deliberations on the development of peoples exerted a widespread influence within German Catholicism and ultimately found a 'German echo,' as it were, in the document 'Der Beitrag der katholischen Kirche in Deutschland für Entwicklung und Frieden' (The Contribution of the Catholic Church in Germany toward Development and Peace) drafted by the Würzburg Synod.

The active formation of consciousness among Catholics has been part of a media and society-wide discourse on global population growth, the uncertain world food supply, and the increase of potential hunger catastrophes. 'Hunger' became understood less as a stand-alone issue; instead, it was increasingly viewed in the context of unjust structures in the world economy. In particular, the famine in Biafra from 1967 to 1970 accelerated this perception. This early example shows how the *actions* of Catholics changed along with their perceptions; what motivational means were employed, which strategies for coping with crises were developed, and how the hunger crises and their consequences were discussed. If aid efforts up to that point were motivated primarily by social-charitable concerns, subsequent hunger crises and their causes would be interpreted, and dealt with, in political terms. The 'Hunger and Peace March' of 1970 and the resulting 'Dritte Welt Handel' (Third World Trade) clearly demonstrate these changes.

Once awareness of the problem of hunger had been raised and activism that attempted to deal with it became firmly established – albeit mainly in elite Catholic circles – the issue became further politicized in the years from 1972 to 1979. Triggered by the apocalyptic scenarios promulgated by some scientists in the wake of economic recession and the global oil crisis, 'alternative' lifestyle conceptions became increasingly popular in Germany. The long-lasting hunger crises of the Sahel region effected a changed consciousness that increasingly found its way into Catholic parishes and schools. As a result, the 'Third World' entered the everyday consciousness of a younger generation that was coming of age. In the 1970s, the semantics and images of Misereor posters, which had long retained colonial motifs and older concepts of aid, began to be replaced by overtly political messages. The memoranda of the Church in regard to the ecumenical UNCTAD campaigns increasingly asserted political demands; in the realms of church politics and theology, these processes were not always uncontroversial.

This third phase concluded with the major congress of the churches on development policy at Bonn-Bad Godesberg in January 1979, 'Development as an International Social Question.'

The more Catholic efforts to combat hunger evolved from collecting charitable donations to political involvement and personal lifestyle choices, the more they came to be dominated by elites and by men. These historic actors, some of whom are still active today, are given a platform at the end of the book to discuss their experiences at length. The interviews provide special insights into personal motives and the identities that derived from them.

Drawing on a broad range of unpublished and oral history sources, the study provides historical insights into how the worldwide hunger crises of the 1960s and 1970s were perceived in new ways by the Catholic Church in Germany, which in turn led to different ways of conducting relief efforts and established a new identity-shaping consciousness.

Personen-, Orts- und Sachregister